船舶与海洋工程系列教材
浙江省高等教育重点建设教材

船舶快速性

（第二版）

应业炬◎编著
赵连恩◎主审

海洋出版社
2017年·北京

内容简介

快速性是船舶诸性能中的重要性能之一。“船舶快速性”是船舶与海洋工程专业本科阶段必修的核心课程之一，是系统掌握船舶原理知识链中的关键一环。本书以流体力学为基础，从船舶阻力和船舶推进两方面介绍船舶快速性的相关知识。

主要内容：本书分为上、下两篇：上篇为船舶阻力；下篇为船舶推进。在船舶阻力中，主要讨论各种阻力的成因、主要特性与变化规律，确定阻力的方法和减小阻力的途径等；对阻力相似定律、船模阻力试验、船型对阻力的影响等重要问题都进行了比较细致的探讨。在船舶推进中，主要讨论推进器在水中运动时产生推力的基本原理及其性能的优劣等问题，并对船体与推进器之间的相互作用以及船模推进试验等进行了详细介绍。

本书特色：知识点安排合理，突出实用性；结构严谨，层次分明，突出重点与适用性；反映最新教学改革成果，突出行业特色。

适用范围：本书可作为高等院校船舶与海洋工程专业本科教材，也可供有关工程技术人员参考。

图书在版编目 (CIP) 数据

船舶快速性 / 应业炬编著 . —2 版 .—北京：海洋出版社，2017.8
ISBN 978-7-5027-9884-0
Ⅰ . ①船… Ⅱ . ①应… Ⅲ . ①船舶－快速动力学 Ⅳ . ① U661.31

中国版本图书馆 CIP 数据核字 (2017) 第 189342 号

责任编辑：郑跟娣
责任印制：赵麟苏
出版发行：海洋出版社
网　　址：www.oceanpress.com.cn
邮　　编：100081
开　　本：787mm × 1092mm 1/16
字　　数：590 千字

发 行 部：010-62132549　010-68038093
总 编 室：010-62114335
承　　印：北京文昌阁印刷有限责任公司
版　　次：2017 年 8 月第 1 版
印　　次：2017 年 8 月第 1 次印刷
印　　张：29
定　　价：72.00 元

前　言

快速性是船舶诸性能（如浮性、稳性、抗沉性、快速性、耐波性、操纵性等）中的重要性能之一。在船舶设计和建造中，满足设计任务书所提出的快速性指标，是船舶经济性和使用性要求的重要方面。因此，船舶快速性是船舶与海洋工程专业本科阶段必修的核心课程之一，是系统掌握船舶原理知识链中的关键一环。

船舶与海洋工程专业作为浙江海洋大学国家特色专业建设点以及浙江省优势专业之一，编写优质教材在特色专业建设、提升本科教学质量和人才培养中具有十分重要的意义。

本书第一版（浙江省教育厅第二批省级高等教育重点教材规划）已经出版10年。在这10年的使用过程中，作者根据行业发展新要求、课程教学改革新趋势及学生使用建议，对教材内容不断修订、完善与更新，在此基础上编写了第二版。第二版内容深刻贯彻落实教育部、财政部实施的“高等学校本科教学质量与教学改革工程”项目精神，结合船舶与海洋工程专业本科教学最近10年来的发展趋势和目标重新组织编写。作者在持续深化船舶类专业教学内容与课程体系建设研究与多年教学实践的基础上，不断优化教学内容，重新整合了本专业的课程体系，以拓宽专业面和培养创新人才为宗旨，将原先的“船舶阻力”“船舶推进”两门课程内容组合为《船舶快速性》一本教材。整合后的《船舶快速性》教材更突出体现两门课程的内在联系，便于教师讲授，也有利于学生加深理论认知与连贯性的学习与掌握。

“船舶快速性”课程的主要任务是通过各教学环节，培养学生以流体力学知识为基础，分析船舶航行性能中遇到的有关问题，掌握解决这些问题的办法。为此，课程教学中需要特别注重创新精神和实践能力的培养。通过本课程的学习，使学生初步具有从事本领域实际工作和研究工作的能力，并为学习后续课程——船舶设计打下坚实的基础。

快速性优良的船舶应该满足：航行时所受阻力要小，即所谓优秀船型（或称低阻船型）的选择问题；推进器应发出足够的推力且效率要高；推进器与船体和主机之间要协调一致。因此，船舶快速性就是阻力和推进两大部分的结合体。本书分为上、下两篇：上篇为船舶阻力；下篇为船舶推进。在船舶阻力中，依次讨论各种阻力的成因、主要特性与变化规律，确定阻力的方法和减小阻力的途径等；对阻力相似定律、船模阻力试验、船型对阻力的影响等重要问题都进行了比较细致的探讨；此外，还扼要介绍了各类高速船舶的阻力特点。在船舶推进中，主要讨论推进器在水中运动时产生推力的基本原理及其性能的优劣（即效率高低）等问题，并对船体与推进器之间的相互作用以及船模推进试验等进行了详细阐述，同时还探讨了如何设计性能优良的推进器。

本书在组织编写过程中，力求做到概念叙述清晰、准确；结构安排承上启下、层次分明；内容选取重点突出，理论密切联系实际；精选本学科领域最基本的内容，反映国内外的最新发展动向。为使本书继承以往教材的优点，切实贯彻教学内容和课程体系改革精神，由担任本课程多年教学经验的主讲教师编写。

本书第 1 章至第 5 章、第 9 章至第 14 章由应业炬教授负责编写；第 6 章至第 8 章由王化明副教授编写；第 15 章至第 19 章由王立军副教授编写，全书由应业炬教授统稿。

本书由浙江海洋大学教材出版基金资助出版。在本书编写过程中，哈尔滨工程大学赵连恩教授、马文彬教授认真审阅了初稿并对本书的编写工作给予了极大的帮助和支持，同时提出了许多宝贵意见，使编者受益匪浅，在此特致以诚挚的谢意。同时感谢其他教师在改稿和校对方面的大力支持。

由于编者水平有限，书中缺点和错误在所难免，殷切希望广大读者给予批评指正。

编 者

2017 年 3 月

目　　录

上篇　船舶阻力

下篇 船舶推进

0 引　　言

快速性是船舶的重要性能之一，本部分作为全书的引导，首先介绍船舶快速性概念、课程研究内容和任务、研究方法，以提示读者整体了解本书知识体系架构，并指导读者更好地理解船舶快速性本质及重要意义，为熟悉和掌握本书的关键知识点起到入门认知的作用。

§0.1　船舶快速性概念

船舶在航行过程中会受到流体（水与空气）阻止它前进的力，这种与船体运动方向相反的作用力称为船的阻力。

为了使船舶维持一定的速度航行，必须对船舶提供推力以克服阻力。一般来说，船舶航行过程中由主机供给能量，通过推进器（常用的是螺旋桨）转换为推动船舶前进的动力。

显然，船舶所具有的推力大小取决于主机功率的大小和推进器将主机功率转换成推力的效率，即推进效率的高低。因此，船舶能达到的航速高低取决于其所受阻力的大小、主机功率大小和推进效率高低这三个因素。

船舶快速性就是研究船舶尽可能消耗较小的机器功率以维持一定航行速度的能力，或者说，船舶快速性是在给定主机功率时，表征船舶航行速度快慢的一种性能。

因此，快速性的含义是：对一定的船舶在给定主机功率时，能达到的航速较高者，谓之快速性好，反之为差；或者，对一定的船舶要求达到一定航速时，所需主机功率小者，谓之快速性好，反之则否。几乎每一艘船舶，在设计初始阶段就给定明确的快速性指标。当船舶建成后，测定是否达到原快速性设计指标是交船试航的一个重要内容。船舶克服阻力做功与主机提供能量的守恒关系是

$$V = \frac{P_s \cdot \eta_s \cdot \eta_D}{R}$$

式中，V 为船速；R 为船舶水阻力；P_s 为主机发出的功率；η_s 和 η_D 分别为轴系传送效率和推进效率。

从快速性的含义可知，在主机功率确定的情况下，快速性的优劣不仅与船舶的航行阻力有关，而且还与船舶的推进效率等有关。显然，船舶快速性课程包括两部分内容，即“船舶阻力”和“船舶推进”两门课程：

船舶阻力 —— 研究船体在运动过程中所受到的各种阻力问题；

船舶推进 —— 研究克服船体阻力的推进器及其与船体间的相互干扰及船、机、桨的匹配问题。

§0.2 本课程的研究内容和任务

快速性是船舶诸性能（如浮性、稳性、抗沉性、快速性、耐波性、操纵性等）中的重要性能之一。快速性的优劣，对民用船舶来说将在一定程度上影响船舶的使用性和经济性；对军用舰艇而言，快速性与提高舰艇的作战性能密切相关。在船舶设计中，要满足用船部门对快速性的要求，应当从四个方面来考虑：①船舶于航行时所遭受的阻力要小，即所谓优良线型的选择问题；②选择推力足够且效率高的推进器；③选取合适的主机；④推进器与船体和主机之间协调一致。

“船舶阻力”是与造船工程实际密切联系的，对设计性能良好的船舶具有重要意义。其研究的主要问题包括：船舶以一定速度在水中航行时所遭受的各种阻力成分的成因、特性及随航速、船型和外界条件不同的变化规律；研究减小阻力的方法，寻求设计低阻力的优良船型；研究船舶阻力估算方法以及如何通过模型试验来确定船舶阻力，为决定主机功率、设计推进器（螺旋桨）提供可靠的依据。

“船舶推进”主要研究推进器在水中运动时产生推力的基本原理，影响螺旋桨性能（效率）的因素，船机桨的配合以及如何设计性能优良的螺旋桨推进器等问题。

§0.3 研究方法

研究船舶快速性的方法有理论研究方法、试验方法和数值模拟。

0.3.1 理论研究方法

理论研究方法是根据观察实际现象，进行力学抽象与数学建模，从而利用流体力学的基本理论和数学工具来分析、研究和计算船舶阻力与推进问题。这种方法近年来虽有很大的进展，但目前尚不能得到普遍的实际应用。原因在于：一是船体形状及其运动情况极为复杂；二是为使问题简化常常引入一些近似假定，与实际情况有一定的出入，因此所得的结果准确性较差。

应该指出，理论研究方法目前虽然在定量方面存在差距，但常可用来解释现象，指出研究方向。近年来，流体力学、数学，特别是计算技术的发展，有力地推动了理论研究工作的进一步开展，因而理论研究方法仍不失为重要的研究手段之一。

0.3.2 试验方法

试验方法包括船模试验和实船试验。船模试验是目前研究船舶快速性的主要方法。它是将实船或螺旋桨按一定比例尺缩小，制作成船模或桨模，然后在试验水池或水洞中进行试验，测量并分析船模的阻力，或螺旋桨的推力。很多优良船型或桨型几乎都是通过大量模型试验而得到的。

应用船模和桨模试验来研究船舶快速性的优点在于，它不仅简单、经济，而且可以为造船工程提供定量数据。实际上在进行船舶设计时，即使在初步设计阶段，也可能要做模型试验，进行方案比较，特别是一些较为重要的船舶几乎没有不进行船模试验就建造的。模型试验在船舶设计中得到广泛应用，但是船模试验也有其局限性，诸如模型与实船情况不能完全实现水动力相似等问题。

实船试验的目的是鉴定船舶的各种性能是否达到设计要求，并验证模型试验结果的准确性,也就是研究船（桨）模与实船（桨）之间的相关问题。由于实船试验耗资较大，一般除了新船进行例行试航外，通常很少进行。

0.3.3 数值模拟

近年来，由于计算机工作站的迅速发展和应用，加上数值方法的成熟性研究，因此根据数学模型，采用数值方法（数值模拟）预报船舶航行性能和优化船型及推进器的设计，已经在许多方面获得成功。但是，由于船型复杂多样，围绕船体的流动也极为复杂，因此，数值模拟不能解决全部问题，而大量快速性的实际问题主要的还是离不开模型试验。

然而，数值模拟作为一种辅助手段，与船模试验相结合，将发挥着越来越重要的作用。首先，船模试验前，可以预先用数值模拟方法进行大量的比较计算，选择若干个优秀方案，而后进行船模试验，以减少试验费用。其次，把数值模拟与物理模型试验结合起来，发挥各自优势的混合方法，已逐渐受到重视。当然，在数值计算中以经验公式的方式，或采用一些试验结果，更能提高计算预报的精度并扩展数值计算的使用范围。

上篇 船舶阻力

第1章　绪　　论

本章作为绪论，首先分析船舶在航行中受到阻力的物理成因及其阻力成分的分类，然后讲述涉及船舶阻力共性的重要基本概念。进而介绍阻力相似定律，并提出造船工程中应用较广的弗劳德（W.Froude）假定。

§1.1　船舶阻力成因与分类

当船舶在水面上航行时，船体处于空气和水两种流体介质中运动，必然受到空气和水对船体的反作用力。这种与船体运动方向相反的流体作用力称为船舶阻力。

为研究方便起见，船体总阻力按流体种类可分成空气阻力和水阻力。空气阻力是指空气对船体水上部分的反作用力。水阻力是水对船体水下部分的反作用力。水阻力又可分成船舶在静水中航行时的静水阻力和波浪中的汹涛阻力（也称为波浪中阻力增值）两部分。

静水阻力通常分成裸船体阻力和附体阻力两部分。所谓附体阻力，是指突出于裸船体之外的附属体如舵、舭龙骨、轴支架等所增加的阻力值。

根据这种处理方法，船舶在水中航行时所受到的阻力通常可分为两大部分：一部分是静水中的裸船体阻力，这是船舶阻力中的主要部分，是要着重研究的内容，裸船体阻力往往简称为“船体阻力”；另一部分是附加阻力，是空气阻力、汹涛阻力和附体阻力的总称。

船舶阻力的分类如下：

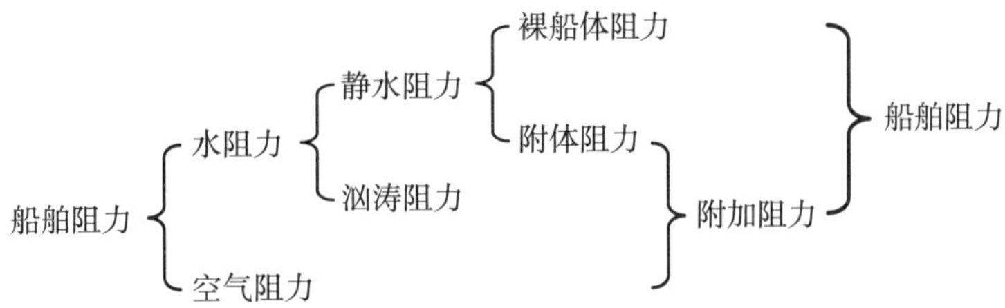

因此，实际船体阻力可按照裸船体阻力和附加阻力两部分分别进行研究。下面将先讨论“裸船体阻力”的成因及其组成，而附加阻力部分在后面有关章节予以讨论。

1.1.1　船体阻力成因及分类

1.1.1.1　船体绕流物理现象与阻力成因

船体在静水中运动时所受到的阻力与船体周围的流动现象密切相关。根据观察，船体周围的绕流运动情况相当复杂，但主要有以下三种流动现象。

（1）船体在运动过程中兴起波浪，简称兴波。兴波包括产生稳定的船行波和不稳定的破波。由于船行波的产生，改变了船体表面的压力分布情况，如图 1-1 所示。船艏的波峰使艏部压力增加，而船艉的波谷使艉部压力降低，于是产生艏艉流体动压力差，形成阻力。从能量观点看，无论是船行波还是破波都具有一定的能量，这些能量必然由船体供给。这种由于船体运动不断兴波而耗散能量所产生的阻力称为兴波阻力，一般用 R_w 表示。

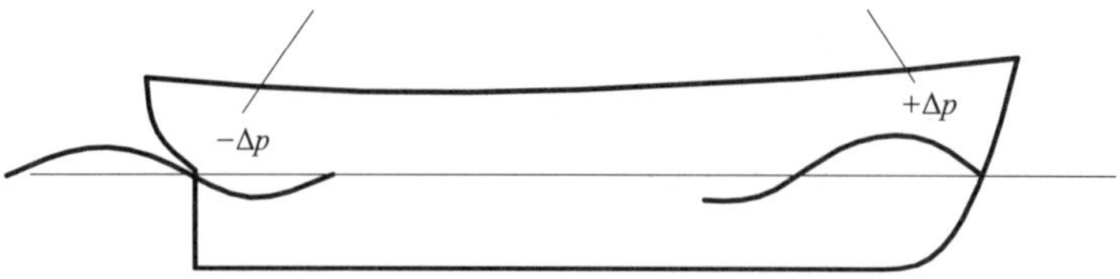

图 1–1　兴波改变船体压力分布

须指出，破波现象对于瘦削的船型并不明显，可以不必考虑。只有对于那些肥大型船舶，破波现象才可能十分严重，相应的破波阻力不可忽视。实际上，破波现象十分常见：肥大船陡徒的艏部掀起波浪后很快破碎，则在船艏及沿两舷侧附近产生白色的泡沫带，顺流而下汇合于艉流之中，这种破碎的波浪也要耗散船舶的能量而形成阻力，称为破波或碎波阻力 R_{wb}。对于肥大船，它是兴波阻力的主要构成部分。

（2）当船体运动时，由于水的粘性，在船体周围形成“边界层”，从而使船体运动过程中受到粘性切应力作用，亦即船体表面产生了摩擦力，它在运动方向的合力便是船体摩擦阻力，用 R_f 表示。

（3）在船体曲度骤变处，特别是较丰满船的艉部常会产生漩涡。漩涡产生的根本原因也是由于水具有粘性。漩涡处的水压力下降，从而改变了沿船体表面的压力分布情况。这种由粘性引起船体前后压力不平衡而产生的阻力称为粘压阻力，用 R_{pv} 表示。从能量观点来看，克服粘压阻力所作的功耗散为漩涡的能量。粘压阻力习惯上也叫漩涡阻力。

应该指出，由于实际流体的粘性作用，即使船体绕流在不产生分离的情况下，因为边界层在艉部的排挤厚度大，从而使船体前后部分存在压力差，因此同样存在粘压阻力。

1.1.1.2　船体阻力的分类

船体阻力如按上述船舶周围流动现象和产生的原因来分类，则船体总阻力 R_t 由兴波阻力 R_w、摩擦阻力 R_f 和粘压阻力 R_{pv} 组成，即

$$R_t = R_w + R_f + R_{pv} \tag{1-1}$$

船体阻力也可按作用在船体表面上的流体作用力的方向来分类。船体在实际流体中运动时，一方面受到垂直于船体表面的压力作用，这种压力是由兴波和漩涡等所引起的；另一方面，又受到水质点沿着船体表面切向力的作用，即水的摩擦阻力作用。

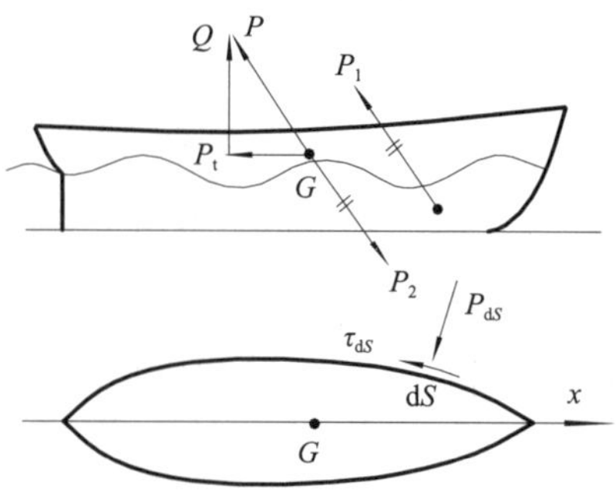

图 1–2　船体受力示意图

由于船体形状对称于纵中剖面，因此，船体湿表面上的切向力和压力都对称分布于纵中剖面，其合力 P_1 必位于纵中剖面上。在船的重心 G 处加上一对大小等于合力 P_1，方向相反的力 P 和 P_2，如图 1–2 所示。于是船体可以看作在重心

G 处受到一个 P 作用力和由 P_1、P_2 组成力偶的作用，该力偶将造成船体纵倾。作用力 P 的垂向分力 Q，支持船体重量，称为支持力。对于速度较低的一般船舶，Q 中极大部分是由水的静压力组成，即是静浮力；对于高速快艇，特别是滑行艇，其中流体动压力占主要部分。P 的水平分力 R_t 即为与船体运动方向相反的总阻力。

由以上分析知，船体运动中所受的总阻力 R_t 就是所有流体作用力沿运动方向的合力，也即船体表面上所有微面积 dS 上切向力 τ 和压力 p 在运动方向的合力，其公式为

$$R_t = \int_S \tau\cos(\tau, x)\mathrm{d}S + \int_S p\cos(p, x)\mathrm{d}S \tag{1-2}$$

式中，S 为整个船体湿表面积。

式 (1-2) 中，前一项积分表示由作用在船体表面上切向力所造成的阻力，称为摩擦阻力，其公式为

$$R_f = \int_S \tau\cos(\tau, x)\mathrm{d}S \tag{1-3a}$$

第二项积分表示由作用在船体表面上的压力所造成的阻力，称为压阻力 R_p，其公式为

$$R_p = \int_S p\cos(p, x)\mathrm{d}S \tag{1-3b}$$

因此，式（1-2）可表示为

$$R_t = R_f + R_p \tag{1-4}$$

应该注意的是，压阻力包含有粘压阻力和兴波阻力两类不同性质的力。兴波阻力即使在理想流体中仍然存在，而摩擦阻力和粘压阻力两者都是由于水的粘性而产生的，在理想流体中均不存在。习惯上把两者合并称为粘性阻力 R_v。为此，总阻力又可按流体性质分为

$$R_t = R_w + R_v \tag{1-5}$$

式中，$R_v = R_f + R_{pv}$。

显然，船体总阻力与各种阻力成分间的关系可以表示如下：

- 总阻力 R_t
  - 摩擦阻力 R_f ┐ 粘性阻力 R_v
  - 压阻力 R_p
    - 粘压阻力 R_{pv} ┘ 粘性阻力 R_v
    - 兴波阻力 R_w

还需指出：各种阻力成分在总阻力中所占比重对不同航速的船是不相同的，对于低速船来说，摩擦阻力 R_f 占总阻力的 70% ～ 80%，粘压阻力 R_{pv} 等于或大于 10%，而兴波阻力成分很小；对于高速船，R_f 占总阻力的 40% ～ 50%，而兴波阻力 R_w 却可达 50% 左右，粘压阻力 R_{pv} 仅占 5%。由于粘压阻力一般所占比重不大，且实际上亦难以同兴波阻力分开，故通常把粘压阻力与兴波阻力合并在一起称为剩余阻力 R_r，这样船体总阻力又可分为摩擦阻力和剩余阻力两部分。

船体总阻力之所以有各种分类方法，主要是便于对不同的问题进行研究和处理。

1.1.2 阻力（有效功率）与航速及船型的关系

影响船体阻力的因素很多，但主要有三个方面：①是航速，航速对阻力的影响较大，随着航速增加，阻力的增长十分显著；②是船型，不同的船型参数往往会导致阻力性能的变化；③是外界条件，船舶在不同的航区中航行，由于外界条件，诸如水深、流体介质和温度等不同，对阻力也会有影响。显然，对于给定的船型，且在一定的外界条件下，船体阻力仅仅是航速 V_s 的函数，其公式表示为

$$R_t = f_1(V_s) \tag{1-6}$$

这种阻力随航速而变化的曲线称为阻力曲线。一般来说，阻力 R_t 与航速 V_s 呈 3 ～ 6 次方的关系，不同的船型应该对应有不同的阻力曲线，如图 1-3（a）所示。

若船速为 V_s 时，船体总阻力为 R_t，则直接用于克服船体阻力所需的功率，称为有效功率，以 P_e 示之，其数值为

$$P_e = R_t \cdot V_s \tag{1-7}$$

考虑到船舶主机在功率传递过程中，将有一部分损失于轴系的传递，另一部分损失于螺旋桨的扭矩转换推力的过程中，因此有效功率只是主机功率的一部分。

对于一定的船型，由式 (1-7) 可知，P_e 也是速度 V_s 的函数，P_e 随 V_s 的变化曲线称为有效功率曲线，如图 1-3（b）所示。比较式 (1-6) 与式（1-7) 可知：有效功率 P_e 曲线较之阻力 R_t 曲线是 V_s 的高一次函数曲线。

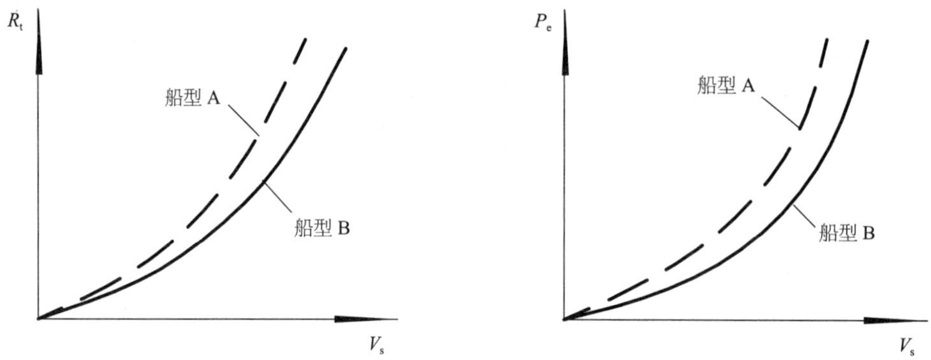

(a) 阻力曲线　　(b) 有效功率曲线

图 1-3　阻力曲线和有效功率曲线

§1.2　阻力相似定律

船模试验方法是研究船舶阻力的主要方法，因此，除应明确模型试验必须满足的条件外，为了将模型试验结果换算到实船上去，必须探讨船舶阻力的函数表示形式及其基本特性。

解决船舶阻力的表示形式问题，可以采用流体力学相似理论中的量纲分析法。

1.2.1 粘性阻力相似定律——雷诺定律

当物体在粘性流体中运动时，且不计流体重力影响，如潜艇在深潜航行时，其所

受阻力为粘性阻力。根据分析，认为粘性阻力 R_v 与水的质量密度 ρ、物体长度 L、速度 V、水的运动粘性系数 ν 有关，可以写成：

$$R_v=\varphi(\rho,\ L,\ \nu,\ V) \tag{1-8}$$

式（1-8）中有5个有量纲物理量，取 ρ、L、V 三个量作为基本量。按照流体力学量纲分析法的 π 定理知：式(1-8)用无量纲变数表示时，无量纲数减少为两个：π_1 和 π_2。

现列出除三个基本量外的物理量的量纲表示式：

$$[R_v]=[\rho][V^2][L^2]$$

$$[\nu]=[L][V]$$

根据量纲表示式，组成无量纲数 π_1、π_2：

$$\pi_1=\frac{R_v}{\rho V^2L^2}\ ,\ \pi_2=\frac{\nu}{LV}=\frac{1}{LV/\nu}=\frac{1}{Re}$$

其中，$Re=LV/\nu$，称为雷诺数。考虑到湿面积 S 与 L^2 的量纲相同，用动压力 $\frac{1}{2}\rho V^2$ 代替 ρV^2，因此，$\frac{R_v}{\rho V^2L^2}$ 可改写成 $\frac{R_v}{\frac{1}{2}\rho V^2S}$，称为粘性阻力系数 C_v，表示单位面积的粘性阻力与动压力之比。

据 π 定理，列出式(1-8)的无量纲函数表示式：

$$\pi_1=\Phi(\pi_2)$$

即可得

$$C_v=\frac{R_v}{\frac{1}{2}\rho V^2S}=\Phi\left(\frac{1}{Re}\right)$$

或者

$$C_v=f(Re) \tag{1-9a}$$

式(1-9a)表明：对一定形状的物体，粘性阻力系数仅与雷诺数有关，当雷诺数相同时，则粘性阻力系数必相等。

作为特例，在深水中顺着本身平面运动的极薄的平板所受阻力仅为摩擦阻力 R_f，据分析，R_f 可以表示为式(1-8)相同的函数关系，因此其无量纲表示式为

$$C_f=\frac{R_f}{\frac{1}{2}\rho V^2S}=f(Re) \tag{1-9b}$$

由式(1-9b)知，平板摩擦阻力系数 C_f 仅仅是雷诺数的函数，当雷诺数相同时，摩擦阻力系数必相等。

式(1-9a)和式(1-9b)的函数关系称为雷诺定律。

1.2.2 兴波阻力相似定律——弗劳德定律

研究兴波阻力可选取在理想流体中航行的某给定水面船舶（即船型一定）为研究对象。由于是理想流体，不存在粘性影响，所以既无摩擦阻力又无粘压阻力，仅有由波浪而引起的兴波阻力。根据研究分析认为，影响兴波阻力的物理量是 ρ、L、V 和重

力加速度 g，因而可写成：

$$R_w = \varphi(\rho,\ L,\ V,\ g) \tag{1-10}$$

式 (1-10) 中有五个有量纲物理量，取 ρ、L、V 三个量为基本量，按照量纲分析法的 π 定理知，式 (1-10) 用无量纲参数表示时，无量纲参数的数目减少为两个：π_1 和 π_2。

现列出除三个基本量之外的物理量的量纲表示式：

$$[R_w] = [\rho][L^2][V^2]$$

$$[T] = [L][V^{-1}]\ \text{（时间的量纲式）}$$

$$[g] = [V][T^{-1}] = [V^2][L^{-1}]$$

根据量纲表示式，组成无量纲数 π_1、π_2：

$$\pi_1 = \frac{R_w}{\rho V^2 L^2}\ ,\quad \pi_2 = \frac{g}{V^2/L} = \frac{gL}{V^2} = \frac{1}{Fr^2}$$

式中，$Fr = \dfrac{V}{\sqrt{gL}}$称为弗劳德数。同样，考虑到湿面积 S 与 L^2 量纲相同，用动压力 $\dfrac{1}{2}\rho V^2$ 代替 ρV^2，因此$\dfrac{R_w}{\rho V^2 L^2}$改写成$\dfrac{R_w}{\frac{1}{2}\rho V^2 S}$，称为兴波阻力系数 C_w，表示为单位面积的兴波阻力与动压力之比。

据 π 定理，列出式 (1-10) 的无量纲函数表示式为

$$\pi_1 = \Phi(\pi_2)$$

即可得

$$C_w = \frac{R_w}{\frac{1}{2}\rho V^2 S} = \Phi\left(\frac{1}{Fr^2}\right)$$

因此，对于给定船型必有

$$C_w = f(Fr) \tag{1-11}$$

由式 (1-11) 知，对于给定船型的兴波阻力系数仅是弗劳德数的函数，当两船的 Fr 相等时，兴波阻力系数 C_w 必相等，这称为弗劳德定律。

显然，对于不同船型而言，兴波阻力系数 C_w 除与 Fr 数有关外，还将因船型变化而发生变化。

现在来讨论在船舶工程中经常要应用的形似船在相应速度时的弗劳德定律问题。

形似船是指仅大小不同，而形状完全相似的船舶之间的统称，如实船和船模即为形似船。相应速度是指形似船之间，为了保持弗劳德数 Fr 相同，则它们的速度必须满足一定的对应关系。对于船模和实船，要求$\dfrac{V_m}{\sqrt{gL_m}} = \dfrac{V_s}{\sqrt{gL_s}}$；则相应速度关系为

$$V_m = \frac{V_s}{\sqrt{L_s/L_m}} = \frac{V_s}{\sqrt{\alpha}} \tag{1-12}$$

式中，下标 m、s 分别为船模和实船的参数；α 为实船与船模间的缩尺比。

由于实船与船模的船型是相同的，且在相应速度时，它们的弗劳德数也是相等的，故它们的兴波阻力系数必相等，可表示为

$$\frac{R_{ws}}{\frac{1}{2}\rho_s V_s^2 S_s} = \frac{R_{wm}}{\frac{1}{2}\rho_m V_m^2 S_m}$$

或

$$R_{ws} = R_{wm} \frac{\rho_s V_s^2 S_s}{\rho_m V_m^2 S_m} \tag{1-13}$$

考虑到形似船，且在相应速度，则必有 $S_s / S_m = \alpha^2$ 和 $V_s^2 / V_m^2 = \alpha$，代入式 (1–13) 得

$$R_{ws} = R_{wm} \frac{\rho_s}{\rho_m} \cdot \alpha^3 = R_{wm} \cdot \frac{\rho_s}{\rho_m} \cdot \frac{\nabla_s}{\nabla_m} \tag{1-14}$$

式中，∇_s 和 ∇_m 分别为实船和船模的排水体积，如改用相应的排水量 Δ_s、Δ_m，最后得

$$R_{ws} = R_{wm} \cdot \frac{\Delta_s}{\Delta_m}$$

或

$$\frac{R_{ws}}{\Delta_s} = \frac{R_{wm}}{\Delta_m} = \text{常数} \tag{1-15}$$

由式 (1–15) 知，形似船在相应速度时（或相同 Fr 数），单位排水兴波阻力必相等。这称为弗劳德比较定律。由此可知，试验求得船模的兴波阻力后，就可得到相应速度时的实船兴波阻力。

1.2.3 船体总阻力相似定律——全相似定律

研究对象是在实际水面上航行的某给定船舶（船型一定），由于既存在水面兴波，又要考虑到水的粘性，所以船体总阻力 R_t 应是 ρ、L、V、v 和 g 的函数，可写作

$$R_t = \varphi(\rho,\ L,\ V,\ v,\ g) \tag{1-16}$$

式 (1–16) 中有 6 个有量纲物理量，取 ρ、L、V 三个量为基本量，按照量纲分析法的 π 定理知，式 (1–16) 用无量纲参数表示时，无量纲参数的数目可减少到三个：π_1、π_2 和 π_3。

现列出各物理量的量纲式：

$$[R_t] = [\rho][L^2][V^2]$$

$$[T] = [L][V^{-1}]$$

$$[v] = [L][V]$$

$$[g] = [V][T^{-1}] = [V^2][L^{-1}]$$

根据量纲式，组成无量纲数 π_1、π_2、π_3：

$$\pi_1 = \frac{R_t}{\rho V^2 L^2},\quad \pi_2 = \frac{v}{LV} = \frac{1}{Re},\quad \pi_3 = \frac{g}{V^2/L} = \frac{1}{Fr^2}$$

式中，Re 和 Fr 分别为雷诺数和弗劳德数。同样的，$\frac{R_t}{\rho V^2 L^2}$ 可改写成 $\frac{R_t}{\frac{1}{2}\rho V^2 S}$，称为总阻力系数 C_t，表示单位面积的总阻力与动压力之比。

根据 π 定理，列出式 (1-16) 的无量纲函数表示式：

$$\pi_1 = \Phi(\pi_2,\ \pi_3)$$

即

$$C_t = \frac{R_t}{\frac{1}{2}\rho V^2 S} = \Phi\left(\frac{1}{Re},\ \frac{1}{Fr^2}\right)$$

所以，对一定船型：

$$C_t = f(Re,\ Fr) \tag{1-17}$$

由式 (1-17) 知，水面船舶的总阻力系数是雷诺数和弗劳德数的函数；若能使实船和船模的雷诺数和弗劳德数同时相等，就称为全相似。满足全相似条件下，实船和船模的总阻力系数为一常数，故称为全相似定律。

同样可知，对于不同船型而言，则总阻力系数除与 Re 和 Fr 有关外，还将受到船型的影响。

§1.3　速度参数及其物理意义

1.3.1　速度参数的表示

研究船舶快速性中常常用到船速，而船速在实用上是以节（kn）为单位。1 kn = 1 n mile/h，而 1 n mile = 1 852 m，或约 6 080 ft，所以 1 kn = 0.514 4 m/s。

在船舶工程研究中，一般应用无量纲速度参数，常用的参数主要有弗劳德数和雷诺数。

从 §1.2 节中可知，弗劳德数定义为

$$Fr = \frac{V}{\sqrt{gL}} \tag{1-18}$$

式中，V 为船速，m/s；L 为船舶水线长或垂线间长，m；g 为重力加速度，$g = 9.8\ \mathrm{m/s^2}$。

因为重力加速度 g 为一常数，所以在有些国家常用速长比 $\frac{V}{\sqrt{L}}$ 代替弗劳德数，但其中航速 V 以“kn”计，L 以“ft”计，弗劳德数与速长比的关系为

$$Fr = 0.297\,7\frac{V}{\sqrt{L}} \tag{1-19}$$

或

$$\frac{V}{\sqrt{L}} = 3.355\,Fr \tag{1-20}$$

雷诺数的定义为

$$Re = \frac{VL}{\nu} \tag{1-21}$$

式中，V 为航速，m/s；L 为船长，m；ν 为水的运动粘性系数，$\mathrm{m^2/s}$。

雷诺数在研究船的粘性阻力时有重要意义。在造船工程研究中有时还要应用到其他形式的速度参数，这里不作详细介绍。

1.3.2　弗劳德数和雷诺数的物理意义

由流体所受的惯性力 Q、重力 G 和粘性力 R_v 的因次关系，如果将弗劳德数 $Fr=\frac{V}{\sqrt{gL}}$改写成$Fr^2=\frac{V^2}{gL}=\frac{\rho\cdot V^2\cdot L^2}{\rho\cdot g\cdot L^3}$，显然弗劳德数即为惯性力和重力的比值$\frac{[Q]}{[G]}$。雷诺数改写成$Re=\frac{VL}{\nu}=\frac{\rho\cdot V^2\cdot L^2}{\mu\cdot V\cdot L}$，即雷诺数即为惯性力和粘性力的比值$\frac{[Q]}{[R_f]}$。

§1.4　弗劳德假定

由全相似定律知，如果能使船模与实船在相同的 Fr 和 Re 条件下进行试验，则船模和实船的总阻力系数必然相等，这样实船的总阻力也可精确确定，但船模和实船同时满足 Fr 、Re 相等的所谓全相似条件在实际上是难以实现的。

1.4.1　实现全相似的条件

如果要求实船与船模满足弗劳德数相等，则有

$$\frac{V_s^2}{gL_s}=\frac{V_m^2}{gL_m},\quad V_m^2=\frac{V_s^2L_m}{L_s}$$

若雷诺数相等，则有

$$\frac{V_sL_s}{\nu_s}=\frac{V_mL_m}{\nu_m},\quad V_m^2=\frac{V_s^2L_s^2}{L_m^2}\left(\frac{\nu_m}{\nu_s}\right)^2$$

若雷诺数和弗劳德数同时相等，则必有

$$\nu_m=\nu_s\left(\frac{L_m}{L_s}\right)^{3/2} \tag{1-22}$$

这里下标 m、s 分别代表船模和实船的数据，设实船对船模的尺度比 $\alpha=\frac{L_s}{L_m}=36$，则由式 (1–22) 得 $\nu_m=\frac{\nu_s}{216}$。要满足此式在实际上还存在困难，因为要求试验池的介质的粘性系数仅为实船航行介质的 1/216，这是不切合实际的。若船模也在水池中进行试验，而水的运动粘性系数相差不大，可假定 $\nu_m=\nu_s$，则要满足式 (1–22) 的全相似条件的话，除非 $\alpha=1$，即 $L_s=L_m$，这就意味着实船在试验池内进行试验，显然这是不现实的。

1.4.2　弗劳德假定

船模与实船不能同时满足雷诺数和弗劳德数相等，所以不可能根据船模试验结果直接求得实船的总阻力。实际上单一的雷诺数相等也是不能实现的。因此，只能在保持弗劳德数相等的情况下组织试验。为了能从船模试验结果求得实船的阻力，弗劳德做出下列假定。

（1）假定船体总阻力可以分为独立的两部分：一部分为摩擦阻力 R_f，只与雷诺数有

关；另一部分为粘压阻力 R_{pv} 与兴波阻力 R_w 合并后的剩余阻力 R_r，只与弗劳德数有关，且适用比较定律。表示为

$$R_t = R_f + R_r$$

而

$$R_r = R_{pv} + R_w$$

$$R_t = f(Re,\ Fr) = f_1(Re) + f_2(Fr)$$

而

$$R_f = f_1(Re),\quad R_r = f_2(Fr)$$

（2）假定船体的摩擦阻力等于同速度、同长度、同湿面积的平板摩擦阻力。通常称为相当平板假定。

如果满足弗劳德数相等组织船模试验，同时应用弗劳德假定，便可将试验结果换算得实船在相应速度时的阻力。因为由假定知：

$$R_{ts} = R_{fs} + R_{rs} \tag{1-23}$$

在相应速度时，由比较定律得

$$R_{rs} = R_{rm} \cdot \frac{\varDelta_s}{\varDelta_m}$$

则得

$$R_{ts} = R_{fs} + R_{rm} \cdot \frac{\varDelta_s}{\varDelta_m} \tag{1-24}$$

这里下标 m、s 分别代表船模和实船的数据。考虑到船模剩余阻力 $R_{rm} = R_{tm} - R_{fm}$，而 $\dfrac{\varDelta_s}{\varDelta_m} = \dfrac{\rho_s}{\rho_m} \cdot \alpha^3$，则有

$$R_{ts} = R_{fs} + (R_{tm} - R_{fm})\frac{\rho_s}{\rho_m} \cdot \alpha^3 \tag{1-25}$$

式 (1-25) 称为弗劳德换算关系。显然，由船模试验得到船模总阻力 R_{tm}，并分别计算船模和实船的摩擦阻力后，即可得实船总阻力。

弗劳德换算关系式也可用无量纲形式表示，若将式 (1-23) 两边除以 $\frac{1}{2}\rho_s V_s^2 S_s$，得无量纲形式：

$$C_{ts} = C_{fs} + C_{rs} \tag{1-26}$$

式中，C_{ts} 为实船总阻力系数；C_{rs} 为剩余阻力系数，$C_{rs} = \dfrac{R_{rs}}{\frac{1}{2}\rho_s V_s^2 S_s}$。因在速度相应时，$C_{rs} = C_{rm}$，而 $C_{rm} = C_{tm} - C_{fm}$，代入式（1-26）有

$$C_{ts} = C_{fs} + C_{rm} = C_{fs} + (C_{tm} - C_{fm}) \tag{1-27}$$

由式 (1-27) 求得实船总阻力系数 C_{ts} 后，进而可算出总阻力。

几十年来，弗劳德提出的换算法在世界各国试验池中曾被广泛采用，直到现在仍被继续采用，其原因在于用弗劳德假定来进行计算所得结果一般与实际相当接近。但

是严格地讲，弗劳德假定既不完善也不合理。

（1）弗劳德把船体阻力机械地分成两个独立部分：一部分仅与重力或弗劳德数有关；另一部分仅与粘性或雷诺数有关，忽略了两者的相互影响。事实上，这种影响是存在的。一方面粘性不断地消耗波能，同时由粘性而产生的边界层改变了流线的形状，特别是船艉流线的改变更为显著，改变了船体压力分布，影响兴波阻力；另一方面，兴波作用改变了湿面积的形状及大小，同时由于水质点的轨圆运动改变了水与船体的相对速度，在波峰处的相对速度有所减小，在波谷处则增大，因之影响了粘性阻力。所以，严格地讲，船体总阻力应为：

$$R_t = R_v(Re, Fr) + R_w(Re, Fr) \tag{1-28a}$$

或

$$R_t = R_v + R_w + R_{vw} + R_{wv} \tag{1-28b}$$

式中，R_{vw} 为波浪对粘性阻力的影响；R_{wv} 为粘性对兴波阻力的影响。但这种相互影响问题研究得较少，一般认为影响较小，且目前尚难做可靠计算，所以在工程应用中忽略不计。

（2）弗劳德将兴波阻力和粘压阻力这两种不同性质的阻力成分合并为剩余阻力，并认为符合弗劳德比较定律，在理论上是不恰当的。

（3）船体形状是相当复杂的三因次物体，其周围流动情况与平板相比显然有一定差别。因而用相当平板的摩擦阻力来代替船体摩擦阻力，必然是有误差的。

弗劳德假定虽有其欠妥当之处，但尚能比较准确地满足实际工程上的需要，其原因在于：粘压阻力 R_{pv} 一般情况下在总阻力中所占比重较小，且粘压阻力系数与 Re 关系不大，即近似为常数，因此并入剩余阻力系数应用比较定律也不致有明显误差，正因为上述缘故，根据弗劳德假定所得出的船模阻力换算法一直沿用至今。

泰尔费（Telfer）于 1927 年提出的几何相似船模组试验，可以发现弗劳德假定与实际不符之处，从而为修正阻力计算提供一定的依据。这将在第 2 章中予以较详细的叙述。但必须指出：最初提出几何相似船模组试验研究的目的除了验证弗劳德假定的正确性外，还在于寻找比较合适的平板摩擦阻力公式。20 世纪 50 年代以后，各国相继开展了几何相似船模组的试验研究工作，其中包括阻力试验、自航试验和螺旋桨敞水试验，研究内容大为扩充，包括阻力换算方法以及船舶推进方面的一些问题。

【思考题】

1. 设有 5 艘尺度、船型、航速各不相同的船如下表所示：

船类	船长 / m	航速 / kn	
货船	120	12	
客货船	160	23	
高速客船	85	23	
鱼雷艇	26	32	
拖轮	46	12（单放）	7（拖带）

试分别计算它们的弗劳德数 Fr 和速长比$\frac{V}{\sqrt{L}}$。

2. 拖带某船，当速度为 4.5 m/s 时，水平拖索的张力为 3 250 kgf（31.88 kN），此拖索方向与该船中纵剖面方向一致，试求在此速度下该船的有效功率（以 hp 计）。

3. 已知某海船的主要要素为 $L_{WL}=70$ m，$B=11.2$ m，$d=2.1$ m，方形系数 $C_B=0.68$，每厘米吃水吨数为 $q=6.2$ t/cm，船模缩尺比 $\alpha=30$，求船模排水量。如果船模在无压载时在淡水中吃水 $d_m=0.06$ m，则应加多少压载重量？

4. 某船的排水量为 4 000 t，航速为 12 kn，试求排水量为 6 000 t 的相似船的相当速度，分别以 kn、km/h、ft/s 表示。

5. 某海船的船长 $L_{WL}=167$ m，排水量 $\Delta=25\,000$ t，航速 $V=16$ kn，与之相似的船模长度为 5.0 m。试求船模排水量（在淡水中，以 kg 计）及试验时的相当速度（以 m/s 计）。

6. 设船模与实船的弗劳德数 Fr 相等。已知实船（为一海船）在 $Fr=0.3$ 时的航速 $V=23$ km/h，缩尺比 $\alpha=25$。求船模与实船在水温分别为 25℃和 15℃时的雷诺数。

7. 某长江双桨客货船的水线长为 108 m，航速为 16 kn，试计算缩尺比分别为 20、30、40 时的船模长度及相当速度。若水温为 15℃，试计算实船与船模的雷诺数。

8. 设实船与船模弗劳德数相等，缩尺比 $\alpha=40$，求二者雷诺数之间的比值。

9. 若以排水量为 50 t，速度为 18 km/h 的某试验艇为母船（可视为模型），设计一条完全相似的排水量为 10 000 t 的船舶。试求设计船的相当速度。

10. 某海船 $L_{WL}=100$ m，$B=14$ m，$d=5$ m，排水体积 ∇ 为 4 200 m^3，航速 V 为 17 kn。试求：

（1）缩尺比为 20、25、30、35 时船模的相当速度和重量；

（2）当缩尺比为 25，在相当速度时测得兴波阻力为 1.0 kg，试验水池温度为 12℃，求其他船模在相当速度时的兴波阻力；

（3）所有船模所对应的实船在水温 $t=20$℃的海水中的兴波阻力为多少（以 t 计）？

11. 设某船长度 $L=80$ m，航速 $V=25$ km/h，缩尺比 $\alpha=20$，如果要在试验池中实现雷诺数相等，试问要求的船模速度为多少？在试验水池中能否做到这一点？

12. 已知实船航速 $V=25$ km/h，缩尺比 $\alpha=50$，对应的船模雷诺数 $Re=0.9\times10^6$，若试验时水温为 15℃，求船模的相当速度和弗劳德数。若将缩尺比改为 30，求此时船模的长度、相当速度和雷诺数。

13. 在试验水池中水温 $t=15$℃，设船模的 $Fr_m=0.256$，$Re_m=1.45\times10^6$。若实船对应的航速 $V_s=26$ km/h，试求实船和模型的缩尺比（实船为一海船，水温 20℃）。

14. 某船模缩尺比 $\alpha=30$，在水池中拖带速度为 1.2 m/s 时，测得船模剩余阻力为 0.75 kg。求对应实船的航速（以 kn 计）和剩余阻力（以 t 计）。

15. 船模试验时，测得船模速度为 $V=1.10$ m/s 时，剩余阻力系数为 $C_{rm}=1.36\times10^{-3}$，缩尺比 $\alpha=40$。若实船为海船，湿面积 $S=800\ m^2$，试求实船的剩余阻力。

16. 假定摩擦阻力为 $R_f\propto V^{1.825}$，粘压阻力 $R_{vp}\propto V^2$，兴波阻力 $R_w\propto V^4$。若在某一速度下阻力各分量占总阻力的百分数为：R_f 占 80%，R_{vp} 占 10%，R_w 占 10%，试计算当速度增加 50% 和 80% 之后，R_f、R_{vp}、R_w 各占总阻力的百分数。又若 $R_w\propto V^6$，其他情况同上，则三种阻力成分在速度增加 70% 后占总阻力比例为多少？

第2章 粘性阻力

在第1章已简要提到：当船体运动时，由于水的粘性，在船体周围形成“边界层”，从而使船体运动过程中受到粘性切应力作用，亦即船体表面产生了摩擦力，它在运动方向的合力便是船体摩擦阻力。另外，由于水具有粘性，漩涡处的水压力下降，从而改变了沿船体表面的压力分布情况，这种由粘性引起船体前后压力不平衡而产生的阻力叫粘压阻力。因此，粘性阻力由摩擦阻力和粘压阻力两部分组成，它与船体的形状和雷诺数密切相关。

本章着重从船舶工程实际使用需要出发，分别讨论摩擦阻力和粘压阻力的成因、特征以及计算和处理方法。

§2.1 边界层和摩擦阻力

由于船体形状比较复杂，目前用理论精确计算船体的摩擦阻力尚不能付诸工程实践，因此船舶工程中仍不得不沿用弗劳德提出的相当平板假定，即船体的摩擦阻力与同速度、同长度、同湿面积的平板摩擦阻力相等。这一假定是计算船体摩擦阻力的基础。本节首先介绍平板边界层，然后介绍平板摩擦阻力的成因、特性，最后指出船体边界层与平板边界层的主要区别。

2.1.1 平板边界层

假设顺着流动方向放置一薄平板，水流以均匀速度 v 流经平板，如图 2–1 所示。当水流过平板时，由于水具有粘性，故平板表面处的水质点均被吸附在平板上，平板表面上流速为零。随着与平板表面距离 y 的增加，流速逐渐增加，当 y 增至某一距离 δ 时，其处流速达到来流的速度值。我们称存在粘性作用的这一薄层水流为边界层，δ 是纵向位置 x 的函数，称为界层厚度。在相应平板各处距离为 δ 的点，可连成一界面，此界面称为界层边界。

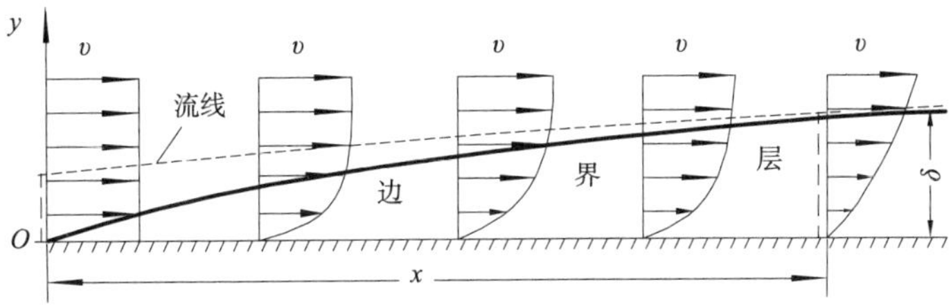

图 2–1 平板边界层

应当指出，一般定义边界层厚度常以界层内流速达到 99% 来流速度作为界层的边缘，该处与板面的距离作为界层厚度值。根据实验测定，影响边界层厚度的主要因素是流速 v、距板前端点 O 的距离 x 和流体的粘性，即运动粘性系数 ν。进一步的实验指出，δ 取决于由这三个物理量所组成的无量纲数 $Re_x=\dfrac{vx}{\nu}$，即局部雷诺数。如果 v、x 一定，当 Re_x 很大时，则表示流体的粘性作用很小，δ 就很小。理想流体可视为运动粘性系数

$v=0$ 的实际流体，其雷诺数 $Re=\infty$，边界层厚度 $\delta=0$。

对边界层内的流动状态进行观察研究，发现边界层内存在两种流动状态：在平板前端部分，水质点表现有稳定的分层流动，边界层沿板长方向增长较慢，这种流动状态称为层流。而在平板后部，水质点互相碰撞，运动方向极不规则，但其平均速度还是沿平板方向前进，界层厚度沿板长方向的增长较层流情况为快，这种流动称为紊流（又称湍流）。实际上，在层流与紊流之间还有一段过渡状态称为过渡流或变流，如图 2–2 所示。进一步的试验观察发现界层内的流动状态完全取决于平板的局部雷诺数 Re_x。层流状态时，$Re_x \leqslant (3.5 \sim 5.0)\times 10^5$；过渡流状态时，$(3.5 \sim 5.0)\times 10^5 < Re_x < 3.0\times 10^6$；湍流状态时，$Re_x \geqslant 3.0\times 10^6$。由边界层理论求得的界层厚度为

层流边界层：
$$\delta = 5.2\, Re_x^{-\frac{1}{2}} \cdot x \tag{2-1}$$

紊流边界层：
$$\delta = \frac{0.059\,8}{\lg Re_x - 3.107} \cdot x \tag{2-2}$$

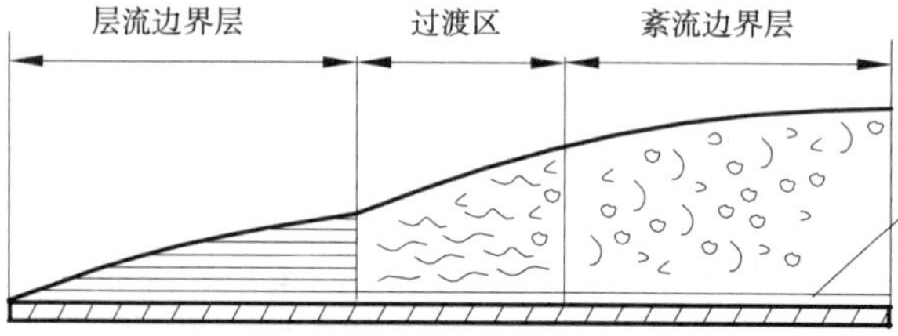

图 2–2　边界层内不同的流动状态

边界层理论的重要意义在于它将流体划分为截然不同的两个部分，并加以分别处理。界层外面视为理想流体，可用势流理论求解；界层内部则为真实流体，须用边界层理论来研究。

需要说明的是，在紊流边界层的底部，有一极薄层水流仍为层流，称为层流底层。这是因为在紧靠物体表面处的水质点的运动速度极低，雷诺数很小，所以呈层流状态。

2.1.2　摩擦阻力成因及主要特性

2.1.2.1　摩擦阻力成因

由边界层理论知，当水、空气流经平板表面时，由于流体的粘性作用，在平板表面附近形成界层。虽然界层厚度 δ 极小，但界层内流体速度的变化率，即速度梯度很大。由牛顿内摩擦定律知，平板表面受到的摩擦切应力 τ 为

$$\tau = \nu \frac{\partial v}{\partial y}\Big|_{y=0} \tag{2-3}$$

式中，ν 为流体的动力粘性系数；$\partial v/\partial y$ 为界层内的速度梯度。

尽管所讨论的介质是水，其动力粘性系数 ν 较小，但由于在界层内的速度梯度 $\partial v/\partial y$ 很大，所以平板表面上受到的摩擦切应力不能忽略不计。

由上所述，整个平板上所受到的摩擦阻力 R_f 应是所有摩擦切应力的合力，可表示为

$$R_f = \int_S \tau \mathrm{d}S \tag{2-4}$$

如图 2-3 所示，设平板宽度为 b，则 x 段内全部摩擦阻力为 R_f，其无量纲形式可表示为

$$C_f = R_f / \frac{1}{2}\rho v^2 S = 2b\int_0^x \tau \mathrm{d}x / \frac{1}{2}\rho v^2 \cdot 2bx = \frac{1}{x}\int_0^x C_\tau \,\mathrm{d}x \tag{2-5}$$

式中，C_τ 为局部摩擦阻力系数，$C_\tau = \tau \frac{1}{2}\rho v^2$；$C_f$ 为平均摩擦阻力系数，其为局部摩擦阻力系数 C_τ 在整个 x 长度范围内的平均值，如图 2-4 所示。同时也可说明平均摩擦阻力系数较同雷诺数的局部摩擦阻力系数为大。这一结论无论对层流还是紊流情况均相同。

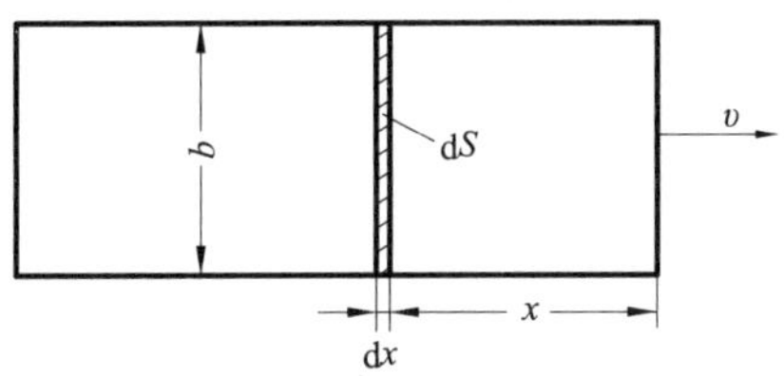

图 2-3 平均摩擦阻力系数的计算

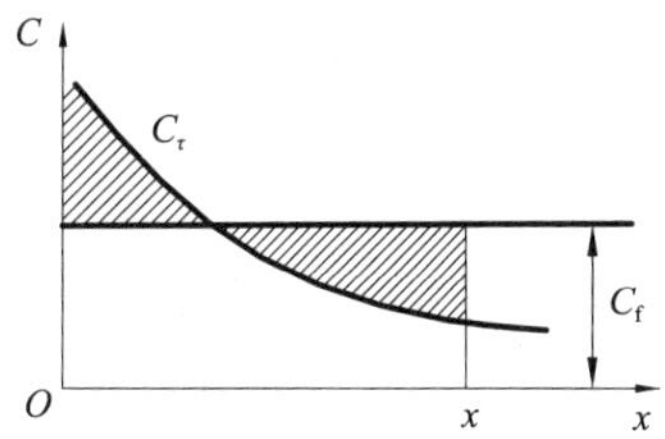

图 2-4 C_f 与 C_τ 关系示意图

2.1.2.2 摩擦阻力主要特性

1）摩擦阻力与流态的关系

由以上分析知，当流体介质一定时，对于给定的平板，其所受到的摩擦阻力取决于摩擦切应力 τ。由式 (2-3) 知，τ 与界层内的速度分布有关。界层内为层流和紊流时的流速分布，如图 2-5 所示。在紊流边界层中，由于水质点互相撞击产生动量交换，以致界层内的速度分布较层流时丰满，因此在相同来流条件下，速度梯度较大，所以其摩擦切应力必然较层流情况为大，相应的摩擦阻力系数亦大。

(a) 层流时的速度分布　　(b) 紊流时的速度分布

图 2-5 边界层内的速度分布比较

2）雷诺数 Re 对摩擦阻力的影响

在固定流态情况下，摩擦切应力 τ 随局部雷诺数 $Re_x = \frac{vx}{\nu}$ 变化而变化。

（1）当来流速度 v 不变时，由 x 增大引起 Re_x 增大时，由式 (2-1) 或式 (2-2) 知，界层厚度增加，从而使界层内的速度分布的丰满度有所下降，速度梯度 $\partial v/\partial y$ 必然随 x 增大而减小。故摩擦切应力和局部摩擦阻力系数均随 Re_x 增大而减小。

（2）当 x 一定，由 v 增大使 Re_x 增大时，仍由式 (2-1) 或式 (2-2) 知，界层厚度将减薄，从而使界层内流速分布的丰满度增大，摩擦切应力 τ 随之增大。

应当指出，由流体力学平板界层求解结果知：摩擦切应力 τ 随来流 v 增加（x 一定时）在紊流和层流流动时分别正比于$v^{\frac{13}{7}}$和$v^{\frac{3}{2}}$，亦即 τ 随 v 的增大情况均小于 v^2 关系。由此可知，其局部摩擦阻力系数 C_τ 仍然是随 Re_x 增大而减小。

由于平均摩擦阻力系数 C_f 与局部摩擦阻力系数 C_τ 具有相同的变化规律，因此可推知：当 Re 增大时，无论 C_τ 还是 C_f 均随之下降。

3）摩擦阻力与平板湿面积的关系

平板的摩擦阻力可按式 (2-4) 计算。如果流体介质给定，当界层内的流动状态固定时，则意味着动力粘性系数 v 和界层内的速度梯度 $\partial v/\partial y$ 均为常数，因而摩擦切应力 τ 亦为常数。显然平板的摩擦阻力值正比于平板的湿面积 S。这一结论对研究船体摩擦阻力具有实用意义。

2.1.3 船体边界层与平板边界层的区别

船体表面是一个三维曲面，水流经过时，也会产生边界层。由于船体表面纵向和横向曲率的影响，船体周围的三维边界层与平板的二维边界层有明显的不同。其主要差别体现在以下几个方面。

1）边界层外缘势流不同

对于平板，边界层外缘势流的速度和压力均保持不变。但对于船体，这两者沿船体表面均发生变化。首先，船体表面各处的流速是不同的，船中部大于而艏艉两端却小于船的绝对速度。根据观察，其数值与由理想流体理论计算所得沿船体周围的速度基本相等，如图 2-6 所示。虽然在界层以外的部分也有速度梯度和摩擦切应力，但与界层以内部分相比是很小的，所以粘性影响可以忽略不计。其次，由于外部势流沿船体表面的流速不同，因而根据伯努利方程知，沿船体表面的压力也必不相等，船中较低，艏艉较高，即存在纵向压力梯度。

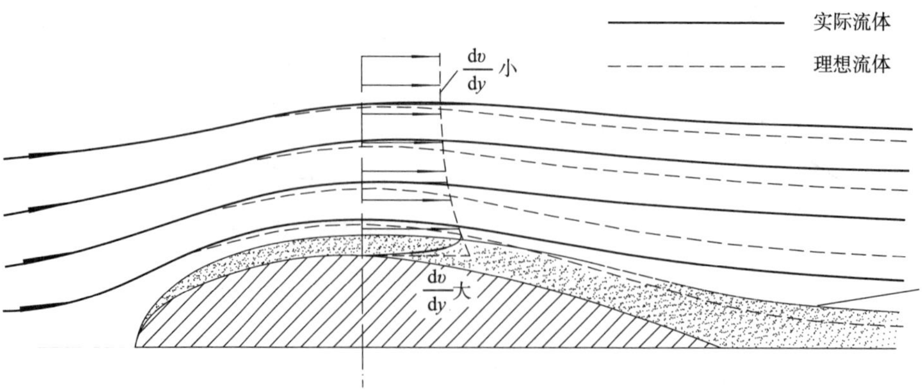

图 2-6　边界层内外的速度梯度比较

2）界层内纵向压力分布不同

根据边界层理论中界层内部压力等于其外缘压力的假定，平板边界层内纵向压力处处相等，而船体边界层内则存在纵向压力梯度，即艏部压力高，中部较低而艉部又相应有所升高。由于流体的粘性作用，在这种纵向压力分布情况下，不管艉部是否出现界层分离，均使艉部的压力较艏部压力有所下降。因而船体不但受到摩擦阻力，而且还将受到粘压阻力。

此外，船体边界层在界层相对厚度以及横向绕流对边界层的影响等方面与平板边界层相比亦存在差异。但是船体摩擦阻力的成因、特性与平板情况基本相同，因此船体摩擦阻力可以应用平板摩擦阻力相同的方法进行处理。

船体摩擦阻力也可用能量观点来解释：就某一封闭区而言，当船在静水中航行时，由于粘性作用，必带动一部分水一起运动，这就是边界层。为了携带这部分水一起前进，在运动过程中船体将不断供给这部分水质点以能量，因而产生摩擦阻力。

§2.2　摩擦阻力系数计算公式

虽然计算机应用和数值计算均有很大的发展，但要求解像船体这样形状极为复杂的物体的边界层问题仍然是十分困难的。因此，目前计算船体摩擦阻力均不得不以光滑平板摩擦阻力系数公式为基础。本节先介绍光滑平板摩擦阻力系数计算公式，然后说明船体摩擦阻力计算的处理方法。

2.2.1　光滑平板层流摩擦阻力系数公式

当平板界层内全为层流状态时，勃拉齐（Blasius）早在 1908 年根据层流界层微分方程式给出了理论上的精确解为

$$C_{\mathrm{f}}=\frac{R_{\mathrm{f}}}{\frac{1}{2}\rho v^{2}S}=1.328Re^{-\frac{1}{2}} \tag{2-6}$$

式（2-6）称为勃拉齐公式，其计算结果与实验结果完全相符。

必须说明的是，理论上得到的平板层流摩擦阻力系数的精确计算式，并不适用于造船工程实际，因其对应的雷诺数范围为 $Re \leqslant (3.5 \sim 5.0)\times 10^{5}$。一般船舶的雷诺数在 $4\times 10^{6} < Re < 3\times 10^{9}$，其对应的流动状态应为紊流边界层。

2.2.2　光滑平板紊流摩擦阻力系数计算公式

当界层内全为紊流时，即使对于平板，尚无理论上的精确解，而一般的近似计算方法的基础是卡门界层动量积分方程式。

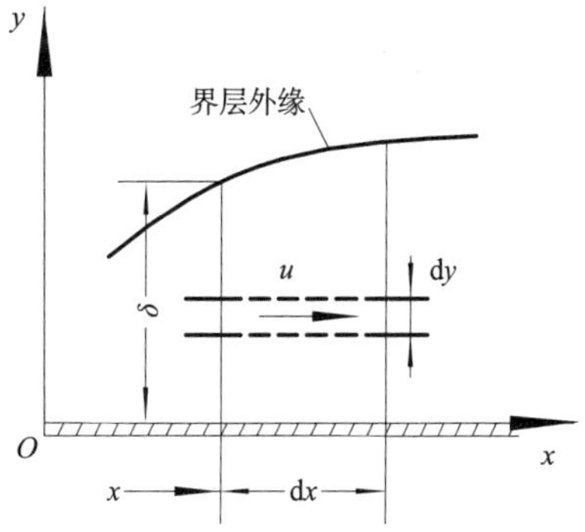

图 2-7　边界层动量方程

参阅图 2-7，设 δ 为距平板前端 x 处的界层厚度，根据牛顿第二定律，作用在平板上的摩擦阻力等于单位时间内的动量损失。而动量损失率等于单位时间内在 x 处流出的质量 $\rho u\mathrm{d}y$ 与速度损失 $(v-u)$ 的乘积。所以由平板前端至 x 处一段内单位宽度平板的摩擦

阻力为

$$R_f = \int_0^\delta \rho u \, dy (v-u) \tag{2-7}$$

式中，v 为边界层外的速度；u 为边界层内的速度，又因为

$$R_f = \int_0^x \tau dx \tag{2-8}$$

$$\tau = \rho \frac{d}{dx} \int_0^\delta u(v-u) dy \tag{2-9}$$

即
$$\tau = \rho v^2 \frac{d}{dx} \int_0^\delta \frac{u}{v}\left(1-\frac{u}{v}\right) dy$$

或
$$\tau = \rho v^2 \frac{d\theta}{dx} \tag{2-10}$$

式中，$\theta = \int_0^\delta \frac{u}{v}\left(1-\frac{u}{v}\right)dy$称为动量损失厚度。

式 (2-10) 为光滑平板的动量积分方程，对层流和紊流均适用。将式 (2-10) 代入式 (2-8)，沿整个平板长度 L 积分，并注意到 $x=0$ 时，$\theta=0$；$x=L$ 时，$\theta=\theta_L$，即为平板末端的动量损失厚度，这样可得到仅考虑一侧表面的平板摩擦阻力为

$$R_f = \int_0^L \rho v^2 \frac{d\theta}{dx} dx = \rho v^2 \int_0^{\theta_L} d\theta = \rho v^2 \theta_L$$

$$C_f = \frac{R_f}{\frac{1}{2}\rho v^2 L \times 1} = \frac{2\theta_L}{L} \tag{2-11}$$

由此可见，如能确定边界层内的速度分布，则平板紊流摩擦阻力公式即可导出。通常在运用动量积分方程解决界层问题时，界层内的速度分布情况是假定的。由于所假定的速度分布形式不同，导出的光滑平板紊流阻力系数计算公式也不相同。

2.2.2.1 速度为指数分布的计算方法

设平板紊流边界层内的速度分布形式为

$$\frac{u}{v} = \left(\frac{y}{\delta}\right)^n \tag{2-12}$$

根据边界层的实验结果，对于不同的雷诺数，n 值是不同的。当 $Re < 2\times10^7$ 时，$n=7$，代入平板边界层的动量积分方程式 (2-10)，最后得

$$C_f = 0.072 / Re^{\frac{1}{5}} \tag{2-13}$$

经过实验结果修正，光滑平板紊流摩擦阻力系数取为

$$C_f = \frac{0.074}{Re^{1/5}} \tag{2-14}$$

2.2.2.2 速度为对数分布的计算方法

如果 $Re > 2\times10^7$，指数的速度分布规律就不适当，可用对数速度分布求解。

1）桑海（Schoenherr）公式

1932 年，桑海运用对数速度分布规律，并根据平板拖曳试验结果，给出下面公式：

$$\frac{0.242}{\sqrt{C_f}} = \lg(Re \cdot C_f) \tag{2-15}$$

这就是桑海公式，在美国应用最为普遍。1947 年，美国船模试验池会议（American Towing Tank Conference，ATTC）决定以该公式作为计算摩擦阻力的标准公式，故此式又称 1947 ATTC 公式。由于该式在实际计算时较为困难，故当 Re 在 $10^6 \sim 10^9$ 范围内时，式 (2-15) 可简化成具有相同结果的简便公式：

$$C_f = \frac{0.4631}{(\lg Re)^{2.6}} \tag{2-16}$$

2）柏兰特 - 许立汀（Prandtl-Schlichting）公式

柏兰特和许立汀应用上述相同的原则，获得了与式 (2-16) 形式十分相似的柏兰特 - 许立汀公式：

$$C_f = \frac{0.455}{(\lg Re)^{2.58}} \tag{2-17}$$

此式在欧洲应用最为普遍，我国也曾采用过。

3）休斯（Hughes）公式

因为桑海公式及柏兰特 - 许立汀公式都是根据平板试验结果得来的，分析时都未考虑几何相似问题，因按照相似理论中的雷诺定律，即摩擦阻力系数为雷诺数的函数仅适用于几何相似的平板。若平板的几何形状不相似，也就是其展弦比，即宽度与长度比 B/L 不相等时，则其摩擦阻力系数应是雷诺数和展弦比两者的函数，即

$$C_f = f(Re, B/L) \tag{2-18}$$

由于平板展弦比不同对摩擦阻力系数的影响称为边缘作用。

1952 年，休斯分析了以往所发表的许多平板数据，证实平板摩擦阻力系数与展弦比有关。1954 年，休斯发表了他的平板试验资料，试验平板的雷诺数 Re 为 $2 \times 10^4 \sim 3 \times 10^9$，展弦比为 0.015 6 ～ 42。由此得出展弦比为无穷大的二因次紊流光滑平板公式：

$$C_f = \frac{0.066}{(\lg Re - 2.03)^2} \tag{2-19}$$

式（2-19）称之为休斯公式。此式的值较桑海公式为低，因桑海公式是根据有限展弦比（三因次流动）平板数据外插而得。

2.2.2.3 界层内不同区域的对数速度分布——平板摩擦阻力系数的普遍公式

1953 年，兰伟培（Landweber）认为紊流平板边界层内的速度分布在不同区域内并不完全相同。依据与平板表面的距离不同，可以有以下三种分布规律。

1）内部速度规律

内部速度规律应用于邻近平板表面处。假定边界层内平均速度 u 的分布与距离平板

表面垂直距离 y、平板表面处的切应力 τ、水的质量密度 ρ 和运动粘性系数 ν 等有关，即

$$u=f(y,\tau,\rho,\nu) \tag{2-20}$$

根据量纲分析法的 π 定理，可得

$$\frac{u}{u_\tau}=f\left(\frac{u_\tau y}{\nu}\right) \tag{2-21}$$

式中，$u_\tau=\sqrt{\dfrac{\tau}{\rho}}$ 称为摩擦速度。

兰伟培将各种不同的资料数据，按式 (2-21) 做成函数关系，如图 2-8（a）所示。由图可见，当 $\dfrac{u_\tau y}{\nu}>30$ 时有

$$\frac{u}{u_\tau}=4.0+6.0\lg\left(\frac{u_\tau y}{\nu}\right) \tag{2-22}$$

假定这种关系适用于自平板表面至层流底层的极限处为止，一般取 $\dfrac{u_\tau y}{\nu}=30$ 作为层流底层的极限，设 δ_0 为层流底层的厚度，则

$$\frac{u_\tau \delta_0}{\nu}=30 \tag{2-23}$$

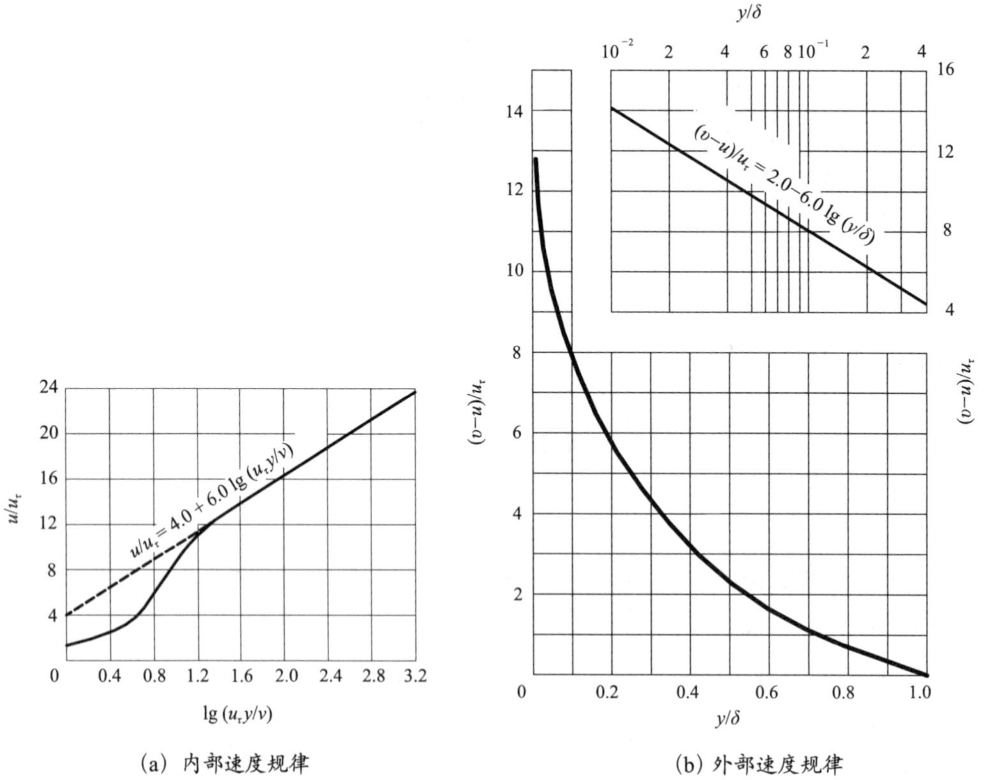

（a）内部速度规律　　（b）外部速度规律

图 2-8　边界层内速度分布规律

2）外部速度规律

外部速度规律应用于距平板表面一定距离处，那里紊流占支配地位。速度损失（$v-u$）

可表示为

$$\frac{v-u}{u_\tau}=f\left(\frac{y}{\delta}\right) \tag{2-24}$$

将不同的资料数据，绘成如图 2-8（b）所示，可见当$\frac{y}{\delta}<0.16$时，速度损失可表示为

$$\frac{v-u}{u_\tau}=2.0-6.0\lg\left(\frac{y}{\delta}\right) \tag{2-25}$$

假定这种关系适用于自层流底层厚度极限处至边界层外缘为止，这就是外部速度分布规律。

3）内外部速度规律的交叉

由上可知，当$\frac{u_\tau y}{v}>30$和$\frac{y}{\delta}<0.16$时，即在层流底层与紊流区之间的过渡区，内部和外部速度规律都适用，且服从线性对数规律，其形式可以表示为

$$\frac{u}{u_\tau}=a+k\ln\left(\frac{u_\tau y}{v}\right) \tag{2-26}$$

$$\frac{v-u}{u_\tau}=b-k\ln\left(\frac{y}{\delta}\right) \tag{2-27}$$

式中，a、b、k 分别为常数。内部和外部速度规律均适用的范围为 δ_0 至 δ_1 为止，如图 2-9 所示，而 δ_0 由式 (2-23) 给出，$\delta_1=0.16\delta$。

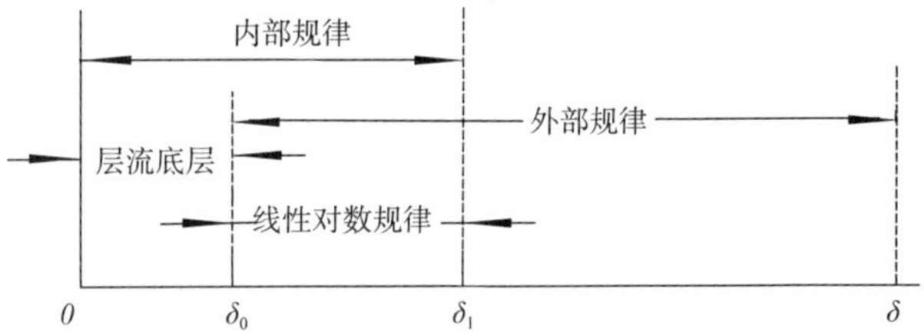

图 2-9　边界层不同区域内的速度分布规律

兰伟培应用上述内部和外部速度规律得到了平板摩擦阻力系数与雷诺数 Re 之间的一般关系式：

$$\frac{A}{\sqrt{2}}\ln Re=\frac{1}{\sqrt{C_f}}-\frac{A}{\sqrt{2}}\ln C_f-\frac{A}{\sqrt{2}}\left(\frac{A}{2}-\frac{\gamma}{\beta}\right)\sqrt{C_f}+\sum\left(\sqrt{C_f}\text{ 高阶项}\right)+\text{常数} \tag{2-28}$$

式 (2-28) 称为平板摩擦阻力的普遍公式，其中 β、γ 为边界层常数；A 为级数展开式的系数。

只要对式 (2-28) 作一定的简化就可以得到某些常用的平板公式。如忽略式 (2-28) 中 $\sqrt{C_f}$ 的高阶项，同时，含有 $\sqrt{C_f}$ 的项相对 $\ln Re$ 项来说是小量，并可认为 $\sqrt{C_f}$ 与 $1/\sqrt{C_f}$ 呈线性关系，即有

$$\sqrt{C_f}=\text{常数}+\text{常数}/\sqrt{C_f}$$

则式 (2-28) 即变成桑海公式的形式：

$$\frac{1}{\sqrt{C_f}}=A_1\lg(C_f\cdot Re)+B_1 \tag{2-29}$$

同样，如果对式 (2–28) 的其他项分别应用线性化假定，则可得到相应的平板摩擦阻力系数公式。

2.2.3 1957 ITTC 公式

已有的各光滑平板摩擦阻力公式的计算结果虽然很接近，但还有一定的差别。尤其在把船模试验结果换算到实船时，由于应用公式不同，计算所得的实船阻力均存在不同程度的差别。为此，1957 年在西班牙马德里召开的第 8 届国际船模试验池会议（International Towing Tank Conference，ITTC）上，根据分析几何相似船模阻力试验结果，认为桑海公式等在低雷诺数时所得的数值偏低。最后提出下列新公式，称为“1957 年国际船模试验池实船 – 船模换算公式”（1957 ITTC 公式）：

$$C_f = \frac{0.075}{(\lg Re - 2)^2} \tag{2-30}$$

应该指出，1957 ITTC 公式并不完全是紊流光滑平板摩擦阻力系数公式，它专用于船模和实船的阻力换算。我国现采用 1957 ITTC 公式。

图 2–10 是按照不同公式计算所得的摩擦阻力系数曲线。由图 2–10 知，在低雷诺数时，1957 ITTC 公式的坡度较其他各式为陡；而在高雷诺数时，此式与桑海公式相差甚微。1957 ITTC 公式与休斯公式在形式上十分相似，但其数值比休斯公式约大 12.5%；而柏兰特 – 许立汀公式与桑海公式不但在形式上极为相似，且数值上也很接近，柏兰特 – 许立汀公式比桑海公式计算数值至多大 2.0% ～ 2.5%。

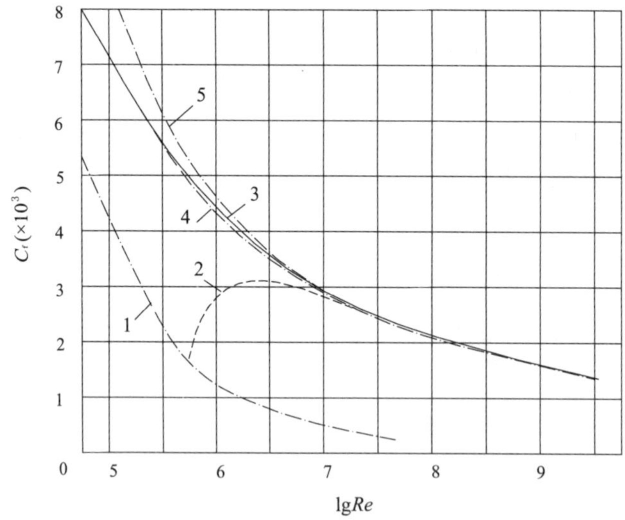

图 2–10　光滑平板摩擦阻力系数公式的比较

1—$C_f = 1.328 Re^{-1/2}$；2 — $C_f = 0.455(\lg Re)^{-2.58} - 1\,700/Re$；3 — $C_f = 0.455(\lg Re)^{-2.58}$；4 — $0.242/\sqrt{C_f} = \lg(Re \cdot C_f)$；5 — $C_f = 0.075/(\lg Re - 2.0)^2$

2.2.4 过渡流平板摩擦阻力系数公式

根据边界层理论知，界层内的流动状态取决于雷诺数。靠近平板前端，局部雷诺数比较小，所以产生层流。随着局部雷诺数的增高，则产生过渡流，直到最后完全呈紊流状态。所以，在平板边界层内三种流动情况都存在着。若平板的雷诺数 Re 较大，则紊流部分很大，基本上是紊流阻力，前端的层流和过渡流对整个平板的阻力影响较小。反之，雷诺数 Re 较小时，前端艉流和过渡流占整个平板界层的较大部分，以致对整个平板的平均阻力产生明显影响。

过渡流平板摩擦阻力系数可按柏兰特所给出的半经验公式计算：

$$C_{\mathrm{f}}=\frac{0.455}{(\lg Re)^{2.58}}-\frac{1\,700}{Re} \tag{2-31}$$

式中，$\frac{1\,700}{Re}$为层流影响修正值。显而易见，当 Re 很大时，该值趋于零，式（2–31）即成为柏兰特－许立汀公式。这说明平板界层内紊流占绝对主要部分，所以可按全部紊流平板公式计算。

图 2–10 中同时给出了按式 (2–31) 计算的摩擦阻力系数曲线（曲线 2）。

2.2.5 船体摩擦阻力计算的处理方法

船体表面是一个三维曲面，目前还没有直接能用于计算船体摩擦阻力的可靠公式，而只是在“相当平板”假定的前提下，应用平板摩擦阻力公式来计算船体的摩擦阻力。

“相当平板”假定认为：实船或船模的摩擦阻力分别等于与其同速度、同长度、同湿面积的光滑平板摩擦阻力。这样，当已知船的水线长 L_{wl}、航速 V_{s} 及湿表面积 S 时，就可以利用平板摩擦阻力公式来计算船体摩擦阻力。

应该指出的是：在应用试验方法研究船的快速性问题时，由于模型与实船（或实桨）之间的绝对尺度不同，且不能同时满足所有的有关的动力相似定律，因而引起某些力、力矩或压力系数甚至流态等性能方面的差别，这种差别称为尺度效应或尺度作用。

显然应用相当平板假定计算船体摩擦阻力时，必须注意到船模与实船之间的尺度效应问题。因为与实船相比，船模的尺度较小，同时又为了满足弗劳德定律，所以其速度也较低。因而实船与船模的雷诺数是不同的，两者的摩擦阻力系数的差别称为摩擦阻力尺度效应。在实船－船模阻力换算过程中，考虑到这种差别，称为“摩擦阻力修正”或“尺度效应修正”。

相当平板假定忽略了实际船体与“光滑平板”间的重要差别，其中最主要的是船体表面弯曲度和粗糙度的影响。这些因素对摩擦阻力的影响作用以及处理方法必须予以研究。

§2.3 船体表面弯曲度对摩擦阻力的影响

由于船体表面是三维曲面，其周围的流动情况与平板有着明显的不同，因而船体摩擦阻力与平板摩擦阻力也有所差别。

2.3.1 船体表面弯曲度对摩擦阻力的影响

当水流流经具有纵向弯曲的船体表面时，各处的流速是不同的。总的来说，船体表面的大部分与水流的相对速度较船速 V 大，而仅艄艉两端附近较船速 V 小，因此，水流的平均速度有所增加。但平板各处与水流的相对速度都等于其绝对前进速度。既然纵向弯曲表面的水流平均相对速度较平板的情况大，其平均边界层厚度则也较薄。这将导致速度梯度和摩擦阻力增大。

船体横向弯曲的影响与纵向弯曲情况相同。实际测量结果指出，具有横向弯曲处，其边界层厚度较相当平板为薄，在曲度较大的舭部尤为显著，所以阻力也相应增大。此外，有时船艏处的边界层流至舭部处，往往会分成纵向和横向流动，其结果使舭部所受的局部摩擦阻力增大。

船体表面弯曲度的另一个影响方面是由于弯曲表面易发生边界层分离以致产生漩涡，如图 2-11 所示。漩涡区的出现不但改变了外部流线，而且漩涡区的水流速度较低，该处的摩擦阻力随之减小。

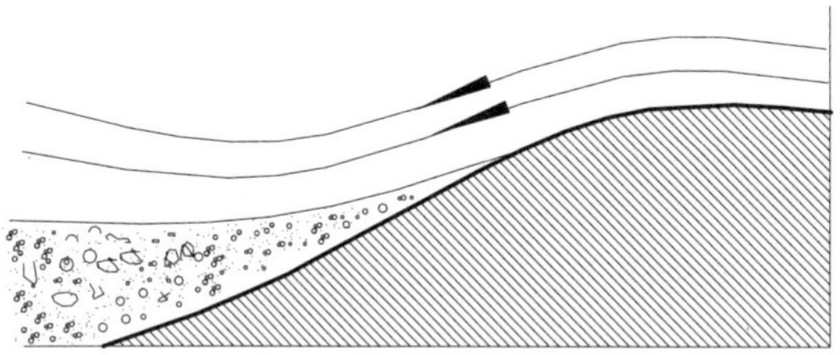

图 2-11　漩涡区对外部流线的影响

由此可见，船体弯曲表面的影响相当复杂，弗劳德假定具有一定的近似性。由于船体弯曲表面影响，使其摩擦阻力与相当平板计算所得结果的差别称为形状效应。

2.3.2　船体形状效应的修正

多年来对船体表面弯曲度的影响进行过许多理论和试验研究。

史高斯用理论方法计算了在无分离情况下的二因次对称扁柱和三因次回转体的摩擦阻力，计算结果如图 2-12 所示。图 2-12 中，n 为弯曲表面的摩擦阻力与相当平板的摩擦阻力之比。由图 2-12 可见：弯曲表面情况下的摩擦阻力均较相当平板时大，且随着厚度比 T/C，即弯曲度增大而增大；同时也可看出由于二因次对称扁柱与水流的平均相对速度较三因次回转体为大，因而平均界层厚度较薄，所以摩擦阻力的增加更为显著。史高斯得出的另一个重要结论是，由于表面弯曲所增加的摩擦阻力与相当平板摩擦阻力的百分比可认为与雷诺数无关。

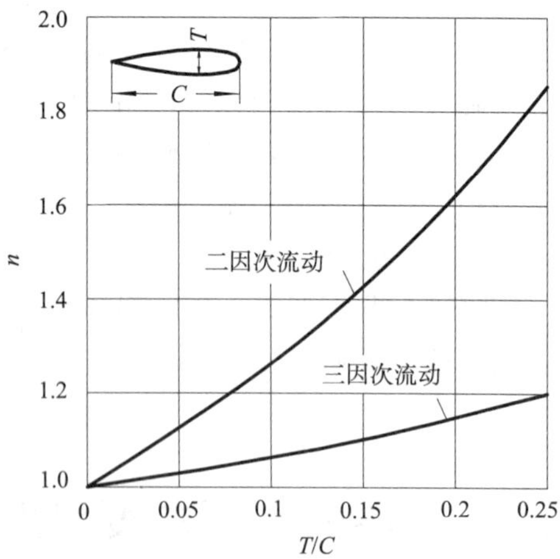

图 2-12　对称扁柱和回转体摩擦阻力计算值

对于船体弯曲表面的研究表明，船体的摩擦阻力的确大于相当平板的摩擦阻力。但是这种阻力的增加量是比较小的，其原因在于弯曲表面引起的摩擦阻力的增大与分离点后漩涡区域摩擦阻力的减小有所抵消。考虑到各种因素之间的相互抵消作用，因此弗劳德假定在实际应用上不致发生很大误差。

对形状效应问题，许多人进行过研究，对船体弯曲度的修正也提出了一些具体方法，但至今未有定论。

汤恩假定船在运动过程中产生平行下沉现象的主要原因在于船体表面弯曲。因其使船底平均流速增加而造成压力下降。根据伯努利方程，平均相对水流流速 v_m 与平行下沉 Δz 之间的关系是

$$-\Delta z+\frac{v_m^{\ 2}}{2g}=\frac{v_0^{\ 2}}{2g}$$

所以

$$v_m=\sqrt{v_0^2+2g\Delta z} \tag{2-32}$$

式中，v_0 为绝对前进速度；Δz 可以由船模试验时测量得到，因为舷侧接近直壁，故不考虑船侧的速度变化。但汤恩认为舷侧与船底具有相同的速度增加，即认为船体周围的流速均为 v_m。故船体弯曲表面所增加的摩擦阻力 ΔR_f 与相当平板摩擦阻力 R_f 之间的关系为

$$\frac{R_f+\Delta R_f}{R_f}=\left(\frac{v_m}{v_0}\right)^2$$

所以

$$\frac{\Delta R_f}{R_f}=\frac{\Delta z}{v_0^{\ 2}/2g} \tag{2-33}$$

在分析大量船模试验结果的基础上，汤恩给出下列经验公式：

$$\frac{\Delta R_f}{R_f}=0.01\left[\frac{\left(11.25-\dfrac{L}{B}\right)^2}{5}+2.5\right](0.35+C_p)\left(1.3-\frac{B}{10T}\right) \tag{2-34}$$

式（2-34）适用于 Fr 范围在 0.10 ～ 0.35。由汤恩公式可说明船体弯曲表面所增加的摩擦阻力与船体形状有关。

不少人认为，船体弯曲表面的摩擦阻力较平板时有所增加是由于船体表面纵向曲率引起的，因此其摩擦阻力的增加值主要与长宽比 L/B 有关。L/B 越小，这个增加量就越大；若 L/B 越大，则增加量就越小。引入形状效应修正因子 k_t，则船体表面的摩擦阻力可定义为

$$R_f=k_tC_f\cdot\frac{1}{2}\rho V^2S \tag{2-35}$$

式中，$C_f\cdot\frac{1}{2}\rho V^2S$ 为按相当平板计算所得的摩擦阻力。形状效应修正因子 k_t 可由图 2-13 查得，或由阿普赫金（Апухтин）给出的与 L/B 呈线性关系求得，如图中虚线所示。由图 2-13 可见，船体弯曲度对摩擦阻力的影响并不显著，故一般认为想通过改变船体线型的办法来减小摩擦阻力，其效果是不明

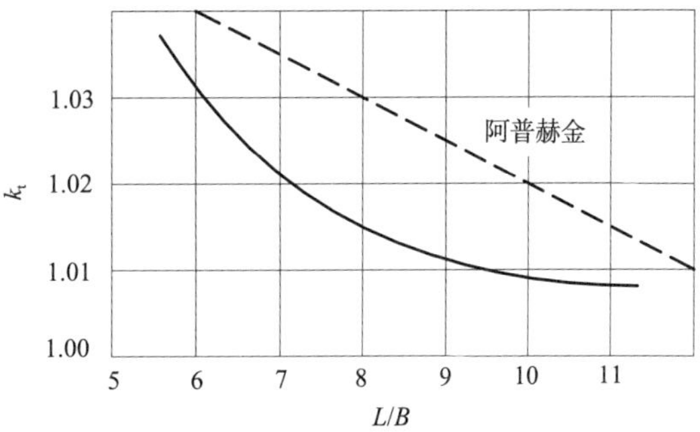

图 2-13　船体形状效应修正因子

显的。同时，由于目前对形状效应的修正尚无公认的办法，故一般对此不作修正。但是应该指出，这部分的影响可以合并到船体粘压阻力中去。因为它也是船体形状的函数，故可与粘压阻力合并，并由试验来确定。

§2.4 船体表面粗糙度对摩擦阻力的影响

实践证明，船体表面粗糙度对摩擦阻力的影响是显著的。对船体阻力来说，由于表面粗糙度而增加的阻力占有相当的百分比，因此研究粗糙度问题在整个阻力问题中占有相当重要的地位。

船体表面粗糙度可分为两类：普遍粗糙度和局部粗糙度。普遍粗糙度，又称漆面粗糙度，主要是油漆面的粗糙度和壳板表面的凹凸不平等。局部粗糙度又称结构粗糙度，主要为焊缝、铆钉、开孔以及突出物等粗糙度。显然，即使是新建船舶，其船体表面同样存在着粗糙度。至于已使用过或长期停泊的船，则还有污底影响以及油漆剥落等现象，更增加了船体表面的粗糙度，导致阻力的急剧增加。

船体表面粗糙度对摩擦阻力的影响既显著又敏感，试验证明微小的粗糙度会导致摩擦阻力较大的增加。相同粗糙度的平板因敷涂油漆不同所增加的阻力可能相差很多，甚至使用相同油漆而仅涂刷方法不同，所增加的阻力也有相当差别。姐妹船在试航情况下，所需主机功率有时相差可达 15%。其根源可能是因表面粗糙度不同而引起的。为了计算不同粗糙度情况下的船体摩擦阻力，不少人曾从事这方面的研究工作。

2.4.1 普遍粗糙度

船体普遍粗糙度所研究的是带有均布性质的粗糙因素，重点在于对漆面粗糙度的研究。

为了研究漆面粗糙度，常用的粗糙度参数取其表面突起高度的统计量，诸如漆面平均高度、表观高度或均方根高度 k_σ 等。

米哈依洛夫（B.H.Михайлов）根据漆面平板阻力试验结果，进而将其外插后得到漆面平板摩擦阻力系数 C_{fr} 与雷诺数 Re 及相对粗糙度 k_σ/L 的关系曲线，如图 2–14 所示。

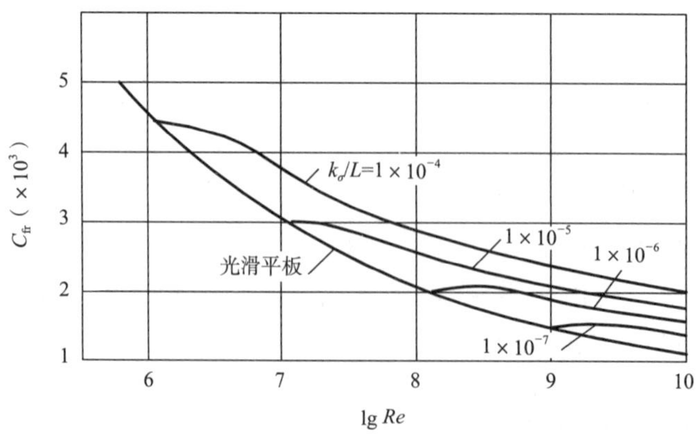

图 2–14　漆面平板摩擦阻力系数 C_{fr} 与雷诺数 Re 及相对粗糙度 k_σ/L 的关系曲线

由图 2–14 可知：当相对粗糙度一定时，摩擦阻力系数 C_{fr} 随雷诺数 Re 变化可分为以下三个阶段。

（1）水力光滑阶段。当 Re 较小时，C_{fr} 与光滑平板摩擦阻力系数 C_f 重合，即粗糙度对阻力没有影响。其原因是该阶段为层流或层流底层较厚的紊流边界层，致使油漆突起几乎全部深埋于层流或层流底层之中，从而不影响界层的流态和结构。

（2）过渡阶段。当 Re 增大到某一值时，C_{fr} 开始大于光滑平板摩擦阻力系数 C_f，且它们之间的差值逐渐增大。这是因为随着雷诺数增大，层流底层变薄，以致平板前端有的突起高度接近或大于该处的层流底层厚度 δ_0，即出现 $k_\sigma/\delta_0 \geqslant 1$ 的情况，因而使 C_{fr} 大于 C_f。且随 Re 继续增大，沿平板将有更多的部分出现 $k_\sigma/\delta_0 \geqslant 1$ 的情况，因而 C_{fr} 必然逐渐增大。

（3）完全粗糙阶段。当 Re 继续增加到某一雷诺数后，$\Delta C_f=(C_{fr}-C_f)$ 基本上不再随 Re 而变化，近似为一常数。其原因是此时 Re 较大，层流底层很薄，以致整个平板呈现 $k_\sigma/\delta_0 \geqslant 1$ 的状态。当漆面粗糙因素全部突出在层流底层之外而进入紊流区后，使界层内的速度分布更加丰满，从而使摩擦切应力 τ 增大，其增量近似正比于 v_2，因而整个漆面平板的摩擦阻力系数增加值 ΔC_f 近似为一常数。

由图 2-14 还可发现：在 Re 一定的情况下，漆面平板的摩擦阻力系数 C_{fr} 随相对粗糙度 k_σ/L 的增加而增加；且 C_{fr} 曲线对应的过渡阶段的起始雷诺数相应降低。这是因为层流底层厚度 δ_0 随 Re 增大而变薄，故当 k_σ/L 增加，即粗糙度增加时，必要求有较厚的层流底层以保持处于水力光滑状态，因而过渡段相应的起始雷诺数较小。

米哈依洛夫根据漆面平板试验结果，给出了漆面平板的摩擦阻力系数计算公式为

$$C_{fr}=\frac{0.455}{(\lg Re)^{2.58}}\left[1+0.208\left(\lg\frac{Vk_\sigma}{v}-1.96\right)^{0.7}\right] \tag{2-36}$$

式中，V 为船速；Re 为船长雷诺数。式（2-36）适用于 $100<\dfrac{Vk_\sigma}{v}<2\,000$ 的范围。

应该指出，船模表面由于加工精良，同时其速度较实船要低得多，因此船模表面粗糙度相对于其界层的层流底层要小，所以一般认为船模表面属于水力光滑情况，也即可以不考虑表面粗糙度对摩擦阻力的影响。

顺便指出，历史上由于难以准确测定漆面粗糙度，因而采用砂粒平板结果来处理船体普遍粗糙度问题。其中，最为熟悉的是 1937 年许立汀给出的砂粒平板试验结果。其方法是引入“相当砂粒粗糙度”概念，它是指与粗糙船体具有相同摩擦阻力的某砂粒相当平板的砂粒粗糙度。这种处理方法虽然能对粗糙度对阻力的影响作出一定解释，甚至也有用来估算船体粗糙表面的摩擦阻力。然而砂粒平板情况的阻力系数与漆面平板相比，毕竟两者有所不同，特别是在全粗糙情况下，则有着根本差别。此外，要准确地确定相当砂粒粗糙度实际上也很困难，因此在目前漆面粗糙参数已可测定的情况下，砂粒粗糙度基本上不被采用。

此外，弗劳德对漆面粗糙度问题早有研究，而且于 1935 年在巴黎召开的国际船模试验池会议上，正式宣布采用下列公式计算船体粗糙表面的摩擦阻力 R_f，这就是弗劳德公式：

$$R_f=\frac{\rho f}{101.94}SV^{1.825} \tag{2-37}$$

式中，ρ 为水的密度，kg/m^3；S 为船模或实船的湿面积，m^2；V 为船速，m/s；f 为阻

力系数，其值为

$$f = 0.139\,2 + \frac{0.258}{L + 2.68}\left[1 + 0.004\,3\left(15℃ - t\right)\right]$$

其中，L 为船长，m；t 为水温，℃。

弗劳德公式曾被许多船模试验池采用，但是由于该公式并不满足雷诺定律，因而在理论上有欠缺之处。同时公式虽依据漆面平板试验结果，但试验平板的长度均小于 15.24 m，如外插应用于船长大于 15.24 m 的实船，其正确性难以保证。此外，该公式仅代表平均粗糙度的影响，而对实际船体不同粗糙度对摩擦阻力的影响问题仍然未能给予考虑。综上原因，弗劳德公式基本上是一个经验公式，目前应用并不广泛。

2.4.2 局部粗糙度

局部粗糙度对船体表面摩擦阻力的影响原则上可以逐项计算。表 2-1 为爱伦（Allen）对一些船舶的实际计算结果。此法不但繁杂，而且并不一定很准确，但从表中所列可以得出一些有益的结论：①铆接船的局部粗糙度对阻力的影响远较焊接船大；②对焊接船而言，其局部粗糙度所引起的阻力增加的百分数是不大的，如表 2-1 所列，仅在 0.6% ～ 1.7%，足以说明局部粗糙度对阻力的影响远较普遍粗糙度为小；③对焊接船来说，横向焊缝是造成局部粗糙度对阻力影响的主要因素。

由表 2-1 可知，焊接船的局部粗糙度所增加的阻力平均约为 1.27%，显然所造成的影响并不重要。而对于铆接船，这种阻力增加平均约为 16%，其造成的影响不容忽视。

表 2-1　局部粗糙度增加的阻力

项目		船舶类别							
		拖船	渔船	运煤船	沿海船	货船	油船	定期客船 A	定期客船 B
垂线间长 / m		33.5	44.8	76.2	776.2	152.4	185	207.3	294.2
船速 / kn		9.5	12	11	12	15	16	21	29
$V/\sqrt{L}$		0.905	0.99	0.70	0.76	0.67	0.65	0.805	0.935
局部粗糙度		阻力增加的百分数（%）							
铆钉船	横缝	2.3	5.2	7.4	6.1	8.2	12.5	12.7	16.7
	纵缝	0.5	1.9	2.0	1.1	2.0	2.4	3.1	3.1
	横缝铆钉	0.5	0.7	1.1	1.1	1.2	2.4	3.1	3.0
	纵缝铆钉	1.2	2.1	1.9	2.9	1.6	3.8	3.3	9.7
	肋骨铆钉	1.7	1.7	2.1	2.3	2.4	3.8	4.1	4.8
	总和	6.2	11.6	14.5	13.5	15.4	24.9	26.8	37.3
电焊船	横缝	0.5	0.9	1.0	1.0	1.2	1.4	1.3	1.4
	纵缝	0.1	0.3	0.3	0.2	0.2	0.2	0.3	0.3
	总和	0.6	1.2	1.3	1.2	1.4	1.6	1.6	1.7

2.4.3 船体粗糙表面摩擦阻力计算的处理方法

根据不同的试验结果，目前在计算船体表面粗糙度对摩擦阻力的影响时，均采用“粗糙度补贴系数”的形式。

如前所述，米哈依洛夫关于漆面平板的试验资料表明，在全粗糙情况下，亦即在

较大 Re 时，由漆面粗糙度（即普遍粗糙度）所引起的摩擦阻力系数较光滑平板摩擦阻力系数的增加值 ΔC_f 近似为常数。

此外，陶德给出了不同漆面的试验结果，如图 2-15 所示。由图 2-15 可见，ΔC_f 先是随雷诺数 Re 的增加而增加，但当 $Re > 2\times10^7$ 时，ΔC_f 渐趋于一固定值，也即不再随 Re 而变化。

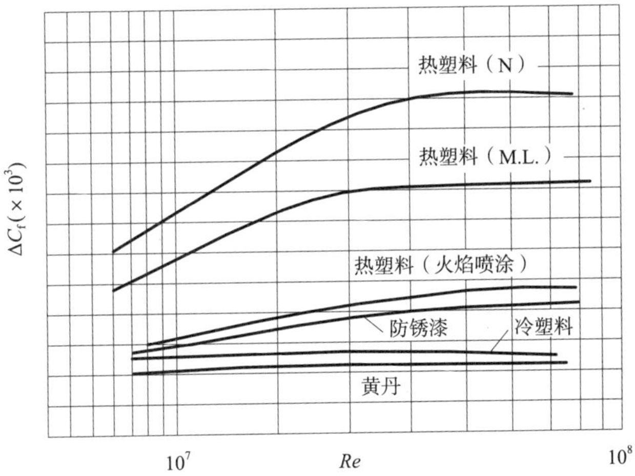

图 2-15 粗糙度补贴系数与 Re 的关系

各方面试验结果也一致认为船体局部粗糙度所增加的摩擦阻力系数与雷诺数无关。

普遍粗糙度和局部粗糙度所增加的摩擦阻力系数与雷诺数无关的结论为实船试航结果所证实。1951 年，陶德给出了不同油漆情况、不同类型的 14 条船自航试验所得的摩擦阻力系数曲线，如图 2-16 和表 2-2 所示。其中，敷涂黄丹漆的可以看作仅代表局部粗糙度，而其他的则表示采用不同种类的油漆或不同敷涂方法所引起的粗糙度。但应该注意到，这里所列的摩擦阻力系数值不仅包括普遍粗糙度的影响，同时又含有局部粗糙度的影响。由图 2-16 可见，诸船的 C_f 曲线基本上与桑海光滑平板公式的 C_f 曲线平行。这说明船体粗糙度较光滑平板摩擦阻力系数的增加值为不随 Re 而变化的常数。从表 2-2 还可看出，ΔC_f 值与所用油漆以及船体情况、敷涂时的操作条件均有一定关系，同时由表 2-2 所列数值知，由粗糙度所致增加的摩擦阻力最大可达 70%。

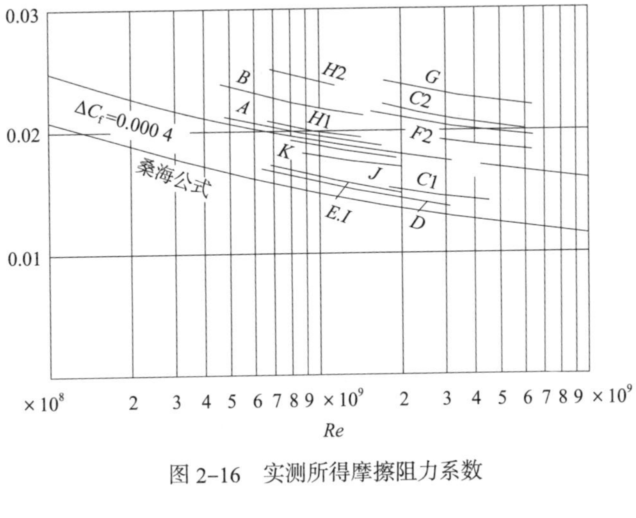

图 2-16 实测所得摩擦阻力系数

表 2-2　实船粗糙度阻力的测量结果

船编号	类 型	油 漆	光滑 C_f	ΔC_f	阻力增加的百分数（%）		实船数据测量方法
					摩擦阻力	总阻力	
A	驱逐舰	标准漆	0.001 47	0.000 40	28	9	推力仪
B	驱逐舰	热塑胶	0.001 48	0.000 65	25	14	推力仪
C1	巡洋舰	黄　丹	0.001 29	0.000 15	12	5	推力仪
C2	巡洋舰	热塑胶	0.001 29	0.000 75	58	23	推力仪
D	巡洋舰	标准漆	0.001 37	0.000 10	7	2	推力仪
E	货　船	标准漆	0.001 54	0.000 15	10	5	推力仪
F1	货　船	黄　丹	0.001 30	0.000 55	45	20	推力仪
F2	货　船	热塑胶（新）	0.001 30	0.000 70	55	25	推力仪
G	货　船	热塑胶（粗）	0.001 30	0.000 95	77	34	推力仪
H1	驱逐舰	松香（洁净）	0.001 44	0.000 45	30	8	推力仪
H2	驱逐舰	松香（航行 10 个月后）	0.001 44	0.000 95	53	14	推力仪
I	油船（单桨）	商品漆	0.001 50	0.000 15	10	5	力矩仪
J	油船（单桨）	商品漆	0.001 50	0.000 30	20	11	力矩仪
K	客船（双桨）	商品漆	0.001 43	0.000 40	28	12	力矩仪

这样，在实际计算中，总的摩擦阻力系数可取为光滑平板摩擦阻力系数 C_f 再加上一个与雷诺数无关的粗糙度补贴系数 ΔC_f。因此，包括表面粗糙度影响的船体摩擦阻力为

$$R_f = (C_f + \Delta C_f) \cdot \frac{1}{2}\rho V^2 S \tag{2-38}$$

式中，ΔC_f 值是根据各国的习惯或不同的船舶而选取的。对于一般船舶，我国取 $\Delta C_f = 0.4 \times 10^{-3}$。

应用粗糙度补贴系数处理船体表面粗糙度问题目前已被各国所普遍采用。对于船长为 100 m 左右的船舶，取 $\Delta C_f = 0.4 \times 10^{-3}$ 所得结果与实船试验基本相符。但是，不同船长的船舶试航结果表明，对于较长的船，ΔC_f 值将随船长增加而趋减小，甚至会出现负值。表 2-3 是荷兰试验池于 1973 年发表的不同的 ΔC_f 值。

表 2-3　ΔC_f 值随船长变化资料

船长 / m	$\Delta C_f(\times 10^3)$	船长 / m	$\Delta C_f(\times 10^3)$
50 ～ 150	0.35 ～ 0.4	260 ～ 300	0
150 ～ 210	0.20	300 ～ 350	- 0.10
210 ～ 260	0.10	350 ～ 450	- 0.25

1975 年，第 14 届国际船模试验池会议建议摩擦阻力系数 C_f 采用 1957 ITTC 公式，

相应的粗糙度补贴系数按下式计算：

$$\Delta C_f = \left[105\left(k_s / L\right)^{1/3} - 0.64\right] \times 10^{-3} \tag{2-39}$$

式中，k_s 为粗糙度表观高度，即 50 mm 范围内抽样测量所得表面平均突起高度。对质量较好的新建船舶可取 $k_s = 150 \times 10^{-6}$ m。此式适用于船长小于 400 m 的船舶。

必须指出，ΔC_f 值中除由于船体表面粗糙度而增加的阻力外，还包括应用不同的摩擦阻力公式和尺度作用的差别以及螺旋桨效率，伴流、推力减额和相对旋转效率的尺度作用等的影响。实际上，ΔC_f 综合了阻力和推进等方面的因素，所以有人提出不用“粗糙度补贴系数 ΔC_f”而改用“船模－实船换算补贴系数 C_a”这一更为确切的术语。由此可见，人们对于这一问题的研究正在逐步深入，不同水池应根据本单位实际情况通过分析实船试航结果导出 ΔC_f 或 C_a 值，供今后设计时应用。

2.4.4 污底

船下水后，船体水下部分因长期浸泡在水中，除钢板被腐蚀外，海水中的生物，如贝类、海草等将附着在船体上生长，使船体表面凹凸不平，大大增加了船体表面的粗糙度，阻力增加很大，这种现象称为污底。

污底会造成船速下降。一方面由于污底直接增加了阻力；另一方面由于阻力增加导致推进器运转情况改变，致使螺旋桨效率下降。一般认为新船下水后 6 个月，因污底所增加的总阻力可达 10% 以上，船速会有明显下降，所以新船试航应在船壳洁净并在新涂油漆后进行。

由污底而增加的阻力主要与船舶出坞后的时间有关。经验指出，这种阻力增加值可以分为两个部分：一部分称为“真实污底”，它与出坞后的时间成非线性关系，近似于按双曲线规律变化，如图 2-17 所示；另一部分称为“船体腐蚀”，它与出坞时间呈线性关系，且数值上较“真实污底”要小得多，图 2-17 中曲线 1 即为该部分的阻力增值。

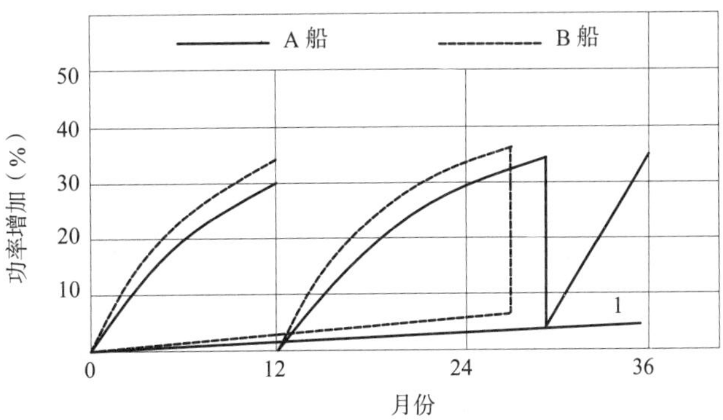

图 2-17　污底对功率的影响

因污底而增加的摩擦阻力百分数 F 可按下式估算：

$$F = \frac{k_1 d}{k_2 + d} + \frac{d_0}{k_3} \tag{2-40}$$

式中，d 为距最后一次出坞的时间，d；d_0 为距新船艏次出坞的时间，d；k_1、k_2、k_3 为常数，根据在一定航线上航行的一定类型的船的试航结果决定。

由于污底而增加阻力还与船舶航行的季节和地区有关。这是因为贝类和海草等的生长速度在不同季节和地区是不同的。热带地区由于污底而增加的阻力较一般地区为快。

防治污底的方法：通常是先在船体表面敷涂两遍防锈漆，然后再涂一二遍防污漆。因为防污漆的功能可以在层流底层中保持有一定的毒素含量，可以使幼小的贝类、海草等致死，因而有避污作用。此外，污底的海船在淡水港内停泊数日后再行出海，其附着的贝类和海草的大部分可脱落。我国沿海港口多系淡水港，这是清除污底的天然有利条件。当然对于污底严重的船必须定期进坞除污，重新油漆。

§2.5　减小摩擦阻力的方法

根据 §2.1 节中所述的摩擦阻力特性知，减小船体摩擦阻力的方法主要从以下几个方面考虑。

首先，从船体设计本身考虑。由于摩擦阻力的大小正比于船体浸湿面积，因此船型参数的选择，特别是主尺度的确定要恰当。如低速船选取较大的排水体积长度系数 ∇/L^3（或较小的 L/B 值），从减小湿面积的观点来看是合理的。另外减少不必要的附体如呆木等，或尽量采用表面积较小的附体也可减少摩擦阻力。

其次，由于船体表面粗糙度对摩擦阻力的影响很大，因而在可能范围内使船体表面尽可能光滑，以期减小由表面粗糙度所增加的阻力。

此外，若干年来为了寻找减小摩擦阻力的办法，不少学者进行了多方面的探索。一种是边界层控制的办法。具体做法是将边界层内一部分流体进行抽吸，这样使边界层的层流区得以延长，从而减小摩擦阻力，或者自物体表面沿着流动方向向后吹喷流体以使紊流边界层变厚，界层速度梯度下降，从而减小摩擦阻力。探索减少摩擦阻力的另一途径是采用聚合物溶液降阻剂，就是在物体表面不断喷注稀释的聚合物溶液，该溶液为高分子化合物。实验证明，聚合物溶液的减阻作用无论是在管流还是边界层中都得到了肯定的结论。应用这种降阻剂可以使平板阻力减小 60%，可使船模的摩擦阻力减小 30%。但如果在实船上应用时，则每小时将需要喷注好几吨降阻剂，因此成本极大。

此外，为了减小船体摩擦阻力，不少学者还进行了船底充气减阻的理论和试验研究。这种将空气送到船壳表面，使紧贴船体的表面由一层空气薄膜所覆盖，以降低摩擦阻力的思想起源颇早，而且在实船上相继进行过尝试。从已有的研究结果来看，这种应用气膜减阻的方法不仅在低速船上，而且在高速船上都有被采用的先例。采用这种方法必须要有专门的供气设备，而且为了使船底的气膜易于稳定，在船底需要气泡穴或设置若干纵向和横向挡板。船模与实船试验证明，这种方法使阻力有明显下降。

由于摩擦阻力不但与湿面积有关，而且还与流体密度成正比，因此某些特种船舶如水翼艇或气垫船在航行过程中都将船体抬出水面，从而使船体表面由与水接触改变为与空气接触。由于空气密度约为水密度的 1/800，因而可以大大降低摩擦阻力。

§2.6　船体摩擦阻力的计算步骤

根据前述船体摩擦阻力的处理方法知，船体摩擦阻力可以由计算相当平板的摩擦阻力与粗糙度增加的摩擦阻力之和来表示，即式 (2−38)：

$$R_f = (C_f + \Delta C_f)\cdot\frac{1}{2}\rho V^2 S$$

具体计算步骤如下。

（1）计算船的湿表面积。较精确的计算方法可按线型图量出每站横剖面型线的半围长 l，并沿船长方向积分即得

$$S = \int_0^{L_{wl}} 2l\,\mathrm{d}L \tag{2-41}$$

式（2−41）应用近似积分法进行计算，这样计算所得的湿面积可直接用于摩擦阻力计算，而不必进行纵向斜度的修正，其理由如下：如图 2−18 所示，某点处的局部摩擦阻力系数为 C_τ，在该处长度为 $\mathrm{d}L'$ 的微面积上的摩擦阻力 $\mathrm{d}R_f'$ 为

$$\mathrm{d}R_f' = C_\tau \times \frac{1}{2}\rho V^2 \cdot 2l\,\mathrm{d}L'$$

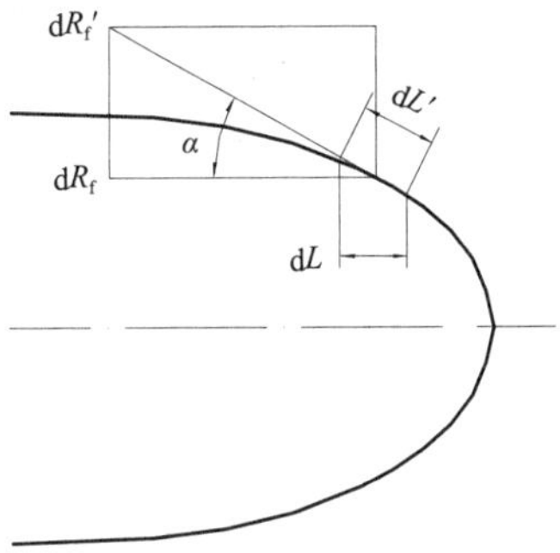

图 2−18　船体湿表面面积的计算

整个船体的摩擦阻力为

$$R_f = \int_0^L \mathrm{d}R_f'\cos\alpha = \int_0^L C_\tau \times \frac{1}{2}\rho V^2 \times 2l\,\mathrm{d}L'\cos\alpha = \frac{1}{2}\rho v^2 \int_0^L C_\tau 2l\,\mathrm{d}L = \frac{1}{2}\rho V^2 C_f S$$

其中，湿表面积 S 按式 (2−41) 积分所得。

如果没有线型图时，可以利用近似公式计算湿表面积。这类公式较多，针对不同的船型有相应的公式可供应用。

①荷兰瓦根宁船池根据 100 多艘船模的统计资料归纳得出一般民用船的湿表面积计算公式：

$$S = (3.4\nabla^{\frac{1}{3}} + 0.5L_{bp})\nabla^{\frac{1}{3}} \tag{2-42a}$$

式中，L_{bp} 为船的垂线间长，m；∇为船的排水体积，m^3。

②我国长江船型的湿表面积计算公式为

$$S = L_{wl}(1.8d + C_b \times B) \tag{2-42b}$$

③交通运输部船舶运输科学研究所的江船系列湿表面积计算公式为

$$S = \frac{59L_{wl}}{64 - \dfrac{B}{d}}(1.8d + C_b \cdot B) \tag{2-42c}$$

式中，L_{wl} 为水线长，m；B、d 分别为船宽和吃水，m；C_b 为方形系数。

计算船体湿表面积还可应用系列资料给出的湿表面积系数曲线进行计算。这些系列资料给出的湿表面积公式为

$$S = C_s\sqrt{\nabla L_{wl}} \tag{2-43}$$

式中，C_s 为湿表面积系数，是船型参数的函数，但不同系列资料所给出的具体函数式并不相同。桑地给出的关系式为 $C_s = f\left(\frac{B}{d},\ C_m\right)$，其曲线图谱如图 2-19 所示。当已知 B/d 和船中横剖面系数 C_m 时，由图 2-19 可查得 C_s 值。泰洛系列给出了 $C_s = f(C_p,\ \nabla/L^3,\ B/d)$ 的图谱，可参见第 7 章的泰洛计算法。高速排水型快艇的湿表面积系数 C_s 又可以用另外一些船型系数来表达。格罗特（Groot）取 $C_s = 2.75$ 进行湿表面积估算。

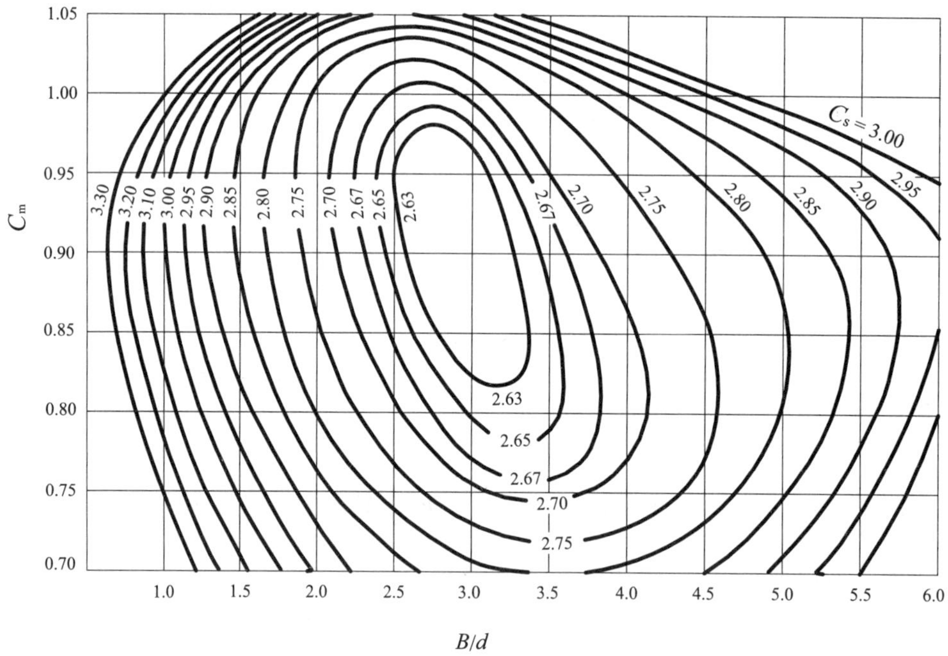

图 2-19　估算湿表面积系数的桑地图谱

（2）计算雷诺数，计算公式为

$$Re = \frac{VL_{wl}}{\nu}$$

式中，L_{wl} 为水线长，m；V 为船速，m/s；ν 为水的运动粘性系数，如无特殊注明，对于实船取标准水温 $t = 15$℃时的值，ν 的数值可由附录（一）的表中查得。

（3）根据光滑平板摩擦阻力公式算出或由相应的表中查出摩擦阻力系数 C_f。

（4）决定粗糙度补贴系数 ΔC_f 的数值，目前我国一般取 $\Delta C_f = 0.4 \times 10^{-3}$。

（5）根据式 (2-38) 算出船的摩擦阻力。

下面给出计算摩擦阻力和总阻力的例题，表 2-4 和表 2-5 分别是应用 ITTC 公式和桑海公式计算摩擦阻力所得的结果。从表 2-4 和表 2-5 中可见，由于选择不同的摩擦阻力系数公式，所得的阻力值也存在一定差别。

表 2–4 应用 ITTC 公式计算摩擦阻力例题

实船与船模尺度比 α= 24	船 模	实 船
湿面积 S / m^2	9.936	5 723
水 温 t / ℃	15.8	15
水线长 L_{wl} / m	7.229	173.50
运动粘性系数 ν / ($\times 10^{-6}$ m^2 / s)	1.116	1.188
水的质量密度 ρ / (kg / m^3)	999.27	1 026.22

船速 V_s / kn	12	13	14	15	16
船速 V_s / (m/s)	6.173	6.688	7.202	7.717	8.231
船模船速 V_m / (m/s)	1.260	1.365	1.470	1.575	1.680
船模总阻力 R_{tm} / N	29.23	34.38	40.47	47.08	56.41
C_{tm} ($\times 10^6$)	3 708	3 716	3 771	3 870	4 024
Re_m($\times 10^{-6}$)	8.162	8.842	9.522	10.202	10.882
C_{fm} ($\times 10^6$)	3 109	3 066	3 026	2 990	2 957
C_{rm} ($\times 10^6$)	599	650	745	880	1 067
Re_s ($\times 10^{-8}$)	9.015	9.767	10.518	11.270	12.021
C_{fs} ($\times 10^6$)	1 551	1 535	1 522	1 508	1 496
C_{ts} ($\times 10^6$)	2 150	2 185	2 267	2 388	2 563
(C_{ts}+ 0.000 4) $\times 10^6$	2 550	2 585	2 667	2 788	2 963
实船的总阻力 R_{ts} / kn	285.3	339.5	406.2	487.5	589.4

表 2–5 应用桑海公式计算摩擦阻力例题

实船与船模尺度比 α= 24	船 模	实 船
湿面积 S / m^2	9.936	5 723
水 温 t / ℃	15.8	15
水线长 L_{wl} / m	7.229	173.50
运动粘性系数 ν / ($\times 10^{-6}$ m^2/s)	1.116	1.188
水的质量密度 ρ / (kg/m^3)	999.27	1 026.22

船速 V_s / kn	12	13	14	15	16
船速 V_s / (m/s)	6.173	6.688	7.202	7.717	8.231
船模船速 V_m / (m/s)	1.260	1.365	1.470	1.575	1.680
船模总阻力 R_{tm} / N	29.23	34.38	40.47	47.08	56.41
C_{tm} ($\times 10^6$)	3 708	3 716	3 771	3 870	4 024
Re_m($\times 10^{-6}$)	8.162	8.842	9.522	10.202	10.882
C_{fm} ($\times 10^6$)	3 034	2 994	2 957	2 925	2 895
C_{rm} ($\times 10^6$)	674	722	814	945	1 129
Re_s ($\times 10^{-8}$)	9.015	9.767	10.518	11.270	12.021
C_{fs} ($\times 10^6$)	1 551	1 536	1 522	1 509	1 497
C_{ts} ($\times 10^6$)	2 225	2 258	2 336	2 454	2 626
(C_{ts}+ 0.000 4) $\times 10^6$	2 625	2 658	2 736	2 854	3 026
实船的总阻力 R_{ts} / kn	293.7	349.1	417.7	499.1	602.0

§2.7 粘压阻力的成因及特性

2.7.1 船体粘压阻力产生的原因

设在深水中，水以等速流向船形物体，如图 2-20（a）所示。今假定水是理想流体，由流体力学知，在前后驻点 *A*、*B* 处的速度为零，压力为最大值。当水质点沿船体表面由前驻点 *A* 流至最大剖面点 *C* 时，速度由零逐渐增加到最大值。由伯努利积分方程，则压力逐渐减小到最小值，所以这个范围是减压区；相反，当水质点自 *C* 点流向后驻点 *B* 时，速度从最大值又降低至零，而压力从最小值又上升至最大值，这个范围是增压区。沿整个船形物体表面的压力分布如图 2-20（b）中之曲线Ⅰ所示。但作用在物体前体和后体上的合力相等，因此阻力为零。从能量转换观点来看：在减压区内，即 *AC* 段，压能逐渐转换为动能；而在增压区内，即 *CB* 段，动能又全部转换为压能。换句话说，水质点的动能逐步克服压力差到达 *B* 点时正好动能丧失殆尽，速度值为零，使压力又回升到最大值，所以总能量无损耗，阻力为零。这就是理想流体中的达朗培尔（D'Al embert）疑题。

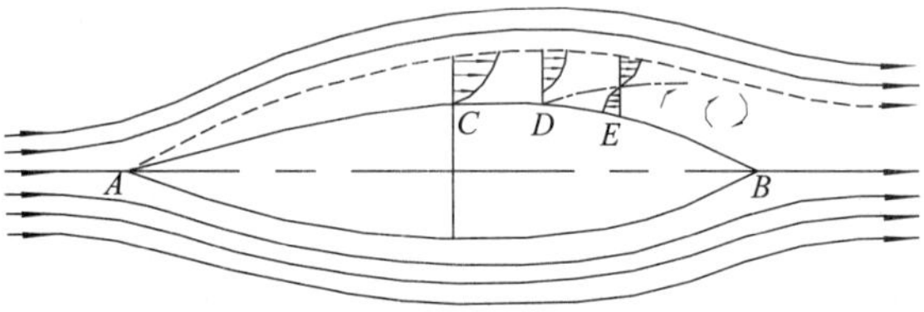

（a）船形物体流线示意图

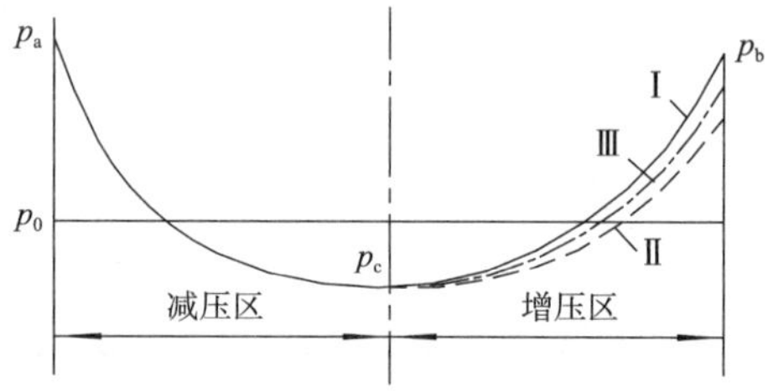

（b）压力分布图

图 2-20 粘压阻力的成因

在实际流体中，由于粘性影响形成边界层，可以认为界层外部沿船体纵向曲度而发生变化的压力将不改变其大小而传到界层内部的流体中，即水质点从前驻点 *A* 到达最大剖面点 *C* 处，速度达到最大值，压力为最低。由于界层内粘性的存在，这个范围内的流动特点虽然仍是加速、减压，但是水质点在边界层内的运动受到粘性摩擦力和负压力差的双重作用，这是与理想流体流动情况不同的。尽管压差力的作用较粘性力要大，但由于粘性力的阻滞作用，其在 *C* 处所能达到的最大速度不如理想流体中那样大，它所具有的动能同样比理想流体中要小。当水质点从 *C* 点向艉部流动时，即进入增压区，在粘性力及增压区的正压力差的作用下，其速度迅速降低，质点所具有的动能已不能使它到达 *B* 点。当到达 *D* 点时，水质点的速度已降为零，动能全部耗尽。过了 *D* 点后，在增压区的压力差的作用下流体发生回流，在前后压力的挤压作用下，迫使 *D* 点以后的边界层脱离开船体表面（称为离体），即出现界层分离现象。*D* 点称为分离点。界层分离后在压力的剪切作用下于船后形成许多不稳定的漩涡，与水流一起冲向后方，漩涡的产生使船艉部的压力下降，如图 2-20（b）中曲线Ⅱ所示，造成了船艏艉压差，这样便产生了阻力。这种由粘性消耗水质点的动能引起的艏艉压力差而产生的阻力称为粘压阻力。显然，界层分离点越靠近中部最大剖面处，界层分离区越大，产生漩涡的区域越大，艉部压力下降更甚，则粘压阻力亦必增大。由于粘压阻力明显增大时，通常伴随有严重的界层分离和漩涡出现，因此粘压阻力曾被称为漩涡阻力。

从能量观点来看，在船艉部形成漩涡要消耗能量，而一部分漩涡被冲向船的后方，同时船艉处又继续不断地产生漩涡，这样船体就要不断地供给能量，这部分能量的损耗就是以粘压阻力的形式表现的。

应该指出的是：对于流线型物体，甚至是某些优良船型，虽然并不发生界层分离现象，但仍然存在粘压阻力，这是因为边界层的形成使艉部流线被排挤外移，因而流速较理想流体情况时必然增大，艉部也会有压力降而产生艏艉压差，形成粘压阻力，不过与界层分离而引起的粘压阻力相比，此时的粘压阻力要小得多，其压力分布曲线如图 2-20（b）中曲线Ⅲ所示。

2.7.2 粘压阻力特性

影响粘压阻力的最重要因素是物体形状，特别是物体的后体形状，因此粘压阻力有时也称为形状阻力。此外，界层内的流动状态对粘压阻力也有重要影响。

2.7.2.1 粘压阻力与后体形状的关系

由上可知，粘压阻力产生的原因是粘性作用和物体后部的纵向压力梯度。如果船的后体收缩较缓和，则沿曲面的流速变化较缓慢，因而纵向正压力梯度较小，分离现象可以推迟，甚至避免，因而粘压阻力可以减小。反之，物体后体收缩急剧，将会出现严重的分离现象，粘压阻力增大。所以一般结论是：物体后部形状是影响粘压阻力的主要因素。例如，图 2-21 中 1 ∶ 0.75 椭球体的粘压阻力，不但较 1 ∶ 1.8 的椭球体为大，而且也大于圆球的阻力。

贝克（Baker）在水槽中进行了对叠船模试验，直接观察产生漩涡的多少。所谓对叠船模，就是将两个相同船模的水线以下部分沿着设计水线面相对叠而成。根据大量的试验结果，贝克指出：要避免产生大量漩涡，在设计线型时必须注意下列两条经验。

（1）船体后体长度 L_r，又称去流段长度，它应满足 $L_r \geqslant 4.08\sqrt{A_m}$。这里，$A_m$ 为船中横剖面面积。

（2）船的后体收缩要缓和。具体要求是：对不同航速范围的船舶，其船艉水线与中线之间的夹角应随航速增大而减小。贝克提出，低速船不超过 20°，高速船不超过 16°，这些要求是对长宽比 $L/B > 6$，艉部水流接近水平的船体而言的。对那些短而丰满且宽度吃水比 $B/d \geqslant 3$ 的船来说，如沿海船和内河船，船后体的水流较多沿着纵剖线方向，至船艉部则大致沿对角线方向流动，所以上述所要求的角度指的是对角线平面在艉部的坡度。

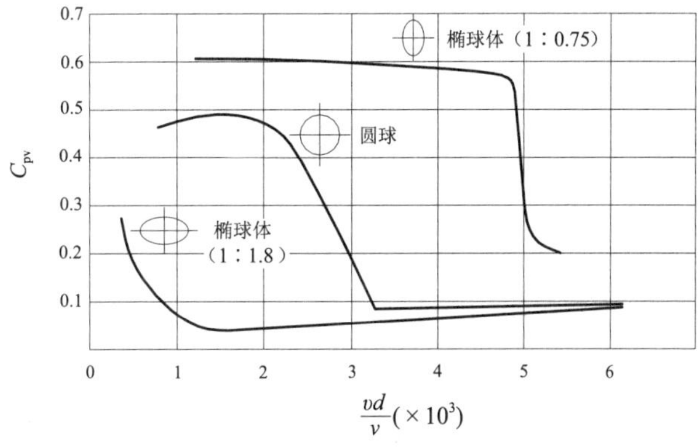

图 2-21 圆球等物体实测形状阻力系数曲线

巴甫米尔给出的估算粘压阻力系数 C_{pv} 的近似公式，同样可以说明粘压阻力主要受船的后体形状影响。该估算公式为

$$C_{pv} = \frac{R_{pv}}{\frac{1}{2}\rho V^2 S} = 0.09\frac{A_m}{S}\sqrt{\sqrt{A_m}/2L_r} \tag{2-44}$$

式中，R_{pv} 为粘压阻力。

由式 (2-44) 知，粘压阻力系数与船中横剖面面积和去流段长度有关，这与贝克的经验是一致的。

2.7.2.2 前体形状对粘压阻力的影响

必须指出，粘压阻力虽然主要由船的后体形状决定，但其前体形状对粘压阻力并非毫无关系。如果船的前体过于肥短，流线扩张很大，流速增加快，在最大剖面处的速度很高，而压力会降得很低，使得后体范围的正压力梯度增加，流动急剧减速，因此粘压阻力将增大。

近年来的试验研究指出：对于丰满船特别是肥大船型，常在船艏舭部产生外旋的舭涡，在船艉舭部产生内旋的舭涡，如图 2-22 所示。舭涡的旋转方向按照由船后向前看顺时针为外旋，逆时针为内旋。

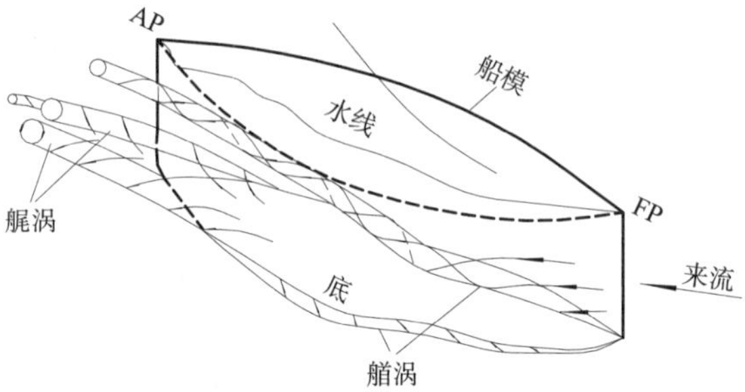

图 2-22 船艏、船艉的舭涡

船艏舭涡是整个船体粘压阻力的一部分。肥大船型的船艏形状对船艏舭涡影响很大，因此艏部形状与粘压阻力的关系同样需要注意。图 2-23 是根据船艏流线试验照片所画的流动示意图。由流线试验可以清楚地看到艏部舷侧水流沿斜向流入船底，因此舭部很容易产生界层分离而形成舭涡。舭涡的产生使船艏底部形成低压区，不但使粘压阻力增加，而且造成了船体航行过程中的埋艏现象，又会增加阻力。

试验研究指出，如采用船艏底升高的球鼻型艏，艏部舭侧水流明显趋于沿水平方向流动，因此阻力性能有明显改善。图 2-24 为方形系数 C_b=0.788 船模组 7313 的剩余阻力系数曲线，其中 A 为普通船艏，B 为船艏底部升高的球鼻型艏。由图 2-24 可知，采用球鼻艏后，无论在满载状态还是轻载状态，其剩余阻力系数均有明显减小。由于丰满船型的速度较低，兴波阻力较小，粘压阻力在剩余阻力中占较大比重。因而可以认为上述剩余阻力降低的主要原因是减小或消除了船艏底部的漩涡运动。

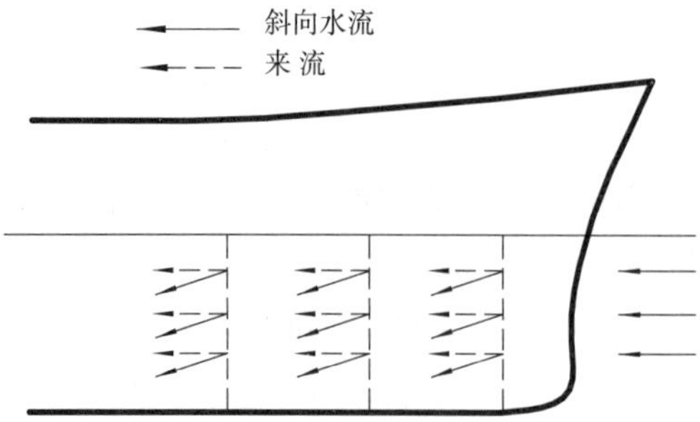

图 2-23 船艏部水流的流动示意图

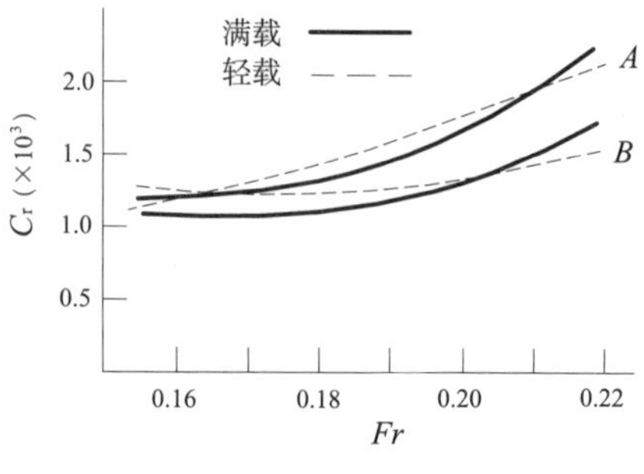

图 2-24 7313 船模组的 C_r 曲线

据试验结果介绍：采用球鼻型艏的船模的埋艏和平行下沉较普通船艏的船模有明显减小。

2.7.2.3 界层内流动状态对粘压阻力的影响

粘压阻力的大小与界层内的流动状态关系甚密，这是因为粘压阻力与分离区域的大小有关。如果界层内为层流流动，则法向流速分布图比较瘦削，流体动能不如紊流情况大，因此，层流界层比紊流界层容易分离，分离点比较靠近前端，分离区较大，因而粘压阻力较紊流情况为大。以图 2–21 中的圆球为例，当雷诺数 $Re < 2\times10^5$ 时，界层内为层流状态，粘压阻力系数 C_{pv} 较大；当 Re 在 $2\times10^5 \sim 3.5\times10^5$ 时，C_{pv} 急剧下降，这是层流转变为紊流的过渡区；当 $Re > 3.5\times10^5$，超过临界雷诺数时，界层为紊流状态，所以其 C_{pv} 值较层流情况下要小得多。由图 2–21 还可看出：在流态不变的情况下，粘压阻力系数 C_{pv} 值基本上与 Re 无关，而主要取决于物体形状。特别需要指出的是：当 Re 超过临界雷诺数后，粘压阻力系数 C_{pv} 几乎是常数，也就是粘压阻力近似与速度的平方成比例。这意味着，在这一区域范围内，实物和模型尽管雷诺数不同，但粘压阻力系数是相等的。

对于流线型物体而言，不存在界层分离。在流态不变情况下，Re 增大时（实际上流速增大），界层厚度变薄，C_{pv} 值略有下降。

2.7.3 降低粘压阻力的船型要求

由前文可知，船体粘压阻力与船型有密切关系。在船舶设计时应该注意船型参数的选取，具体要求如下。

（1）应注意船的后体形状。去流段长度满足 $L_r \geqslant 4.08\sqrt{A_m}$；对于低速肥大船型可允许满足 $L_r \geqslant 2.5\sqrt{A_m}$。同时，后体收缩要缓和，如船艉水线与中线间的夹角对不同速度的船可考虑贝克提出的要求，以避免艉部产生大量漩涡，降低粘压阻力。

（2）应避免船体曲率变化过大。在横剖面面积曲线上前肩切勿过于隆起，后肩切勿过于内凹，否则两肩部容易产生漩涡，以致增大粘压阻力。

（3）前体线型也应予以适当注意。特别对低速肥大型船，其舭涡阻力是粘压阻力的重要组成部分，采用球鼻型船艏有可能减小这一部分阻力。

根据统计资料，粘压阻力系数随方形系数 C_b 而增大，特别是对于 $C_b > 0.80$ 的肥大船型，船模试验表明：分离现象几乎是不可避免的，而分离区的大小与后体棱形系数关系甚密，为此对艉部线型需要特别注意。

§2.8 船体粘压阻力处理方法

到目前为止，要单独确定粘压阻力是很困难的，因此用船模试验确定实船阻力的各种方法的根本区别在于对船体粘压阻力的处理方法不同：一种是从 19 世纪 70 年代开始一直沿用至今的弗劳德换算法；另一种是在 20 世纪 50 年代提出的三因次换算法或称为 $(1+k)$ 法。

2.8.1 弗劳德换算法对粘压阻力的处理

弗劳德换算法处理船体粘压阻力的基本思想是认为，在低速时粘压阻力系数为常数的结论可以推广应用于实船。根据船模试验结果可以绘制如图 2–25 的船模总阻力系数 C_{tm} 和按相当平板计算所得的摩擦阻力系数 C_f 随雷诺数的变化曲线。由图 2–25 可看

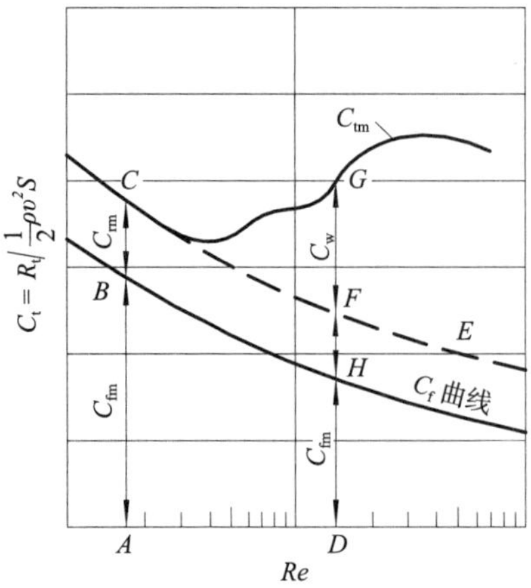

图 2-25　船模阻力成分示意图

到，在低速时，即低雷诺数范围内，这两条曲线几乎是平行的。由于低速时兴波阻力极小，若予以忽略不计的话，则可以把船模总阻力系数 C_{tm} 与相当平板摩擦阻力系数 C_{fm} 的差值，即剩余阻力系数 C_{rm} 近似作为粘压阻力系数 C_{pvm}。

因为 $C_{pvm}=C_{rm}-C_{wm}=(C_{tm}-C_{fm})-C_{wm}$，低速时，由于认为 $C_{wm}\to 0$，故有：$C_{pvm}\approx C_{tm}-C_{fm}=$ 常数。因此，可以认为在低速范围内，粘压阻力系数是一常数，如图 2-25 中 CB 值所示。弗劳德提出的换算法意味着假定同型船的粘压阻力系数不随 Re 而变化，这样从 C_{tm} 曲线上 C 点开始作 C_f 曲线的平行线 CE，则在任一速度时各阻力成分的构成可以清楚地表示为：粘压阻力系数 C_{pv}–CE 曲线与 C_f 曲线之间的纵坐标差值，如图 2-25 中 FH；而兴波阻力系数 C_w，如图 2-25 中 GF 代表；剩余阻力系数 C_r 就是两者之和，即 $GH=FH+GF$。

根据同型船的粘压阻力系数为常数的假定，同样意味着，实船和船模的粘压阻力系数是相等的，即认为 $C_{pvm}=C_{pvs}$，这一假定是现行的弗劳德换算法的关键所在。换句话说，只有在上述假定下，弗劳德换算法才成立。现证明如下，由于

实船总阻力系数　　　　$C_{ts}=C_{fs}+C_{pvs}+C_{ws}$

船模总阻力系数　　　　$C_{tm}=C_{fm}+C_{pvm}+C_{wm}$

其中，下标 s、m 分别表示实船和船模的相应阻力系数。

速度相应时，有　　　　$C_{ws}=C_{wm}$

对于同型船，认为 $C_{pv}=$ 常数，或 $C_{pvm}=C_{pvs}$；

故得

剩余阻力系数　　　　$C_{rs}=C_{pvs}+C_{ws}=C_{pvm}+C_{wm}=C_{rm}$

由此证明，粘压阻力可以与兴波阻力合并计算，并符合比较定律。而实船总阻力系数换算式为

$$C_{ts}=C_{fs}+C_{rs}=C_{fs}+C_{rm}$$

或

$$C_{ts}=C_{fs}+(C_{tm}-C_{fm})=C_{tm}-(C_{fm}-C_{fs})$$

这就是式 (1-26) 的弗劳德换算式。

应该指出，按照同型船的粘压阻力系数等于常数的处理方法，船体粘压阻力系数实际上是由几部分组成：有因分离时漩涡产生的粘压阻力或无分离时由界层排挤厚度而引起的压差阻力，这部分是真正的粘压阻力；此外，还包括在低速时极小的兴波阻力以及由于船体表面弯曲，使船的摩擦阻力较之按相当平板情况计算所得的阻力增加值。

将粘压阻力与兴波阻力合并处理并认为适用比较定律，所得结果的准确性尚能满足工程实际的要求。对此可以分别解释认为：①若船型优良，艉部不出现界层分离，则粘压阻力在总阻力中所占的百分比很小，将其并入兴波阻力进行换算不致引起太大误差。②若船型较差，界层有分离，粘压阻力在总阻力中所占的比重较大，但在分离情况下，

粘压阻力系数与雷诺数关系不大，即近似为常数，因此将其作为剩余阻力的一部分进行换算也不致有明显误差。

正因为上述缘故，应用弗劳德假定进行的船模阻力换算方法一直沿用至今。

随着世界造船工程的发展，船舶尺度随之增大，到 20 世纪 50 年代以后，逐渐发现大型船舶的试航结果与按上述弗劳德换算法估算所得结果相比较，一般有较大的出入。例如，按船模试验预估所得到的航速偏低，即实船的试航速度远超过预估的数值，如果将实船试航结果与相应的船模数据进行分析比较，则需对粗糙度补贴系数 ΔC_f 取负值才能使两者一致，这在理论上无论如何是说不通的。

按照弗劳德换算法，造成 ΔC_f 为负值的因素有两种：一是计算摩擦阻力公式准确性不够；二是粘压阻力与兴波阻力合并后使适用于比较定律的成分偏大。当时试图解决这一问题：在保持弗劳德换算法的前提下，修改摩擦阻力计算公式，即认为造成不正确的主要原因是摩擦阻力公式有问题。为此，1957 年的国际船模试验池会议推荐了 1957 ITTC 公式。由于该公式所得的摩擦阻力系数曲线在低雷诺数时的坡度有所增加，使适用于比较定律的成分有所下降，似乎可望解决 ΔC_f 出现负值问题。但在 20 世纪 60 年代以后，发现即使应用此公式也不能避免出现负值的情况，这就不得不求助于另外的解决办法。

在第 1 章 §1.4 节中讨论过，弗劳德假定将两种不同性质的力即粘压阻力和兴波阻力合并进行换算，在理论上是不妥当的。因此要从根本上解决船模与实船的阻力换算问题，只有建立新的换算方法。

2.8.2　三因次换算法

前已述及，弗劳德换算法的船体粘压阻力应包括摩擦阻力的形状效应和因界层分离引起漩涡而产生的阻力，这两者都与粘性有关，所以应该是雷诺数的函数。因此，如果将粘压阻力与兴波阻力合并作为弗劳德数的函数，且按照比较定律换算，这无论从其包含的成分（有摩擦阻力的形状效应）或其产生的本质（由粘性引起）而言，都是不恰当的。为此，1954 年休斯提出了三因次换算方法。由于其与弗劳德换算法有本质上的不同，因而当时称之为阻力换算新规律。

2.8.2.1　三因次换算法的内容

在假定界层不发生分离情况下，史高斯根据理论分析得出了因船体表面弯曲而增加的摩擦阻力系数与相当平板摩擦阻力系数之比为一常数的重要结论。

1954 年，休斯提出粘压阻力应该与摩擦阻力合并为粘性阻力进行换算。粘性阻力与雷诺数有关，兴波阻力与弗劳德数有关。阻力表达式为

$$R_t = (R_f + R_{pv}) + R_w = R_v + R_w \tag{2-45}$$

式中，$R_v = R_f + R_{pv} = f_1(Re)$；$R_w = f_2(Fr)$。

根据船模试验结果，休斯又进一步认为粘压阻力系数与摩擦阻力系数之比为一常数 k，表示为

$$k = \frac{C_{pv}}{C_f} \quad 或 \quad 1 + k = \frac{C_v}{C_f}$$

或

$$C_v = C_f + C_{pv} = (1+k)\,C_f \tag{2-46}$$

过去有人证明过回转体的粘性阻力与平板摩擦阻力之比 (1+k) 值为常数，且 (1+k) 值只与回转体的形状有关。休斯将此结论推广到船体，即认为船体的 (1+k) 值只与船的形状有关，称为形状因子或形状因数，k 称为形状系数。对于几何相似的船模和实船来说，形状因子相等，这样船体总阻力为

$$R_t = R_f + R_{pv} + R_w = (1+k)R_f + R_w \tag{2-47}$$

船模的总阻力系数可以写作：

$$C_{tm} = (1+k)\,C_{fm} + C_{wm} \tag{2-48}$$

在相应速度时，由于兴波阻力符合比较定律，故实船在相应速度时的总阻力系数的换算式为

$$C_{ts} = (1+k)\,C_{fs} + C_{wm} + \Delta C_f$$

考虑到式 (2-48)，则有

$$C_{ts} = C_{tm} - (1+k)\,(C_{fm} - C_{ts}) + \Delta C_f \tag{2-49}$$

式中，C_{fm}、C_{fs} 分别为船模和实船的摩擦阻力系数，休斯采用其本人建议的式 (2-19) 进行计算；C_{tm}、(1+k) 值则由试验来确定。

三因次换算法与弗劳德换算法的差别主要在于：①弗劳德换算法中，应用平板公式计算船的摩擦阻力，所以可叫二因次换算法。而在三因次换算法中引进形状因子以考虑船的三因次流动，所以叫三因次换算法，又称 (1+k) 法；②三因次换算法将粘压阻力与摩擦阻力合并处理，且认为是雷诺数的函数；③在三因次换算法中适用于比较定律的阻力成分较弗劳德换算法大为减小。

2.8.2.2 形状因子 (1+k) 值的确定

在采用弗劳德换算法进行阻力换算时，船模试验的目的在于确定总阻力以求得剩余阻力，这当然是易于做到的，而在用三因次方法进行阻力换算时，船模试验不但需要测得总阻力，而且还需要确定 (1+k) 值，这就比较麻烦。

1）低速船模试验法

休斯在提出三因次换算法时，建议采用船模的低速试验来决定形状因子，因为船模总阻力由式 (2-47) 表示：

$$R_{tm} = (1+k)\,R_{fm} + R_{wm}$$

当极低速时，即 $Fr \to 0$，则 $R_{wm} \to 0$，所以有

$$R_{tm} \approx (1+k)\,R_{fm} \tag{2-50}$$

因而，可在低速时测量船模阻力 R_{tm}，按平板公式算出 R_{fm}，由式 (2-50) 即可得形状因子 (1+k) 值。由于 (1+k) 值对于实船和船模是相同的，故进而按式 (2-49) 换算得船舶在相应速度时的总阻力系数。这种应用低速船模试验确定 (1+k) 值的方法似乎颇有道理，但在实际上却是行不通的，这是因为：①在低速试验时，船模总阻力是一个小量，所以所得结果误差较大；②在低速试验时，船模的雷诺数较低，存在较严重的层流影响。故由此决定的 (1+k) 值，其正确性实在值得怀疑。

由于难以正确决定 $(1+k)$ 值，所以三因次换算法在提出以后的相当长一段时间内，基本上未被采用。

2）普鲁哈斯卡方法

1966 年，在第 11 届国际船模试验池会议上，普鲁哈斯卡（Prohaska）提出了一个确定 $(1+k)$ 值的方法，他认为：在弗劳德数 Fr 为 0.1 ～ 0.2 范围内，可以假定兴波阻力系数 C_w 与 Fr 的 4 次方成正比，即 $C_w = y\,Fr^4$，因此总阻力系数可表示为

$$C_t = (1+k)\,C_f + C_w = (1+k)\,C_f + y\,Fr^4 \tag{2-51}$$

则有

$$\frac{C_t}{C_f} = (1+k) + y\frac{Fr^4}{C_f} \tag{2-52}$$

由此可知，数值 $\frac{C_t}{C_f}$ 与 $\frac{Fr^4}{C_f}$ 之间呈线性关系。这样，根据船模试验结果，可以算出 Fr 在 0.1 ～ 0.2 范围内各试验点所对应的 C_t、C_f 及 Fr 的数值，然后以 $\frac{C_t}{C_f}$ 为纵坐标，$\frac{Fr^4}{C_f}$ 为横坐标，将各点标在图中，并作出各试验点的平均值分布线，如图 2-26 所示。则该直线的斜率为系数 y，而在纵坐标上的截距就是形状因子 $(1+k)$ 值。

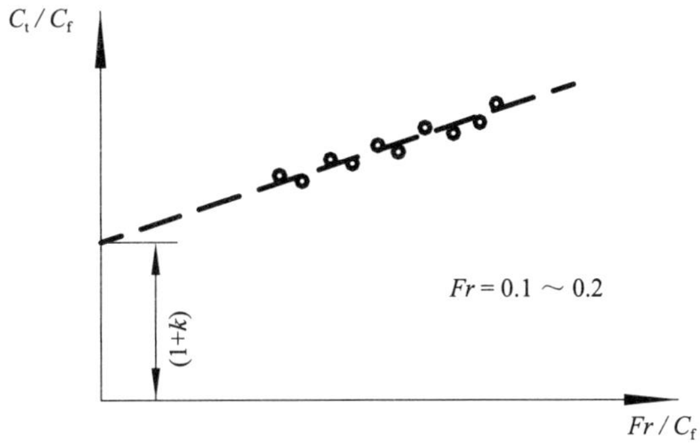

图 2-26 普鲁哈斯卡法确定形状因子

普鲁哈斯卡法是根据 Fr 在 0.1 ～ 0.2 范围内的许多试验点来确定 $(1+k)$ 值，而且对于大多数船模，试验指出 $\frac{C_t}{C_f}$ 与 $\frac{Fr^4}{C_f}$ 可以绘成直线，这样就消除了休斯仅用一个低速试验点来求 $(1+k)$ 值的误差，因而比较可靠。所以在 1975 年第 14 届 ITTC 会议上，这个方法几乎被推荐作为决定 $(1+k)$ 值的标准方法。

3）第 15 届 ITTC 推荐方法

由于三因次换算法将粘压阻力与摩擦阻力合并处理，因而在理论上较弗劳德换算法更为合理。且由于适用比较定律的成分有所减小，故也避免了 ΔC_f 出现负值的不合理情况，所以已逐渐被一些水池试验采用。

许多试验表明：在 Fr 为 0.1 ～ 0.2 范围内，兴波阻力系数 C_w 与 Fr 的关系表示为

$$C_w = yFr^m \tag{2-53}$$

式中，指数 m 视船型而异，通常在 2 ～ 6 范围内变动。参照普鲁哈斯卡的基本思想，1978 年第 15 届国际船模试验池会议提出一个更为普遍的表达式，即

$$C_t = (1+k)C_f + yFr^m \tag{2-54}$$

式中，$(1+k)$、y、m 三个未知数根据船模试验结果用最小二乘法来决定。

会议同时还建议摩擦阻力系数按 1957 ITTC 公式计算，而粗糙度补贴系数 ΔC_f 可按式 (2-39) 求得。

4）几何相似船模组试验

几何相似船模组是指几何相似而大小不等的一系列船模的统称。通过几何相似船模组阻力试验研究，不但可以验证阻力换算方法的准确性，而且还可以比较不同换算方法的合理性，同时又可研究形状因子及推进效率中各种成分的尺度效应等问题。

（1）验证弗劳德假定的正确性。图 2-27 是 24 000 吨级油轮 5 条几何相似船模的总阻力系数对雷诺数的曲线。各船模的标号数就是所取的缩尺比，因此直接表示了各船模的尺度大小。图中每一船模的总阻力系数曲线上各点的弗劳德数都不相同，连接各船模总阻力曲线上弗劳德数相同的点，可得弗劳德数等值线，从而可验证弗劳德假定的正确性。

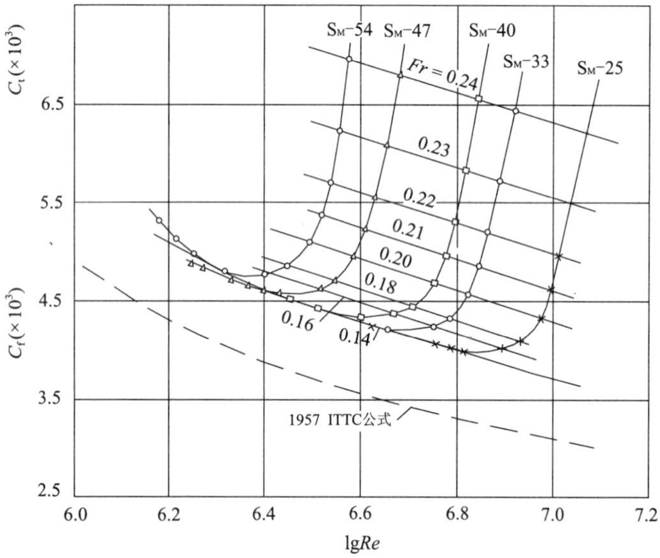

图 2-27　24 000 吨级油轮相似船模组的 $C_t(\times 10^3)-Re$ 曲线

按照弗劳德假定，总阻力系数可以分成两部分，分别与 Fr 及 Re 有关：

$$C_t(Re,\ Fr) = C_f(Re) + C_r(Fr)$$

若该假定正确，则在某一相同的 Re 下，不同 Fr 时有

$$C_{t1} = C_f(Re) + C_{r1}(Fr_1)$$

$$C_{t2} = C_f(Re) + C_{r2}(Fr_2)$$

所以

$$C_{t1} - C_{t2} = C_{r1}(Fr_1) - C_{r2}(Fr_2)$$

说明（$C_{t1}-C_{t2}$）的值与雷诺数无关，推而广之，任意两弗劳德数等值线间的距离与雷诺数无关，也就是弗劳德数等值线都是互相平行的。因此如能证明：所有弗劳德数等值线都是互相平行的话，则就证明将总阻力分成互相独立的两部分的假定的正确性。但许多几何相似船模组的试验表明：弗劳德数等值线之间并不完全平行，甚至随 Re 变化而波动，这表明粘性和重力之间的影响是存在的，但是其平均线却保持相互平行的趋势，因此，弗劳德假定在实际应用上仍被采用。

（2）确定形状因子。在二因次阻力换算中，总阻力系数可写作：

$$C_t = C_f(Re) + C_r(Fr)$$

当 Fr = 常数时，各船模的 C_r 值应该相等。因而在几何相似船模组的阻力系数曲线上，各 Fr 的等值线应相互平行。但从图 2–27 可知，各 Fr 的等值线并不与 1957 ITTC 摩擦阻力系数曲线（可以看作 $Fr = 0$ 的等值线）相平行。任意两弗劳德数等值线间的距离随船模尺度的增大而减小。由此可推知，剩余阻力系数也随之减小。因此换算所得的实船总阻力系数也将随船模尺度的增大而降低。这表明弗劳德换算法是不合理的。

如用三因次换算方法，则有

$$C_t = (1 + k)\,C_f + C_w$$

当 Fr 一定时，C_w 为常数，故有

$$\frac{\partial C_t}{\partial C_f} = (1 + k) = \text{常数} \tag{2–55}$$

为此，将图 2–27 转绘成图 2–28 所示的 C_t–C_f 曲线，并在图中作出各 Fr 数的等值线。每一等值线的斜率即为对应于该 Fr 数时的形状因子 (1+k) 值，纵轴上的截距则为 C_w 值。图 2–29 中给出了 (1+k) 及 C_w 对 Fr 的关系曲线。由图 2–29 可以看出形状因子 (1+k) 在低速时为常数，而在较高速度（$Fr > 0.16$）时则随 Fr 的增大而下降。其他许多试验资料也表明（1+k）是随 Fr 而变化的。因而休斯提出的（1+k）值为常数的假定是否正确有待于进一步探讨。而由图 2–29 可以看出：兴波阻力系数 C_w 与 Fr 呈 7 次方的近似关系。

另外，对 5 条几何相似船模分别应用普鲁哈斯卡法和第 15 届 ITTC 的表达式 (2–54) 进行分析计算，总的说来，用 ITTC 推荐的方法，与普鲁哈斯卡法所得的各船模 (1+k) 值比较接近，且其数值约等于由几何相似船模组试验得到的 (1+k) 值在常用 Fr 数范围内的平均值。由此来看，ITTC 推荐的方法较普鲁哈斯卡法更为合理。

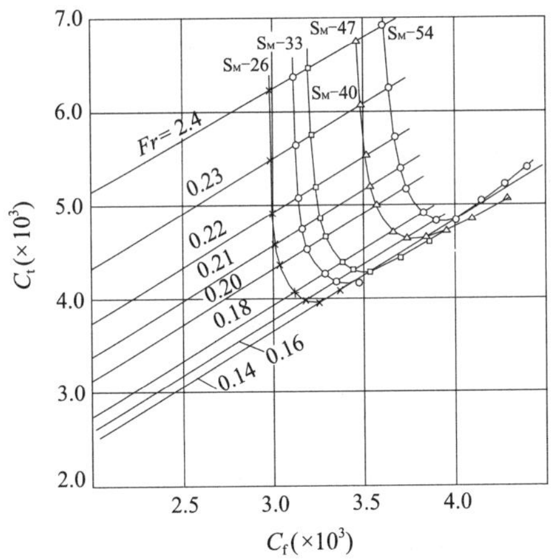

图 2–28　24 000 t 油轮相似船模组的 C_t–C_f 曲线

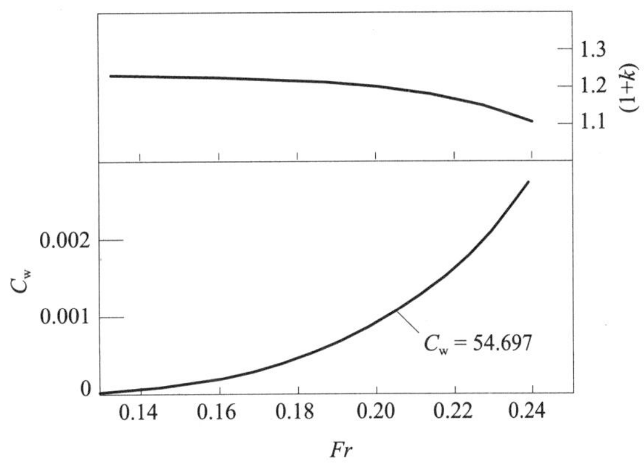

图 2–29　24 000 t 油轮的兴波阻力系数 C_w 及 (1+k) 值对 Fr 的关系曲线

为了比较二因次方法和三因次方法进行阻力换算的合理性，将 5 条几何相似船模的换算所得的总阻力系数列入表 2–6 中。从表 2–6 中所列数据可以看出，由二因次换算得到的实船总阻力系数随船模尺度的增大而降低较为明显，如采用三因次换算法可

以大大减小这种尺度作用，因而较二因次法更为合理。

表 2–6 各种方法换算的实船总阻力系数

航速 / kn	方法		船模						
			S_M–54	S_M–47	S_M–40	S_M–33	S_M–26	平均值	均方差
	$C_{ts}(\times 10^3)$								
13.178	二因次法		2.969	2.918	2.881	2.883	2.855	2.901	0.039 4
	三因次法	普鲁哈斯卡法	2.587	2.549	2.546	2.610	2.581	2.575	0.024 2
		第 15 届 ITTC 法	2.527	2.506	2.520	2.545	2.549	2.529	0.015 9
		几何相似船模组法	2.467	2.455	2.478	2.501	2.518	2.484	0.022 9
14.538	二因次法		3.105	3.058	3.004	2.985	2.949	3.020	0.055 1
	三因次法	普鲁哈斯卡法	2.733	2.698	2.678	2.718	2.680	2.701	0.021 4
		第 15 届 ITTC 法	2.674	2.656	2.652	2.654	2.648	2.657	0.009 0
		几何相似船模组法	2.636	2.625	2.627	2.627	2.632	2.629	0.004 0
15.771	二因次法		3.319	3.277	3.227	3.216	3.171	3.242	0.051 2
	三因次法	普鲁哈斯卡法	2.953	2.923	2.906	2.953	2.907	2.928	0.021 0
		第 15 届 ITTC 法	2.896	2.882	2.881	2.891	2.876	2.885	0.007 3
		几何相似船模组法	2.892	2.882	2.883	2.889	2.882	2.886	0.004 1

§2.9 确定粘性阻力的艉流测量法

近年来，在研究船体阻力分类时，通常把船体阻力分成兴波阻力和粘性阻力两部分。前者可利用波形分析法确定，后者一般可应用“艉流测量法”进行实验测量得到。本节介绍琼斯（Jones）艉流测量法的基本原理和测量方法。

2.9.1 艉流测量法的基本原理

应用运动转换原理，水流自远前方以船速流向船体。设远前方及远后方控制面为 S_0 和 S_∞，由于两控制面距物体足够远，因此压力均为 p_0；远前方的速度为 v_s，水流流经船体后，因粘性作用，所以远后方控制面上的速度为 u_∞。此外，设船模近后方测量平面为 S_1，在该平面上的流速为 u_1，压力为 p_1，如图 2–30 所示。现假定：船后艉流平面内的动量损失，完全由粘性所致；船模的近后方测量平面 S_1 与船后足够远处 S_∞ 平面之间无能量损失，即无总压头损失。

在 S_∞ 平面处：可认为无波浪存在，由假定知：$\mathrm{d}A$ 微面积上的粘性力 $\mathrm{d}R_v$ 应等于该面积上单位时间内的动量损失，即为

$$\mathrm{d}R_v = \rho \mathrm{d}A u_\infty (v_s - u_\infty)$$

于是，船模所受的粘性阻力可由沿整个 S_∞ 平面积分得到：

$$R_v = \rho \iint_S u_\infty (v_s - u_\infty) \mathrm{d}A \tag{2-56}$$

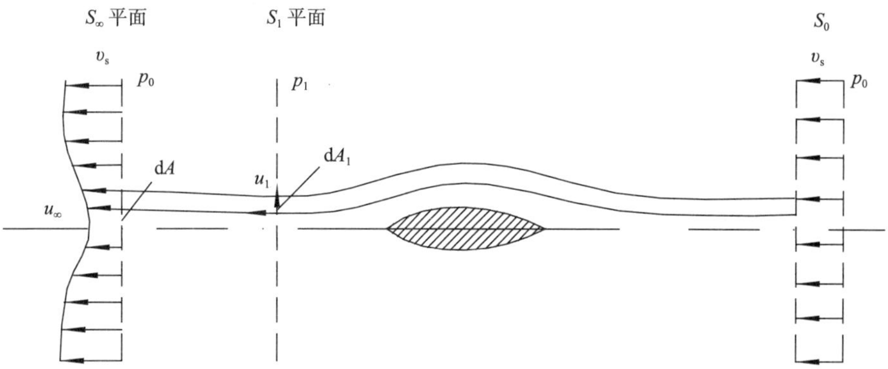

图 2-30　艉流测量法的原理

在实用上，由式 (2-56) 直接确定粘性阻力是很困难的。这是因为在船后足够远处艉流很小，且由于来自池壁的反射波干扰，因而在该平面内要进行实际测量是不可能的。根据假定在远后方平面与船的近后方测量平面间无能量损失，故式 (2-56) 可用船后测量平面上的相应参数来表达。在该平面上相应的微面积为 $\mathrm{d}A_1$ 上，由连续性方程知

$$u_1 \cos\alpha \cdot \mathrm{d}A_1 = u_\infty \mathrm{d}A \tag{2-57}$$

式中，α 为 S_1 平面的法线方向与流速 u_1 之间的夹角，若测量平面 S_1 取在船后半个船长处，则可认为 $\cos\alpha \approx 1.0$，以式 (2-57) 代入式 (2-56)：

$$\begin{aligned} R_v &= \rho \iint_{S_1} u_1 (v_s - u_\infty) \mathrm{d}A_1 \\ &= \frac{1}{2}\rho v_s^2 \int_{S_1} 2 \cdot \frac{u_1}{v_s}\left(1 - \frac{u_\infty}{v_s}\right) \mathrm{d}A_1 \\ &= G_0 \cdot \int_{S_1} 2 \cdot \frac{u_1}{v_s}\left(1 - \frac{u_\infty}{v_s}\right) \mathrm{d}A_1 \end{aligned} \tag{2-58}$$

式中，$G_0 = \dfrac{1}{2}\rho v_s^2$ 为来流动压力。

如此，可以在船的近后方 S_1 平面上，通过测量可确定 R_v。但是实际测量过程中往往应用压力测量，为此将式 (2-58) 转换成压力关系表达式：

根据伯努利定律，有

$$p_0 + \frac{1}{2}\rho u_\infty^2 = p_1 + \frac{1}{2}\rho u_1^2 = G$$

式中，G 为总压头。远后方的压力为大气压力 p_0，则有

$$\begin{cases} \dfrac{1}{2}\rho u_\infty^2 = G - p_0 \\ (p_1 - p_0) + \dfrac{1}{2}\rho u_1^2 = G - p_0 \end{cases}$$

设 $G_1 = G - p_0$，$P_1 = p_1 - p_0$，则可写成：

$$\begin{cases} \dfrac{1}{2}\rho u_{\infty}^2 = G_1 \\ \dfrac{1}{2}\rho u_1^2 = G_1 - P_1 \end{cases} \tag{2-59}$$

式中，$G_1 = G - p_0$，表示 S_1 截面处的相对总压力（与 S_{∞} 截面处相等）；$P_1 = p_1 - p_0$，表示 S_1 截面处的相对静压力。

如以 $G_0 = \dfrac{1}{2}\rho v_s^2$ 除式 (2-59) 两端，得

$$\frac{u_{\infty}}{v_s} = \sqrt{\frac{G_1}{G_0}} \text{ 和 } \frac{u_1}{v_s} = \sqrt{\frac{G_1 - P_1}{G_0}}$$

代入式 (2-58)，得

$$R_v = G_0 \iint_{S_1} 2\sqrt{\frac{G_1 - P_1}{G_0}}\left(1 - \sqrt{\frac{G_1}{G_0}}\right) \mathrm{d}A_1 = G_0 \iint_{S_1} D \cdot \mathrm{d}y\,\mathrm{d}z \tag{2-60}$$

式中，$D = 2\sqrt{\dfrac{G_1 - P_1}{G_0}}\left(1 - \sqrt{\dfrac{G_1}{G_0}}\right)$；$y$ 为测量平面处的横向轴；z 为垂向轴。

2.9.2 艉流测量法的具体方法

在船的近后方测量平面 S_1 上，在某一深度横向布置一组毕托管，在随船模一起前进的过程中，测得各点的相对总压力 G_1 和相对静压力 P_1。对应于某一给定速度，改变毕托管的深度，反复进行多次拖曳。这样就可测得在该速度下的不同深度和宽度范围内各点的压力值 G_1 和 P_1，然后计算出 $D = 2\sqrt{\dfrac{G_1 - P_1}{G_0}}\left(1 - \sqrt{\dfrac{G_1}{G_0}}\right)$，并应用式 (2-60) 通过二次积分求得对应于该速度时的船模粘性阻力。

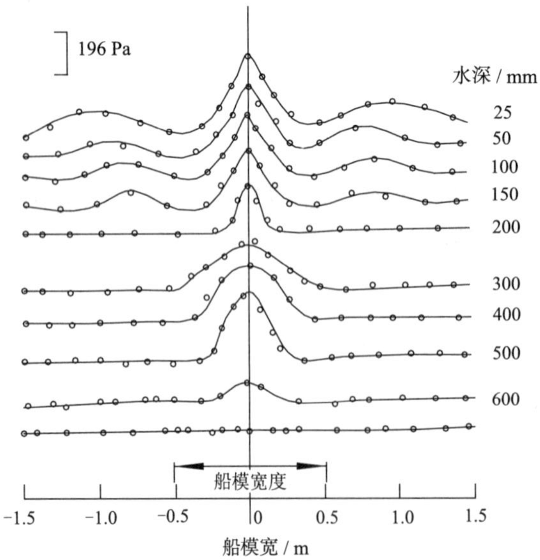

图 2-31　艉流压力的测量结果

图 2-31 是某船在给定航速下，艉流测压所得的不同深度的水头损失沿船宽方向的变化情况（取船模中心线为 y=0）。显然，在不同航速下，可重复测得类似的变化曲线。由图 2-31 可知，粘性影响主要在船宽范围内。同时，超过一定水深后，粘性影响不大。

图 2-32 是由艉流测量法得到的某船的粘性阻力系数曲线。由图 2-32 知，该曲线随弗劳德数呈波浪形变化，可见波浪对粘性阻力有一定影响。图 2-32 中同时绘出了

按休斯法计算所得的结果，它与艉流测量法所得结果的平均值极为接近。

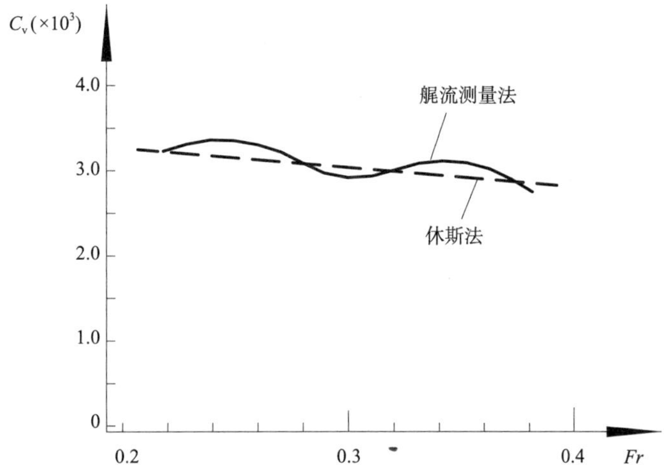

图 2-32 粘性阻力系数比较

【思考题】

1. 设某一平板长度 $L=5\,\mathrm{m}$，来流速度 $v=0.4\,\mathrm{m/s}$，方向与板长方向平行，水温 $t=20℃$，试用式（2-1）求距平板前端 $0.3L$ 处层流边界厚度 δ；并试判断层流段占平板全长的比例为多少。

2. 已知一平板长 $L=10.0\,\mathrm{m}$，来流速度 $v=12\,\mathrm{m/s}$，水温 $t=15℃$，若边界层内为紊流，试用式（2-2）求距平板前端 8 m 处的边界层厚度。

3. 试绘制长度 $L=12.0\,\mathrm{m}$，雷诺数 $Re=1.2\times10^8$ 的水力光滑平板紊流边界层厚度曲线。

4. 设平板长 $L=12.0\,\mathrm{m}$，来流速度 $v=15.0\,\mathrm{m/s}$，边界层内为紊流，若边界层内的速度为幂函数分布规律，幂指数为 1/10.8，水温为 15℃，试绘制距前端 $x=7.0\,\mathrm{m}$ 处的边界层内的速度分布曲线。

5. 设来流速度 $v=0.6\,\mathrm{m/s}$，水温 $t=15℃$，试计算长度 × 宽度 $=3\,\mathrm{m}\times1.2\,\mathrm{m}$ 的平板的层流摩擦阻力。

6. 设来流速度 $v=8\,\mathrm{m/s}$，平板长度 × 宽度 $=8\,\mathrm{m}\times1.2\,\mathrm{m}$，试求全紊流平板的摩擦阻力。如果速度增加一倍，试问其摩擦阻力增加多少？（摩擦阻力系数可用柏兰特－许立汀公式计算）

7. 若层流转化为紊流之雷诺数 $Re_k=V\cdot x/\nu=5\times10^5$，请计算平板长 $L=108\,\mathrm{m}$，来流速度 $v=10\,\mathrm{kn}$ 时，其层流段长度占整个板长的百分数。若取缩尺比 $\alpha=20$，则此平板模型在相当速度时层流段长度占板长的百分数又为多少？

8. 某海船主要要素为：$L_{WL}=75\,\mathrm{m}$，$B=10.8\,\mathrm{m}$，$d=2.1\,\mathrm{m}$，$C_B=0.65$，若湿表面积按 $S=L_{WL}(1.8d+C_B\cdot B)$ 计算，水温为 15℃，试用弗劳德摩擦阻力公式计算速度 V_s 在 0 ～ 30 km/h 范围内的摩擦阻力 R_f，并绘制 $R_f=f(V_s)$ 曲线。

9. 某长江双桨客货船主要要素为：$L_{WL}\times B\times d=108\,\mathrm{m}\times16.4\,\mathrm{m}\times3.6\,\mathrm{m}$，$C_B=0.564$，

湿表面积 $S=1\,780\,\text{m}^2$，航速 $V_s=28\,\text{km/h}$。

（1）试用柏兰特－许立汀公式及 1957 ITTC 公式计算水温 $t=15℃$ 时船体的摩擦阻力（取粗糙度补贴 $\Delta C_f=0.4\times10^{-3}$）。

（2）用弗劳德摩擦阻力公式计算该船摩擦阻力，并将此方法所得结果与上述两公式结果比较。

（3）若缩尺比 $\alpha=25$，试计算船模在相当速度时之摩擦阻力（亦用柏兰特－许立汀公式、1957 ITTC 公式和弗劳德公式计算），并以 1957 ITTC 公式为基础比较各种方法所得摩擦阻力值的相对偏差（以百分数计）。

10. 已知某海船的要素为：$L_{WL}\times B\times d=90\,\text{m}\times13.4\,\text{m}\times5.5\,\text{m}$，方形系数 $C_B=0.68$，航速 14 kn。若水温为 15℃，取粗糙度补贴 $\Delta C_f=0.4\times10^{-3}$，湿面积公式为 $S=L_{WL}(1.7\,d+C_B\cdot B)$，试用 1957 ITTC 公式计算该船之摩擦阻力。

11. 设来流垂直于圆板，速度为 $v=2.5\,\text{m/s}$，圆板直径为 0.3 m，若粘压阻力系数 $C_{pv}=R_{pv}\Big/\left(\frac{1}{2}\rho v^2D^2\right)=1.10$，试求淡水温度 $t=15℃$ 时圆板所承受的粘压阻力。

12. 某浮吊船以速度 $V=6.0\,\text{km/h}$ 被拖带航行，该船为长方体箱形船，$L\times B\times d=24\,\text{m}\times10\,\text{m}\times1.2\,\text{m}$，若海水温度为 20℃，粘压阻力系数 $C_{pv}=1.4\times10^{-3}$，粗糙度补贴 $\Delta C_f=0.4\times10^{-3}$，略去兴波阻力，试求该船的阻力。

第3章　兴波阻力

本章重点讨论兴波阻力的特性及其在船舶设计中的应用；并对确定兴波阻力和减小兴波阻力的方法作扼要介绍。

§3.1　船行波的形成与特征

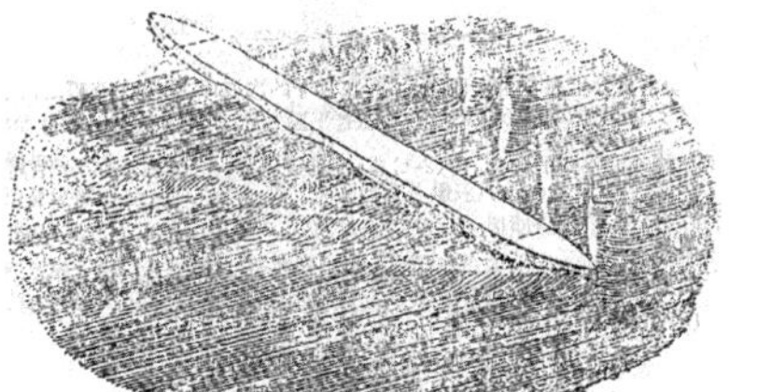

图 3-1　实船兴波示意图

船舶在水面航行会产生波浪，即所谓船舶兴波。船舶兴波分为两类：一类是在船舶驶过之后，留在船体后方并不断向外传播的波浪，称为船行波，如图 3-1 所示；另一类是被船体兴起后很快就破碎的波浪，称为破波，其并不以波浪的形式留在船后，且主要发生在肥大型船舶，这将在 §3.6 节作详细讨论。

3.1.1　平面进行波的特征

任何一种复杂的波系，如海浪、船行波等都可看作是由无数个简单的平面进行波或基元波叠加而成的，因此平面进行波是研究船行波的基础。下面简要说明平面进行波的各种要素，以便应用。

1）波形（ζ）

平面进行波的波形是余弦曲线或正弦曲线形状，如图 3-2 所示。若进行波波幅为 A，沿 x 轴方向传播的余弦波，其波形方程式可写为

$$\zeta = A\cos(kx - \omega t) \tag{3-1}$$

正弦波与余弦波只差 π/2 相位。

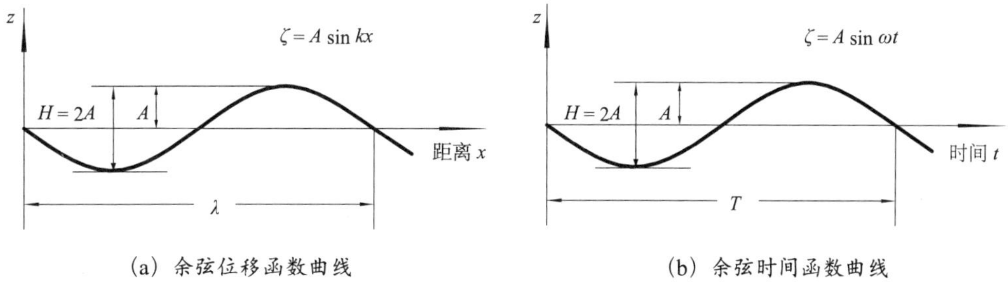

图 3-2　平面进行波波形曲线

2）波幅（A）和波高（H）

波形离静水面的最大升高或下降距离称为波幅 A；波峰与波谷之间的距离称为波高 H，显然 $H = 2A$，A 为常数。

由波浪理论知，平面进行波的水质点是以半径 $r = Ae^{kz}$ 做轨圆运动，在自由表面上，

有 $z = 0$，所以水质点的轨圆半径即为波幅 A；在自由表面以下的波动面称为次波面，其波幅将随深度增加（$z < 0$）而迅速衰减，当水深等于一个波长时，则有

$$r = A\mathrm{e}^{-k\lambda} = A\mathrm{e}^{-2\pi} \approx \frac{1}{535}A$$

可见，波浪运动主要发生在自由表面附近，而在较深的次波面，实际上波幅是极小的。

3）波长（λ）

波长为相邻两波峰或波谷间的距离，由式 (3-1)，不难得出$\lambda = \frac{2\pi}{k}$，k 表示在 2π 距离内的波的数目，称为波数。

4）波浪周期（T）

波形每前进一个波长距离所需的时间称为波浪周期 T，如图 3-2（b）所示。同样由波形方程式 (3-1) 可以得到$T = 2\pi\ \omega$。

5）波速（C）

波速是指波形的传播速度，显然有 $C = \lambda/T$。由水质点的轨圆运动及波峰、波谷处的伯努利方程，可以得到波速与圆频率 ω 的关系为 $C = g/\omega$。由于波浪周期与圆频率的关系 $T=2\pi/\omega$，则

$$C = \frac{gT}{2\pi} \tag{3-2}$$

由于 $C = \lambda/T$，所以波速、周期表达式也可写成：

$$C = \sqrt{\frac{g\lambda}{2\pi}} \approx 1.25\sqrt{\lambda} \tag{3-3}$$

$$T = \frac{2\pi}{\omega} = \sqrt{\frac{2\pi\lambda}{g}} \approx 0.8\sqrt{\lambda} \tag{3-4}$$

可见，波长越大，周期越大，传播速度也越快；反之，波速越大，周期越大，则波长越大。由于船舶在航行过程中，波速与船速相同，所以由式 (3-3) 可见船行波的波长与船速的平方成正比，即船速越高，船行波的波长越长。

由上述波长与波数 k，波速与波长和周期，周期与圆频率的相互关系，又可把波速写成如下的表达式：

$$C = \omega / k = \sqrt{g / k} \tag{3-5}$$

由此可将波数写成：

$$k = \omega^2 / g = g / C^2 \tag{3-6}$$

式 (3-6) 称为“色散”关系式。当具有不同波数或波频的平面进行波在水中传播时，存在有传播速度不同的“色散”现象。

6）波能（E）

波能是指波浪运动所具有的总能量，其中包括波浪的动能（E_k）和位能（E_p）两部分。因此，对于在单位自由表面上，平面进行波的时间平均总能量为

$$E_0 = E_k + E_p$$

由流体力学知，波浪的动能 E_k 和位能 E_p 两部分相等，且均等于$\frac{1}{4}\rho g A^2$，因此单位波面的总能量为

$$E_0 = \frac{1}{2}\rho g A^2 = \frac{1}{8}\rho g H^2 \tag{3-7}$$

如波长为 λ 、波宽为 b 的波面，其波能为

$$E_b = \frac{1}{2}\rho g A^2 b\lambda \tag{3-8}$$

显而易见，波浪的总能量与波长、波宽和波幅平方成正比，而与水深无关。

7）波能传播速度（C_E）

波能沿着波形传播方向的转移速度称为波能传播速度。由于水质点以一定的半径做轨圆运动，在运动过程中其动能保持不变，但位能却发生周期性变化，以致引起波能沿波形传播方向转移。显然，位能的转移速度也就是波形的传播速度。由于位能和动能各占总能量之半，且动能不沿波形传播方向转移，因此就波浪总能量而言，其传播速度 C_E 仅为波速 C 的一半，即

$$C_E = \frac{1}{2}C \tag{3-9}$$

8）船行自由波

考虑与船行方向 (x) 呈 θ 角方向传播的基元波。若取随船运动坐标，则此基元波相对于船为定常，即其波形表达式中不含时间 t 项。若同时考虑正弦波、余弦波两种情况，则此基元波波形表达式可写为

$$a(\theta) = C(\theta)\cos[k(\theta)p] + S(\theta)\sin[k(\theta)p]$$

式中，θ 为基元波传播 p 方向与船行方向 x 的夹角；p 为在 θ 方向的位置坐标，$p = x\cos\theta + y\sin\theta$；$C(\theta)$ 与 $S(\theta)$ 分别为余弦波与正弦波的波幅，它是 θ 的函数，故也称为波幅函数；$k(\theta)$ 为沿 θ 方向传播之基元波的波数，按色散关系，它与 θ 方向的传播速度 v_θ 间的关系为

$$k(\theta) = g / v_\theta^2$$

对于定常情况，按图 3-3 有

$$v_\theta = v\cos\theta$$

于是

$$k(\theta) = g / (v\cos\theta)^2 = K_0 \sec^2\theta \tag{3-10}$$

式中，K_0 为沿 x 方向传播，波速等于船速 v 的波数，称为基本波数，$K_0 = g / v^2$ 。

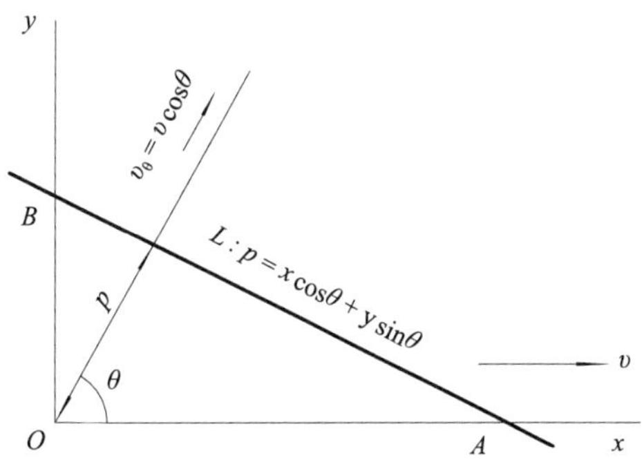

图 3-3 基元波的传播

若将所有可能的不同传播方向之基

元波叠加起来，可以写出船行自由波表达式如下：

$$\xi(x,y)=\int_{-\pi/2}^{\pi/2}\{C(\theta)\cos[K_0\sec^2\theta(x\cos\theta+y\sin\theta)]$$
$$+S(\theta)\sin[K_0\sec^2\theta(x\cos\theta+y\sin\theta)]\}\,\mathrm{d}\theta \tag{3-11}$$

式中，记 $k(\theta)p=K_0\sec^2\theta(x\cos\theta+y\sin\theta)$，称为相位函数。

3.1.2 船行波的形成

船舶在水面上航行时产生波浪的原因主要在于：水流流经弯曲的船体时，沿船体表面的压力分布不一样，导致船体周围的水面升高或下降，在重力和惯性的交互作用下，在船后形成实际的船波。

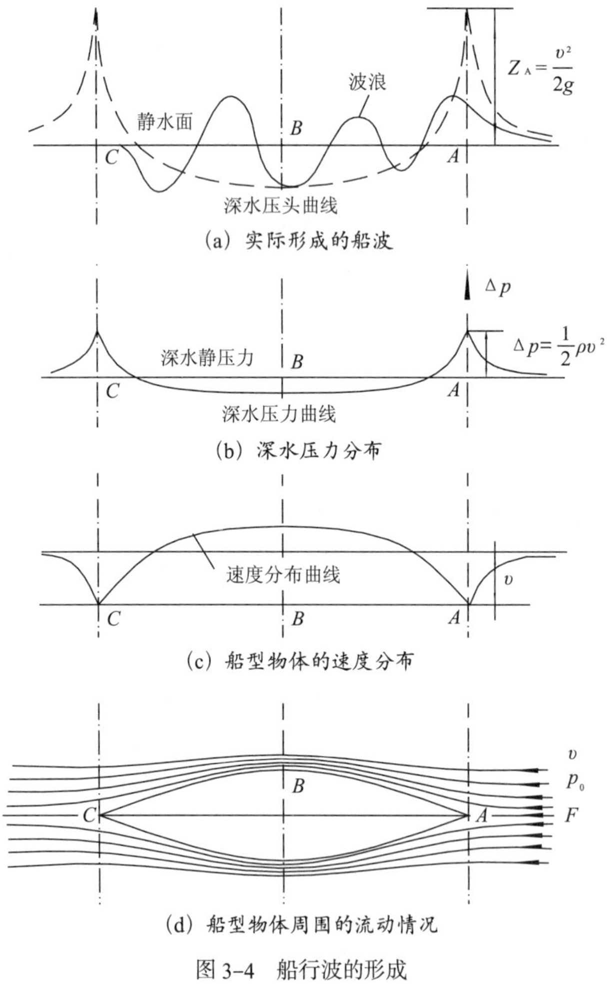

(a) 实际形成的船波

(b) 深水压力分布

(c) 船型物体的速度分布

(d) 船型物体周围的流动情况

图 3-4 船行波的形成

船形物体在深水中做匀速直线运动，由运动转换原理，可视物体在深水中不动，而无穷远处水流以速度 v 流向物体，如图 3-4 所示。其中，图 3-4（d）为该物体周围的流动图，图 3-4（c）和图 3-4（b）为物体表面速度分布和压力分布图，驻点 A 和 C 处的流速为零，压力值为最高。

船在水面上航行与在深水中航行有所不同。设远处 F 点的来流速度为 v，水表面的压力为大气压力 p_0，沿船体水线及远前方液面应用伯努利方程，例如对驻点 A 和远方点 F，则有

$$\frac{v_A^2}{2g}+\frac{p_0}{\gamma}+Z_A=\frac{v^2}{2g}+\frac{p_0}{\gamma}$$

由于驻点的流速 $v_A=0$，故得 A 点波面的升高为

$$Z_A=\frac{v^2}{2g}>0$$

同理可得 B 点和 C 点的波面升高分别为

$$Z_B=\frac{v^2-v_B^2}{2g}<0$$

$$Z_C=\frac{v^2}{2g}>0 \tag{3-12}$$

由此可见，A 点和 C 点处的水面被抬高，而 B 点的水面下降，整个水面高度的变化情况如图 3-4（a）中的虚线所示。同时，水面高度的变化与速度平方成比例，由此推想，船行波的波高将正比于船速的平方。

实际上，船行波与上述船体周围的水面变化是有差别的，其主要表现在以下三个方面。

（1）实际水面抬高小于$Z_A=\dfrac{v^2}{2g}$。这是因为水流流向 A 点、C 点处时，压力已渐增。水面处的水质点已具有向上的速度，并非如深水中 $v_A=v_C=0$，所有的动能全部转换成位能。实际上 A 点和 C 点不是真正的驻点。

（2）由于惯性作用，最高水面位置存在滞后现象。水质点经过 A 点以后，动能增加，水面本应下降，但由于水质点运动的惯性作用，在 A 点后将继续上升到某一位置才开始下降。所以实际船行波的艏波峰总是在船艏柱稍后的地方；尾波峰位于船艉柱之后，船艉柱前总为一波谷。

（3）水质点一旦受到流体动压力的扰动而离开其平衡位置后，便在重力和惯性力的相互作用下，绕其平衡位置发生振荡，形成波浪。这里重力是振荡的回复力，因此船行波是重力波。

综上可知，船体在航行过程中形成的波形如图 3-4（a）中实线所示。

3.1.3 船行波图形及组成

如前所述，船波是由于船舶在水面上航行时船体周围流体压力变化引起的。船体艏艉驻点附近形成两个最大压力区，其兴波作用最强，这两个最大压力区的兴波可以简化成两个压力点的兴波情况。为此，首先研究单个压力点的兴波图形。

3.1.3.1 压力点的兴波图形

凯尔文（Kelvin）根据式 (3-11) 并用稳定相位法求得一个压力点在水面上以匀速 v 做直线运动时的兴波图形，如图 3-5 所示。图中 O 为压力点，兴波图形分成两个波系，即横波系和散波系。横波系与压力点的运动方向垂直，它是由方向角 $|\theta|<35°16'$ 的基元波组成；散波系与运动方向斜交，它是由 $35°16'<|\theta|\leqslant 90°$ 的所有基元波组成。横波与散波相交成尖角，在尖角处相切而具有相同的波向角 $\theta=35°16'$；尖角与原点 O 的连线称为尖点线，它与运动方向的夹角为 19°28′，该角称为凯尔文角。可见，船波仅限于一个顶角为 $2\times19°28'$ 的扇形区域内。

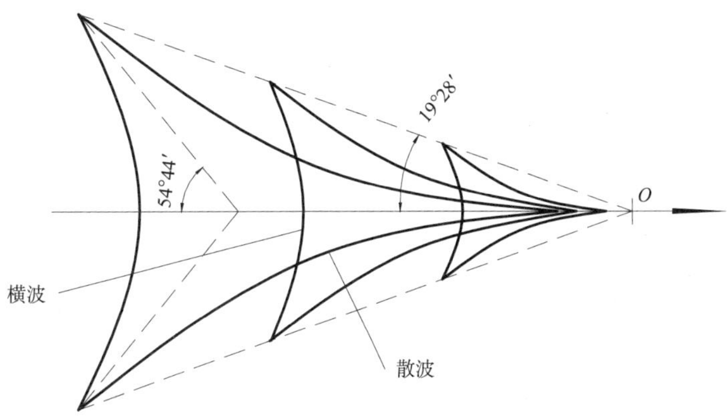

图 3-5 凯尔文波系

凯尔文波是由许多不同传播方向的基元波叠加而成的，这也可以用简单的作图法得到证实。事实上，如果令船行波表达式［式(3-11)］中的相位函数为常数，即

$$K_0 \sec^2\theta\, p = 2\pi\cdot n \quad (n=0,1,2,\cdots)$$

则有

$$p = \frac{2n\pi}{K_0}\cos^2\theta$$

按上式用作图法绘制凯尔文波波形的作法如下：

（1）通过坐标原点 O 每隔 $\Delta\theta = 90°/m$（m 为整数）作一条射线，在相应的射线上截取：

$$\overline{Op_i} = \frac{2n\pi}{K_0}\cos^2(i\Delta\theta) \quad (n=1,2,3,\cdots;\ i=0,1,2,\cdots,m)$$

（2）于 p_i 点作该射线之垂线，这些垂线即表示等相位基元波之波峰线，其包络线即表示压力点后的一组散波和横波；若取不同的 n 值作图，便会得到完整的横波系和散波系，如图 3-6 所示，其中 m 取为 9。m 取值越大，则射线越密，包络线会越清晰。

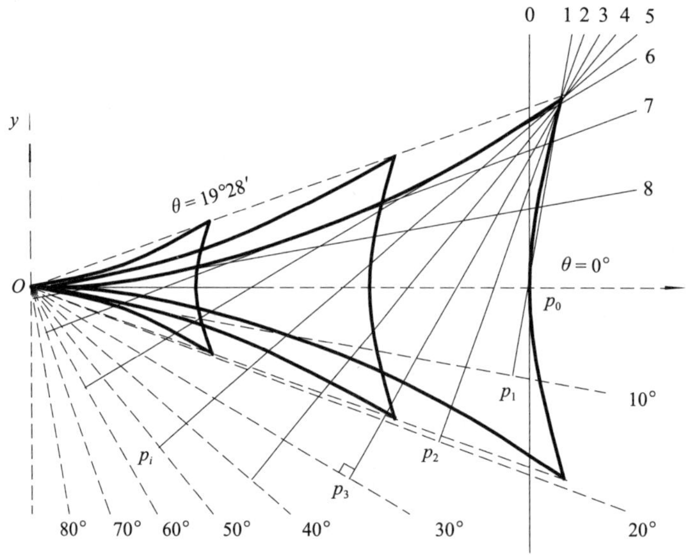

图 3-6　凯尔文波系的作图法

3.1.3.2　船行波的组成和特征

船舶在航行过程中，船体周围的压力变化相当于有很多压力点在水面上运动，每一压力点均产生波浪。但兴波作用最强的只是艏和艉两端处，因此可用两个压力点的兴波近似描绘整个船的兴波，即船行波必然由与单个压力点兴波图形相似的艏波系和艉波系组成，每一波系均有各自的横波系和散波系。

实际观察到的船行波与上述分析基本吻合，如图 3-7 所示。由观察所见，艏横波系通常在艏柱稍后处始于波峰，而艉横波系在艉柱之前始于波谷。在船后艏艉两横波系相叠加，组成合成横波；而两波系中的散波系各不相混，清楚地分开，如图 3-7（b）所示。

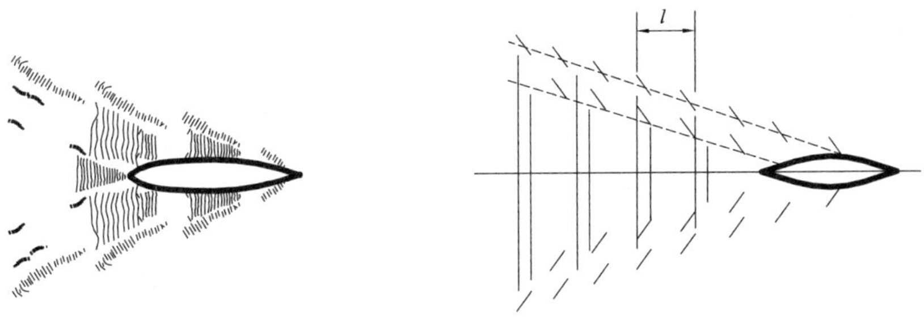

(a) 实际船行波　　(b) 波形示意图

图 3-7　船行波图形

根据压力点的兴波可以想象，若设计的船体型线有某些曲率突变，如丰满船的前肩或后肩处，则该处的压力也会随之突变，以致产生又一个明显的波系，称为肩波。肩波系的存在不但使兴波阻力增加，而且有可能产生不利的兴波干扰。

由实际观察知，船行波的另一特点是船波随船一起前进。这说明波浪传播速度等于船速，因此不但船行波的波幅与船速的平方成正比，而且其波长也随船速的平方关系增长。所以随航速的增加，兴波必然增加。

§3.2　兴波阻力特性

船舶在水中运动时产生波浪，船体必须提供兴波的波能，即要克服兴波阻力做功。由此可见，兴波阻力与船舶在水面上产生的波浪有关。然而船体兴起的波浪又取决于船型和船速，可见兴波阻力和船型、船速有直接关系。改进和优化设计船型的一个重要方面就是减小兴波阻力。

3.2.1　兴波阻力与波浪参数的关系

当船舶航行时，整个船波随同船体一起前进，所以船波的传播速度与船速相等。

为了便于理解，假定船体产生的波浪是平面进行波。现取宽度为 b，长度为两个波长的封闭波域。由式 (3–8) 可知该封闭区域的波能为：

$$E_b = \rho g A^2 b\lambda$$

由波浪理论可知，该能量的一半是由后面的船波传播而来，另一半则是由于船体克服兴波阻力做功所提供的。因此根据能量守恒，则有

$$R_w 2\lambda = \frac{1}{2}\rho g A^2 b\lambda$$

由此得兴波阻力

$$R_w = \frac{1}{4}\rho g A^2 b = \frac{1}{16}\rho g H^2 b \tag{3-13}$$

虽然式 (3–13) 并不能用于计算实际船舶的兴波阻力，却给出了明显的物理启示，即兴波阻力与波高平方和波宽呈正比关系。当船波的波高增大时，兴波阻力必然急剧增大。

3.2.2 艏艉横波的干扰

由于实际船体兴波存在船艏波系和船艉波系，且两波系中的横波在尾相遇而叠加，这种现象称为兴波干扰。艏艉横波干扰的结果形成的合成横波有可能增大，也有可能减小。从受力观点看，如果船艏横波波谷和船艉横波波谷相叠加，则合成波的波谷增大。由于艉柱前总是为波谷，波谷增大使船的后体流体压力变得更小，水压力向前的分力更小，故兴波阻力增大。从能量观点看，若艏艉横波波谷相叠，则合成波的波幅增大，波能必然增大，因而兴波阻力随之增大。这种情况称为不利干扰，如图 3-8（a）所示。相反，如果艏波波峰在船艉与艉波波谷相叠加，则合成横波波幅减小，兴波阻力减小，这种情况称为有利干扰，如图 3-8（b）所示。

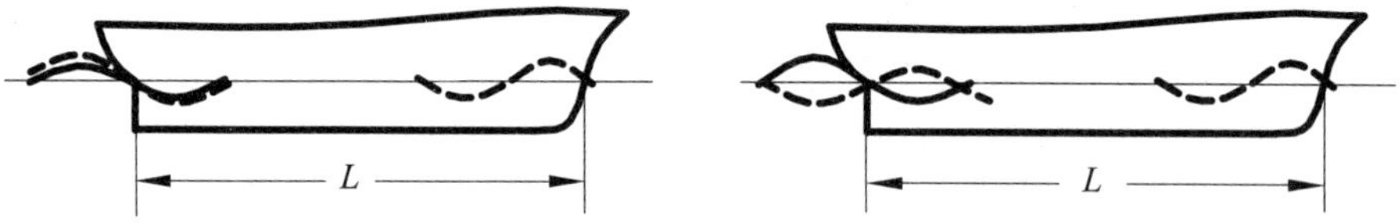

图 3-8　有利干扰和不利干扰示意（虚线为艏横波，实线为艉横波）

影响艏艉横波干扰结果的因素主要取决于艏艉两横波的相对位置。船艏横波的第一个波峰和船艉横波的第一个波峰之间的距离称为兴波长度，用 mL 表示，如图 3-9 所示。

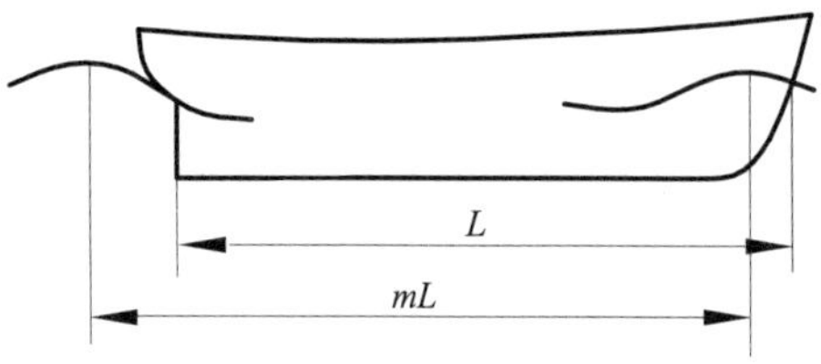

图 3-9　兴波长度

显然，艏艉横波的干扰情况是由兴波长度 mL 和波长 λ 决定的，二者之间的关系可以用下式表示：

$$mL = n\lambda + q\lambda \tag{3-14}$$

式中，n 为正整数；q 为正分数；m 为系数，主要与弗劳德数和船型有关。

由式 (3-14) 知，兴波干扰的结果不外乎以下几个。

（1）当 $q=0$，表示 mL 距离内有 n 个整波长，两横波的位相差为零，在艉部完全是波峰与波峰重叠，出现不利干扰；

（2）当 $q=0.5$ 时，表示在 mL 距离内有 $(n+0.5)$ 的波长，这意味着两波的相位差为 π，艏波波峰与艉波波谷相叠加，则发生有利干扰；

（3）当 q 为任意分数时，两波相位差为 $2\pi q$，出现一般干扰。

显然，兴波长度 mL 和波长 λ 的关系决定兴波干扰之结果。按平面进行波理论，波长与波速（即船速）平方呈正比关系，因此式 (3-14) 又可写成：

$$mL = (n+q)\frac{2\pi v^2}{g}$$

考虑到$Fr = v/\sqrt{gL}$，由上式可得在 mL 距离内的横波数：

$$n + q = \frac{m}{2\pi Fr^2} \tag{3-15}$$

式 (3-15) 说明兴波干扰与弗劳德数 Fr 和船型有关。

1877 年，弗劳德进行了变化平行中体长度的船模系列试验，以证明船长对兴波干扰作用的影响。弗劳德所试验的实船除平行中体长度外，其他的尺度均相同，具体为：宽度 = 11.58 m，吃水 = 4.39 m，进流段长度 = 24.38 m，去流段长度 = 24.38 m，而各船的平行中体长度在 0 ～ 103.63 m。故相应的船长为 48.80 ～ 152.40 m，试验结果如图 3-10 所示。由图 3-10 可见，因平行中体长度的变化，结果有间距均匀的波峰点连续发生，这间距约等于不同航速下的波长。且速度越高，剩余阻力 R_r 的波动越大，说明相应的波高越大，这与实测结果相符。由图 3-10 还可看出，剩余阻力的波动随船长增加而减小，其原因是船艏横波与船艉横波发生干扰之前，经过的距离越长，则波高的衰减越多。

图 3-10 虽用剩余阻力，但剩余阻力中兴波阻力所占的比重很大，特别是对高速船的情况，实际上说明了兴波的干扰作用。

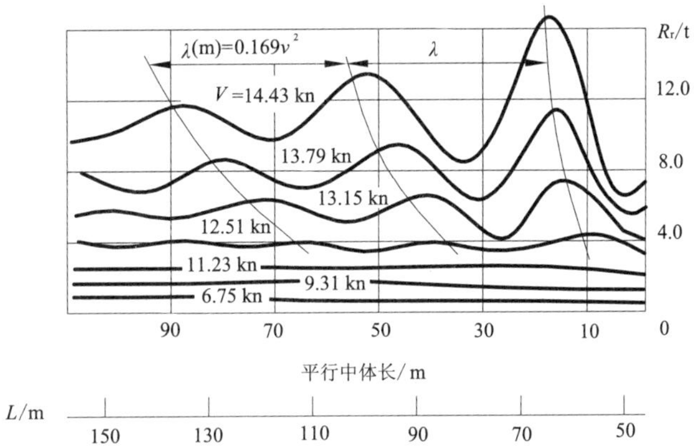

图 3-10 关于平行中体长度的试验结果

3.2.3 船体兴波阻力表达式

由前述知，实际船体兴波存在艏波系和艉波系，而其中的艏艉横波在船后将发生干扰作用，因此船体兴波阻力必须计及以下三面产生的波阻：①船横波中未受干扰部分的波阻；②船艏艉横波干扰后，合成波的波阻；③船艏艉波系中散波的波阻。

为此，在船艏波区内任选截面 $A—A$，则计算截面 $B—B$ 取在船后与 $A—A$ 截面相距 mL 的位置上，如图 3-11 所示。计算各部分兴波的波浪参数，进而确定相应的波能，最后可得船体兴波阻力。

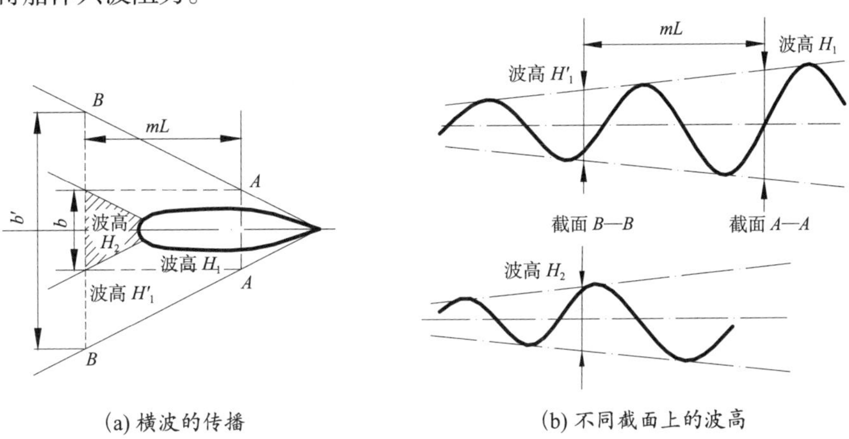

图 3-11 横波系的波能计算

3.2.3.1 确定各部分波浪的参数及其波能

首先计算波长相同的两横波在船后相叠加后的合成波的波浪要素。

设船艏横波在截面 $A—A$ 处的波高为 H_1，波宽为 b；船艉横波在截面 $B—B$ 处的波高为 H_2，其波宽可以证明也等于 b。假定波浪在传播过程中波能无损耗，则在两个截面处的艏横波应具有相同的波能，即

$$\frac{1}{8}\rho g b\lambda H_1^2=\frac{1}{8}\rho g b'\lambda H_1'^2$$

式中，b' 和 H_1' 分别为船艏横波在截面 $B—B$ 处的波宽和波高，如波高表示为 $H_1'=KH_1$（K 为常数），则波宽必有

$$b'=b/K^2 \tag{3-16}$$

两波长相等，波高分别为 H_1' 和 H_2，而相位差为 $2\pi q$ 的两横波相叠加，其合成波波长不变，而波高为

$$H^2=H_1'^2+H_2^2-2H_1'H_2\cos(\pi-2\pi q)=K^2H_1^2+H_2^2+2KH_1H_2\cos 2\pi q$$

因此，合成横波每波长的能量为

$$E_1=\frac{1}{8}\rho g b\lambda H^2=\frac{1}{8}\rho g b\lambda(K^2H_1^2+H_2^2+2KH_1H_2\cos 2\pi q)$$

同样可以得船艏横波在船后 $B—B$ 处未受干扰部分的波能 E_2：

$$E_2=\frac{1}{8}\rho g\lambda(b'-b)H_1'^2=\frac{1}{8}\rho g\lambda b(H_1^2-K^2H_1^2)$$

如此，船艏艉横波的总能量 E_B 为

$$E_B=E_1+E_2=\frac{1}{8}\rho g b\lambda(H_1^2+H_2^2+2KH_1H_2\cos 2\pi q)$$

此外，艏艉波系中散波系的能量可表示为：

$$E_D=\frac{1}{8}\rho g K_d b\lambda H_3^2 \tag{3-17}$$

式中，H_3 为散波波高；K_d 为系数。

整个船体波系的总能量应该是艏艉横波系和散波系的能量之和，即

$$E=E_B+E_D\propto b\lambda(H_1^2+H_2^2+K_dH_3^2+2KH_1H_2\cos 2\pi q) \tag{3-18}$$

3.2.3.2 整个船体兴波阻力

船体波浪在一个波长内的总能量等于兴波阻力在 2λ 距离内所做的功，即 $E=R_w\cdot 2\lambda$，则有

$$R_w\propto b(H_1^2+H_2^2+K_dH_3^2+2KH_1H_2\cos 2\pi q)$$

由于船波仅限在船后的扇形区内，显然波宽与波长是成正比的，即 $b\propto\lambda$，而由式 (3-3) 知，波长与波速（即船速）的平方成正比，即 $\lambda\propto v^2$，故 $b\propto v^2$；同时由式 (3-12) 知船行波的波高也与速度平方成正比，即 $H\propto v^2$，这样 R_w 可写成：

$$R_w \propto (A' + B'\cos 2\pi q)\upsilon^6 \tag{3-19}$$

式中，A'、B' 为常数。考虑到兴波长度 $mL=(n+q)\lambda$，则

$$\cos 2\pi q = \cos 2\pi(n+q) = \cos 2\pi\frac{mL}{\lambda}$$

最终得船体兴波阻力 R_w 为

$$R_w = \left(A + B\cos\frac{2\pi mL}{\lambda}\right)\upsilon^6 \tag{3-20}$$

或者以兴波阻力系数表示为

$$C_w = \frac{R_w}{\frac{1}{2}\rho\upsilon^2 S} = \left(C + D\cos\frac{2\pi mL}{\lambda}\right)\left(\frac{\upsilon}{\sqrt{gL}}\right)^4 \tag{3-21}$$

式中，C 和 D 为常数；S 为船体湿表面积。

兴波阻力式 (3-20) 是一近似表达式，但可看出兴波干扰特性。

推导更精确的船体兴波阻力表达式可利用船行自由波表达式式 (3-11) 进行波能计算。在船体后方取一个控制面，它随船一起运动。在控制面内的波能为常数，而通过控制面的波能与船体克服兴波阻力做功相等。经较繁复的推导可得出：

$$R_w = \frac{1}{2}\pi\rho\upsilon^2\int_{-\pi/2}^{\pi/2}[C^2(\theta) + S^2(\theta)]\cos^3\theta\,d\theta \tag{3-22}$$

式（3-22）对波形分析和理论计算船体兴波阻力有重要意义。

3.2.4 船体兴波阻力特性

3.2.4.1 兴波阻力的一般规律

由第 1 章 §1.2 节中弗劳德定律知，对给定船型，船体兴波阻力系数仅仅是弗劳德数的函数。今由式 (3-21) 知，C_w 与弗劳德数 Fr 的 4 次方成正比。应该指出：该式虽然是以平面进行波来处理船行波所得到的结果，但对分析兴波阻力还是有意义的。

由式 (3-20) 知，兴波阻力 R_w 与 υ^6 成正比。由此可看出，随船速增加，兴波阻力将很快增加。同时说明，对低速船而言，兴波阻力在总阻力中所占比例很小；而对高速船来说，兴波阻力将占很大的比例。

3.2.4.2 兴波阻力的组成和兴波阻力曲线的形状

由式 (3-20) 知，兴波阻力 R_w 由两部分组成：式中第一项为艏艉波系中未受干扰的横波以及两波系的散波所产生的兴波阻力，称为“自然兴波阻力”；第二项是艏艉横波遭受干扰后的兴波阻力。由于 $\cos(2\pi mL/\lambda)$ 值在 +1.0 和 −1.0 之间变动，因此兴波阻力系数 C_w–Fr 曲线上总是出现凸起和凹陷的“峰”和“谷”，如图 3-12 所示。当 $\cos(2\pi mL/\lambda) = +1.0$ 时，也就是当 $mL/\lambda = 1, 2, 3, \cdots$时，兴波阻力系数曲线上出现凸起，叫作波阻峰点，显然这表示船艏横波与船艉横波发生不利干扰，致使兴波阻力增大。而当 $\cos(2\pi mL/\lambda) = -1.0$ 时，也就是 $mL/\lambda = 0.5$，1.5，2.5，⋯时，船艏横波与船艉横波发生有利干扰，兴波阻力有所减小，在兴波阻力系数曲线上出现“凹陷”，称为波

阻谷点。

3.2.4.3 不同船型的兴波阻力差异

图 3–12 给出了两种船型的兴波阻力系数曲线，由图 3–12 清楚可见，不同船型的 C_w 曲线之差异。

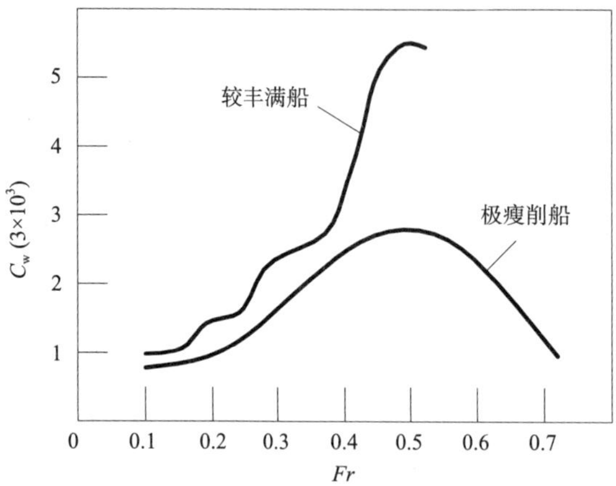

图 3–12 兴波阻力系数曲线

（1）当 $Fr < 0.15$ 时，无论是较丰满的一般运输船还是高速的瘦削型船，C_w 值均很小。这说明低速时，兴波阻力成分很小。

（2）在整个速度范围内，在相同 Fr 数时，较丰满的运输船的 C_w 比瘦削的高速船的 C_w 均大，特别是当 Fr 增大时，两者的差异极为明显。

（3）较丰满的运输船对应于较低的 Fr 数，C_w 出现峰谷现象；而瘦削船仅在 Fr=0.5 附近存在 C_w 的峰值区，当 $Fr > 0.5$ 时，C_w 随 Fr 增大而趋减小。

3.2.4.4 兴波阻力与船型参数的关系

前文说明了不同类型船舶的 C_w 曲线之特点。这里将进一步阐述同类船舶其船型参数对兴波阻力的影响。

（1）式 (3–20) 兴波阻力中的第一项，即自然兴波阻力部分，其大小与艏艉横波、散波的波高 H_1、H_2 和 H_3 等关系甚密，而这些波浪的波高受船体形状，主要是艏艉端部形状的影响，而艏部形状的影响尤为突出。因此，在船舶设计中为了减小兴波阻力，要注重前体形状，特别是艏部的某些参数或线型的设计。

（2）式 (3–20) 中受干扰影响的第二项值的大小则取决于兴波长度 mL 与波长 λ 之比，即 mL/λ。而兴波长度 mL 与船长、船速以及船体的肥瘦程度有关；波长仅与船速有关。一般来说，由船体产生的横波波长决定于船速。当船速一定，则波长一定。若改变船长即可改变艏艉波之间的距离，亦即改变它们之间的相位差，因而船长不同也可以有不同的干扰结果。相应于有利干扰的船长，称为有利船长，反之称为不利船长。此外，船体形状，特别是表征船体艏艉肥瘦程度的棱形系数 C_p 不但直接影响兴波的大小，而且对两横波的干扰作用有较大的影响。两端瘦削者，水压力较小，两横波波峰间的距离较小。反之，两端较钝，水压力较大，艏艉波峰距离较大。因之，兴波干扰作用与船型的关系，主要是与 L 和 C_p 有关，可用函数表示为

$$mL = f(L,\ \lambda,\ C_p)\ ;\qquad 而\ \lambda = f_1(v) \tag{3-23}$$

§3.3 兴波干扰的预测方法

由理论和试验知，由于兴波干扰作用，船舶兴波阻力系数曲线上总是出现波阻峰点和波阻谷点。因此在船舶设计时要合理地选择船型和船速，力求避免在波阻峰点处，

设法能处于波阻谷点的位置，从而达到消耗较小的功率，获得较高的航速的目的，也即获得较高的经济效益。显然，在船舶设计阶段希望能预测出设计的船舶是否满足这一要求。

3.3.1 Ⓟ理论预测兴波干扰

由前述知，在一定的航速下，即波长 λ 一定，兴波长度 mL 决定了艏艉横波的相对位置，也即决定了兴波干扰的结果。兴波长度 mL 与船形、船速的关系见式 (3-23)。经大量试验资料分析表明：不同形状的船舶在不同速度下，虽然兴波长度不同，但自船艏横波第一波节点至艉横波第一个波谷之间的距离均可以表示为 C_pL，如图 3-13 所示。于是兴波长度可以表示为

$$mL = C_pL + \frac{3}{4}\lambda \tag{3-24}$$

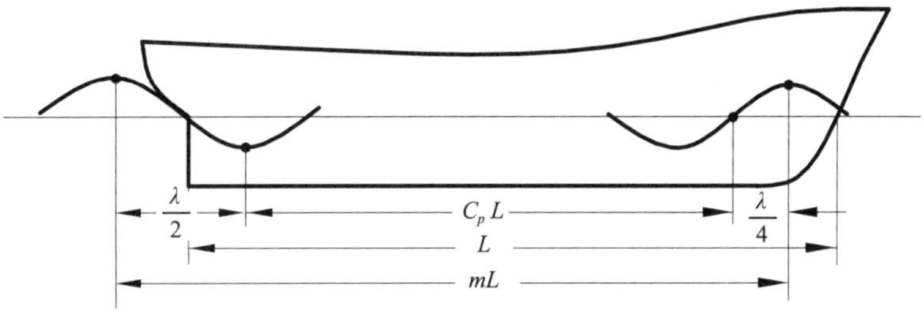

图 3-13 船艏、船艉横波的相对位置

考虑到式 (3-14)，则有

$$C_pL/\lambda = (n+q) - \frac{3}{4} \tag{3-25}$$

这样，对应于有利干扰和不利干扰分别为

$$\left.\begin{array}{lll} \text{当 } q = 0.5 \text{ 时，} & C_pL/\lambda = n - 1/4 & \text{有利干扰} \\ \text{当 } q = 0 \text{ 时，} & C_pL/\lambda = n - 3/4 & \text{不利干扰} \end{array}\right\} \tag{3-26}$$

由此可知，根据 L、C_p 和 λ 组成的函数Ⓟ就可以预测波阻峰点和谷点。定义Ⓟ为船速 V 与波长为 C_pL 的波速之比，即

$$\textcircled{P} = V\Big/\sqrt{\frac{gC_pL}{2\pi}} = \sqrt{\frac{g\lambda}{2\pi}}\Big/\sqrt{\frac{gC_pL}{2\pi}} = \sqrt{\frac{\lambda}{C_pL}} \tag{3-27}$$

将式 (3-26) 代入Ⓟ定义式 (3-27)，可得对应于波阻峰点和谷点所对应的Ⓟ值分别为

波阻峰点：
$$\textcircled{P} = \sqrt{1\Big/\left(n - \frac{3}{4}\right)} = \sqrt{4}, \sqrt{4/5}, \sqrt{4/9}, \sqrt{4/13}, \cdots$$
$$= 2.00，0.895，0.666，0.556，\cdots \tag{3-28}$$

波阻谷点：
$$\textcircled{P} = \sqrt{1\Big/\left(n - \frac{1}{4}\right)} = \sqrt{4/3}, \sqrt{4/7}, \sqrt{4/11}, \sqrt{4/15}, \cdots$$
$$= 1.15，0.756，0.604，0.517，\cdots \tag{3-29}$$

一般情况下，根据所设计船舶的参数 V、C_p 和 L 可以计算得相应的Ⓟ值，以此判别该船是处于有利干扰或不利干扰。实际上Ⓟ理论的应用是预先做成图谱，供船舶设计过程中查阅，这样更简单方便。因为由式 (3-27) 知：

$$Ⓟ=\sqrt{\frac{\lambda}{C_p L}}=V\Big/\sqrt{\frac{gC_pL}{2\pi}}=2.506\,6\frac{F_r}{\sqrt{C_p}} \tag{3-30}$$

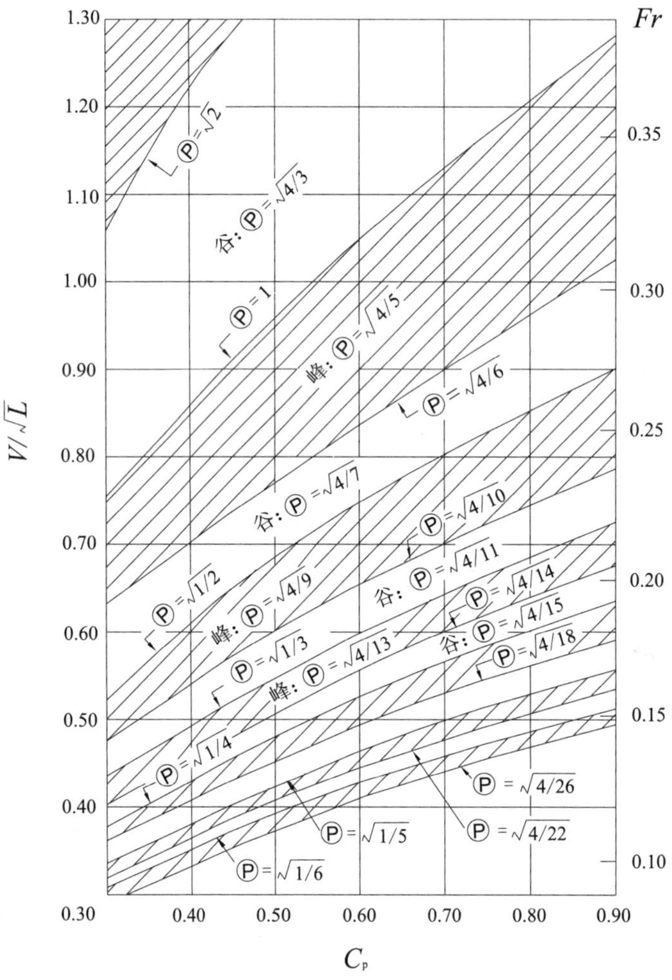

图 3-14　Ⓟ等值曲线图谱

根据这一关系式，分别以 C_p 和 Fr 为参数做成如图 3-14 所示的Ⓟ等值曲线图谱，供船舶初步设计时应用。图 3-14 中空白部分代表“有利干扰”区，而阴影部分代表“不利干扰”区，此图仅适用于Ⓟ =1.15 以下的情况。由图 3-14 可见，长度较大而棱形系数较小的船与长度较短而棱形系数较大的船会发生相同的兴波干扰作用。

应用Ⓟ理论预测一般民用船的波阻峰点和波阻谷点的准确性较高。

将Ⓟ理论应用于图 3-10 所示的弗劳德的关于不同平行中体长度的船模试验结果，两者相当一致。

3.3.2　应用弗劳德数预测波阻峰点和谷点

在实际船舶设计特别是民用船舶设计中，当船长和船速确定后，其相应的 Fr 数（或速长比）即被确定。而棱形系数 C_p 通常根据 Fr 选定。这样船舶兴波的干扰情况也随之而定。

艾亚根据各种民用船的模型试验和实船试验结果，分析得出不同 Fr 和 $V_s/\sqrt{L}$ 与波阻峰点和波阻谷点的对应关系，见表 3-1。

最后，需要说明一下前肩波的干扰预测。一般较丰满的民船都有一定的平行中体长度，但如前肩过于隆起，则该处将产生另一波系，称为前肩波系，这个波系可能与船艏波系发生不利干扰，使阻力增加。

表 3-1 Fr 和 $V_s/\sqrt{L}$ 与波阻峰点和波阻谷点的对应关系

项目	速度参数与对应状态					
Fr	0.200	0.214	0.232	0.256	0.283	0.342
$V_s/\sqrt{L}$	0.673	0.720	0.780	0.860	0.950	1.150
峰点或谷点	峰点	谷点	峰点	谷点	峰点	谷点

据高恩、贝克、肯脱和魏格来等分析研究认为，前肩波系与船艏波系发生不利干扰的航速为

$$V_s = (1.956 \sim 1.992)\sqrt{L_e} \tag{3-31}$$

式中，L_e 为进流段长度，m；V_s 为航速，kn，特别是 $V_s = 1.974\sqrt{L_e}$，应该极力避免。

总之，在船舶设计时应不使其处于或接近波阻峰点，这对 $Fr \leqslant 0.30$ 的中低速船舶尤为重要，如若无法避免时，应适当修改船体型线图或采取其他措施，如应用球鼻艏等。

§3.4 确定兴波阻力的方法

3.4.1 船模试验方法

船模兴波阻力系数可表示为

$$C_{wm} = C_{tm} - C_{vm} \tag{3-32}$$

式中，船模总阻力系数 C_{tm} 和粘性阻力系数 C_{vm} 可由船模和对叠船模试验求得。从而可以得到船模兴波阻力系数。但由于对叠船模试验存在许多难以解决的困难，因而实际上并不被采用。

现行的模型试验方法是依据弗劳德法：$C_r = C_{tm} - C_{fm}$ 的关系式，通过模型试验确定剩余阻力系数 C_r 来研究、分析兴波阻力。采用这种方法的原因是：船模试验很难将兴波阻力与粘压阻力分开，而且粘压阻力系数基本上不随船速变化。因此兴波阻力的基本特性，诸如峰、谷点等在剩余阻力曲线中均有所反映。同时从不同航速的船舶来看，将兴波阻力从剩余阻力中分出来的意义并不是很大。因为低速船的兴波阻力很小，不是研究重点；而对高速船，剩余阻力中的绝大部分是兴波阻力，因此，其足以反映兴波阻力的特性。

3.4.2 兴波阻力的理论计算方法

密契尔（Michell）以经典流体力学为基础，于 1898 年首先推导出了在无限宽广水域中做匀速直线运动的船舶（薄船）之兴波阻力表达式。稍后又有许多学者，其中如海佛络克（Havelock）长期从事兴波阻力理论的研究，使兴波阻力理论日趋完善。然而，几乎相隔半个多世纪，直到 20 世纪 60 年代初，由于电子计算机的出现和迅速发展，

兴波阻力理论在船舶设计中才获得实际应用，如以线性兴波理论为基础的波形分析和船型优化技术等。本节简要介绍线性兴波阻力理论。

3.4.2.1　基本假定

在兴波理论中作如下的基本假定：

（1）假设流体是不可压缩、均质和无粘性的理想流体，流动是无旋的有势运动。

（2）微幅波假定：认为波高远小于波长，从而认为波表面水质点的扰动速度及波陡均为小量，其平方以上的项均可忽略。

（3）忽略船体运动过程中的平行下沉和纵倾。

（4）船体运动充分稳定，即兴波相对船体而言是定常运动。

3.4.2.2　定解问题

取随船直角坐标系，如图 3-15 所示，Ox、Oy 轴在未被扰动的水面上，Oz 轴铅垂向上，Ox 轴与运动方向一致。

由于波浪运动是无旋有势运动，因此存在速度势函数 φ。如果能求得 φ，则可求得流场中任意点处的速度和压力，从而求得兴波阻力。根据运动转换原理，可将船舶视为处在速度为 $-v$ 的均匀来流之中，则存在速度势为

$$\Phi = -vx + \varphi \tag{3-33}$$

式中，$-vx$ 为来流速度势；φ 为扰动速度势。

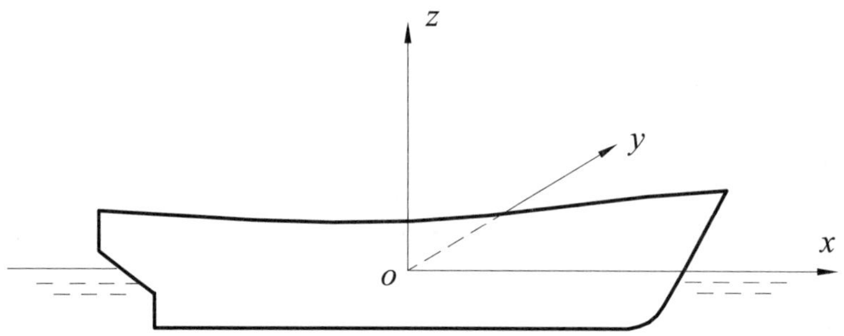

图 3-15　船体坐标系

由于流体是不可压缩的，则必须满足连续方程，可以得到控制方程，即拉普拉斯方程：

$$\nabla^2\varphi = 0 \tag{3-34}$$

或

$$\nabla^2\Phi = 0$$

由上述微分方程求解速度势 φ 或 Φ，必须满足如下的边界条件，才能使解是唯一确定的。

（1）自由表面运动学边界条件，由微幅波假定。在 $z = 0$ 处近似满足：

$$v\,\zeta_z = -\varphi_z \qquad (z = 0) \tag{3-35}$$

（2）自由表面动力学边界条件，由微幅波假定，在 $z = 0$ 上近似满足：

$$\zeta = \frac{v}{g}\varphi_x \qquad (z = 0) \tag{3-36}$$

以上两式可合写成总的边界条件：

$$\varphi_{xx} + K_0\varphi_z = 0 \quad (z = 0) \tag{3-37}$$

式中，$K_0 = g/v^2$ 为基本波数。

（3）船体表面边界条件（流体不可穿透）：

$$\varphi_n = v\cos(n, x) \tag{3-38}$$

式中，n 为物体表面法线方向。

（4）固壁条件：

$$\varphi_n = 0 \tag{3-39}$$

若为无限水深，则 $\varphi_z|_{z\to-\infty} = 0$。

（5）辐射条件，即在物体的远前方满足无波条件：$\nabla\varphi = 0$。

由于忽略了粘性影响，会使船波运动的速度势具有不定性，消除不定性的方法除了用上述的辐射条件外，还可以应用具有耗散力项的自由表面边界条件，这时式 (3–37) 成为

$$\varphi_{xx} + K_0\varphi_z - \mu\varphi_x = 0 \quad (z = 0) \tag{3-40}$$

满足控制方程式式 (3–34) 和上述边界条件即构成所谓定解问题。

解上述定解问题，即求速度势 φ，可以用源汇（或称为奇点）系分布于某一表面来代替船体，从而求得船体兴波及相应的兴波阻力。为此，首先讨论单个点源的兴波问题。

由流体力学知，在点 $Q(\xi, \eta, \zeta)$ 处的单位点源在水面附近匀速直线运动时的速度势或格林函数为

$$G_s = \frac{1}{r} + \varphi_w \tag{3-41}$$

式中，$r = \left[(x-\xi)^2 + (y-\eta)^2 + (z-\zeta)^2\right]^{1/2}$；$\varphi_w$ 为自由表面引起的附加速度势。

根据数学中贝塞尔函数，可以证明：

$$\frac{1}{r} = \frac{1}{\sqrt{x^2+y^2+z^2}} = \frac{1}{2\pi}\int_{-\pi}^{\pi}\mathrm{d}\theta\int_0^{\infty}\exp\left[-k|z| + ik(x\cos\theta + y\sin\theta)\right]\mathrm{d}k \tag{3-42}$$

自由表面引起的附加速度势可以写成：

$$\varphi_w = \int_{-\pi}^{\pi}\mathrm{d}\theta\int_0^{\infty}F(\theta,k)\exp\left[kz + ik\overline{p}\right]\mathrm{d}k \tag{3-43}$$

式中，$F(\theta, k)$ 为待定函数；$\overline{p} = (x-\xi)\cos\theta + (y-\eta)\sin\theta$，因此，单位点源速度势式 (3–41) 成为

$$G_s = \frac{1}{2\pi}\int_{-\pi}^{\pi}\mathrm{d}\theta\int_0^{\infty}\exp\left[-k|z-\zeta| + ik\overline{p}\right]\mathrm{d}k + \int_{-\pi}^{\pi}\mathrm{d}\theta\int_0^{\infty}F(\theta,k)\exp\left[kz + ik\overline{p}\right]\mathrm{d}k \tag{3-44}$$

这一速度势应满足自由表面边界条件和辐射条件，由此确定待定函数为

$$F(k,\theta) = \frac{k + K_0\sec^2\theta + i\mu\sec\theta}{k - K_0\sec^2\theta + i\mu\sec\theta}\cdot\exp(k\zeta) \tag{3-45}$$

因此，式 (3–44) 成为

$$G_s=\frac{1}{r}-\frac{1}{r_1}-\frac{K_0}{\pi}\int_{-\pi}^{\pi}\sec^2\theta\,\mathrm{d}\theta\int_0^{\infty}\frac{\exp\left[k(z+\zeta)+ik\overline{p}\right]}{k-K_0\sec^2\theta+i\mu\sec\theta}\mathrm{d}k \tag{3-46}$$

如果令耗散力系数 $\mu=0$，则式 (3-46) 即是伦德提出的单位点源兴波速度势的基本表达式。有了耗散力项可使我们能正确地选择式 (3-46) 中第三项的积分路径，以满足船前无波条件，经积分后，最终得到单位点源的速度势为

$$G_s=\frac{1}{r}-\frac{1}{r_1}-\frac{2K_0}{\pi}\int_{-\pi/2}^{\pi/2}\sec^2\theta\,\mathrm{d}\theta\int_0^{\infty}\frac{\mathrm{e}^{k(z+\zeta)}}{k-K_0\sec^2\theta}\cos[k(x-\xi)\cos\theta]\times\cos[k(y-\eta)\sin\theta]\mathrm{d}k$$

$$-2K_0\int_{-\pi/2}^{\pi/2}\mathrm{e}^{K_0\sec^2\theta(z+\zeta)}\sin[K_0(x-\xi)\sec\theta]\cos[K_0(y-\eta)\sec^2\theta\sin\theta]\sec^2\theta\,\mathrm{d}\theta \tag{3-47}$$

式中，$r=\left[(x-\xi)^2+(y-\eta)^2+(z-\zeta)^2\right]^{1/2}$；$r_1=\left[(x-\xi)^2+(y-\eta)^2+(z+\zeta)^2\right]^{1/2}$。

式 (3-47) 中前两项对波阻无贡献，且按辐射条件（远前方无波），第三项的积分主值在前方与第四项相消，在后方与之叠加成为 2 倍，称为自由波，只有自由波才对波阻有贡献。因此，在许多情况下可仅讨论下列部分的速度势：

$$G_s=-4K_0\int_{-\pi/2}^{\pi/2}\exp[K_0(z+\zeta)\sec^2\theta]\sin[K_0(x-\xi)\sec\theta]$$

$$\times\cos[K_0(y-\eta)\sec^2\theta\sin\theta]\sec^2\theta\mathrm{d}\theta \tag{3-48}$$

有了单位点源兴波自由波速度势式 (3-48)，就可以用叠加原理得到任意船形体或奇点分布系的兴波速度势：

$$\varphi=-\frac{1}{4\pi}\iint_S\sigma(Q)G_S(P;Q)\,\mathrm{d}S \tag{3-49}$$

式中，P 为场点 (x, y, z)；Q 为奇点所在位置 (ξ, η, ζ)；$\sigma(Q)$ 为 Q 点的源强，其分布可依据物面条件来决定，即满足：

$$\varphi_n=\upsilon\cos(n, x)\ \text{及}\iint_S\sigma(Q)\mathrm{d}S=0$$

式中，S 为源汇系的分布表面。

3.4.2.3 单体船后自由波系及其兴波阻力积分公式

船在航行时兴起波浪而消耗能量，形成兴波阻力。因此兴波阻力必定与船产生的波浪有关。但并非所有的波都带走能量，海佛洛克认为船航行时，船体周围的波浪由两部分组成：

$$\zeta(x, y)=\zeta_1(x, y)+\zeta_m(x, y)$$

式中，$\zeta_1(x, y)$ 称为局部波系或扰动波系，是船在加速过程中形成的，当船速一定时这种波系成为稳定波系，总是留在船体周围，随船一起移动，并不向外传播。一旦形成，仅保持一定不变的波能不再消耗能量。

$\zeta_m(x, y)$ 称为自由波系，在船的远前方不存在，而是留在船后的振荡波，一直延伸到无穷远处。自由波系的范围随航行距离而增加，它的总能量随时间而增加，这些增加的能量都是由船体供给的，这就是兴波阻力的来源，也即船舶兴波阻力是与船后自

由波系相联系的。所以讨论兴波阻力，只需讨论自由波系，而船后自由波系与其速度势的关系为

$$\zeta_m(x,\ y)=\frac{v}{g}\frac{\partial\varphi_m}{\partial x}\bigg|_{z=0}$$

将自由波速势式 (3–49) 代入，略去数学推导，给出结果如下：

$$\zeta_m(x,\ y)=\frac{K_0}{\pi v}\int_{-\pi/2}^{\pi/2}[P(\theta)\cos(K_0\sec^2\theta p)+Q(\theta)\sin(K_0\sec^2\theta p)]\sec^3\theta\,\mathrm{d}\theta \tag{3-50}$$

式中，$P(\theta)=\int_S\sigma\cos(K_0\sec^2\theta q)\exp(K_0\sec^2\theta\zeta)\,\mathrm{d}S$；

$Q(\theta)=\int_S\sigma\sin(K_0\sec^2\theta q)\exp(K_0\sec^2\theta\zeta)\,\mathrm{d}S$；

$p=x\cos\theta+y\sin\theta$；$q=\xi\cos\theta+\eta\sin\theta$。

将式 (3–11) 与式 (3–50) 相比较。显然有：

$$C(\theta)=\frac{K_0}{\pi v}P(\theta)\sec^3\theta$$

$$S(\theta)=\frac{K_0}{\pi v}Q(\theta)\sec^3\theta$$

由式 (3–50) 或式 (3–11) 知，如果 $P(\theta)$ 和 $Q(\theta)$ 已知，或者与其对应的波幅函数 $C(\theta)$ 和 $S(\theta)$ 已知，则自由波系就完全可以确定。

根据已求得的船体自由波速度势式 (3–49)，可根据动量关系，由自由波速度势得到兴波阻力。经数学演算后即可得

$$R_w=\frac{1}{2}\pi\rho v^2\int_{-\pi/2}^{\pi/2}[C^2(\theta)+S^2(\theta)]\cos^3\theta\,\mathrm{d}\theta$$

上式是从受力的观点推导的兴波阻力表达式，显然与由能量观点推导的式 (3–22) 完全一致。

如果船宽甚窄，称为“薄船”，则可以把奇点系分布在船中线面上，这时分布源强为

$$\sigma=\frac{v}{2\pi}f_x \tag{3-51}$$

式中，f_x 表示船体表面的纵向斜率，因此，对于“薄船”的兴波阻力表达式可以写为

$$R_w=\frac{4\rho g^2}{\pi v^2}\int_0^{\pi/2}(I^2+J^2)\sec^2\theta\,\mathrm{d}\theta \tag{3-52}$$

式中，$\dfrac{I}{J}=\int_{-L/2}^{L/2}\int_0^T f_x\begin{matrix}\cos\\ \sin\end{matrix}\left[\dfrac{K_0x}{\cos\theta}\right]\exp(K_0z\sec^2\theta)\,\mathrm{d}x\,\mathrm{d}z$。

如果令 $\lambda=\sec\theta$，则式 (3–52) 又可写成：

$$R_w=\frac{4\rho g^2}{\pi v^2}\int_1^{\infty}(I^2+J^2)\frac{\lambda^2\,\mathrm{d}\lambda}{\sqrt{\lambda^2-1}} \tag{3-53}$$

式 (3–53) 即为著名的密契尔积分公式，它表示兴波阻力与船体几何形状函数或船体函数之间的关系。因此当已知船体表面方程或者由型线图或型值所表示的 $y=f(x,\ z)$ 函数关系时，则由上述积分式可得兴波阻力。但是必须指出的是，密契尔积分公式仅

适用于薄船。有人曾对一长宽比等于 38 的薄船进行了兴波阻力理论计算，并与试验所求得的剩余阻力系数 C_r 结果比较，如图 3–16 所示。由图 3–16 可见，理论计算与试验结果的符合程度，特别是两者的变化趋势是相当一致的。研究表明，密契尔积分公式可以用于计算高速瘦长船型的兴波阻力和作为阻力优化的目标函数。但对于一般船舶按上述理论计算所得结果与试验值相差甚远。

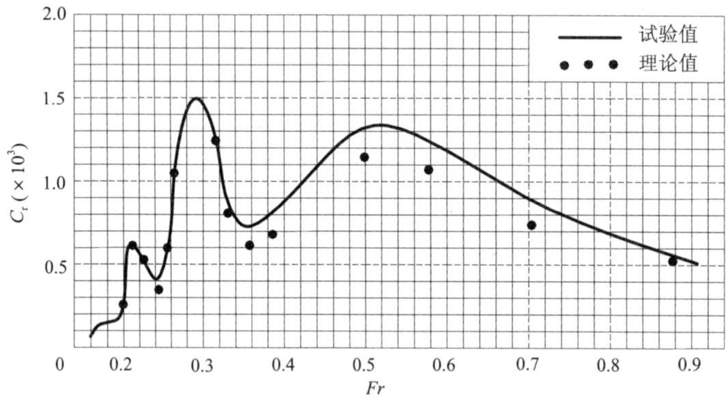

图 3–16　兴波阻力理论计算与试验值的比较（$L/B=38$）

3.4.2.4　多体船兴波阻力积分公式

1）双体船兴波阻力积分公式

如果假设两条船在理想流体中平行运动与一条船沿垂直平壁运动相似，斯列金斯基（Л.Н.Сретенский）和伦得（I.K.Lunde）对于双体船的兴波阻力积分公式为

$$R_{\text{wcat}}=\frac{8g^2}{\pi v^2}\int_1^{\infty}\left(I^2+J^2\right)\left[1+\cos\left(2C_0k_0\lambda\sqrt{\lambda^2-1}\right)\right]\frac{\lambda^2\,\mathrm{d}\lambda}{\sqrt{\lambda^2-1}} \tag{3-54}$$

$$I=\int_{-T}^{0}\int_{-L/2}^{L/2}f_x(x,z)\exp(k_0\lambda^2 z)\sin(k_0\lambda x)\,\mathrm{d}x\,\mathrm{d}z \tag{3-55}$$

$$J=\int_{-T}^{0}\int_{-L/2}^{L/2}f_x(x,z)\exp(k_0\lambda^2 z)\cos(k_0\lambda x)\,\mathrm{d}x\,\mathrm{d}z \tag{3-56}$$

由式 (3–54)，显然双体船的兴波阻力 R_{wcat} 由两部分组成：

$$R_{\text{wcat}}=R_{\text{Wis}}+\Delta R_{\text{i}}$$

式中，R_{wis} 为片体自身的兴波阻力；$\Delta R_{\text{i}}=\frac{8\rho g^2}{\pi v^2}\int_1^{\infty}\left(I^2+J^2\right)\cos\left(2bk_0\lambda\sqrt{\lambda^2-1}\right)\frac{\lambda^2\,\mathrm{d}\lambda}{\sqrt{\lambda^2-1}}$ 为两片体间的兴波干扰阻力。

2）三体船兴波阻力积分公式

爱葛斯（K.L.Eggers）和巴辛（A.M.Басин）先后推导出三体船的兴波阻力积分公式为

$$\begin{aligned}R_{\text{w}}=\frac{4\rho g^2}{\pi v^2}\int_1^{\infty}&\left\{2\left(I_1^2+J_1^2\right)\left[1+\cos\left(2C_0k_0\lambda\sqrt{\lambda^2-1}\right)\right]+\left(I_2^2+J_2^2\right)\right.\\&\left.+4\left(I_1I_2+J_1J_2\right)\cos\left(2C_0k_0\lambda\sqrt{\lambda^2-1}\right)\right\}\frac{\lambda^2\,\mathrm{d}\lambda}{\sqrt{\lambda^2-1}}\end{aligned} \tag{3-57}$$

式中，
$$I_i(\lambda)=\int_{Si}\exp(k_0\lambda^2 z)\cos(k_0\lambda x)\frac{\partial f_i}{\partial x}\mathrm{d}S \quad (i=1,2) \tag{3-58}$$

$$J_i(\lambda)=\int_{Si}\exp(k_0\lambda^2 z)\sin(k_0\lambda x)\frac{\partial f_i}{\partial x}\mathrm{d}S \quad (i=1,2) \tag{3-59}$$

式中，$2C_0$ 为片体中心距；下标 i=1 和下标 i=2 分别表示两侧片体和中央船体，如图 3–17 所示。式 (3–57) 具有如下的构成形式：

$$R_w=R_1+R_2+R_{12}$$

式中，R_1 为两侧片体所组成双体船的兴波阻力；R_2 为中央船体自身的兴波阻力；R_{12} 为中央船体与两侧片体的兴波干扰阻力。

显然，如上式中第一项 R_1 和第三项 R_{12} 均为零，这时公式成为单体船式 (3–53)；而如果第二项 R_2 和第三项 R_{12} 为零，此时公式则成为双体船式 (3–54)。

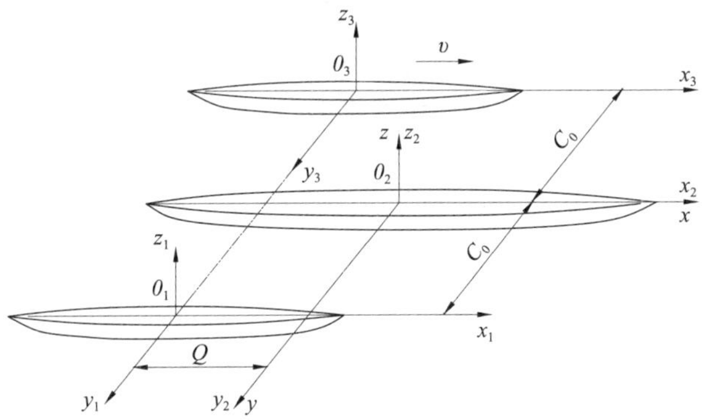

图 3–17 坐标系

式 (3–53) 至式 (3–59) 的推导虽然采用了“薄船”的假设，但对于高速船的实际计算表明，这些公式能够很好地反映这类船的兴波阻力变化规律，而且航速越高，船型越接近于“薄船”，则计算结果与实际越相吻合。

3.4.3 波形分析方法确定兴波阻力

由前述可知，根据给定的船型，如果能够确定船体表面上的源强分布，则可按式 (3–22) 计算兴波阻力。几十年来许多学者利用源汇分布法，把较复杂的奇点系分布在船体内某些预先确定的平面或曲面上，以模拟或得出更近于实际的船型，从而能用理论的方法来计算任意船形体的兴波阻力。虽然他们的工作取得了相当大的成就，但均未获得令人满意的实用结果。

1962 年，日本的乾崇夫成功地利用立体摄影的方法获取并研究了船模定常运动时所形成的整个波系，从而改变了过去直接由船体几何形状探求兴波阻力的途径，即通过介于船体和阻力两者之间的“波形”测量与分析来确定兴波阻力。对这一方法作出贡献的是纽曼（Newman）和夏玛（Sharma），其后又有很多人相继提出不同的波形分析方法。目前，世界上许多水池都已把波形分析列为常规试验项目，有的国家已把波形分析用于船型改进与设计，并取得了一定的成果。

3.4.3.1 波形分析法原理

如上所述，兴波阻力由式 (3–22) 表示，即

$$R_w=\pi\rho v^2\int_0^{\pi/2}[C^2(\theta)+S^2(\theta)]\cos^3\theta\,\mathrm{d}\theta$$

该式把兴波阻力和船后自由波系的波幅函数联系起来。因此通过测量得到自由波系 $\zeta_m(x,y)$，并将其进行傅里叶变换，得到自由波系的波幅函数 $C(\theta)$ 和 $S(\theta)$，则按式 (3-22) 可计算出兴波阻力。这种由波形测量方法得到的兴波阻力称为波形阻力。

按照波形测量线是平行还是垂直于船行方向，波形分析法分为纵切法和横切法两种。波形测量线可以是一条，也可以是多条平行线。虽然只是在一条或有限的几条测量线上获取波形记录，但它包含了由 $-\pi/2 \sim \pi/2$ 整个平面上所有基元波的信息，由此可求得自由波的波幅函数 $C(\theta)$ 和 $S(\theta)$ 及相应波形阻力。

纵切法测量波形时，浪高仪探针在空间固定，如图 3-18 所示。这种方法的优点是装置简单，记录方便。由于水池宽度有限，船模兴波遇水池侧壁后要发生反射。为了避开反射波的干扰，所记录的波形长度必须在反射波干扰前的某一点 M 处截断。在 M 点以前的波形长度 l 称为截取长度。显然用这种截断所得的纵向波形进行傅里叶变换必然会产生误差,因此需要采取截断误差修正。按照修正方法的不同,波形分析又可分成几种不同的方法,其中应用最普遍的是纽曼－夏玛（Newman-Sharma）法（简称 N-S 法）。N-S 法采用一种渐近波形曲线，对截断点 M 以后的波形作理论延拓和拟合，即当 $x \to -\infty$，则

$$\zeta = \frac{\zeta_0 \cos(x+\varepsilon)}{\sqrt{|x|}}$$

式中，ζ_0 和 ε 是常数，当波形记录足够长时，其值可用 M 点前附近的一段波形进行拟合确定。

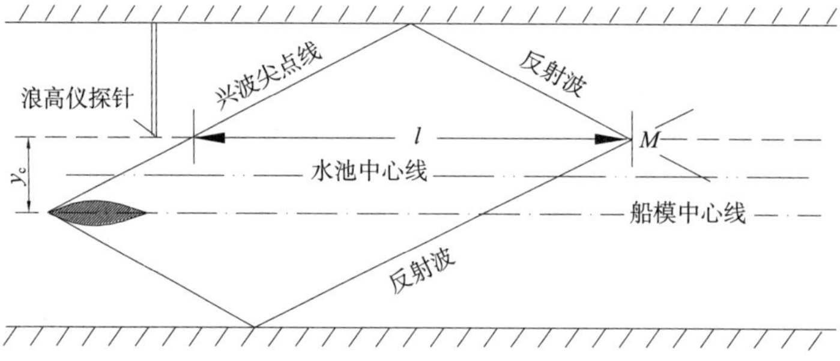

图 3-18　波形分析纵切法

另一种是霍格宾（Hogben）的所谓矩阵法，该法是在船中线的一侧按一定距离布置 4 台浪高仪探针记录 4 条波形。这种方法无论是在试验技术或在计算上都较 N-S 法复杂得多，但其突出的优点是精确性随速度增加而得到改善，这是其他方法所不及的。

横切法则需要采用立体测量法，即通常在船后 $L/2 \sim L$ 处垂直于前进方向的截面上测量波形。这样不但要在拖车后面另装拖架以便安装浪高仪，而且为了计算需要测量多道不同截面的波形。因此测量技术比较复杂，且测量精度也受到轨道高低不平及船后伴流等多种因素的影响。但该法主要优点在于测量波形不受池壁干扰，且上述的缺点也不是绝对的。如测量多道波形可以应用最小二乘法计算，有利于减少一些试验误差等。所以横切法仍然有人采用。

3.4.3.2　影响波形测量精度的因素

因 N-S 纵切法应用最广泛，故主要讨论和分析该方法的波形测量精度问题。其影

响因素主要有三个方面，即波形的截取长度、纵切线距船模的距离以及船模预行段长度。

1）波形截取长度对波形测量精度的影响

如前所述，截断波形加上其后的拟合波形，经傅里叶变换后可求得自由波的波幅函数，进而确定波形阻力。如若截取长度不足，则会影响拟合波形的质量与精度，从而会影响到兴波阻力的计算结果。

截取长度主要取决于水池宽度，池宽越窄，则截取长度越小；此外，还取决于船模的尺度，即模型尺度越大，则相对截取长度也越小。通常水池的宽度是确定的，而船模尺度又不能太小，否则会影响波形的测量精度。因此增大截取长度的方法有两种：一种是将船模中心线移向船池远离纵切线的一侧，如图 3–18 所示；另一种是采用全反射原理，使浪高仪探针贴近池壁，这样不仅能增大截断长度，而且又能使波形记录较无池壁时增大一倍，因此对于较窄的水池，通常采用后一种方法。

2）纵切线距船模的距离对波形测量精度的影响

纵切线距船模的距离，即浪高仪探针到船模中心线的距离 y_c 的大小，不仅影响到波形的截取长度，也影响到波形测量精度。这个距离越小，纵切线越靠近船模，则波形截取长度越长，对提高波形测量的精度有利。但 y_c 值不能过分小，否则记录波形将会受到局部波系的影响，而影响兴波阻力的计算精度。显然 y_c 值不能太大也不能太小，实验表明对阻力影响不大的合适值为 $y_c/L = 0.21 \sim 1.67$。

3）船模预行段长度对波形测量精度的影响

实际的船模水池长度总是有限的，因此船模的行驶距离也是有限的。与常规直接测量阻力试验不同，当船模加速到预定的速度并不能马上开始测量其波形，必须待其兴波得到充分发展和稳定后，才能开始记录波形，否则用不稳定的波形去计算兴波阻力将产生很大误差。

为了测得充分稳定的波形，船模必须在达到预定速度后还要有足够的行进长度以使其兴波充分地发展和稳定，这个行进长度称为预行段长度。预行段长度对波形的影响如图 3–19 所示。

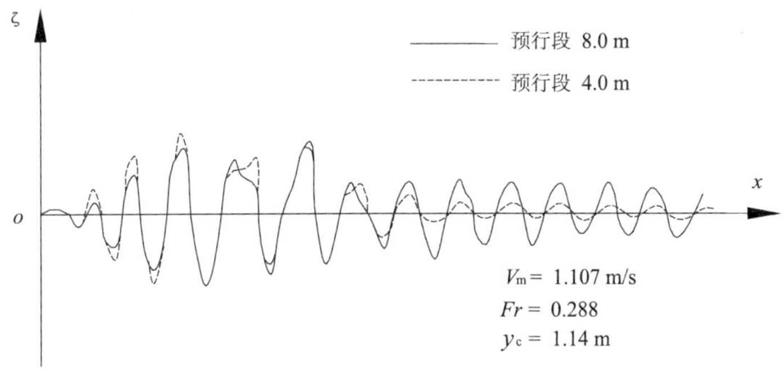

图 3–19　预行段长度对记录波形的影响

由图 3–19 可见，若预行段长度不够，虽然船模已经达到预定的稳定速度，但其兴波尚未得到充分稳定，所记录下的波形是船模在加速过程中形成的，如图 3–19 中虚线所示。因此，预行段长度会影响记录波形的有效性。显然水池越长，则对保证有足够的预行段长度，提高测量精度有利。

§3.5 减小兴波阻力的方法

随着船速的提高，兴波阻力占船体总阻力的比重增大，对于高速船而言，其值可达50%以上。经研究表明，改变船型对减小摩擦阻力收效甚微，而对兴波阻力却可能有相当显著的效果。因此，几十年来科技人员一直致力于减小兴波阻力的研究工作，并取得了可喜的成果。

目前，为减小兴波阻力而采取的措施很多，但主要可分为两类：一类是常规船型设计时所采用的方法；另一类是采用某些特殊船型。

3.5.1 常规船减小兴波阻力的方法

所谓常规船，是指目前广泛应用的所有单体水面船舶的总称。按航速不同可以分为高速、中速和低速三种船舶。对常规船，减小兴波阻力的方法是设法减小其兴波幅值，从而使兴波阻力有所减小。

3.5.1.1 选择合理的船型参数

一般来说，在船舶设计阶段，根据要求达到的航速，选择恰当的主尺度和船型系数。如根据Ⓟ理论知，当航速给定时，合理选取船长和棱形系数可以避免处于波阻峰点。同时注意选取适当的进流段长度可以不致发生肩波不利干扰，从而得到较小的兴波阻力。

除了主尺度和船型系数外，船体形状的改变对兴波阻力影响有时极为显著。图3–20（a）是日本长崎水池公布的两条船M29和M29B的横剖面面积曲线，两船的主尺度和船型系数完全相同，而仅仅由M29船的横剖面面积曲线形状作适当修改得M29B船。图3–20（b）是这两条船试验所得的剩余阻力系数C_r曲线，当$Fr = 0.25$时，M29B船的C_r值减小达68%。上述船体形状的改变是通过实测波形作为依据。近几十年来，用波形分析对高速班轮的船体形状的改进，使它们的兴波阻力几乎减小将近一半。

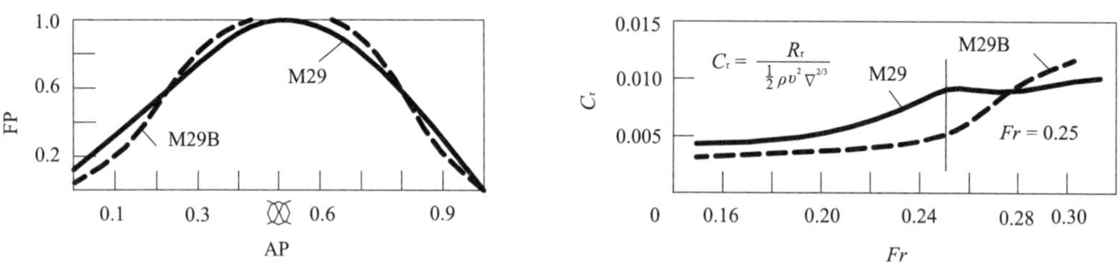

（a）横剖面面积曲线　　（b）剩余阻力曲线

图3–20　船体形状对兴波阻力的影响

3.5.1.2 造成有利的波系干扰

在常规船上为了减小兴波阻力，常常采用制造有利干扰的措施，其中最常见的是采用球鼻船艏。

通常在船艏柱前端水下设计成一个球形艏称为球鼻船艏。应用球鼻艏减小兴波阻力的机理可以解释为：球鼻艏的兴波与主船体的艏横波形成有利干扰，使兴波阻力得以减小。因为当船航行时，球鼻也将产生波浪，如果球鼻的大小和位置选择恰当，则球鼻兴波的波谷和船艏波的波峰正好处于相同位置，使合成波的波高较原来的船艏波的波高有明显的减小，如图 3-21 所示。如此，兴波阻力将有较大的下降。成功的球鼻艏设计能使总阻力减小 10% ～ 15%。

高速军用船或高速排水型快艇，由于航速高，艏波峰的位置随航速增加而后移，因此应用球鼻艏并不能期望兴波阻力得到减小。但在这种船上应用消波水翼，当航速在 $Fr = 0.80$ 左右时可使总阻力下降 10% 以上。这是由于当船在高速航行时，安装在艏柱后面消波水翼的后部是一低压区，以致在翼后形成一波穴，如图 3-22 所示。如果水翼的位置、深度等选择适当的话，可以使船艏波有所减小，因而使兴波阻力下降。

此外，减小兴波阻力还可采取另外一些措施，诸如使用压浪条或压浪板等。在此不作详细介绍。

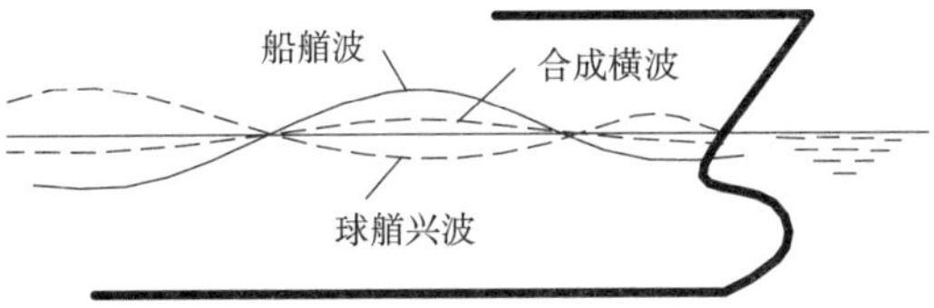

图 3-21　球鼻船艏减小兴波的原理

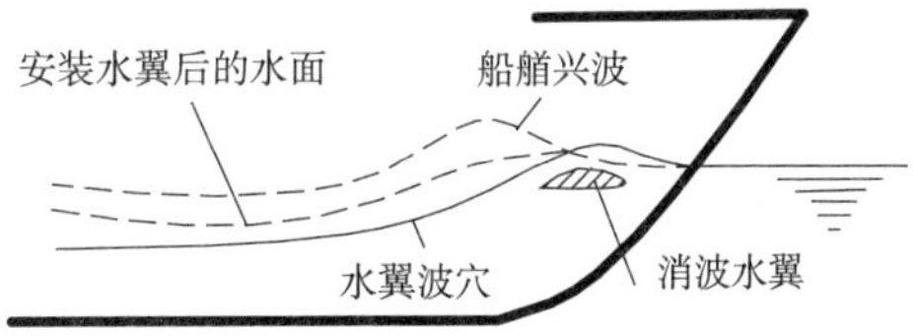

图 3-22　消波水翼的“消波”原理

3.5.2　应用不同设计概念减小兴波阻力

为了减小兴波阻力，可采取许多不同于常规船的水面航行状态方式，这便产生了不同的设计概念。成功的设计概念会导致一种新型船舶的出现，使船舶的某种性能有显著的改进。下面简要介绍几种已经出现的基本设计概念。

3.5.2.1　双体和多体船设计概念

双体船有两个片体，较同长度、同排水量的单体船，每个片体的瘦长系数 $\psi=L/\nabla^{1/3}$ 或长宽比 L/B 要大得多，因此可较大幅度地减小兴波阻力，特别是对于高速船。双体船两片体之间的兴波干扰总是不利的，但当片体间距大于某一数值时就可忽略两片体的兴波干扰阻力。

对于多体船设计概念，如三体船、四体船，甚至五体船，均是保证船舶具有良好的稳性前提下，尽可能地增大船体的瘦长系数或长宽比，使其兴波阻力系数 C_w 下降。同时，利用前后体之间形成的波系获得有利的兴波干扰，使兴波阻力进一步减小。

3.5.2.2　使船体抬出水面设计概念

将船体抬至水面滑行或使船体离开水面是减小兴波阻力的有效措施，属于这一类设计概念的有滑行艇、水翼艇和气垫船等。

滑行艇航行时，底部滑行面产生动升力使艇体部分地抬出水面，排水体积减小从而减小兴波阻力。

水翼艇在翼航状态下，水翼产生的升力使艇体全部抬出水面，仅水翼和附体在水中产生阻力。而这个阻力相对来说是比较小的，所以水翼艇能达到较高的速度。

气垫船是靠气垫的垫升压力使艇体离开水面，只有围裙或侧壁附体等产生阻力，因此可使兴波阻力减小。

地效翼船的船体完全脱离水面故而不产生水阻力。

3.5.2.3 船体下潜设计概念

由波浪理论知，兴波现象主要发生在自由表面附近，随着浸深增加，波浪的波幅将按指数规律衰减。因此船体下潜设计概念是使船体排水体积部分或全部地移向水面以下，使兴波减小，从而减小兴波阻力。

属于这种设计概念的船舶，如有小水线面船之称的半潜船和水线面完全消失的全潜船。不过，对于大部分的全潜船设计概念的考虑都不是从减小船型阻力目的出发的，而是出于其他目的，如潜水艇主要是考虑军事隐蔽性的需要，而其他潜水器主要是考虑深海或海底工作任务的需要。

3.5.2.4 复合设计概念

复合设计概念是两种以上设计概念的组合，以从多方位来考虑减小船的阻力，提高航海性能，形成所谓的复合船型。属于此类概念的船舶有："半潜双体"复合船，如小水线面双体船，还有"双体气垫船"以及"双体水翼"等复合船。

§3.6 破波阻力

破波阻力是一种新发现的阻力成分。对于航速较低的肥大型船，在船模试验和实船航行中都可以观察到破波现象。破波阻力在本质上是兴波阻力，但不能由波形测量得到，而只能从艉流测量中获得。

3.6.1 破波阻力的成因、测定和特性

在利用波形分析法研究兴波阻力时发现这样一个现象：对于线型瘦削的船型，在总阻力中减去 $(1+k)$ 乘以摩擦阻力的值基本上等于由波形分析法求得的波形阻力。但是，对于较丰满的船型，即方形系数 C_b 较大的所谓肥大型船，由总阻力中扣除 $(1+k)C_f$ 所得之兴波阻力并不等于波形阻力，而比波形阻力要大，且随着弗劳德数的增大，二者的差别有随之增大的趋势。上述现象可以用下式表示：

$$C_t = C_{wp} + (1+k)C_f + C_{wb} \tag{3-60}$$

式中，总阻力系数 C_t 由船模拖曳试验测得；波形阻力系数 C_{wp} 可由波形分析法求得；粘性阻力系数 $(1+k)\ C_f$ 由计算得到，而 C_{wb} 是一项新的阻力成分，称为破波阻力。这种阻力成分与丰满船船艏出现的破波现象有直接关系。

3.6.1.1 破波阻力的成因

对于肥大型船，在航行过程中不仅产生船行波，而且常常见到在其艏部存在着被船掀起后很快破碎的波浪，这种波浪称为破波或碎波。

破波的成因目前有两种解释：一种是 1980 年乾崇夫（Inui）根据船模试验摄制的波形图分析后发现，在船体附近区域的波形中除了线性的凯尔文波系外，还有一种非线性波系。乾崇夫称这种波系为水表面冲击波系，并认为船体兴波阻力是由这两种波系产生的。前者所产生的阻力可以通过波形测量来确定，因此称为波形阻力，它仅是兴波阻力的一部分。乾崇夫研究指出，当水表面冲击波波前出现不稳定时就会产生破

碎现象，但不论是否发生破碎现象，由于水表面冲击波的存在都会增加阻力。因此，对于某些方形系数较小的船，尽管破波现象不明显，其波形阻力与兴波阻力不会相等。

另一种观点解释是以马场（Baba）等为代表的，他们由试验观察和测量发现：在运动物体艏端附近的自由表面下方存在一层剪切流，这层剪切流的作用沿前体水线引起漩涡，如图 3–23 所示。他们称这剪切流为自由表面剪切流，漩涡为感生涡。经研究指出，自由表面剪切流和感生涡强主要与吃水、艏端水线进角与形状以及球艏在水下的伸出长度等船型参数有关。感生涡强随速度增高而增大，肥大型船所谓破波的形成可能与这个涡强有关。

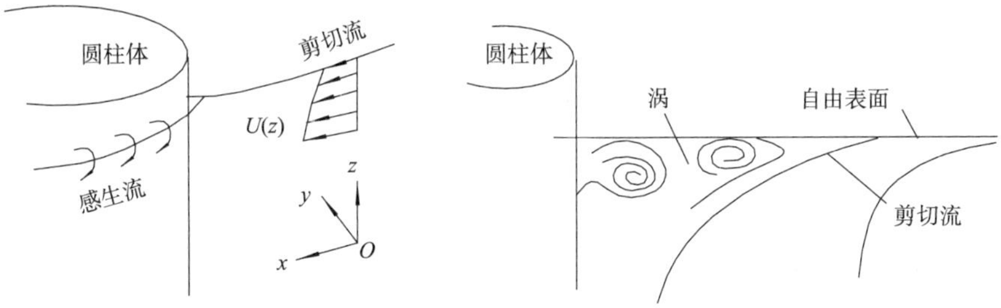

(a) 速度分布　　(b) 剪切流线

图 3–23　自由表面剪切流

无论哪种观点所解释的破波现象，均与波的非线性有关。破波现象主要出现在丰满船，对于瘦削船型可以忽略，这是由于这种船型特点决定的。一般来说，这种船的共同点是：船体相当肥胖，船艏部水线坡度很大，水线进角甚至可达 60° 以上；船艏柱一般都很陡直。由于这种船型特点，所以在航行过程中船艏的阻塞作用较明显，艏柱附近形成一个高压区，因此整个区域的水面有所升高，特别是陡直的艏柱前将形成一个陡峭的船艏波，其波长极短，相对波高很大，波前极不稳定，容易发生破碎，如图 3–24 所示。破碎后的浪花卷夹着空气，在重力和惯性力的作用下，冲入水面以下形成诸多细小的空气泡，这些小气泡在水压力的作用下又上升到水面，溃灭并在船艏及两侧附近产生白色的泡沫带，同时伴随发出湍流噪声。这些白色的泡沫带顺流而下汇合于艉流之中，如图 3–25 所示。

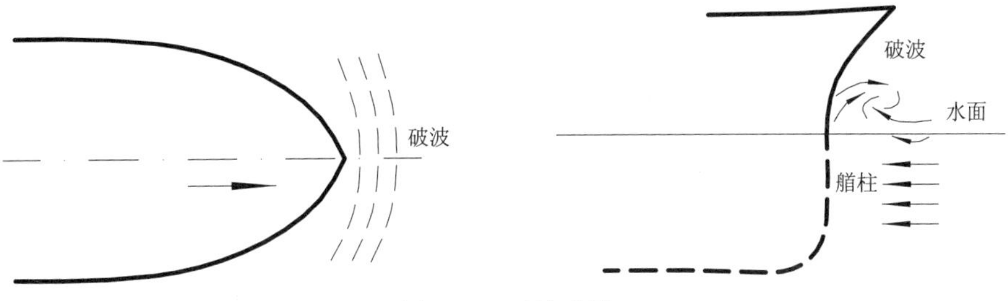

图 3–24　破波成因

由于破波的产生和破碎所引起的阻力称为破波阻力或碎波阻力。破波比其他水波更具有表面特征，因此吃水浅，船宽大的船型所产生的破波阻力是兴波阻力的重要部分。

3.6.1.2　破波阻力的测定

应用艉流测量法可证实破波阻力是存在的。图 3–26 是瘦削船型在 $Fr = 0.17$ 时的艉流测压结果，图 3–27、图 3–28 和图 3–29 是某肥大型船于轻载状态下在 $Fr = 0.13$、$Fr = 0.20$

图 3-25　实船破波

和 $Fr = 0.24$ 时的艉流测量结果。比较所得结果可以看出：瘦削型船和肥大型船在低速航行情况下的艉流测量结果是相似的，即压力变化仅限于船模宽度范围以内，而在船模宽度以外，压力没有什么变化。但是对于肥大型船在高速航行情况下，艉流中的压力变化不但发生在船模宽度范围以内，而且在船宽范围以外的某一宽度内也发生压力变化。这样，实际上存在两个艉流区。我们称船模宽度范围以内的压力变化区为“主艉流区”，而在主艉流区以外的压力变化区称为“次艉流区”。由试验结果知，次艉流区的宽度决定于船模弗劳德数的大小。

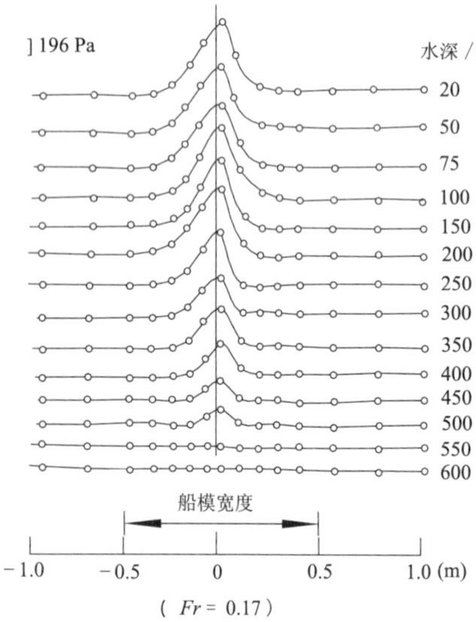

图 3-26　瘦削船型艉流压力

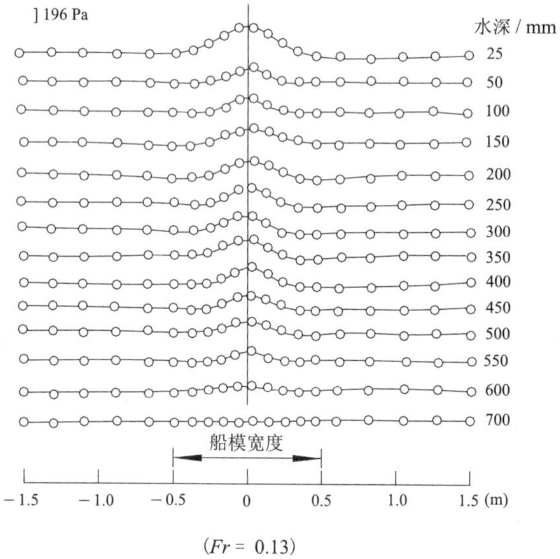

图 3-27　肥大船型艉流压力（1）

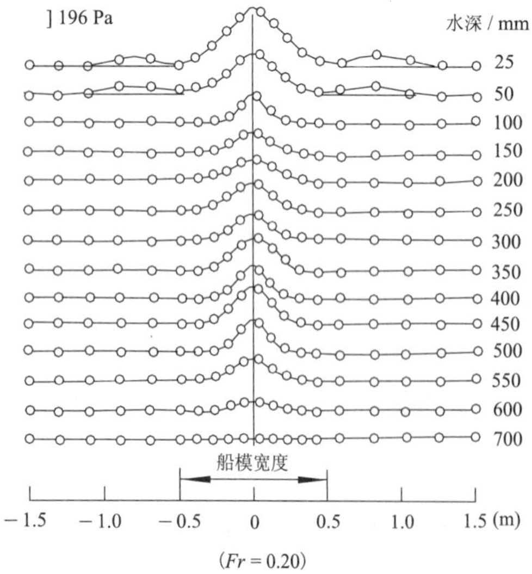

图 3-28　肥大型船艉流压力（2）

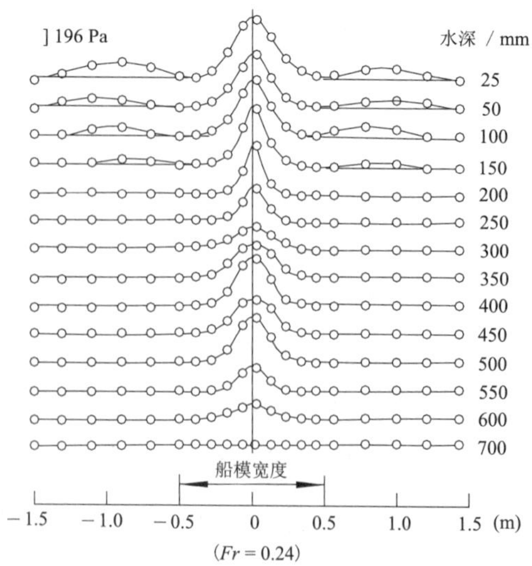

图 3-29　肥大型船艉流压力（3）

将艉流测量结果先对深度方向进行积分，得到如图 3–30 所示的艉流压力沿宽度方向的分布曲线，这样，船的总粘性阻力由式 (2–60) 知，可写成：

$$R_{\mathrm{v}} = G_0 \iint_{S_1} D\,\mathrm{d}y\,\mathrm{d}z = G_0 \int_{w} D_{\mathrm{z}}\,\mathrm{d}y \tag{3-61}$$

式中，D_z 为艉流压力测量结果沿深度积分所得值；ω 为整个船后艉流区的宽度范围。

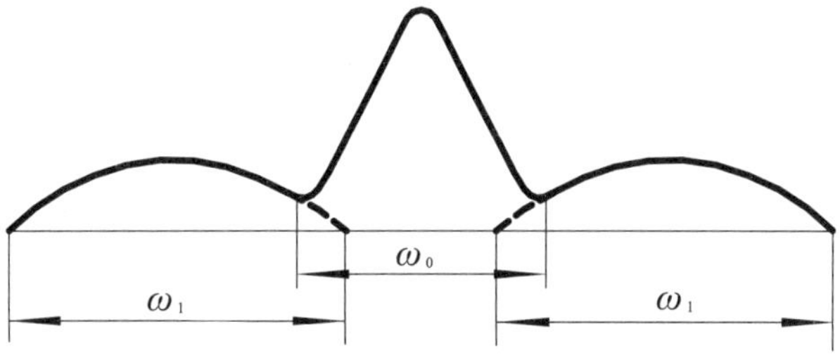

图 3–30 主艉流区和次艉流区

对式 (3–61) 施行分段积分，有

$$R_{\mathrm{v}} = G_0 \int_{\omega} D_{\mathrm{z}}\,\mathrm{d}y = G_0 \int_{\omega_0} D_{\mathrm{z}}\,\mathrm{d}y + 2G_0 \int_{\omega_1} D_{\mathrm{z}}\,\mathrm{d}y$$

或

$$R_{\mathrm{v}} = R_{\mathrm{v}_0} + R_{\mathrm{wb}} \tag{3-62}$$

式中，$R_{\mathrm{v}_0} = G_0 \int_{\omega_0} D_{\mathrm{z}}\,\mathrm{d}y$；$\omega_0$ 为主艉流区的宽度，接近于船模宽度，试验测量表明：

$$R_{\mathrm{v}_0} = (1+k)\times \text{平板摩擦阻力} \tag{3-63}$$

因而可知，R_{v_0}是由粘性引起的耗散在主艉流区的能量而产生的阻力，即为船体粘性阻力。

而$R_{\mathrm{wb}} = 2G_0 \int_{\omega_1} D_{\mathrm{z}}\,\mathrm{d}y$；$\omega_1$ 是次艉流区宽度；R_{wb} 是通过艉流测量所得总粘性阻力中较之船体粘性阻力所增加的阻力成分，它是由波浪破碎耗散在次艉流区的能量而产生的阻力，故称为破波阻力 R_{wb}。这样式 (3–62) 可以表示成：

$$R_{\mathrm{v}} = R_{\mathrm{v}_0} + R_{\mathrm{wb}} = (1+k)\,R_{\mathrm{f}} + R_{\mathrm{wb}} \tag{3-64}$$

为了与船体粘性阻力区别，常将艉流测量法所得的总阻力 R_{v} 称为艉流阻力，显然对于瘦削型船，由于 $R_{\mathrm{wb}} \approx 0$，所以艉流阻力就是船体粘性阻力$R_{\mathrm{v}_0}$。

3.6.1.3 破波阻力的特性

破波阻力是在 20 世纪 60 年代底才被发现的一种阻力成分，根据已有的研究，这种阻力成分具有如下一些特性。

（1）破波阻力产生的条件是必须存在自由表面，将同一船型对叠船模进行深水拖曳试验并进行艉流测量，结果表明并不存在次艉流区。显然由于没有自由水表面，艏柱前不会产生破波，故也不存在碎波阻力。对于航速较高的丰满船型来说，破波阻力是一种不容忽视的阻力成分。

（2）破波阻力随 Fr 增大而增加。由试验结果表明，对于丰满船型在较低的 Fr 数时，破波阻力极其微小，但随着 Fr 数增加，次艉流区也增大，如图 3–26、图 3–27 和图 3–28 所示。因而破波阻力增加很快。尽管破波阻力是由艉流测量得出的，但它的本质是由兴波引起的，因此是另一种兴波阻力。试验证明破波阻力不但与 Fr 数有关，而且还服从弗劳德比较定律，即实船与船模在 Fr 数相等时，它们的破波阻力系数也相等。

（3）对于同一丰满船型，在同样航速时，压载情况的破波阻力要比满载时大。这是因为压载状态下的吃水小，船艏附近自由表面下方水流的纵向速度扰动增大，因此波浪的非线性部分比满载（深吃水）时要强，这将导致波浪更易破碎，使破波阻力增大。

此外破波阻力还与船型参数，如 B/d，进流段长度，球艏伸出长度等有关，如能在船型设计过程中注意减小 B/d 值和增加进流段长度将能明显地减小破波阻力。无论试验还是理论分析都表明采用球鼻型艏，特别是具有一定前伸的球鼻型船艏可以大大减小次艉流区的面积，因而可以降低破波阻力。这是因为前伸型球鼻艏实际上使水线在艏部的坡度有明显的减小，以至船艏波的陡直程度将被减小。从而减小波浪的破碎，结果使破波阻力下降。特别是肥大型船在压载状态，球艏对减小破波阻力的作用较满载状态更为显著。

由于破波阻力是一种新发现的阻力成分，对这种阻力成分及其产生的机理还有待进一步的深入研究。

§3.7　不同阻力分类的补充说明

由于破波阻力这样一种阻力成分的出现，船体总阻力的分类及各种阻力成分需要加以补充说明。船体阻力可以按现有的几种不同观点进行分类。

（1）从弗劳德的观点分类：船体总阻力分为相当平板摩擦阻力 R_f 和剩余阻力 R_r 两部分。

（2）从力的观点分类：船体总阻力由水作用于船体表面上的切向力和法向力两部分组成，切向力沿船体表面积分所得在运动方向上的分量就是摩擦阻力 R_f，而法向力的积分在运动方向上的分量就是压差阻力 R_p。

（3）从能量耗散的观点分类：总阻力 R_t 是由兴波阻力 R_w 和粘性阻力R_{v_0}两部分组成。这两部分力归因于艉流能量及波形能量的损耗。

兴波阻力 R_w 应分为两部分：一部分可由测量船后波形得到，叫波形阻力 R_{wp}；另一部分即耗散于粘性艉流中的破波阻力 R_{wb}，可由粘性艉流的测量中得到。但这部分耗散能量根源在于兴波，所以波形阻力和破波阻力均与 Fr 数有关。

应用测量船舶艉流中动量的方法所求得的阻力叫艉流阻力 R_v。从能量耗散观点出发，它应包括粘性耗散能量和破波耗散能量，即艉流阻力包括船体粘性阻力R_{v_0}和破波阻力 R_{wb}。从本质上说，船体粘性阻力由摩擦阻力 R_f 和粘压阻力 R_{pv} 组成，仅与 Re 数有关而与 Fr 数无关。

试验表明，由艉流测量得出的艉流阻力与由波形测量所得的波形阻力之和与拖曳试验所得的船模总阻力极为接近。因此，总阻力与各种阻力成分间的关系可按不同方法处理，如图 3–31 所示。

研究船舶阻力的主要目的在于探讨通过船模试验以预估实船阻力的规律性，在此基础上对船型进行改进，进而设计新船型。长期以来，特别是发现破波阻力成分之后，许多人对船体总阻力的分类进行了很多试验研究，以期改进对实船阻力的预报方法。图 3–31 中归纳的迄今为止的各种阻力分类方法和相应的实船阻力的预估方法远没有达到完善程度。弗劳德法由于理论上存在的缺陷，使得在实际使用中存在着问题。(1+*k*)法除准确决定形状因子(1+*k*)值需要增加工作量外，从试验中发现在较高航速时，(1+*k*)值并不趋于常数，而与弗劳德数有关。

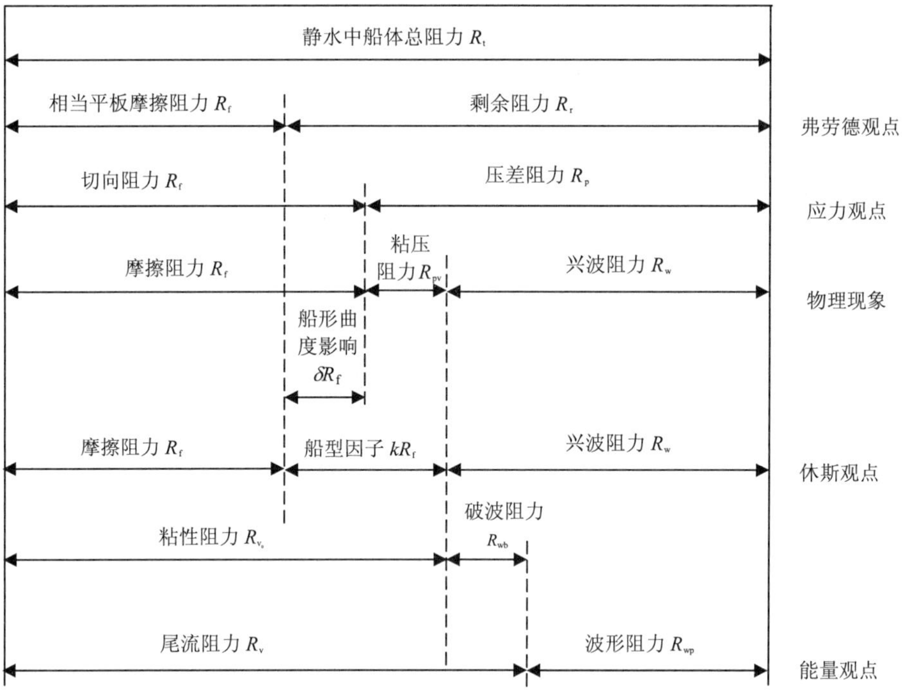

图 3-31　船舶总阻力分类

至于艉流测量法，目前也未达到完善程度。因为许多试验研究指出：艉流阻力与波形阻力之和，较之由阻力试验实测得的总阻力仍要低 5% ～ 10%。存在这一系列问题的根本原因在于忽视了各种阻力成分之间的相互影响。有关试验研究已证明这一推断：一方面，由艉流测量给出的粘性阻力系数随 *Fr* 数呈波浪形变化，可见波浪对粘性阻力有一定影响；另一方面，应用一系列大小不等的几何相似船模进行阻力试验发现，在相同 *Fr* 数时它们的兴波阻力系数并不相同。这说明由于各船模的雷诺数不同，造成了兴波阻力系数的差别。可见粘性对波形阻力也有一定影响。

因此，准确的阻力分类和实船阻力的预估，有许多问题尚待进一步深入研究解决。

【思考题】

1. 某长江双桨客货船水线长 108 m，方形系数 $C_B=0.594$，中横剖面系数 $C_m=0.97$。试用Ⓟ理论判别航速 $V=15.5$ kn、$V=16.7$ kn、$V=19.5$ kn 时阻力是处于峰值或谷值。

2. 某沿海货船垂线间长 $L_{bp}=86.0$ m，服务航速 $V_s=10.8$ kn，最大航速 $V_{max}=11.62$ kn，棱形系数 $C_p=0.757$。试问此船在此两航速下Ⓟ值为多少？是否属于有利范围？

3. 证明 $C_w=\left[C+D\cos\dfrac{2\pi mL}{\lambda}\right]\left(\dfrac{V}{\sqrt{gL}}\right)^4$ 并分析兴波阻力曲线上出现“峰点”和“谷点”的条件。

第4章 附加阻力

排水型船在航行时，除了裸船体受到兴波阻力、摩擦阻力、粘压阻力和破波阻力之外，船的各种附属体也受到水阻力，水面以上的船体受到空气阻力，风浪也使船的阻力相对静水时有一定增加。这三种因素产生的阻力合称为附加阻力。本章就这三种阻力加以概述，并简单介绍这些阻力的确定方法及在船舶设计时应注意的事项。

§4.1 附体阻力

船舶设计水线以下的附属体，如舭龙骨、舵、轴包架、轴和支轴架等，统称为船的附体。由于附体的存在而产生的阻力称为附体阻力。

由于船的附体通常位于水下较深位置，且相对尺寸较小，因而认为附体阻力的主要成分是摩擦阻力和粘压阻力。那些较短的附体，如支轴架等，其阻力成分几乎都是粘压阻力，并认为其阻力系数与速度无关；另外，长附体或沿流线方向安装的附体，如舭龙骨、轴包架等，其阻力几乎都是摩擦阻力。

4.1.1 确定附体阻力的方法

目前，要准确地确定附体阻力尚有相当困难，其原因在于两个方面：一方面是由于附体阻力的复杂性所决定的，因为要确定附体阻力除了要精确地确定各种附体的自身阻力外，还要确定附体与船体之间的干扰阻力；另一方面是如果试图通过模型试验的方法来确定附体阻力，由于船模速度低，附体尺度小，因而存在着较严重的尺度效应问题。

工程上，确定附体阻力系数采用近似方法，主要有两种：一种是应用经验公式或经验数据来确定每一个附体的阻力值或附体系数值；另一种是船模附体阻力试验，通常可给出较满意的结果。

4.1.1.1 经验公式确定附体阻力

（1）舭龙骨：应沿水流方向安装。其长度常在船长的1/3～1/2，布置时在船中央以前的长度不宜大于船长的10%。其深度不宜伸至界层边缘以外或龙骨以下，所增的阻力约等于由于湿面积加大而增加的摩擦阻力，一般不大于裸船体阻力的1%～3%。若舭龙骨沿对角线设置，所增加的总阻力可取其摩擦阻力的5/3倍。

（2）舵：对于不同艉型、舵型及舵的安装位置，所产生的附加阻力也不同。流线型舵的阻力可取其自身摩擦阻力的1.5倍。计算舵的摩擦阻力也可按相当平板计算，其雷诺数中的特征长度取舵本身的弦长，来流速度应对船体伴流及螺旋桨艉流加以修正。对单螺旋桨船，舵的阻力一般为裸船体阻力的1%～2%。对双螺旋桨船，当采用中舵时，舵有相当于增加有效船长的作用，可减小船艉部的粘压阻力。在此情形下，舵的阻力可予以忽略不计。对双螺旋桨的双边舵，其阻力值为裸船体阻力的3%～5%。一般来说，舵在螺旋桨后都具有不同程度的整流作用，或多或少地改善船的推进效率，所以常将舵视为推进装置的一部分。

（3）坞座龙骨：因坞座龙骨必须在纵向强度构件之下，因而不可能完全沿水流方向装置，其阻力可取为其自身摩擦阻力的 4 倍。

（4）轴包架：也称支轴鳍，应尽可能沿流线方向布置，使之不产生涡流。轴包架的阻力值一般情况下为裸船体阻力的 5% ～ 10%，船体形状越尖瘦或轴包架尺度越大者，其阻力值也越大。

（5）轴支架和轴：轴支架也叫人字架。轴支架所受阻力主要是粘压阻力，因而应采用流线型剖面，且长度方向沿流线方向布置。采用左右两轴支架的阻力 $R_{架}$（单位为 N）可按下面的经验公式计算：

$$R_{架} = \frac{b^2 V_s^2}{0.56} \tag{4-1}$$

式中，b 为螺旋桨处轴与船中线面间的距离，m；V_s 为船速，kn。

此式仅适用于支柱的总长为 $3b$，平均厚度为 $0.054b$ 的情况。对于其他尺度情况可按正比关系换算得到。

对于在螺旋桨毂后端装有螺旋桨帽，且其长度为桨毂直径 2 倍的螺旋桨轴的阻力可按如下公式计算：

$$R_{轴} = 0.298bdV_s \tag{4-2}$$

式中，b 为螺旋桨轴与船中线面的距离，m；d 为轴的直径，m；V_s 为船速，kn。

在船舶设计中，附体阻力常用附体系数 k_{ap} 的形式来表示。它是装置全部附体后较之裸船体所增加的有效功率（或阻力）与裸船体所需有效功率（或阻力）之比。因此附体系数又称附体阻力百分数。其数值可根据各类船舶统计值选取（表 4-1）。

这样，计及附体后的实船有效功率 P_{e1} 可由下式计算得到：

$$P_{e1} = P_{eb}(1+k_{ap}) \tag{4-3}$$

式中，P_{eb} 为裸船体所需有效功率。

表 4-1　不同类型船的附体系数

船舶种类	k_{ap} (%)
单螺旋桨民用船	2 ～ 5
双螺旋桨民用船	7 ～ 13
双螺旋桨或四螺旋桨高速军舰	8 ～ 15

4.1.1.2　应用模型试验确定附体阻力

目前，确定附体阻力比较普遍的方法是采用模型试验。具体做法是：通过比较带有附体的船模试验和裸船体船模试验所得的总阻力之差，来确定附体阻力。为了克服尺度效应，要采用尽可能大的试验船模。

设由模型试验得到的裸体船模的总阻力为 R_m，加装全部附体后的总阻力为（$R_m+\Delta R_m$），则模型的附体阻力系数 C_{apm} 为

$$C_{apm} = \frac{\Delta R_m}{\frac{1}{2}\rho_m S_m v_m^2}$$

模型的附体系数 $k_{apm}=\Delta R_m/R_m$。相应实船的裸体阻力 R_s 可通过弗劳德换算法得到，而相应实船的附体阻力 ΔR_s 可由下面方法得到。

（1）认为实船的附体阻力系数 C_{aps} 等于船模的附体阻力系数 C_{apm}，则有

$$\Delta R_s = C_{apm}\cdot\frac{1}{2}\rho_s S_s V_s^2 \tag{4-4}$$

若不计水密度的差别，由式（4-4）可得到

$$\Delta R_s=\alpha^3\Delta R_m \tag{4-5}$$

式中，α 为模型的缩尺比。

由于尺度效应的影响，按上式计算实船附体阻力结果偏大，为此引入一个附体尺度效应因子 β 进行修正，即有

$$\Delta R_s=\beta\,\alpha^3\Delta R_m$$

或

$$C_{aps}=\beta C_{apm} \tag{4-6}$$

式中，β 的具体数值按英国有关研究部门建议可取值 0.5 或 0.6，但尚未被各国广泛采用。

（2）认为实船的附体系数 k_{aps} 等于模型的附体系数 k_{apm}。这样，实船的附体阻力为

$$\Delta R_s=k_{apm}\cdot R_s=\Delta R_m\cdot R_s/R_m \tag{4-7}$$

由于该换算法的尺度效应较小，所以在实际应用中，常用这种方法确定实船的附体阻力。

4.1.2 附体设计应注意的事项

附体阻力的主要成分是粘压阻力和摩擦阻力，因此附体的设计应从减少这两种阻力成分着手。附体设计应注意的事项主要有以下几个方面。

（1）附体应沿船体流线方向设置。其目的是减小由附体所产生的漩涡，从而减小粘压阻力。舭龙骨的安装位置最好由船体流线试验来确定，其阻力几乎仅为摩擦阻力。轴包架尽可能沿水流方向装置，一般来说，当包架纵剖面后端的斜度不超过 15° 时，如图 4-1 所示，粘压阻力几乎全部消失，所产生的阻力仅为摩擦阻力。

应该指出的是：如对轴支架和轴以及轴包架等设置不当，会形成大量漩涡，不但增大了粘压阻力，而且由此引起螺旋桨效率下降而造成的损失常较其本身所增加的粘压阻力还要大。

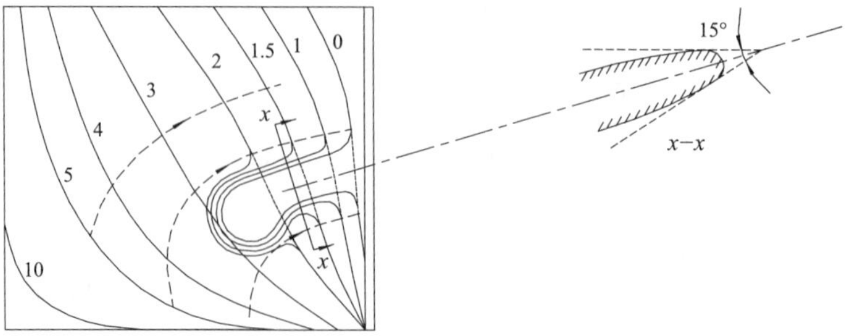

图 4-1　轴包架示意图

（2）尽可能采用湿面积较小的附体。其目的在于减小附体所引起的摩擦阻力。一

般民用船常用轴包架，虽然其湿面积较轴支架有所增加，然而由于这类船的棱形系数大，船体本身的湿面积大，以致采用轴包架所增加的湿面积影响甚微。相反，可使轴的相当长部分处于船体以内，有利于轴的保养。高速军舰的船体较瘦削，若采用轴包架，则其尺度将很大，以致湿面积有较显著的增加，阻力将增大，所以常用轴支架形式。采用轴支架不但在造价和重量方面显示其优点，而且对舰艇的操纵性也是有利的。图4–2绘出了轴支架和轴包架两者的湿面积随船的后体棱形系数 C_{pa} 的变化曲线，图4–2中 b 为螺旋桨间的距离，t 为螺旋桨轴在满载水线以下的距离，B 为船宽，d 为吃水。由图4–2可见，C_{pa} 值越大，则轴系附体的湿面积所占船体湿面积的百分数越小。

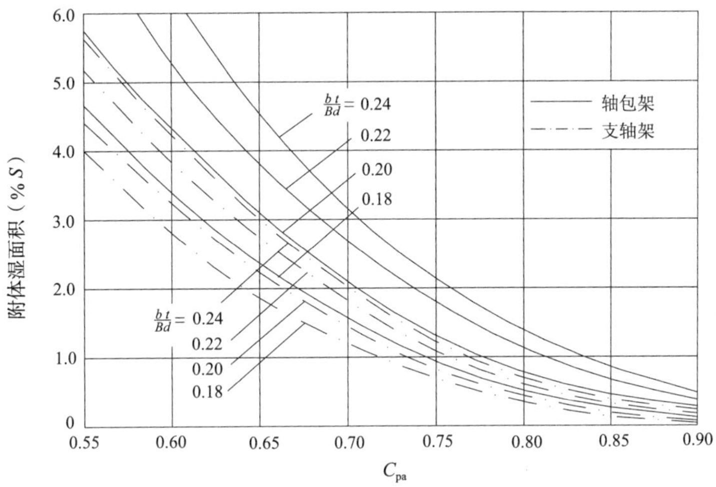

图4–2　轴支架和轴包架的湿面积

（3）附体沿水流方向应采用流线型剖面。这对减小附体阻力的作用是显而易见的。常见的舵、轴支架、轴包架等沿流动方向的剖面形状均应设计成流线型剖面。

§4.2　空气阻力

船舶在航行过程中，船体水上部分所受到的阻力，其中包括由于风的作用而产生的阻力，称为空气阻力。空气阻力包括摩擦阻力和粘压阻力两种阻力成分。由于空气的粘性很小，故摩擦阻力只占极小部分，就目前一般船舶而言，其所受到的空气阻力几乎都是粘压阻力。空气阻力通常只占船总阻力中的很小部分。

4.2.1　确定空气阻力的方法

4.2.1.1　根据风洞试验资料估算

空气阻力几乎全部由粘压阻力组成，它可表示为

$$R_{aa} = C_a \cdot \frac{1}{2}\rho_a A_t v_a^2 \tag{4-8}$$

式中，R_{aa} 为空气阻力，N；ρ_a 为空气的质量密度，可取 1.226 kg/m^3；A_t 为船体水线以上部分在横剖面上的投影面积，m^2；v_a 为空气对船的相对速度，m/s，$v_a = v_s + u_w\cos\varphi_a$，

这里 u_w 为风速，由表 4-2 查得；C_a 为空气阻力系数，与船体形状和上层建筑情况有关。

表 4-2 蒲福（Beaufort）风级表

风级	名称	风速		海面情况
		kn	m/s	
0	无　风	<1	0 ～ 0.2	水平如镜
1	软　风	1 ～ 3	0.3 ～ 1.5	微波涟漪，没有浪花
2	轻　风	4 ～ 6	1.6 ～ 3.3	小波、短波长，波形明显
3	微　风	7 ～ 10	3.4 ～ 5.4	小波较大，波峰开始破碎，间或白浪
4	和　风	11 ～ 16	5.5 ～ 7.9	小浪，波长变长，白浪成群
5	清劲风	17 ～ 21	8.0 ～ 10.7	小浪，有显著长波形状，白浪很多
6	强　风	22 ～ 27	10.8 ～ 13.8	大浪形成，白色浪花的波峰触目皆是，有飞沫
7	疾　风	28 ～ 33	13.9 ～ 17.1	大浪，碎浪的白色浪花开始被吹成带状
8	大　风	34 ～ 40	17.2 ～ 20.7	长的大浪，浪峰边缘开始破碎成浪花，带状明显
9	烈　风	41 ～ 47	20.8 ～ 24.4	狂浪，密集的白浪花带，飞沫影响能见度
10	狂　风	48 ～ 55	24.5 ～ 28.4	狂涛，海面成白色，白色浪花大片被风削去
11	暴　风	56 ～ 63	28.5 ～ 32.6	异常狂涛，浪峰边缘被吹到空中
12	飓　风	64 以上	大于 32.6	空中充满白色浪花及飞沫，严重影响能见度

图 4-3 是三岛式船和客船的试验结果。图中 φ_a 为相对风向与船中线所成的夹角，称为相对风向角，如图 4-4 所示。

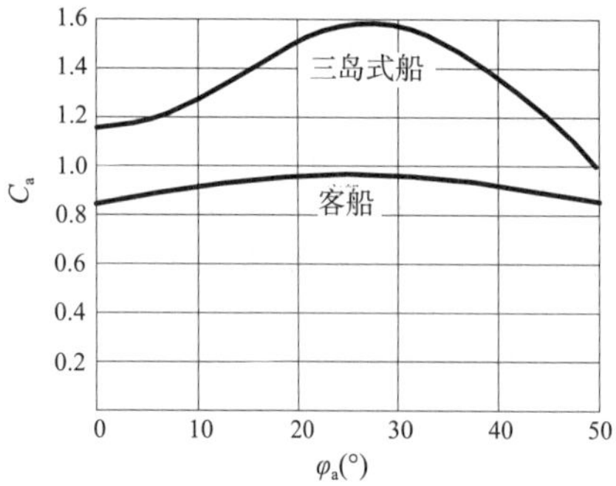

图 4-3　空气阻力系数 C_a 值

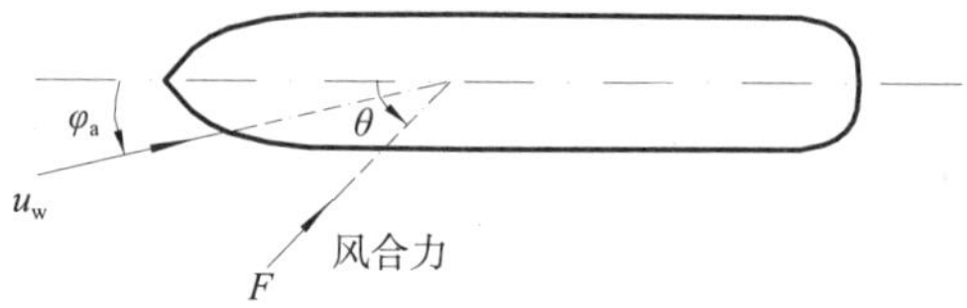

图 4-4　风力作用示意图

4.2.1.2　倒置船模阻力试验确定空气阻力

休斯提出进行倒置船模试验确定空气阻力。将带有上层建筑的船模倒置在水中进行拖曳试验，在雷诺数高达 4.5×10^6 而未发生波浪。因在水中和空气中的阻力理论相同，所以由倒置模型所受到的水阻力换算得到空气阻力。休斯所试验的船模有下列三种：甲为三岛式油船，烟囱在船艉部；乙为三岛式货船，烟囱在中部，船中部的上层建筑相当长；丙为高速客船，船艏楼较短，船中部的上层建筑很长，直至船艉，舷侧排列两行救生艇。

基于上述试验结果，得到计算空气阻力的公式如下：

$$R_{aa}=47.94kA_t v_a^2 \tag{4-9}$$

式中，R_{aa} 为空气阻力，N；k 为阻力系数，根据船型及风向在图 4-5 中查得，图中 φ_a 为相对风向角；v_a 为空气对船的相对速度，kn；A_t 为船体水线以上部分在横剖面上的有效投影面积，m²，$A_t = A_1 + nA_2$，其中，A_1 是上层建筑（即主甲板以上部分）在横剖面上的投影面积，A_2 是水线以上的船体主体（即主甲板以下部分）在横剖面上的投影面积，n 是折减系数，由表 4–3 查得。

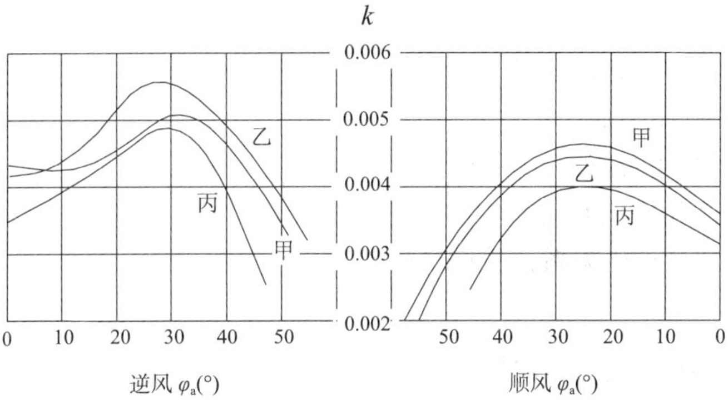

图 4–5 用于计算空气阻力的系数 k 值

表 4–3 计算船体有效投影面积的系数 n

船 型	甲	乙	丙
逆 风	0.31	0.27	0.26
顺 风	0.36	0.32	0.26

4.2.1.3 计算空气阻力系数或取空气阻力百分数

实际上，对一般船舶，特别是肥大船，可按公式计算确定空气阻力系数，其定义及具体公式为

$$C_{aa} = \frac{R_{aa}}{\frac{1}{2}\rho V_s^2 S} \approx 0.001A_t / S \tag{4–10}$$

式中，ρ 为水的质量密度；S 为船体湿表面积，m²；V_s 为船速，m/s；A_t 为船体水线以上部分在横剖面上的投影面积，m²。

作为粗略估算，特别是在船舶设计中常取空气阻力占裸船体阻力的百分数来估算空气阻力，对不同的船舶，特别是航速范围差别较大的船来说，空气阻力百分数是不同的，但对一般船舶，如风力不大于 2 级时，其空气阻力百分数 k_{aa} 在 2% ~ 4%，而高速军用艇则要大得多。

如果已确定船的附体阻力和空气阻力，则实船的有效功率为

$$P_{et} = P_{eb}(1 + k_{ap} + k_{aa}) \tag{4–11}$$

式中，P_{et} 又称静水有效功率。

4.2.2 影响空气阻力的因素

根据试验研究结果表明，船舶在航行过程中所受到的空气阻力大小与下列因素有关。

1）与上层建筑的型式及其在船中横剖面上的投影面积有关

日本造船研究协会以一货船模型为基础，依次除去其甲板上各种设备或改变桥楼

甲板的形式和高度，分别测定其空气阻力。由试验结果知，减小空气阻力的有效方法是：①上层建筑尽可能低而长，这样可减小迎风面积；②桥楼各层的后端依次制成阶梯形；③上层建筑前端设计成流线型；④短小的上层建筑合并。

2）与相对风向角有关

试验表明，空气阻力的大小还与相对风向角 φ_a 有关。在风速相同，当 $\varphi_a=25°\sim30°$ 时，空气阻力最大。

3）空气阻力与相对速度 v_a 的平方呈正比关系

大多数上层建筑在航行过程中由于形成漩涡而产生粘压阻力，因此其与空气对船的相对速度的平方呈正比关系，而相对速度 v_a 为

$$v_a = v_s + u_w \cos\varphi_a \tag{4-12}$$

式中，u_w 为风速；φ_a 为相对风向角。

必须指出：在顺风情况下所产生的推力可抵消一部分阻力，在强烈的顺风时，虽然产生的推力较大，但由于海面将产生汹涛阻力，所以总阻力反而增大，船速势必降低。

§4.3 波浪增阻

船舶在风浪中航行时的阻力将较在静水时为大，所增加的阻力称为波浪中的阻力增值，或称为汹涛阻力，记作 R_{aw}。

4.3.1 在波浪中引起阻力增加的主要原因

4.3.1.1 船体运动

船舶在波浪中航行时，将产生纵摇、升沉、横摇和摇首等各种运动，使阻力增加，航速降低。一般认为引起船舶阻力增加主要是由纵摇、升沉运动所致，而横摇和摇首较为次要；而且船舶在波浪中所增加的阻力值与船体运动的振幅等参数有关。

4.3.1.2 船体对波浪的反射作用

由于波浪遇到船体后，被船体反射而产生反射水波，该水波的能量就是船体阻力增值的一部分。

此外，由于波浪作用引起船体周围压力产生周期性变化，因而阻力随之发生变化，但其平均值较静水阻力为大；同时在波浪中船体严重的淹湿性使浸湿面积增大也是造成阻力增加的因素之一。

4.3.2 影响波浪中阻力增值的因素

波浪中的阻力增值问题极为复杂，而与此有关的速度损失问题又涉及波浪中的推进问题和操纵性问题等。因而近年来此类问题受到造船工程研究部门的重视。据已有的研究表明，影响波浪中阻力增值的因素主要有船型和波浪两方面。

（1）从波浪情况来看，根据多年来船模和实船在波浪中的试验和测量结果，可以得到以下几个普遍的结论：①不论船型的肥瘦情况如何，同一船舶的波浪中阻力增值将

随所遭遇的波高而增加。这是因为遭遇的波浪越大，船体运动越剧烈，所以阻力越大。图 4-6 是肯夫给出的不同方形系数的船舶在波浪上航行时的速度损失百分数与不同波高的关系。②当波浪周期与船的纵摇周期接近时，即使在波浪高度相对来说并不大的情况下，也会发生相当大的纵摇运动，此时船体阻力增值可能很大；在实用上，可以变更船的航速或航向来避免这种情况。③路易斯的研究指出，所遇波浪的波长为船长的 3/4 以下者产生的纵摇和升沉运动都较小，但等于或者大于船长时所产生的运动将大为加剧，波浪中的阻力增值也将显著增大。图 4-7 是在迎浪情况下的模型试验结果，在波长与船长比 λ/L=1.0 附近的区域，是纵摇谐振区，因而也是阻力增值 R_{aw}/Δ 的峰值区。

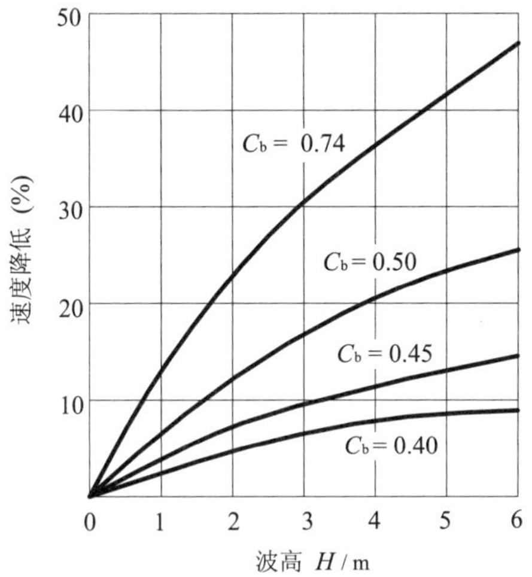

图 4-6　波高对船速的影响

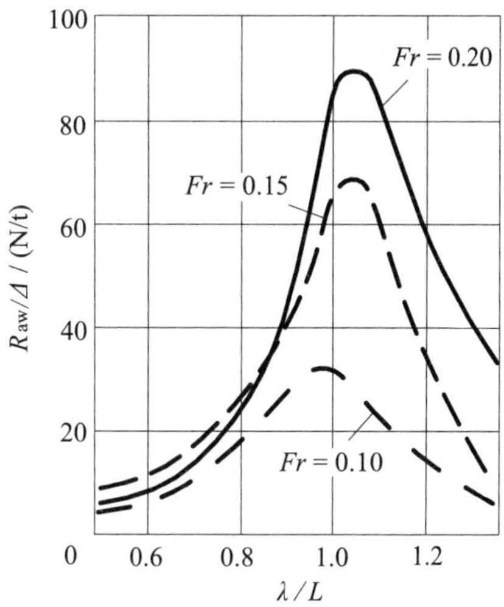

图 4-7　规则波中的阻力增值迎浪情况

（2）从船型来看，船模在波浪上的试验和实船试验结果证明，在静水中阻力较低的船型在波浪中的阻力增值仍将相应较低。因此为了设计阻力较小的优良船型，不仅要研究各种船型的静水阻力性能，而且还要研究船型对波浪中阻力增值的影响，以供设计时参考。

由图 4-6 同样可以看到：方形系数 C_b 不同的船在遭遇相同情况的波高时，它们的阻力增值是不同的，方形系数较小的船，在波浪中的速度损失受波高的影响也较小，而方形系数超过某值时（如 0.74），随着波高的增大，波浪中的速度损失增长甚快。

由路易斯研究结果可知，根据所设计船的航行海域的风浪情况，应注意所设计船的船长是否大于 3/4 波长，否则必须对波浪中阻力增值予以一定重视。

此外，试验结果还表明，如果船艏采用 V 形剖面者则波浪中阻力增值较 U 形为小；在同样风浪下，船舶处于满载状态的阻力增值较压载状态为小，这是因为前者的船体运动较后者为小的缘故。

4.3.3　波浪中阻力增值的处理与储备功率

船舶在风浪中航行时，由于风浪作用而产生阻力增值，这样会出现下面两种情况。

（1）由于波浪阻力增值的存在，如保持静水中相同功率时，航速必然会有所下降，这种航速的减小称为速度损失或简称失速。

（2）考虑到波浪中的阻力增值，如要维持静水中的相同航速，则必须较原静水功率有所增加，所增加的功率称为储备功率。

在船舶设计时，通常并不直接计算波浪中的阻力增值，而是通过确定储备功率来体现的。但必须指出的是：储备功率除主要考虑到波浪中的阻力增值外，还考虑到船舶所受到的较之平均海况下所增加的空气阻力、航行中的污底阻力、主机性能下降以及在风浪中由于操纵性恶化而增加的阻力等各种因素。

马隆（Malone）提出的船舶在风浪中平均有效功率增量 ΔP_e 的估算公式，可供近似估算储备功率时使用，其公式为

$$\Delta P_e = 4.594\,(2\zeta_w + 0.152)^2/(d \cdot L^2_{bp}) \tag{4-13a}$$

式中，ζ_w 为波高，m。

若以 L 代替 L_{bp}，则式（4-13a）可改写为

$$\Delta P_e = 4.594\,(2\zeta_w + 0.152)^2 \cdot \frac{C_b}{L/B} \cdot B \tag{4-13b}$$

由式 (4-13b) 可知，ΔP_e 随方形系数和船宽的增大而增大，但随 L/B 的增大而减小。式中波高 ζ_w 可按 $\zeta_w = 0.02\,u_w^2$ 确定。这里 u_w 为风速，以 m/s 计。计算实例如下：

已知某滚装船的主尺度为：$L_{bp} \times B \times d$ = 167 m × 27.43 m × 9.12 m，$\varDelta$ = 29 753 t，$C_b = 0.712$，试航时航速 V_s = 18 kn，此时有效功率 P_e = 7 186 kW，按马隆公式的计算结果列于表 4-4。

表 4-4　波浪中功率增量计算结果

蒲氏风级	4	5	6	7	8
平均风速 / (m/s)	6.7	59.4	612.3	715.5	819
浪　高 / m	0.9	1.77	3	4.8	7.2
ΔP_e / kW	62.7	224.2	622.5	1 564.4	3 483.3
$\Delta P_e/P_e \times 100$	0.87	3.12	8.66	21.77	48.5

从表 4-4 可见：在 4 级风以下或浪高小于 1 m 时，风浪对该船的阻力性能影响很小；但在 6 ～ 7 级风或浪高为 3 ～ 5 m 时，波浪引起的功率增量为 10% ～ 20%。当浪高达 7 m 时，此增量将近 50%，可见影响很大。

船舶设计中常用储备功率百分数（或称附加数）来表示储备功率的大小。该百分数是在已计入附体阻力、空气阻力以后所需静水航行功率后再增加的功率百分数，记为 k_{aw}。这样计及波浪中阻力增值等因素后的实际有效功率 P_{ew} 与静水有效功率 P_{et} 的关系为

$$P_{ew} = P_{et}\,(1 + k_{aw}) \tag{4-14}$$

将式 (4-11) 代入，则有

$$P_{ew} = P_{eb}\,(1 + k_{ap} + k_{aa})(1 + k_{aw}) \tag{4-15}$$

并以此来确定主机功率。船舶建成后，在要求装载情况下，且主机以额定功率时在平静水域中所能达到的速度叫试航速度。但考虑到船舶在航行中因受风浪和污底等因素影响致使增加阻力，故实际航速总是低于试航速度。因此常以持久功率（为额定功率

的 85% ～ 90%）在平均海况下船舶所能达到的航速称为服务速度。

储备功率的多少应视船长、船型、航道和船的业务性质而异。通常根据船长和方形系数略等的同型船舶在同样条件下航行的经验加以确定，一般取 k_{aw} 为 15% ～ 30%，或者由耐波性试验求得。但备用功率不宜过大，否则在良好气候中，其结果很不经济；而在恶劣气候下，为防止发生危险事故，机器功率必须降低，也不能发挥储备功率的作用。

考虑汹涛阻力的另一种方法是将服务速度另加 0.5 ～ 1.0 kn 作为试航速度，然后以此试航速度为基础来估算功率。但不论哪种方法，都仅适用于民用船。至于军舰设计，因军舰的巡航速度与其试航速度相差甚大，所以功率估计仅考虑其在静水中的需要，在波浪中则尽力维持其可能达到的最大速度。再就巡航速度而言，军舰具有极大的备用功率，所以这时的备用功率问题自然无须考虑。

【思考题】

已知某海洋客货船在中横剖面上主船体的投影面积 $S_1 = 25\ \text{m}^2$，上层建筑的投影面积 $S_2 = 68\ \text{m}^2$，当船速为 30 km/h，逆风风向角 $\psi_a = 20°$，风力为 4 级时，试估算船的空气阻力（可任选用两种估算方法）。

第 5 章　船模阻力试验

船模试验是研究船舶阻力最普遍的方法，目前关于船舶阻力方面的知识，特别是提供设计应用的优良船型资料及估算阻力的经验公式和图谱绝大多数是由船模试验结果得来的。新的理论的发展和新船的设计是否能得到预期的效果都需要由船模试验来验证。而理论分析的进一步发展，又为船型设计和船模试验提供更为丰富的内容以及指出改进的方向。因此船模试验是进行船舶性能研究的重要组成部分。

本章先对船模试验池和船模阻力试验作一简要介绍，然后分别从设计和研究观点来讨论表达船模阻力数据的方法。

§5.1　拖曳试验的依据、设备和方法

船模试验是研究船舶阻力性能的主要方法。因此需要了解船模阻力试验的依据，试验设备和具体的试验方法。

5.1.1　船模阻力试验的依据

由 §1.2 节的阻力相似定律指出：如能使船模和实船实现全相似，即船模和实船同时满足 Re 和 Fr 数相等，则可由船模试验结果直接获得实船的总阻力系数。§1.4 节中已阐述船模和实船难以实现全相似条件。根据现实可能性，也不能实现船模和实船单一的粘性相似，即保持 Re 相等，这是因为，如要使 $Re_m = Re_s$，则必有

$$V_m L_m / \nu_m = V_s L_s / \nu_s$$

即

$$V_m = \alpha V_s \nu_m / \nu_s \tag{5-1}$$

式中，α 为船模缩尺比。

因为船模和实船的运动粘性系数两者数值相近，如假定 $\nu_m = \nu_s$，则式 (5-1) 为

$$V_m = \alpha V_s \tag{5-2}$$

由于船模均要比实船缩小几十倍以上，因而要求船模的速度较实船速度大几十倍，甚至达到超音速情况下进行试验，显然是不现实的。

因此船模阻力试验，对水面船舶来说，实际上就是在满足重力相似条件下（保持 Fr 数相等）进行的。由于是在部分相似条件下所得的船模阻力值，因此必须借助于某些假设，诸如弗劳德假定、休斯假定等才能换算得到相应的实船总阻力。

5.1.2　船模试验池

船模试验池是进行船舶性能研究和某些结构、强度试验的重要设施，因而世界各国均普遍建造了各种船模试验池。

普通的船模试验池，其主要任务是进行船舶模型的拖曳、自航及适航性等试验。

水池狭而长，配置有拖动设备和测量仪器以测得船模在不同速度下的阻力值。为了避免海水的腐蚀作用，试验池的水都采用淡水。

为了提高船模试验的精确性，使其能对较大尺度的船模进行试验，并能更广泛地进行船舶性能、强度和振动等多方面的试验研究，通常需要建立拖车式船模试验池。

船模试验池的尺度主要由船模的大小和速度而定。此外，还与拖曳设备的特点、试验的要求等有关，因为水池的长度和拖车的速度实际上对船模的尺度和速度有一定的限制。船模每次试验时，启动拖车并加速到所需的试验速度，需要经过一段距离，然后进入匀速段，测量和记录船模的阻力和速度，最后拖车开始减速直至停止，需要留有一段减速距离。显然水池的长度应大于这三段距离之和。船模速度越高，则各段的距离相应也要增加，特别是匀速段距离越长，越易于进行测量和记录。由于试验是在保持 *Fr* 数相同的条件下进行的，所以船模的试验速度与缩尺比的平方根成反比。当船池的长度、速度受到限制时往往只有通过增大缩尺比，减小船模尺度和速度来进行拖曳试验。此外，船池的宽度和深度也应以减少池壁和池底对船模试验的影响为依据，即池壁干扰作用不致过大，以保证试验的准确性。所以长度较大的船模试验池其池宽和池深也要相应增大。

有不少船模试验池具有假底设备，池底与水面的距离可以调节，因此可作浅水船模试验。如果在假底上再建造边壁，则就可以进行限制航道中的阻力试验。近年来，为了进行限制航道船模试验，也有将试验池的水面放低，同时阻力仪也相应下降来做试验的。也有建造专门的浅水试验池供进行限制航道船模试验之用。

船模试验池按照拖曳船模的方式可分为拖车式和重力式两种。

1）拖车式船模试验池

拖车式船模试验池都装有沿水池两旁轨道上行驶的拖车，如图 5-1 所示。拖车的用途首先在于拖曳船模保持一定方向和一定速度运动。其次安装各种测量和记录仪器，例如测定船模拖曳阻力的阻力仪、记录船模升沉和纵倾的仪器以及记录船模速度的光电测速仪等，甚至为了便于观察试验现象、拍摄照片和录像，在拖车上还设有观察平台。现代船池的拖车上还配置有计算机处理系统，以便可以迅速给出试验结果。

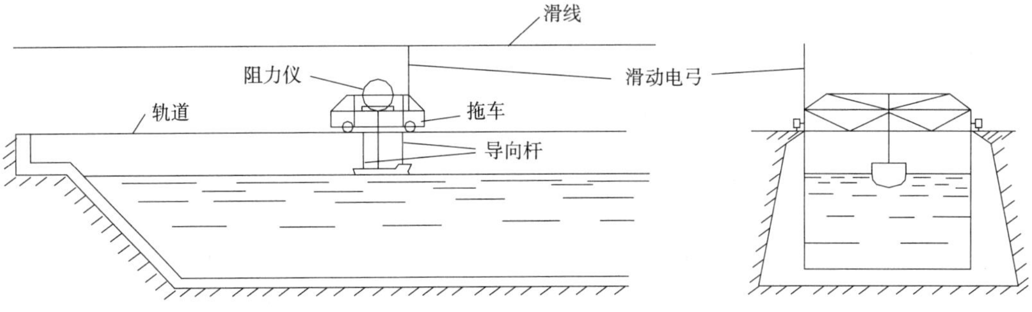

图 5-1　拖车式船模试验池示意图

拖车式船模试验池的优点是：首先，可以采用较大尺度的船模，因此尺度效应较小，试验结果的准确性较高；其次，拖车式船池能进行广泛的试验，除了船模阻力试验外，还可以进行以下诸方面的试验研究：①测量和观察船体表面的流动状况，这对于船体线型设计和附体布置是很有价值的；②船舶推进方面的试验，如螺旋桨模型的敞水试验、船模自航试验以及进行船体与螺旋桨的相互作用问题的研究等；③船舶耐波性方面的试验，主要研究船模在波浪上的运动和航行状态；④操纵性方面的试验；⑤强度和振动方面的试验。

2）重力式船模试验池

重力式船模试验池较拖车式试验池简单得多，它没有拖车设备，是靠重量的下落来拖动船模的，如图 5-2 所示。砝码的重量就等于船模的阻力，如同时记录船模被拖动一定距离所需要的时间，就可得到相应的船模速度。因此，重力式船模阻力试验是在给定阻力情况下，测定船模相应的速度。

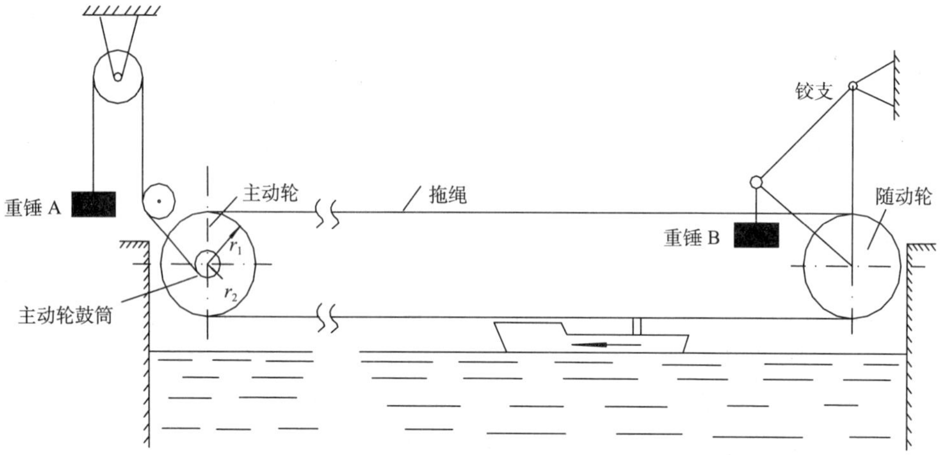

图 5-2　重力式船模试验池示意图

重力式船模试验池的优点是：水池小，设备简单，建造成本低，并具有一定的准确性。其不足之处是：船模尺度小，尺度效应大，因此在一定程度上使试验内容受到限制，而且将影响试验结果的精确性，此外也不便于观察船模的运动和水流情况等。

5.1.3 船模阻力试验方法和内容

如前所述，船模阻力试验是将实船按一定的缩尺比制成几何相似的船模，在满足 *Fr* 数相等的条件下，在船池中拖曳以测得船模阻力与速度之间的关系。

5.1.3.1 试验准备

为了进行阻力拖曳试验，必须进行一系列试验准备工作。

首先，按一定要求制作试验用的船模。船模的缩尺比依据水池的长度、拖车最高速度以及实船的尺度和航速来确定。船模线型要与实船保持几何相似，表面必须光洁，满足一定的加工精度。船模所使用的材料通常有蜡质和木质两种。木质船模不易变形并可以保存。对于一些重要的和试验周期较长的模型，采用木模为宜，但其加工困难，时间长，成本高；而蜡模加工方便，时间短，便于改型，且石蜡又可重复使用，唯在夏季气温较高时容易变形。

其次，船模在试验前要安装人工激流装置，一般用细金属丝缚在船模的 $9\frac{1}{2}$ 站处，则在细金属丝以后的边界层中产生紊流，这细金属丝称为激流丝。

船模安装激流丝后，进行称重工作。准确地称量船模重量和压载重量，以达到按船模缩尺比要求的实船相应的排水量。

最后，通过调整压载位置使船模没有横倾，艏艉吃水满足所要求的吃水情况。

5.1.3.2　阻力试验测量数据

完成上述试验准备工作后，可以进行船模拖曳试验。试验要求测量和记录的主要物理量有船模速度、船模阻力、船模纵倾角、重心升沉和浸湿长度等，这些量的测量方法如下。

（1）船模速度记录：根据实船长度、航速范围和模型尺度按 Fr 数相似的原则，确定船模的速度范围，然后在不同的速度下进行拖曳试验。船模速度就是拖车速度。具体方法有由机械式测速轮得到距离记录与相应的时间记录来计算船模速度，或应用光电管原理，通过数字记录器直接读出船模速度。

（2）船模阻力的测量：阻力测量与速度记录应同时进行。船模阻力可由专门仪器，即阻力仪测得。阻力仪有机械式和电测式两类，电测式阻力仪的基本原理是通过测定并记录传感器在受到阻力情况下的变化信号，然后根据传感器受力大小与其相应的变化信号间的标定关系来换算得相应的阻力值。电测式阻力仪记录测量方便，便于应用计算机进行数据处理。但周围环境对记录仪的影响较大，因而其精确性并不比机械式阻力仪高。

（3）船模纵倾角和重心升沉的测量：可以用纵倾仪或专门用来测量船模运动的仪器来测量船模纵倾角和升沉。

（4）浸湿面积和湿长度的确定：通常对排水式船舶由于航行中航态变化小，所以认为浸湿面积和湿长度与静浮状态下完全相同。但对于滑行艇，其湿长度和湿表面积将随拖曳速度而变化。因此，对于每一拖曳速度，可以通过目测、摄影或摄像得到。

此外，船体表面的流线测定也是船模阻力试验的内容之一。流线试验的目的是为了使附体能按照流线的方向安装以尽量降低附体阻力；同时通过对流线的分析以寻找改善阻力性能的方法。我国一些水池采用在船模上涂油漆的方法或安装丝线方法来进行流线试验。图 5-3 是船模流线试验结果的一个例子。

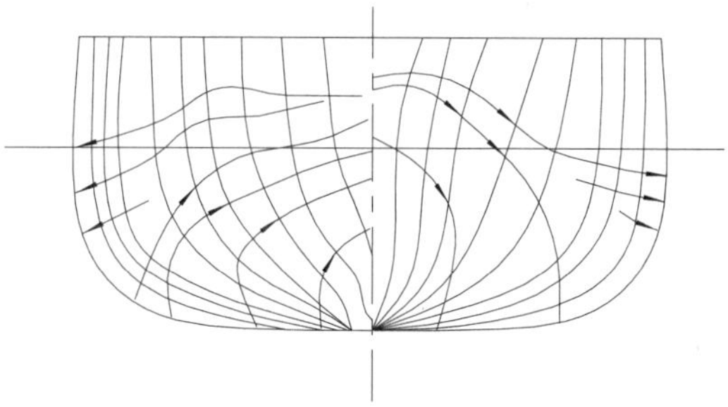

图 5-3　船模流线试验结果

5.1.3.3　船模与实船阻力换算

船模阻力试验的主要目的是由试验所得的船模阻力换算得到实船的静水总阻力或有效功率值。具体的换算方法有两种：一是基于弗劳德假定的弗劳德换算法；二是根据休斯提出的三因次换算法或称为 $(1+k)$ 法。前者在 §1.4 节中已作详细叙述，即由模型试验测得船模总阻力后，实船总阻力或总阻力系数可按式 (1-25) 和式 (1-26) 换算得到。三因次换算法如在 §2.8 节中所述，相应速度下的实船总阻力系数可按式 (2-49) 换算得到。这两种换算方法均可列表进行。

§5.2 船模阻力数据表达法

由船模阻力试验可得到船模阻力与速度之间的关系曲线，进而通过阻力换算得到实船的阻力和有效功率曲线。但为了对所设计的船舶能更方便地进行船体阻力换算以及不同船型之间比较阻力性能的优劣，需要将由船模试验所得的阻力（或功率）与速度之间的关系，以一定的参数、恰当的形式来表达，这称为船模数据表达法。

5.2.1 表达法的目的和要求

船模阻力数据表达法的目的有以下两方面：一是船体阻力换算。这是指船型相同，而大小不同的船舶之间的阻力换算。显然按不同缩尺比均可由船模阻力资料换算得各大小不同船舶的阻力值。二是比较船型阻力性能的优劣。这是指船型不同，但大小相同或相近的船舶之间阻力性能优劣的判别。

目前，尽管对船模数据表达尚未取得一致意见，因而国际船模试验池会议还不能推荐一种能被大家所共同接受的表达方法，但为了达到上述目的，倾向性的意见认为恰当的表达法应具有的几个基本要求是明确的。

（1）无量纲化。为了具有普遍意义，表达式常采用无量纲形式表示。这样既避免绝对尺度对阻力值的影响，且所表示的各参数的数值在任何单位系统中都是相同的。

（2）选定 Fr 数或类似形式作速度参数。因为船体总阻力是 Re 和 Fr 数的函数，且按弗劳德假定认为：

$$R_t = R_f(Re) + R_r(Fr)$$

由于船型变化对 R_r 影响显著，而对 R_f 影响不大，考虑到表达法的目的之一在于比较不同船型的阻力性能，因而取 Fr 作为速度参数为宜。而只有在讨论某些与摩擦阻力有关的问题时，才取 Re 作速度参数。

（3）阻力与速度之间的函数形式既要便于进行阻力换算，又要能够比较不同船型的阻力性能的优劣。那种难以进行船型阻力性能比较的表达法并不能被广泛应用。

5.2.2 两种阻力数据表达法

由于应用的直接目的不同，因而船模阻力数据表达法的形式很多，下面介绍两种应用较为广泛的表达法。

5.2.2.1 泰洛表达法及其换算关系

这种表达法应用得比较普遍。其速度参数采用 Fr 数（也有用 $V/\sqrt{L}$），阻力是用单位排水量总阻力 R_t/Δ 或单位排水量剩余阻力 R_r/Δ 或 C_r 的形式表达。

1）R_r/Δ 对 Fr 的表达形式

当船模数据已表达为 R_{rm}/Δ_m 与 Fr 的关系时，则换算到相应的实船阻力和有效功率较为方便，因为实船有：

$$R_{ts}/\Delta_s = R_{fs}/\Delta_s + R_{rs}/\Delta_s$$

式中，单位排水量摩擦阻力 R_{fs}/Δ_s 可应用平板摩擦阻力公式计算；而 R_{rs}/Δ_s 对于几何相似的船和船模，在速度相应时等于 $R_{rm}/\varDelta_m$，即由给定的表达曲线直接得到。

2）$R_t/\varDelta$ 对 Fr 的表达形式

如果船模试验数据以 $R_{tm}/\varDelta_m$ 对 Fr 形式表示，则换算实船情况下的阻力表达关系由下列可得

因为

$$R_{ts}/\varDelta_s = R_{fs}/\varDelta_s + R_{rs}/\varDelta_s$$

由比较定律知，在相应速度时：

$$R_{rs}/\varDelta_s = R_{rm}/\varDelta_m = R_{tm}/\varDelta_m - R_{fm}/\varDelta_m$$

所以

$$R_{ts}/\varDelta_s = R_{tm}/\varDelta_m - (R_{fm}/\varDelta_m - R_{fs}/\varDelta_s) \tag{5-3}$$

又因

$$\frac{R_{fm}}{\varDelta_m} = \frac{C_{fm}\cdot\frac{1}{2}\rho_m V_m^2 S_m}{\rho_m g_m C_b L_m B_m d_m} = \frac{\frac{1}{2}S_m}{C_b B_m d_m} Fr^2 C_{fm}$$

同样可得

$$\frac{R_{fs}}{\varDelta_s} = \frac{\frac{1}{2}S_s}{C_b B_s d_s} Fr^2 (C_{fs} + \Delta C_f)$$

将该两关系式代入式 (5-3)，并考虑到对几何相似的船模和实船必有

$$\frac{\frac{1}{2}S_m}{C_b B_m d_m} = \frac{\frac{1}{2}S_s}{C_b B_s d_s}$$

所以得到实船的阻力换算关系式：

$$\frac{R_{ts}}{\varDelta_s} = \frac{R_{tm}}{\varDelta_m} - Fr^2 \frac{\frac{1}{2}S_s}{C_b B_s d_s}(C_{fm} - C_{fs} - \Delta C_f) \tag{5-4a}$$

因为阻力随 Fr 数而迅速增加，在实用上将纵坐标除以横坐标 Fr 数的平方，使作图时比较方便，且可使波阻峰点和波阻谷点明显。因而泰洛表达法中亦有用 $R_t/\Delta Fr^2$–Fr 的形式表示，由式 (5-4a) 可得对应的实船换算关系为

$$\frac{R_{ts}}{\varDelta_s Fr^2} = \frac{R_{tm}}{\varDelta_m Fr^2} - \frac{\frac{1}{2}S}{C_b B d}(C_{fm} - C_{fs} - \Delta C_f) \tag{5-4b}$$

显然，式 (5-4a) 及式 (5-4b) 中的第二项是由于实船和船模的 Re 不同引起的摩擦阻力系数的差别，也即由尺度作用造成的，所以称为摩擦阻力修正值。

5.2.2.2　弗劳德圆圈系数表达法及其换算关系

1988 年，弗劳德提出的表达法中给出了一系列无量纲系数，而且以圆圈系数的形

式表示。这种系数形式的表达方法虽然主要在英国等一些国家被采用，但由于历史原因，特别是这种表达法比较全面，因此有必要作简要介绍。

弗劳德表达法中的圆圈系数有以下三种。

第一种为表达船体几何尺度的系数。用以表示无量纲化的线性尺度取排水体积的1/3次方，即 $\nabla^{1/3}$，而不是 L。这些系数有：长度系数Ⓜ $= L/\nabla^{1/3}$，宽度系数Ⓑ $= B/\nabla^{1/3}$，吃水系数Ⓓ $= d/\nabla^{1/3}$ 以及湿表面积系数Ⓢ $= S/\nabla^{2/3}$ 等。对于船模和实船，相应系数是必定相等的。

第二种是速度表达系数。其有3种不同形式。其中除在第2章兴波阻力中已有说明的Ⓟ外，还有速度系数Ⓚ，其定义为：船速 V 与波长为 $\frac{1}{2}\nabla^{1/3}$ 的波速之比，即

$$\text{Ⓚ} = V\Big/\sqrt{\frac{g}{2\pi}\cdot\frac{1}{2}\nabla^{1/3}} = \sqrt{\frac{4\pi}{g}}\cdot\frac{V}{\nabla^{1/6}} \tag{5-5}$$

由Ⓚ定义可知，对几何相似船，在速度相应时，它们的Ⓚ值应相等。

此外，另有速度系数Ⓛ，其定义为船速 V 与波长为 $\frac{1}{2}L$ 的波速之比，所以可表示为

$$\text{Ⓛ} = \sqrt{\frac{4\pi}{g}}\cdot\frac{V}{\sqrt{L}}$$

第三种是阻力表达系数，有三种形式：

总阻力系数Ⓒ定义为

$$\text{Ⓒ} = \frac{R_t}{\Delta}\cdot 1\,000/\text{Ⓚ}^2 = \frac{1\,000R_t}{\rho g\nabla\cdot\frac{4\pi}{g}}\cdot\frac{\nabla^{1/3}}{V^2} = \frac{125}{\pi}\cdot\frac{R_t}{\frac{1}{2}\rho V^2\nabla^{2/3}} \tag{5-6}$$

此外，有类似定义的摩擦阻力系数和剩余阻力系数分别为Ⓕ $= \frac{R_f}{\Delta}\cdot 1\,000/\text{Ⓚ}^2$ 和Ⓡ $= \frac{R_r}{\Delta}\cdot 1\,000/\text{Ⓚ}^2$。

采用Ⓒ形式的原因在于：如果直接用 R_t/Δ 对Ⓚ的形式来表达的话，则在高速时的 R_t/Δ 将急剧增加，以致阻力曲线非常陡直，掩盖了诸如兴波阻力的峰谷等重要特性。所以弗劳德用Ⓚ^{2}除以 R_t/Δ，并乘以1 000，这样既可显示这些特性，又避免给出过小的阻力系数。

总阻力系数Ⓒ和 $C_t = R_t\Big/\frac{1}{2}\rho V^2 S$ 的形式不同，但都表示总阻力的特性。可以证明两者存在如下关系：

$$\text{Ⓒ}\Big/C_t = \frac{125}{\pi}\times\text{Ⓢ} \quad 或者 \quad \text{Ⓒ} = C_t\times\frac{125}{\pi}\times\text{Ⓢ} \tag{5-7}$$

由此可见，对几何相似的实船和船模，它们的Ⓒ与总阻力系数 C_t 呈正比关系。

根据上述给出的无量纲系数的定义，由模型试验所得船模阻力与速度的关系可用Ⓒ$_m$-Ⓚ的形式来表达，但常见的是用已换算到船长为122 m的Ⓒ$_{122}$对Ⓚ的形式来表达，图5-4为系列60模型的Ⓒ曲线。

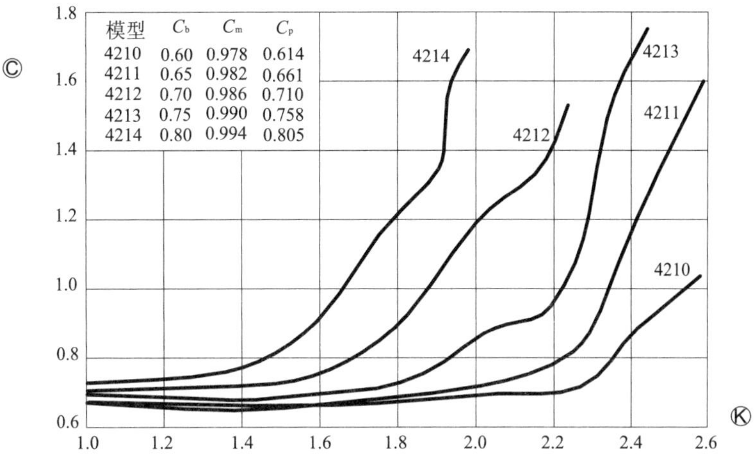

图 5-4　系列 60 的 C_{122}－Ⓚ曲线

由模型的©$_m$－Ⓚ关系曲线，可以换算得实船的©$_s$ 曲线。这是因阻力关系式为

$$C_{ts}=C_{fs}+(C_{tm}-C_{fm})+\Delta C_f=C_{tm}-(C_{fm}-C_{fs}-\Delta C_f)$$

参照式 (5-7)，以相应的©值代入上式，则有

$$©_s=©_m-\frac{125}{\pi}Ⓢ(C_{fm}-C_{fs}-\Delta C_f) \tag{5-8}$$

对于给定©$_{122}$ 对Ⓚ的情况，则有

$$©_s=©_{122}-\frac{125}{\pi}Ⓢ(C_{f122}-C_{fs}-\Delta C_f) \tag{5-9}$$

式 (5-8) 和式 (5-9) 中的第二项叫摩擦阻力修正值，同样是由于尺度作用引起的。该两式就是弗劳德表达法的实船与船模阻力换算关系式。

5.2.2.3　比较不同船型的阻力性能

在船舶设计过程中比较不同船型的优劣时，应首先把不同船型的阻力资料均换算为大小相同的船舶阻力，然后在相同速度时比较单位排水量总阻力 R_t/Δ 的大小作为判别不同船型阻力性能优劣的衡量标准。采用这种船型优劣衡量标准主要考虑 R_t/Δ，实际上体现了船舶的经济性。但由于尺度作用的影响，即使船型相似，而大小不同的船，它们的 R_t/Δ 值是不同的。所以，只有对大小相同的船，在相同速度下才能准确地判别船型的优劣。

根据上述船型衡量标准，对不同的阻力数据表达法，具体的比较方法也不完全一样。

1）弗劳德表达法比较阻力性能

如果用弗劳德的©对Ⓚ表达法比较不同船型的阻力性能时，应首先要换算到同一排水量情况下的©－Ⓚ曲线，这样相同Ⓚ值也就是速度相同，因此只要计算设计航速时的Ⓚ值，并在该Ⓚ值处绘一垂线，即可得相应于©值最低的船型，如图 5-6 所示。现行习惯是将阻力换算到船长为 122 m 的©$_{122}$ 对Ⓚ的表达形式。因此在比较相同长度的不同船型的阻力性能时，必须在各船的排水量长度系数 Δ/L^3 保持相同的情况下进行，这样在相同的Ⓚ值就是在相同的速度情况下进行比较，如图 5-6 所示。

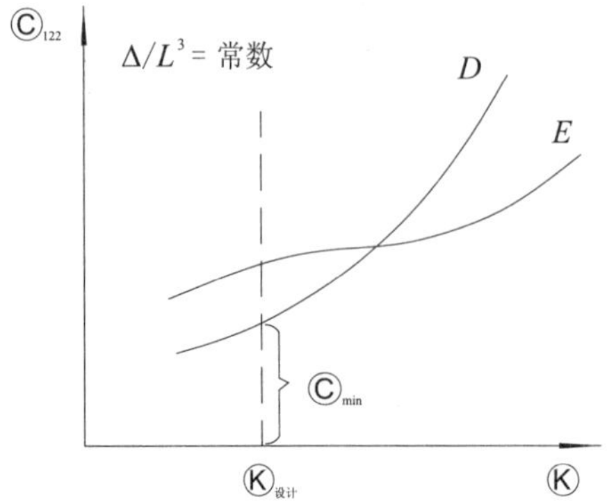

图 5-5　© - Ⓚ比较船型阻力性能

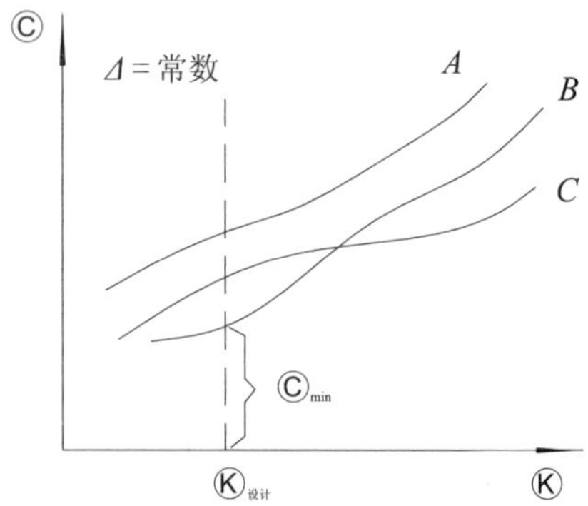

图 5-6　©122 - Ⓚ比较船型阻力性能

2）泰洛表达法比较阻力性能

对于泰洛的 R_t/Δ 对 Fr 表达法只要换算到相同船长情况下的对应曲线，就可以比较不同船型的阻力性能，这样在相同 Fr 数时的阻力性能比较，实际上就是在速度相同情况下对不同船型阻力性能的比较。若在设计时，如船长和速度已知，则在相应的 Fr 数处绘一垂直线，即可得对应于 R_t/Δ 最低的船型。

如果用单位排水量剩余阻力 R_r/Δ 对 Fr 表达法比较不同船型的阻力时，同样应换算到相同船长情况下进行，在相同的 Fr 数，即在相同速度下获得对应于 R_r/Δ 最低的船型就是阻力性能优良的船型，因为当船长一定时，船体形状变化对湿面积影响不大，也即对摩擦阻力影响不大，因此 R_r/Δ 最低就意味着单位排水量总阻力 R_t/Δ 最低。

由上可知，在设计过程中根据不同情况可以选用不同的表达法来比较不同船型的阻力性能。若在决定船型前船长 L 和船速 V 已确定则可用泰洛表达法，如果在排水量 Δ 和船速给定情况下则选用弗劳德表达法较方便。

应该指出，船模阻力数据表达法的形式很多，但有些方法并不恰当，因其在相同的速度系数下并不能用来比较不同船型的单位排水量总阻力 R_t/Δ 的大小，也即不能比较不同船型的阻力性能。

常见的©122 对 $V/\sqrt{L}$ 表达法就是一例。这是因为：

$$©\propto\frac{R_t}{\Delta^{2/3}V^2}\propto\frac{R_t/\Delta}{(L/\Delta^{1/3})(V/\sqrt{L})^2} \tag{5-10}$$

显而易见，除非参与比较的两船 $L/\Delta^{1/3}$ 相等，否则此种表达法不能用于比较不同船型的优劣。

也有将船模试验结果绘制成©122 - Ⓟ曲线，使各曲线的波阻峰点和波阻谷点可发生于同一横坐标上，但因为：

$$©\propto\frac{R_t}{\Delta^{2/3}V^2}\propto\frac{R_t/\Delta}{(C_pL/\Delta^{1/3})(V/\sqrt{C_pL})^2} \tag{5-11}$$

所以除非两船型的 $C_pL/\Delta^{1/3}$ 相等，否则此种表达法也不能用于比较不同船型的优劣。用Ⓟ理论推测阻力曲线的波阻峰、谷点的大致位置时可相当准确，但用作速度参数时应注意对长度相等但棱形系数 C_p 有差异的两船型来说，Ⓟ相等并不表示两船的速度相等；而只有当两船的 C_pL 值相等时，则相同的Ⓟ值才表示它们的速度相等。

§5.3 影响试验结果的因素

船模试验结果表明：几何相似的船模在不同的水池中所得试验结果往往并不一致；缩尺比不同的船模在同一水池的试验结果也不相同，从而使换算得的实船阻力也将不同。造成这种情况的原因是多方面的，需作具体分析。

5.3.1 试验本身的影响因素

首先，是由试验假设所引起的误差。实际上，正如前面所说明的，这方面的误差是不大的。其次是由试验本身所引起的误差，如水池壁面的干扰影响，但一般来说池壁对试验结果的影响很小。这是因为水池的横断面尺度决定了船模的大小，通常认为船模长度若小于或等于水深，则可认为试验结果不受池底的影响；若船模最大横截面小于船池横断面的 0.5% ～ 1.0%，则认为可以避免阻塞效应。也有人认为池宽至少应为船模宽度的 15 倍，水深为船模吃水的 20 倍以上，方可不考虑池壁的影响。

由船池设备引起的试验误差，可以针对各种设备的特点合理地确定其技术指标，或者对其引起的试验误差进行修正。如拖车和轨道系统，它本身是一种精密仪器，这是因为测量段对其平稳度的要求很高。速度的波动将引起阻力的相应波动，而且会在所测得的阻力数据中包含有惯性力，从而导致测量结果的误差。一般认为速度波动应不超过 0.1%。假定在所试验的速度附近，阻力与拖曳速度的 n 次方成比例，即 $R \propto V^n$，则有

$$\frac{\mathrm{d}R}{R}=n\frac{\mathrm{d}V}{V}$$

这意味着阻力相对误差为拖车速度相对误差的 n 倍。若设 $n=5$，则速度波动 0.1% 会导致阻力波动 0.5%。近年来也有人认为加速度不应超过 $10^{-4} \sim 10^{-5}g$。如果设阻力为排水量 $\varDelta$ 的 0.5% ～ 1.0%，而加速度为 $10^{-4}g$，则惯性力 F 与阻力 R 之比为

$$\frac{F}{R}=\frac{10^{-4}\cdot g\cdot M}{(0.5\sim1)\times10^{-2}\varDelta}=(1\sim2)\%$$

一般来说，测量阻力的误差要求在 1% 以内，看来上述对速度平稳度的要求都是合理的。因此满足这种要求的试验本身误差是可以忽略的。

还有一个方面，就是船模本身尺度不同所引起的误差。由于船模尺度不同而引起试验结果不一致的现象，通常称为尺度效应。尺度效应是造成试验结果有误差的主要原因，这是本节要重点讨论的问题。

5.3.2 尺度效应

尺度效应问题，即船模尺度不同引起试验结果的不一致，其原因也是多方面的。船模试验并不满足 Re 数相等的条件，如水面船只根据 Fr 数相等来进行试验；潜艇水下状态要求在大于临界雷诺数的流态下进行试验。不同尺度的船模由于 Re 数不同，将导致其边界层的流态有所不同，边界层的相对厚度也不同。此外船模的曲率不同也影响到边界层的厚度及速度分布。所有这些原因都会影响到船模的摩擦阻力。根据实际分析，边界层流态不同是尺度效应的主要因素。对于实船，其雷诺数 Re 很大，全长范围内的

界层流态均可视为紊流；但对于船模，即使采用很大的尺度，其 Re 数与实船相比仍相差甚远，层流段相对长度大，界层内流态与实船并不完全相似。

事实上，根据 Re 数与 Fr 数之间的关系：

$$Re = \frac{\sqrt{g}}{v} L^{3/2} \cdot Fr$$

若令 $v = 1.0 \times 10^{-6}$，并粗略地取 $Re_x = Vx/v = 5 \times 10^{-5}$，则当 $Fr = 0.2$ 和 $Fr = 0.4$ 时，不同长度船模的 Re 数及层流段相对长度见表 5-1。

表 5-1　不同长度船模的 Re 数及层流段相对长度

Fr		L / m				
		1.0	2.0	4.0	6.0	9.0
0.20	$Re\ (\times 10^{-6})$	0.626	1.77	5.00	9.23	16.90
	$\frac{x}{L}\ (\times 100)$	79.87	28.25	10.0	5.40	3.00
0.40	$Re\ (\times 10^{-6})$	1.252	3.53	10.0	18.50	33.8
	$\frac{x}{L}\ (\times 100)$	39.94	14.20	5.0	2.70	1.5

表 5-1 中所列数据表明，对于长度为 2.0 m 以下的船模，其层流影响是相当严重的，即使用 6 m 的船模，其层流段长度仍很大。由表 5-1 还可看出，Fr 数越低，层流的影响越显著。虽然这个计算不是很严格，但表中数据可以给我们以粗略印象。

可见，对于船模来说，如果不采取措施，其摩擦阻力难以用任何平板公式作出正确计算。这样在阻力换算时，由船模试验测得的总阻力减去按紊流平板公式计算的摩擦阻力，求得的剩余阻力值必然偏低，最终求得的实船阻力也很难准确。有时由试验结果求得的剩余阻力甚至会出现负值。这说明船艏部层流段的影响相当显著。人工激流法就是人为地使船模处于与实船相同的紊流状态所采取的措施。其目的是消除船模艏部层流段对阻力试验和换算准确性的影响。

世界各国船模试验池曾经采用的人工激流法主要有以下几种。

（1）表面粗糙激流法。在船模艏柱处或 $9\frac{1}{2}$ 站处敷以砂粒或把表面弄粗糙，则边界层中水流由于表面粗糙而产生紊流。

（2）激流杆法。用一根或两根小杆置于船模前面，小杆垂直于水面与船模一起前进，使小杆后面产生紊流，因此船模边界层中也产生紊流，这小杆叫激流杆。

（3）激流丝法。用细金属丝缚在船模的 $9\frac{1}{2}$ 站上，此细金属丝称作激流丝。

（4）小钉激流法，在船模艏柱略后处，沿艏柱曲线插入一列小钉，使船模边界层中产生紊流。

目前，各国普遍使用的是激流丝法。激流丝通常是直径为 1 mm 的铜丝，用小钉钉在艏柱后 1/20 船长处。应用激流丝后，船模边界层在激流丝前后明显地分成层流和紊流两种流动状态。假定激流丝本身所增加的阻力与 $9\frac{1}{2}$ 站前层流所降低的阻力互相抵消。所以应用激流丝后的船模摩擦阻力可直接应用紊流平板公式计算。

根据试验分析表明，应用激流丝后所得的阻力换算结果与实际情况较符合。但有时对易于产生稳定层流的低速船，仅在 $9\frac{1}{2}$ 站处装置激流丝不足以保证其后不再重新出现层流，因此在 9 站处需要进行二次激流。

船模尺度大易于制造精确，其阻力较大因而测量的相对误差较小，更重要的是船模尺度大可达到较高的雷诺数，其尺度效应较小。按魏特伯莱意见，船模试验时应达到的最小雷诺数 Re 见表 5–2。

表 5–2　船模试验时应达到的最小雷诺数 Re

L/B	<5	5	>6	>8
B/d	<2.5	>3	<2.5	
$Re(\times 10^{-5})$	2.5	4	5	7.5

显然，船模越瘦长、越扁平则所需雷诺数越大。

激流丝效果还与船模尺度和形状有关，对方形系数在 0.55 以下的高速舰船的 6 m 船模而言，激流几乎看不出效果；对于丰满商船而言，激流效果受船艏形状影响很大。艏柱倾斜，艏型为显著 V 形的船最易保持层流，故激流效果显著。而对于垂直艏柱，U 形截面的船则不易保持层流。若不进行激流，在做比较试验时可能会导致错误的结论。若两船其他设计参数均相同，一船艏截面为 V 形，另一船艏为 U 形，可能前者阻力低得多。两者的阻力差别，甚至全部由于前者具有较大的层流面积所致。

船模尺度过大也有不利之处。首先，其制造成本高，运输、压载、调整纵倾都比较费事，而且只有在较大的水池中应用才能避免产生较严重的阻塞效应。

国际标准船模长度为 6 m，我国为照顾中小型水池作过 3 m 船模。在实际工作中船模小者为 2 m，大者为 9 m 以上。

【思考题】

1. 设水温 $t=20$℃时，某船模剩余阻力实测值如下表。

速度 V_m / (m/s)	0.5	1.0	1.5	2.0
剩余阻力 R_{rm} / kg	0.08	0.33	0.82	1.85

若实船 $L=77.0$ m，湿面积 $S=722$ m^2，缩尺比 $\alpha=25$，试绘制实船（海船，水温 $t=10$℃）的剩余阻力系数 C_{rs} 与弗劳德数 Fr 的关系曲线。

2. 设某内河船模型速度 $V_m=1.17$ m/s，$Fr=0.23$，测得模型阻力 $R_{tm}=0.32$ kg。已知船模湿面积 $S_m=0.78$ m^2，缩尺比为 $\alpha=30$，取粗糙度补贴 $\Delta C_f=0.8\times 10^{-3}$，试求实船在相当速度下的阻力和有效功率（摩擦阻力系数可按 1957 ITTC 公式计算）。

3. 某海船模型长度 $L_m=1.9$ m，湿面积 $S_m=0.45$ m^2，若试验池水温为 $t=20$℃，缩尺比 $\alpha=30$，测得模型阻力如下表。

V_m / (m/s)	0.25	0.50	0.75	1.00	1.25	1.50
R_{rm} / kg	0.03	0.05	0.07	0.11	0.17	0.26

试求实船的剩余阻力，摩擦阻力和总阻力曲线。（摩擦阻力系数用 1957 ITTC 公式，粗糙度补贴 $\Delta C_f = 0.4\times10^{-3}$）。

4. 某海船模型长度 $L_m = 20\,\text{ft}$，湿面积 $S_m = 10\,\text{m}^2$，在船池中速度 $V_m = 2.85\,\text{km/h}$，测得阻力为 $R_{tm} = 4.8\,\text{kg}$，若缩尺比 $\alpha = 25$，试求实船在相当速度（kn）时的有效功率（hp）。摩擦阻力系数按柏兰特－许立汀公式计算，粗糙度补贴 $\Delta C_f = 0.4\times10^{-3}$。

5. 有一某船模现已缺乏型线资料，但有较准确的设计水线位置，问如何用实验的方法确定该船模的排水量和重心纵向位置？

6. 设船模长度 $L_m = 2\,\text{m}$，湿面积 $S_m = 1\,\text{m}^2$，在 $V_{mv} = 1.5\,\text{m/s}$ 时测得阻力 $R_{tm} = 1.0\,\text{kg}$。今若测量误差使船模总阻力 R_{tm} 增大了 1%，试计算缩尺比 $\alpha = 50$ 及 $\alpha = 100$ 时，实船对应的总阻力将产生百分之几的误差。

7. 设船模总阻力为 R_{tm}，响应的实船为 R_{ts}，船模总阻力的相对误差为 $\varepsilon_m = \Delta R_{tm} / R_{tm}$，实船总阻力的相对误差为 $\varepsilon_s = \Delta R_{ts} / R_{ts}$，试证明：按弗劳德假设推算出的实船阻力相对误差

$$\varepsilon_s = \alpha_r \cdot \alpha_l^3 \frac{R_{tm}}{R_{ts}} \cdot \varepsilon_m$$

式中，α_γ 为重度比，$\alpha_\gamma = \dfrac{\gamma_s}{\gamma_m}$；$\alpha_l$ 为缩尺比，$\alpha_l = \dfrac{L_s}{L_m}$。

8. 某海船船模长度 $L_m = 5\,\text{m}$，湿面积 $S_m = 10\,\text{m}^2$，缩尺比 $\alpha = 25$，水温 $t = 20℃$。在 $V_m = 1.5\,\text{m/s}$ 时，测得船模总阻力 $R_{tm} = 4.0\,\text{kg}$。今若实船粗糙度补贴 $\Delta C_f = 0.4\times10^{-3}$，水温为 15℃，摩擦阻力系数按柏兰特－许立汀公式计算，试用二因次换算法求实船的阻力。若取形状 $K = 0.022$，试用三因次换算法求实船的阻力，并与二因次换算结果比较之（以百分数表示）。若缩尺比 $\alpha = 50$，分别用二因次换算法和三因次换算法进行实船阻力计算并比较。

9. 某长江双桨客货船长度水线 $L_{WL} = 108\,\text{m}$，排水量 $\varDelta = 3\,680\,\text{t}$，湿面积 $S_m = 1\,780\,\text{m}^2$，航速 $V = 16\,\text{kn}$，用缩尺比 $\alpha = 40$ 之船模进行试验，测得船模总阻力 $R_{tm} = 0.594\,\text{kg}$，试验时水温 $t = 25℃$。

（1）取 $\Delta C_f = 0.4\times10^{-3}$，实船水温为 15℃，试以 1957 ITTC 公式用二因次换算方法求实船的阻力和有效功率。

（2）根据带附体的阻力试验结果，附体阻力占总阻力的 15%，空气阻力占总阻力的 3%，求实船的总阻力。

（3）已知低速部分试验资料如下表。

Fr	0.173 8	0.181 6	0.189 7	0.197 6	0.220 5
C_{tm}（$\times10^3$）	3.935	3.904	3.882	3.881	3.89

请以 1957 ITTC 公式为基础，按普罗哈斯卡方法确定形状因子（1+k），并用三因次换算法求实船光体的总阻力。

10. 已知某船的模型阻力试验曲线，用二因次换算法将模型阻力换算到实船的阻力和有效功率（用 Excel 电子表格计算）。

第 6 章 船型对阻力的影响

船舶设计中的一个重要步骤是确定船型参数，就是确定表征船体水线以下部分的一些特征参数的数值和几何形状。但是应该指出的是：船舶设计是一个必须考虑各种因素的综合性问题。船型参数的选择应顾及总体布置、工艺结构、快速性、耐波性、稳性、航区和经济性等诸方面既有联系又有矛盾的各种要求。

本章主要应用船舶阻力的基本知识在分析船模试验和实船试航的基础上讨论船型对阻力的影响，以使在船舶设计过程中考虑选择阻力较低的船型参数；同时也可对某些给定船舶的阻力性能进行分析，以期供设计或改型时考虑。

§6.1 船型对阻力影响的基本概念

为了便于叙述和理解船型对阻力的影响问题，有几个概念先予以阐述。

6.1.1 船型、航速与阻力性能之间的关系

6.1.1.1 优良船型的含义

船型对阻力性能的影响是与船速密切联系的，在不同速度范围内，船型参数对阻力的影响不仅程度上不同，甚至还有本质上的差别，因此，所谓阻力性能优良的船型是对某一定速度范围而言。换句话说，优良的船型将随速度而异，低速时阻力性能良好的船型，在高速时可能反而不佳。由此可以推断：对于不同速度范围内的船舶来说，影响船体阻力的主要船型参数应该是不同的。为此，在船舶设计过程中考虑参数选择的出发点不应完全相同。

由此可知，讨论船型对阻力性能的影响问题，必须与设计船的速度范围联系在一起。但是应该看到，对于同一设计船的航速也有不同的要求，如民用船舶，速度有服务速度和试航速度之分。前者是在平均海面情况中所能保持的速度，后者是在试航时使用全部功率所能达到的速度。过去惯例在任务书中规定试航速度，但对实际服务情况未必经济合理，对军舰，其巡航速度与最大速度相差甚大，对船型的要求常相矛盾。所有这些不同的航速要求，在设计中应根据具体情况予以注意。

6.1.1.2 船舶分类及其主要阻力成分

目前，研究一般水面排水型船的阻力问题，较普遍的是按照弗劳德数将各类船舶分为低速船（$Fr < 0.20$）、中速船（$0.20 \leqslant Fr < 0.30$）和高速船（$Fr \geqslant 0.30$）。一般民用船大多属于中、低速船的范围，而军舰乃属于高速船之列。各类船舶的速度范围不同，它们的主要阻力成分也不一样，所以在船型设计所考虑的侧重面将是各不相同的。

低速船航速较低，兴波阻力很小，其总阻力中摩擦阻力与粘压阻力占主要成分，因此在设计这类船舶时，重点在于减小摩擦阻力和粘压阻力。摩擦阻力主要决定于船体的湿面积，因而这类船的形状比较肥短，其目的是为了获得较小的船体湿表面积以

减小摩擦阻力。但是由于这类船易于产生漩涡，因此必须注意去流段的设计，以防止粘压阻力的增大。

中速船的航速较低速船有所增大，兴波阻力成分随之增大，故在设计过程中既要注意减小兴波阻力，又要防止其他阻力成分的增长。为此，一方面要恰当地选择船型参数以造成艏艉波系的有利干扰；另一方面，船型适当地趋于瘦削，这样可以避免产生大量漩涡，有利于减小粘压阻力。

高速船的兴波阻力是总阻力中的主要成分，有时可占到 50% 以上。为此，设计中应力求减少兴波阻力。一般来说，高速船兴起的波浪长度都比较长，艏艉波系在船艉产生有利干扰的可能性很小，所以在设计时致力于减小船艏波系的波高，因而这类船都比较瘦长，特别是前体更甚，其目的就在于尽可能减小兴波阻力。

6.1.2 确定影响阻力的船型参数

船体表面形状是一个复杂的几何曲面，不同的船型只能用各自的型线图来表达。但为了用具体的数量概念来表达各种船型特征以及不同船型之间的差别，通常用各种参数，即船型参数来表示各种船型特征。

由讨论船舶阻力相似定律知，对于一定的船型，其总阻力系数是 Re 和 Fr 数的函数，如式 (1–17) 所示。若考虑船型变化，则总阻力表达式可改写为

$$C_t = f(Re,\ Fr,\ \text{船型参数}) \tag{6-1}$$

其中，船型参数主要包括以下三个方面。

（1）主尺度比：有长宽比 L/B，宽度吃水比 B/d，由于该两比值确定后，长度吃水比 L/d 随之而定，故 L/d 不作独立参数。

（2）船型系数：有方形系数 C_b，棱形系数 C_p，船中横剖面系数 C_m 以及排水体积长度系数 ∇/L^3（也有采用排水量长度系数 $\dfrac{\Delta}{(L/100)^3}$，或者长度排水体积系数 $\dfrac{L}{\nabla^{1/3}}$ 等形式）。这些船型系数都可通过横剖面面积曲线来表达和计算得到。

这里所述的 6 个船型参数，并非完全独立，存在如下两关系：

$$C_p = C_b / C_m$$

又有 $\dfrac{\nabla}{L^3} = \dfrac{C_p \cdot A_m \cdot L}{L^3} = \dfrac{C_p(C_m \cdot B \cdot d)}{L^2} = C_p \cdot C_m \Big/ \left(\dfrac{L}{B}\right)^2 \dfrac{B}{d}$，因而可取上述 6 个参数中的 4 个作独立参数。由于 ∇/L^3 代表了船的排水体积和船长之间的关系，因而较之 L/B 更能表示船体的肥瘦程度，所以一般选取 ∇/L^3 作独立参数；至于船型系数，除 C_m 外，根据所讨论的船舶而异在 C_p、C_b 之间选取一个作为讨论参数。

（3）船体形状：表征船体形状的因素很多，可归纳为三个方面：①横剖面面积曲线的形状：可由浮心纵向位置 x_c、平行中体长度 L_p 和位置以及曲线两端的形状来表征。②满载水线面的形状：可以由满载水线面的面积、满载水线平行中段、满载水线艏艉端的形状以及满载水线艏端半进角等因素表征。③艏艉形状：包括艏艉横剖面形状和纵剖面形状。

若上述诸方面的各项参数、特征一定时，船的形状就基本上确定了，故总阻力表达式可改写成：

$$C_t=f\left(\frac{\nabla}{L^3},\ \frac{B}{d},\ C_p, C_m, 船体形状,\ Fr\right) \tag{6-2}$$

式 (6–2) 中没有考虑 Re 的影响。这是因为在一定范围内改变船型对摩擦阻力影响甚小，且摩擦阻力可以通过计算得到；然而 Fr 对剩余阻力有较大影响。

6.1.3　船型对阻力影响的研究方法

由于目前还不可能用理论计算方法来确定船型诸参数对船体阻力的影响，所以现在解决这个问题的主要手段是船模系列试验方法。所谓船模系列试验，就是对所研究的问题，选定母型船，并系统地变化影响船体阻力的船型参数，制成一系列船模。然后这些系列船模在各对应装载情况下进行拖曳试验。最后根据试验结果分析得出船型参数对阻力影响的关系。

派生系列船模改变船型的方式有以下两种。

（1）为仿射变化，将船体表面上各对应坐标分别按一定比例放大或缩小，从而得到不同的系列船模。例如，将母型船横剖面的半宽和水线间距都乘以常数 K，即可得到一组仅 $\frac{\Delta}{(0.01L)^3}$ 不同的船模。如将横剖面的半宽乘以常数 K 而将水线间距乘以 $1/K$，可导得另一组仅 B/d 不同的船模。如将这两种变化合并，则可导得一组 $\frac{\Delta}{(0.01L)^3}$ 和 B/d 都不同的船模。但必须注意，这组船模的棱形系数 C_p 是完全相同的，也就是说如以船中横剖面面积为单位 1.0 所绘制的横剖面面积曲线完全相同。

（2）采用改变线型特征的方式，如要得到 C_p 不同的船模，则要另行绘制一新的横剖面面积曲线。如图 6–1 中虚线所示，将母型船模相当于 ab 位置的横剖面向前移至 cd 处的新剖面，这样可以得到另一组与母型船模相比，不仅 $\frac{\Delta}{(0.01L)^3}$ 和 B/d 都不相同，而且 C_p 也不同的新船模。

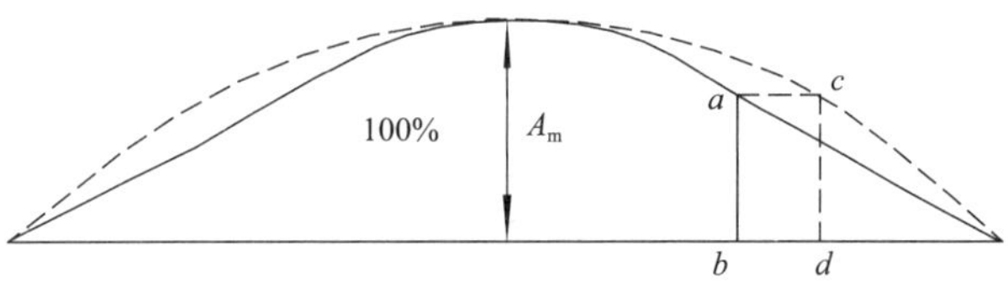

图 6–1　绘制系列船模横剖面面积曲线的方法

现举早年的泰洛（Taylor）标准组船模系列试验作简单说明。

母型船模的棱形系数 $C_p=0.555$，中横剖面系数 $C_m=0.926$，排水量长度系数 $\frac{\Delta}{(0.01L)^3}=106.95$，宽度吃水比 $B/d=2.923$，其线型图如图 6–2（a）所示。横剖面面积曲线如图 6–2（b）所示，曲线上数字代表棱形系数 C_p。该系列所研究的船型参数为 $\frac{\Delta}{(0.01L)^3}$、B/d 和 C_p。船型参数变化范围：排水量长度系数 $\frac{\Delta}{(0.01L)^3}$ 为 20 ～ 250（相应的排水体积长度系数 $\frac{\nabla}{(0.1L)^3}$ 为 1.80 ～ 8.96）；宽度吃水比 B/d 为 2.25 ～ 3.75；棱形系数 C_p 为 0.48 ～ 0.86；速长比 $\frac{V}{\sqrt{L}}$ 为 0.3 ～ 2.0；船中横剖面系数 C_m 为 0.926；浮心纵向位置 x_c 在舯。其中，Δ 为海水中排水量，英吨；L 为水线长度，ft；V 为速度，kn。

陶德（Todd）认为根据单一母型船模派生所得的系列船模组，当棱形系数变化范围较大时，其中一部分船模常与实际船型有相当的差异，所以陶德近年提出的系列 57 和系列 60 船模是由 5 艘棱形系数不同的一组母型船模发展而成，其相互间的几何关系另由图谱规定。这样的系列船模组在棱形系数变化较大时仍与实船船型吻合。

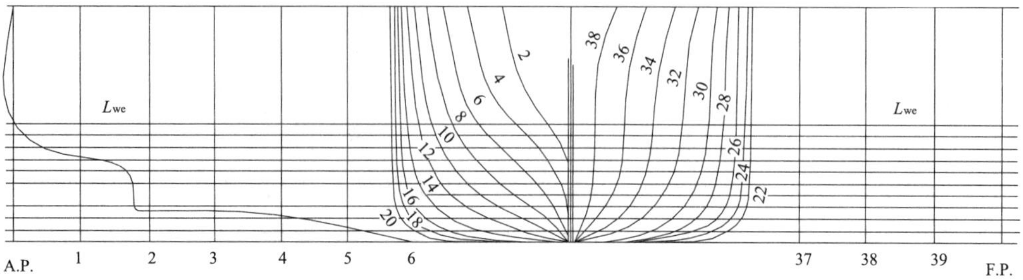

(a) 母型船模的线型图

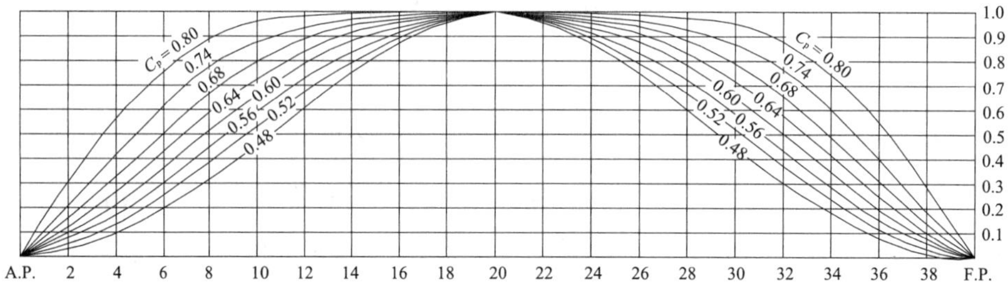

(b) 标准组船模的横剖面面积曲线

图 6-2　泰洛标准组船模

§6.2　船体主尺度的影响

6.2.1　排水量长度系数对阻力的影响

排水量长度系数$\dfrac{\varDelta}{(0.01L)^3}$又称修长系数，代表了船舶的瘦长程度，该系数大者意味着在同样的长度范围内分布有更多的排水量，或者把同样的排水量分配在较短的船长范围内，因此表示船体肥而短；相反，该系数小者表示船体瘦长。

船型参数$\dfrac{\varDelta}{(0.01L)^3}$的变化可以由两种情况引起：①若排水量 $\varDelta$ 一定时，要求船中横剖面系数 C_m、C_p 和 B/d 都保持不变，则$\dfrac{\varDelta}{(0.01L)^3}$的变化是由同时改变宽度和吃水并相应改变船长 L 而得到的；②若船长 L 一定时，要求 C_m、C_p 和 B/d 均保持不变，则$\dfrac{\varDelta}{(0.01L)^3}$的变化是由同时改变 B 和 d 以致由 $\varDelta$ 变化而得到的。

现在分别讨论这两种情况下的阻力变化情况。

6.2.1.1　由船长变化，讨论$\dfrac{\varDelta}{(0.01L)^3}$的影响

在 $\varDelta$ 一定时，讨论$\dfrac{\varDelta}{(0.01L)^3}$的影响，实际上是讨论船长的影响问题。

1）对摩擦阻力的影响

由于湿面积可按 $S=C_s\sqrt{\nabla L}$ 估算，在参数 C_m、C_p 和 B/d 不变情况下，C_s 近似为常数，因此可认为在排水量一定时，S 与 $L^{1/2}$ 呈正比关系。

由此可知，船长增大时，湿面积将随之增加，因此异致 Re 增大所引起的摩擦阻力系数减小是极微的。因此增大船长 $\left[\text{或减小}\dfrac{\Delta}{(0.01L)^3}\right]$ 将使摩擦阻力增加。

2）对剩余阻力的影响

因为在排水量 Δ 一定时，增加船长，必定要求 B、d 同时减小，其 L/B 增大，所以船型变得较瘦长，这样对剩余阻力产生的影响反映在两个方面：①船型瘦长，将使粘压阻力下降；②船宽 B、吃水 d 减小，将使兴波阻力下降。

显然，在 Δ 一定时，增加 L 将使剩余阻力下降，图 6–3 是泰洛的试验结果，由图 6–3 知，随着 L 增加，剩余阻力 R_r 下降相当明显。

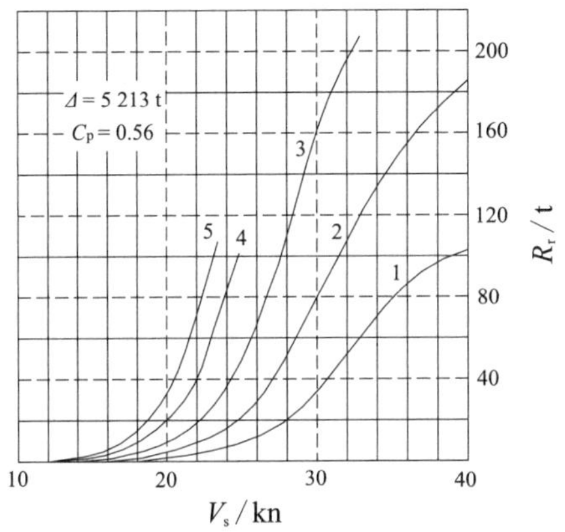

No.	L / m	B / m	d / m	A_m / m²
1	169.1	13.00	4.45	53.60
2	142.7	14.16	4.85	63.54
3	121.9	15.32	5.24	74.32
4	103.7	16.60	5.68	87.33
5	93.02	17.52	6.00	97.45

图 6–3　船长对剩余阻力的影响

3）对总阻力的影响

由于在一定 Δ 时，增长 L 的结果使摩擦阻力 R_f 和剩余阻力 R_r 产生完全相反的影响，因而对总阻力的影响作用将取决于 R_f 与 R_r 两者增减的数值。但由前知，对于不同航速的船舶来说，R_f 和 R_r 占总阻力的比重是不同的，因而船长对总阻力的影响也将不同。

（1）对低速船：R_f 占总阻力的主要成分，可达总阻力的 70% 以上。而 R_r 所占比例较小，因此当排水量一定时，增长为 L 时 $\left[\text{即减小}\dfrac{\Delta}{(0.01L)^3}\right]$，剩余阻力的减小值不大，因此总阻力几乎没有下降。如果船长 L 过大时，总阻力反而增大，如图 6–4（a）所示。因此在实际应用中，低速船的船长尽量取得小些，$\dfrac{\Delta}{(0.01L)^3}$ 尽量大些，船型均短而肥，这不仅从阻力角度考虑，而且从增大舱容、降低造价等方面来说均有利（高速船）。

（2）对高速船：由于 R_r 占总阻力的比例很大，因此随着船长增大，即 $\dfrac{\Delta}{(0.01L)^3}$ 减小，总阻力的变化情况与低速船有所不同，如图 6–4（b）所示，当航速 V_s 一定时：如果船长较短时，R_r 很大，因此增大船长，R_r 下降得相当明显，R_r 的减小值大于 R_f 的增加值，因而总阻力的减小相当显著。

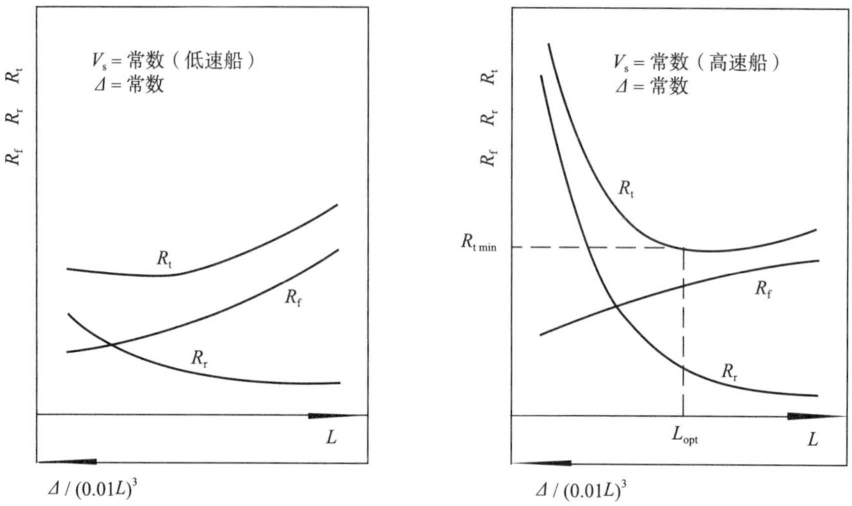

(a) 低速船情况　　(b) 高速船情况

图 6-4　排水量长度系数对阻力影响的示意图

随着船长继续增加，或$\frac{\Delta}{(0.01L)^3}$继续减小，R_r 的下降渐趋缓慢，总阻力的减小趋势减缓，直至出现对应于总阻力最低点的最佳船长 L_{opt}；如果进一步增加船长，总阻力反趋增大。因为当船长增加到一定程度后，R_r 并没有更多的减小，而 R_f 却随之不断增加，致使总阻力反而变大。

应该指出的是：在一定航速情况下，在最佳船长附近的一定范围内，其阻力并无多大差异，如图 6-4（b）所示。所以设计者常选用阻力不太高的最短船长，以便降低船体建造价格。

因此，高速船的船型特点是：由于一定范围内增加船长是有利的，所以其$\frac{\Delta}{(0.01L)^3}$较低速船要小得多，故船型显得比较瘦长，L/B 值较大。

4）船长的选择必须考虑的几个方面的要求

（1）布置要求：满足船舶使用要求，使舱室布置符合要求。

（2）阻力性能：尽量选择对应于船体阻力性能良好的船长。

（3）操纵性：船长与操纵性关系密切，船过长，其回转性差，要考虑港口、航道内的操纵性问题。

（4）经济性：如果在最低阻力所对应的最佳船长附近范围的总阻力差别不大时，应选用阻力并不太高的最短船长，以降低船体造价。

确定船体长度可以按设计任务书上规定的设计航速等要求，根据阻力理论，诸如考虑有利的兴波干扰，选择接近最低阻力时所对应的最短船体长度等，然后再校核总布置和其他性能的要求。

5）确定船长的经验公式

船体长度也有按照经验公式进行估算，然后再用阻力理论校验最后确定的。

（1）巴士久宁公式。

$$L_{disp} = 0.305 \times C\left(\frac{V_s}{V_s+2}\right)^2 \nabla^{1/3} \tag{6-3}$$

式中，L_{disp} 为排水长度，m；V_s 为试航速度，kn；∇为排水体积，m^3；C 为常数，对航速为 11.0 ～ 16.5 kn 的单桨船，取 $C = 23.5$，对航速为 15.5 ～ 18.5 kn 的双桨船，取 $C = 24.0$，对航速在 20 kn 以上的高速客船，取 $C = 26.0$。

式 (6-3) 中用排水长度的目的在于照顾各式船的艉部形状差异，其与垂线间长的关系见表 6-1。

表 6-1　船型与垂线间长的关系

船　型	巡洋舰尾		椭圆形尾	
	单桨或三桨	双桨或四桨	单桨或三桨	双桨或四桨
L_{disp}	1.01 L_{bp}	1.03 L_{bp}	0.99 L_{bp}	1.0 L_{bp}

巴士久宁公式适用于 Δ 为 1 600 ～ 42 000 t 的各类民用船。

（2）艾亚公式。艾亚对一般民用船的长度、排水量与速度关系以下式表示，其平均数值：

$$\frac{L}{\Delta^{1/3}} = 3.344 + 10.225\,Fr \tag{6-4}$$

式中，L 为垂线间长，m；Δ 为排水量，t；Fr 为弗劳德数。

艾亚公式一般适用于 L_{bp} 为 120 ～ 140 m 的商船。

（3）诺吉德公式。该公式比较简单，给出的长度、排水体积系数与航速的关系式为

$$\frac{L}{\nabla^{1/3}} = 2.3\,V_s^{1/3} \tag{6-5}$$

6.2.1.2　由排水量变化，讨论$\frac{\Delta}{(0.01L)^3}$的影响

在船长一定时，讨论$\frac{\Delta}{(0.01L)^3}$变化对阻力的影响问题与讨论排水量 Δ 变化的影响是一致的。由于排水量是一个变数，因此在比较阻力性能时将讨论单位排水量阻力的变化情况。

1）对摩擦阻力的影响

因为在一定船长时，R_f/Δ 随 S/Δ 而变，并且

$$\frac{R_f}{\Delta} \propto \frac{S}{\Delta} \propto \frac{\sqrt{\nabla L}}{\Delta} \propto \frac{1}{\sqrt{\Delta}}$$

由此可知增大排水量，即排水量长度系数$\frac{\Delta}{(0.01L)^3}$增加时，单位排水量摩擦阻力 R_f/Δ 将减小。

2）对剩余阻力的影响

同样地，当船长不变时，增大排水量 Δ 是由同时增大 B、d 实现的。因此不但兴

波阻力将增大，而且由于船型变肥，粘压阻力也随之增大。剩余阻力 R_r 必然增大。图 6–5 分别为泰洛系列船模资料在较低速度（$Fr=0.208$）和较高速度（$Fr=0.298$）时的单位排水量剩余阻力 R_r/Δ 曲线。

对于低速船，其相应的棱形系数 C_p 较大，由图 6–5（a）知，随着 $\frac{\Delta}{(0.01L)^3}$ 增加，R_r/Δ 几乎保持常数，因此可以认为 $\frac{\Delta}{(0.01L)^3}$ 对 R_r/Δ 的影响是不大的。

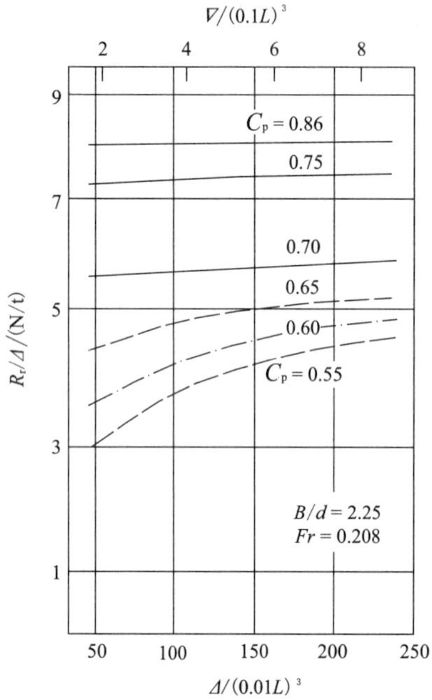

(a) $Fr=0.208$

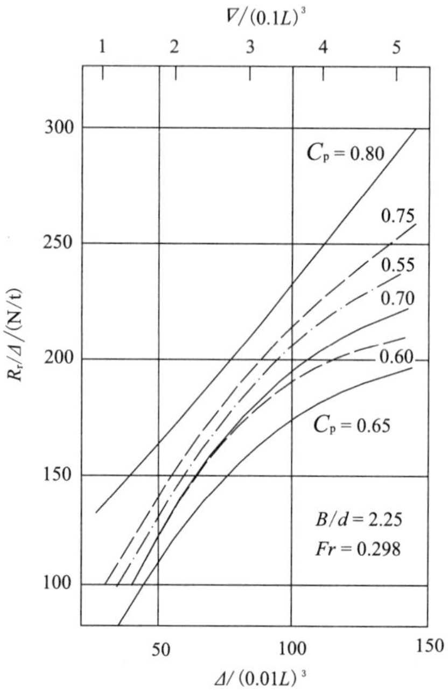

(b) $Fr=0.298$

图 6–5　排水量长度系数对 R_r/Δ 影响

对于高速船，由图 6–5（b）知 $\frac{\Delta}{(0.01L)^3}$ 的影响相当敏感，随着该系数增大，R_r/Δ 将有明显增加。这是因为高速船的兴波阻力成分较大。增大 $\frac{\Delta}{(0.01L)^3}$ 值，意味着在相同的船长下，分布较多的排水量，船型变得丰满，故兴波阻力明显增大。由于低速船的兴波阻力极小，尽管 $\frac{\Delta}{(0.01L)^3}$ 增大会引起船型变化，但对 R_r/Δ 的影响是不明显的。

3）对总阻力的影响

$\frac{\Delta}{(0.01L)^3}$ 对 R_t/Δ 的影响同样取决于 R_f/Δ 和 R_r/Δ 中哪一项的影响占主要地位。显然，对于低速船、高速船来说将是不同的。

低速船：当增大 $\frac{\Delta}{(0.01L)^3}$ 时，R_f/Δ 将减小，但 R_r/Δ 却几乎保持为常数。因此低速船的 $\frac{\Delta}{(0.01L)^3}$ 值尽可能取大一些，以使 R_t/Δ 值有所下降。特别是由于 R_f 在总阻力中占主要成分，总阻力的变化很大程度上由 R_f/Δ 的变化所决定，所以 R_r/Δ 低者其 R_t/Δ 未必也低。

高速船：由于 R_r/Δ 在总阻力中占重要比重，且其受 $\frac{\Delta}{(0.01L)^3}$ 的影响较之 R_f/Δ 更为显著，所以一般来说，当 $\frac{\Delta}{(0.01L)^3}$ 值减小时，R_r/Δ 将下降，R_t/Δ 也是下降的。

6.2.1.3　不同船舶 $\frac{\Delta}{(0.01L)^3}$ 的选取

综上所讨论的 $\frac{\Delta}{(0.01L)^3}$ 对阻力影响的情况对于不同航速的船来说，其 $\frac{\Delta}{(0.01L)^3}$ 值的选取，可以指出如下几点。

（1）低、中速船的 $\frac{\Delta}{(0.01L)^3}$ 宜取适当大一些；随着航速增大，则应降低 $\frac{\Delta}{(0.01L)^3}$ 值，对阻力性能是有利的。

（2）高速船的 $\frac{\Delta}{(0.01L)^3}$ 较低速船要小得多，所以高速船船型瘦长，低速船短而肥。

（3）由于 $\frac{\Delta}{(0.01L)^3}$ 的变化对摩擦阻力和剩余阻力两种阻力成分产生相反的影响，因此实际上对于给定航速的船存在一个对应于最低阻力的 $\frac{\Delta}{(0.01L)^3}$ 最佳值。而对应于不同航速应该存在 $\frac{\Delta}{(0.01L)^3}$ 的最佳曲线。图 6-6 是桑地（Sundy）给出的接近最佳曲线的排水量长度系数和棱形系数 C_p 的设计范围。

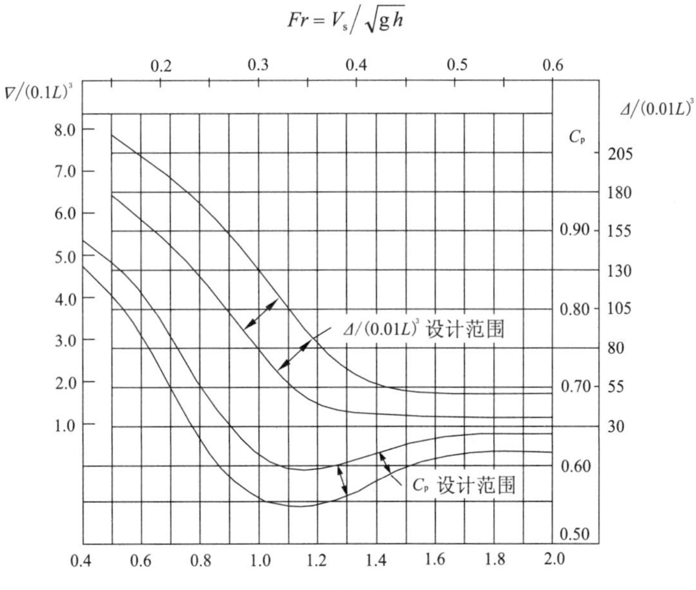

图 6-6　C_p 和 $\Delta/(0.01L)^3$ 的设计范围

6.2.2　宽度吃水比的影响

B/d 的几何意义是表征船体的扁平程度。若船的排水量、长度和棱形系数保持不变，改变船宽（如乘以 K 倍），并按其变化比例的倒数关系来改变吃水（如乘以 $1/K$ 倍），这样所得的一组船模可以分析研究 B/d 对阻力的影响。

6.2.2.1 B/d 对摩擦阻力的影响

讨论 B/d 对摩擦阻力的影响，也即讨论 B/d 变化对湿面积的影响，图 6-7 给出了不同方形系数 C_b 时所对应的最小湿面积 S_{min} 与 B/d 的关系曲线。根据该试验资料认为，当 B/d 在 3.0 附近时，船体湿面积最小。图 6-7 中同时给出了湿面积增加不超过 2% 的 B/d 的上下界限。由图可知，改变 B/d 对湿面积影响并不是很敏感。因而可近似认为在 B/d 在 2.25 ～ 3.75 的实用范围内变化时，其湿面积的增加约为 2.5%，所以认为 B/d 对摩擦阻力的影响很小。

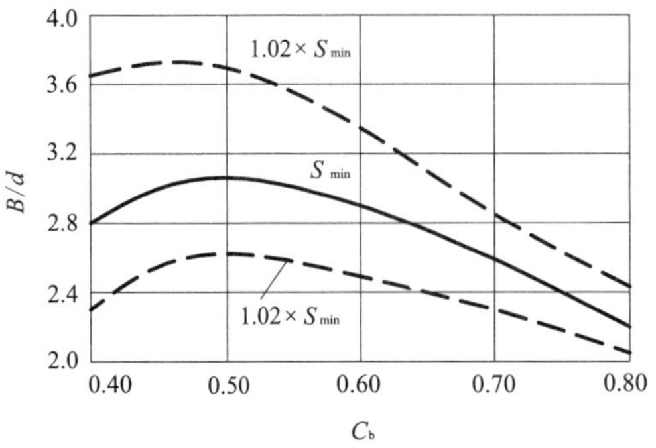

图 6-7 对应最小湿面积的 B/d 值

6.2.2.2 B/d 对剩余阻力的影响

B/d 对剩余阻力的影响要看 B 和 d 分别影响的大小而定：一般认为船宽 B 增大时，船体的散波波高增大；吃水 d 增大时横波的波高增大。而改变 B/d 是由 B、d 两者相反变化而得。因此，两者对兴波的影响，反映在剩余阻力有相反影响作用。图 6-8 是泰洛系列试验结果，由图可见随着 B/d 减小，剩余阻力趋于减小，但在有的速度范围内却反而增加。这除上述原因外，还可能是由于不同速度时横波干扰影响所致。由于吃水对形成横波的作用大，所以 B/d 小的船横波影响明显，其阻力曲线的波阻峰点和波阻谷点较 B/d 大的船更明显。所以在波阻峰点附近反较 B/d 大者有所增加；而在谷点附近其阻力下降更甚。

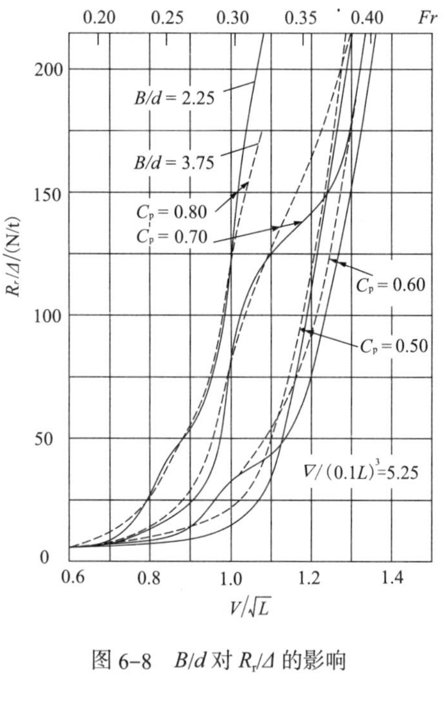

图 6-8 B/d 对 R_r/Δ 的影响

6.2.2.3 B/d 对总阻力影响

由上述可知，B/d 对总阻力将有所影响，但是这种影响作用往往是不大的。一般根据试验统计资料认为可近似估计这种影响，对于低中速船，在常用的 B/d 范围内，当 B/d 值增加 0.1 时，将使总阻力增加 0.50% ～ 0.75%，而高速船相应增加要大些。

在船舶设计中 B/d 的选择往往不是依据阻力性能，而是根据船的稳性、布置、航道水深限制等方面的要求予以确定的。特别是近代货船和油船的设计趋势是适当地增大 B，以减小 L/d 值、增大 B/d 值。同时相应地使方形系数值 C_b 降低。这样不但能使阻力有所减小，而且有利于船体结构重量的减轻和降低造价，同时，船宽的增大，将提高稳性，而吃水的减小又缩小了航道和港口的水深限制。这种在排水量一定的前提下，选用较大的 B/d 值和较小的方形系数的措施，在不少设计中已取得成功。

§6.3　主要船型系数的影响

本节主要讨论船型系数：棱形系数 C_p、船中横剖面系数 C_m 和方形系数 C_b 对阻力的影响。

6.3.1　棱形系数的影响

棱形系数 C_p 是表征船排水体积沿船长方向分布情况的参数。由定义 $C_p=\nabla/LA_m$ 知，排水体积 ∇ 和船长一定时，C_p 小者表示排水体积集中于船中部，船艏艉两端较瘦削；C_p 大者表示排水体积沿船长方向分布比较均匀，因此船艏艉两端比较丰满。不同的 C_p 值与相应的横剖面面积曲线如图 6–9 所示。

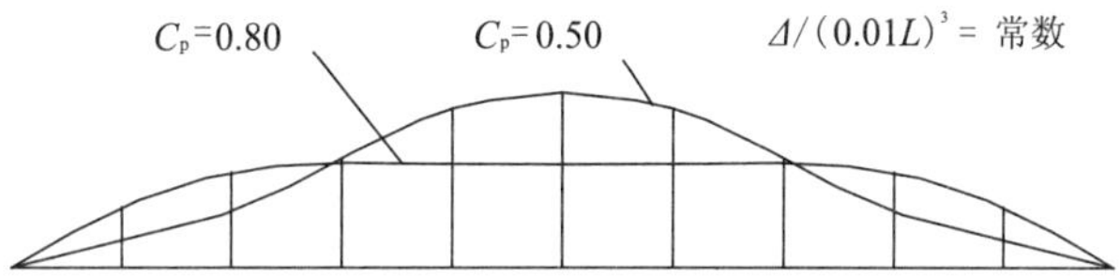

图 6–9　不同 C_p 值的横剖面面积曲线

6.3.1.1　棱形系数对阻力的影响

1）棱形系数对摩擦阻力的影响

当船的排水量和长度不变时，由于改变棱形系数所引起的船型变化对船体湿面积的影响是很小的。一般认为，C_p 对摩擦阻力的影响可以不予考虑。

2）棱形系数对剩余阻力的影响

棱形系数对剩余阻力的影响是很大的。图 6–10 是根据泰洛系列资料绘制的在不同航速时的单位排水量剩余阻力随 C_p 的变化曲线。由图 6–10 知，C_p 对 R_r 的影响与航速密切相关：①在低速时，即 $Fr<0.20$ 时，虽然棱形系数小者，剩余阻力也小，但 C_p 的影响极小；②在中等速度，即 $0.20\leqslant Fr<0.30$ 时，棱形系数小者，剩余阻力越低；③在高速时，当 $Fr\geqslant 0.30$ 时，取过分小的棱形系数并不有利，如取适当大的 C_p 值，其剩余阻力反而小。

棱形系数对剩余阻力的影响，随航速而发生变化的原因是与不同航速时的兴波情况有关。

低速时，由于兴波阻力极小，因而棱形系数对阻力的影响甚微。中速时，船的兴波作用主要在船艏艉两端，棱形系数 C_p 小者，艏艉尖瘦，对减小兴波有利。同时，由于在中速情况，艏波峰的高压区在艏端附近，由图 6–11 所表示的 C_p 值大小不同的两种横剖面面积曲线可知，如果船的 C_p 较小，船艏端部比较尖瘦，因而水压力在运动方向的分量较小（图中 $R_1<R_1'$），阻力也小，所以设计时，选择较小的 C_p 值有利。在高速时，整个船体均产生较大的兴波作用，若排水体积沿船长分布比较均匀，则有利于缓和兴波作用。因此，取适当大的 C_p 值时，其剩余阻力反而较小，而取过小的 C_p 是

不利的。同时其艏波峰位置将随航速提高而后移至横剖面面积曲线转折点处，如图 6–11 所示的“高速波峰区”位置，此时取适当大的 C_p 值，有利于减小水压力在运动方向的分量。如图中所示，$R_2' < R_2$，将使阻力下降。所以，在实际设计时，要求取适当大的棱形系数值。

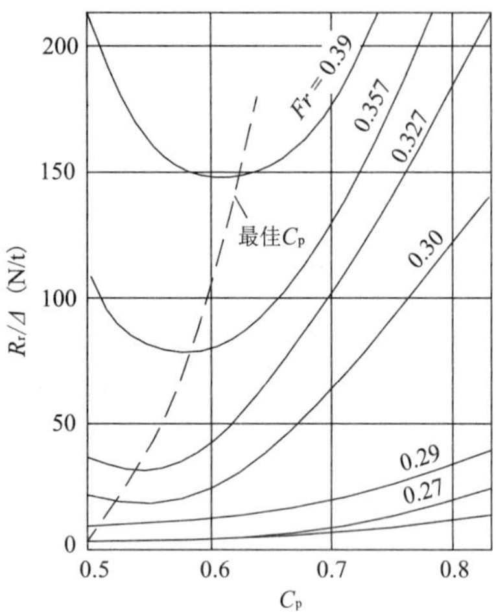

图 6–10　R_r/Δ 随 C_p 的变化曲线（根据泰洛资料）

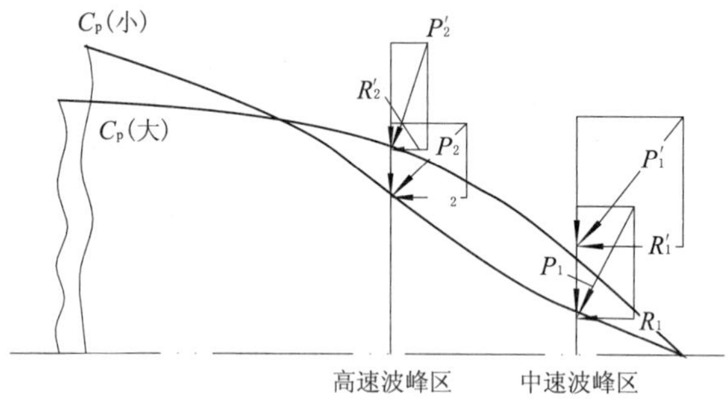

图 6–11　C_p 值与船艏形状、水压力的关系

6.3.1.2　最佳棱形系数曲线

由上述分析可知，棱形系数的变化，将改变船型，因而对兴波阻力产生不同的影响。由于不同航速时兴波情况不同，所以从阻力观点来看所要求的 C_p 值是不同的。

由图 6–10 清楚可见，当$\dfrac{\Delta}{(0.01L)^3}$给定时，每一个 Fr（或 $V/\sqrt{L}$）有一个对应于最小剩余阻力的最佳 C_p 值。在整个速度范围内可以得出一条最佳棱形系数曲线，称为理论最佳 C_p 曲线，如图 6–12 中的实线所示。

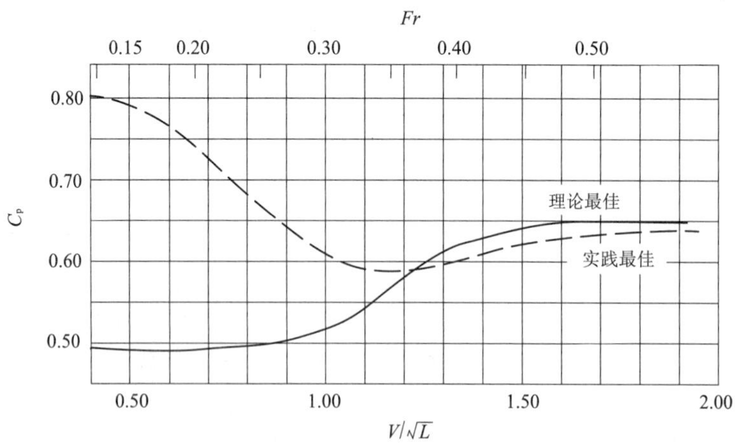

图 6–12　最佳棱形系数曲线

但是，在实际船舶设计中主要从船舶的实用性和经济性出发选取棱形系数值。对于低速船，由于其一般属民用船，实际应用上所取的 C_p 值远较理论最佳 C_p 值要大。

这样阻力值增加不大，但可以得到较大的排水量，提高了船舶的经济效益；而对高速军舰，因照顾到经常使用的巡航速度情况下的经济性，所以实际选用的 C_p 较理论最佳值反而为低。在图 6–12 中也给出了实际上的最佳 C_p 值曲线，如虚线所示。

根据船舶设计中实际所选定的棱形系数知，低速船船型的又一个特点是：实际棱形系数值均较大，因而船型丰满；而高速船，其实际最佳 C_p 较低速船为小，因而其船型较低速船瘦削。

最后还须指出：从阻力理论知，对于给定的 $\frac{\Delta}{(0.01L)^3}$ 值，存在一条与之对应的最佳棱形系数曲线，但由上节可知，实际设计中，$\frac{\Delta}{(0.01L)^3}$ 有一定的选择范围，因而棱形系数的最佳选择亦是有一个相应的变化范围，图 6–6 中正是表示了这两者的设计范围。

6.3.1.3　由经验公式确定棱形系数

棱形系数的确定除按最佳棱形系数曲线选择外，还可由经验公式进行估算。

（1）楚思德（Troost）公式。1955 年楚思德基于荷兰船模试验池 20 多年来许多单桨船模试验结果给出下列公式：

$$\frac{V_s}{\sqrt{L_{bp}}} = 1.85 - 1.6C_p$$

式中，V_s 为海上持久速度，亦即服务速度，kn。如给定试航速度 V_t，则可按 $V_t = 1.06\ V_s$ 估算。

（2）贝克（Baker）公式。

$$C_p = 1.02 - \frac{V_s}{10\Delta^{1/6}}$$

式中，V_s 为服务速度，kn；Δ 为排水量，t。

按贝克公式所得的 C_p 为极限值，其意义表示，若棱形系数超过此值，或速度大于上述对应关系时，阻力将迅速增加，换句话说，速度对此船型而言是“过快”了。

（3）直接利用设计资料。实际棱形系数可按图 6–6 选取，也可由下式计算：

当 $Fr < 0.24$ 时：　　$C_p = 1.015 - 1.46Fr$

Fr 为 0.24 ～ 0.30 时：　　$C_p = 0.325Fr^{1/2}$

6.3.2　船中横剖面系数的影响

船中横剖面系数 C_m 表示船中横剖面的丰满程度。若船的排水量、长度，C_p 和 B/d 都维持不变，在给定船中横剖面面积的前提下，按一定的比例同时改变 B 和 d，这样可以检验 C_m 对阻力的影响。

6.3.2.1　C_m 对阻力的影响

根据泰洛试验结果知，C_m 在 0.70 ～ 1.10 范围内变化时，不但对湿面积影响不大，即对摩擦阻力影响不大，而且其剩余阻力的差别甚微。对于图 6–13 所标明的两种极端中横剖面形状的船模，当 Fr 在 0.25 ～ 0.35 时，由试验测得的总阻力差值均小于 2%。基于泰洛的试验结果和其他类似试验结果，总是认为 C_m 对阻力的影响并不重要。

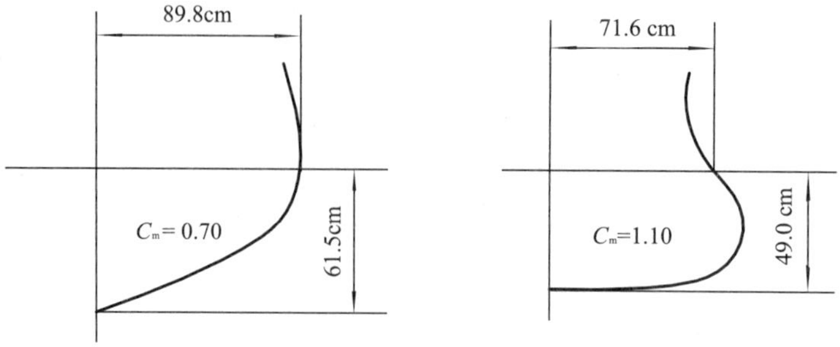

图 6–13　两种船中横剖面形状

6.3.2.2　C_m 值的选取

对于中低速船，一般认为船中横剖面系数 C_m 以取大为好。这是因为当方形系数 C_b 给定时，可使棱形系数 C_p 减小，从而使船艏艉两端较瘦削，以期降低兴波阻力，故中低速船的 C_m 均在 0.985 ～ 0.990。

对于高速船，由于其方形系数 C_b 较小，因此 C_m 的选取主要考虑到船体线型能保持光顺。一般要求 C_m 值随着方形系数 C_b 减小而下降。因为采用过大的 C_m 值时，型线图的曲率变化很大，不易光顺。对于 $Fr > 0.30$ 的船，相应的 C_m 值在 0.96 ～ 0.75。例如，对于高速驱逐舰（$Fr > 0.45$），其 C_m 值约为 0.80。高速船在 C_b 给定情况下，同时又能满足线型光顺的要求，C_m 的选择应尽量使 C_p 接近最佳值，以利于阻力性能。

综上所述，C_m 值的选取实际上是取决于方形系数 C_b。高速船由于希望有较小的 C_m 值，所以其船中横剖面具有相当大的舭部升高和舭部半径；而低速船无舭部升高，其目的在于获得尽可能大的船中横剖面系数。图 6–14 是各方面提出的一般民用船的 C_m 对 C_b 的关系曲线。

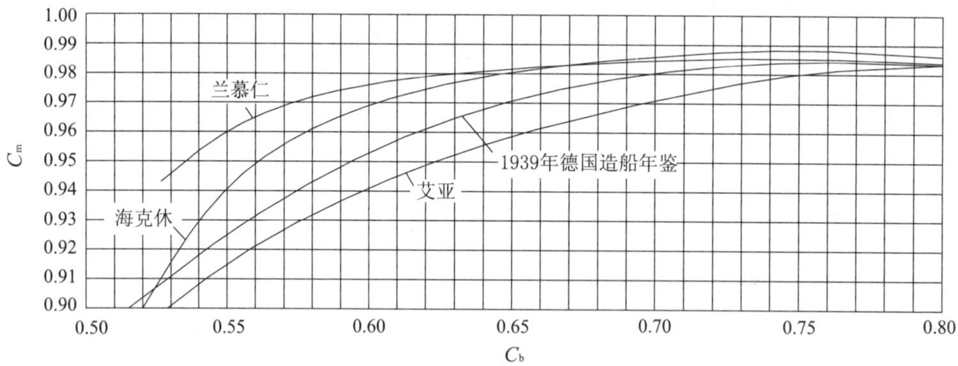

图 6–14　民用船的 C_m 与对应的 C_b 曲线

6.3.3　方形系数的影响

方形系数 $C_b = \nabla/LBd$ 是表征船体水下部分肥瘦程度的一个重要参数。它是直接联系排水体积和主尺度的一个主要船型参数。商船设计时，主要从经济性，即考虑装载量大小，因此当确定船的排水量和长度等之后，紧接着就决定方形系数 C_b。而对于高速船，主要考虑如何减小兴波阻力，故首先决定的是棱形系数 C_p。因此从实用意义看，方形系数对阻力影响的讨论，主要针对中低速的民用船而言。

6.3.3.1　方形系数对阻力影响

由于 $C_b = C_m \cdot C_p$，可见方形系数 C_b、船中横剖面系数 C_m 和棱形系数 C_p 三者之间有着密切的联系。对于中低速船来说，C_m 值的变化是不大的，且其对阻力的影响很小，因此方形系数对阻力的影响与棱形系数的影响是相似的。或者可以说，方形系数的影响是通过 C_p 来体现的。

方形系数 C_b 对摩擦阻力的影响比较小，但对剩余阻力的影响较大，尤其是对航速较高的船的影响更为显著。这是因为 C_b 对兴波阻力影响敏感。图 6–15 是林勃赖特（Lindblad）根据船模试验所得的资料，它表示在不同弗劳德数 Fr 时，方形系数 C_b 对阻力的影响情况。从图 6–15 中可看出：当方形系数 C_b 增大时，其单位排水量阻力 R_t/Δ 随之增加。而且从某一 C_b 值开始，R_t/Δ 的增加将更快，对于中速船尤为明显。此 C_b 值称为在该弗劳德数 Fr 时的临界方形系数，记作 C_{bc}。显然，对应于服务航速的最大方形系数应以临界方形系数 C_{bc} 为限，否则会使阻力增加很快。

6.3.3.2　方形系数 C_b 的选取

方形系数对阻力的影响是十分重要的。在一定的速度范围内，较小的方形系数对应了较低的阻力。对于 $Fr < 0.30$ 的商船，当航速较高时应选用较小的 C_b 值。C_b 值的具体确定方法有：

1）根据不同 Fr 数，可确定临界方形系数

$$\left.\begin{aligned} C_{bc} &= 1.05 - 1.68\,Fr\ (\text{对于服务速度}) \\ C_{bc} &= 1.08 - 1.68\,Fr\ (\text{对于试航速度}) \end{aligned}\right\} \tag{6-6}$$

2）根据 C_p、C_m 和 C_b 三者关系确定

由于 C_p、C_m 和 C_b 三者之间存在着密切联系，图 6–16 是商船在不同 Fr 数时三者的相应曲线值，可供设计时应用。

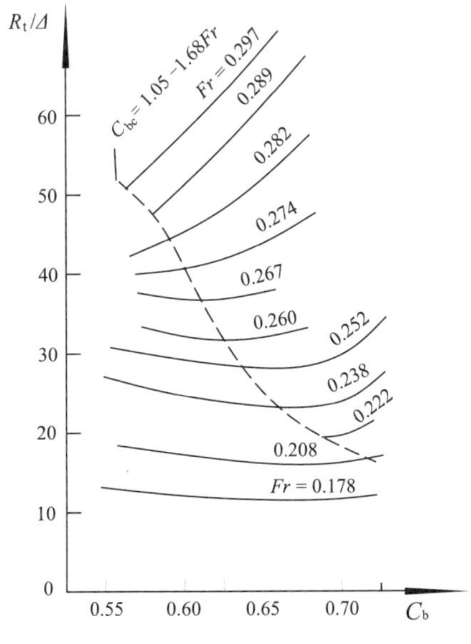

图 6–15　C_b 对阻力性能的影响

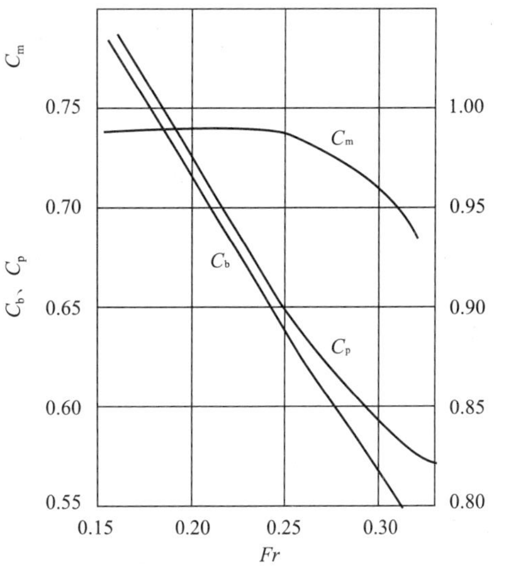

图 6–16　不同 Fr 时的 C_b、C_p、C_m 相应关系

此外，根据试验和设计资料的积累，所得到的经验公式可用以确定某些商船的方形系数值。

最后应该指出，考虑到使用上和建造价格等方面的要求，实际设计时不应片面地强调阻力性能，而选用过小的方形系数值。特别是对于航速较高的民用船，如果 C_b 值过小，势必影响舱容和布置；而从造价要求来说，总要求将船设计得短些、丰满些。因此，希望在阻力增加不是很大的前提下尽量取较大的 C_b 值。

§6.4 横剖面面积曲线形状的影响

若船的排水量、长度和棱形系数一定时，可以讨论横剖面面积曲线形状变化的影响。横剖面面积曲线形状可以由下列几方面来表征：浮心纵向位置 x_c，平行中体长度 L_p 和位置，横剖面面积曲线两端的形状。

6.4.1 浮心纵向位置的影响

浮心纵向位置与横剖面面积曲线所围面积的形心纵向位置相同。在一定的棱形系数下，浮心纵向位置表征排水体积对于船中分布不对称的程度。因而直接表明了船体前后部分的肥瘦程度。浮心离船中越后则表示船艉部越肥，船艏部越瘦；反之，浮心离船中越前则表示艉部越瘦，船艏部越肥。

浮心的纵向位置 x_c 一般用两柱间长 L_{bp} 的百分数来表达。在船中前为正值，在船中后为负值。

6.4.1.1 浮心纵向位置对阻力的影响

由于浮心纵向位置的改变，对船体湿面积影响不大，故对摩擦阻力影响很小，然而对剩余阻力的影响比较大。这是因为由阻力理论知：前体形状特别是船艏丰满会使兴波阻力增加；船艉丰满将使粘压阻力增加。如果浮心纵向位置发生变化，实质是船体的前体形状和后体形状将发生相应的变化。因而船体兴波阻力和粘压阻力必然随之改变。其结果将对剩余阻力产生一定影响。浮心纵向位置变化对剩余阻力的影响见表 6–2。

表 6–2 浮心纵向位置变化对剩余阻力的影响

浮心位置变化	x_c：船中之前 → 船中之后
船体形状改变	船型：艏部肥、艉部瘦→艏部瘦、艉部肥
剩余阻力的影响	粘压阻力：较小→变为较大 兴波阻力：较大→减小

6.4.1.2 不同船型的 x_c 选择

由于 x_c 的变化会引起粘压阻力和兴波阻力完全不同的变化，因此应该根据各类船舶的各阻力成分所占的比重不同选取相应的 x_c 值。

（1）低速船：由于兴波阻力所占比重较小，应注意减小粘压阻力，所以浮心纵向位置在船中前为宜，使船的去流段瘦一些，以免产生漩涡，增加粘压阻力。

（2）中速船：由于兴波阻力的比重渐趋增加，艏部不能过肥，因而浮心位置应适当移向船中部，这样使兴波阻力不致增加过大。

（3）高速船：其方形系数较小，船型比较瘦削，一般不致产生大量漩涡，而且兴波阻力占相当重要地位，故浮心位置取在船中后为宜，这样使船艏尖瘦，有利于减少兴波阻力。

由上分析可知，对应于某一给定速度的船，存在有对应最小阻力的最佳浮心纵向位置。因此对应于某一速度范围，必定存在一条最佳浮心位置曲线。由于一般船舶系根据航速来确定最佳棱形系数 C_p，因此最佳浮心纵向位置可以表示为随棱形系数而变化的关系曲线（民用船直接表示为与方形系数的关系曲线）。图 6–17 是系列 60 方形系数 C_b 与最佳浮心位置 x_c 的关系，图中阴影部分是阻力增加不超过 1% 时所允许的浮心位置的变化范围。由此可知，浮心在其对应的最佳位置附近偏移 ±0.5%L 时，对其阻力的影响是不大的。

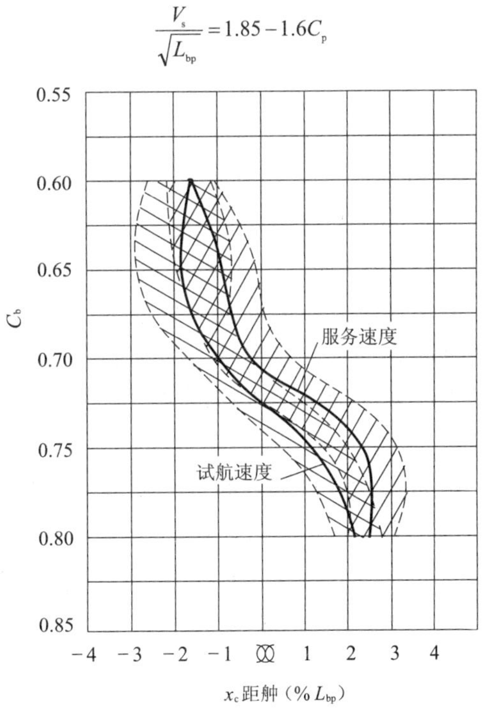

图 6–17　系列 60 的最佳浮心位置

最后，对于 $Fr > 0.45$ 的高速舰艇，其浮心纵向位置对阻力影响有时比较敏感，其值一般均在船中后的 2% ～ 4% 或者更后一些。

目前，各方面所推荐的浮心最佳曲线颇不一致，甚至差异很大。其原因一方面由于各资料来源不同；另一方面由于其他船型参数并不完全相同，对应的最佳浮心位置也将有所差别。

据研究表明，浮心位置不但对阻力有影响，而且对推进也有影响。浮心略向后移可增大伴流，对推进效率有利，但过分后移又将产生不利影响，对双桨船尤为显著。因此在设计时，浮心纵向位置的选择除考虑阻力性能外，尚须顾及推进方面的影响以及船在各种载重情况下的重心位置。

6.4.2　平行中体长度和位置的影响

对于中低速船，船体长度大致分为三段：进流段、平行中体和去流段。平行中体是指在船体中部附近与船中横剖面完全相同的一段船体。采用平行中体的意义表现在：①经济性。采用平行中体可以简化施工工艺，降低造价；②实用性。增加舱容，满足船的载重量要求；③阻力性能。采用适当的平行中体，有时对提高阻力性能是有利的。

6.4.2.1　平行中体对阻力的影响

采用平行中体的经济性和实用性是显而易见的。其对阻力性能的影响由采用平行中体后引起船体形状变化决定。

在排水体积一定的情况下，适当地设置平行中体可使船艏艉两端尖瘦，在中低速情况下，对减小兴波阻力和粘压阻力均有利，这是对阻力性能有利的一面。但另一方面，由于平行中体的存在，船的前体（进流段）和后体（去流段）与平行中体之间将形成"前肩"和"后肩"，易于产生肩波和漩涡，这是对阻力性能不利的一面。对于中低速船来说，只要平行中体长度并不过长，一般来说，对阻力性能是有利的。因此，一般中低速货船均设有平行中体，其长度选取必须考虑不使阻力性能恶化的最佳长度。

对高速船，如果设置平行中体，必然使船艏过分瘦削，水线成为 S 形，这样在较高航速时，艏部波浪水压力的水平分量将增大，因而阻力增大。同时，由于高速时产生的肩波系和肩部附近的严重漩涡将使阻力性能恶化。所以高速船均不采用平行中体方案。

由以上分析可知，随着航速提高，设置平行中体对阻力性能的有利因素将下降，不利因素增加，故平行中体长度随之缩短，直至达到某一航速时，完全不宜采用平行中体，由此可得如下结论：最佳平行中体长度主要与船速有关。

6.4.2.2 确定平行中体长度和位置

一般来说，低速船，为了尽量减小粘压阻力（兴波阻力极微），因而要保证去流段有足够的长度，所以平行中体的中心在船中之前，致使其进流段较短。随着航速的增加，最佳平行中体长度将缩短。且由兴波阻力成分逐渐增长，特别为要避免前肩波系与船艏波系发生不良干扰，因而要求进流段 L_e 有一定的长度，以满足 $L_e > 0.257\ V_s^2$ 的要求。这样平行中体的中心将逐渐后移接近船中央处。故结论是：平行中体的位置，即最大剖面的位置同样与航速等有关。

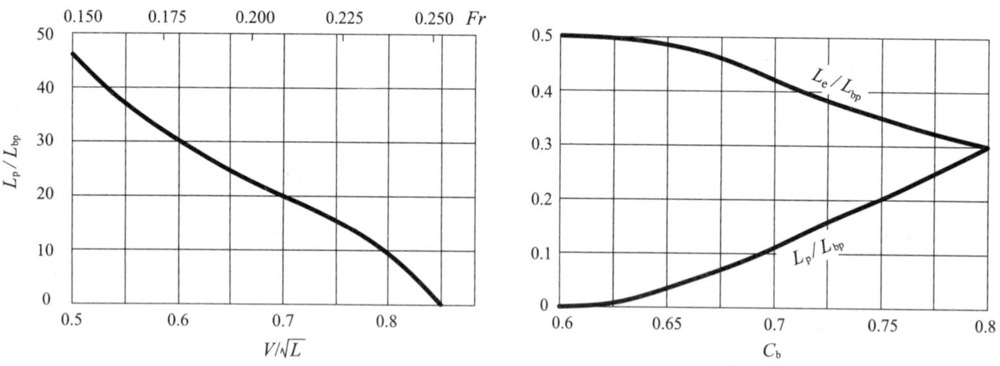

(a) L_p/L_{bp} 与 $\dfrac{V}{\sqrt{L}}$ 的关系　　(b) 系列 60 的 L_p 和 L_e 值

图 6-18　平行中体长度和位置的确定

一般认为当 $\dfrac{V}{\sqrt{L}} > 0.85$ 时（即 $Fr > 0.253$），不宜设平行中体，试验结果表明，适宜的平行中体长度和速长比 $\dfrac{V}{\sqrt{L}}$ 之间的关系如图 6-18（a）所示。图 6-18（b）为系列 60 母型船的平行中体长度 L_p 和进流段长度 L_e 随方形系数 C_b 变化图。根据进流段长度就可确定平行中体的位置。

此外，平行中体长度和位置也可直接根据最短进流段和最短去流段要求而确定。

由兴波阻力和粘压阻力部分讨论知，避免前肩波系干扰的最短进流段要求为

$$L_e = 0.257\,V_s^2\text{，即}\left(\frac{L_e}{L}\right)_{\min} = 9.474\,Fr^2 \tag{6-7}$$

同理可知，避免严重漩涡的最短去流段要求为

$$L_r = 4.08\sqrt{A_m}\text{，即}\left(\frac{L_r}{L}\right)_{\min} = 4.08\,\frac{B}{L}\sqrt{C_m\cdot\frac{d}{B}} \tag{6-8}$$

如果 L_e、L_r 确定后，则平行中体长度和位置亦随之而定了。L_e、L_r 以 m 计；V_s 以 kn 计。

由上述可知，最佳平行中体长度和位置除主要与航速有关外，还与 L/B、B/d、C_m 等有一定关系。

$Fr > 0.24$ 的船很少有采用平行中体者。随着速度的增加，其最大剖面位置宜逐步向后移动，以尽可能减少其兴波阻力。如果 Fr 不大于 0.30 时，最大剖面约位于船中央；当 $Fr \geqslant 0.50$ 时，则宜渐向船艉方向移动船长 2% ～ 5% 的距离。

6.4.3　横剖面面积曲线两端形状的影响

在排水体积、棱形系数、平行中体长度和浮心纵向位置等不变情况下，横剖面面积曲线形状已基本定了，但其两端的形状尚可有所改变。一般来说，船艏艉形状有三种，如图 6–19 所示，图中曲线 I 为凹形，Ⅱ为微凹形，Ⅲ为直线形。

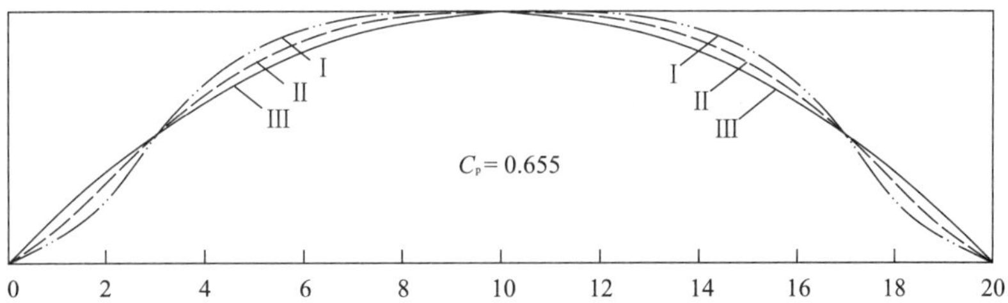

图 6–19　横剖面面积曲线的两端形状

船艏艉形状的选择与航速有关。一般选择依据是：艏端形状取决于不同速度时兴波阻力的比重以及波峰的水压力在水平方向的分力大小；艉端形状以不使后体压力梯度过大，以减小粘压阻力为考虑出发点。

不同航速船舶的横剖面面积曲线两端的形状可概括为：①低速船，两端宜为直线形；②中速船，前端宜取微凹或凹形，后端直线或微凹；③高速船，两端宜取直线或微凸。

一般来说，后端形状对阻力的影响较前端为小，但去流段很短时，面积曲线后端取直线为宜，以避免漩涡。前端作成凹形时应避免与基线相切，否则船的整个长度未能利用，实质上缩短了船长，因而使剩余阻力增加。贝克对于面积曲线两端形状对剩余阻力的影响做过详细的船模试验，其推荐的两端形状列于表 6–3。

表 6-3　横剖面面积曲线两端形状

序号	C_p	Fr	横剖面面积曲线两端形状	情况说明
1	＞0.785		两端均用直线形	前肩曲度尽量小
2	0.75～0.78	＜0.182 ＞0.182	两端均用直线形 前端微凹，后端直线形	据爱末生试验，C_p 在 0.7～0.78 时前肩曲度尽量小，船艏下部切去使船艏倾斜，对阻力有利
3	0.70～0.75	＜0.238 ＞0.238	前端微凹，后端直线形 前后端均应微凹	当 Fr＜0.209 时，后端形状稍变对阻力影响不大
4	0.65～0.70	0.164～0.253 ＞0.268	前端以微凹为佳，绝不能用直线形；后端为直线或微凹 前端为直线，后端直线或微凹均可	
5	＜0.65	0.224～0.253 0.283～0.313 ＝0.358 ＝0.537	前后端均宜用微凹 两端均应用直线形 前端为直线，后端微凸 前后端均微凸	此时后端对阻力影响较微

§6.5　满载水线形状的影响

当设计船体线型时，在横剖面面积曲线决定后，即排水量、船长和 C_p 等决定以后，最重要的问题是确定满载水线的形状。根据船体表面局部压力的测量结果，证实前体满载水线附近的动压力远较其龙骨附近部分为高。由此说明满载水线面的兴波影响大于其他水线。因而有了合适的横剖面面积曲线，尚须有适宜的满载水线，这样才能达到降低阻力的目的。

表征满载水线形状的主要因素是：满载水线面的面积，满载水线平行中段的长度，满载水线艏艉端的形状及满载水线艏部的半进角。

6.5.1　满载水线面面积

满载水线面面积可以用水线面系数 C_{wp} 来表示。C_{wp} 的选定与船速有关。速度大者，C_{wp} 应小。由于在选取方形系数 C_b 或棱形系数 C_p 时已考虑到对应的速度关系，故 C_{wp} 可用与 C_b 或 C_p 的关系来表示，近似地有

$$C_{wp}=\frac{1+2C_b}{3} \tag{6-9}$$

系列 60 用下列近似公式：

$$C_{wp}=0.18+0.86\,C_p \tag{6-10}$$

6.5.2　满载水线平行中段的长度

满载水线面面积决定后，应考虑满载水线中部宽度不变的这一段长度，也即满载水线平行中段长度。事实上，各水线面都可以有平行中段，但自满载水线面至龙骨基线的各水线面的平行中段长度逐渐减小。通常中低速船的满载水线平行中段长度为平行中体长度 L_p 的 1.5～2.0 倍。

6.5.3　满载水线艏艉端的形状

满载水线两端的形状共有 3 种：凸形、直线形和凹形。

（1）满载水线艏艉端形状对兴波阻力影响甚大，因此该形状的选择与船速密切相关，可简单概括如下：①低速船可呈凸形，其凸出的程度随航速提高而减少，直至 $Fr=0.20$ 时，可呈直线形；②中速船呈凹形；③高速船应为直线形甚至微凸形。

满载水线艏端形状随航速而发生演变情况可作如下解释：低速时，为了减小后体水线的坡度，以利于减小粘压阻力，所以艏部做成凸形。中速时采用凹形水线可以减小波浪高压区沿水平方向的分力，从而减小兴波阻力。随着航速的增高，波浪高压区后移，水线前端采用直线或微凸形有利于减小水压力的水平分力，这与前述横剖面面积曲线艏部形状的分析类同。

（2）满载水线艉端形状主要影响粘压阻力。其重要性较之艏端形状要小。一般为了保证线型光顺，不易发生漩涡，减小粘压阻力，常采用直线形为宜。

6.5.4　满载水线艏端半进角

所谓水线半进角 i_e，它表示水线在船艏水平面上与船纵中剖面的夹角（不计艏柱具体形状），如图 6–20 所示。一般来说，i_e 的大小是随航速的增加而减小的。低速船约 30° 甚至可达 40°，如系列 60；对于高速船其水线半进角可减至 7° ～ 8°，甚至更小。例如，高速驱逐舰，陶德认为其满载水线应为直线，甚至微凸，其半进角在 4° ～ 11°。

表 6–4 是由贝克船模试验结果所建议的中低速船的满载水线艏端形状和半进角 i_e 值。表 6–4 中航速 V_s 以 kn 计、进流段长度 L_e 以 m 计。

表 6–4　满载水线艏端形状和半进角

序号	C_p	Fr	满载水线艏端形状	半进角 i_e
1	＞0.78		艏端形状可较丰满，或可稍凸起	30° 左右
2	0.75 ～ 0.78	＜0.182	艏端形状可较丰满，或可稍凸起	26° ～ 28°
3	0.70 ～ 0.75	$V_s=1.974\sqrt{Le}$ $V_s>1.974\sqrt{Le}$ $V_s<1.974\sqrt{Le}$	可用直线或微凹 可用直线或微凹 艏端形状可较丰满，或为直线	12° 左右 较小 不宜过小
4	0.65 ～ 0.70	0.194 ～ 0.238	艏端可用直线或用较小的半进角而成微凹	12° ～ 18°
5	0.60 ～ 0.65	＜0.283	艏端尽可能尖削呈凹形	尽可能小

此外，兰慕伦认为，半进角应根据前体棱形系数 C_{pf} 和水线艏端的形状而定，如图 6–21 所示。

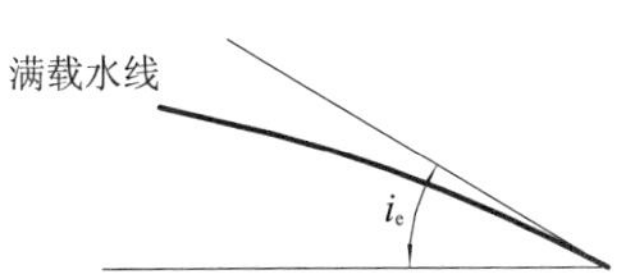

图 6–20　船艏水线半进角示意图

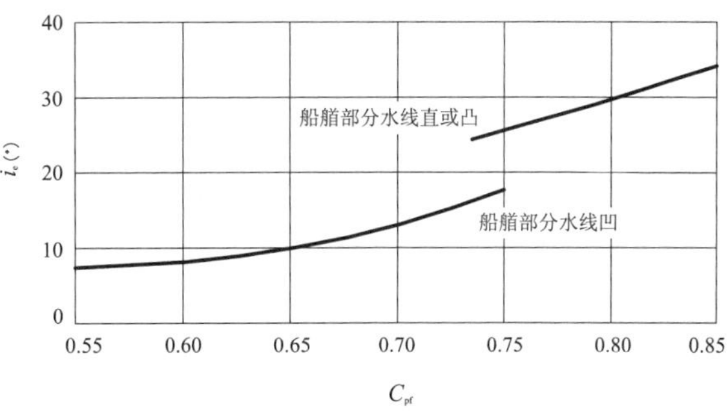

图 6–21　半进角与 C_{pf}、船艏形状的关系

§6.6 艏艉端形状的影响

6.6.1 艏艉横剖面形状

船的横剖面形状，特别是艏艉附近的横剖面形状不仅对阻力性能有影响，而且对船的推进性能及耐波性等都有一定的影响，因此在选择横剖面形状时要综合考虑。

6.6.1.1 横剖面形状的形式

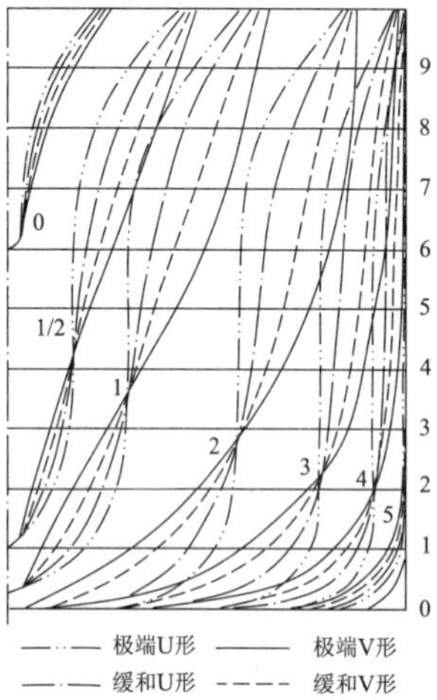

图 6–22 不同的横剖面形状

在一定的横剖面面积曲线下艏艉各站的横剖面面积也就确定了。但具体的横剖面形状与满载水线形状密切相关。换句话说，横剖面形状在很大程度上已为满载水线形状所决定。横剖面形状通常有两种形式：U 形和 V 形。按程度不同又可分为极端 U 形、极端 V 形及缓和 U 形、缓和 V 形（又称中 U 形和中 V 形），如图 6–22 所示。

U 形剖面的特点是：横剖面面积沿垂直方向分布比较均匀，它在满载水线处较窄，故应与凹形水线相配合；而 V 形剖面的特点是：横剖面面积比较集中于上部，因此它在满载水线处较宽，故应与凸形或直线形水线相配合。

6.6.1.2 横剖面形状对阻力的影响及选择

横剖面形状的变化对摩擦阻力的影响较小，对剩余阻力的影响较大，对于不同速度的船舶应兼顾阻力、推进和耐波性等方面的要求选择艏艉横剖面形状。

（1）艏部横剖面形状：低速船取 V 形较佳，因为它的湿面积较 U 形略小，可减小摩擦阻力。同时它的水下部分较瘦，且易于使水流沿纵剖线方向流动，以减少舭部产生的漩涡，所以对阻力性能有利；一般对中高速船以采用 U 形为佳，虽然 U 形的湿面积相对于 V 形略大。但 U 形可使较多的排水体积分布于满载水线以下，满载水线处较尖瘦，可以减小兴波阻力。但应注意对中、高速船避免采用极端 U 形，否则由于舭部曲率半径过小，易于产生舭涡，于阻力性能反而不利。另外对于更高速的快艇均采用 V 形剖面，这主要考虑提高水动力特性和改善耐波性的要求。

（2）艉部横剖面形状：从阻力观点来看，采用 V 形剖面的优点除湿面积略小外，主要是 V 形剖面与较宽的满载水线相配合，使水下部分较瘦削，艉部纵剖线较平顺不易产生分离，不但对阻力性能有利，且螺旋桨效率不受影响。另外，较宽的水线更适于布置双桨，因此双桨船的艉部一般均采用 V 形剖面。但从推进观点来看，艉部采用 U 形剖面可使伴流比较均匀，因此船体振动较小，特别对提高单螺旋桨效率有利。所以在实际应用中，有的将艉部 V 形横剖面在接近推进器处逐渐改为 U 形，以获得两种剖面线型所具有的优点。

船艏艉剖面形状的配合问题，目前尚无定论。一般认为：艏部剖面形状主要从阻力和波浪中的失速来考虑；艉部剖面形状应结合推进效率考虑，同时要注意艏艉部线型的平顺过渡。

6.6.2　船艏柱、艉柱形状

6.6.2.1　船艏柱形状

船舶最前端部分，由龙骨线到船体的顶部，称为艏柱。其侧形具有不同的形式，如图 6–23 所示。

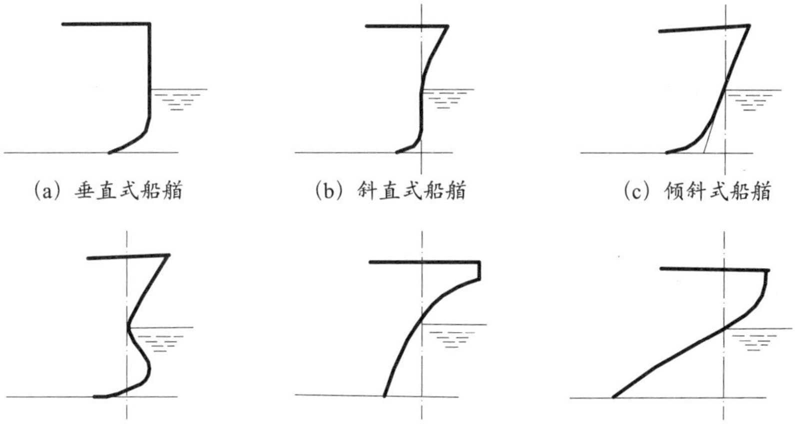

(a) 垂直式船艏　(b) 斜直式船艏　(c) 倾斜式船艏

(d) 球鼻船艏　(e) 飞剪式船艏　(f) 破冰型船艏

图 6–23　各种船艏型

（1）垂直式船艏：是将整个艏柱做成垂直形式，当航行过程中产生艉倾时，船的艏柱将向后倾倒，所以目前一般都不采用这种形式。

（2）斜直式船艏：是将艏柱在满载水线以上部分做成前伸形式，满载水线以下部分仍保留垂直式。斜直式船艏可使满载水线以上的艏部变得瘦削，前肩缓和，有利于减小船在波浪中的纵摇和升沉运动。同时还可增加甲板面积，有利于甲板机械的布置。这种船艏也比较美观，故目前采用较多。

（3）倾斜式船艏：是将整个艏柱做成前倾形式。倾斜式船艏可使满载水线以上部分的水线较为瘦削，同样具有减小纵摇运动，降低波浪中的阻力增值，增加甲板面积，改善淹湿性和比较美观等优点。但应该注意的是如采用倾斜式船艏，满载水线以下不宜切去过多，否则缩短了水下部分的水线，对阻力性能不利。

（4）球鼻船艏：是满载水线以下的船艏柱处加装一个球形突出体。在不同船舶上采用球鼻船艏常能取得减小兴波阻力、破波阻力和舭涡阻力等效果。因此不少船舶，特别是一些大型船舶采用者甚多，但其缺点是制造工艺较复杂，对艏锚的使用有时会受到一定影响。关于球鼻船艏在本节后面将作进一步说明。

（5）飞剪式船艏：艏柱侧形呈凹形曲线向前伸出在设计水线之前，且有一较大的悬伸部。

（6）破冰型船艏：设计水线以下的艏柱侧形与基线间夹角小于 45°，此种船艏用于破冰船。

6.6.2.2　船艉柱形状

船艉部形状常见的有三种：椭圆形、巡洋舰型及方艉，如图 6–24 所示。

(a) 椭圆船艉　　(b) 巡洋舰船艉　　(c) 方艉

图 6-24　各种船艉外型

椭圆形船艉的特点是艉柱取垂直形式，因其艉部甲板呈椭圆形而得名。以往民用船都采用这种结构简单的船艉形式，目前已为巡洋舰型船艉所代替。

巡洋舰型船艉的特点是将满载水线附近的艉部水线向后作适当延长。由于其相当于增加水线长度，有利于减小兴波阻力和粘压阻力。此外，船艉甲板面积增加，有利于增加初稳性，并便于布置舵机等，同时对螺旋桨和舵有保护作用，可提高推进效率。它的缺点是构造较为复杂且后垂线处的船体应力将加大，故目前大船都将满载水线以上的船艉部做成斜直平面，以便于施工。

方艉的特点是将船艉端做成刀切似的平直状，其各水线面的艉部形状接近方形，或呈弧形方角，故称为方艉。$Fr > 0.4$ 的各种舰艇，特别是快艇和驱逐舰均采用方艉，故也称为驱逐舰式船艉。有关方艉的作用原理将在本节后面作进一步说明。

6.6.3　球鼻船艏（又称球鼻艏）对阻力的影响

根据有关球鼻船艏的试验结果可以认为：对于高速、中速、低速三类运输船舶，如果安装适当的球鼻船艏都能起到减小阻力的作用。现将球鼻船艏有关研究结果简要介绍如下。

6.6.3.1　球鼻船艏的减阻机理

安装球鼻船艏在不同情况下可以减小不同的阻力成分。

（1）减小兴波阻力：对于 Fr 在 0.27 ～ 0.34 的中高速船，安装球鼻船艏可以降低兴波阻力。魏格来曾作过理论研究，认为在水下运动的球鼻船艏也将产生波浪。如球鼻的大小和位置选择适当的话，则在一定速度范围内，球鼻船艏产生的波系与船体波系可能发生有利干扰作用，合成波的波高将降低，兴波阻力将下降。

（2）减小舭涡阻力：多少年来球鼻船艏仅应用于速度较高的瘦削船型，但近年来许多低速度的肥大船型采用球鼻船艏后，阻力性能也得到明显改善。

按照目前一般的看法对于航速在 $Fr = 0.20$ 以下的肥大型船（通常指 C_b 在 0.80 左右的大型散装货船和油轮等），加装球鼻船艏后减少阻力的原因是：满载时主要是减小艏部舭涡，压载时主要是减小破波阻力。

肥大船在航行时常常会产生埋艏现象。这是由于船艏底部发生大量漩涡，并在该处形成低压区以致使船艏下沉。其结果消耗能量，增大阻力。船艏底部产生漩涡的原因，在 § 2.7 节中已有论述，是由艏部舷侧的水流绕过舭部斜向进入船底，并与船底原来向后的水流相混杂交叉，以致产生分离而形成绕纵向轴线的漩涡运动。

减小舭涡阻力的根本途径是减小船艏底部的漩涡运动。根据流体力学基本原理可知，水滴形回转体的纵向绕流是径向对称流动，流线之间不可能发生相互混杂交叉。因而肥大型船安装球鼻船艏，在低速时可使水流近于径向对称流动，船艏底部不产生漩涡运动，从而达到降低阻力和减小埋艏现象的目的。这些已由流线试验得以证实。

（3）减小破波阻力：对于一些低速肥大型船舶，如采用球鼻船艏，在压载状态下，低速时，其阻力较普通船艏者高，而在较高速时，却能显示较大的减阻效果。图 6–25 为一载重量约为 5 万吨级油轮（$C_b = 0.798$）在压载情况下的艉流测量和波形测量所得的阻力系数。由于这类船舶的兴波阻力占总阻力的比重很小，因此球鼻的作用并不在于降低兴波阻力，相反的在改变压载状态，艏部水流情况恶化，所以破波阻力相当明显，因此球鼻船艏的作用主要在于使破波阻力有显著降低，因而取得较大的减阻效果。这是由于加装球鼻船艏后，使艏部船体前伸，该处横剖面面积曲线的坡度和艏部水线进角减小，大大改善了船艏柱附近的压力分布，因而缓和了船艏破波情况，从而降低了破波阻力。

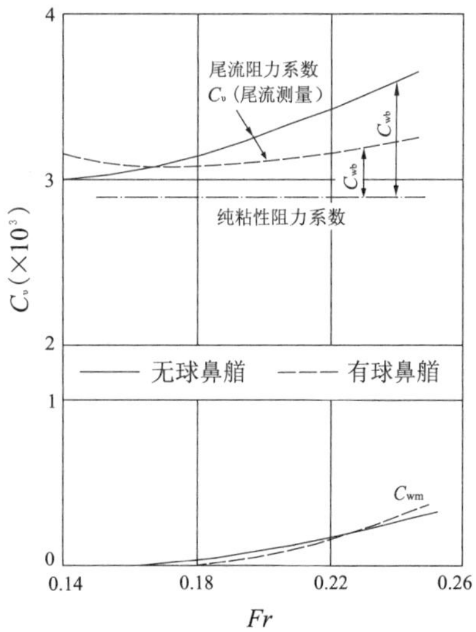

图 6–25　某油轮安装球鼻船艏对阻力影响（压载情况）

6.6.3.2　球鼻船艏的形式

球鼻船艏的设计原则在保持棱形系数一定的情况下，可以采取如下两种方法绘制。

第一种是，将一部分排水体积自满载水线附近向下移至龙骨附近，保持横剖面面积曲线不变。但必须减小前体的满载水线面面积系数；另一种是，将前体后部的排水体积向前移至船艏端附近，所以保持满载水线面系数不变。但横剖面面积曲线有改变，并使浮心纵向位置向前移动。

球鼻船艏的形式很多，现介绍几种常见的形式。

（1）水滴形球鼻，如图 6–26 所示。这是出现最早、应用较广的一种球鼻船艏。其横剖面的形状是上部小，下部大，呈水滴形，因而得名。在船型较瘦航速较高的船上常采用这种球鼻船艏。

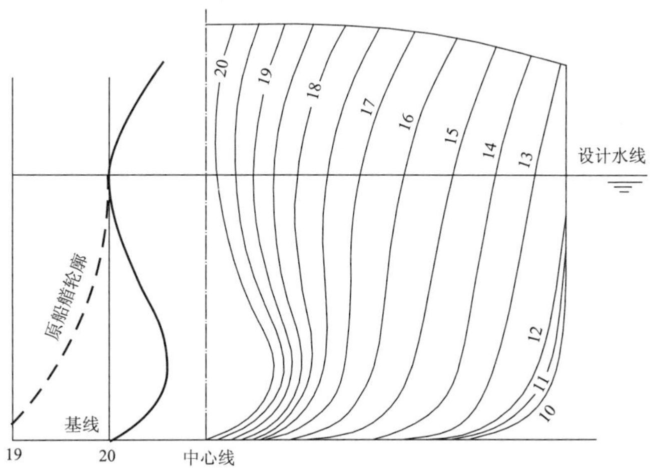

图 6–26　水滴形球鼻船艏

（2）S–V 形球鼻，这种球鼻的纵剖面呈 S 形，而横剖面呈 V 形，如图 6–27 所示，故称为 S–V 形球鼻。这种球鼻的适用性较广，不但适用于高速和中低速船，而且在满载和压载状态下一般都能起到减阻作用。

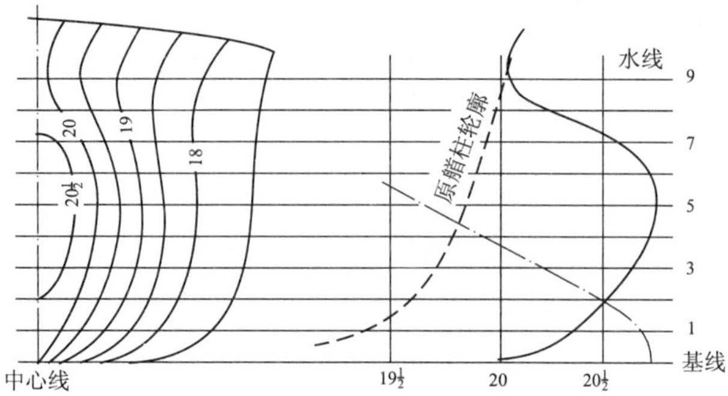

图 6–27　S–V 形球鼻船艏

（3）撞角形球鼻，这种球鼻的前端较尖，呈尖角状。其横剖面形状大致呈椭圆形，如图 6–28 所示。一般来说，低速肥大型船如采用这种球鼻船艏，在满载和压载状态下可望获得良好的减阻效果。

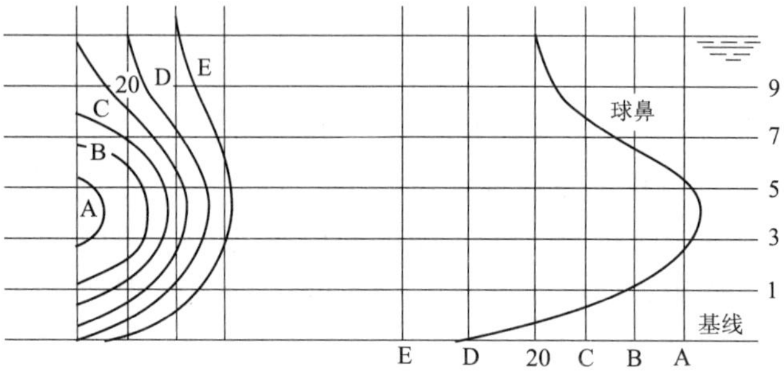

图 6–28　撞角形球艏

此外，还有所谓圆柱体形和椭球体形球鼻，其特点是前端呈球面，而球鼻本身的形状是一圆柱体或椭圆体。

6.6.3.3　球鼻的几何参数

球鼻的几何特征形状可以用下面几个参数表示。

（1）相对突出长度 l_b/L_{bp}：这里 l_b 是球鼻最前端至艏柱的距离，L_{bp} 是船的两柱间长。

（2）相对浸深 h_b/d：这里 h_b 是球鼻中心或球鼻最前点或者最大宽度处距静水面的距离，d 为船的吃水。

（3）最大宽度比 b_{max}/B：b_{max} 是艏柱处球鼻横剖面的最大宽度，B 为船宽。

（4）球鼻面积比 A_{fb}/A_m：这里 A_{fb} 是艏柱处球鼻横剖面面积，A_m 是船中横剖面的面积。

（5）相对排水体积比 δ/∇：这里 δ 是球鼻所增加的排水体积，∇ 为船体排水体积。

上述参数可由图 6–29 予以说明。这些参数基本上表示了球鼻的几何形状特征。研究球鼻船艏

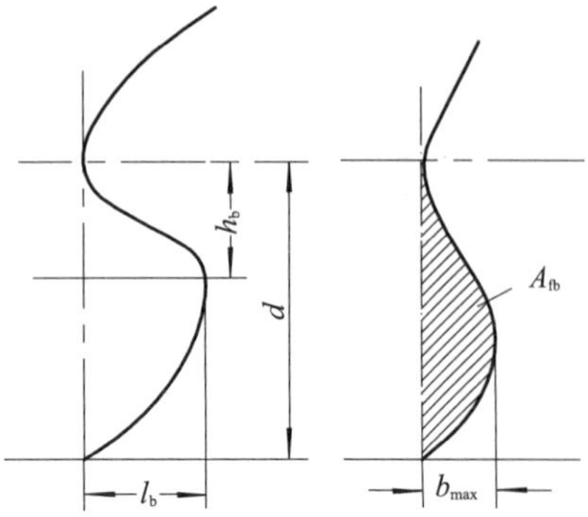

图 6–29　球鼻船艏的几何参数

对船体阻力的影响，主要是研究这些几何参数变化对阻力的影响。

6.6.3.4　关于球鼻船艏几何参数的选择

球鼻船艏的设计就是合理地选择球鼻的几何参数，使之能起到降低阻力，提高航速的作用。可是由于目前有关球鼻的资料都是针对某一特定船型而言的，有些认为十分成功的球艏，在其他船上应用时并不一定能获得满意的效果。现有的球鼻船艏的形状和参数变化范围是各不相同的，而最重要的是球鼻形状及参数等和船体必须有恰当的配合。为此，设计时最好按下述两方面进行：一方面是根据母型船的船型特征和航速合理地选择球鼻的几何参数；另一方面是对具体产品来说，设计几种方案，通过船模试验（包括阻力和自航试验）来进行选择和作进一步改进。

下面介绍在球鼻型船艏设计中，关于选用球鼻时的一些参数范围及其所对应的弗劳德数范围。

1）选用球鼻船艏的“界限速度”

对于给定方形系数的船舶，采用球鼻船艏的减阻效果直接与航速有关。一般来说，只有当航速大于某一值时,球鼻船艏才会显示其减阻作用。该航速值称为球鼻船艏的“界限速度”。因此“界限速度”实际上可以成为是否选用球鼻船艏的衡量标准。根据已有资料，对于中、低速船所对应的界限速度的弗劳德数 $[Fr]_b$ 可用如下公式估算：

中速货船：$[Fr]_b = 0.644 - 0.641C_b$；

低速肥大型船：$[Fr]_b = 0.582 - 0.493C_b$。

所以首先要判定设计航速时的 Fr 数是否大于 $[Fr]_b$，然后决定是否选用球鼻船艏。

2）球鼻几何参数范围

有关资料介绍的三种货船船型采用球鼻时的几何参数范围及其一般选定原则，见表 6–5。

表 6–5　三种货船采用球鼻船艏的参数

球鼻船艏参数	船型		
	低速丰满船 ($C_b \geqslant 0.80$，$Fr \leqslant 0.22$)	中速货船 ($C_b = 0.67$，Fr 在 0.22 ～ 0.26)	高速货船 (C_b 在 0.55 ～ 0.58，Fr 在 0.27 ～ 0.38)
δ/∇	0.002 ～ 0.005	< 0.014	
	设计航速超过界限速度越大，在操船使用允许情况下选用大些的 δ/∇ 值有利。对尺度较小的低速丰满船，取 δ/∇ 值小些好，反之应取大些		
A_{fb}/A_m	0.15 ～ 0.12	$\leqslant 0.11$	0.06 ～ 0.09
	此项与 δ/∇ 有密切关系。对中、高速船，较大的 A_{fb}/A_m 值在速度较高时阻力收益大，但在压载状态时将引起阻力恶化		
l_b	圆柱形球艏：球艏中心应在艏柱前（1.0% ～ 1.5%）L；S–V 形和水滴形：l_b/b_{max} 在 1.0 ～ 1.4	（3% ～ 3.5%）L （L 为船长）	（2.5% ～ 5%）L
h_b/d	水滴形在 0.70 ～ 0.65 S–V 形在 0.55 ～ 0.65	S–V 形在 0.40 ～ 0.50	水滴形 = 0.75 S–V 形在 0.35 ～ 0.40 圆柱形在 0.65 ～ 0.70
	此项与球艏形式有关。过大的浸深在低速时效果不明显		

6.6.4 特殊船艉形状

对于常规船型而言，大多数船舶采用巡洋舰型船艉。但往往为了阻力或推进等方面的原因，特别是为了提高推进效率以及改善船艉激振，在某些船上对一些特殊船艉形状的研究取得了较明显的收效。

6.6.4.1 方艉

方艉几乎是水面高速舰艇普遍采用的船艉形式。采用方艉的最主要优点在于：它的艉部纵剖线坡度缓和近于直线。这样可使水流大致沿纵剖线方向流动，减少高速水流的扭转和弯曲程度，如图 6–30（a）所示。从而可减少能量损失，改善阻力性能。更重要的是，由图 6–30（b）可见，高速水流沿着方艉边缘一直延伸到尾后相当的距离处，其作用相当于增加了船体的有效长度，这样摩擦阻力并未增加，但对减小剩余阻力是有利的。方艉的这种作用通常称为虚长度作用。此外，由于方艉的艉部排水体积较大可以减小航行过程中的艉倾现象，从而使艉部产生的“鸡艉流”波浪情况得到改善。综上所述，对于高速舰艇采用方艉可以得到较小的阻力，有利于提高航速。

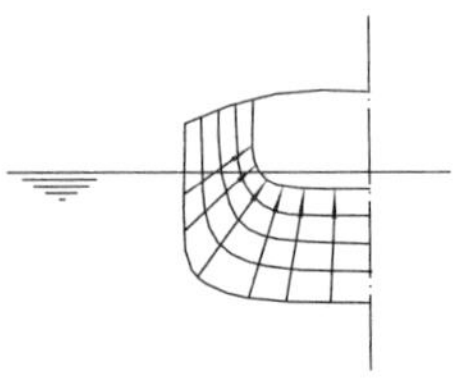
(a) 方艉尾部流动状态

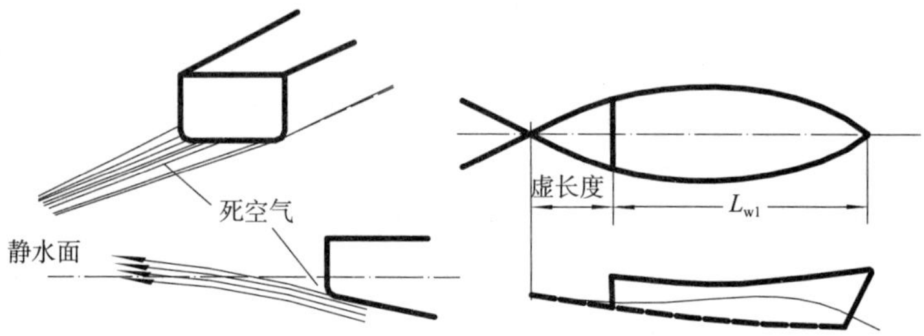

(b) 方艉的“虚长度”

图 6–30　方艉

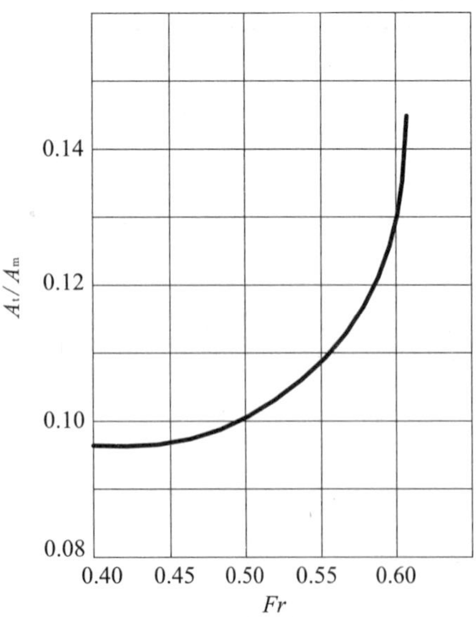

图 6–31　方艉尾板相对面积的选取

除了阻力性能外，方艉还具有结构简单，较好的回转性以及对螺旋桨等有良好的保护作用等好处。

方艉可以用尾板相对面积和相对宽度等参数来表示。尾板相对面积 A_t/A_m 是指尾封板处横剖面面积与船中横剖面面积之比。默西尔认为该参数是影响方艉舰艇阻力性能的主要参数之一。该参数可根据桑地对 $L/\nabla^{1/3}=8.50$、$C_p=0.65$ 的驱逐舰方艉船模试验结果进行选择，如图 6–31 所示。相对宽度 B_t/B_m 是指尾板处设计水线宽与设计水线最大宽之比。有关试验结果指出，该参数对阻力的影响甚至较 A_t/A_m 还要敏感。其选择范围是：B_t/B_m 在 0.60 ～ 0.90，而且随着 Fr 数增大该参数也应取较大值。

此外，按照桑地的意见，方艉处静止时吃水 t 应随速度而异，一般可按 $\frac{V}{\sqrt{gt}} \geqslant 5$ 选取。方艉的艉部纵剖线斜升角对艉部水流流动和波浪中的拍击都有影响，因此不仅要考虑阻力，而且还要顾及推进和耐波性等要求。

6.6.4.2　球鼻型船艉

近年来，在某些大型民用船舶上相继出现球鼻型艉的船型。不过，相对于球艏而言，对球艉的研究工作进行得较少。瑞典船模试验池在 1977 年，对 C_b=0.84 的肥大型船，在保持相同的前体型线下，其艉部分别设计成 V 形、U 形和球艉形，如图 6–32 所示。

船体艉部形状除与阻力性能有关外，更大程度上与推进性能关系密切。一般船舶的艉部对兴波阻力的作用较小。但艉部形状对于螺旋桨盘面处的水流情况影响很大，直接影响到平均伴流的大小、伴流分布的均匀程度，因此对推进性能、空泡和激振等有重要影响。所以研究艉部形状问题时，一般应综合考虑它对阻力、推进、空泡和脉动压力等产生的影响。瑞典船模试验池的试验结果指出：U 形艉的阻力较球形艉者的阻力约高 5%，而较 V 形艉高 7%。其原因主要是由于粘压阻力较高造成的。这已被流线试验所证实：U 形艉部存在较严重的舭涡；球形艉船艉的舭涡有明显减弱，而 V 形艉部几乎未发现有类似的舭涡存在。

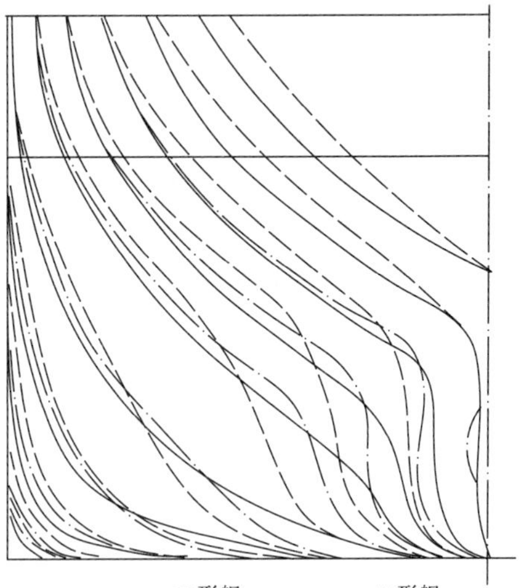

图 6–32　瑞典船模试验池的三种艉部线型

用同样螺旋桨进行模型自航试验，由所得结果发现：在相同航速时（V_s = 16 kn），球艉形的所需功率最低，较 V 形者低 4%。其主要原因是球艉具有较高的船身效率；U 形艉虽然也具有较高的船身效率，但因其阻力过大，故其所需功率不但较球艉有明显的增大，而且较 V 形者也高约 3%。这一试验结果，同样可以用 3 种艉部形状所产生的不同舭涡情况作解释：舭涡的存在虽然使阻力增大，但由于舭涡的运动吸引了界层中低动能的水分子并将其送至桨盘处，因而增大了伴流分数及船身效率，同时舭涡还可使伴流分数较为均匀。因而尽管 V 形艉的阻力性能最佳，但其所需的机器功率反较球形艉者有明显增大，而较 U 形者也不如阻力性能的收益大。

此外，同一桨模分别置于 3 种艉部情况的空泡试验表明：螺旋桨在 V 形艉后的空泡情况远较 U 形艉及球艉者严重；而且 V 形艉的脉动压力幅值均高于 U 形及球艉情况。

综上所述，目前对艉部形状研究的一般结论是：V 形艉阻力性能最佳，但推进性能较差，伴流分布最不均匀，螺旋桨的空泡及激振都比较严重。如果综合各方面的因素来考虑，则似乎可以认为球艉最佳，U 形艉次之，V 形艉最差。

6.6.4.3　双艉和双艉鳍

目前，浅吃水船或超浅吃水船由于吃水小，因此普遍采用双桨船型。但常规双桨船的推进效率较低，附体阻力也大。为了克服常规双桨船的这些缺点，国内外相继研究了双艉和双艉鳍线型。根据国内外已有试验资料表明：与常规双桨船型相比，采用这两种艉部线型都能提高推进效率，而其总阻力增加不大，甚至几乎无甚增加。

双艉船型的艉部是由通过两推进器轴的垂直平面为其纵中剖面形成的两个艉体所组成。两艉体不一定对称于其本身的纵中剖面，如图 6-33 所示。

双艉船型与常规双桨船相比，在阻力和推进性能方面均有一定的特点：从阻力观点看，双艉船型的单个艉体宽度为整个船宽的 40% ～ 60%，因而相当于增大了长宽比，特别是后体变得较瘦削，有利于降低粘压阻力。同时，采用双艉船型后，后体相当于“分解”成较瘦削的三部分，因而最大剖面位置可以后移，增长了进流段，必将有利于改善船艏的兴波情况。此外，采用双艉船型，虽然艉部湿表面积较常规双桨船有所增大，但其附体阻力较后者有明显的下降。综上所述，可以说明采用双艉船型的总阻力并不比常规双桨船增大的原因。从推进观点看，由于将螺旋桨置于两个艉体之后，所处的摩擦伴流较大，且又能得到充分的供水，因而可望获得较高的推进效率。有关推进试验结果表明：艉部设计成双艉型后，伴流分数增大，推力减额下降，与相应的双桨船相比，其推进效率确有提高。

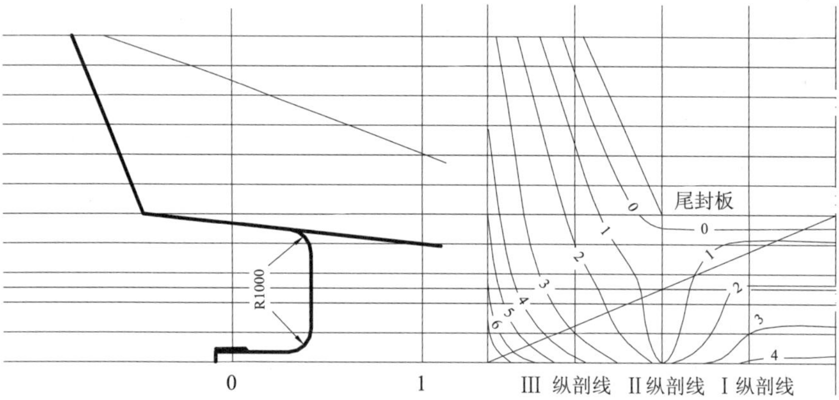

图 6-33　双艉型线

在双艉船型的基础上，可以将艉部设计成两个导流艉鳍，如图 6-34 所示。其好处主要可以针对螺旋桨的工作状态（如内旋或外旋），艉鳍的形状可以做相应变化，从而达到进一步提高推进效率的目的。

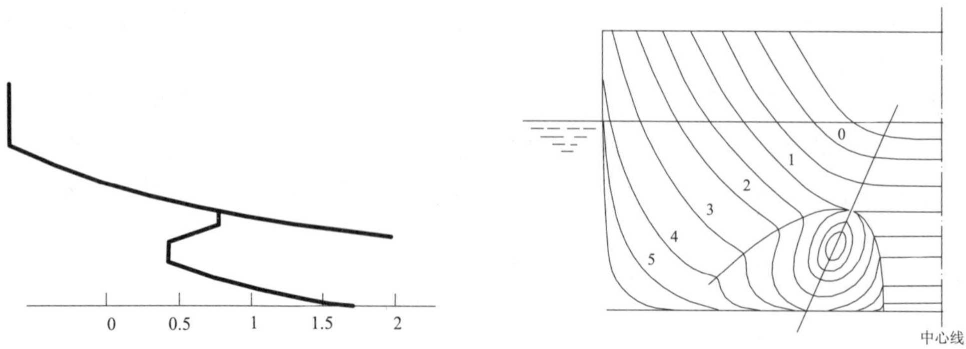

图 6-34　双艉鳍型线

6.6.4.4 涡艉及不对称船艉

近年来，国内外都在进行涡艉及不对称船艉的研究工作。其目的，也是在于提高推进效率。

涡艉实际上是一种变形艉鳍，如图 6–35（a）所示。它是在吸收国外涡槽型船艉设计经验的基础上发展起来的一种特殊船艉型式。目前在我国内河船上已被采用。涡艉的主要功能是使水流流经船艉后，形成一股与螺旋桨旋向相反的旋转水流，并以螺旋面的形式流向螺旋桨。这样可以改善螺旋桨的周向诱导速度,从而使推进效率有所提高。

不对称船艉形状如图 6–35（b）所示。其应用原理与涡艉类似，如果水流流经专门设计的不对称船艉后，产生的旋向伴流能与螺旋桨的预旋流配合得好的话，无疑同样可以提高推进效率。一般来说，不对称船艉适用于单桨船，而涡艉较多的用于内河双桨船。

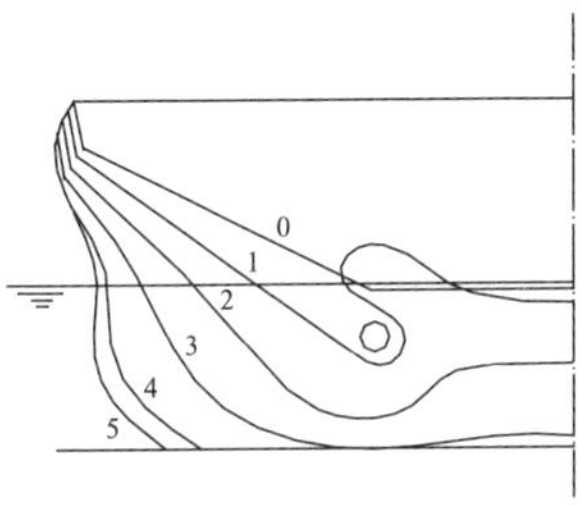

(a) 涡艉

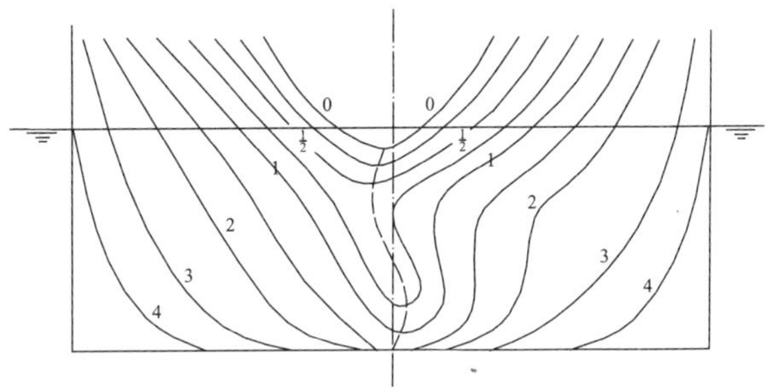

(b) 不对称艉型

图 6–35 涡艉及不对称艉

6.6.4.5 隧道型船艉

某些内河船，由于吃水受到限制，为了增大螺旋桨直径，提高螺旋桨效率，故常采用隧道型船艉。隧道型船艉的形式，从纵剖面图看，有开式和闭式两种。前者指隧道顶线的艉端在水面之上；后者则浅埋在水线之下，分别如图 6–36（a）、图 6–36（b）所示。如从横剖面图看，则有深隧道和浅隧道之分；如按对应于单桨船、双桨船则又有单隧道和双隧道两种。

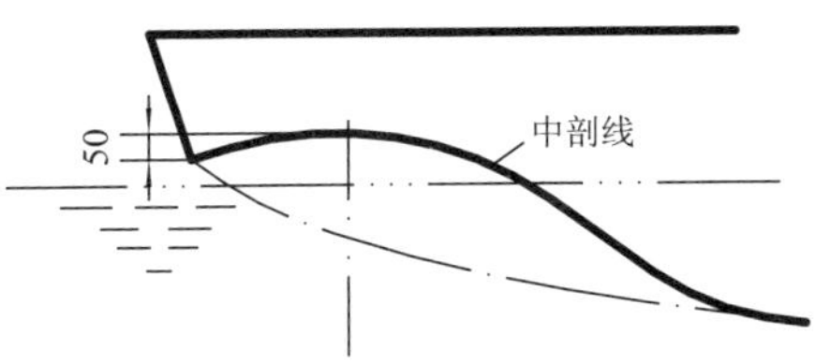

(a) 开式隧道型船艉

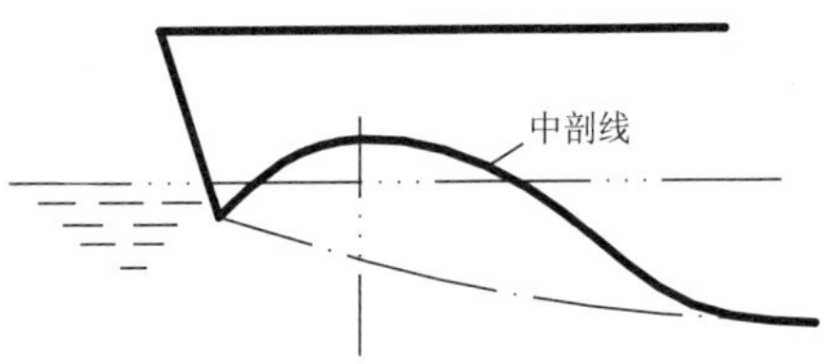

(b) 闭式隧道型船艉

图 6–36 开式和闭式隧道型船艉

闭式隧道型船艉的阻力比开式隧道的大。但倒车性能较好，一般适用于螺旋桨直径与吃水比 D/d 在 1.0 ～ 1.1 的浅隧道，而且较多地出现在双隧道情况。开式隧道适用的 D/d 值更大，且一般与深隧道相对应，用于单隧道船居多。

应该指出的是：无论哪种隧道型式，为了保证螺旋桨充足的供水，使艉部水流顺畅地流向螺旋桨，隧道都应适当长些，且取开敞式为佳。

6.6.5 纵流船型

纵流船型是为了适应内河船舶吃水浅、船宽大的特点而开发的又一种船型。由于内河船舶的主尺度比 B/d、L/d 都比较大，L/B 偏小。因此在要求较高航速情况下，如仍采用常规船型，则其船艏兴波，特别是船艏散波必然较大。其后果不但阻力性能较差，而且船艏兴波对中、小型船舶的安全和堤岸保护都极为不利。根据有关研究结果认为：如果采用纵流船型，则在快速性和消波性能方面都将显示很大的优越性。因此这种船型颇受内河船设计部门的重视。

纵流船型如图 6-37 所示。这种船型的特点主要表现在：纵剖线非常平顺；艏部伸出水线之上，并与水面之间的夹角较小。因此在 B/d 很大的情况下（B 很大，d 很小），采用这种线型后，可抑制艏部水面升高，并迫使水流主要沿着纵剖线向底部流动，起到了“压浪消波”的作用。有关试验资料指出：采用纵流船型后的波高仅为常规船型的 40% ～ 70%。显然，其相应的兴波阻力必然有较大的下降。

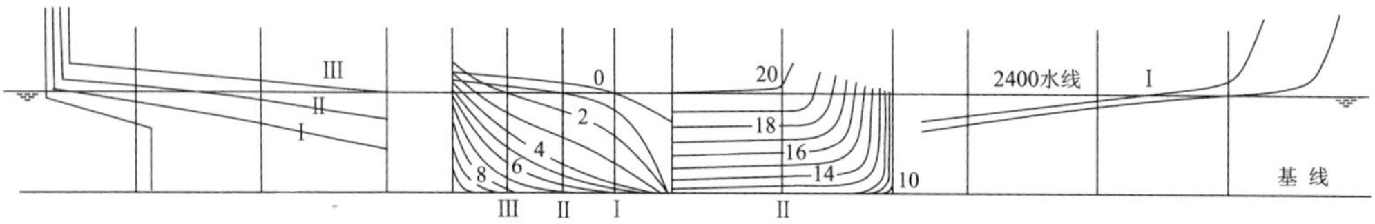

(a) 常规艉纵流艏型线

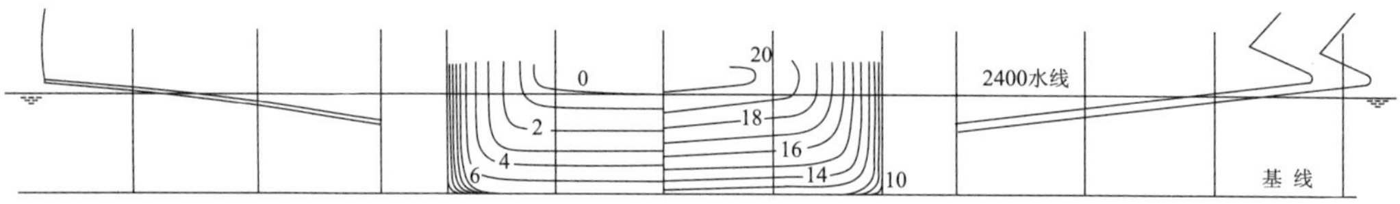

(b) 纵流艏艉型线

图 6-37 纵流船型

纵流船型的具体应用可以取不同艏艉形状相结合的方式。它们主要有：纵流船艏配以常规巡洋舰尾，纵流艏艉型线以及纵流涡尾（又称平头涡尾）等多种型式。

纵流船型不但具有降阻和消波的优点，而且由于水线面较大，所以对稳性有利。但这种船型的主要缺点是艏部过于平坦，以致在风浪中的拍击现象较严重。

第 7 章　阻力近似估算方法

在船舶设计过程中，特别是在方案设计的初期，当主尺度和船型系数被确定以后，必须要知道主机功率以预报船舶能达到设计航速；如果主机功率已知，则需要估计阻力，以确定船的航速，便于初步分析、比较各种方案的优劣。在此阶段，由于船舶线型尚未确定，因而还不能应用船模试验方法来确定阻力，所以只能用近似方法进行估算。此外在某些不准备做船模试验的小型船舶或航速不重要的船舶的设计过程中，只能用近似方法来确定其阻力值。

近似估算阻力的方法有很多，但所有这些方法不外乎是根据船模系列试验结果或者是在总结、分析大量的船模试验和实船试验的基础上得出的。因此可以想象应用近似估算法所得结果的准确程度取决于设计船与母型船或设计船与各图谱所依据的船模系列之间的相似程度。所以为了尽可能提高近似估算的准确性，应该有针对性地选择适当的估算方法。

阻力近似估算方法按计算内容可分为两类：一类是直接近似估算总阻力或有效功率；另一类是估算剩余阻力，而用相当平板公式计算摩擦阻力；依阻力近似估算方法的表达形式可分为图谱法和回归公式法两种；根据估算方法的资料来源进行分类，则可分为船模系列试验资料估算法、归纳实船和船模资料估算法、母型船数据估算法三类估算方法。

§7.1　船模系列试验资料估算法

这类方法都是根据船模系列试验资料，直接给出阻力图表等，供实际估算应用。

7.1.1　泰洛（Taylor）法

泰洛估算法是根据泰洛标准系列船模试验结果整理得到的。其所用母型船虽为军舰（参见 § 6.1 节），但也可用于民用船，特别是双螺旋桨客船的阻力估算。最初的泰洛法其阻力数据绘制成单位排水量剩余阻力的等值线，并均采用英制单位。1954 年，盖脱勒（Gertler）将泰洛标准组阻力数据重新进行分析整理，并对水温、层流和限制航道的影响分别加以修正，最后整理出一套无量纲剩余阻力系数图表，其中摩擦阻力系数按桑海公式计算。计算所用的船体湿面积可以由无量纲湿面积系数图谱求得。因此该估算法又称泰洛－盖脱勒法。

7.1.1.1　泰洛法给出的图谱形式和参数范围

（1）剩余阻力系数 C_r 图谱。其给出的函数关系为

$$C_r = f_1\left(\frac{B}{d},\ C_p,\ \frac{\nabla}{L^3},\ Fr\right) \tag{7-1a}$$

显然当 B/d、C_p 一定时，式 (7-1a) 的函数关系可表达为

$$C_r = f_2\left(\frac{\nabla}{L^3},\ Fr\right) \tag{7-1b}$$

所以给出的图谱形式是：对每一组 B/d，以每一棱形系数 C_p 给出一张图谱，图中以不同排水体积长度系数 ∇/L^3 为参数，作出剩余阻力系数 C_r 对 $Fr\left(或\dfrac{V}{\sqrt{L}}\right)$ 的曲线，如图 7–1 所示。

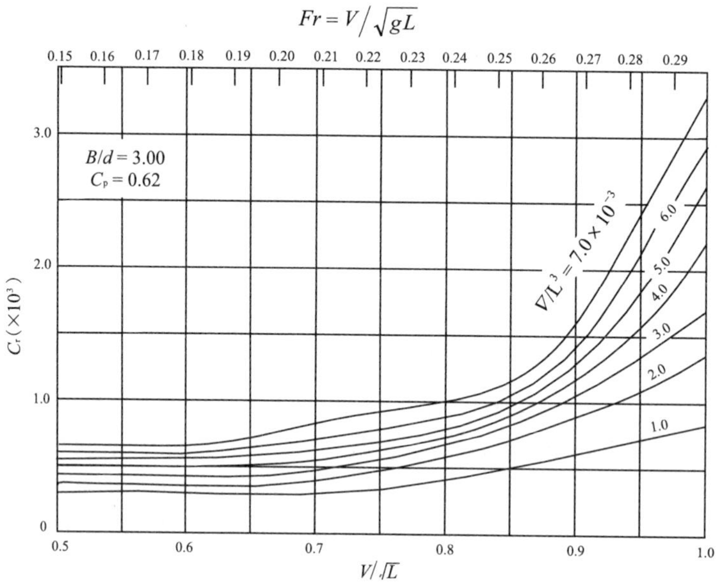

（a）中低速部分（$Fr < 0.30$）

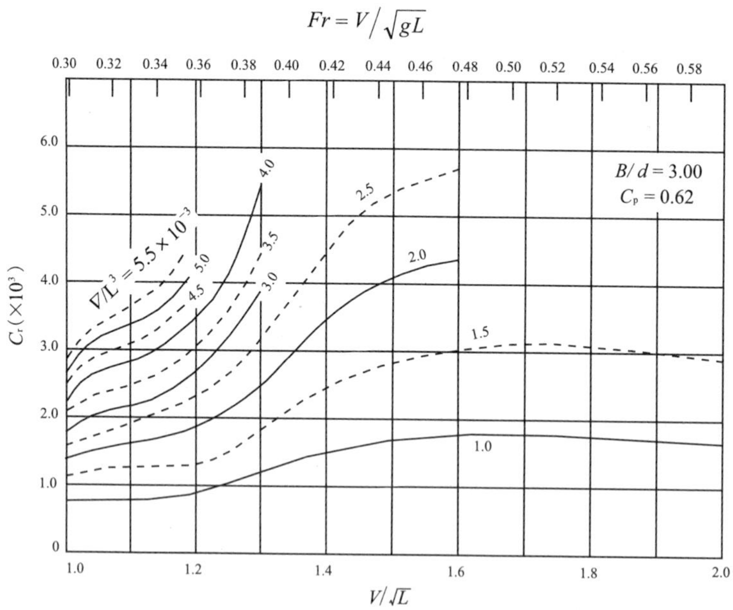

（b）高速部分（$Fr \geqslant 0.30$）

图 7–1　泰洛系列剩余阻力系数 C_r 图谱

显然，根据设计船的 B/d、C_p、∇/L^3 和 Fr 值由泰洛图谱可以很方便地求得 C_r 值。表 7–1、表 7–2、表 7–3 为重新分析后的泰洛标准组剩余阻力系数数据摘要。因此也可由该表查得 C_r 值。

（2）无量纲湿面积系数 C_s 图谱。其给出的函数关系为

$$C_s = f_3\left(\frac{B}{d}, C_p, \frac{\nabla}{L^3}\right) \tag{7-2a}$$

表 7-1　泰洛标准系列剩余阻力系数（$B/d = 2.25$）

C_p	$1\,000\nabla/L^3$	$C_r(\times10^3)$ 值 Fr 0.18	0.20	0.22	0.24	0.26	0.28	0.30	0.32
0.50	1.0	0.20	0.20	0.20	0.20	0.20	0.20	0.24	0.40
	2.0	0.27	0.28	0.28	0.32	0.37	0.40	0.44	0.72
	3.0	0.31	0.32	0.36	0.43	0.50	0.53	0.61	1.00
	4.0	0.36	0.38	0.42	0.52	0.59	0.64	0.77	1.26
	5.0	0.42	0.44	0.49	0.60	0.70	0.73	0.93	1.54
	6.0	0.47	0.49	0.55	0.68	0.82	0.88	—	—
	7.0	0.53	0.56	0.64	0.80	0.99	1.04	—	—
0.60	1.0	0.23	0.23	0.23	0.25	0.28	0.38	0.45	0.46
	2.0	0.28	0.29	0.30	0.37	0.50	0.73	1.01	1.03
	3.0	0.33	0.33	0.38	0.47	0.66	1.02	1.45	1.54
	4.0	0.38	0.40	0.46	0.56	0.80	1.32	1.86	2.00
	5.0	0.45	0.47	0.53	0.64	0.90	1.49	2.18	2.41
	6.0	0.50	0.52	0.60	0.71	1.01	1.67	—	—
	7.0	0.56	0.59	0.68	0.81	1.10	1.82	—	—
0.70	1.0	0.23	0.23	0.28	0.40	0.55	0.81	1.13	1.23
	2.0	0.30	0.32	0.47	0.71	0.97	1.46	2.30	2.47
	3.0	0.37	0.42	0.60	0.87	1.22	1.97	3.26	3.77
	4.0	0.42	0.52	0.71	1.01	1.43	2.48	4.28	5.02
	5.0	0.49	0.59	0.82	1.10	1.56	2.88	—	—
	6.0	0.56	0.68	0.90	1.20	1.68	3.20	—	—
	7.0	0.64	0.77	0.97	1.28	1.82	3.50	—	—
0.80	1.0	0.45	0.62	0.91	1.30	1.45	1.70	2.21	2.18
	2.0	0.53	0.80	1.29	1.94	2.32	2.63	3.77	4.36
	3.0	0.60	0.96	1.58	2.30	3.02	—	5.38	6.64
	4.0	0.67	1.13	1.80	2.54	3.43	—	—	—
	5.0	0.75	1.22	1.96	2.75	—	—	—	—
	6.0	0.83	1.31	2.10	—	—	—	—	—
	7.0	0.90	1.41	2.23	—	—	—	—	—

续表 7-2

表 7-2　泰洛标准系列剩余阻力系数（B/d = 3.00）

$C_r(\times10^3)$ 值									
C_p	$1\,000\nabla/L^3$	Fr							
		0.18	0.20	0.22	0.24	0.26	0.28	0.30	0.32
0.50	1.0	0.25	0.25	0.27	0.33	0.38	0.38	0.43	0.59
	2.0	0.30	0.30	0.38	0.52	0.61	0.60	0.63	0.90
	3.0	0.36	0.36	0.44	0.63	0.74	0.77	0.85	1.18
	4.0	0.43	0.43	0.50	0.74	0.86	0.87	1.02	1.50
	5.0	0.48	0.50	0.60	0.82	0.96	0.97	1.19	1.86
	6.0	0.55	0.60	0.72	0.96	1.11	1.11	1.39	2.20
	7.0	0.62	0.68	0.88	1.24	1.31	1.28	—	—
0.60	1.0	0.30	0.30	0.35	0.46	0.56	0.64	0.70	0.74
	2.0	0.38	0.38	0.44	0.58	0.75	0.97	1.17	1.28
	3.0	0.42	0.42	0.50	0.65	0.87	1.20	1.57	1.74
	4.0	0.47	0.49	0.57	0.71	0.93	1.30	1.89	2.19
	5.0	0.55	0.57	0.63	0.76	0.99	1.42	2.20	2.63
	6.0	0.61	0.64	0.74	0.86	1.04	1.63	2.45	—
	7.0	0.66	0.74	0.88	1.00	1.20	1.79	—	—
0.70	1.0	—	—	—	—	—	—	—	—
	2.0	0.42	0.48	0.63	0.82	1.08	1.58	2.40	2.69
	3.0	0.49	0.58	0.82	1.10	1.40	2.15	3.40	3.98
	4.0	0.56	0.68	0.95	1.24	1.60	2.57	4.22	5.16
	5.0	0.63	0.77	1.04	1.33	1.72	2.89	—	—
	6.0	0.72	0.87	1.11	1.40	1.85	3.13	—	—
	7.0	0.82	0.97	1.17	1.52	1.99	3.52	—	—
0.80	1.0	—	—	—	—	—	—	—	—
	2.0	0.65	0.93	1.39	2.05	2.61	3.03	4.15	4.97
	3.0	0.86	1.14	1.65	2.60	3.48	—	—	—
	4.0	0.93	1.25	1.77	2.82	—	—	—	—
	5.0	0.99	1.30	1.85	2.93	—	—	—	—
	6.0	1.03	1.33	1.92	3.05	—	—	—	—
	7.0	1.07	1.38	1.99	3.14	—	—	—	—

表 7–3　泰洛标准系列剩余阻力系数（$B/d=3.75$）

C_p	$1\,000\nabla/L^3$	$C_r(\times10^3)$ 值 Fr 0.18	0.20	0.22	0.24	0.26	0.28	0.30	0.32
0.50	1.0	0.33	0.33	0.37	0.43	0.48	0.47	0.46	0.58
	2.0	0.38	0.40	0.46	0.55	0.63	0.64	0.66	0.85
	3.0	0.47	0.48	0.55	0.67	0.78	0.83	0.90	1.21
	4.0	0.53	0.56	0.68	0.83	0.96	1.02	1.16	1.61
	5.0	0.58	0.61	0.74	0.96	1.14	1.19	1.43	2.10
	6.0	0.67	0.71	0.84	1.12	1.33	1.40	1.66	2.55
	7.0	0.74	0.78	0.94	1.27	1.53	1.60	—	—
0.60	1.0	0.42	0.42	0.43	0.45	0.49	0.56	0.62	0.70
	2.0	0.50	0.50	0.52	0.56	0.71	0.92	1.13	1.30
	3.0	0.55	0.56	0.59	0.66	0.87	1.16	1.50	1.80
	4.0	0.61	0.63	0.70	0.77	0.96	1.38	1.83	2.24
	5.0	0.70	0.72	0.80	0.87	1.07	1.58	2.20	2.70
	6.0	0.77	0.81	0.90	0.97	1.22	1.79	2.50	—
	7.0	0.84	0.90	1.00	1.10	1.34	1.88	—	—
0.70	1.0	—	—	—	—	—	—	—	—
	2.0	0.58	0.62	0.74	0.91	1.15	1.67	2.40	2.70
	3.0	0.65	0.70	0.87	1.12	1.42	2.20	3.36	3.98
	4.0	0.71	0.79	0.98	1.26	1.64	2.62	4.05	4.98
	5.0	0.77	0.87	1.08	1.36	1.82	2.98	—	—
	6.0	0.83	0.96	1.20	1.48	2.00	3.22	—	—
	7.0	0.92	1.05	1.30	1.58	2.08	3.39	—	—
0.80	1.0	—	—	—	—	—	—	—	—
	2.0	0.76	1.07	1.55	2.17	2.61	3.08	3.97	4.68
	3.0	0.84	1.14	1.68	2.52	3.23	—	—	—
	4.0	0.91	1.22	1.78	2.67	—	—	—	—
	5.0	0.97	1.29	1.88	2.78	—	—	—	—
	6.0	1.06	1.38	1.98	2.91	—	—	—	—
	7.0	1.13	1.46	2.11	3.11	—	—	—	—

当 B/d 一定时，式 (7–2a) 成为

$$C_s=f_4\left(C_p,\ \frac{\nabla}{L^3}\right) \tag{7–2b}$$

所以 C_s 图谱的形式是：以每一组 B/d 值给出一张图谱，表示为在不同 C_p 和 ∇/L^3 时的 C_s 等值曲线，如图 7–2 所示。

显然，根据设计船的 B/d、C_p 和 ∇/L^3 值，由该图谱可查得 C_s 值，进而可按下式求得船体湿面积：

$$S=C_s\sqrt{\nabla L} \tag{7–3}$$

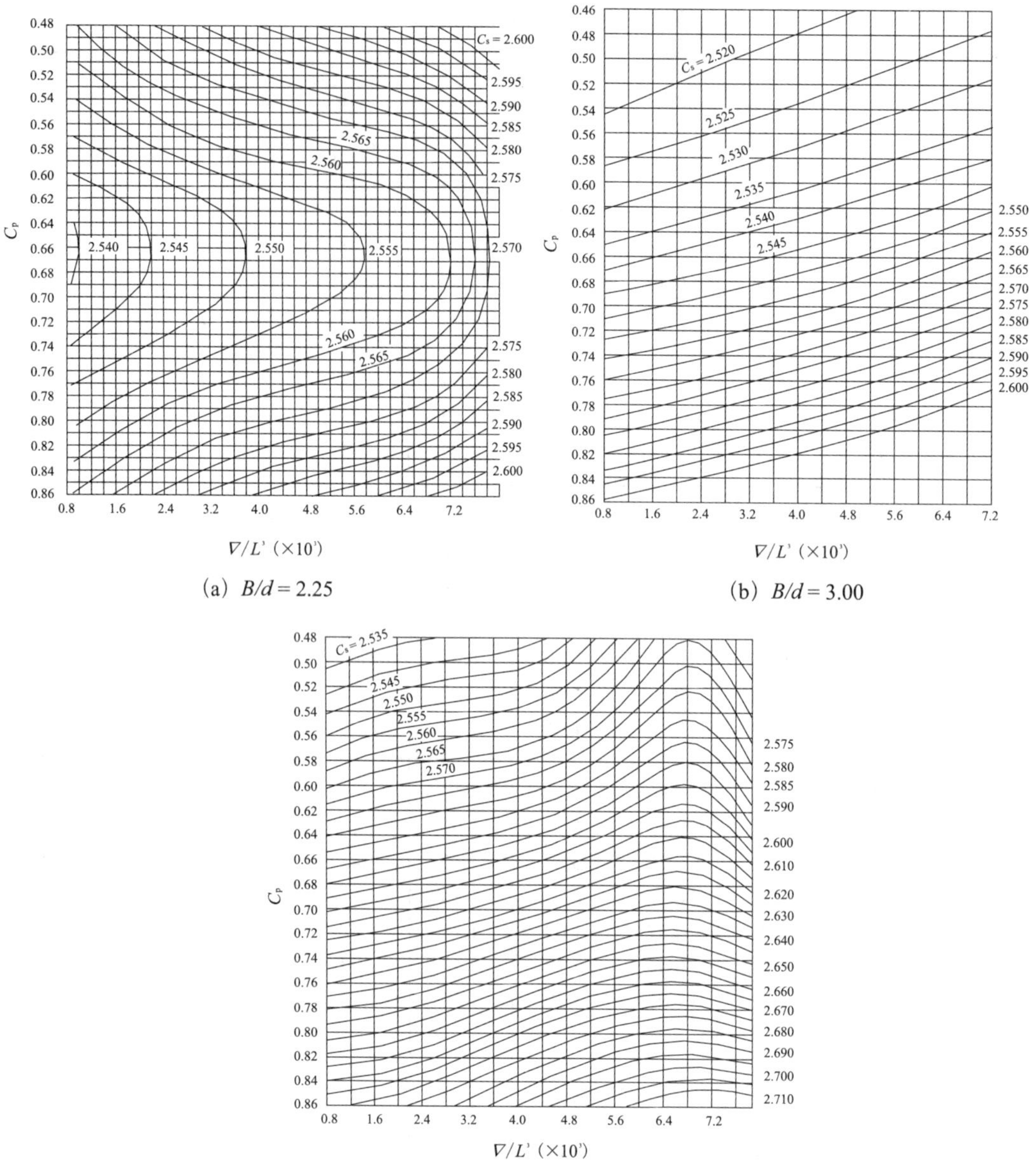

（a）$B/d = 2.25$

（b）$B/d = 3.00$

（c）$B/d = 3.75$

图 7-2　泰洛系列湿面积系数 C_s 等值图

（3）适用的参数范围。泰洛标准系列的船型参数范围分别为

第一组：$B/d = 2.25$，L/B 在 5.0 ～ 14.5，C_b 在 0.44 ～ 0.80，C_p 在 0.48 ～ 0.86

第二组：$B/d = 3.00$，L/B 在 4.6 ～ 15.1，C_b 在 0.44 ～ 0.74，C_p 在 0.48 ～ 0.80

第三组：$B/d = 3.75$，L/B 在 4.0 ～ 13.4，C_b 在 0.44 ～ 0.80，C_p 在 0.48 ～ 0.86

显而易见，泰洛系列的适用范围很广。

7.1.1.2　泰洛法阻力估算的具体步骤

应用泰洛法估算阻力的步骤及其注意点可归纳如下。

（1）计算设计船的船型参数值 B/d、C_p、∇/L^3 和 Fr。

（2）求湿面积系数 C_s 值。一般可由船体型线图求得湿面积。但如果在估算设计船的实船有效功率时，尚无型线图，则可近似认为其湿面积与标准船型的湿面积相等。这样可按给定的 B/d 值选用与其最接近的两张 C_s 图谱，并由给定的 C_p 和 ∇/L^3 值查得 C_s 值，然后对 B/d 进行线性内插求得给定参数值时标准船型的 C_s 值。

（3）计算摩擦阻力系数 C_f 值。在泰洛法中，C_f 值是按桑海公式进行计算的，可先计算雷诺数，然后由查表或直接按公式计算得到。应该注意计算雷诺数的船长应为水线长度。粗糙度补贴 ΔC_f 一般取 0.4×10^{-3}。

（4）求剩余阻力系数 C_r 值。根据设计船的参数 B/d、C_p、∇/L^3 和 Fr 值，可选对应的 C_r 图谱，经各参数内插求得 C_r 值。

应该注意，如果实船的湿面积 S' 已知时，则可求得实船之湿面积系数 C_s' 为

$$C_s' = S' / \sqrt{\nabla L} \tag{7-4}$$

其值如与标准船型湿面积系数 C_s 不同时，必须对所得到的剩余阻力系数值 C_r 进行修正，修正后的实船剩余阻力系数 C_r' 为

$$C_r' = C_r \cdot C_s / C_s' \tag{7-5a}$$

若在计算时不知船的湿面积系数，则可假定 $C_s' = C_s$，则有

$$C_r' = C_r \tag{7-5b}$$

（5）计算总阻力 R_{ts}，有效功率 P_e 值：

总阻力系数：$C_{ts} = C_r' + C_f + \Delta C_f$

总阻力：$R_{ts} = C_{ts} \cdot \dfrac{1}{2}\rho V^2 S'$

有效功率：$P_e = R_{ts} V/1\ 000$

对不同航速，重复上述计算步骤可以得到有效功率曲线。具体计算可列表进行。

最后，应该指出，泰洛标准船型的母型为一巡洋舰，其阻力性能较好，因此对航速较高、船型较瘦的双螺旋桨船用此法计算比较适当；而用于估算一艘商船，所得的结果值往往偏低。

7.1.2 陶德（Todd）法

陶德用编号为 60 的一组不同方形系数母型船模为基础，首先系列变化其浮心纵向位置，然后对不同方形系数的母型船保持其浮心在最佳纵向位置不变，系统地变化 L/B、B/d 发展成系列 60。系列 60 在民用船设计中应用十分广泛，在船型研究中常被用作标准船型。陶德法比较适用于估算单螺旋桨运输船的有效功率。由于系列 60 船型的阻力性能甚好，因而用此法估算的有效功率对一般船来讲往往偏低一些。

系列 60 的船型系数范围为：L_{bp}/B 在 6.5 ～ 8.5；B/d 在 2.5 ～ 3.5；C_b 在 0.60 ～ 0.80；$V_s/\sqrt{L_{wl}}$ 在 0.4 ～ 1.0（相应 Fr 在 0.12 ～ 0.30）。其中，L_{bp} 为垂线间长；L_{wl} 为水线长，计算方形系数用垂线间长；V_s 为航速，kn。所用单位均为英制，即长度以 ft 计，排水量为英吨，阻力用磅力（1 bf）计算。

系列 60 阻力试验结果已绘制成每英吨排水量剩余阻力（磅力）R_r/Δ 图谱。并以 $B/d=2.50$、$B/d=3.00$ 和 $B/d=3.75$ 分成 3 组。每组对一定的 $V_s/\sqrt{L_{wl}}$ 给出一张以 L_{bp}/B

为纵坐标，方形系数 C_b 为横坐标的 R_r/Δ 等值图谱。图 7–3 是该系列图谱的一张。

摩擦阻力按桑海公式计算，粗糙度补贴系数 ΔC_f 取 0.4×10^{-3}。为方便起见，已绘成诺模图，根据航速和船长可直接得到每平方英尺湿面积的摩擦阻力 R_f/S。为了确定摩擦阻力，该方法还给出了三种 B/d 情况下的该系列湿面积系数图谱。

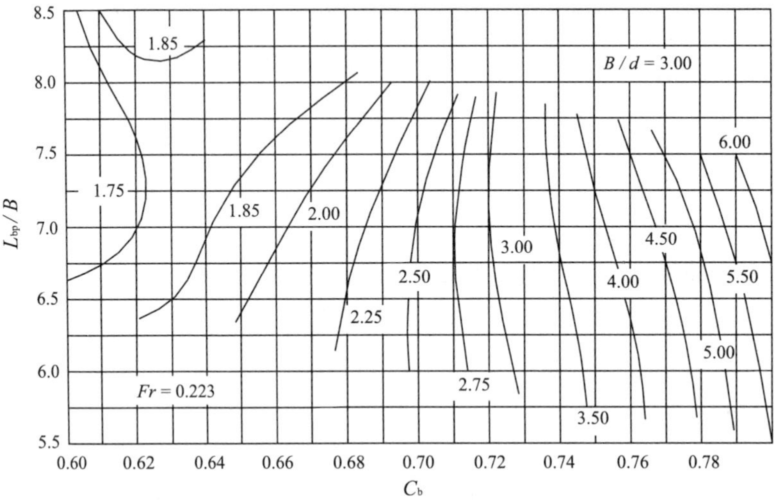

图 7–3　陶德系列 R_r/Δ 等值图谱

陶德法估算阻力的具体方法是：在给定航速时，分别由相应图谱求得 S、R_r/Δ 和 R_f/S 值之后，则总阻力为

$$R_t=(R_r/\Delta)\cdot\Delta+(R_f/S)\cdot S$$

如设计船的浮心纵向位置不在系列 60 母型的最佳位置时，特别是两者相差较大时，则需另加修正。

由于在应用电子计算机进行阻力分析、计算及船型参数的优选中，使用回归公式具有很多优越性，所以我们重点介绍系列 60 的阻力回归公式。系列 60 的阻力回归公式是用线性回归分析方法处理系列 60 的试验图谱得到的，其总阻力系数 C_t 表示为下列函数形式：

$$C_t=f\left(\frac{V_s}{\sqrt{L_{wl}}},\frac{L}{B},\frac{B}{d},C_b,x_b\right) \tag{7-6}$$

对于标准船长为 122 m 的船，其总阻力系数 C_{t122} 的回归多项式可表示为

$$\begin{aligned}C_{t122}=&A_1+A_2(L/B)+A_3(B/d)+A_4C_b+A_5x_b+A_6(L/B)^2+A_7(B/d)^2\\&+A_8(C_b)^2+A_9(x_b)^2+A_{10}(L/B)(B/d)+A_{11}(L/B)C_b+A_{12}(L/B)x_b\\&+A_{13}(B/d)C_b+A_{14}(B/d)x_b+A_{15}C_bx_b+A_{16}x_b(C_b)^2\end{aligned} \tag{7-7}$$

式中，C_{t122} 为垂线间长为 122 m 船的总阻力系数；x_b 为浮心纵向位置，以距船中 %L 计，舯前为正；

$$C_t=0.949\,2\,\frac{R_tL}{\Delta V_s^2} \tag{7-8}$$

其中，R_t 为总阻力，N；Δ 为排水量，t；V_s 为航速，kn；L 为垂线间长，m；L_{wl} 为水线长，m。

为了便于确定回归系数，将式（7−7）化为下列线性形式：

$$Y_{122} = a_1x_1 + a_2x_2 + a_3x_3 + a_4x_4 + a_5x_5 + a_6x_6 + a_7x_7 + a_8x_8 + a_9x_9 + a_{10}x_{10} + a_{11}x_{11} + a_{12}x_{12} + a_{13}x_{13} + a_{14}x_{14} + a_{15}x_{15} + a_{16}x_{16} \quad (7-9)$$

式中，$x_1=1$；$x_2 = 2(L/B-7)/3$；$x_3 = 2(B/d-3)$；$x_4 = 10(C_b-0.7)$；$x_5 = (x_b-0.515)/2.995$；$x_6 = x_2^2$；$x_7 = x_3^2$；$x_8 = x_4^2$；$x_9 = x_5^2$；$x_{10} = x_2x_3$；$x_{11} = x_2x_4$；$x_{12} = x_2x_5$；$x_{13} = x_3x_4$；$x_{14} = x_3x_5$；$x_{15} = x_4x_5$；$x_{16} = x_5x_4^2$；$Y_{122} = (C_{t122}-17.350\,5)/8.337\,5$。

对于不同的速长比 $V_s/\sqrt{L_{wl}}$，式 (7−9) 中的系数列于表 7−4。船长为 L 的设计船的总阻力系数 C_{tL} 可通过对标准船长的总阻力系数加以修正得到：

$$C_{tL} = C_{t122} + SFC \quad (7-10)$$

表 7−4　陶德法的回归方程系数

式（7−9）中系数	$V_s/\sqrt{L_{wl}}$								
	0.905 5	0.996 1	1.086 6	1.177 2	1.267 8	1.358 3	1.448 9	1.539 4	1.63
a_1	−0.824 4	−0.824 9	−0.827 8	−0.797 0	−0.756 2	−0.661 9	−0.520 0	−0.357 0	−0.026 7
a_2	+0.190 6	+0.186 5	+0.205 0	+0.233 2	+0.249 6	+0.260 7	+0.318 5	+0.352 8	+0.133 3
a_3	+0.116 4	+0.113 3	+0.104 2	+0.111 6	+0.122 1	+0.129 8	+0.130 2	+0.153 3	+0.101 5
a_4	−0.051 9	+0.006 0	+0.083 2	+0.107 5	+0.149 4	+0.260 3	+0.523 6	+0.545 5	+0.456 8
a_5	+0.005 7	−0.010 9	−0.045 1	−0.016 5	+0.047 2	+0.149 1	+0.228 9	+0.400 1	+0.467 7
a_6	+0.007 2	+0.019 8	+0.021 1	+0.017 2	+0.021 6	+0.036 1	−0.001 7	−0.002 7	+0.018 1
a_7	−0.005 2	−0.003 6	+0.006 7	+0.006 8	+0.006 4	+0.003 3	−0.002 3	−0.002 5	+0.017 5
a_8	+0.113 4	+0.110 9	+0.093 3	+0.104 1	+0.158 5	+0.185 9	+0.293 0	+0.257 9	+0.050 6
a_9	+0.067 0	+0.091 7	+0.070 8	+0.082 6	+0.142 8	+0.156 2	+0.174 2	+0.186 1	+0.155 8
a_{10}	+0.048 3	+0.051 0	+0.040 0	+0.040 9	+0.041 4	+0.040 3	+0.036 8	+0.011 8	+0.027 9
a_{11}	−0.127 6	−0.074 5	−0.072 9	−0.087 9	−0.074 4	−0.063 6	−0.117 1	−0.150 0	−0.098 8
a_{12}	+0.112 5	+0.097 1	+0.126 9	+0.188 2	+0.211 5	+0.228 9	+0.331 5	+0.425 3	+0.083 4
a_{13}	−0.048 1	−0.021 3	+0.023 2	+0.026 5	+0.018 8	+0.010 3	+0.013 2	−0.006 8	−0.015 1
a_{14}	+0.037 2	+0.020 6	−0.010 5	−0.004 9	+0.013 5	+0.037 8	+0.019 0	+0.078 9	+0.058 2
a_{15}	−0.095 4	−0.192 4	−0.085 5	−0.018 9	+0.001 8	+0.079 3	+0.124 7	+0.256 2	+0.337 6
a_{16}	−0.062 9	+0.010 8	+0.003 6	+0.058 1	+0.088 4	+0.067 1	−0.005 3	+0.060 1	+0.142 9

其中，SFC 是船长为 L 时的摩擦阻力尺度作用的修正值。其可按下式计算：

$$SFC = 99.181C_s \cdot \frac{L}{\nabla^{1/3}}(C_{fL} - C_{f122}) \quad (7-11)$$

式中，∇ 为排水体积，m^3；C_f 为桑海光滑平板的摩擦阻力系数，也可按下式计算：

$$C_f = 0.083(\lg Re - 1.65)^{-2} \quad (7-12)$$

这里，C_s为湿面积系数，其回归公式为

$$C_s = 3.432 + 0.305\left(\frac{L}{B}\right) + 0.443\left(\frac{B}{d}\right) - 0.643\,C_b \qquad (7\text{-}13)$$

不同速长比时的有效功率为

$$P_e = \frac{C_{tL}\,\Delta V_s^3}{1\,476.3L} \quad (\text{kW}) \qquad (7\text{-}14)$$

此回归方程适用范围为

$0.600 \leqslant C_b \leqslant 0.675$，　$V_s/\sqrt{L_{wl}}$ 在 1.086 6 ~ 1.63

$0.675 \leqslant C_b \leqslant 0.725$，　$V_s/\sqrt{L_{wl}}$ 在 0.905 5 ~ 1.63

$0.725 \leqslant C_b \leqslant 0.775$，　$V_s/\sqrt{L_{wl}}$ 在 0.905 5 ~ 1.539 4

$0.775 \leqslant C_b \leqslant 0.800$，　$V_s/\sqrt{L_{wl}}$ 在 0.905 5 ~ 1.448 9

应用船模系列试验结果估算阻力的方法甚多，特别是对于不同类型的船舶，几乎都有相应的系列资料可以借鉴。对于速度很高的高速排水型艇以及滑行艇等也不例外。

§7.2　归纳实船和船模资料分析估算法

这类方法都是在分析大量船模试验和实船试航结果的基础上，总结归纳成曲线图表或给出阻力回归公式，以供计算阻力或有效功率。

7.2.1　艾亚（Ayre）法

艾亚曾分析大量船模和实船试验结果，并绘制了用于阻力估算的曲线图表。其适用范围较广，一般对中、低速商船比较适用，也可用于正常尺度的海洋拖轮。

按照艾亚法估算得到的是公制有效功率，其数值中包含了单桨船通常具有的舭龙骨、舵等附体阻力以及一般货船的空气阻力，合计约占裸船体阻力的 8%。所以对双桨或多桨船的阻力和对极大上层建筑的空气阻力应另加修正。

7.2.1.1　艾亚法的基本思想

艾亚法首先规定其所给出的直接估算有效功率数据所对应的“标准船型”；然后根据设计船与标准船型之间的差异逐一进行修正，最后得到设计船的有效功率值。

艾亚法规定的标准船型的相应标准参数有：

（1）标准方形系数 C_{bc}，可用下列公式表示：单桨船：C_{bc}=1.08−1.68Fr；双桨船：C_{bc}=1.09−1.68Fr。

其具体数值如表 7-5 所列。

（2）标准宽度吃水比：$B/d = 2.0$。

（3）标准浮心纵向位置 x_c，其值也在表 7-5 中列出。

（4）标准水线长：$L_{wl} = 1.025L_{bp}$。

表 7–5　标准方形系数 C_{bc} 及标准浮心纵向位置 x_c

$V_s/\sqrt{gL}$	$V/\sqrt{L}$	标准 C_{bc}（单桨船）①	标准 x_c 位置（距船中 %L）	
			单桨船	双桨船
0.148	0.50	0.83	2.00 前	1.00 前
0.154	0.52	0.82	1.96 前	0.96 前
0.160	0.54	0.81	1.93 前	0.93 前
0.166	0.56	0.80	1.90 前	0.90 前
0.172	0.58	0.79	1.85 前	0.85 前
0.178	0.60	0.78	1.80 前	0.80 前
0.184	0.62	0.77	1.73 前	0.73 前
0.190	0.64	0.76	1.65 前	0.65 前
0.196	0.66	0.75	1.55 前	0.55 前
0.202	0.68	0.74	1.44 前	0.44 前
0.208	0.70	0.73	1.31 前	0.31 前
0.214	0.72	0.72	1.16 前	0.16 前
0.220	0.74	0.71	0.99 前	—
0.226	0.76	0.70	0.80 前	0.20 后
0.232	0.78	0.69	0.55 前	0.45 后
0.238	0.80	0.68	0.20 后	0.80 后
0.244	0.82	0.67	0.12 后	1.11 后
0.250	0.84	0.66	0.45 后	1.37 后
0.256	0.86	0.65	0.75 后	1.57 后
0.261	0.88	0.64	1.00 后	1.72 后
0.267	0.90	0.63	1.20 后	1.85 后
0.273	0.92	0.62	1.40 后	1.96 后
0.279	0.94	0.61	1.58 后	2.05 后
0.285	0.96	0.60	1.74 后	2.12 后
0.291	0.98	0.59	1.88 后	2.19 后
0.297	1.00	0.58	1.99 后	2.24 后
0.303	1.02	0.573	2.09 后	2.29 后
0.309	1.04	0.568	2.18 后	2.33 后
0.315	1.06	0.564	2.25 后	2.37 后
0.321	1.08	0.560	2.32 后	2.40 后
0.327	1.10	0.557	2.37 后	2.43 后
0.333	1.12	0.554	2.41 后	2.45 后
0.339	1.14	0.552	2.44 后	2.47 后
0.345	1.16	0.549	2.47 后	2.48 后
0.351	1.18	0.547	2.49 后	2.49 后
0.357	1.20	0.545	2.50 后	2.50 后
0.363	1.22	0.543	2.51 后	2.51 后
0.369	1.24	0.541	2.52 后	2.52 后
0.375	1.26	0.539	2.53 后	2.53 后
0.380	1.28	0.537	2.54 后	2.54 后
0.386	1.30	0.536	2.55 后	2.55 后

① 对双螺旋桨船，其 C_{bc} 数值加 0.01。

艾亚法给出的标准船型的有效功率 P_e 表达式为

$$P_e = 0.735 \cdot \frac{\Delta^{0.64} V_s^3}{C_0} \tag{7-15}$$

式中，V_s 为静水试航速度，kn；Δ 为排水量，t。对排水量 Δ 的指数不用 2/3 而用 0.64 乃是照顾到摩擦阻力随尺度的增长比剩余阻力随尺度的增长缓慢。若设计船为巡洋舰船艉，其排水量也应包括在 Δ 内，但在求浮心纵向位置 x_c 时，则不将巡洋舰型尾的排水量计入。

式 (7-15) 中的系数 C_0 可根据长度排水量系数 $L/\Delta^{1/3}$ 和速长比 $V/\sqrt{L}$（或 Fr）由图 7-4 查得。这里所用 L 均为垂线间长，图 7-4 中的 C_0 值仅适用于标准船型。

求得标准船型的 C_0 值以后，根据设计船与标准船型间的差异，按统计分析结果对系数 C_0 进行修正，将修正后的数值代入式 (7-15) 进行计算即可求得设计船的有效功率值。

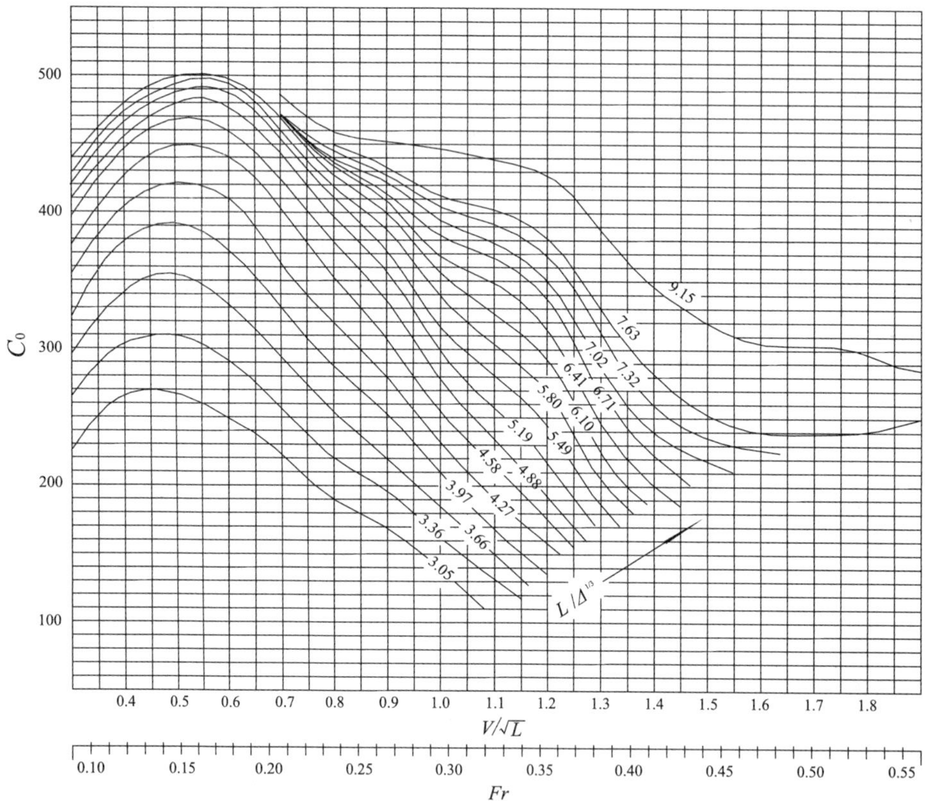

图 7-4 艾亚法标准船型的系数 C_0 值

7.2.1.2 艾亚法估算阻力的步骤

对于需要进行有效功率 P_e 估算的实际设计船舶，关键在于修正式 (7-15) 中的系数 C_0 值，其具体方法如下。

（1）由实际船舶的 Fr 或 $V/\sqrt{L}$ 及 $L/\Delta^{1/3}$ 值在图 7-4 的曲线上查得相应于标准船型的 C_0 值。

（2）根据 Fr 或 $V/\sqrt{L}$ 由表 7-3 查得对应于标准船型的方形系数 C_{bc} 和纵向浮心位置 x_c。

（3）对实船进行修正：与标准船型的参数相比较，应作如下四个修正。

①方形系数 C_b 的修正：若实船方形系数 C_b 小于或大于标准船型的方形系数 C_{bc}，

应对标准船型的 C_0 值增加或减小一个修正值 Δ_1。

当 $C_b > C_{bc}$ 时，

$$\Delta_1 = -3 \times C_b \frac{C_b - C_{bc}}{C_{bc}} \cdot C_0 \tag{7-16}$$

当 $C_b < C_{bc}$ 时，$\Delta_1 = C_0 \times K_{bc}\%$。这里 C_0 所增加的百分数 K_{bc} 由表 7-6 查得。

经方形系数修正后的系数值为

$$C_1 = C_0 + \Delta_1$$

表 7-6　实际 C_b 较小时对 C_0 所增加的百分数 K_{bc}

$100\frac{C_{bc}-C_b}{C_{bc}}$	K_{bc}	$100\frac{C_{bc}-C_b}{C_{bc}}$	K_{bc}	$100\frac{C_{bc}-C_b}{C_{bc}}$	K_{bc}	$100\frac{C_{bc}-C_b}{C_{bc}}$	K_{bc}
—	—	4.0	2.00	8.0	5.05	12.0	8.70
0.2	0.08	4.2	2.12	8.2	5.23	12.2	8.88
0.4	0.16	4.4	2.24	8.4	5.41	12.4	9.06
0.6	0.24	4.6	2.36	8.6	5.59	12.6	9.23
0.8	0.32	4.8	2.48	8.8	5.77	12.8	9.39
1.0	0.40	5.0	2.60	9.0	5.95	13.0	9.55
1.2	0.50	5.2	2.74	9.2	6.13	13.2	9.71
1.4	0.60	5.4	2.88	9.4	6.31	13.4	9.87
1.6	0.70	5.6	3.04	9.6	6.49	13.6	10.02
1.8	0.80	5.8	3.20	9.8	6.67	13.8	10.16
2.0	0.90	6.0	3.36	10.0	6.85	14.0	10.30
2.2	1.00	6.2	3.52	10.2	7.03	15.0	11.00
2.4	1.10	6.4	3.68	10.4	7.21	16.0	11.60
2.6	1.20	6.6	3.84	10.6	7.40	17.0	12.05
2.8	1.30	6.8	4.00	10.8	7.60	18.0	12.35
3.0	1.40	7.0	4.16	11.0	7.80	19.0	12.60
3.2	1.52	7.2	4.33	11.2	8.00	20.0	12.80
3.4	1.64	7.4	4.51	11.4	8.20	21.0	12.90
3.6	1.76	7.6	4.69	11.6	8.38	22.0	13.00
3.8	1.88	7.8	4.87	11.8	8.54	—	—

②宽度吃水比 B/d 的修正：当设计船的 B/d 不等于 2.0 时，则系数 C_1 需另加一个修正值 Δ_2，并按下式计算：

$$\Delta_2 = -10C_b\left(\frac{B}{d} - 2\right)\% \times C_1 \tag{7-17}$$

经方形系数和 B/d 修正后的系数值为

$$C_2 = C_1 + \Delta_2 = C_0 + \Delta_1 + \Delta_2$$

③浮心纵向位置 x_c 的修正：若实际浮心纵向位置不在标准位置时，应对系数 C_2 减小一个修正量 Δ_3：

$$\Delta_3 = C_2 \times K_{xc}\% \tag{7-18}$$

这里减小百分数 K_{xc} 由表 7-7 或表 7-8 查得。

表 7-7　实际 x_c 位置在标准 x_c 位置前时对 C_2 应减小的百分数 K_{xc}（1）

$V/\sqrt{L}$	实际 x_c 位置在标准 x_c 位置前的距离以船长 L 的百分数计									
	0.2	0.4	0.6	0.8	1.0	1.2	1.4	1.6	1.8	2.0
0.40	0.4	0.8	1.2	1.6	2.0	2.6	3.2	3.8	4.4	5.0
0.42	0.3	0.7	1.0	1.4	1.8	2.4	3.0	3.6	4.2	4.8
0.44	0.2	0.6	0.9	1.2	1.6	2.2	2.8	3.4	4.0	4.6
0.46	0.2	0.5	0.8	1.0	1.4	2.0	2.6	3.2	3.8	4.4
0.48	0.2	0.4	0.7	0.9	1.2	1.8	2.4	3.0	3.6	4.2
0.50	0.2	0.4	0.6	0.8	1.0	1.6	2.2	2.8	3.4	4.0
0.52	0.2	0.4	0.6	0.8	1.0	1.6	2.2	2.8	3.4	4.0
0.54	0.2	0.4	0.6	0.8	1.0	1.6	2.2	2.8	3.4	4.0
0.56	0.2	0.4	0.6	0.8	1.0	1.6	2.2	2.8	3.4	4.0
0.58	0.2	0.4	0.6	0.8	1.0	1.6	2.2	2.8	3.4	4.0
0.60	0.2	0.4	0.6	0.8	1.0	1.0	2.2	2.8	3.4	4.0
0.62	0.2	0.5	0.8	1.1	1.4	2.0	2.6	3.2	3.8	4.4
0.64	0.3	0.7	1.0	1.4	1.8	2.4	3.0	3.6	4.2	4.8
0.66	0.4	0.8	1.3	1.7	2.2	2.8	3.4	4.0	4.6	5.2
0.68	0.5	1.0	1.5	2.0	2.6	3.2	3.8	4.4	5.0	5.6
0.70	0.6	1.2	1.8	2.4	3.0	3.6	4.2	4.8	5.4	6.0
0.72	0.6	1.3	2.0	2.7	3.4	4.1	4.7	5.4	6.1	6.8
0.74	0.7	1.5	2.2	3.0	3.8	4.5	5.3	6.0	6.8	7.6
0.76	0.8	1.6	2.5	3.3	4.2	5.0	5.8	6.7	7.5	8.4
0.78	0.8	1.8	2.7	3.6	4.6	5.5	6.4	7.3	8.2	9.2
0.80	1.0	2.0	3.0	4.0	5.0	6.0	7.0	8.0	9.0	10.0
0.82	1.0	2.1	3.2	4.3	5.4	6.5	7.6	8.6	9.7	10.8
0.84	1.1	2.3	3.4	4.6	5.8	7.0	8.1	9.2	10.4	11.6
0.86	1.2	2.4	3.7	4.9	6.2	7.5	8.7	9.9	11.1	12.4
0.88	1.2	2.6	3.9	5.2	6.6	8.0	9.2	10.5	11.8	13.2
0.90	1.4	2.8	4.2	5.6	7.0	8.4	9.8	11.2	12.6	14.0
0.92	1.4	2.9	4.4	5.9	7.4	8.9	10.4	11.8	13.3	14.8
0.94	1.5	3.1	4.6	6.2	7.8	9.3	10.9	12.4	14.0	15.6
0.96	1.6	3.2	4.9	6.5	8.2	9.8	11.5	13.1	14.7	16.4
0.98	1.6	3.4	5.1	6.8	8.6	10.3	12.0	13.7	15.4	17.2
1.00	1.8	3.6	5.4	7.2	9.0	10.8	12.6	14.4	16.2	18.0
1.02	1.8	3.7	5.6	7.5	9.4	11.3	13.2	15.0	16.9	18.8
1.04	1.9	3.9	5.8	7.8	9.8	11.8	13.7	15.6	17.6	19.6
1.06	2.0	4.0	6.1	8.1	10.2	12.3	14.3	16.3	18.3	20.4
1.08	2.1	4.2	6.3	8.4	10.6	12.7	14.8	16.9	19.1	21.1
1.10	2.2	4.4	6.6	8.8	11.0	13.2	15.4	17.6	19.8	22.0
1.15	2.4	4.8	7.2	9.6	12.0	14.4	16.8	19.2	21.6	24.0
1.20	2.6	5.2	7.8	10.4	13.0	15.6	18.2	20.8	23.4	26.0

表 7–8　实际 x_c 位置在标准 x_c 位置前时对 C_2 应减小的百分数 K_{xc}（2）

$V/\sqrt{L}$	实际 x_c 位置在标准 x_c 位置前的距离以船长 L 的百分数计									
	0.2	0.4	0.6	0.8	1.0	1.2	1.4	1.6	1.8	2.0
0.40	1.0	2.0	3.0	4.0	5.0	6.4	7.8	9.2	10.6	12.0
0.42	0.9	1.9	2.8	3.8	4.8	6.1	7.5	8.9	10.2	11.6
0.44	0.8	1.8	2.7	3.6	4.6	5.8	7.2	8.6	9.8	11.2
0.46	0.8	1.7	2.6	3.5	4.4	5.6	6.9	8.3	9.5	10.8
0.48	0.8	1.7	2.5	3.4	4.2	5.4	6.6	8.0	9.2	10.4
0.50	0.8	1.6	2.4	3.2	4.0	5.2	6.4	7.6	8.8	10.0
0.52	0.7	1.5	2.3	3.1	3.8	4.9	6.1	7.2	8.4	9.6
0.54	0.6	1.4	2.2	2.9	3.6	4.6	5.8	6.9	8.0	9.2
0.56	0.6	1.3	2.0	2.8	3.4	4.4	5.6	6.6	7.6	8.8
0.58	0.6	1.2	1.9	2.6	3.2	4.2	5.2	6.3	7.3	8.4
0.60	0.6	1.2	1.8	2.4	3.0	4.0	5.0	6.0	7.0	8.0
0.62	0.6	1.1	1.7	2.3	2.8	3.7	4.7	5.6	6.6	7.6
0.64	0.5	1.1	1.6	2.1	2.6	3.4	4.4	5.3	6.2	7.2
0.66	0.5	1.0	1.4	1.9	2.4	3.2	4.1	5.0	5.8	6.8
0.68	0.5	0.9	1.3	1.7	2.2	3.0	3.8	4.7	5.5	6.4
0.70	0.4	0.8	1.2	1.6	2.0	2.8	3.6	4.4	5.2	6.0
0.72	0.4	0.7	1.0	1.4	1.8	2.5	3.2	4.0	4.8	5.6
0.74	0.3	0.6	0.9	1.2	1.6	2.3	2.9	3.6	4.4	5.2
0.76	0.3	0.5	0.8	1.0	1.4	2.0	2.6	3.3	4.0	4.8
0.78	0.2	0.4	0.7	0.9	1.2	1.8	2.4	3.0	3.6	4.4
0.80	0.2	0.4	0.6	0.8	1.0	1.6	2.2	2.8	3.4	4.0
0.82	—	0.2	0.4	0.6	0.8	1.3	1.8	2.4	3.0	3.6
0.84	—	—	0.2	0.4	0.6	1.1	1.6	2.1	2.6	3.2
0.86	—	—	—	0.2	0.4	0.8	1.3	1.8	2.3	2.8
0.88	—	—	—	—	0.2	0.6	1.0	1.4	1.9	2.4
0.90	—	—	—	—	—	0.4	0.8	1.2	1.6	2.0
0.92	—	—	—	—	—	0.3	0.6	1.0	1.4	1.6
0.94	—	—	—	—	—	0.3	0.5	0.7	1.0	1.2
0.96	—	—	—	—	—	0.2	0.4	0.7	1.0	1.2
0.98	—	—	—	—	—	0.3	0.6	0.9	1.2	1.6
1.00	—	—	—	—	—	0.4	0.8	1.2	1.6	2.0
1.02	—	—	—	—	0.2	0.6	1.0	1.5	1.9	2.4
1.04	—	—	—	0.2	0.4	0.8	1.3	1.8	2.3	2.8
1.06	—	—	0.2	0.4	0.6	1.1	1.6	2.1	2.6	3.2
1.08	—	0.2	0.4	0.6	0.8	1.3	1.9	2.4	3.0	3.6
1.10	0.2	0.4	0.6	0.8	1.0	1.6	2.2	2.8	3.4	4.0
1.15	0.3	0.6	0.9	1.2	1.5	2.2	2.9	3.6	4.3	5.0
1.20	0.4	0.8	1.2	1.6	2.0	2.8	3.6	4.4	5.2	6.0

经 C_b、B/d 和 x_c 修正后的系数值为

$$C_3 = C_2 + \Delta_3 = C_0 + \Delta_1 + \Delta_2 + \Delta_3$$

这里要注意，如果实际的 C_b 大于标准的 C_{bc}，则浮心纵向位置 x_c 的修正量 Δ_3 与方形系数的修正 Δ_1 是不累计的，而是：

若 $\Delta_3 \leqslant \Delta_1$，则免去对 x_c 的修正，即令 $\Delta_3 = 0$；

若 $\Delta_3 > \Delta_1$，则将 $\Delta_3 - \Delta_1$ 作为对 x_c 的修正量。

④ 水线长度 L_{wl} 的修正：对于实际水线长 L_{wl} 大于或小于标准水线长度，则应将系

数 C_3 增加或减小一个修正量 Δ_4：

$$\Delta_4=\frac{L_{wl}-1.025L_{bp}}{1.025L_{bp}}\times C_3 \tag{7-19}$$

这样最后经过水线长度修正后的系数值为

$$C_4=C_3+\Delta_4=C_0+\Delta_1+\Delta_2+\Delta_3+\Delta_4$$

7.2.1.3 实际设计船的有效功率

实际设计船的有效功率如下：

$$P_e=\frac{\Delta^{0.64}V^3}{C_4}\times 0.735\quad(\text{kW}) \tag{7-20a}$$

这里 P_e 是计入 8% 的附加阻力在内的有效功率，其相应的裸船体有效功率为

$$P_{eb}=P_e/1.08 \tag{7-20b}$$

艾亚法的计算过程可列表进行，表 7–9 是具体估算一例。

表 7–9 艾亚法有效功率估算实例

水线长 $L_{wl}=125.5$ m 垂线间长 $L_{bp}=122.0$ m 宽度 $B=16.8$ m 吃水 $d=7.94$ m 排水量（海水） $\Delta=11\,970$ t	宽度吃水比数 $B/d=2.12$ 方形系数 $C_b=0.721$ 纵向浮心位置 $x_c=0.5\%\,L$，船中前 $L/\Delta^{1/3}=5.33$ $\Delta^{0.64}=407$	
速度 V / kn	14	15
弗劳德数 $V_s/\sqrt{gL}$	0.208	0.222
标准 C_0 查图 7–4	449	424
标准 C_{bc}，查表 7–5	0.730	0.705
实际 C_b（肥或瘦）(%)	1.23，瘦	2.27，肥
C_b 修正（%） 若肥：$-C_b$ 肥（%）×3× 实际 C_b		−4.91
若瘦：查表 7–6	+0.51	
C_b 修正数量 Δ_1	＋2	−21
已修正 C_b 的 C_1	451	403
B/d 修正 % = $-10C_b(B/d-2)$ %	−0.86	−0.86
B/d 修正数量，Δ_2[式 (7–17)]	−4	−3
已修正 B/d 的 C_2	447	400
标准 x_c，%L，船中前或后，查表 7–5	1.31，船中前	0.90，船中前
实际 x_c，%L，船中前或后	0.50，船中前	0.50，船中前
相差 %L，在标准者前或后	0.81，船中后	0.40，船中后
x_c 修正 (%)，查表 7–7	−1.62	−0.55
x_c 修正数量，Δ_3[式 (7–18)]	−7	−2 免
已修正 x_c 的 C_3	440	400
长度修正 % = $\frac{L_{wl}-1.025L_{bp}}{L_{wl}}\times 100\%$	＋0.3	＋0.3
长度修正数量，Δ_4[式 (7–19)]	＋1	＋1
已修正长度的 C_4	441	401
V^3	2 744	3 375
$P_e=\frac{\Delta^{0.64}V^3}{C_4}\times 0.735$ / kW	1 860	2 521

一般来说，艾亚法的适用范围较广，特别对中、低速船的估算结果与船模试验结果的吻合性尚好，因而有一定的实用价值。但其所统计的资料仅代表 20 世纪 40 年代以前的船型，因此用于近代的船型，如肥大型船，往往误差较大，甚至船型要素超出艾亚法所给定的范围。此外，此估算法纯属由统计资料所得，故不仅有理论上难以解释之处，而且某些重要的船型要素对有效功率的影响没有给予考虑，这是该方法的不足之处。

7.2.2　兰泼 - 凯勒（Lap-Keller）法

凯勒对 1954 年兰泼发表的图谱进行修正和扩充后给出了供单螺旋桨民用船估算阻力的图谱。该图谱是根据荷兰瓦根宁船模试验池所做的 107 艘单螺旋桨大型船舶的模型试验结果分析整理得到的。

兰泼 - 凯勒阻力估算法是将船的剩余阻力和摩擦阻力分开进行计算。其中，摩擦阻力系数按照桑海公式计算，而粗糙度补贴系数 ΔC_f 根据船长选取，如表 2-3 所列。而剩余阻力可由整理所得的 $C_r \cdot \dfrac{S}{A_m}$ 对 $V_s/\sqrt{C_p L}$ 曲线图谱查得。这里 C_r 为剩余阻力系数，S 为船体湿面积，A_m 为船中横剖面面积，V_s 为船速，以 m/s 计。

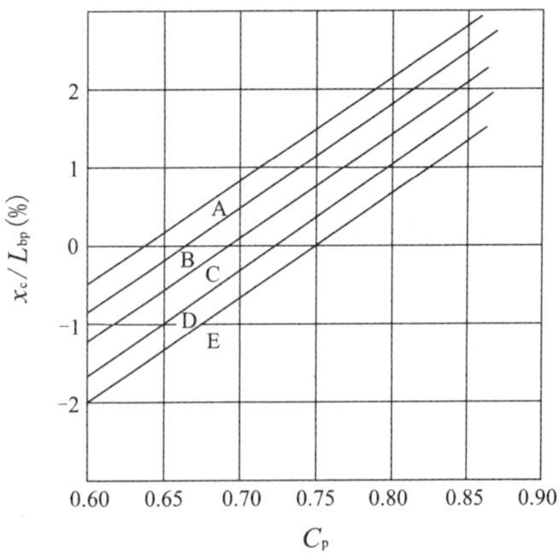

图 7-5　兰泼 - 凯勒法的浮心位置分组

剩余阻力图谱共分为 A、B、C、D、E 五组，各组的浮心纵向位置 x_c 与棱形系数 C_p 间均满足一定关系，该关系如图 7-5 所示。每组各有一张阻力图谱如图 7-6 至图 7-10 所示。计算中，船长取 $L_{disp} = 1.01L_{bp}$ 与 L_{wl} 中较大者。

确定剩余阻力的方法如下。

（1）根据设计船的 C_p 和 x_c 值，由图 7-5 查该船属于哪一组，选定适用于该组的阻力图谱。

（2）根据实船的 $V_s/\sqrt{C_p L}$ 值由图 7-6 至图 7-10 中相应的阻力图谱查得 $C_r \cdot \dfrac{S}{A_m}$ 值。

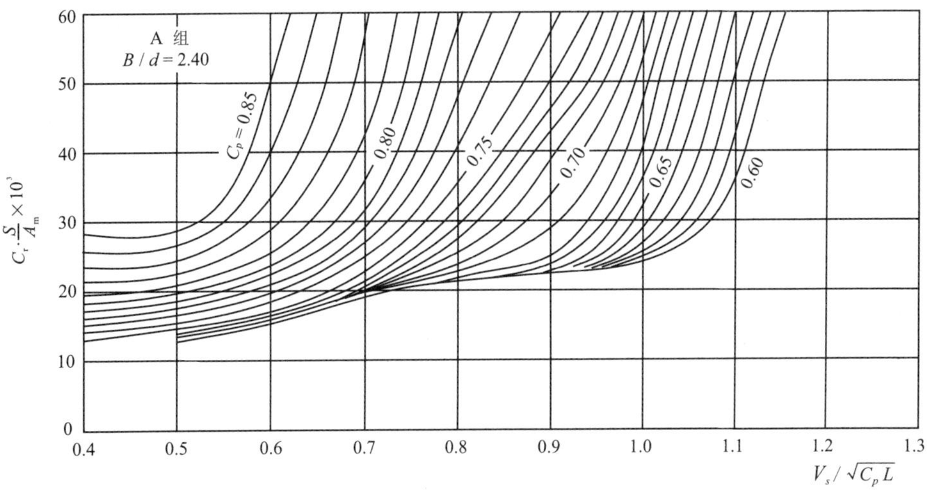

图 7-6　兰泼 - 凯勒法：A 组的 $C_r \cdot S/A_m$ 的图谱

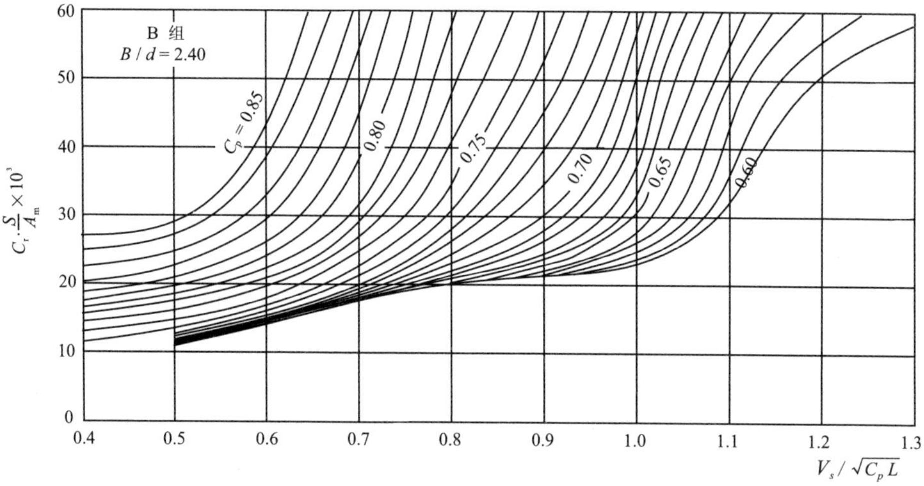

图 7-7　兰波 - 凯勒法：B 组的 $C_r \cdot S/A_m$ 的图谱

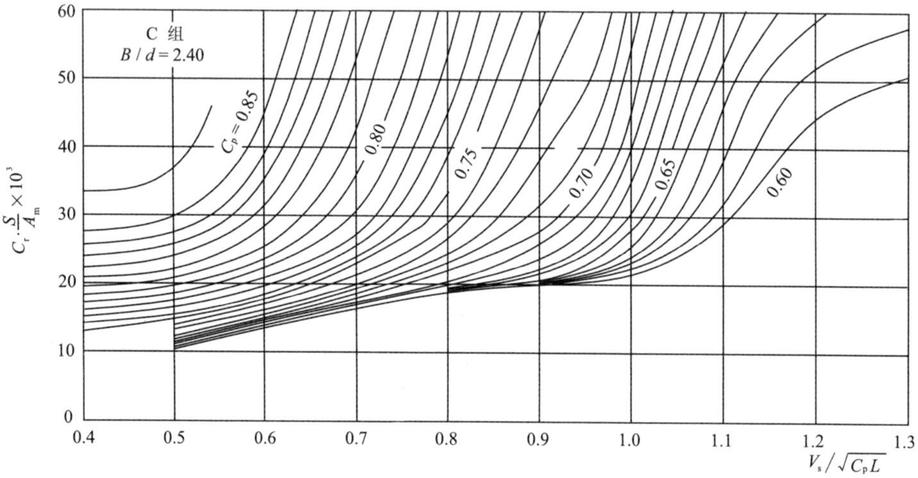

图 7-8　兰波 - 凯勒法：C 组的 $C_r \cdot S/A_m$ 的图谱

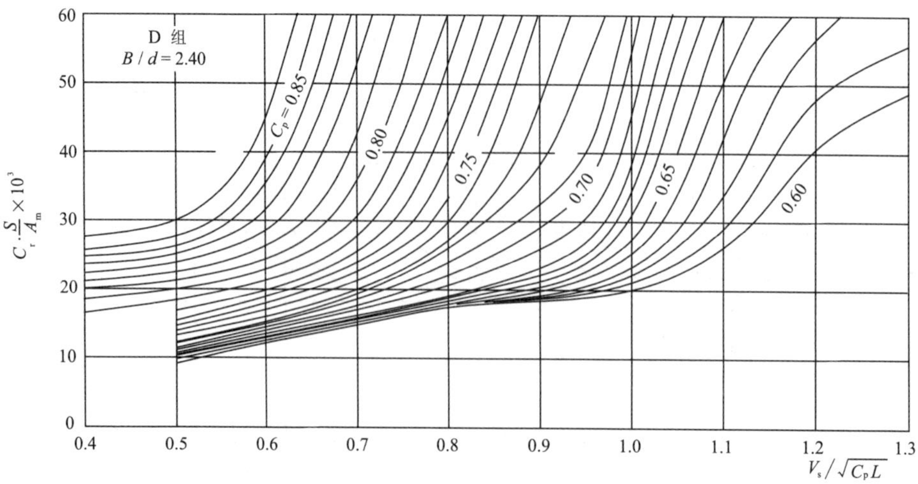

图 7-9　兰波 - 凯勒法：D 组的 $C_r \cdot S/A_m$ 的图谱

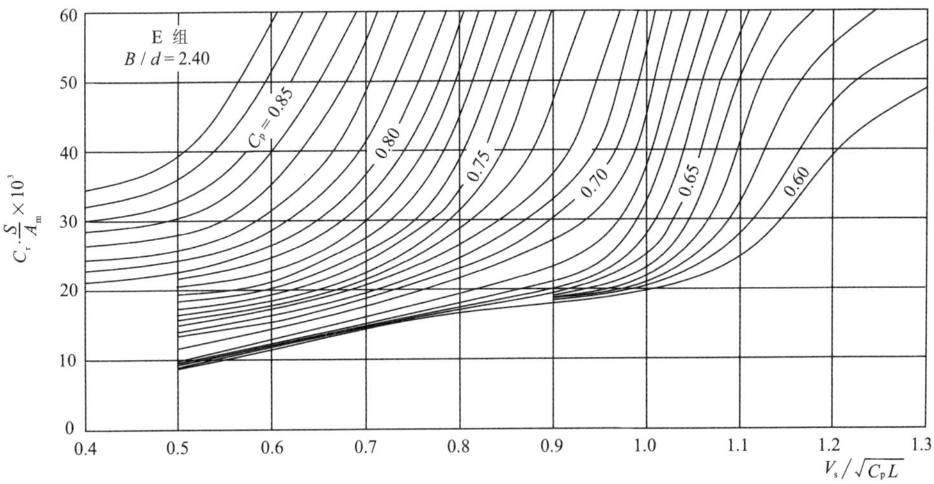

图 7–10　兰泼 – 凯勒法：E 组的 $C_r \cdot S/A_m$ 的图谱

（3）如果 $C_p > 0.80$，且 $L/B \neq 6.5$ 时，应对 $C_r \cdot \dfrac{S}{A_m}$ 值另加一个修正百分数，该修正值根据实船的 L/B 由图 7–11 查得。

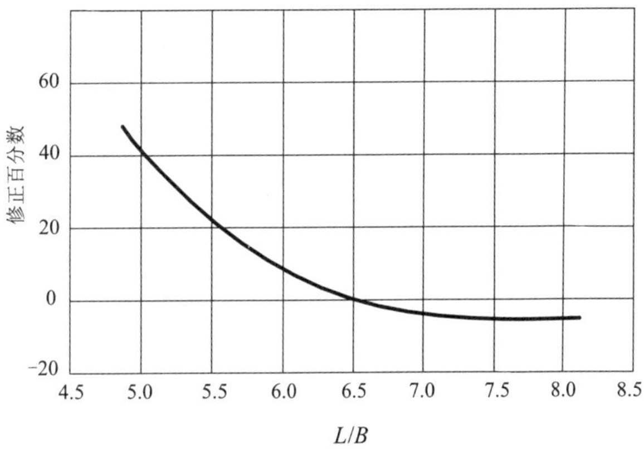

图 7–11　L/B 对 $C_r \cdot \dfrac{S}{A_m}$ 值的修正百分数

（4）计算得 C_r 值，进而得剩余阻力 R_r，并与摩擦阻力相加，求得总阻力 R_t。

（5）由于计算所得总阻力是对应于 $B/d = 2.40$ 的情况，故对于 $B/d \neq 2.40$ 时，对总阻力应作如下修正：

$$\Delta R_t = \pm 10(B/d - 2.4) \times 0.5\% R_t$$

当 $2.4 < B/d < 3.0$ 时，上述修正量取正号，否则取负号。

经过修正后的实船总阻力为 $(R_t + \Delta R_t)$。

§7.3　母型船数据估算法

在船舶设计过程中，常可应用母型船数据估算法来迅速确定设计船的阻力或有效功率。应用这类方法虽然所得结果的精确性不一定很高，但由于使用这类方法简单易行，因而常被用于比较多种设计方案的阻力性能估算以及某些仅要求对阻力性能作粗略估算的情况。若设计船与母型船十分相似，且母型船的数据可靠，则这类方法也能给出满意的结果。

7.3.1　海军系数法

海军系数法是母型船数据估算法中最常用的一种方法，这种方法的出发点如下。

7.3.1.1 对摩擦阻力 $R_f = C_f \cdot \frac{1}{2}\rho V^2 S$ 的近似处理

（1）对于形状近似的船，湿面积 S 大致与排水量 Δ 的 2/3 次方成比例，即 $S \propto \Delta^{2/3}$。

（2）对两形状相近，且大小、速度略等的船，则可认为两者的雷诺数 Re 相近，故近似取 $C_f(Re)$ 等于常数。

这样两船的摩擦阻力为

$$R_f \propto \Delta^{2/3} V^2 \tag{7-21a}$$

7.3.1.2 对剩余阻力 $R_r = C_r \cdot \frac{1}{2}\rho V^2 S$ 的近似处理

（1）同样，对形状近似的两船，认为 $S \propto \Delta^{2/3}$。

（2）若在低速或弗劳德数相近时，则近似有 $C_r(Fr)$ 等于常数，这样两船的剩余阻力可以表达为

$$R_r \propto \Delta^{2/3} V^2 \tag{7-21b}$$

由式 (7-2la) 和式 (7-21b)，得总阻力和有效功率分别为

$$R_t = R_f + R_r \propto \Delta^{2/3} V^2 \tag{7-22}$$

$$P_e \propto \Delta^{2/3} V^3$$

或写成

$$C_e = \frac{\Delta^{\frac{2}{3}} V^3}{P_e} \tag{7-23}$$

式中，Δ 为排水量，t；V 为航速，kn；C_e 为海军系数。显然，对于船型近似，尺度和航速略同的船，它们的海军系数大致相同。

因此，通常估算设计船的有效功率时，若能找到母型船，即与设计船的船型相近、大小和航速相差不多的船舶，并由母型船的资料按式 (7-23) 求得其海军系数，这样同类设计船的有效功率可由下式求得：

$$P_e = \frac{\Delta^{\frac{2}{3}} V^3}{C_e} \tag{7-24a}$$

由于同类船的有效功率和机器功率 P_m 之比大致也为一常数，故也可用 P_m 代替 P_e，这样海军系数也可定义为

$$C_m = \frac{\Delta^{\frac{2}{3}} V^3}{P_m} \tag{7-24b}$$

则设计船的机器功率 P_m 为

$$P_m = \frac{\Delta^{\frac{2}{3}} V^3}{C_m} \tag{7-24c}$$

应该说明的是，系数 C_e 和 C_m 的含义是不同的。C_e 仅反映了船舶的阻力性能，而 C_m 则包含阻力和推进的综合性能。设推进系数 $\eta = P/P_m$，则可分析如下：

$$C_e = \frac{\Delta^{\frac{2}{3}} V^3}{P_e} \propto \frac{\Delta^{\frac{2}{3}} V^2}{R_t} \propto 1/C_t \tag{7-25}$$

$$C_m = \frac{\Delta^{\frac{2}{3}} V^3}{P_m} = \frac{\Delta^{\frac{2}{3}} V^3}{P_e / \eta} \propto \eta / C_t \tag{7-26}$$

因此，海军系数 C_m 实际上反映了船的快速性好坏。该系数越大，则表示在给定主机功率时所能达到的航速高，所以船的快速性越好。

海军系数一般由母型船的试航资料得到。若无相近的母型船，可借助一些经验公式或经验数据确定海军系数。

7.3.2　引伸比较定律法

假定母型船和新船的形状相似，它们的排水量分别为 Δ_1 和 Δ_2，则新船和母型船的尺度比，如长度之比为

$$\frac{L_2}{L_1} = \left(\frac{\Delta_2}{\Delta_1}\right)^{1/3}$$

现若两船的尺度差别不大时，可将比较定律引伸用于总阻力 R_t。所以在相应速度时，即

$$\frac{V_2}{V_1} = \frac{\sqrt{L_2}}{\sqrt{L_1}} = \left(\frac{\Delta_2}{\Delta_1}\right)^{1/6}$$

则有

$$\frac{R_{t2}}{R_{t1}} = \frac{\Delta_2}{\Delta_1}$$

因此

$$\frac{P_{e2}}{P_{e1}} = \frac{R_{t2} V_2}{R_{t1} V_1} = \left(\frac{\Delta_2}{\Delta_1}\right)^{7/6} \tag{7-27a}$$

若新船和母型船的推进系数相同，则两船的主机功率之比为

$$\frac{P_{m2}}{P_{m1}} = \left(\frac{\Delta_2}{\Delta_1}\right)^{7/6} \tag{7-27b}$$

若有母型船的功率和速度曲线，可先算出新船在航速 V_2 时的母型船相应速度 $V_1 = V_2 \left(\frac{\Delta_1}{\Delta_2}\right)^{1/6}$，然后在母型船功率曲线上查得 V_1 时的功率 P_1，则新船在 V_2 时的功率为：$P_2 = P_1 \left(\frac{\Delta_2}{\Delta_1}\right)^{7/6}$。

7.3.3　基尔斯（гирс）影响系数法

假定新船与母型船相似，则在相应速度时，它们的剩余阻力系数相等。现若新船的船型较母型船有所改变，则它们在相同 Fr 数时的剩余阻力系数分别为 C_{r2} 和 C_{r1}，并令

$$K = C_{r2} / C_{r1} \tag{7-28}$$

这里 K 为阻力修正系数，可根据与母型船的形状相近的船模系列试验结果确定。

基尔斯根据泰洛标准组船模的阻力曲线，以 $C_p = 0.65$、$L/\Delta^{1/3} = 8.0$、$B/d = 3.0$ 的船模剩余阻力系数 C_{r0} 作为基准，分别给出 C_p、$L/\Delta^{1/3}$ 或 B/T 变化时对剩余阻力影响

的修正曲线，如图 7-12、图 7-13 和图 7-14 所示。图 7-12 至图 7-14 中的修正系数分别为

$$K_1=\frac{C_r}{C_{r0}\left(C_p=0.65\right)}=f_1(C_p),\ \text{当}\ L/\Delta^{1/3}=8.0\text{、}B/d=3.0\ \text{时；}$$

$$K_2=\frac{C_r}{C_{r0}\left(L/\Delta^{1/3}=8.0\right)}=f_2(L/\Delta^{1/3}),\ \text{当}\ C_p=0.65\text{、}B/d=3.0\ \text{时；}$$

$$K_3=\frac{C_r}{C_{r0}\left(B/T=3.0\right)}=f_3(B/d),\ \text{当}\ C_p=0.65\text{、}L/\Delta^{1/3}=8.0\ \text{时。}$$

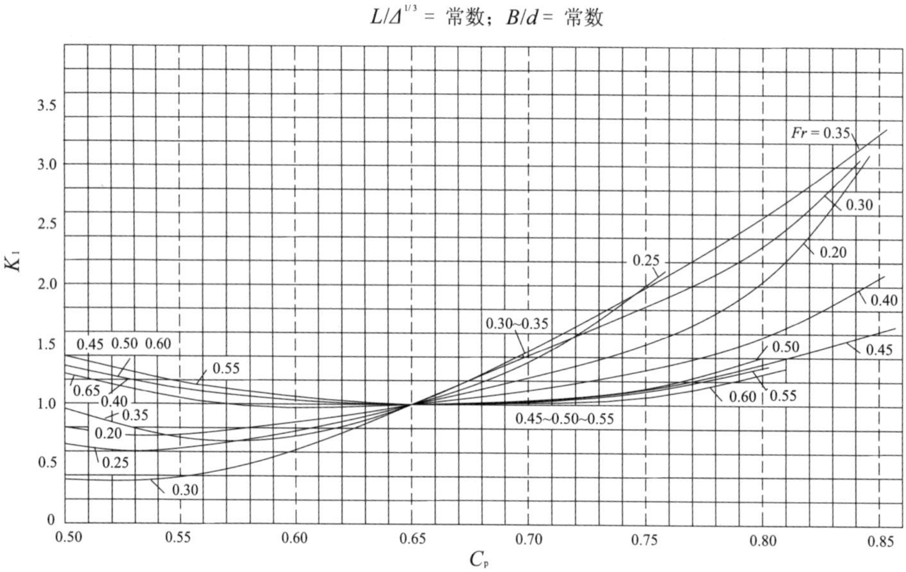

适用范围：$4.5 < L/\Delta^{1/3} < 11.0$；$1.5 < B/d < 12.0$

图 7-12　基尔斯法：剩余阻力修正系数 K_1

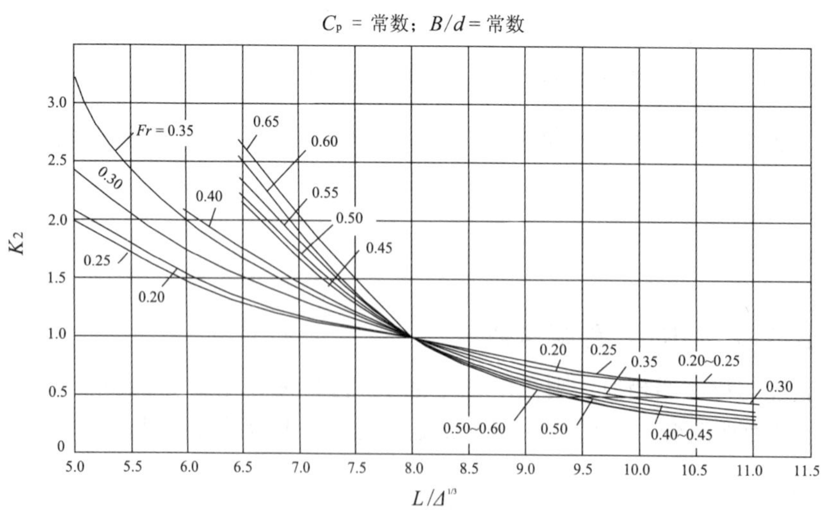

适用范围 $0.50 < C_p < 0.85$；$1.5 < B/d < 12.0$

图 7-13　基尔斯法；剩余阻力修正系数 K_2

C_p = 常数；$L/\Delta^{1/3}$ = 常数

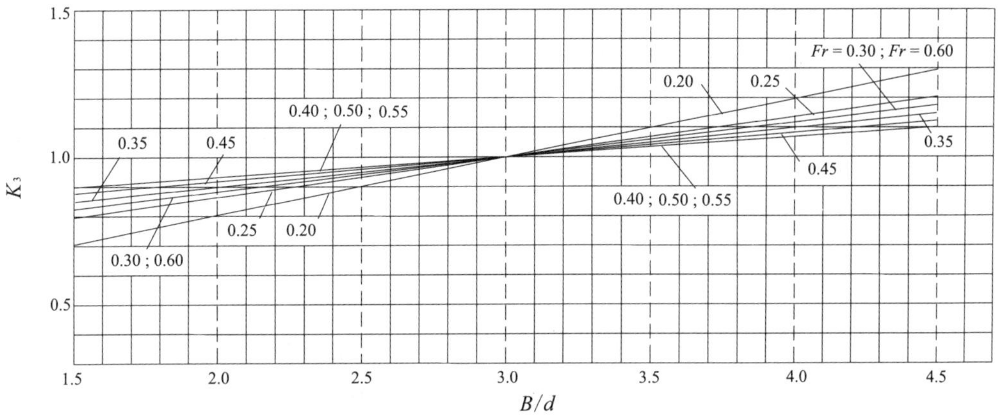

适用范围：$0.50 < C_p < 0.85$

图 7–14　基尔斯法：剩余阻力修正系数 K_3

若新设计船的 C_p、$L/\Delta^{1/3}$ 或 B/d 与母型船不同，则阻力修正系数可写作

$$K=\frac{K_{1\mathrm{d}}}{K_{1\mathrm{p}}}\cdot\frac{K_{2\mathrm{d}}}{K_{2\mathrm{p}}}\cdot\frac{K_{3\mathrm{d}}}{K_{3\mathrm{p}}} \tag{7-29}$$

式中，修正系数 K_1、K_2、K_3 的下标 d 和 p 分别代表由图 7–12、图 7–13 和图 7–14 中查得的设计船和母型船在相应速度时的修正值。注意 $L/\Delta^{1/3}$ 中的 L 以 m 计，Δ 为海水中的排水量，以 t 计。

例如，在弗劳德数 $Fr = 0.20$ 时母型船的棱形系数 $C_p= 0.730$，而设计船的棱形系数 $C_p= 0.777$，则由图 7–12 可查得 $K_{1d}= 1.60$，$K_{1p}= 1.40$。所以由于棱形系数变化对剩余阻力的修正系数为

$$K = K_{1d}/K_{1p}= 1.60/1.40 = 1.14$$

这表明，当 $L/\Delta^{1/3}$、B/d 不变时，由于设计船的棱形系数增大，其剩余阻力系数将较母型船增大 14%。

关于摩擦阻力系数可根据常用的平板摩擦阻力公式计算，其湿面积可由型线图或有关近似方法求得。

利用类似于上述基尔斯影响系数曲线以估计新船阻力的方法，在船舶设计中进行不同方案的分析、比较时，可大大简化计算工作。其准确程度视依据确定阻力修正系数的船型是否与母型船和设计船相近程度而定。

【思考题】

1. 已知某沿海双桨客货船的要素为 $L_{WL}\times B\times d=75.6\,\mathrm{m}\times 14\,\mathrm{m}\times 4.27\,\mathrm{m}$，排水量 $\Delta=2\,660\,\mathrm{t}$，棱形系数 $C_p=0.615$，浮心纵向位置 $x_c= 1.26\%L_{bp}$（舯前）。

（1）用泰洛法及艾亚法估算航速范围为 10 ～ 15 kn 的有效功率，并绘出曲线。

（2）已知该船正常航速为 12 kn，主机功率为 1 500 hp，因锅炉发生故障，致使主机功率下降了 15%，则该船的航速将下降多少?

（3）今有另一艘与该船相近的船，但排水量增大 5%，而航速 $V=12.5$ kn，试估算该船的有效功率 EHP。

2. 某长江双桨客货船主要要素是 $L_{WL}\times L_{bp}\times B\times d=108\,m\times 105\,m\times 16.4\,m\times 3.6\,m$，舯横剖面系数 $C_m=0.77$，$\varDelta=3\,680\,t$，水线面系数 $C_{WP}=0.785$，浮心纵向位置 $x_c=-2.5\%\,L_{bp}$（舯后），试计算航速 V_s 分别为 13 kn、14 kn、15 kn、16 kn、17 kn、18 kn 时的有效功率，并绘制曲线。

（1）用艾亚法估算，并将估算结果加 15%。

（2）用长江客货船系列图谱估算。

（3）将两种方法所得结果绘在同一张图上并求得两种方法相差的百分数。

3. 已知某远洋单桨油船的主要要素为：$L_{WL}\times L_{bp}\times B\times d=215\,m\times 210\,m\times 31\,m\times 12\,m$；船型排水体积 $\nabla=62\,750\,m^3$，湿表面积 $S=9\,788\,m^2$；船型系数以垂线间长定义，舯横剖面系数 $C_m=0.994$，$C_{WP}=0.873$；浮心纵向位置 $x_c=2.043\%\,L_{bp}$（舯前）。试用“陶德系列 60 阻力回归方法”估算航速为 14 kn、15 kn、16 kn、17 kn 时的阻力和有效功率。

4. 某客货船安装有轴功率（SHP）为 2 200 hp 的主机，航速为 28 km/h，试按海军系数法估算：

排水量不变而航速达到 30 km/h，主机轴功率应增加多少？

若航速不变，排水量增加 20%，主机功率应增加多少？

5. 已知某海船 A 的主要要素是 $L_{WL}\times B\times d=100\,m\times 16\,m\times 5\,m$，$C_b=0.60$，$C_M=0.98$。进行实船航行试验测得以下数据：

速度 / kn	8.47	10.43	12.23	12.93
轴功率（SHP）/ hp	485	881	1 573	2 117

（1）现要设计一艘排水量为 5600 t 的船型相近的船 B，要求航速为 13 kn，试估算所需主机的轴功率（hp）；

（2）若船 A 的有效功率 EHP = 0.55 SHP，试用基尔斯修正母型船阻力法估算另一与本船船型相近但主尺度要素为 $L_{WL}\times B\times d=1\,100\,m\times 18\,m\times 4.3\,m$，$C_b=0.58$，$C_M=0.985$ 的船 C 之有效功率曲线 EHP $=f(V_s)$；

（3）用功率曲线正切法估算船 C（以船 A 为母型船）的有效功率曲线 EHP $=f(V_s)$，并与基尔斯方法比较。

第 8 章　船在限制航道中的阻力

前面各章所讨论的都是假定船在无限宽广的水域中运动的阻力问题。这种航道边界不受限制的情况称为深水航道。实际上许多船舶常在边界限制的航道中航行，其所受阻力与在深水航道中航行时的阻力并不一样。

限制航道可分为仅水深受限制的浅水情况和深度及宽度都受限制的狭窄水道两种情况。应该指出的是，限制航道的概念不是绝对的，实际上任何航道都有边界。这里主要视其对船舶阻力是否产生影响而定。航道对阻力的影响主要取决于航道的深度、宽度和船的尺度、航速之间的相对情况。不同船舶在同一航道中航行时，航道对它们的阻力影响可能是不同的。同一船舶在同一航道中航行时，在不同航速下，对阻力的影响也是不同的。在航速较低时，航道对阻力不产生影响，因而可作深水航道情况处理；而在航速较高时，航道对阻力的影响可能相当显著，因而必须考虑限制航道问题。在当前船舶航速不断提高的情况下，原来可视作深水的航道其水深影响已变得不可忽视，所以浅水问题备受关注。我国从南到北有漫长的海岸线，内河又是蛛网密布，船在限制航道中的阻力问题更显得特别重要。此外，船模试验中船池边界对试验结果的影响也不可忽视。

§8.1　浅水对阻力的影响

船舶在浅水水域中航行时，其所受的粘性阻力与兴波阻力将不同于在深水水域中航行时的情况。浅水对阻力的影响主要是由于船体周围的流场及兴波情况发生变化引起的。

8.1.1　浅水对流场及粘性阻力的影响

粘性阻力主要是由船体周围的流场决定的。浅水所引起的流场变化，主要反映在船体周围，特别是船底的流速增大，致使粘性阻力增大；同时由流场变化导致船的航态变化使粘性阻力进一步增大。

8.1.1.1　回流速度增大

图 8-1 为一驳船以航速 V 在不同情况下的运动状况。现应用运动转换原理来分析无穷远处流体以船速流经静止船体时的流动状态。

图 8-1（a）为在水深 $h=\infty$ 的理想流体中的流动情况。当流体流经船体时，由于船体曲率的影响，除船艏艉两端部外，船体周围水的流速将较来流速度有所增大，设其平均增量为 Δv_1。由于 Δv_1 与船速方向相反，所以称为回流速度或简称回流。

图 8-1（b）为在浅水理想流体中的流动情况。由于水深受到限制，使船底和水底之间的间隙（称为剩余水深）较小。根据连续方程可知，当水流流经船体时，船底的流速较无限水深情况必然增加，即回流速度增大，设此时的回流速度为 Δv_2，显然 $\Delta v_2 > \Delta v_1$。

图 8-1（c）为在浅水中实际流体的流动情况。由于流体的粘性影响，在船底形成

由前向后逐渐变厚的边界层，且随船前进。由于存在回流速度，在水底也将形成另一边界层，其厚度也是前端薄，后端厚。图中虚线为边界层厚度 δ，实线为边界层排挤厚度 δ^*。由于船底、水底边界层的存在，使两界层之间的势流区变窄，故此时流体的速度更快，即回流速度进一步增大。设此时回流速度为 Δv_3，显然 $\Delta v_3 > \Delta v_2$。

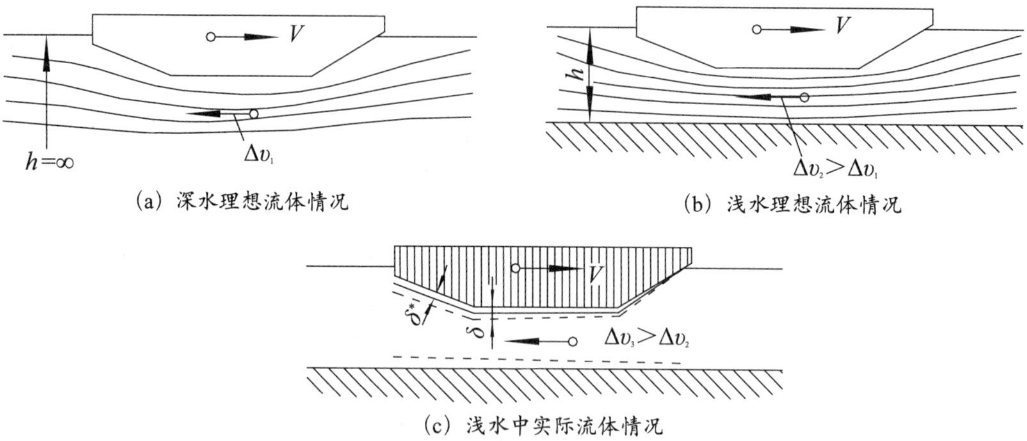

图 8-1　浅水中的流动状态比较

由于浅水对流场影响使回流速度增大的现象称为浅水阻塞效应。这种影响作用通常用水深吃水比 h/d 或参数 $\sqrt{A_m}/h$ 来反映的（A_m 为舯横剖面面积）。

8.1.1.2　航态变化

船舶在浅水中航行时，浅水对船体周围流场产生影响的同时，将伴随有航态发生变化。

（1）由于船底流速增加，压力降低，从而使船体下沉，吃水增加。

（2）由于船底和河床边界层厚度均自船艏向船艉逐渐增加，因而船艉与河床的间隙较船艏处为小，流速增加更大，压力下降更甚，船艉下沉较船艏大，因而产生艉倾现象。

8.1.1.3　对粘性阻力的影响

首先，由于浅水船周围的流速比深水船大，且其舷侧湿面积因船体下沉而有所增加，所以必然使摩擦阻力增大。

其次，因浅水中回流增加，即水流与船体的相对速度有明显的增大，压力下降也大，所以压力梯度增大；同时船艉与河床的间隙小，易于产生漩涡，粘压阻力随之增加。

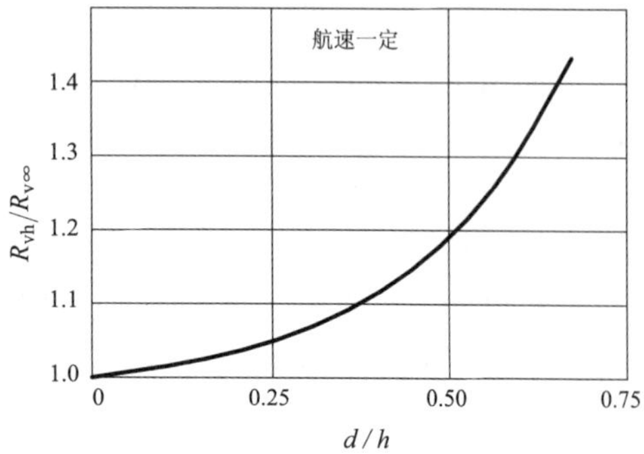

图 8-2　浅水对粘性阻力的影响

综上可知，浅水航道将引起船体周围流场变化，从而使粘性阻力增加。图 8-2 是模型试验所得的在不同水深情况下的粘性阻力。其中，R_{vh} 和 $R_{v\infty}$ 分别为浅水和深水时的粘性阻力。由图 8-2 可知，当 $d/h \geqslant 0.25$ 时，即水深 $h \leqslant 4d$ 时，即使无分离现象，也可觉察到浅水对阻力的影响。

8.1.2　浅水对兴波及兴波阻力的影响

在水深受限制的情况下，兴波情况的变化很大。由试验表明，水深弗劳德数

$$Fr_h = \frac{V_s}{\sqrt{gh}}$$

是影响兴波情况的重要参数，它可以表示为

$$Fr_h = \frac{V_s}{\sqrt{gh}} = \frac{V_s}{\sqrt{gL}} \cdot \sqrt{\frac{L}{h}} = Fr \cdot \sqrt{\frac{L}{h}}$$

由此可知，浅水中的兴波情况不但取决于水深参数 L/h，而且与速度参数 Fr 有关。因而不难理解，当水深一定、航速变化时，浅水影响也将不同。讨论浅水影响兴波情况时，均用 Fr_h 作参数。

浅水对兴波的影响主要表现在：船舶在浅水中航行时兴起的波浪的参数，如波高、波速（或波长）与深水情况有所不同，同时兴波图形也发生明显的变化。

8.1.2.1　浅水引起波浪参数的改变

首先，由于浅水中水流相对于船体的流速将有明显的增加，因此在相同船速情况下，浅水中波浪的波高比深水波要大。这是造成船舶在浅水中航行时，其兴波阻力要比深水情况大的原因之一。

其次，浅水波的波速将随着水深 h 而变化，这也是造成浅水兴波阻力增加的重要原因。

按照波浪理论知，当水深有限时，波浪的水质点并不做轨圆运动，而是做椭圆运动。所以浅水波理论，又称为椭圆坦谷波理论，由该理论可知，浅水中的波速是

$$C_h = \sqrt{\frac{g\lambda}{2\pi}\operatorname{th}\frac{2\pi h}{\lambda}} = \sqrt{\frac{g\lambda}{2\pi}} \cdot \sqrt{\operatorname{th}\frac{2\pi h}{\lambda}} = C \cdot \sqrt{\operatorname{th}\frac{2\pi h}{\lambda}} \tag{8-1}$$

式中，$C = \sqrt{\frac{g\lambda}{2\pi}}$ 为深水情况下，波长为 λ 时的波速；h 为水深。

由式 (8-1) 知，浅水中的波速不但与波长 λ 有关，而且还与水深 h 有关。而深水中的波速仅仅与波长有关。同时，浅水中的波速与深水中波长 λ 相同的波速的差别仅取决于双曲函数 $\operatorname{th}\frac{2\pi h}{\lambda}$ 的数值。该双曲函数曲线如图 8-3 所示。根据该曲线性质，讨论以下不同情况。

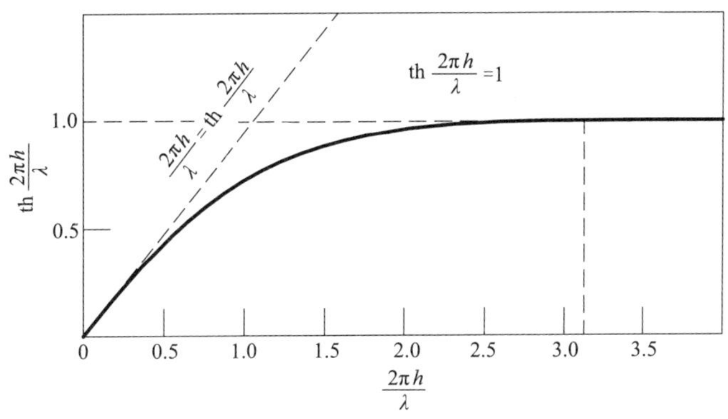

图 8-3　正切双曲函数曲线

（1）深水情况：即 h 很大时，或相对于波长而言水深很大时，也就是当$\frac{2\pi h}{\lambda}$很大时，由图 8-3 知：$\text{th}\frac{2\pi h}{\lambda}\approx 1.0$，则式 (8-1) 可写作：

$$C_h \approx \sqrt{\frac{g\lambda}{2\pi}} = C \tag{8-2}$$

根据正切双曲函数值知，当 $h > \lambda/2$ 时，则 $C_h = 0.998C$。因而当水深满足 $h > \lambda/2$ 时，可做深水情况处理。

（2）一般浅水情况，即 h 为有限值时：由图 8-3 知，$\text{th}\frac{2\pi h}{\lambda} < 1.0$，则式 (8-1) 可以写成：

$$C_h < C \tag{8-3}$$

可见波长相同的波浪，浅水中的波速将小于深水中的波速，这种现象称为波速损失，显然波速损失 ΔC 应该为

$$\Delta C = C - C_h = \sqrt{\frac{g\lambda}{2\pi}} - \sqrt{\frac{g\lambda}{2\pi}\text{th}\frac{2\pi h}{\lambda}} = C\left(1 - \sqrt{\text{th}\frac{2\pi h}{\lambda}}\right) \tag{8-4a}$$

或者写成

$$\Delta C = V_\infty\left(1 - \sqrt{\text{th}\frac{1}{Fr_h^2}}\right) \tag{8-4b}$$

式中，V_∞ 为深水中的船速，其与波速 C 相等。

由此可以作如下分析：

①同一船如果在浅水中和深水中产生相同波长的波浪（即 λ 相同），则前者的波速较后者要减小 ΔC。这意味着在浅水中航行时，船速将下降 ΔC。这表明浅水情况的兴波阻力较深水情况为大。

②如果同一船在浅水中和深水中兴起波浪的波速相同（即 $C = C_h$），也就是要求两者保持相同航速，则浅水中的波长 λ_h 必定较深水中的波长 λ 为大。这是因为式 (8-1) 可改写为

$$C_h = \sqrt{\frac{g\lambda_h}{2\pi}\text{th}\frac{2\pi h}{\lambda_h}} = \sqrt{\frac{g\lambda}{2\pi}}\sqrt{\frac{\lambda_h}{\lambda}\text{th}\frac{2\pi h}{\lambda_h}}$$

因为$\text{th}\frac{2\pi h}{\lambda} < 1.0$，所以如要求 $C_h = C = \sqrt{\frac{g\lambda}{2\pi}}$，则必有

$$\lambda_h/\lambda > 1.0，\text{即 } \lambda_h > \lambda$$

因此，浅水中兴波的能量必定较深水情况为大，这同样可以说明同一船舶在浅水中航行时的兴波阻力较在深水中大。

③由式 (8-4b) 知，影响波速损失的物理量是水深弗劳德数 Fr_h，这表明 Fr_h 确实是影响兴波的重要参数。当 $Fr_h < 0.5$ 时，$\Delta C \approx 0$，说明浅水对兴波影响极小；反之，Fr_h 越大，则 ΔC 值越大，浅水对兴波的影响越显著。

（3）水深极浅的情况，即 $2\pi h/\lambda$ 很小，相当于正切双曲函数的极限情况：当 $2\pi h/\lambda \to 0$ 时，则式 (8-1) 成为

$$C_h = \sqrt{\frac{g\lambda}{2\pi}\text{th}\frac{2\pi h}{\lambda}} = \sqrt{\frac{g\lambda}{2\pi}\frac{2\pi h}{\lambda}} = \sqrt{gh} \tag{8-5}$$

所以$\sqrt{gh}$表示在水深 h 极小时的浅水波传播速度。由于一般情况下 th($2\pi h/\lambda$) 均小于 $2\pi h/\lambda$，故当 h 一定时，其波速总是小于$\sqrt{gh}$，因此称该速度为水深 h 时的极限波速。根据船速与极限波速的相对大小，可将船速分为 3 个区段：

亚临界速度区：当 $V_s<\sqrt{gh}$，即 $Fr_h < 1.0$；

临界速度区：当 $V_s=\sqrt{gh}$，亦 $Fr_h = 1.0$；

超临界速度区：当 $V_s >\sqrt{gh}$，表示 $Fr_h > 1.0$。

由上可进一步看出：Fr_h 实际上表示了船速与极限波速的相对大小以及船舶所处的航速区。在不同的航速区内，不仅船舶的运动情况不同，而且兴波阻力、兴波图形都有明显的变化。

8.1.2.2　浅水引起波浪图形的变化

在深水情况下的船行波，可以近似用凯尔文波系来说明。根据观察，船波系的横波与散波波峰交点的连线与纵中剖面间的夹角 β 可以认为保持 19°28′（即凯尔文角），不随航速变化。而在浅水情况下，β 角、波长以及船的航态均发生不同程度的变化，如图 8-4 所示。

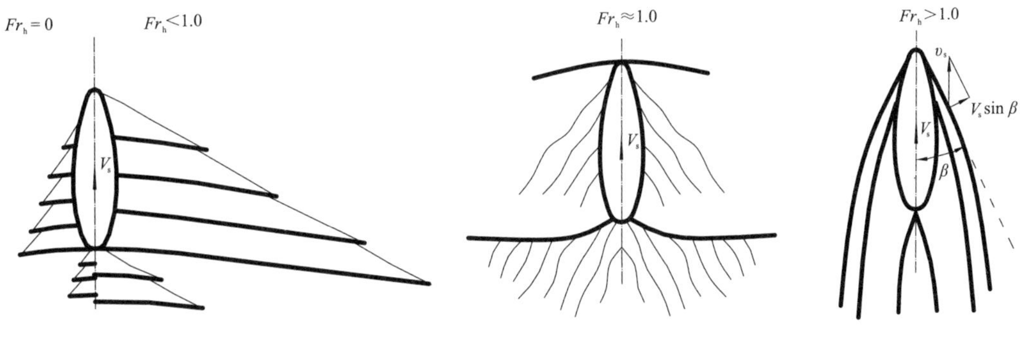

(a) 亚临界速度区　　(b) 临界速度区　　(c) 超临界速度区

图 8-4　不同 Fr_h 时浅水对兴波图形的影响

（1）亚临界速度区，$V_s<\sqrt{gh}$，即 $Fr_h < 1.0$ 的情况：在这一速度区中，如果航速较低，当 $V_s < 0.5\sqrt{gh}$，$Fr_h < 0.5$ 时，由前述可知，这种情况下的波速损失 $\Delta C\approx 0$，因此兴波变化极小，所以 β 角变化甚微，如图 8-4（a）左侧兴波图形，可认为与深水情况相同。

在亚临界速度区的较高速度段，当 $0.5\sqrt{gh}< V_s <\sqrt{gh}$，或 $0.5 < Fr_h < 1.0$ 时，浅水中的波长将大于深水中相同航速下的船行波波长。同时 β 角，即兴波的扇形面随 Fr_h 的增大而变大，波浪的覆盖面随之扩大，如图 8-4（a）右侧所示的兴波，因此兴波阻力随之增大。

根据航态观察，在这一速度区内，特别是在接近 $Fr_h= 1.0$ 时，船艏明显上抬，艉部下沉严重，表现有明显的艉倾现象，如图 8-5 所示。

（2）临界速度区：当 $Fr_h\approx 1.0$ 时，即 $V_s\approx\sqrt{gh}$时，β 角增大至 90°，船的横波和散波合并，在船艏处形成一个很大的波峰，此即为孤独波；船艉是一大波谷，它们随船一起前进，此时艉倾最大，如图 8-4（b）所示，兴波阻力剧增。

理论上该情况仅发生在 $V_s \approx \sqrt{gh}$时，但试验表明，在该速度附近，当 $V_s=(0.8 \sim 1.2)\sqrt{gh}$时，都可能出现孤独波，因此临界速度区确实存在。在这一速度区内，船舶的运动、阻力、波形往往呈不稳定或不规则现象。

（3）超临界速度区：当 $Fr_h > 1.0$，即 $V_s > \sqrt{gh}$时，说明船速已超过水波的极限移动速度，因此横波消失，孤独波也不存在，仅剩散波，且其宽度随航速增大而减小。这是因为浅水中波浪在垂直于波阵面方向的传播速度不能超过极限速度$\sqrt{gh}$，则有

$$V_s \sin\beta \leqslant \sqrt{gh},\quad \sin\beta \leqslant \frac{\sqrt{gh}}{V_s} = \frac{1}{Fr_h} \tag{8-6}$$

显然，当航速越高，β 越小，即波浪扇形面的范围变小，如图 8-4（c）所示。由于横波消失，散波宽度随 Fr_h 增大而减小，因而兴波阻力急剧减小。达到某航速后，浅水中的总阻力较深水中的阻力还要低。

由航态观察可见：船舶处在超临界区的速度下航行时，艉倾虽有所减小，但仍有较明显的艉倾，平均吃水较深水情况要小，如图 8-5 所示。

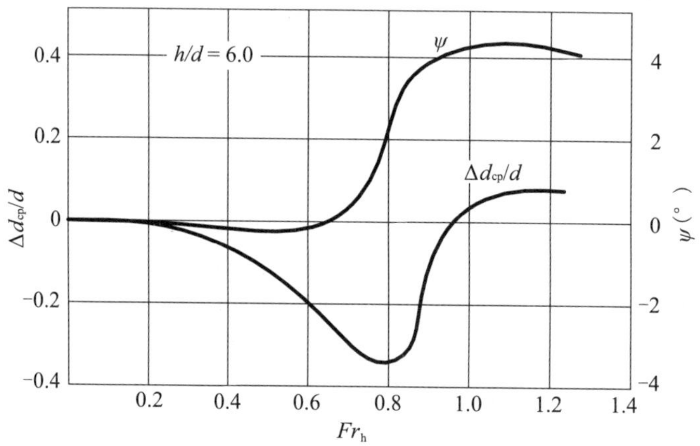

图 8-5 浅水中船之纵倾及平均下沉变化

8.1.2.3 浅水引起波浪变化对阻力的影响

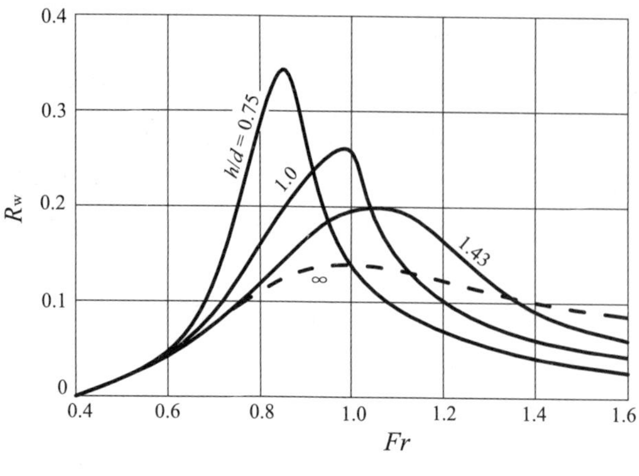

图 8-6 浅水对兴波阻力的影响

实验表明：浅水中的兴波阻力较相同深水情况的兴波阻力有所不同。这可归因于浅水对兴波影响的结果。图 8-6 是海佛洛克根据兴波理论所得的不同水深时的兴波阻力曲线。所有曲线的峰点所对应的速度均为 $V_s/\sqrt{gh} = 1.0$，在该速度时的阻力较深水情况的阻力值要大得多；但在高速时，反较深水情况为小。

8.1.3　浅水阻力曲线的特点

综上所述，船舶在有限水深中航行时，由于水浅，而使水与船体的相对速度增大；同时，对船体兴波情况也将产生影响，以致使船的航态和阻力性能等均发生变化，这种现象称为浅水效应。船在浅水和深水情况下的阻力曲线如图 8-7 所示。

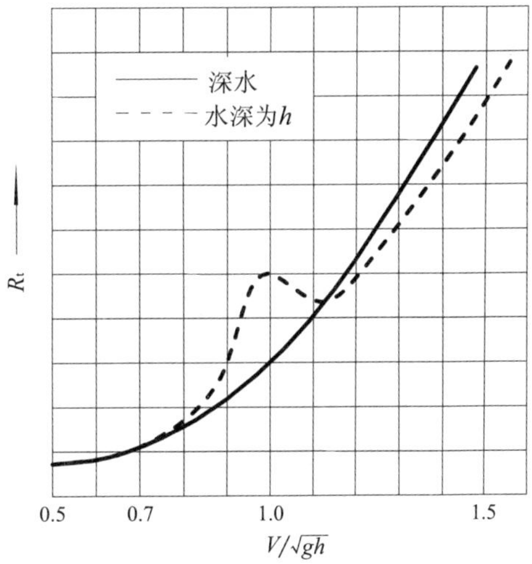

图 8-7　浅水和深水中阻力曲线比较

（1）当 $Fr_h < 0.5$，即 $V_s < 0.5\sqrt{gh}$时，船在浅水中的阻力值较深水中的阻力值没有明显增加，两者极为相近。这是因为航速较低时，浅水对流场和兴波情况的影响极小。所以在这个速度范围内一般可以不考虑浅水影响问题。

（2）当 $0.5 < Fr_h < 1.0$，即 $0.5\sqrt{gh} < V_s < \sqrt{gh}$时，由于航速增大，浅水的影响，特别是浅水对兴波的影响渐趋明显，直至在船艏艉出现“独波”，因而浅水情况的阻力较深水时有显著增加。

（3）当 $Fr_h = 1.0$，即 $V_s = \sqrt{gh}$时，船速达到临界速度，此时兴波阻力出现极大值，所以阻力曲线出现峰值。较深水中的阻力值有很大增加。

（4）当 $Fr_h > 1.0$，即 $V_s > \sqrt{gh}$时，船速已超过波浪传播的极限速度。横波消失，散波的覆盖面减少，由于高速时的兴波阻力下降较多，所以此时船的总阻力甚至较深水阻力还要低。

图 8-8 给出某驱逐舰在浅水中的阻力增加百分数。由该试验结果可知，浅水对高速船，特别是军用舰艇的影响十分显著。

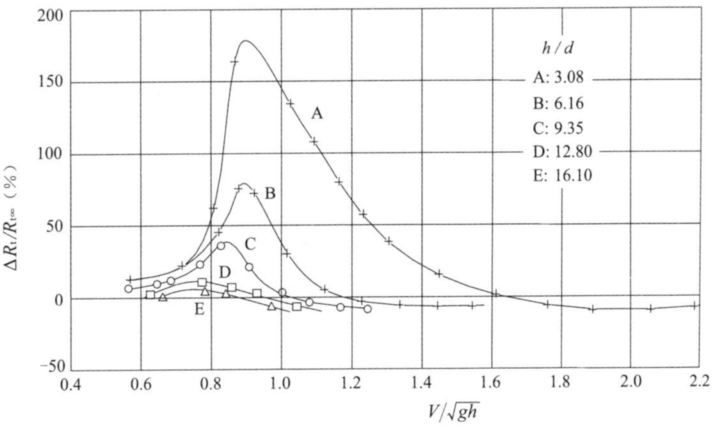

图 8-8　某驱逐舰在浅水中的阻力增加百分数

8.1.4　浅水影响的衡准

浅水对船体阻力的影响在一定情况下，相当明显。特别是实船试航时，如不能正确考虑浅水影响，往往会得出错误的结果。因而确定浅水影响的衡准是有意义的。通常认为满足下列相应的条件，可作为不计浅水影响的衡准。

8.1.4.1 从航速来看

由浅水试验知，在低速时，浅水对阻力影响很小，一般认为在 $Fr_h < 0.5$ 时，可以不计浅水影响。这里 $Fr_h = V_s/\sqrt{gh}$，其中 h 为水深。

8.1.4.2 从船型来看

（1）泰洛给出的最小水深：对于 $C_b < 0.65$ 的船，当 $Fr < 0.27$ 时，$h_{min} = 33.6\,Fr\,d$；当 $Fr > 0.27$ 时，$h_{min} = 41.7(Fr - 0.06)d$。其中，$d$ 为吃水；$Fr = V_s/\sqrt{gh}$。

（2）高速货船：$h_{min}/d > 7.0$。

（3）军舰，如巡洋舰、驱逐舰：$7 < h_{min}/d < 12$。

（4）滑行快艇：$h_{min}/L > 0.8$ 或 $h_{min}/B > 3.0$。其中，L、B 为艇长和艇宽。

8.1.4.3 ITTC 最小水深公式

第 12 届 ITTC 推荐的实船试验不计浅水影响的最小水深公式为

$$h > 3\sqrt{Bd} \tag{8-7a}$$

$$h > 2.75V_s^2/g \tag{8-7b}$$

式中，h 为水深；V_s 为航速。

分别按式 (8-7a) 和式 (8-7b) 计算，并取两者较大值作为试航时的最小水深。由物理意义知前者为考虑浅水对回流的影响；后者则是对兴波的影响。

§8.2 确定浅水阻力

确定浅水阻力的最好方法是依据船模试验，但目前相当多的船模试验池并不具备进行浅水试验的条件，因此较普遍地采用近似方法来确定浅水阻力值。主要的近似方法有许立汀中间速度法和阿普赫金法。

8.2.1 许立汀（Schlichting）中间速度法

许立汀根据理论分析和大量的船模试验结果提出的确定浅水阻力中间速度法的基本思想是：对于给定的船舶，在已知深水阻力的基础上，只要分别计及浅水对兴波和流场的影响就可得到在浅水情况下的阻力值。浅水对兴波影响是用浅水中的波速损失来体现的，而对流场影响是用浅水中的回流速度 Δv 来体现的。

8.2.1.1 两个假定

为了具体计算浅水对兴波和流场的影响，许立汀作出如下两个假定，从而建立了深水阻力和浅水阻力之间的关系。

（1）因相同波长的波浪在浅水中的波速较深水中要减小 ΔC，所以假定船在深水中以 V_∞ 航行时的兴波阻力与在浅水中航速为 $V_i = V_\infty - \Delta C$ 航行时的兴波阻力相等。这里 V_i

称为中间速度。实际计算时上述兴波阻力的假定推广应用于剩余阻力。

（2）由于在浅水中存在回流速度 Δv，所以假定船在深水中航速 V_i 时的摩擦阻力与浅水中航速为 $V_h = V_i - \Delta v$ 时的摩擦阻力相当。

根据许立汀假定所给出的相等阻力情况下，在不同流场中相应速度关系如表 8-1 所列。

表 8-1　许立汀中间速度法的相应速度关系

相等的阻力	相应流场中的速度	
	深水情况	浅水情况
R_w 或 R_r	V_∞	$V_i = V_\infty - \Delta C$
R_f	V_i	$V_h = V_i - \Delta v$

8.2.1.2　确定 ΔC 和 Δv 值

（1）ΔC 或中间速度 V_i 的确定。由式 (8-1) 知，当已知水深 h 和 V_∞ 时，即可求得相应的 ΔC 值。但实用上为了方便起见，作出中间速度 V_i 曲线图，可直接查得 V_i 值。

式 (8-1) 可化为

$$\frac{V_i}{V_\infty} = \frac{V_\infty - \Delta C}{V_\infty} = \sqrt{\text{th}\frac{1}{Fr_h^{\ 2}}} \tag{8-8}$$

可见 V_i/V_∞ 随 Fr_h 而异，图 8-9 是式 (8-8) 的曲线表示形式。由图 8-9 知，当 $Fr_h < 0.5$ 时，V_i/V_∞ 趋于 1.0，说明浅水对兴波阻力的影响可不计。

（2）Δv 或 V_h 的确定。由试验结果表明：回流速度 Δv 与 $\sqrt{A_m}/h$ 有关，这里 A_m 为船中横剖面面积。当已知中间速度 V_i 时，计入回流影响，则船对于静止水的相对速度为 $V_h = V_i - \Delta v$，所以许立汀根据模型试验结果直接给出了 V_h/V_i 与 $\sqrt{A_m}/h$ 的关系，如图 8-10 所示。

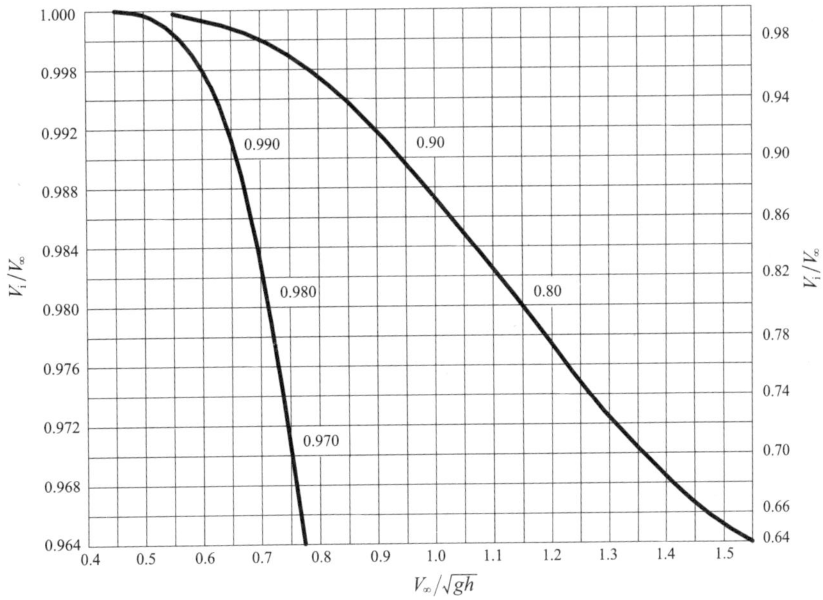

图 8-9　计算浅水阻力的中间速度比 V_i/V_∞ 曲线

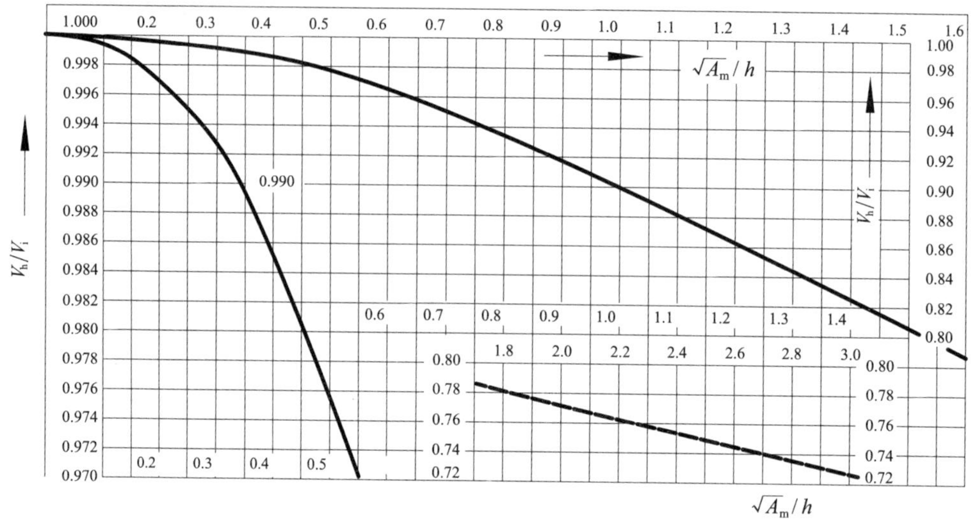

图 8-10 速度比 V_h/V_i 与 $\sqrt{A_m}/h$ 的关系曲线

8.2.1.3 浅水阻力曲线的作法

如已知某船的深水总阻力曲线和摩擦阻力曲线，如图 8-11 所示，则按照许立汀假定可求得该船的浅水阻力曲线。具体作法如下。

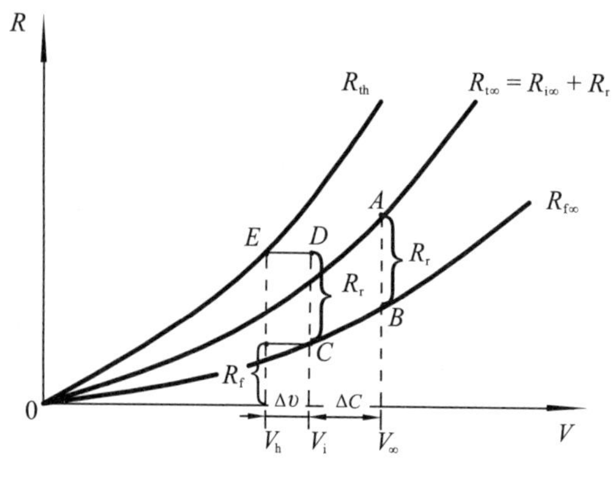

图 8-11 许立汀中间速度法确定浅水阻力

（1）设给定船速 V_∞，则在深水总阻力曲线 $R_{t\infty}$ 和摩擦阻力曲线 $R_{f\infty}$ 上分别得到 A、B 两点，AB 表示在深水中，速度为 V_∞ 时的剩余阻力 R_r。

（2）根据已知水深 h 及 V_∞ 计算得到相应的 $Fr_h = V_\infty/\sqrt{gh}$ 值，并由图 8-9 查得 V_i/V_∞ 值，进而得中间速度 V_i 值。

（3）在 $R_{f\infty}$ 曲线上，在 V_i 处得 C 点，并由 C 点向上量取已得的 R_r 值，得 D 点。

（4）由已知 $\sqrt{A_m}/h$ 值，可从图 8-10 得到 V_h/V_i 值，进而得到相应于 V_∞ 时在浅水中的航速 V_h 值。

（5）在速度坐标轴上截取 V_h 距离，并作垂直线与过 D 点的水平线相交于 E 点，则 E 点就是水深为 h 时该船的浅水总阻力曲线上的一点。

同理可作出其他航速时的各相应点，从而得到该船的浅水总阻力曲线。

最后，必须指出的是，许立汀中间速度法仅适用亚临界速度，即适用于船速 $V_s < \sqrt{gh}$ 的情况。

8.2.2 阿普赫金（Апухтин）法

阿普赫金法是根据比较尖瘦船舶的浅水模型试验结果得到的。对于亚临界速度和超临界速度的船舶均可适用。

根据在不同水深 h 情况下的试验结果，绘制成在不同 h/d 时的船速损失比

$\dfrac{V_{\infty}-V_{h}}{V_{\infty}}=\dfrac{\Delta V}{V_{\infty}}$与 Fr_h 之间的关系曲线，如图 8-12 所示。这里 d 为吃水，ΔV 为浅水影响造成的航速损失。当 ΔV 为正时，表示航速增加；当 ΔV 为负时，表示船速下降。而 V_{∞} 和 V_h 分别为对应于相同阻力值时的深水中和浅水中船速。当已知某船的深水阻力曲线时，应用图 8-12，可以做出给定水深 h 时的浅水阻力曲线，具体方法如下。

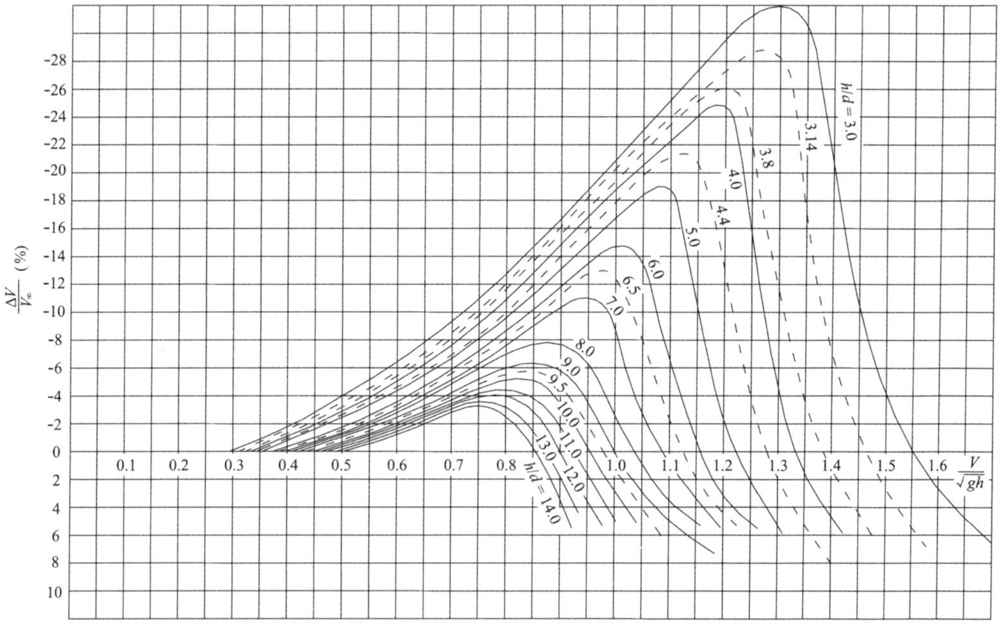

图 8-12　阿普赫金法估算浅水阻力图谱

（1）根据已知水深 h，深水航速 $V_{\infty 1}$，计算 h/d，$Fr_{h1}=V_{\infty 1}/\sqrt{gh}$值。

（2）由计算得 h/d、Fr_{h1} 值，用内插法查图 8-12 得$\dfrac{\Delta V}{V_{\infty 1}}$值。

（3）相应于 $V_{\infty 1}$ 时具有相等阻力值的浅水航速 $V_{h1}=V_{\infty 1}+\Delta V$。

（4）在深水阻力曲线的航速坐标轴上 V_{h1} 处作垂直线，并截取 $V_{\infty 1}$ 时的深水阻力值，即为浅水阻力曲线上的一点，如图 8-13 所示。

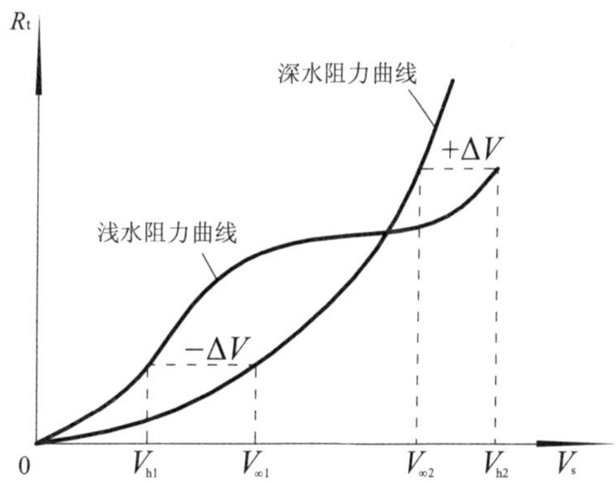

图 8-13　阿普赫金法确定浅水阻力

同理，可作出其他各点，从而得到相应的浅水阻力曲线。显而易见，阿普赫金法不但应用范围较广，而且计算也比较简单方便。

§8.3　狭水道对阻力的影响

船在运河或内河等狭水道中航行的情况与在浅水航行的特点基本相同。但由于狭水道不仅深度，而且宽度也受到限制，所以其特点表现得更为显著。

8.3.1 船舶在狭水道和浅水中航行时的主要差别

1）表征参数

在狭水道情况下，其表征参数除用水深吃水比 h/d 外，还用相对宽度 b/B（或 b/L）或断面系数 F/A_m。这里 b 为狭水道的宽度，B 和 L 分别为船宽和船长，F 为狭水道剖面面积，A_m 为船中横剖面面积。

2）回流和兴波情况

船在狭水道中航行时，不仅回流情况较浅水时有明显的变化，而且由于侧壁的存在导致了散波的反射，因而与船体波系相互叠加，使兴波阻力发生变化。

3）阻力曲线的特点

船在狭水道中的阻力曲线的特点是在 $Fr_h=1.0$ 附近存在一个临界区，在这个区域内阻力值有极为明显的增加；而临界区的范围与狭水道情况、船型等有关。在相同情况下，若狭水道的宽度增加，临界区域变窄；当趋于无限宽时，则仅在临界速度时阻力最高，也就是一般浅水问题。所以浅水可以看作狭水道的特例。

由于船在狭水道中高速航行，特别是在临界区航行时，不但阻力很大，而且可能损毁堤岸，破坏河床，所以在狭水道中航行的船大多为低速船，极少有接近或超过临界速度的。

8.3.2 船舶在狭水道中航行时的特点

克里纳等曾作过船舶在狭水道中航行时的理论研究，其研究结果虽不能直接对狭水道的阻力问题作出定量估算，但它可以确定和解释使阻力发生变化的许多特征现象。

为了从理论上研究狭水道问题，首先把问题简化为一维问题。并应用运动转换原理，即研究横截面不变的矩形水道中，无穷远处来流流向静止船舶的绕流问题（即来流速度 v_s= 船速 V_s），如图 8-14 所示。

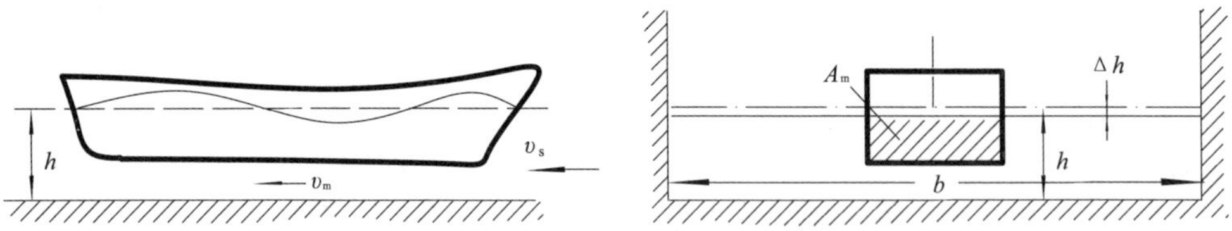

图 8-14 狭水道剖面图

为了方便起见，假定：船体横剖面沿船长变化不大，船体无纵倾以及沿船长方向的水面下降相等。此外，认为船的弗劳德数小，可忽略兴波对水面变形的影响。基于这样的处理方法，则由连续性方程得

$$bh\cdot v_s=(bh-A_m-b\cdot\Delta h)v_m \tag{8-9}$$

式中，v_s、v_m 分别为船前来流速度和水流与船体间的相对速度，m/s；Δh 为水面下降高度，m。根据伯努利方程得

$$\rho g\cdot\Delta h=\frac{1}{2}\rho(v_m^2-v_s^2)$$

即得到船舶所在区域内的水面下降值：

$$\Delta h = (v_{\rm m}^2 - v_{\rm s}^2)/2g \tag{8-10}$$

由式 (8-9) 和式 (8-10)，最终得

$$\frac{v_{\rm s}}{v_{\rm m}} = 1 - m - \frac{(v_{\rm m}^2 - v_{\rm s}^2)}{2c^2}$$

或

$$\frac{v_{\rm s}}{c} = \frac{v_{\rm m}}{c}\left[1 - m - \frac{\left(\frac{v_{\rm m}}{c}\right)^2 - \left(\frac{v_{\rm s}}{c}\right)^2}{2}\right] \tag{8-11}$$

式中，$c = \sqrt{gh}$；$m = A_{\rm m}/(bh)$ 称为阻塞系数。

分析表明，当参数 m 为常数时，满足式 (8-11) 的速度 $v_{\rm m}$ 可能大于或小于船速 $V_{\rm s}$。图 8-15 为 $m = A_{\rm m}/(bh) = 0.1$ 时，式 (8-11) 的解。从物理意义和试验结果分析认为，虚线部分仅是数字解，实际上并不存在一种不稳定状态，而只有实线所对应的值才是实际存在的。图 8-15 中 A、B 两点所对应的速度 v_1、v_2 分别称为第一临界速度和第二临界速度。所以船在狭水道中航行时，按照速度的不同可划分为如下三种不同区域。

（1）亚临界速度区域：即在$\frac{v_{\rm s}}{c} < \frac{v_1}{c}$范围内。在这个区域内，$\frac{v_{\rm m}}{c} > \frac{v_{\rm s}}{c}$，说明水与船体的相对速度 $v_{\rm m}$ 大于船速 $V_{\rm s}$，因而有 $v_{\rm m} = v_{\rm s} + \Delta v_{\rm s}$，这里 $\Delta v_{\rm s}$ 就是回流速度，在狭水道情况的回流速度较浅水情况为大，所以摩擦阻力有较大的增加；同时回流速度的增大使得狭水道中沿船体纵向压降增大，由于压降的增大，不但可能引起边界层分离，而且使兴波的波幅较浅水中时为大。因而船舶处于亚临界速度区域内航行时，其阻力值较相应浅水情况要大。试验表明，在较低速时，所增加的阻力，主要是粘性阻力；但当 $Fr_{\rm h} > 0.5$ 时，则主要是兴波阻力增加所造成的。特别是当船速接近第一临界速度时，在船舶的前面可以观察到横卧的独波，并与船同速前进。船体兴波阻力急剧增加，达到阻力极大值。

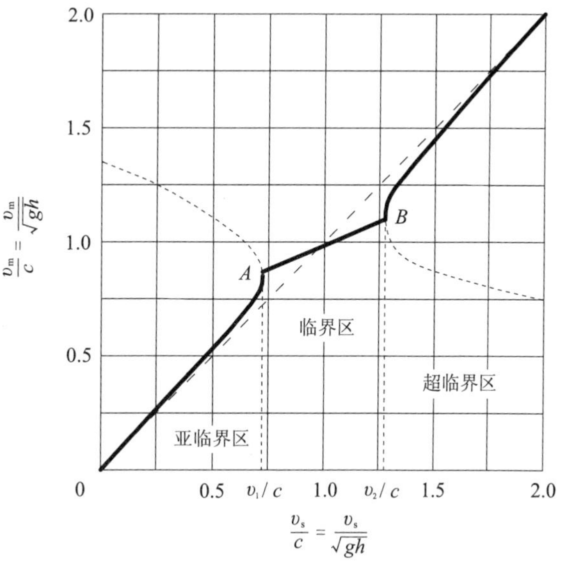

图 8-15　狭水道中不同的速度区域

此外，在亚临界速度区内，由于 $v_{\rm m} > v_{\rm s}$，故水流的低压不但使水面明显下降，而且船底的吸力使船体下沉和纵倾角发生变化，以致可能会发生船底与河底相撞的危险。特别是在航速较高时，不但这种危险性增大，而且船体阻力增加很大。兴波对航道的

破坏作用相当明显，为此一般在狭水道中航行的船舶，其航速都受到一定限制，要求 $v_s < 0.55\sqrt{gh}$。

（2）临界速度区域：即 $v_1/c < v_s/c < v_2/c$。这个速度区域内船体周围的流动既复杂又不稳定。当航速超过第一临界速度 v_1 值之后，船体阻力的增大情况变得较为缓慢，直至达到第二临界速度 v_2 值，此时阻力达到最大值。因而在整个临界速度区内的船体阻力均很大。在这个区域内，由于流态不稳定，因而船的浮态也不是很稳定。但从整个区域而言，可以观察到独波随时间而不断增长的情况，而船体由亚临界区的下沉逐渐转为上浮，直至航速达到 v_2 时，此时不但阻力最大，而且船体上浮也达最大。

（3）超临界速度区域：即在 $v_s/c > v_2/c$ 范围内。在这个区域内，与亚临界区域情况相反，由于 $v_m/c < v_s/c$，即 $v_m = v_s - \Delta v_s$，表明出现负的回流速度，船体与水的相对速度小于船速。此时不但摩擦阻力较深水情况为小，而且船舶前方的涌水和独波完全消失，在船体附近仅剩下扩散角逐渐缩小的散波，因而在该区域内的阻力反而骤然下降。因此为了减少阻力，有人提出船舶在狭水道中向超临界速度运动的过渡问题。

在超临界速度范围内，由于水与船体相对速度减小，所以水面升高，船体上浮，纵倾角也较临界速度区减小。

图 8-16 是狭水道船模试验结果，其中 L、b 分别为船长和狭水道宽度。图 8-16 中标出的“临界区域”是按克里纳分析计算所得。由此可见，理论与试验相当符合。

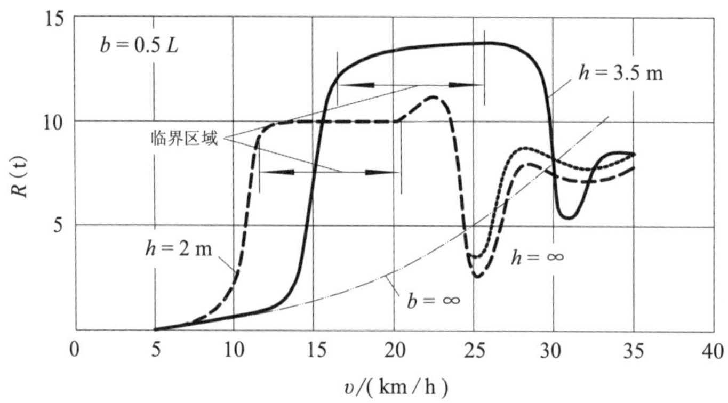

图 8-16　狭水道中阻力曲线

8.3.3　狭水道阻力的估算

实际上在狭水道中航行的船舶，由于受到速度限制，因此大多数属于在亚临界速度范围内航行。由前分析知，其运动特点与在浅水中航行的船舶基本相同。为此，将许立汀中间速度法作适当引申即可用于狭水道的阻力估算。具体只需注意狭水道如下特殊情况，并做适当处理。

（1）由于船舶在狭水道中的航速较低，其阻力较深水情况的增加值认为主要是粘性阻力。因此在估算狭水道阻力时，只考虑回流情况较浅水时为大，可以不考虑兴波影响的修正。

（2）考虑到狭水道的表征参数与浅水不同，所以在求取狭水道中的许立汀回流速度值时，用参数 $\sqrt{A_m}/r_h$ 代替浅水问题中的参数 $\sqrt{A_m}/h$。其中 r_h 称为水力半径，其数值为

$$r_h = \frac{bh - A_m}{b + 2h + G_m} \tag{8-12}$$

其中，G_m 为船中横剖面的湿围长度，显然当 b 趋于无穷大时，r_h 趋于 h，就是浅水问题。

考虑上述处理后，狭水道中船体阻力的估算问题可根据同一船舶的深水阻力曲线，按照许立汀中间速度法的相同步骤得到相应狭水道阻力曲线。实践证明，所得结果尚属满意。

【思考题】

1. 某内河船的主要要素是 $L_{WL} \times B \times d = 56.0\,\text{m} \times 10.6\,\text{m} \times 1.8\,\text{m}$, $C_b = 0.63$, $C_m = 0.98$，浮心纵向位置 $x_c = -1\% L_{WL}$，在航速为 $V = 25\,\text{km/h}$ 时，若水深 $h = 2.7\,\text{m}$，试用许立汀法计算浅水阻力（其深水阻力曲线按艾亚法计算）。

2. 已知汉江某 270 功率拖船主尺度及系数为 $L_{WL} \times B \times d = 20\,\text{m} \times 7.6\,\text{m} \times 1.3\,\text{m}$，排水体积为 $108.85\,\text{m}^3$，$C_m = 0.932$，其深水阻力曲线如下：

V_s /（km/h）	R_f/kg	$R_{t\infty}$/kg
7	93.62	143.0
9	149.76	242.3
11	217.96	380.91
13	297.84	604.52
15	389.79	979.47
17	492.78	1 463.68

（1）根据该船深水阻力曲线，试用功率曲线正切法估算与该船船型相近但排水体积 ∇ 为 $120\,\text{m}^3$ 之船舶的总阻力曲线。

（2）试分别用许立汀中间速度法、阿普赫金法求 $h/d = 3$ 的浅水阻力曲线并比较之。

第 9 章　高速船型的阻力特性

高速船，又称高性能船，是当前世界造船事业的热门课题。这些船舶无论在军用上，还是在民用交通运输方面都占有相当重要的地位。世界各国十分重视对各种形式高性能船的开发与研制，高速船被预言是“21 世纪海上主要的运输工具之一”。本章仅简要介绍那些应用较广或颇受有关方面关注的某些船型以及它们的阻力问题。

§9.1　船舶航态与高速船种类

由于各类船舶的航速不同，所以航行中的航态也各不相同。航态变化往往与阻力特性的变化联系在一起，通常的排水型船舶由于其航速处于排水航行状态，航态变化极小，所以通常不考虑航态对阻力的影响。但对各种快艇而言，航态对阻力的影响相当重要，因此在讨论阻力特性时必须与航态联系在一起。

9.1.1　船舶航行中的航态

有关研究表明，船舶航行中的航态有时会对阻力特性产生较大的影响。一般来说，船舶在航行时的航态与静浮状态是不相同的，而且航态随航速变化而变化。根据已有资料表明：船舶在航行过程中，船体各部位的吃水较静浮时会发生变化。图 9-1 是巴甫连柯根据试验给出的船舶在不同速度下，船艏、船艉和重心处的吃水变化情况，其中速度参数为：$Fr_{\nabla}=\dfrac{V_s}{\sqrt{g\nabla^{1/3}}}$（这里 ∇ 为排水体积，Fr_{∇}称为体积弗劳德数）。船舶航行过程中，伴随有航态变化，即在垂直方向出现运动和位移，表明其不但受到静力作用，而且必然存在着流体动力的作用。

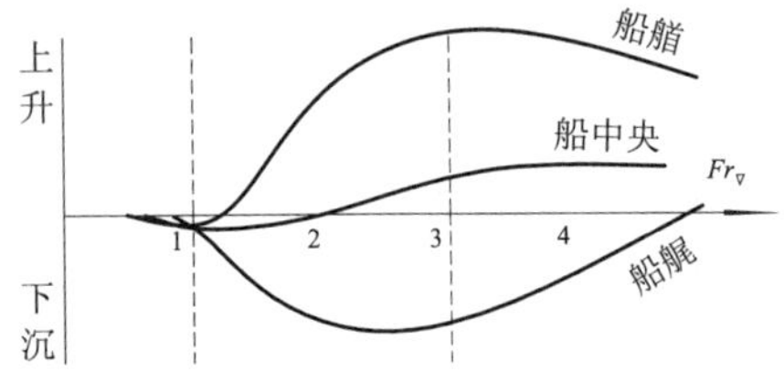

图 9-1　船舶运动中的航态与 Fr_{∇}的关系

设 Δ 为船体排水量，∇ 为船体静浮时的排水体积，∇_1 为船体在航行过程中的排水体积，Ł 为沿垂直方向作用在船体上的流体动力或称升力。则船体在航行时，沿垂直方向的受力关系为

$$\Delta = \rho \cdot g\nabla_1 + Ł \tag{9-1}$$

实际航行表明，根据船舶的 Fr_{∇}值，所有水面船舶大致可以划分为三种航态。

1）排水航行状态

当 $Fr_{\nabla}< 1.0$，此时航速较低，流体动力所占比重极小，船体基本上由静浮力支持，船体航态与静浮时变化不大。因而可以认为 $Ł/\Delta \to 0$，$\nabla_1 \approx \nabla$。在这个速度范围内的各种船舶，它们的阻力问题可以认为与航态无关。大多数的民用船，都是属于这种航态的船舶。所以，在这一航速范围内的船舶，又统称为水面排水型船舶。

2）过渡状态

在 $1.0 < Fr_\nabla < 3.0$ 时，随航速的增高，航态较静浮状态有明显的变化，船艏上抬较大，船艉下沉明显，整个船体呈现明显的艉倾现象。在这种状态下，流体动力较排水航行状态明显增大，船的排水体积趋于减小，即 $\nabla_1 < \nabla$。在该速度范围内的各种船舶，它们的阻力特性与航态关系较密切，如高速炮艇、巡逻艇、交通艇都是这种航态范围的船舶。这些船舶流体动力 Ł 占支持艇体的总浮力的比重不可忽视。但航态基本上处于排水型状态。故这些船称为高速排水型艇，或过渡型艇。

3）滑行状态

当 $Fr_\nabla > 3.0$ 时，航速很高，船艏、船艉的吃水变化很大，而且整个船体被上抬沿水面“滑行”，因此，处在这种航态下的船称为滑行艇。滑行艇处在滑行阶段时，静浮力很小，艇体几乎完全由流体动力 Ł 来支持，即 Ł $\approx \Delta$，而 $\nabla_1 \to 0$。高速摩托艇、鱼雷快艇及导弹快艇等均属滑行艇之列，滑行艇的阻力特性与航态的关系更为密切。

9.1.2　高速船的种类

近年来，高速船迅速发展，种类繁多，涉及面广。特别是随着船舶航速的不断提高，航态和支持船体的流体动力以及船体相对于水表面的位置均会发生明显变化。这些船舶除阻力性能外，对耐波性等其他航行性能均有更高的要求，因而也就相继出现了以不同原理、不同新概念发展而成的各类新型高速船，又称为高性能船舶。

1981 年第 16 届国际船模试验池会议将当时流行的主要高速船归纳为四类七种船型：①单体高速艇：包括高速排水型艇和滑行艇；②水翼艇：按水翼相对于水面情况不同而分为全浸式水翼艇和表面割划式水翼艇；③气垫船：包括全浮式气垫船和侧壁式气垫船；④多体船：小水线面双体船。

由于新建高速双体客船数目逐年增加，因此，第 17 届 ITTC 高速船委员会强烈推荐高速双体船应加入到高速船行列中去。此后，由于高速船在世界范围内的迅速发展，冲翼艇（又称地效翼船）渐趋成熟，近年来甚至出现了以几种支持力互相组合的所谓复合型高性能船（hybrid-hull），可以断言，高速船的种类和范围，今后还将有进一步的扩展。世界各国必将继续开发、研制新型的高速船。

§9.2　高速排水型艇特征和阻力性

常规水面船舶，由于所对应的航速范围较低，相应于 $Fr_\nabla < 1.0$，因此航行中的航态与静浮时变化不大，故这一类船舶又统称为排水型船舶。

但是，对于航速范围处于 $1.0 < Fr_\nabla < 3.0$ 的船舶，航态随航速变化显著，且阻力特性与航态关系甚密。同时，其流体动力作用不能忽视，因此把这类船舶归于快艇范围。然而，这类艇与处于滑行状态下的滑行艇相比存在本质的差别，其仍接近于排水型船舶，所以这类艇称为高速排水型艇或称过渡型快艇。正因为如此，这种过渡型快艇不但具有自身的艇型特点，而且其阻力特性既不同于常规排水型船，也不同于滑行艇。

9.2.1 高速排水型艇的艇型特点

高速排水型艇的航态还是比较接近于排水型船舶，试验证明：当$Fr = V/\sqrt{gL} < 0.6$时，艇体湿面积变化并不是很显著，但由于其航速较高，存在流体动力作用的影响，因此这类艇的艇型特点主要表现为：①整个艇体较瘦长，L/B 较大；排水量长度系数和方形系数均较小，这是为了减小高速情况下的剩余阻力。②艇体剖面形状取圆舭型或称为 U 形剖面居多。因此这种艇又常称为圆舭艇。由艇艏向艉方向，剖面的横向斜升角迅速减小，甚至趋于零度。③艏部比较瘦削，进流段的水线几乎呈直线，水线的进角较小。目的是为了减小兴波阻力。④艇体后体的纵剖线取微凸，对于 $Fr > 1.0$ 的艇则几乎呈直线。⑤艉部形状均采用方艉形式。其最突出的优点在于增加艇体的“虚长度”以降低高速时的阻力。

图 9–2 为典型的高速排水型快艇的艇体线型，上述艇型特点的诸方面在图中均可得到显示。

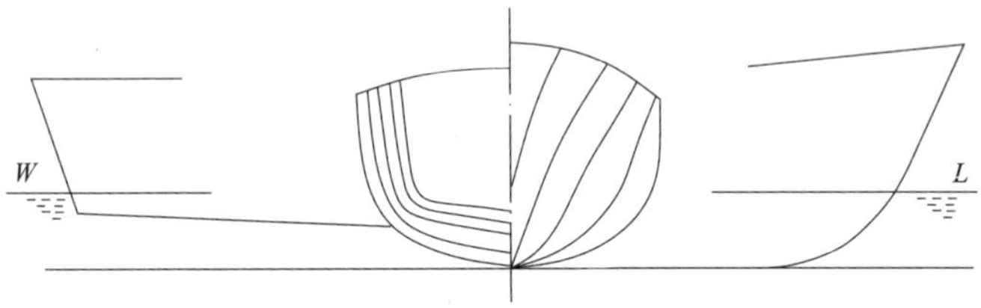

图 9–2　典型的圆舭艇艇型

9.2.2 高速排水型快艇的阻力特性

高速排水型艇的航速较高，其航行中的航态现象及相应的阻力特性如下。

9.2.2.1 影响阻力特性的两种航态现象

（1）航行纵倾随航速变化。高速排水型快艇航行中的纵倾和艇体各部位吃水变化必然对各种阻力成分，诸如摩擦阻力、兴波阻力以及飞溅阻力产生影响作用。

（2）兴波和飞溅现象。随着航速增大，除兴波现象外，还出现明显的飞溅现象。因而高速排水型快艇的阻力除具有常规排水型船相同的阻力成分之外，同时还产生飞溅阻力。

9.2.2.2 典型的阻力曲线形状

图 9–3 是高速排水型快艇和排水型船舶以及其他各种水面高速艇的阻力曲线比较。由图 9–3 可知，在低速情况，高速排水型快艇的阻力特性可以认为与排水型船基本上相同，实际上此时未出现飞溅现象，在艇底水动力无甚影响的情况下，就阻力成分而言两者也是相同的。在低速时，由摩擦阻力占主要成分，排水型船的排水量长度系数较高速排水型快艇为大，对减少摩擦阻力有利，因而其相应的单位排水量总阻力 R_t/Δ 显得小些。

随着航速增大，由于流体动力的作用，一方面出现飞溅现象；另一方面，在流体动力作用下艇体有所上抬，使兴波阻力有所减小，因此表现在阻力曲线随航速变化比较缓和。如图 9–3 所示，在一定航速范围内（$0.45 < Fr < 1.0$），圆舭过渡型快艇的阻力

性能不但较排水型船低得多，而且较其他各种快艇也要小。

如航速继续增大，一般认为，$Fr > 1.0$ 时，圆舭过渡型快艇由于出现严重的飞溅，因此总阻力中飞溅阻力成分急剧增大，以致其阻力曲线随航速增加而变得更陡，正因为如此，一般认为圆舭过渡型快艇的适用范围为 $Fr < 1.0$。

9.2.2.3　剩余阻力系数曲线的特点

高速排水型快艇的航速较高，因此剩余阻力在总阻力中占比重较大。图 9–4 是亨许克（Henschke）试验在不同排水量下所得的剩余阻力系数曲线。由图 9–4 知，不论艇的排水量大小如何，在 $Fr = 0.50$ 附近总是存在一个明显的阻力峰值区。

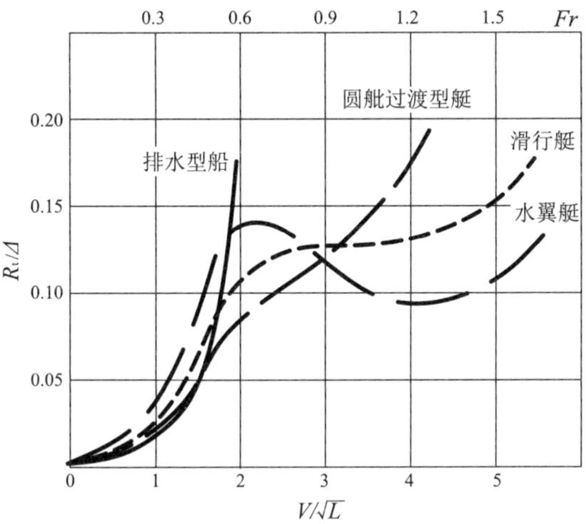

图 9–3　水面快艇的阻力曲线比较

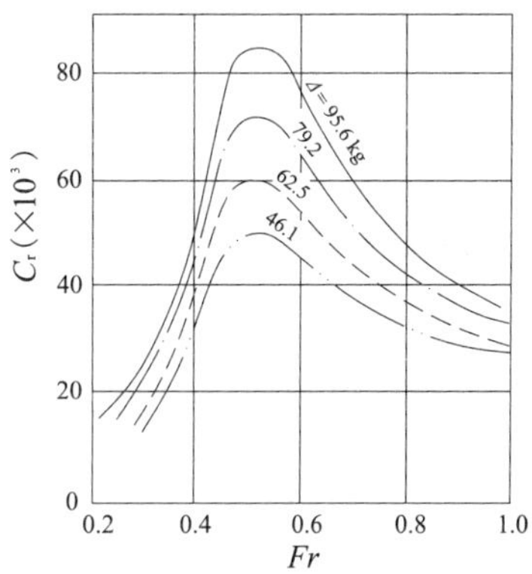

图 9–4　排水量对过渡型快艇的阻力性能影响

9.2.3　影响高速排水型快艇阻力的艇型因素

格罗特（Groot）和亨许克等认为影响高速排水型快艇阻力的主要因素是：速度、长度和排水量。如这些要素确定后，则阻力还受其他船型要素的影响，其中包括：横剖面形状，宽度吃水比（B/d），棱形系数，水线面系数，船中横剖面系数以及浮心纵向位置等。

一般而言，当设计艇不能达到预定速度时，设法减少艇的排水量或增加艇体长度最为有效。当然从设计质量更高的要求而言，其他参数应尽量选择恰当。

9.2.3.1　排水量及排水量长度系数的影响

由试验证明：排水量对高速排水型快艇阻力的影响很敏感的，由图 9–4 可以看出，在曲线的峰值区内，排水量的变化将引起阻力显著的变化。

柏林水池的系列试验指出：在 $Fr > 0.4$ 时，由于排水量变化而引起的剩余阻力变化成 1.6 次方关系：

$$\frac{R_{r1}}{R_{r2}} = \left(\frac{\nabla_1}{\nabla_2}\right)^{1.6}$$

其中，R_{r1} 和 R_{r2} 分别为对应排水体积为 ∇_1 和 ∇_2 时的剩余阻力。

归纳所有资料，几乎一致认为排水量长度系数$C_\nabla=\dfrac{\Delta}{(L/10)^3}$是影响阻力的重要参数，有人甚至称为是唯一的影响因素。显然该系数由 Δ、L 两参数组成的，因而可以想象其对阻力性能产生的重要影响作用。由图 9-5 瑞典 Nordstrom 资料知剩余阻力系数随 C_∇ 的增加而增加，且在阻力系数曲线“峰值”区内影响最显著。

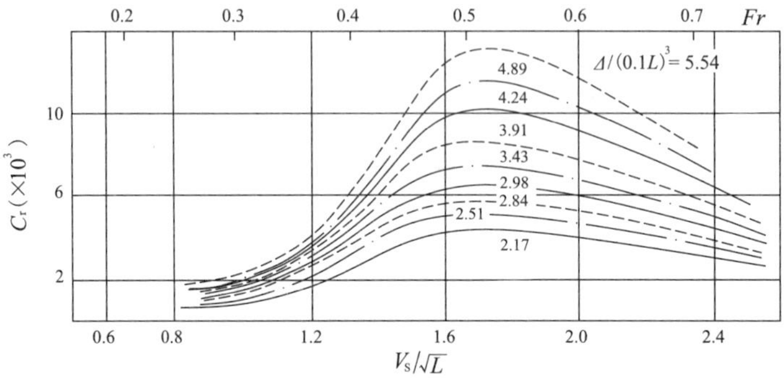

图 9-5　Nordstrom U 形艇剩余阻力系数

9.2.3.2　横剖面形状的影响

高速排水型快艇的剖面形状一般有 U 形（圆舭型）和 V 形（折角型）两种。不少研究资料表明：从阻力观点来看，在相同的 C_∇情况下，在较低航速时，圆舭型的阻力性能较折角型者为佳。一般认为 U 形艇适用的速度范围为 $Fr < 1.0$。

9.2.3.3　横剖面面积曲线形状的影响

横剖面面积曲线形状往往主要以棱形系数、纵向浮心位置和尾板浸湿面积比来体现。

高速排水型快艇的棱形系数的选取与设计航速有关。泰洛建议的最小阻力的棱形系数值是以 C_∇和 Fr 为参数，如表 9-1 所列，可供实际设计时应用。其他有关试验资料也给出了棱形系数的选择曲线。

表 9-1　泰洛建议的 C_p 值（表中数据为 $C_p\times10^2$）

Fr	C_∇							
	2	3	4	5	6	7	8	9
0.298	51.0	51.7	52.2	52.6	53.0	53.1	53.2	53.3
0.327	52.6	53.3	54.0	54.2	54.6	54.9	55.0	55.5
0.357	56.2	56.0	56.2	57.0	57.9	58.5	59.0	59.9
0.387	60.5	60.5	60.5	60.5	60.5	60.5	—	—
0.417	62.0	62.5	62.5	—	—	—	—	—
0.447	66.0	66.0	66.0	—	—	—	—	—
0.476	68.0	70.0	—	—	—	—	—	—
0.536	68.4	—	—	—	—	—	—	—
0.595	69.0	—	—	—	—	—	—	—

由于高速排水型艇航速较高，从所有变化浮心位置的模型试验结果来看，剩余阻力最小的情况均发生在浮心位置处于船中之后，因此浮心位置适当移后往往对阻力性能是有利的。

由于相对尾板面积 A_t/A_m（其中 A_t、A_m 分别为尾板和船中横剖面面积）与艉部流动有关，因而认为是影响阻力的参数之一。但试验证明相对尾板宽度 B_t/B_m（其中 B_t、B_m 分别为尾板和船中剖面的水线宽度）与尾板底部横向斜升角 β 都对阻力有重要影响，B_t/B_m 与 β 的选取均与 Fr 数有关。前苏联系列方艉船试验指出：当 $Fr \geqslant 0.45$ 时，选取较大的相对尾板宽度和较小的 β 对阻力性能是有利的。

另外，还有一些船型因素对阻力虽有影响，但并不明显。如宽度吃水比 B/d 较大的情况，其相应的阻力值略高一些；而船中横剖面面积系数对于航速较高的艇取得小一些有利。

9.2.4　应用系列资料估算高速排水型快艇的阻力

船模试验是确定高速排水型艇阻力的主要方法之一。该方法原则上与排水型船舶的模型试验相同。但为了便于阻力分析和准确换算，更强调同时测量航态。

除模型试验外，估算高速排水型快艇阻力的方法还有系列资料估算法和回归分析方法。

近二三十年来，各国根据各自的使用要求，相继进行了高速排水型快艇的系列试验研究，并提出了用于估算静水阻力的各种图谱。现扼要介绍两种系列资料估算方法。

9.2.4.1　NPL 系列

原英国国家物理实验室（NPL）圆舭艇系列试验研究工作的内容相当广泛，涉及船舶阻力性能，航行中的横稳性、推进、操纵性和耐波性等各个方面。这些资料可供诸如工作艇、汽艇、巡逻艇以及驱逐舰型的驱潜快艇和高速护卫艇等艇种的设计、研制时参考使用。

NPL 系列适用的航速范围为 Fr 在 0.3 ~ 1.20（或 $V_s/\sqrt{L}$ 在 1.0 ~ 4.0）。尽管此航速范围的上限部分与滑行区可能有些重叠，然而这些船毕竟不在纯滑行区中航行，所以选的艇型仍具有一般高速圆舭型快艇的特征。图 9-6 是该系列母型船模的横剖面示意图，该系列的主要参数变化范围为：

长宽比：L/B 在 3.33 ~ 6.25；

宽度 - 吃水比：B/d 在 1.72 ~ 10.2；

浮心位置：LCB 在（2.0% ~ 6.4%）L（舯后）；

长度排水量系数：Ⓜ在 4.47 ~ 8.30。

这里：$Ⓜ = L/\nabla^{1/3}$。

主要船型系数均为常数：方形系数 $C_b = 0.397$，最大横剖面系数 $C_m = 0.573$，棱形系数 $C_p = 0.693$。

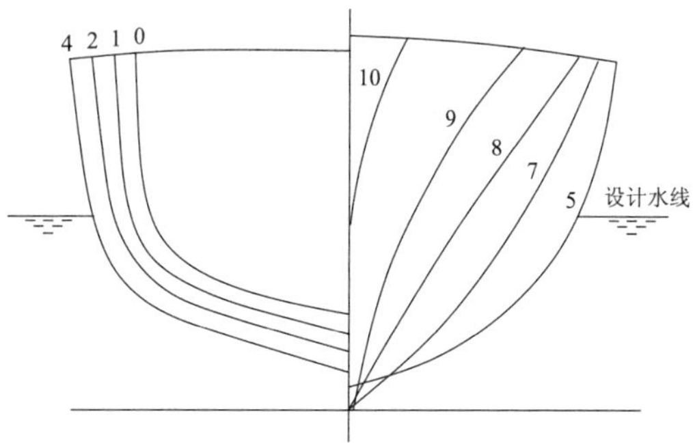

图 9-6　NPL 系列母型船模的横剖面示意图

由试验结果给出的用于估算静水阻力的图谱有如下两种。

（1）每吨排水量剩余阻力图谱：其表示为 $R_r/\Delta = f_1(Fr_\nabla, Ⓜ, L/B)$ 的函数关系。以 5 个 L/B 值分别给出相应的 R_r/Ⓜ图谱，如图 9-7 所示。

（2）湿表面积图谱：系列船模静浮状态下的船模湿表面积表示为 $S_m = f_2(L/B, Ⓜ)$ 的函数关系，如图 9-8 所示。

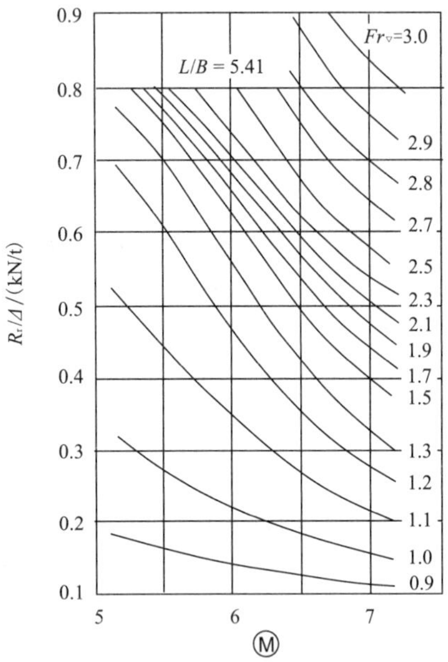

图 9-7　NPL 系列剩余阻力图谱

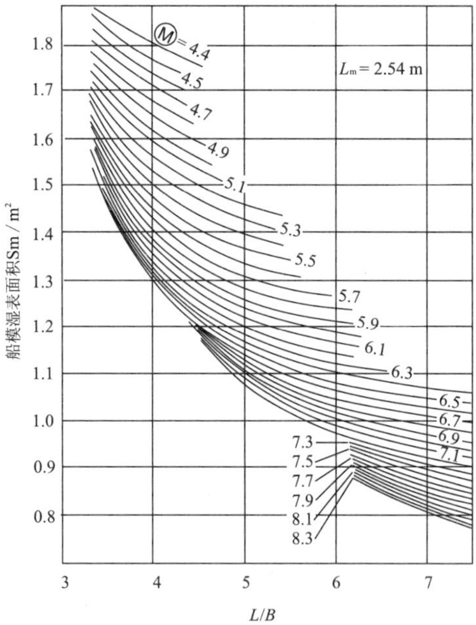

图 9-8　静浮时船壳湿表面积

根据上述两种图谱，可以分别估算实艇的剩余阻力 R_r 和摩擦阻力 R_f。

R_r 的计算：

$$R_r = (R_r/\Delta)\cdot\Delta \tag{9-2}$$

根据实艇给定的 L/B、Ⓜ值，在要求航速下的 Fr_∇ 可选定 R_r/Δ 图谱，并求得相应的（R_r/Δ）值，代入式 (9-2)，得剩余阻力 R_r 值。

R_f 的计算：

$$R_f = C_f\cdot\frac{1}{2}\rho_s\cdot v_s^2\cdot S_s \tag{9-3}$$

根据实艇的主尺度、L/B、Ⓜ值，由图 9-8 得到相应船模的湿表面积 S_m 值。由于船模长度均为 2.54 m，所以实艇的湿表面积为

$$S = S_m(L_{wl}/2.54)^2 \tag{9-4}$$

式中，L_{wl} 为实艇水线长，求得 S 后，按式 (9-3) 得到 R_f。

顺便指出：NPL 系列资料中除给出阻力图谱外，还直接给出了不同艇长情况下的有效功率图谱。同时还给出了航行中的湿表面积图谱，因此，可以认为航行中的湿表面积随航速增大而增加。

9.2.4.2　SSPA 系列

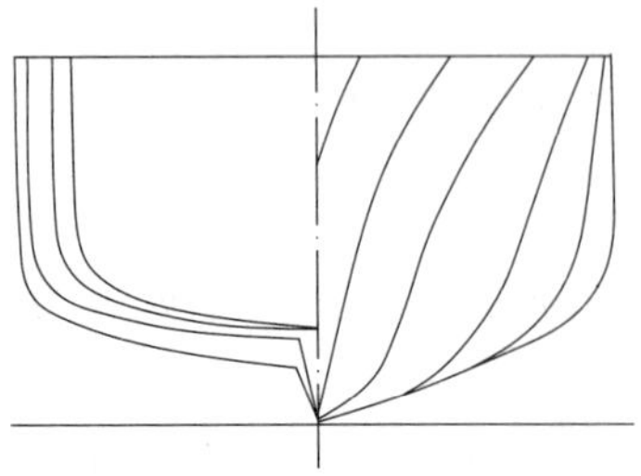

图 9-9　SSPA 系列母型艇（C_b = 0.40）

瑞典船模试验池小型高速排水型艇系列（SSPA 系列），适用于 100 ～ 400 吨级的高速快艇，航速范围可达 Fr = 1.30。图 9-9 是该系列的方形系数 C_b = 0.40 母型艇的横剖面线型。该系列是在保持方形系数、横剖面面积系数和浮心位置不变的情况下，取 3 种 B/d 和 $L/\nabla^{1/3}$，得到 9 条模型，分别进行静水和波浪试验。

该系列的主要参数范围为：

长度排水体积系数：$L/\nabla^{1/3}=6$，$L/\nabla^{1/3}=7$，$L/\nabla^{1/3}=8$；

宽度吃水比：$B/d=3.0$，$B/d=3.5$，$B/d=4.0$；

方形系数：$C_b=0.40$ 和 $C_b=0.45$；

横剖面面积系数：$C_m=0.59$；

浮心纵向位置：$x_c=-4.15\%L$（舯后）。

根据 SSPA 系列试验结果，给出 3 种 B/d 情况下的剩余阻力系数曲线，如图 9-10 所示。

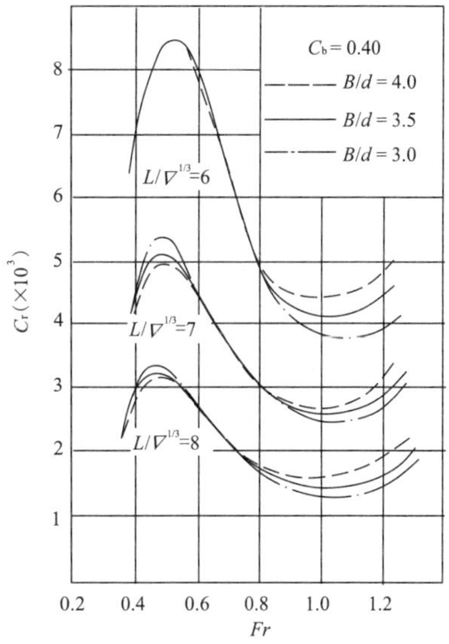

图 9-10　不同 B/d 的 C_r 曲线

该系列艇体湿面积系数 $C_s=S/\sqrt{\nabla L}$ 的回归表达式：

$$C_s=4\left[0.7-0.045\frac{B}{d}+0.01\left(\frac{B}{d}\right)^2\right] \tag{9-5}$$

根据剩余阻力系数 C_r 曲线和湿面积系数 C_s 表达式，就可估算总阻力。

9.2.5　应用回归分析法估算过渡型快艇的阻力

美国的默西尔（Mercier）和萨维斯基（Savitsky）在处理滑行艇在过渡区域内的阻力值时，对有关过渡型快艇和滑行艇静水阻力试验资料应用回归分析给出了阻力回归方程式。该回归方程式可用以估算过渡型快艇的阻力和滑行艇在滑行阶段之前的阻力值。

为了进行回归分析，选取了 7 种方艉艇系列计 118 条模型的试验资料，这些系列中除美国的系列 62 是折角型的滑行艇外，其余均为高速圆舭型艇。计算摩擦阻力系数除 SSPA 系列应用 1957 ITTC 公式外，其余均采用桑海公式。

用于阻力表达式的参数取为

$$X=\frac{\nabla^{1/3}}{L},\ Z=\frac{\nabla}{B^3},\ U=\sqrt{2i_e},\ W=\frac{A_t}{A_m}$$

长度排水体积系数$L/\nabla^{1/3}$是一致认为影响过渡型快艇的最重要参数。参数 ∇/B^3 是滑行艇的静载荷系数，它对滑行艇性能影响甚大。半进水角 i_e 与艇的前体形状关系较大。至于选取 A_t/A_m 作参数是考虑到艉部流动对阻力性能的影响。

其中，B、A_m 是最大水线宽度和最大横剖面面积，通常并不一定出现在船中位置。

通过分析回归方程中各项的重要性，最终简化得到对应于不同 Fr_∇ 值时的单位排水量总阻力表达式，其仅包括 14 项：

$$R_t/\Delta=A_1+A_2X+A_4U+A_5W+A_6XZ+A_7XU+A_8XW+A_9ZU+A_{10}ZW+A_{15}W^2+A_{18}XW^2+A_{19}ZX^2+A_{24}UW^2+A_{27}WU^2 \tag{9-6}$$

式中，A_i 是阻力方程式的各项系数，i=1，2，4，…，27。表 9-2 给出了排水量为 45.45 t，海水温度为 $t=15$℃时的“标准”条件下的各系数值。

对于排水量或水温情况与上述标准条件不同的艇，其单位排水量阻力值可按下列关系式进行修正：

$$\left(\frac{R_{\mathrm{t}}}{\varDelta}\right)_{修正}=\left(\frac{R_{\mathrm{t}}}{\varDelta}\right)_{标准}+\left[\left(C_{\mathrm{f}}+\Delta C_{\mathrm{f}}\right)-C_{\mathrm{f}标}\right]\cdot\frac{1}{2}\frac{S}{\nabla^{2/3}}Fr_{\nabla}^{2} \tag{9-7}$$

式中，$\left(\frac{R_{\mathrm{t}}}{\varDelta}\right)_{修正}$ 为不同于标准条件的实际艇的每吨排水量阻力；$C_{\mathrm{f}标}$是在标准条件下按桑海公式计算的摩擦阻力系数，其相应的雷诺数为

$$Re=Fr_{\nabla}\left(\frac{L}{\nabla^{1/3}}\right)\times 55.342\times 10^{6} \tag{9-8}$$

C_{f} 为对应于所要计算情况下的摩擦阻力系数；S 为湿表面积，由系列船模的静浮状态分析可近似表示为

$$\frac{S}{\nabla^{2/3}}=2.262\sqrt{\frac{L}{\nabla^{1/3}}}\left[1+0.046\frac{B}{d}+0.002\,87\left(\frac{B}{d}\right)^{2}\right] \tag{9-9}$$

表 9-2　阻力估算式中的回归系数数值（$\varDelta=45.45$ t，$t=15$℃）

系数	乘数	Fr_{∇}										
		1.0	1.1	1.2	1.3	1.4	1.5	1.6	1.7	1.8	1.9	2.0
A_1	I	0.064 7	0.107 8	0.094 8	0.034 8	0.030 1	0.031 6	0.031 9	0.043 4	0.050 4	0.056 4	0.059 7
A_2	X	−0.486 8	−0.887 9	−0.637 2	0.0	0.0	0.0	0.0	0.0	0.0	0.0	0.0
A_4	U	−0.010 3	−0.016 3	−0.015 4	−0.009 8	−0.006 4	0.0	0.0	0.0	0.0	0.0	0.0
A_5	W	−0.649 0	−0.134 0	−0.135 8	−0.051 0	−0.055 4	−0.105 4	−0.086 0	−0.132 9	−0.156 0	−0.186 6	−0.197 6
A_6	XZ	0.0	0.0	−0.160 5	−0.218 8	−0.193 6	−0.205 4	−0.194 4	−0.180 6	−1.178 1	−0.182 9	−0.201 5
A_7	XU	0.106 3	0.181 9	0.168 0	0.104 3	0.096 1	0.060 1	0.061 9	0.054 9	0.051 0	0.047 4	0.046 5
A_8	XW	0.973 1	1.830 8	1.559 7	0.435 1	0.518 2	0.582 3	0.520 5	0.782 0	0.928 6	1.185 7	1.300 3
A_9	ZU	−0.002 7	−0.003 9	−0.003 1	−0.002 0	−0.002 2	−0.003 7	−0.003 6	−0.003 3	−0.003 1	−0.002 4	−0.002 1
A_{10}	ZW	0.010 9	0.014 7	0.034 8	0.041 1	0.039 0	0.047 9	0.044 3	0.041 9	0.041 1	0.041 2	0.043 4
A_{15}	W^2	0.0	0.0	0.0	0.0	0.0	0.083 2	0.073 7	0.121 5	1.149 3	0.180 9	0.197 7
A_{18}	XW^2	−1.409 6	−2.467 0	−2.155 6	−0.926 6	−0.952 8	−0.709 0	−0.720 6	−0.959 3	−1.121 8	−1.386 4	−1.551 3
A_{19}	ZX^2	0.291 4	0.473 1	1.029 9	1.063 9	0.977 6	1.197 4	−1.181 2	1.015 6	0.931 4	0.784 1	0.782 8
A_{24}	UW^2	0.029 7	0.058 8	0.052 0	0.022 1	0.024 1	0.0	0.0	0.0	0.0	0.0	0.0
A_{27}	WU^2	−0.001 5	−0.003 6	−0.003 0	−0.001 1	−0.001 4	0.0	0.0	0.0	0.0	0.0	0.0

注：表中 $X=\nabla^{1/3}/L$；$U=\sqrt{2i_{\mathrm{e}}}$；$Z=\nabla/B^{3}$；$W=A_{\mathrm{t}}/A_{\mathrm{m}}$。

或者，由马伍德（Marwood）及西尔弗利夫（Silverleaf）提出的公式认为与方形系数 C_{b} 有关

$$\frac{S}{\nabla^{2/3}}=\left(\frac{L}{\nabla^{1/3}}\right)^{2}\left(1.7\frac{B}{L}\cdot\frac{d}{B}+\frac{B}{L}\cdot C_{\mathrm{b}}\right) \tag{9-10}$$

§9.3　高速双体船船型和阻力特性

近年来高速双体船的开发和应用较为广泛。因此对其阻力性能研究受到各方面的普遍关注。

9.3.1　双体船船型特征

为减小船体兴波阻力，双体船或多体船的概念早已应用到实际的船体设计中。

双体船是两个相同线型的船体（称为片体）平行布置所组成的。两个片体在水面以上用连接桥连接在一起，图 9–11 是双体船的布置情况。两片体的纵中剖面的距离为 C_0，两片体船中横剖面在设计水线外的内侧间距为 C，因此双体船设计水线的总宽 B_d 大于片体设计水线 b 的两倍。

双体船的片体横剖面形状有左右线型对称的剖面，也有左右不对称的线型。有的双体船采用部分不对称型，也即仅仅是前体或后体部分的线型被设计成不对称剖面。

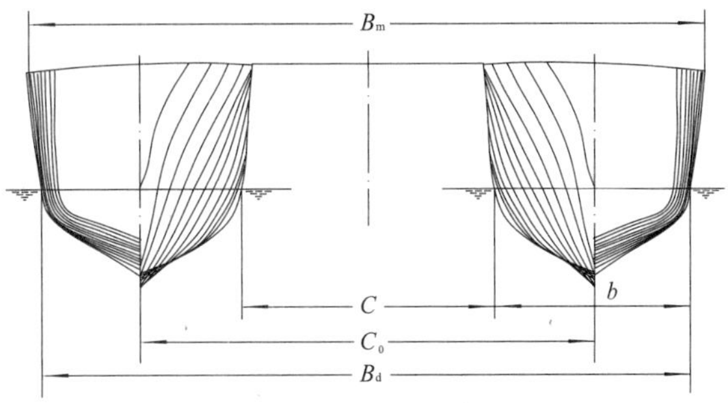

图 9–11　双体船布置示意图

与相同排水量的单体船相比，由于一个船体分成两个片体，因此单个片体的长度排水体积系数 $L/\nabla^{1/3}$ 或长宽比 L/B 都较大，这对于减小水面兴波和降低兴波阻力将取得明显效果。同时对减小粘压阻力也有利。

双体船与相当的单体船相比，湿面积较大，所以摩擦阻力也较大，同时两片体内侧之间存在着兴波干扰作用，也将对阻力性能产生不利影响。

综合上述对阻力性能影响的分析，在一定速度范围内采用双体船对阻力性能是有利的。除阻力方面的原因外，采用双体船还有甲板面积大、稳性好等独特优点。这就是双体船方案经常被采用的原因所在。

表征高速双体船的主要参数可由图 9–11 说明。但有关研究表明：在高速情况下，双体船的片体横剖面形状采用不对称船型的阻力性能，均较对称船型为差，因而高速双体船片体大多采用对称船型，除非由于耐波性等特定要求，否则一般并不选择不对称船型。

此外，由于高速双体船航速较高，其航速范围与高速排水型艇相同，因此很多高速双体船常选择某些较成熟的高速圆舭艇系列的船型，诸如英国的 NPL 系列等。但其长度排水体积系数 $L/\nabla^{1/3}$ 更大，船型更瘦长。

9.3.2　高速双体船的阻力特性

高速双体船的总阻力

$$R_t = R_f + R_r + \Delta R$$

式中，R_f 为两片体自身的摩擦阻力；R_r 为两片体自身的剩余阻力；ΔR 为两片体间的干扰阻力。

双体船干扰阻力是由两片体间波系干扰和粘性流体的不对称性所引起的。由于干扰阻力的存在，因此双体船的总阻力曲线不同于两个互相独立片体的阻力曲线，这是双体船（或多体船）的主要阻力特性。

单个片体波系干扰与常规单体船完全一样，仅发生于自身的艏艉横波系之间，而艏艉散波之间并不产生干扰作用。但双体船片体间的波系干扰，既发生于横波系，也发生于两片体间的散波系。双体船两片体的内侧，限制了两片体所兴起波浪的扩散，两片体散波在此处发生交汇而产生干扰，片体外侧兴波情况没有变化。

双体船片体的绕流与孤立片体的绕流之间存在的差别是：前者绕流是非对称的，而后者绕流是对称的。由于双体船内侧绕流受到两片体的限制，流速显著增大，因而使内侧边界层厚度发生变化，甚至导致形成漩涡而产生粘性干扰。

考虑到双体船的两片体间的兴波干扰和粘性流场引起干扰对阻力的影响，英瑟（M Insel）对高速圆舭艇进行研究分析后，提出了高速双体船的总阻力系数表达式为

$$C = (1+\beta k)\ C_f + \tau C_w \tag{9-11}$$

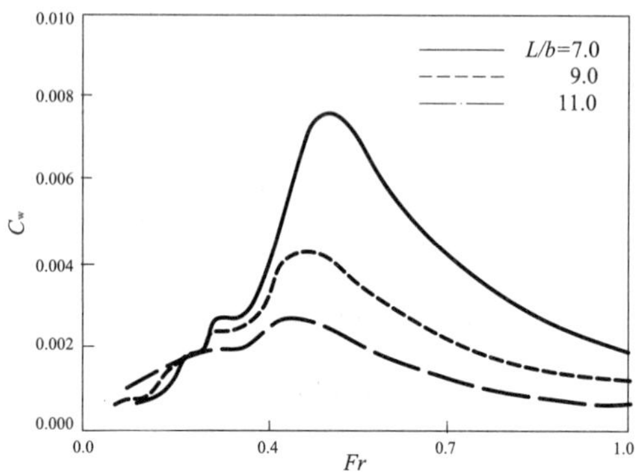

图 9-12　兴波阻力系数

式中，C_w 为孤立片体的兴波阻力系数，对于 NPL 船型在不同长宽比 L/b 时，由图 9-12 给出；$(1+k)$ 是孤立片体的形状因子；β 为粘性干扰因子，如图 9-13 所示；τ 为兴波干扰因子，τ 与 L/b、b/d 片体间距以及船型系数等参数有关。对于航速 $Fr < 0.40$ 的双体船，各参数对 τ 的影响较为复杂；对于航速 $Fr > 0.40$ 的高速双体船，根据英瑟给出的资料，当 L/b 为 7.0 ～ 11.0 时，大体上可按图 9-14 选取 τ 值。

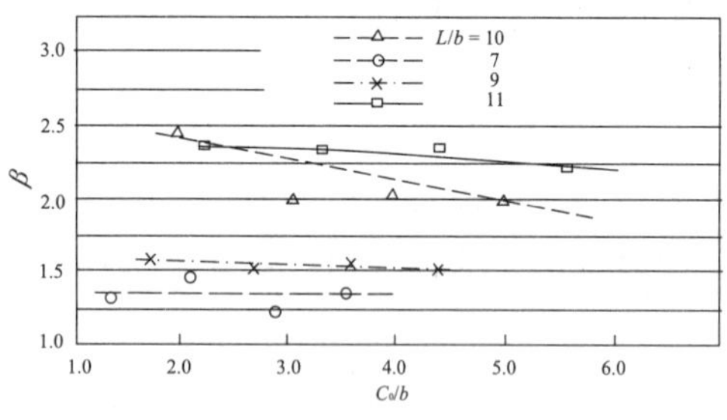

图 9-13　双体船粘性干扰因子

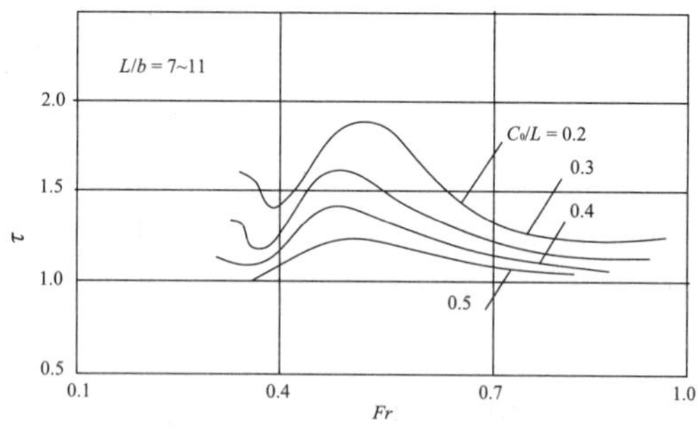

图 9-14　双体船兴波干扰因子

9.3.3　影响高速双体船阻力性能的主要参数

影响高速双体船阻力性能的因素很多，除前述剖面形状外，长度排水体积系数 $L/\nabla^{1/3}$ 和片体间距无疑是影响阻力的最重要因素。

9.3.3.1　排水体积长度系数对阻力的影响

由于排水体积长度系数是影响高速排水型艇阻力性能的最重要参数，因此其对高

速双体船的阻力性能的影响同样极为重要。图 9–15 及图 9–16 分别给出了 $C_0/b = 2.0$ 时不同 $L/\nabla^{1/3}$ 时的剩余阻力系数 C_r 及干扰系数 $k_r = \Delta C_r/C_r$ 曲线。式中，ΔC_r 为片体附加剩余阻力系数，包含兴波阻力的附加干扰和粘性阻力的干扰成分。C_r 为片体自身的剩余阻力系数。由两图可知：当 $L/\nabla^{1/3}$ 增大时，不但 C_r 值明显减小，而且 k_r 值也减小。说明随着长度排水体积系数增大，两片体间的阻力干扰也明显减弱。这可以理解为：由于 $L/\nabla^{1/3}$ 增大，片体本身的兴波减小，因此 C_r 值减小，从而使两片体间的兴波阻力附加干扰减弱，k_r 值随之减小。

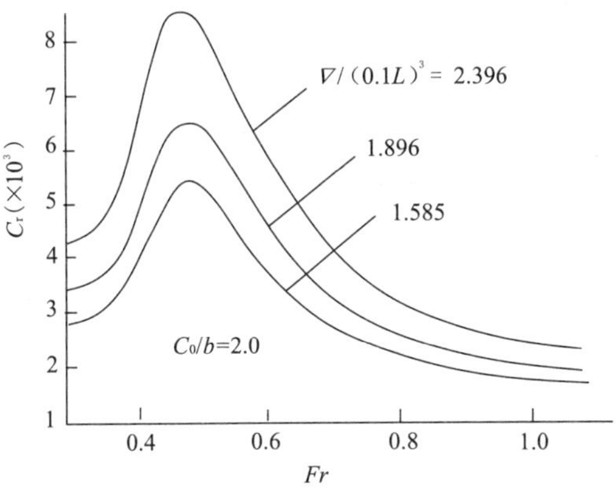

图 9–15　圆舭型双体船剩余阻力系数

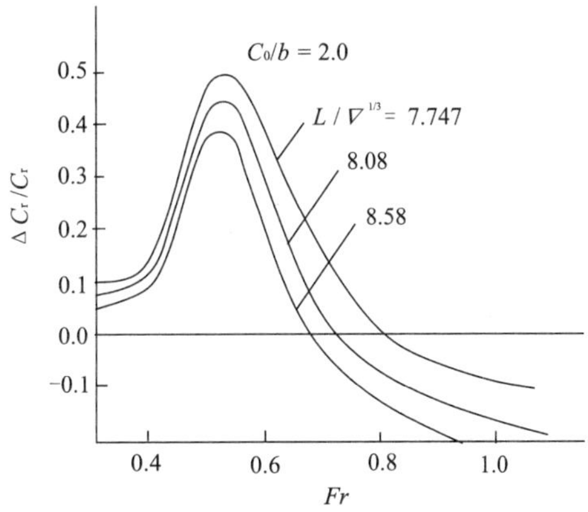

图 9–16　圆舭型双体船干扰系数

9.3.3.2　片体间距对阻力的影响

双体船的片体间距对兴波干扰阻力的影响较大，片体间距决定了两个片体间散波交汇点的位置及横波的重合程度。片体间距越大，则散波交汇点的位置越推向船后，横波的重合程度越小，片体间的兴波干扰越小。试验研究表明，当片体的相对内侧间距 $k = C/b$ 在 0.7 ~ 1.0 时，片体系波相互干扰剧烈，引起的兴波干扰阻力最大。因此双体船的设计尽可能增大片体间距，以避免过大的干扰阻力，同时由图 9–17 知，片体间距对阻力的影响，在 $Fr = 0.5$ 峰值区内反映最为明显。

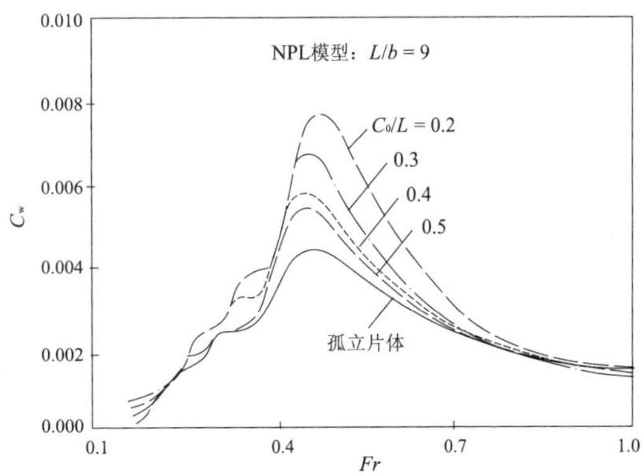

图 9–17　圆舭高速双体船片体间距对兴波阻力的影响

§9.4　滑行艇的艇型和阻力性能

滑行艇是指航行速度在 $Fr_\nabla > 3.0$，艇体重量几乎全由作用在艇底的流体动力升力所支持的高速艇。这种艇与过渡型快艇相比，航速范围更高，因此有其相应的艇型特点和阻力特性。

9.4.1 艇型特点和航态现象

由于考虑到既要满足滑行艇的快速性要求，又要注意到这种艇的航海性能方面的问题，滑行艇的艇型特点一般由以下几个方面来表征。

（1）艇体剖面形状采用 V 形或称折角型。采用这种剖面形状有利于提高水动力特性。

（2）艇体的前体剖面，特别是艏部的艇底斜升角很大，而向艉部方向迅速减小。其原因在于既要减小艇艏被汹涛的严重拍击，又要考虑到尽可能改善后体的水动力性能。

（3）艇体的长宽比 L/B 较过渡型快艇要小，其目的在于增加艇体展弦比，以提高艇体滑行效率，有利于减小阻力。

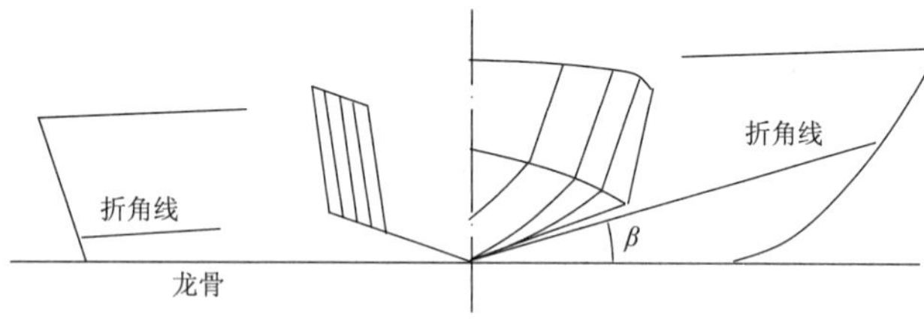

图 9-18 滑行艇艇型

（4）纵剖线较平直，特别要避免出现外凸，以防止艇底产生负压力。

图 9-18 是典型的滑行艇的艇型，上述各特点在图中可以得到体现。

当滑行艇处于全滑行状态下，由于受到流体动力作用十分明显，艇底水动压力几乎全部替代了静浮力。艇底的纵向压力分布在不同航速下是不同的，所以在航行过程中，艇体的航态随航速将发生明显的变化。主要表现在如下两个方面。

一方面，随着航速增大，艇体被抬高；航行纵倾角、湿面积和浸湿长度均随航速而改变。

另一方面，在高速滑行过程中，出现有明显的飞溅现象，艇底流动模型如图 9-19 所示。在两舷侧形成一种连续喷射的圆锥面水膜，称为膜状飞溅或主飞溅。此外，在驻点线前还有向两舷外侧喷射的，由很细小的水滴组成的水流束，称为须状飞溅。这两种飞溅耗损的能量就产生飞溅阻力。而须状飞溅还将增加艇底浸湿面积，以致对摩擦阻力有所影响。

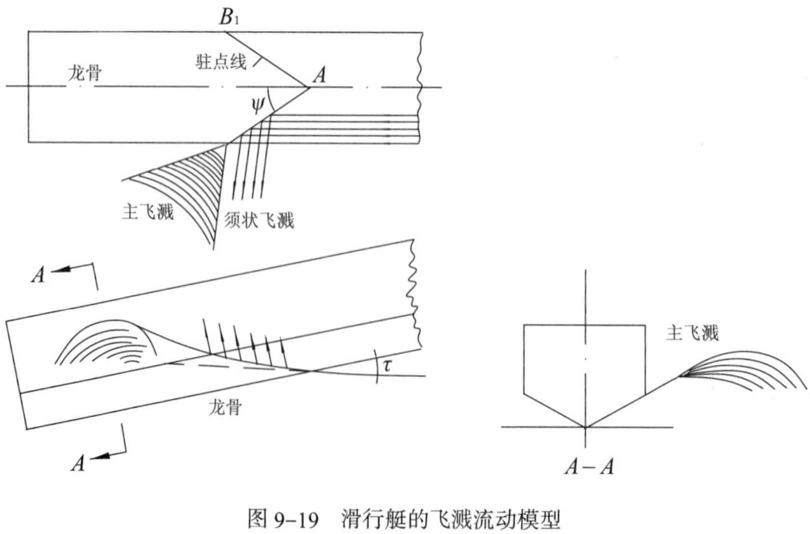

图 9-19 滑行艇的飞溅流动模型

滑行艇航行过程中的特征与阻力特性密切相关，在阻力估算中，应予以注意。

9.4.2 滑行艇的阻力特性

9.4.2.1 滑行艇的阻力成分

当艇体滑行时，艇底与滑行平板相似，因而研究滑行艇的受力情况可以用滑行平板来代替。图 9–20 为一无限宽滑行平板以冲角 τ 在水面滑行的情况，假定平板静止不动，水流以速度 v 流向平板。则平板所受到的作用力有：垂直于板面的压力 N 以及摩擦力 R_f。平板所受的合力为 P。把 P 分解成垂直于运动方向的升力 $Ł$ 和沿着运动方向的阻力 R_t，则有

$$R_t = Ł\tan\tau + R_f\cos\tau \tag{9-12}$$

因为 τ 很小，故 $\cos\tau \approx 1$，且在全滑行状态下有 $Ł = \varDelta$，则得

$$R_t = \varDelta \cdot \tan\tau + R_f \tag{9-13}$$

对于实际滑行艇来说，R_f 是艇体摩擦阻力；$\varDelta \cdot \tan\tau$ 称为剩余阻力。由于实际航行过程中不仅有飞溅，还有兴波，因而其包含兴波阻力和飞溅阻力两种阻力成分，但这两者都是水压力在运动方向的分力，所以是压阻力。式 (9–13) 是滑行艇作为滑行平板处理的阻力计算式。

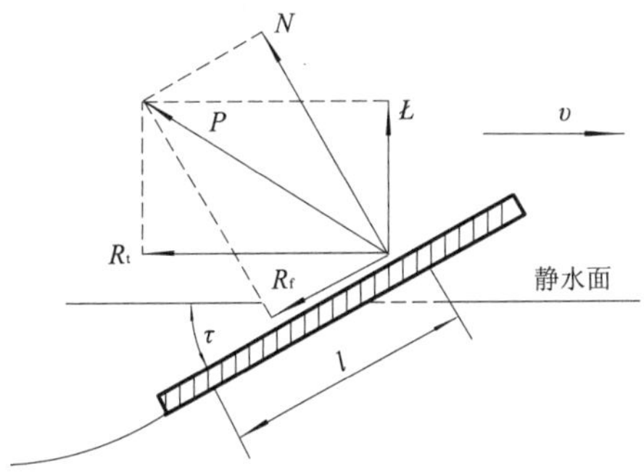

图 9–20 滑行平板受力示意图

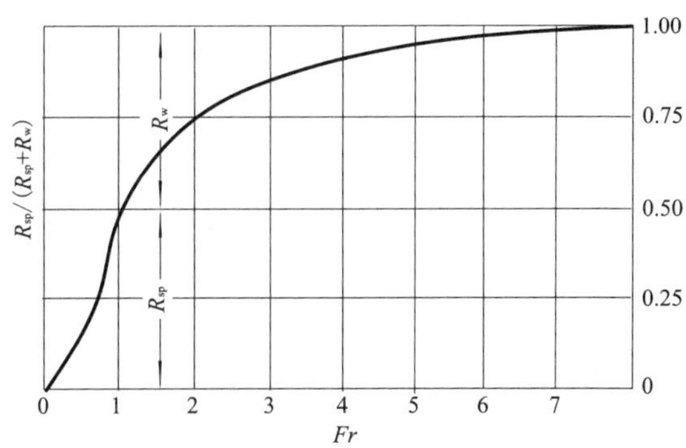

图 9–21 不同 Fr 时的飞溅阻力成分

研究表明：当航速增大时，兴波阻力 R_w 在滑行艇的剩余阻力中的成分逐渐减小，飞溅阻力 R_{sp} 将随航速增大而迅速增长。图 9–21 是滑行平板的两种阻力成分随 Fr 的变化情况。由此可以说明：滑行艇在高速滑行状态下，与过渡型快艇相比，由于航速更高，飞溅更为严重，因此飞溅阻力在剩余阻力中所占的比重更大。

9.4.2.2 滑行艇的阻力曲线形状

图 9–3 给出了滑行艇的典型阻力曲线形状。当在较低航速范围内（即 Fr_∇ 较小）时，曲线的坡度较陡，与一般排水型船舶相似，阻力随航速的高次方增长。随着航速增大，一般在 Fr_∇ 为 3.0 左右达到起滑阶段，由于水动力升力增大，排水体积减小，故兴波阻力下降。但随之出现的飞溅阻力却趋增大。两者有抵消作用，因此阻力曲线坡度变得相当平坦。当航速达到更高阶段后，则阻力曲线又趋陡直。这是由于排水体积无进一步减小，兴波阻力无更多的减小，相反地，艇底动压力很大，压力中

心后移，艇的湿长度增大，使摩擦阻力和飞溅阻力明显地急剧增大，反映出总阻力随航速迅速增大。

9.4.2.3 最佳航行纵倾角

按式 (9–13) 计算滑行艇的阻力时，其中剩余阻力 $\Delta \cdot \tan\tau$ 将随冲角，即随滑行艇的航行纵倾角增大而增大。但一般来说，纵倾角增大将使艇体湿长度变短，湿面积减小，故摩擦阻力 R_f 下降。由此可知，在一定排水量和航速时必有一对应于最小阻力的“最佳航行纵倾角”，故通过调节纵倾角，有时可以改善阻力性能。

从物理意义上理解，滑行艇的纵倾角变化将引起各种阻力成分有不同的变化：如纵倾角增大时，艉部的绕流速度增大，飞溅特别是艇艉的“鸡尾流”现象将更严重，剩余阻力随之增大。至于摩擦阻力则由于湿面积减小而下降。因而必然存在“最佳航行纵倾角”。

9.4.3 影响滑行艇阻力性能的主要因素

滑行艇由于其运动状态与过渡型快艇相比已有质的变化，因而影响这种艇的阻力性能的因素也有所不同。

1）剖面形状的影响

就艇体剖面形状来说，为了提高流体动力性能，几乎所有的滑行艇均采用 V 形剖面。从阻力观点来看，平底滑行艇不但升力系数大，而且湿面积和摩擦阻力为最小。但这种艇型不但无航向稳定性，难以操纵，而且在汹涛中航行时将遭受到很大的拍击力作用。因而既要考虑流体动力性能，又要注意到艇在波浪中的拍击和满足操纵性需要，一般滑行艇采用有明显折角的 V 形剖面（又称折角型），即具有一定横向斜升角的横剖面。一般情况下，在艇艏横向斜升角很大（约 60°），而向艇尾方向逐渐减小，甚至趋于 0°。斜升角的大小对滑行艇的水动力性能影响颇大。理论和试验均证明增大斜升角会导致流体动力作用减小，对阻力性能带来不利影响。其原因是：一方面由于增加了艇底湿面积，使摩擦阻力增大；另一方面也增大了横向流动，以致引起舷侧严重的飞溅，从而损耗了艇底的水动压力。

2）排水量的影响

排水量对滑行艇阻力的影响很敏感。因为增大排水量不但使艇体的剩余阻力 $\Delta \cdot \tan\tau$ 增大，而且意味着体积弗劳德数的下降，致使延缓和推迟了滑行阶段。显然这两方面均导致阻力增大。事实上，增大艇的负荷总是以克服更大的阻力为代价。

3）艇宽影响

艇宽是滑行艇的重要参数之一。它主要指艇的舯部和艇尾板处的折角线宽度。

艇体宽度对阻力影响较明显。增加宽度可以增加滑行面的展弦比，提高升力系数。但在一定的重心位置下，增加艇宽将使纵倾角变化，同时湿面积也有所增大，因而会引起阻力性能的变化，有时阻力反而增大。由于单纯的宽度变化对阻力影响较为复杂，故通常以长宽比 L/B 或宽度吃水比 B/d 等参数来考虑对阻力的影响。适当地减小 L/B 不但增大了滑行面的展弦比，而且湿面积也小，对阻力性能是有利的。但过多地减小 L/B 并不一定可取。因为试验证明实际上存在“最佳长宽比”。

艇的尾板宽度 B_t 对滑行艇的流体动力性能有较大影响，但不像艇舯部宽度 B_m 那么强烈。一般来说，减小 B_t，艉部流体动力会减小，导致艇的航行纵倾角增大，因而阻力会发生变化。具体的阻力值是增大还是减小，将取决于艇的相对航速 Fr 的大小。同样的理由，尾板过宽并不一定可取。如果再考虑到增加艉部宽度将导致摩擦阻力增大，甚至不利于艉部水流自然收缩等因素，通常艉部宽度有一定范围：B_t 在（60% ～ 80%）B_m。

4）重心纵向位置

滑行艇的重心纵向位置是影响滑行艇性能，特别是阻力性能的又一重要参数。正因为如此，对滑行艇来说，不但对排水量的控制比较严格，而且对艇体重量的布置也有一定限制。在给定排水量情况下重心位置、航速和艇宽构成滑行艇的 3 个重要因素。

从阻力观点来看，重心后移，将增大滑行艇的纵倾角，可以减小湿长度。如果艇体原来的纵倾角较小，显然对阻力性能有利；如果艇体原来已处于最佳纵倾状态，可以在重心后移的同时改用较大的艇宽。这样既保持了有利冲角，又增大了展弦比，无疑将会提高滑行性能，阻力性能可望得到明显的改善。从 62 系列的不同重心位置的阻力试验结果表明，重心位置过前是不利的。当重心在流体压力中心后的 4% L ～ 8% L 时有较好的阻力性能。但是重心后移也有一定限度，重心位置过分后移并不可取。

9.4.4　应用滑行平板资料估算滑行艇的阻力

由前述知，艇底设计成滑行面的滑行艇，其总阻力可用滑行平板在滑行时的阻力来表示：

$$R_t = \Delta \cdot \tan\tau + R_f \tag{9-14}$$

据此，决定滑行艇在已知排水量情况下的总阻力，关键在于确定滑行状态下的冲角 τ 和 R_f。然而$R_f = C_f(Re)\cdot\dfrac{1}{2}\rho v^2 S$，其中湿面积 S 和用以计算雷诺数 Re 的湿长度将随不同的滑行状态而有所变化。因此计算总阻力归结为确定航行中的纵倾角 τ、湿面积 S 和湿长度 l 等。

通过滑行平板试验资料给出的某些函数关系或图谱，可以求得滑行艇在给定参数情况下的 τ、S 和 l 值。从而计算得总阻力值。

9.4.4.1　姆雷（Murry）法估算滑行艇阻力

姆雷法估算滑行艇阻力主要是通过一系列滑行平板试验，给出了几个滑行参数的具体函数关系。

（1）滑行面压力中心位置的函数关系为

$$\xi/l = K\lambda^n \tag{9-15}$$

式中，$K = f(\tau,\ \beta) = \dfrac{0.84 + 0.015\beta}{\tau^m}$，其中 τ 为航行纵倾角，β 为平均斜升角即艇中部和艉部斜升角的平均值，$m = 0.125 + 0.0042\beta$；$n = -(0.05 + 0.01\beta)$；ξ 为水压力中心（或重心）距艇尾的距离；l 为平均湿长度，即龙骨浸湿长度 l_k 与折角线浸湿长度 l_c 的平均值，

$l=(l_k+l_c)/2$，如图 9–22 所示；$\lambda=l/B$，湿长度与宽度比。

上列关系式常用曲线表示，如图 9–23 所示。在实际应用时可直接查曲线图。

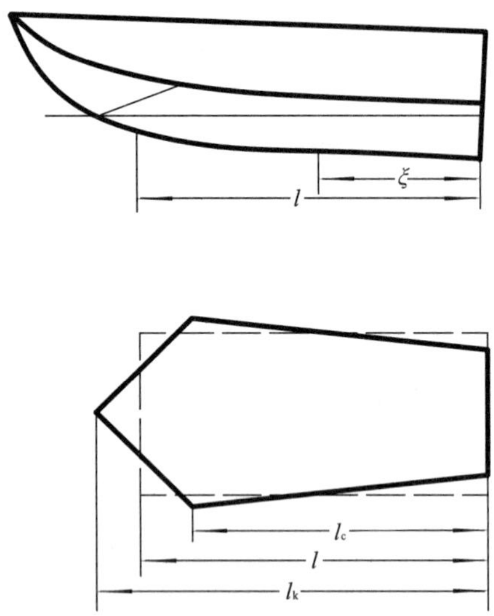

图 9–22　滑行面的几何参数

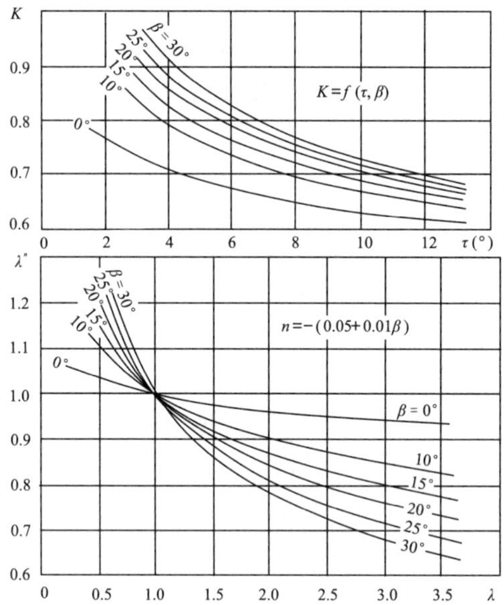

图 9–23　计算滑行面压力中心位置的曲线（姆雷法）

（2）滑行面动载荷系数的函数关系。

对于底部斜升角为零的平底滑行面的动载荷系数为

$$C_{l0}=\tau^{1.1}(0.012\lambda^{0.5}+0.0095\lambda^2/Fr_b^2) \tag{9-16}$$

对于底部斜升角为 β 的 V 形滑行面，则有

$$C_{l\beta}=C_{l0}-0.0065\beta C_{l0}^{0.6} \tag{9-17}$$

由此可见，平底艇的动载荷系数较 V 形滑行面大。上列关系式用曲线表示，如图 9–24 所示。

根据上述函数关系式，可以估算滑行艇的阻力，具体步骤如下。

①按已知艇的排水量 $\varDelta$、航速 V_s、艇宽和斜升角，则可计算得

$$B=\frac{1}{2}(B_m+B_l)$$

$$\beta=\frac{1}{2}(\beta_m+\beta_l)$$

$$Fr_b=\frac{V_s}{\sqrt{gB}}$$

$$C_{l\beta}=\frac{\varDelta}{\frac{1}{2}\rho V_s^2B^2}$$

由已知的 $C_{l\beta}$ 值，查图 9–24 得到相应于滑行平板的动载荷系数 C_{l0}。

②取一系列纵倾角 τ_1，τ_2，…，τ_i，并计算相应于各纵倾角时的 $C_{l0}/\tau_i^{1.1}$；再由图 9–24 得对应于 τ_i 的一系列 λ_i 值。

③由图 9–23 可以查得

$$\lambda_i^n = f_1(\lambda_i, \beta);\ K_i = f_2(\tau_i, \beta)$$

④由于 τ_i 及相应的 λ_i 已得，则有相应的湿长度 $l_i = \lambda_i B$，湿面积 $S_i = l_i / \cos\beta$ 均可得到，并可计算雷诺数和摩擦阻力。

⑤按式 (9–14) 计算得到各纵倾角 τ_i 时的相应阻力 R_{ti}，并作曲线 $R_{ti} = f_3(\tau_i)$，如图 9–25 所示。

⑥按式 (9–15) 计算得到各纵倾角 τ_i 时的水压力中心位置 $\xi_i = f_4(\tau_i)$，如图 9–25 所示。

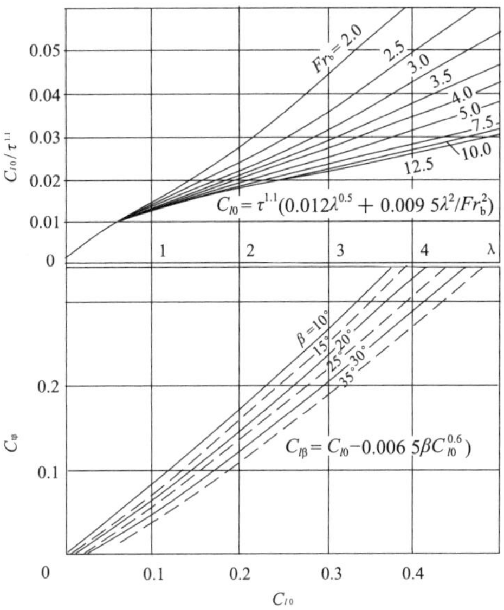

图 9–24 确定滑行面动载荷系数的曲线（姆雷法）

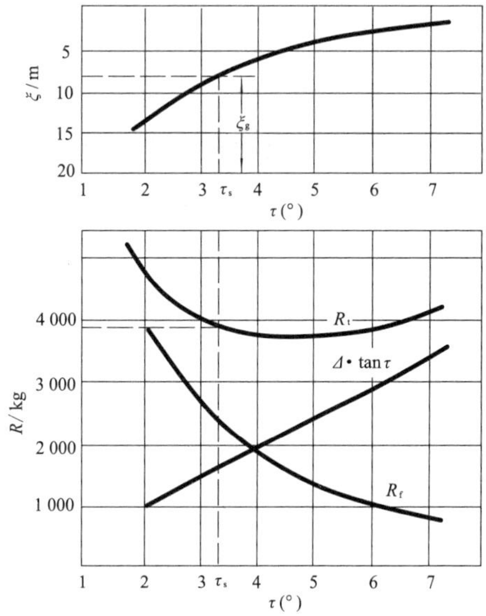

图 9–25 滑行艇阻力随纵倾角的变化

⑦由已知艇体重心距尾板距离 ξ_g，在 $\xi_i = f_4(\tau_i)$ 曲线上得到对应于水压力中心距尾板为 ξ_g 时的纵倾角 τ_s。此即为实艇在该计算航速下的航行纵倾角，同时由图得到相应的总阻力 R_{ts} 值。

9.4.4.2 艇底流速和飞溅面积对阻力影响的修正方法

如果要较精确地估算滑行艇阻力，则在应用滑行平板资料估算阻力时还应考虑滑行艇与滑行平板之间存在的差别对阻力的影响。这些差别主要表现在两方面：一方面是艇底滑行面上各处的水流速度不但与滑行平板速度不同，而且在不同位置处也互不相同。为了方便起见，用整个压力面的平均水流速度 v_m 作为计算速度。另一方面是滑行艇的须状飞溅将增加艇体湿面积，导致摩擦阻力的增加。

为此，第 18 届国际船模试验池会议指出：滑行艇在滑行阶段的裸艇体总阻力 R_{th} 应为

$$R_{th} = \Delta \cdot \tan\tau + R_f + R_{spf} \tag{9–18}$$

式中，R_{spf} 是由须状飞溅面积所引起的摩擦阻力。

考虑到艇底水流平均速度和须状飞溅面积的影响，则有

$$R_f = \frac{1}{2}\rho v_m^2 S\,(C_f + \Delta C_f) \tag{9–19}$$

$$R_{spf}=\frac{1}{2}\rho V_s^2 S_{sp}\cos\theta\,(C_f+\Delta C_f) \tag{9-20}$$

式中，V_s 为滑行艇航速；υ_m 为压力面上平均水流速度；S、S_{sp} 分别为艇体湿面积和须状飞溅浸湿面积；θ 为须状飞溅外缘与龙骨间的夹角；C_f、ΔC_f 分别为摩擦阻力系数及粗糙度补贴系数。

式 (9–18) 中，压阻力 $\Delta\cdot\tan\tau$ 可应用滑行平板理论求得，而摩擦阻力部分 (R_f+R_{spf}) 可按式 (9–19)、式 (9–20) 进行计算。为此，萨维茨基（Savitsky）给出了

$$S_{sp}\cos\theta=\frac{\Delta\lambda B^2}{\cos\beta} \tag{9-21}$$

式中，$\Delta\lambda$ 称为由飞溅摩擦面积所引起的“湿长宽比的有效增加值”。显然，如不计飞溅增加的湿面积，则艇体湿面积应为

$$S=\frac{\lambda B^2}{\cos\beta}$$

这样，可以写成：

$$R_f+R_{spf}=\frac{1}{2}\rho\frac{B^2V_s^2}{\cos\beta}(C_f+\Delta C_f)\left[\left(\frac{\upsilon_m}{V_s}\right)^2\cdot\lambda+\Delta\lambda\right] \tag{9-22}$$

此处，C_f 是 Re 的函数，而

$$Re=\frac{\upsilon_m l}{V_s}=\frac{B\lambda\cdot V_s}{V_s}\left(\frac{\upsilon_m}{V_s}\right) \tag{9-23}$$

为了解式 (9–22)，萨维茨基和鲁斯（Ross）将 $\Delta\lambda$、υ_m 与纵倾角和斜升角以及湿长宽比等的函数关系表示成如图 9–26、图 9–27 所示的曲线。由两图可查得 υ_m/V_s 和 $\Delta\lambda$ 值，再按式 (9–22) 计算得摩擦阻力，由式 (9–18) 得到艇体总阻力。

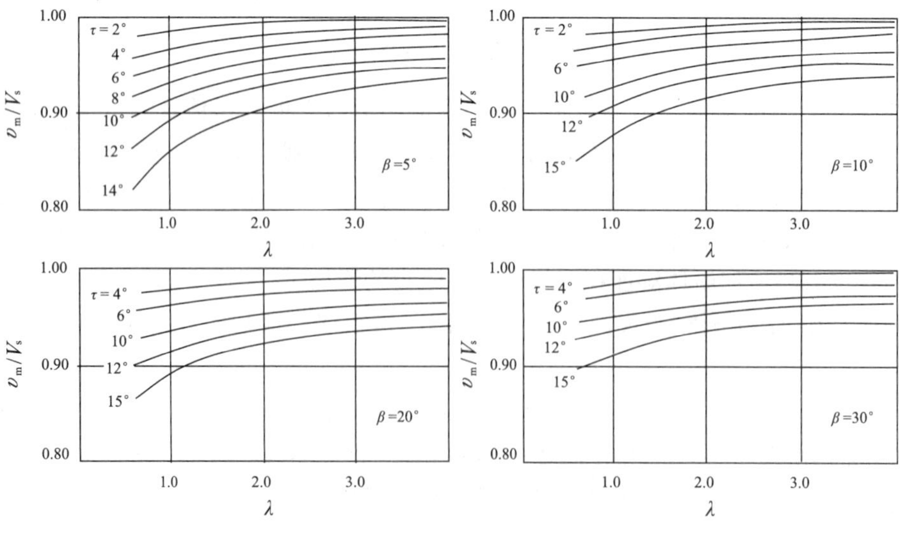

图 9–26　底部滑行面的平均速度值

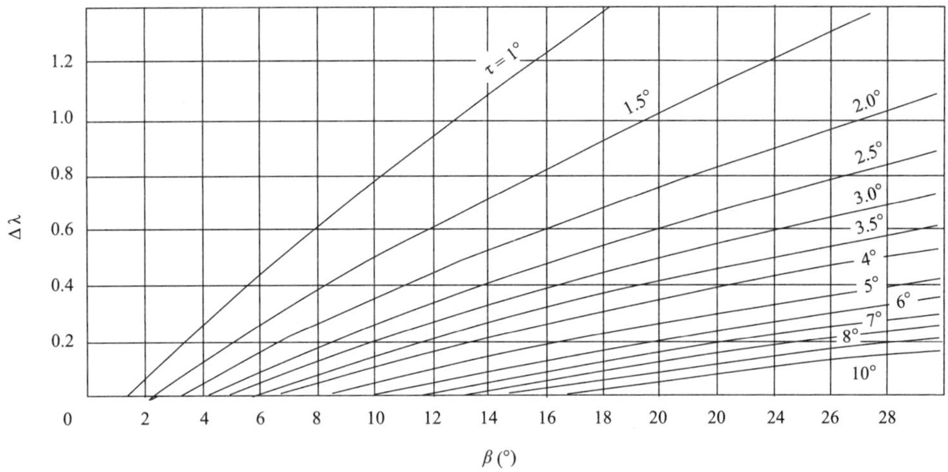

图 9–27　飞溅湿面积引起的相当湿长宽比增量

9.4.5　应用系列试验资料估算滑行艇的阻力

有关滑行艇模型系列试验资料发表得很少。由于早期的 EMB–50 系列存在某些缺陷，特别是近代滑行艇的发展对于线型和一些参数的处理提出了新的要求，因此美国泰洛试验池进行了 TMB–62 系列试验。其母型船模的线型如图 9–18 所示。依照一定规律变更其形状，发展成系列。该系列的主要参数及其范围为：长宽比 L/B 为 2.00 ～ 7.00；面积系数 $A_p/\nabla^{2/3}$ 为 5.5 ～ 8.5，这里 A_p 为不包括防溅条在内的滑行艇底部投影面积；重心位置，将重心置于艇底投影面积 A_p 的形心之后为（0%L ～ 12%L）。

每种状态的试验结果均表示成不同 Fr_∇ 时的阻力和纵倾角曲线。最后归纳成可供实际计算应用的图谱，如图 9–28 所示。这种图谱是以动载荷系数 C_L 为参数，给出了不同排水量时的单位排水量的总阻力 $R_t/\varDelta$ 值。对每一个水压力相对位置 ξ/B 值给出一张图谱。应该注意的是，这里 B 是指重心处的艇体宽度（包括防溅条在内），R_t 为裸体阻力。

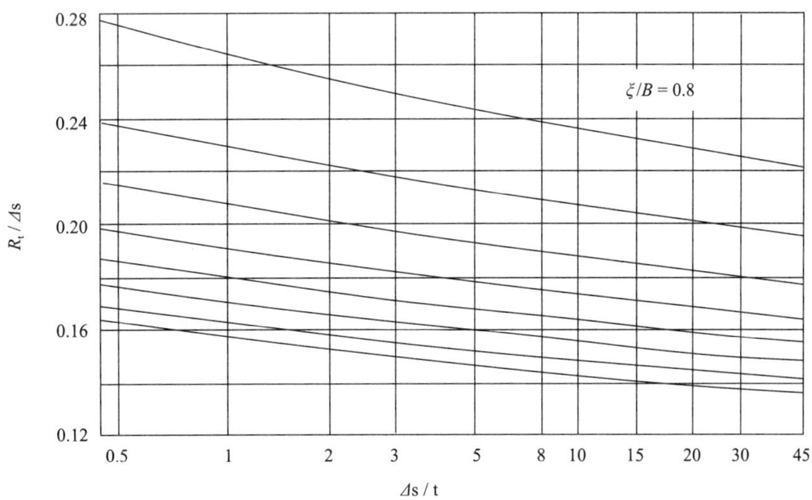

图 9–28　62 系列阻力估算图谱

具体估算阻力的方法如下。

（1）已知艇的排水量 $\varDelta$，艇宽 B 及水压力中心至尾板的距离 ξ，则计算得 ξ/B 值，并由此值选定对应图谱。

（2）在选定的图谱上，在横坐标上得到给定 $\varDelta$ 值的坐标位置，并作垂直于横轴的直线，得到一系列 C_L 值及对应的 $R_t/\varDelta$ 值。

（3）由一系列 C_L 求得各相应的航速。这是因为：$C_L=\dfrac{\varDelta}{\frac{1}{2}\rho V_s^2 B^2}$，则 $V_s=\dfrac{1}{B}\left(\dfrac{\varDelta}{\frac{1}{2}\rho C_L}\right)^{0.5}$。在海水情况下，采用英制单位时，$\frac{1}{2}\rho\approx 1.0$，所以 $V_s=\dfrac{1}{B}\left(\dfrac{\varDelta}{C_L}\right)^{0.5}$。这样，就求得不同航速下所对应的阻力值。实际计算时可列表进行。

§9.5 水翼艇的阻力特性

水翼艇是指全部或部分艇体重量由安装在艇底下的水翼所产生的水动力升力来支持的高速快艇。航行过程中艇体可完全或部分被抬出水面。水翼艇与滑行艇相比较，其优点主要在于：提高了航速，改善了航海性能。水翼艇由于消除了兴波阻力的影响，浸湿面积较滑行面更小，因而在高速航行时其阻力较滑行艇要小。在相同情况下，水翼艇的航速较同类滑行艇为高。其次，水翼艇由于艇体被抬出水面，几乎不受波浪影响。较之滑行艇具有良好的冲击性、飞溅性和淹湿性等。

9.5.1 水翼艇的分类

水翼艇的种类由于分类方法不同，名称较多，但目前更注重以水翼系统进行分类。

9.5.1.1 按水翼数目分类

（1）单水翼艇：仅在艇艏底下装有水翼。艇体的重量一部分由艏部水翼来支持，另一部分由艇体艉部的滑行面支承。

（2）双水翼或多水翼艇：艇体艏艉部的底下均装有水翼。艇体全部重量由两个或两个以上的水翼支持。这种艇称为双水翼艇或多水翼艇。

9.5.1.2 按水翼上的载荷分布分类

双水翼艇由于前后水翼的载荷分配不同，通常有以下 3 种水翼系统。

（1）机式水翼系统：前水翼（又称艏水翼）支持 65% 以上，甚至 80% ～ 90% 的总重量。或者说绝大部分的水翼面积分布在重心之前的水翼系统称为机式配置。一般来说，要求重心纵向位置 x 靠前，其大体为：$0 < x/L < 0.35$。

（2）鸭式水翼系统：与机式情况正好相反，总载荷主要由后水翼承受。前水翼承受 35% 以下，甚至仅约 10% 的载荷。这种水翼配置要求艇体重心较后，一般为：$0.65 < x/L < 1.0$。

（3）串列式水翼系统：艏水翼承受不超过 60% ～ 65% 的总载荷。前后水翼尺度相近，水翼面积大致均匀分布于艇的重心前后，所以艇体重心一般在舯部附近，

即 $0.35 < x/L < 0.65$。

9.5.1.3　按水翼与水面相对位置分类

（1）全浸式水翼艇：航行时水翼面积全部浸入水中的水翼艇。如图 9-29（a）所示。一般把水翼浸深小于水翼弦长者称为浅浸式水翼；浸深大于水翼弦长者称为深浸式水翼（第 17 届 ITTC 把浸深大于 3 倍弦长的称为深浸式）。

（2）割划式水翼艇：航行时水翼割划水面，即一部分水翼面积在水面之下，另一部分穿过水面在水面之上，如图 9-29（b）所示。割划式水翼按水翼本身形状来分，又有 V 形水翼［图 9-29（b）］以及弧形水翼、梯形水翼等。此外还有阶梯形水翼，如图 9-29（c）所示。

全浸式水翼和割划式水翼除与水面相对位置不同外，它们的升力调整方式也不同，全浸式水翼，其升力面的面积是固定不变的。因此，当航速变化时，为了维持升力与重力间的平衡是依靠改变水翼攻角来实现的。所以一般现代水翼艇都装有自动控制机构，以确保水翼艇在不同航速下航行。这种水翼艇又称为自控水翼艇。

有关研究表明：对于全浸式水翼，其升力系数随相对浸深减小而下降，且越靠近水面这种影响越明显，这种现象称为浅浸效应。

割划式水翼艇当航速改变时，其重力和升力间的平衡由整个艇体的升降来维持的。因为当航速下降时，升力将减小，艇体随之下降，因而使水翼的升力面面积增大，升力又将增大，从而使重力与升力间重新达到平衡。所以这种水翼艇具有自稳性。

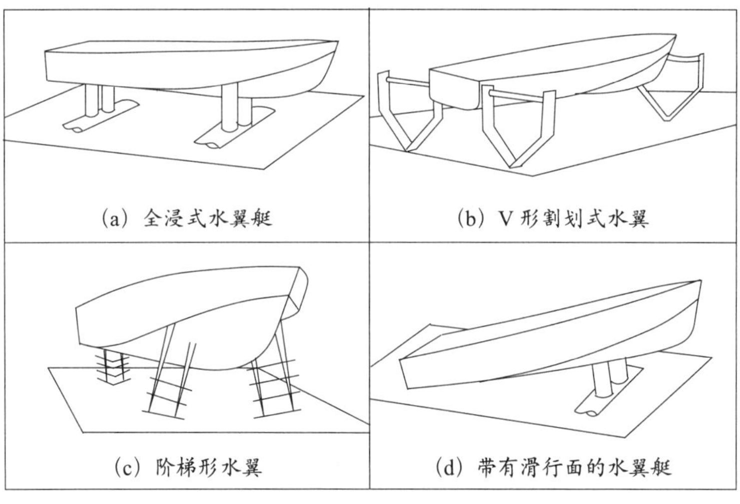

图 9-29　几种水翼艇形式

9.5.2　水翼艇的阻力曲线特点

水翼艇的航速范围与其航行方式有关，根据体积弗劳德数 Fr_∇ 范围一般可以区分这种艇所处的航行方式，如表 9-3 所列。

表 9-3 中 V_{max} 为水翼艇的最大航速。由表 9-3 可知，一般水翼艇，为了避免艇体在水中高速航行的不利影响，其起飞速度常不大于最大速度的一半。因此为了保持具有相同的升力，故在起飞时的水翼升力面积或者水翼的升力系数应该为翼航状态下的 4

倍。割划式水翼的上部设计成具有较大的攻角以缓和对升力面面积的要求。而其下部设计成具有较小的攻角，有利于延迟空泡的产生。

表 9–3　不同 Fr_∇ 时的水翼艇航行方式

Fr_∇	V/V_{max}	航行方式	支持方式
≤ 4.0	≤ 0.4	排水航态（浮航）	艇 体
4.0 ~ 4.5	0.4 ~ 0.5	离水（起飞）	艇体 + 水翼
> 6.0	> 0.6	翼航状态	水 翼

水翼艇的阻力曲线与普通水面船舶，甚至滑行艇有明显的不同，如图 9–30 所示。整个阻力曲线，即由低速浮航，加速至艇体离水达到翼航的过程中，不同航行方式时的阻力特性可以由几个特征速度来表征。

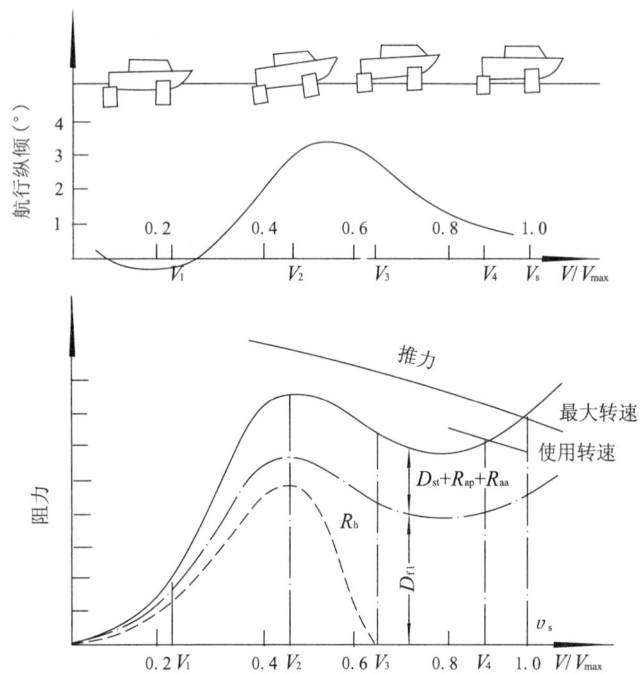

图 9–30　水翼艇的阻力与速度关系曲线

（1）浮航速度 V_1：这时艇的航速很低，航行过程中出现少量艏倾与一般水面船舶类似。

（2）阻峰速度 V_2：由浮航加速，随着航速增大，艇艏上抬，阻力明显增大，至阻力极大值时所对应的航速称为阻峰速度，其值小于等于 0.5 V_{max} 时，艇体已进入起飞阶段。

（3）离水速度 V_3：航速超过阻峰速度后，艇体水动力和水翼升力进一步增大，艇体开始离水，阻力骤降，至艇体完全脱离水面时的航速为离水速度。此时起飞过程结束，进入翼航状态。这段时间称为起飞时间。在起飞过程中必须有足够的推力裕度，从而可使艇体有足够的加速度，螺旋桨一直处于重荷状态。所以起飞时间不宜过长，通常约 1 min。

（4）设计航速 V_4：艇体离水后，由于艇体水阻力消失，总阻力急剧下降，航速增加很快，艇体飞高增大，水翼支柱及附件等的水下部分面积进一步减小，阻力达到极小值。主机转速迅速上升，为此必须调整至使用的经济转速。由航速的增大使阻力又趋增大，直至螺旋桨推力与相应速度下的阻力达到平衡，此时的航速称为设计航速。

（5）最大航速 V_{max}：若在起飞后主机仍保持最大转速，且对应最大功率，此时达到的航速就是最大航速。

9.5.3　水翼艇的阻力成分及估算方法

水翼艇的阻力包括艇体阻力 R_h、水翼阻力 D_{fl}、支柱阻力 D_{str}、其他附体阻力 R_{ap} 和空气阻力 R_{aa}。在不同航态下水翼艇的阻力成分是不同的。

当处于浮航状态直至完成起飞阶段之前的总阻力为

$$R_t = R_h + D_{fl} + D_{str} + R_{ap} + R_{aa} \tag{9-24}$$

航速小于阻峰速度时，艇体阻力和水翼阻力占总阻力的主要成分。在阻峰速度时，由于艇体阻力达到"峰值"，因而总阻力出现极大值。当 Fr_∇在 4.0 ～ 5.0 时，一般可以达到起飞速度，故认为 $R_h \to 0$。但单水翼艇的阻力应包括艇艉部滑行面的阻力。

当水翼艇处于翼航状态下，由于 $R_h = 0$，其阻力为

$$R_t = D_{fl} + D_{str} + D_{ap} + D_{aa} \tag{9-25}$$

式中，水翼和支柱的阻力占总阻力的主要成分。图 9-30 中给出了各阻力成分的相对关系。

水翼艇阻力的估算方法，对应于不同艇速范围是不相同的。

当航速在 $Fr < 0.4$ 时，艇体处于排水航行状态下，则带有附体的艇体阻力的成分和确定方法，可以应用过渡型艇的类似方法来处理。

翼航状态的阻力，则按式 (9-26) 估算。其中，水翼和支柱阻力所包含的有些阻力成分，诸如水翼 - 支柱的兴波阻力、飞溅阻力、诱导阻力以及干扰阻力等还没有精确的计算方法，因此有时应用近似方法来确定。

9.5.3.1　水翼阻力的估算

水翼阻力包括翼型阻力、诱导阻力和兴波阻力等。

1）翼型阻力

由摩擦阻力和粘压阻力两部分组成。一般可以根据翼型试验特性曲线确定；或者按近似公式确定其阻力系数：

$$C_{xp} = 2C_{fp}(1 + 1.2\,t_c + 60\,t_c^4)\frac{S_t}{S} \tag{9-26}$$

式中，t_c 为水翼相对厚度，$t_c = t / c$。t、c 分别为水翼厚度和弦长；S_t、S 分别为水翼浸水部分的水平投影面积和翼平面面积；C_{fp} 为平板摩擦阻力系数。按照水翼雷诺数大小采用相应流动状态（层流、变流或紊流）下的计算公式。

2）水翼诱导阻力

可按机翼理论的结果计算得诱导阻力系数为

$$C_i = \frac{C_l^2}{\pi\lambda}(1 + \delta)\,\xi \tag{9-27}$$

式中，C_1 和 λ 分别为水翼的升力系数和展弦比；δ 为水翼平面形状修正数，矩形水翼按 $\delta=\dfrac{\pi(\lambda-1)}{3}\times10^{-2}$ 计算；ξ 为水翼浸深和翼展对流场斜度影响的修正数，可按 $\xi=0.85+0.16/(\bar{h}/\lambda)^{1/2}$ 计算，其中 $\bar{h}$ 为相对浸深。

应该指出：如考虑到水翼上反、后掠、支柱和端板对诱导阻力影响，则应作适当的修正。

3）水翼兴波阻力系数

可按下式计算：

$$C_{we}=\frac{C_1^2}{2Fr_c^2}\left(1-\frac{2\pi}{Fr_c^2}\right) \tag{9-28}$$

式中，Fr_c 为水翼弦长弗劳德数，$Fr_c=V/\sqrt{gc}$。

此外，水翼表面的各种突出体和襟翼缝隙所引起的附加阻力应该是水翼总阻力的一部分。

9.5.3.2 水翼支柱阻力估算

水翼支柱阻力包括支柱翼型阻力、飞溅阻力以及与水翼间的干扰阻力等。一般认为支柱的兴波阻力较小，可以不计。

（1）支柱翼型阻力可以用水翼翼型阻力类似方法处理。

（2）飞溅阻力系数可按下式近似计算：

$$C_{sp}=k_{sp}\cdot(t_1/c_1)^2/\lambda_1 \text{ 或 } C_{sp}=k_{sp}\cdot t_1^2/S_1 \tag{9-29}$$

式中，t_1、c_1 和 λ_1 分别为支柱厚度、弦长和浸水部分的展弦比；S_1 为支柱浸水部分的侧投影面积；k_{sp} 为系数，当 $Fr_{c1}=V/\sqrt{gc_1}>10$ 时，可取 k_{sp} 的值为 0.2 ~ 0.25，对于割划式水翼取 $k_{sp}=0.5$。

（3）水翼与支柱间的干扰阻力。由于支柱下端与水翼相连接，流体动力发生干扰，从而使支柱与水翼表面局部区域的压力分布发生变化，产生附加阻力，这部分阻力较难准确计算，只能通过试验来确定，或选用近似公式计算。

9.5.3.3 附体阻力计算

水翼艇翼航状态的附体阻力宜采用分别计算每个附体阻力或者通过模型试验求得总的附体阻力。有关研究推荐附体阻力计算关系为

$$R_{ap}=\sum D_{ps}+\sum D_b+\sum D_r \tag{9-30}$$

式中，D_{ps} 为斜轴的阻力，且 $D_{ps}=0.1\rho v^2 S_{ps}$，$S_{ps}$ 为斜轴浸水部分侧投影面积；D_b 为轴支架的阻力，且 $D_b=\left(2.4C_{fb}+\dfrac{0.24(\bar{t}_b)^2}{\lambda_b}\right)\times\dfrac{1}{2}\rho V^2 S_b$，$\bar{t}_b$、$\lambda_b$ 分别为轴支架的相对厚度和浸水部分的展弦比，S_b 为轴支架浸水部分侧投影面积；D_r 为舵的阻力，且 $D_r=\left(2.2C_{fr}+\dfrac{0.24(\bar{t}_r)^2}{\lambda_r}\right)\times\dfrac{1}{2}\rho V^2 S_r$，$\bar{t}_r$、$\lambda_r$ 分别为舵的相对厚度和浸水部分的展弦比，

S_r 为舵浸水部分侧投影面积。

9.5.3.4　空气阻力计算

空气阻力计算公式如下：

$$R_{aa} = (0.5 \sim 0.6) \times \frac{1}{2}\rho_a v^2 S_a \tag{9-31}$$

式中，ρ_a 为空气密度；S_a 为艇体迎风面积。

§9.6　气垫船的阻力特性

气垫船是利用高于大气压的空气在船底和支承面（水面或陆地）之间形成“空气垫”（通常称气垫），并由气垫压力支持船体重量，从而使全部或部分船体离开支承面的一种新型高速船。

9.6.1　气垫船的分类

气垫船必须在船底有效地形成气垫。如按照形成气垫的方式分类，气垫船可分成如下两类。

9.6.1.1　周边射流式气垫船

通过位于船底四周的、向内倾斜的环形喷口喷射出增压空气流形成气幕，从而起到维持气垫压力的作用，如图 9–31（a）所示。因为高速射流进入船底后，由于这些逐渐增多的高压空气的静压力的作用，把船体垫升起来。高速喷射流因受到船底高压空气的压力作用而呈弧形曲线沿支承面向外逸出。这种弧形射流产生的惯性力向内指向气垫，从而与气垫和大气间的压力差相平衡。因而这种周边射流形成的气幕可以起封闭气垫的作用。当周边射流逸出的增压空气不断得到补充时，不但形成稳定的气幕，而且气幕内部的空气由于静压力的增压作用而形成气垫。

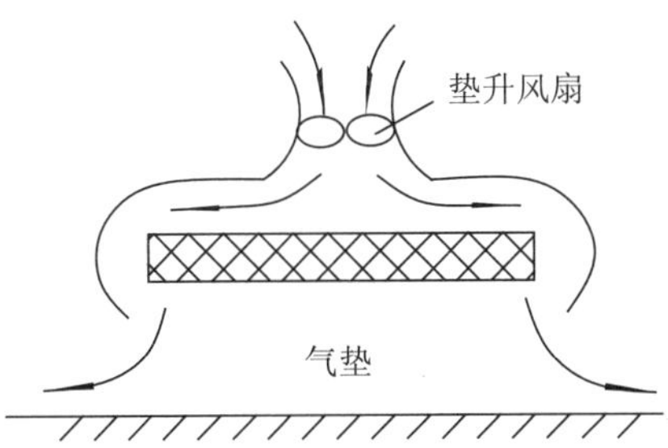

(a) 周边射流式

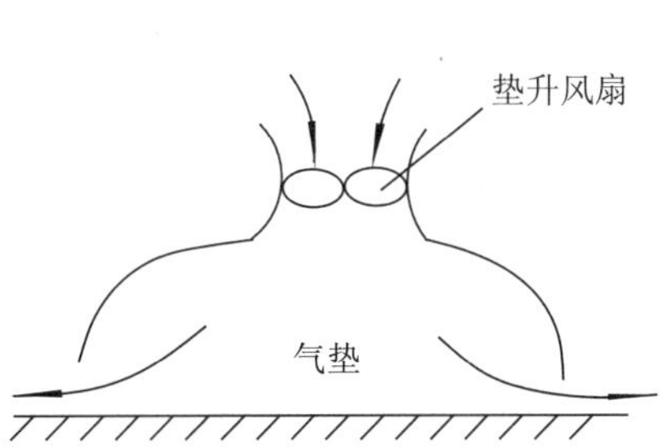

(b) 增压室式

图 9–31　两种气垫形式

9.6.1.2　增压室式气垫船

增压空气直接充入倒盆形的船底增压室（或称船底空腔），由于增压室与支承面之间的间隙较小，因此增压空气向外逸出时将受到阻塞，从而使逸流的动压与增压室的内外压力差相平衡。当逸出的增压空气连续不断地得到补充时，增压室内由于静压力的增压作用而形成气垫，如图 9-31（b）所示。按照周边射流原理设计的气垫船称为周边射流气垫船，因为其产生气垫所消耗的功率较小，早期研制的气垫船大多采用周边射流式。按照增压室式理论设计的增压室气垫船虽然产生气垫所耗功率较周边射流式气垫船为大，但因实用方便，且结构较简单，故目前比较多地设计成增压室式气垫船。

气垫船按照维持气垫压力的方式不同可以分为全垫升式气垫船和侧壁式气垫船两种。

全垫升式气垫船的特点是在船底下形成一个直接作用在水面或地面上的大于大气压的气垫。整个底部投影面上的气垫压力将产生一个垂直向上的作用力，称为支承力。支承力与气垫船重量之差称为垫升力。如果垫升力大于零（即支承力大于气垫船重量），则垫升力将把船体支持在水面之上，从而使船体不与支承面直接接触。船体的重量全部由气垫支承。图 9-32 为典型的全垫升式气垫船。

侧壁式气垫船其空气垫是被旁边的刚性侧壁以及在船艏、船艉的封裙所围住，以防止气垫漏气，如图 9-33 所示。封裙可以做成袋式、囊指式或者滑行式。侧壁式气垫船只能在水面航行。它的航向稳定性和回转力矩是由安装在艉部附近每一侧壁龙骨上的舵或腹鳍提供。推力是由螺旋桨或每一侧壁艉部的喷水装置提供。

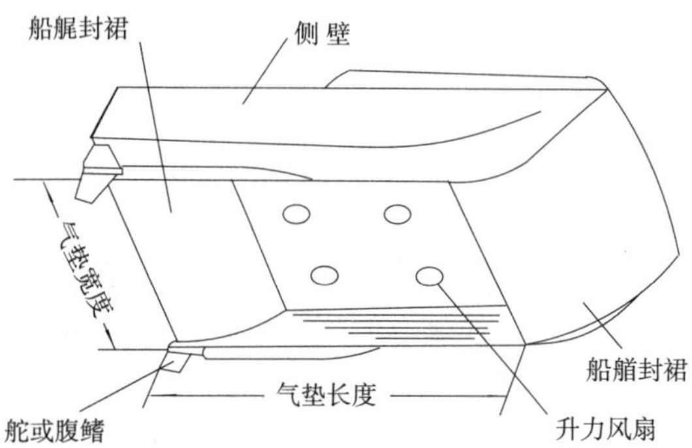

图 9-32　全垫升式气垫船

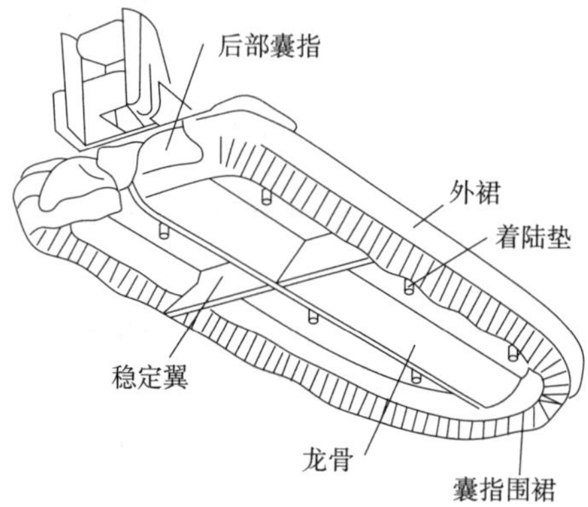

图 9-33　侧壁式气垫船

气垫船的最大优点在于减小了航行阻力。尽管在形成和维持气垫时，需要供给垫升风机必要的功率，即垫升功率。但由于其航行过程中船底与水面之间存在气垫，而空气密度仅是水的密度的 1/800，故空气阻力远小于水阻力。这样大大减小了航行阻力。其结果使得船体推进功率与垫升功率之和的气垫船总功率与大小相近的常规水面高速艇的总功率相比，前者低得多。对于侧壁式气垫船来说，与全垫升式气垫船相比，虽然增加了“侧壁阻力”，即船体侧壁在水中运动时所引起的阻力，但其围裙浸湿阻力，特别是垫升功率要比全垫升式气垫船为小。因此其同样在较小的功率情况下可达到较高的航速。

其次，气垫船，特别是全垫升式气垫船具有完全的两栖性，适于浅滩地带航行；侧壁式气垫船虽然侧壁浸入水中，但其水下的体积小，浸入浅，因此更适于在浅水中航行。

9.6.2　气垫船的阻力成分

对于不同形式的气垫船其阻力成分并不完全相同。气垫船气垫航行状态下的总阻力的各种阻力成分与形成气垫的形式和气垫船航行时是否离开水面的具体情况有很大关系。为此，分别讨论两种气垫船的航行阻力问题。

9.6.2.1　全垫升式气垫船的航行阻力

全垫升式气垫船航行时的总阻力 R_t 由空气阻力 R_{aa} 和水阻力 R_{wat} 两部分组成。

（1）空气阻力 R_{aa}。主要由两部分组成，可表示为

$$R_{aa}=R_p+R_m \tag{9-32}$$

①空气型阻力 R_p：由周围空气流经气垫船时所产生的空气阻力。通常可按下式表示：

$$R_p=C_a\cdot\frac{1}{2}\rho v^2 A_m \tag{9-33}$$

式中，C_a 为空气型阻力系数，可由试验确定，由于气垫船船体形状差别较大，因而 C_a 的数值变化范围也比较大，一般可取 C_a 为 0.40 ～ 0.70；A_m 为船体舯横剖面面积。

②空气动量阻力 R_m：气垫船航行过程中，由于进入气垫风扇的空气是由静止被加速达到船体同样的速度，因而必须消耗能量。该能量的消耗以阻力形式表示为空气动量阻力。根据动量定理，计算单位时间内吸入风扇的静止空气的动量就是这种阻力，则有

$$R_m=\rho Q v \tag{9-34}$$

式中，ρ 为空气密度；Q 为气垫船在零速垫升时的空气流量。

严格地说，气垫船航行过程中，有一部分气流将从气垫中向大气逸出。这种空气射流的反作用力也是空气阻力的一部分。

（2）水阻力 R_{wat}。由多种阻力成分组成，可表示为

$$R_{wat}=R_w+R_{pv}+R_f+R_{sp} \tag{9-35}$$

①气垫兴波阻力 R_w：是指气垫船垫升航行时，气垫压力作用于水面产生波浪所引起的阻力。气垫兴波阻力不但与气垫压力、航速有关，而且与气垫船的外形、尺度有关。如果气垫船具有椭圆形或矩形平面形状的均匀压力分布面，则其气垫兴波阻力可以进行理论计算。

②粘压阻力 R_{pv}：又称形状阻力或漩涡阻力。这是水流流经气垫船船体水下部分或围裙时所产生的粘性压差阻力。

③摩擦阻力 R_f：即船体水下部分或围裙与水相对运动所产生的摩擦阻力。

④飞溅阻力 R_{sp}：气垫射流作用于水面所产生的飞溅阻力。

式 (9-35) 所表示的水阻力成分是以产生阻力的物理现象进行分类的。

全垫升式气垫船航行中的水阻力也可归纳为由气垫兴波阻力和围裙浸湿阻力两部分组成。围裙浸湿阻力 R_{sw} 简称围裙阻力（又称浸湿阻力）是指气垫船航行时因围裙擦水、兜水以及飞溅等产生的阻力。其中包括围裙在水中相对运动产生的摩擦阻力、围裙兴波阻力、围裙型阻力和飞溅阻力等。围裙浸湿阻力在全垫升式气垫船的总阻力中占有较大比重，一般占 20% ～ 30%。围裙阻力很难用理论方法确定。这是因为影响围裙阻力的因素很多，而且相当复杂，主要与围裙型式、围裙高度、气垫周长、飞高、气垫压力、船速以及航行纵倾等因素有关。

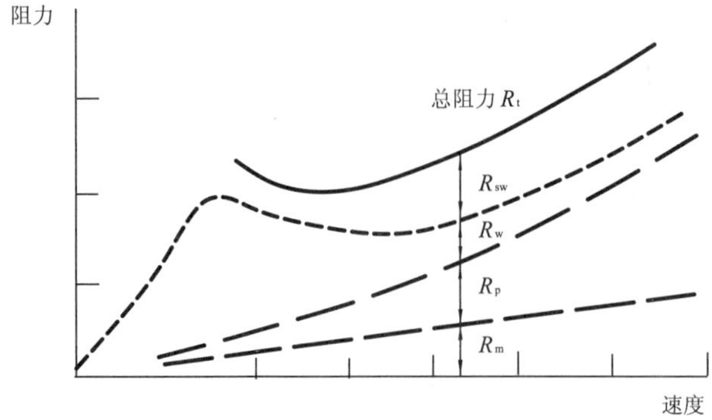

图 9-34　全垫升式气垫船的航行阻力

图 9-34 是全垫升式气垫船在不同航速下的各种阻力成分示意图。图中水阻力是以气垫兴波阻力 R_w 和围裙浸湿阻力 R_{sw} 来表示。

全垫升式气垫船的航行阻力有时还应计及其他阻力成分，诸如，气垫船进入有坡度表面运行时所增加或减小的坡度阻力；其大小等于船的重力在沿着坡面方向上的分力。当气垫船在艏倾垫升航行时，艉部喷口及围裙逸出的空气流量大于艏部空气的逸出量，因而将产生推力。这种推力相当于阻力减小，所以称为气垫推力或“纵倾推力”。此外，还有全垫升式气垫船在陆上行驶时，因围裙与地面或障碍物碰撞摩擦而产生的围裙触地阻力等。

上面所述仅就全垫升式气垫船在静水中垫升航行时的静水阻力和空气阻力。如果在波浪中航行时尚需考虑波浪中的附加阻力。由于气垫船在波浪上航行时，波浪作用不但对气体逸流量有影响，而且使气垫容积不断发生变化。因此，通常确定气垫船的波浪附加阻力可以根据在波浪中的船模试验结果或者由母型船确定。

9.6.2.2　侧壁式气垫船的航行阻力

侧壁式气垫船的航行总阻力由下列几种阻力成分组成：

$$R_t = R_w + R_{sf} + R_{sk} + R_{aa} + R_{ap} \tag{9-36}$$

式中，R_w 为气垫和侧壁的兴波阻力；R_{sf} 为侧壁的摩擦阻力；R_{sk} 为封裙的摩擦阻力和诱导阻力；R_{aa} 为空气阻力；R_{ap} 为附体阻力，主要是由推进器轴、支架等水下附属体所增加的阻力。

（1）空气阻力 R_{aa}。与全垫升式气垫船相同，R_{aa} 中包括空气型阻力和空气动量阻力。

（2）兴波阻力 R_w。侧壁式气垫船的兴波阻力应包括气垫压力兴波和侧壁兴波所产生的兴波阻力。前者可应用理论方法估算。

（3）侧壁摩擦阻力 R_{sf}。这与通常的船体摩擦阻力处理相同。当湿面积确定后，不难通过计算得到。为了简化起见，一般可假定侧壁式气垫船在规定气垫压力和空气流量情况下达到垫升状态，且认为航行纵倾角为零，从而由侧壁的型线图计算得到湿面积。

（4）封裙阻力 R_{sk}。是指侧壁式气垫船的活动气垫封裙（可以是柔性的或滑行式的）在运动过程中产生的摩擦阻力或其他阻力的统称。一般来说，要单独确定封裙阻力是有困难的。

图 9-35 分别给出了相对气垫长度 $L/B = 2.0$ 和 $L/B = 6.0$ 的侧壁式气垫船的阻力成分（这里 L 为气垫长度，B 为气垫宽度）。比较两图可见，对于 L/B 不同的侧壁式气垫船不但其阻力随弗劳德数变化的情况不同，而且各种阻力成分所占的相对比重差别甚大，因此在具体设计时必须予以注意。

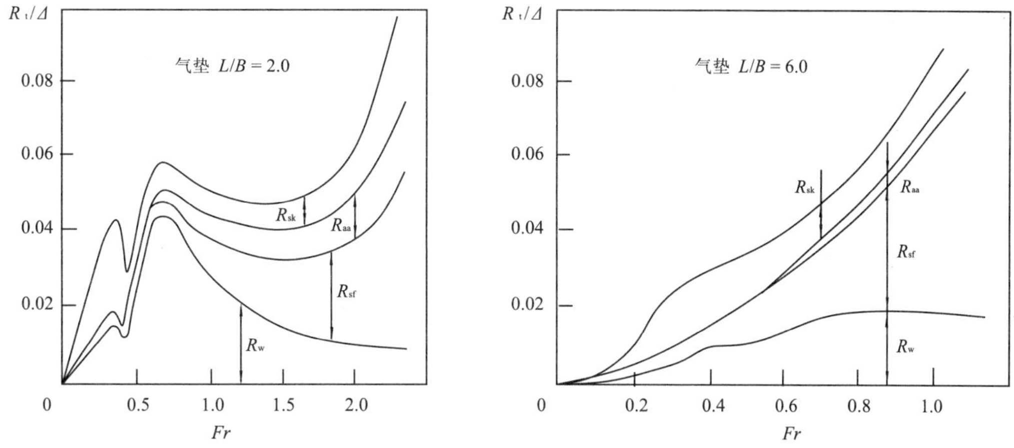

(a) $L/B=2.0$ 阻力曲线　　(b) $L/B=6.0$ 阻力曲线

图 9–35　侧壁式气垫船阻力曲线

9.6.3　气垫船的功率

气垫船动力装置的功率主要用于两部分：一部分供给垫升风扇造成气垫所需的功率，称为垫升功率；另一部分是航行所需功率，也就是供给推进器的功率，称为推进功率。这两部分功率之和通常称为气垫船功率。

9.6.3.1　垫升功率

气垫船动力装置区别于其他船舶动力装置的主要特点是：前者主机功率中的相当一部分功率用于产生和维持气垫。因而气垫船必须装有垫升系统。这个系统通过升力风扇保持不断地向气垫输送空气，为此必须消耗功率。如果粗略地估算，这种垫升功率约占气垫船总功率的 1/3。

气垫船垫升功率 P_c 可按下式计算：

$$P_c=\frac{Q_c\cdot p}{\eta_c} \tag{9–37}$$

式中，p 为风扇后面计及各种损耗后的压力；Q_c 为总的空气流量，$Q_c=Q+\sum\Delta Q$，这里 Q 为气垫船在静水中垫升状态下的空气流量，$\sum\Delta Q$ 为附加空气流量，这是考虑到耐波性要求以及其他影响等所需的附加空气流量；η_c 为风扇效率，由风扇设计资料确定。

9.6.3.2　推进功率

前面已讨论过气垫船航行中的阻力性能问题。如果已经得到气垫船的航行总阻力，则用于航行中的推进功率由下式确定：

$$P_p=\frac{R_t\cdot V_s}{\eta_p} \tag{9–38}$$

式中，V_s、R_t 分别为给定航速及相应的阻力值；η_p 为推进效率。

§9.7 小水线面双体船

小水线面双体船又称半潜双体船，这是 20 世纪 60 年代后期为改善耐波性而研制的一种新型高速船。

9.7.1 船型概述

小水线面双体船由下体、水上船体和支柱 3 部分组成，如图 9-36 所示。下体是两个完全浸没在水中的、彼此平行的回转体。每个回转体称为片体，其形状类似于鱼雷。片体是产生浮力的主要部分。水上船体包括连接桥在内的所有结构部分统称上体。支柱垂直穿过水面在上体与下体之间起连接作用。小水线面双体船与普通双体船的区别主要是后者的两片体并不完全浸没在水中，且是普通船体（可以是对称或不对称船型）。

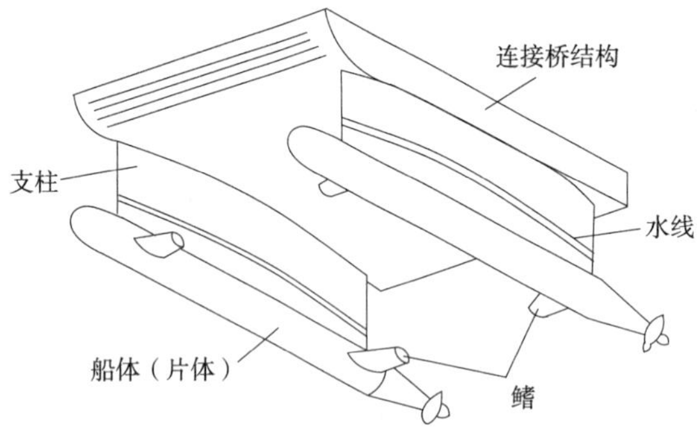

图 9-36　典型的小水线面双体船

小水线面双体船的主要优点大致归纳为：①由于水线面面积小，且主要排水体积沉没在水中，因此航行中兴波小，使兴波阻力明显下降；②与一般排水型船相比，耐波性较佳，不但在恶劣的海况下仍可平稳航行，而且由波浪中引起的附加阻力小，因此失速小；③从使用性来看，小水线面双体船具有甲板面积大、航行性能好等特点；④生产成本低，建造周期短。小水线面双体船几乎是平面与圆柱等简单形状的组合，所以便于进行组件的设计和建造。

由于小水线面双体船独特的优点，因而引起各方面的关注，特别是海军对这种船的兴趣更大。美国海军最近几年加紧了小水线面双体船的研制工作，并视为先进舰艇的一个极有希望的分支。小水线面双体船在民用方面同样有着很大的发展前途，特别适用于客船、海洋调查船和钻井船等。

但是，也应看到小水线面双体船存在一些问题：首先，由于它是多体船，因而结构自重大，湿面积很大，造成低速时的阻力较常规船为大；其次，由于水线面小，因此吃水较深，且船宽较大，特别在大吨位时，易受到港口、航道的限制。此外，传动装置系统复杂，需要航态控制系统。

9.7.2 小水线面双体船的阻力性能

由于小水线面双体船的问题远较常规单体船为复杂，因此其阻力性能也存在一定的复杂性。这种船航行中的阻力主要包括摩擦阻力、兴波阻力和空气阻力。除了空气阻力可按常规船类似方法处理外，其他两种阻力都有一定的特殊性。

9.7.2.1 摩擦阻力

如前所述，小水线面双体船的湿面积较相当的单体船要大，因此其摩擦阻力也大。拉姆（Lamb）指出：这种船的湿面积较相同排水量的常规船约大 75%；史蒂文斯（Stevens）给出了单体船、常规双体船和小水线面双体船的湿面积系数 $C_s = S/\sqrt{\nabla L}$（其中，S 为湿面积；L、∇ 分别为船长和排水体积）的相对大小关系为 1.0 ∶ 1.4 ∶ 2.3。

计算片体、支柱和艏艉翼的摩擦阻力可应用一般水面船的摩擦阻力公式。但计算中不但要取各自的湿面积，而且应取各自的长度计算雷诺数。

为了简便地估算总的摩擦阻力，爱德华、纽玛塔（Edward Numata）建议取有效长度 $L_{ef}=(l_s+2L)/3$ 计算雷诺数，湿面积由 $S/\Delta^{2/3}=1.36-0.31(20-L/d)$ 得。这里 L、l_s 分别为片体和支柱长度；d 为片体直径。

9.7.2.2 兴波阻力

小水线面双体船尽管其主要排水体积浸没在水中，但毕竟仍较接近水面；支柱虽然体积不大，但垂直穿越水面；片体与支柱间存在相互干扰，这些因素造成了这种船的兴波阻力复杂性。

1）支柱形式

小水线面双体船的支柱布置形式按每一片体的支柱数可以分成：单支柱形式和串列支柱形式（又称双支柱形式）。单支柱的剖面形状长而薄，因而具有兴波阻力低、飞溅小等优点。其不足之处是摩擦阻力大，横浪中侧向水动力扰动大。双支柱剖面形状具有短而厚的特点，虽然阻力性能较差（主要是高速时兴波和飞溅大），但在考虑纵横稳性以及波浪中的运动等问题时，给设计中选择水线面面积带来更大的灵活性。

2）兴波阻力的几种成分

小水线面双体船的兴波阻力中包含 6 种阻力成分。单支柱小水线面双体船的兴波阻力是：两支柱兴波，两片体兴波，支柱 - 片体干扰，两片体干扰，左右支柱干扰以及支柱 - 片体的交叉干扰等产生的兴波阻力的总和。图 9-37 为单支柱情况的各兴波阻力成分随 Fr 数的变化情况。

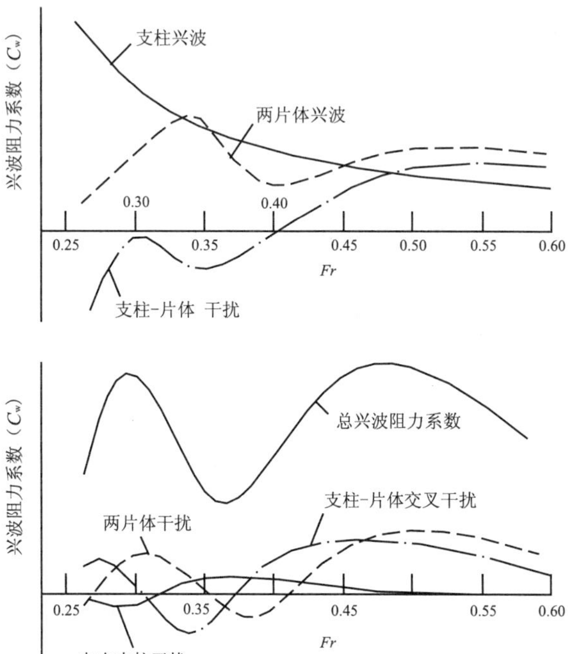

图 9-37 单支柱小水线面双体船的兴波阻力曲线

双支柱小水线面双体船的兴波阻力是：两片体兴波，前支柱兴波，后支柱兴波，前支柱－片体干扰，后支柱－片体干扰以及前后支柱干扰等产生的兴波阻力的总和。图 9–38 是双支柱小水线面双体船的各兴波阻力成分随 *Fr* 数的变化情况。

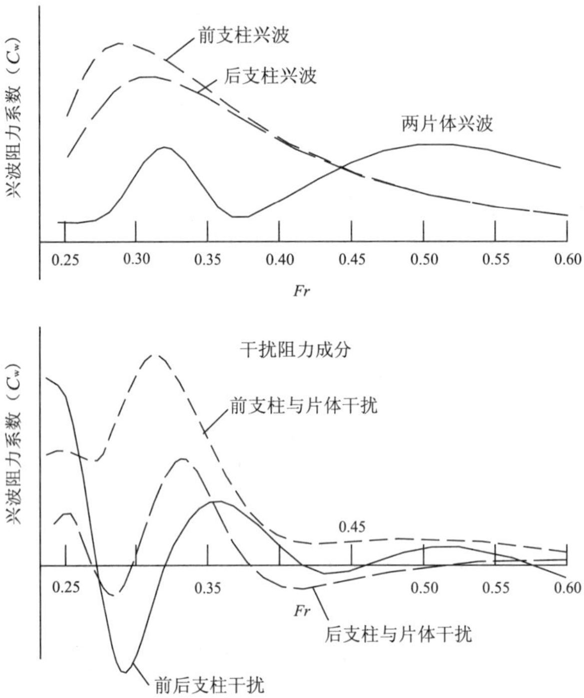

图 9–38　双支柱小水线面双体船的兴波阻力曲线

由图 9–37 可知，对于单支柱小水线面双体船，兴波阻力的第一个峰值点是在 $Fr=0.30$ 附近。这是由于支柱、片体本身产生较大的兴波阻力以及两片体不利干扰所造成的。在 $Fr=0.36$ 附近存在兴波阻力“谷点”。这是因为,两片体的兴波阻力接近“最小值”,且出现各种有利干扰。兴波阻力的第二个峰值点是在 $Fr=0.5$ 附近。这时主要由两片体兴波、片体与支柱干扰以及左右舷之间不利干扰等因素引起的。

如将图 9–38 中各兴波阻力成分叠加，可以得到双支柱小水线面双体船总的兴波阻力曲线。可以发现第一个峰点约在 $Fr=0.33$ 附近，谷点约在 $Fr=0.40$ 附近，最后一个峰点约在 $Fr=0.50$ 附近。

由以上情况可知，小水线面双体船在较低速时，特别在 $Fr\leqslant 0.35$ 时，不但摩擦阻力大，且有可能处于兴波阻力峰值区附近，因而阻力性能不佳，甚至不如单体船。只有在较高航速情况，特别是越过最后一个阻力峰时，兴波阻力的有效减小量将足以弥补摩擦阻力的增加值，从而显示出阻力性能方面的优越性。但是应该指出：高速情况下，支柱的飞溅阻力变得相当重要，且随航速增大而迅速增加。如果片体浸没深度较浅，且又采用双支柱形式，则兴波阻力和飞溅阻力都比较大，必须予以充分注意。林（Lin）和戴（Day）曾经用数学模型，根据细长体理论计算了小水线面双体船的兴波阻力。其结果与试验测量值相当吻合。因此，兴波阻力理论计算方法在设计阶段中有其实用意义。

下篇 船舶推进

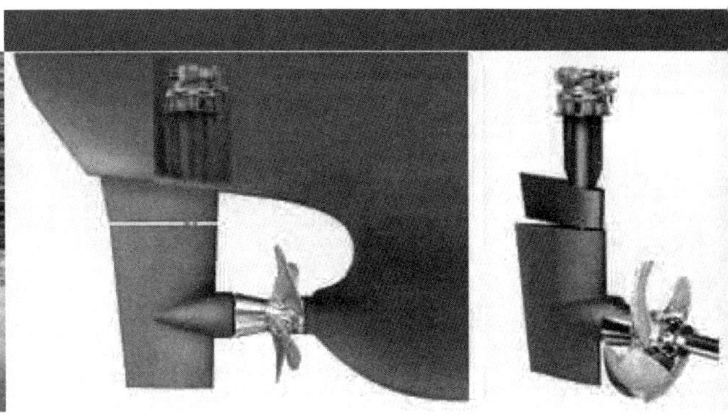

第 10 章　船舶推进绪论

人类开始使用船舶即需同时解决船舶的推进问题。为了使船舶能保持一定的速度向前航行，必须供给船舶一定的推力或拉力，作用在船上的推力（拉力）必须依靠能源来传递实现。但仅有能源还不能直接产生推动力，所以在船上还需要设置专门的装置或机构，把能源发出的功率转换为推船前进的功率，这种专门的装置或机构统称为推进器。

§10.1　船舶推进器发展简史

在远古时代，我国已使用舟楫。在夏禹时代（公元前 2205—前 2198 年）已有“维牵”“帆”“樯”等推进工具。船在浅水中用篙撑持前进，深水中则需用桨或橹，沿岸航行可用拉牵，进一步作篷帆以利用风力，既省人工，且能推进船舶的尺度及航行距离也大为增长。以上所述各种推进方法经长期发展沿用至今，其中摇橹为我国所专有，帆船防横漂的拨水板也系我国最早采用，以后才传至欧洲。

图 10-1　桨轮古船

我国帆船航行海外的历史悠久，纪元前即来往于南洋一带。据阿拉伯史家记载：在 5 世纪，中国帆船常远航至幼发拉底河畔的希拉城下，在八九世纪远航至红海口的亚丁。明朝初年（15 世纪初），我国航海家郑和曾率船队七下西洋（即今南洋一带），远达非洲。在前世纪，我国帆船常远航至美洲西岸。

在历代史传中，有不少关于用桨轮来推进船舶的记载，各书中虽描述桨轮船航速之飞快，但无具体数据，对于推进器机构的叙述也极其简略，有待进一步考证。在汽船输入我国之前，此类桨轮船多系供军用。图 10-1 为明朝王圻所著《三才图会》中的轮船简图。鸦片战争时，我国曾有明轮军舰参加吴淞战役，此时也有用脚踏机构转动船艉明轮的快班客船来往于上海、苏州之间。

其他各国关于用人力及风力推进船舶方法的演进过程与我国约略相似。纪元前几千年，埃及、亚述、腓尼基和巴比伦就已造过装桨的船只，并用奴隶的体力来划桨。当时长期在海上航行的大型船只，用大量的桨（50 ～ 100 副）成排地装在舷侧，最大速度曾达 7 ～ 8 kn。

由于船舶尺度和航行距离的不断增长，便出现了桨和帆兼用的船舶，这样可以缩减划桨人员，在经济上更为有利。在军舰和商船上兼用帆—桨作为推进器延续了很长时期，至 16 世纪才进入纯粹用帆来推进的军舰和商船时代，并在该世纪中帆船设计有很大的发展，快速帆船在顺风条件下，航速可高达 15 ～ 20 kn。但自船上开始应用蒸汽动力以后，帆船逐渐被其他型式的推进器所代替。

在蒸汽机发明以前，即已有人研究喷水推进器，并试图用以推进船舶，但由于此类推进器效率过低，经济性差，并未获得圆满效果，所以没有得到广泛的应用。

自蒸汽机发明以后，有许多人致力于船舶使用蒸汽动力的研究，其问题则为使用何种推进机构最切实用，所从事设计与试验的推进器包括机动篙、机动划桨、明轮及螺旋桨等。就当时蒸汽机的性能及工业条件而言，则以明轮最为适宜。19 世纪上半叶，明轮推进器有了很大的发展，1830—1840 年，明轮推进器的应用最为广泛，当时明轮船极为盛行。但是，明轮作为航海船只的推进器有许多缺点，在风浪情况下，明轮的桨板会局部地或完全地露出水面，致使船舶不能维持一定的航速和稳定的航向。海浪的强烈冲击常使桨板损坏，影响船舶的正常营运。此外，明轮的转速较低，不得不采用低速而笨重的主机。所以 19 世纪中叶以后，在海船上大多改用螺旋桨作为推进器。

关于使用螺旋桨作为船舶推进器的思想很早就已确立，各国发明家先后提出了很多螺旋推进器的设计。19 世纪初期，各国竞赛于螺旋桨的研究并试用于实际船舶，曾有人于 1867 年作过统计，与“发明”螺旋桨有关者不下 470 人。图 10-2 为早期几种螺旋推进器的形式。

1836 年“史密司”号船采用木制单螺纹蜗杆形螺旋推进器［形式略似图 10-2（a），但具有两全周］以 8 kn 的速度航行了 400 n mile，在试航中其推进器触物损伤一部分，但船速反而增加。其后经多方研究改进，螺旋桨的航行成效也日益显著，故从 19 世纪中叶以后，螺旋桨就获得了广泛的应用。在长期的实践过程中，螺旋桨的形状不断改善，桨叶螺旋面的长度逐步减小，桨叶的形状也逐渐趋于完善。和其他类型的推进器相比较，螺旋桨的构造简单，效率较高，故目前仍是军舰和商船上应用得最为广泛的推进器。

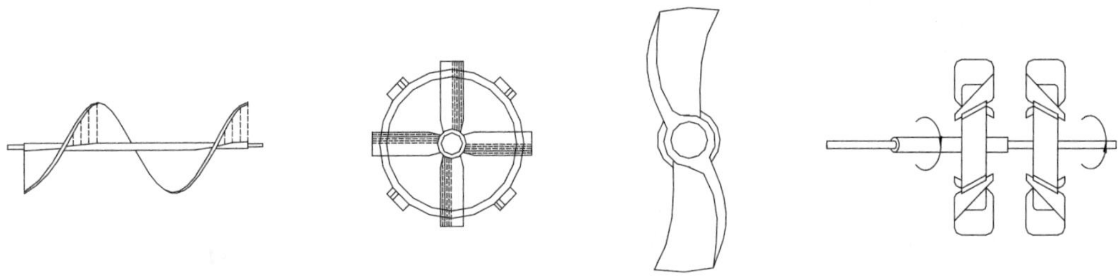

(a) 蜗杆形螺旋推进器　(b) 翼轮推进器　(c) 双叶镐形推进器　(d) 对转蹼板推进器

图 10-2　早期推进器形式

1930 年，在摩托汽艇上首先使用了直叶推进器，以后经不断改善，用在港口工作船和扫雷艇上获得了成功，但由于构造复杂和重量大的缘故，在大型船只上至今还没有得到广泛应用。

船舶推进器的种类虽多，但近代船舶绝大多数是用螺旋桨作为推进器，故本书中即以此为主，对于其他形式的推进器在有关章节中仅作简略的介绍。推进器的类型甚多，下面分别讲述常见的几种推进器，并简要地指出这些推进器的特征。

10.1.1　螺旋桨

螺旋桨是由若干桨叶（2 ～ 6 叶）组成，桨叶固定在桨毂上，各邻近叶片之间相隔的角度相等，如图 10–3 所示。当螺旋桨转动时，桨叶拨水向后，而自身受到水流的反作用力，其推力通过桨轴和推力轴承传递至船体上。螺旋桨构造简单、造价低廉、使用方便、效率较高，是目前应用最广的推进器。

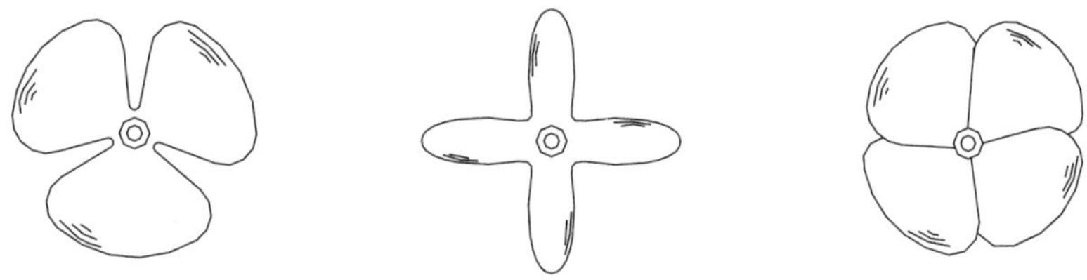

图 10–3 螺旋桨形式

根据不同船舶工作条件的要求，一些特种推进器在普通螺旋桨的基础上发展起来具体如下。

（1）导管螺旋桨：在螺旋桨的外围套上一个纵切面为机翼形或类似于机翼剖面的折角线形的套筒，其外形如图 10–4 所示。在负荷较重时，其效率较普通螺旋桨为高，主要用于拖网渔轮和拖轮等多工况船舶。

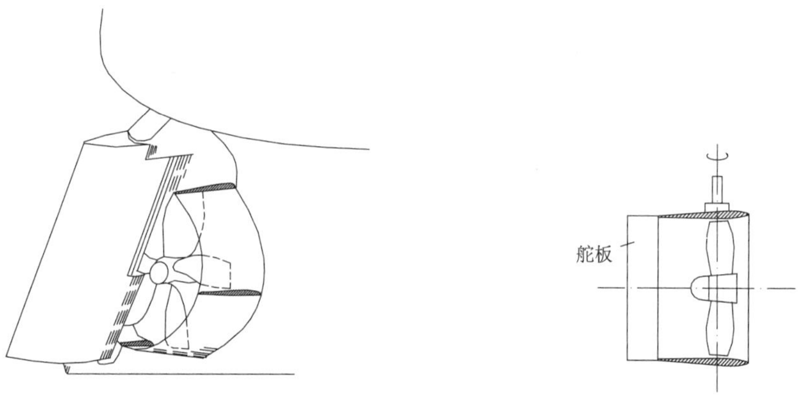

(a) 轴向不对称导管及艉部布置　　(b) 转动导管桨（导管舵）

图 10–4 导管螺旋桨

（2）可调螺距螺旋桨：它是一种利用设置于桨毂中的操纵机构使桨叶绕垂直于桨轴的轴线转动以改变其角度（螺距）的螺旋桨。由于桨叶的螺距可根据需要进行调节，故在不同航行状态时，主机均能充分发挥功率和转速，但机构较复杂，造价和维修费用比较高。

（3）对转螺旋桨：又称双反转螺旋桨，就是两只普通螺旋桨分别装于两根同心轴上，并以等速或不等速反向转动。这种推进器传动装置比较复杂，多用于鱼雷和潜艇。

（4）串列螺旋桨：它是两个螺旋桨串列装于同一轴上以相同的转速运转的推进器。

10.1.2 风帆

自远古时代至 20 世纪的初期，风帆一直是船舶主要的推进器。风帆推进器虽然可以利用无代价的风力，但其所能得到的推力依赖于风向和风力，以致船的速度和操作性能都受到限制。故自蒸汽机作为船舶主机以后，帆就被其他型式的推进器所代替，仅在游艇、教练船和小渔船上仍有采用。目前，由于燃料紧张，为节省能源，国内外又开始研究风力的利用，提出了风帆助推方案，并已在一些船上实施，称为风帆助航节能船。

10.1.3 明轮

明轮是局部没水的推进器，外形略似车轮，其水平轴沿船宽方向置于水线之上，轮之周缘装蹼板（或称桨板）。明轮在操作时，其蹼板拨水向后，而自身受到水流的反作用力，此反作用力经轮轴传至船体，推船前进。安装于舷侧的明轮叫边轮，安装于船艉的明轮叫尾轮。边轮增大船宽，对横稳性有利，但在风浪中不易保持航向。尾轮适用于狭窄航道。明轮有定蹼式和动蹼式两种。定蹼式明轮的蹼板沿径向固接在轮辐上［图 10-5（a）］，构造简单，造价低廉。其缺点是蹼板入水时产生拍水现象，而在出水时又产生提水现象，因而效率较低。动蹼式明轮可以借偏心装置控制蹼板，以调节出水和入水的角度［图 10-5（b）］，消除了上述缺点，故其效率较高。明轮曾广泛用作海船的推进器，但由于本身的机构十分笨重，在波涛中不易保持一定的航速和航向，且蹼板易损坏，故目前仅应用于部分内河船舶。

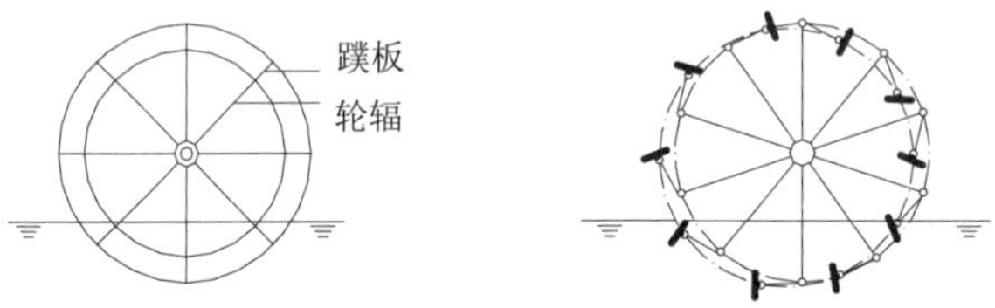

(a) 定蹼式明轮　　(b) 动蹼式明轮

图 10-5　明轮示意图

10.1.4 直叶推进器

直叶推进器又称竖轴推进器或平旋轮推进器，是由若干垂直的叶片（4 ～ 8 叶）组成，叶片在圆盘上是等间距的，圆盘与船体底部齐平，如图 10-6 所示。圆盘绕垂直轴旋转，各叶片以适当的角度与水流相遇，因而产生推力。直叶推进器的偏心装置可以控制各叶片与水流相遇的角度，故能发出任何方向的推力。装有直叶推进器船舶的操纵性能良好，且在船舶倒退时也无须逆转主机。此外，直叶推进器的效率较高（约略与螺旋桨相同），在汹涌的海面下，工作情况也较好。其缺点是机构复杂，造价昂贵，叶片的保护性差，极易损坏。目前这类推进器常用于港口作业或对操纵性有特殊要求的船舶。

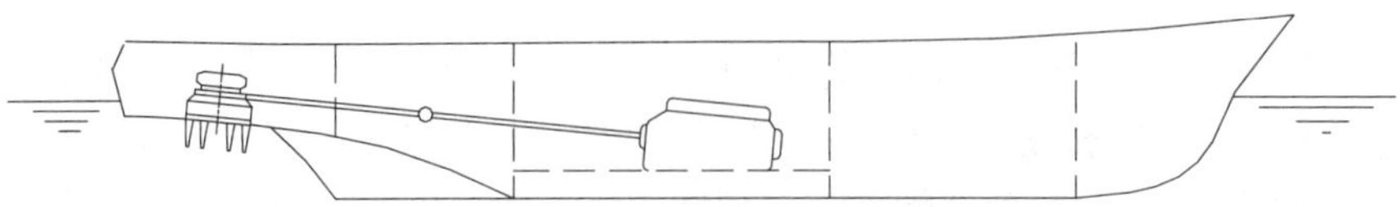

图 10-6　直叶推进器

10.1.5 喷水推进器

喷水推进器是一种依靠水的反作用力而产生推力的推进器。装在船内的水泵自船底吸水后将水流自喷管向后喷出，水的反作用力即推船前进。喷水推进器的构造形式很多，但其作用原理基本上是相同的。

图 10–7 是曾被使用过的一种喷水推进器。船的中部装有离心泵，水泵与竖轴略作倾斜，进水口朝向船行的方向，以便充分利用水流的相对速度。水泵自船底将水吸入，然后将水流自舷侧的喷管向后喷出，水流的反作用即产生推力。舷侧的喷管可以借控制机构转动，因而可以使船舶倒退或就地转向。这类推进器的优点是：推进器的活动部分在船体内部，具有良好的保护性；操纵性能良好。其缺点是：水泵及喷管中水的重量均在船体内部，减少了船舶的有效载重量；喷管中水力损耗很大，故推进效率低。

图 10–7 喷水推进器

喷水推进器多用于内河浅水的拖轮上，近年来也用于滑行艇、水翼艇等高速船上。

水力锥形推进器是一种较好型式的喷水推进器（图 10–8），其外壳 2 做成圆锥形，锥筒内部装有翼轮 3。当主机 1 驱动翼轮旋转时，水由进水孔 4 进入锥筒，水流经过翼轮在锥筒内造成旋转运动，在翼轮的作用下水自排水孔 5 向船后排出，其反作用力即推船前进。

水力锥形推进器构造简单，设备轻便，由于船内无喷管，其效率较一般喷水推进器为高，航行于浅水及阻塞航道中的船只常采用此种推进器。

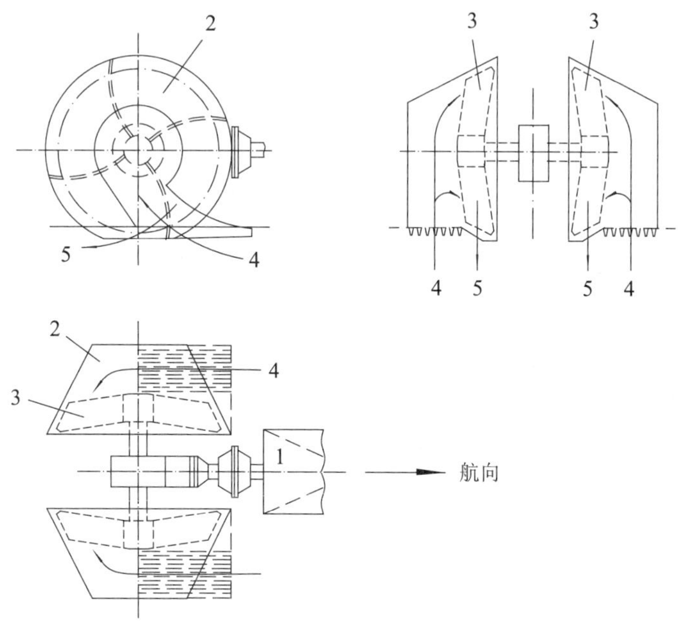

图 10–8 水力锥形推进器

1—主机；2—外壳；3—翼轮；4—进水孔；5—排水孔

表 10–1 中列入几种推进器的效率及重量的大致数值范围，以供比较。

表 10–1　几种推进器的效率及重量的数值范围

推进器类型	推进器效率	轴系传送效率	推进系数	推进器重量 /（kg / hp）
螺旋桨	0.60 ～ 0.75	0.95 ～ 0.98	0.50 ～ 0.70	0.5 ～ 2.0
明　轮	0.40 ～ 0.60	0.70 ～ 0.85	0.30 ～ 0.50	15 ～ 30
直叶推进器	0.55 ～ 0.70	0.85 ～ 0.95	0.45 ～ 0.60	4 ～ 8
喷水推进器	0.55 ～ 0.60	0.90 ～ 0.95	0.50 ～ 0.55	—

§10.2　螺旋桨与主机间的功率传送

10.2.1　有效功率

设船舶以等速度 V 直线运动时遭受阻力 R，为使船舶维持此项运动，则必须对船供给有效推力 T_e。对于自航船舶而言，有效推力 T_e 与船舶所遭受的阻力 R 大小相等，方向相反，即

$$T_e = R \tag{10-1}$$

对于多螺旋桨船，上式中的 T_e 指各螺旋桨有效推力之总和，在本书中如无专门说明，则均指单桨船。对于拖船来说，其所需的有效推力 T_e 必须克服拖船本身的阻力 R 和驳船的阻力 F（即拖船拖钩上的拉力），即

$$T_e = R + F \tag{10-2}$$

下面我们只讨论自航船舶的情况。若船以速度 V 航行时所遭受的阻力为 R，则阻力 R 在单位时间内所消耗的功为 $R \cdot V$，而有效推力 T_e 在单位时间内所做的功为 $T_e \cdot V$，两者在数值上是相等的，故 $T_e \cdot V$（或 $R \cdot V$）称为有效功率，表示推进器所产生的实际有效功率。若以功率计，则称为有效功率或拖曳功率，简写作 P_e。公制的有效功率可写作：

$$P_e = \frac{T_e V}{75} = \frac{RV}{75} \qquad \text{(UShp)} \tag{10-3}$$

为方便起见，以后 UShp 均简化表达为 hp。英制的有效功率可写作：

$$P_e = \frac{T_e V}{76} = \frac{RV}{76} \qquad \text{(UKhp)} \tag{10-4}$$

式中，T_e 为有效推力，kgf；R 为阻力，kgf；V 为船速，m/s。

公制功率和英制功率的换算关系为

$$1\ \text{UKhp} = 1.014\ \text{hp} \tag{10-5}$$

10.2.2　主机功率和传送效率

推进船舶所需要的功率由主机供给，主机发出的功率称为机器功率，以 P_s 表示。机器功率经过减速装置、推力轴承及主轴等传送至推进器，如图 10–9 所示。在主轴艉端与推进器连接处所量得的功率称为推进器的收到功率，以 P_D 表示。由于推力轴承、

轴承、尾轴填料函及减速装置等具有摩擦损耗，故推进器收到功率总是小于机器功率，两者之比值称为传送效率或轴系效率，以 η_s 表示。

$$\eta_s = P_D / P_s \tag{10-6}$$

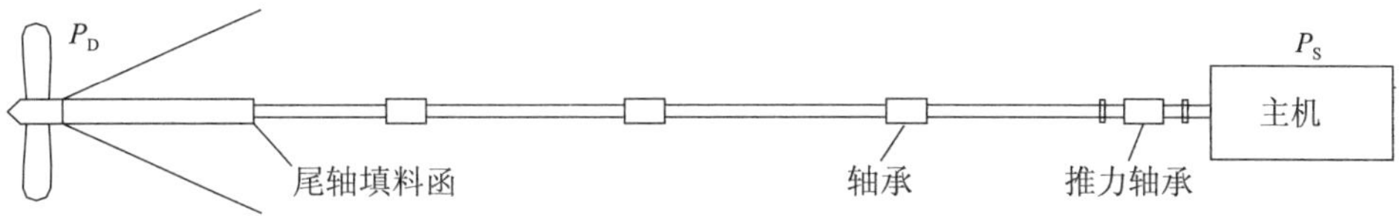

图 10-9　船舶推进系统示意图

10.2.3　推进效率和推进系数

推进器所收到的功率为 P_D，而最后为克服船体阻力的功率是有效功率 P_e。由于推进器本身在操作时有一定的能量损耗，且船身与推进器之间有相互影响，故有效功率总是小于推进器所收到的功率，两者之比值称为推进效率，并以 η_D 表示（推进效率也称为推进系数 QPC）。

$$\eta_D = P_e / P_D \tag{10-7}$$

有效功率与机器功率的比值称为推进系数，以 $P \cdot C$ 表示。

$$P \cdot C = P_e / P_s \tag{10-8}$$

由式 (10-6) 及式 (10-7) 可知：

$$P \cdot C = \frac{P_e}{P_D} \cdot \frac{P_D}{P_S} = \eta_D \cdot \eta_s \tag{10-9}$$

推进系数为多种效率相乘之综合名称，通常可以表示用某种机器及推进器以推进船舶之全面性能，推进系数越高，船舶的推进性能越好。

从以上对各种效率的简要分析可知，快速性良好的船舶除应具有优秀的船型（即航行时遭受的阻力最低）以外，还必须具有最佳的推进性能。由此可见，研究船舶的推进问题对于改善快速性具有重大的作用。

§10.3　螺旋桨的外形和名称

螺旋桨是目前应用最为广泛的一种推进器，因而也就成为“船舶推进”课程研究的主要对象。要研究螺旋桨的水动力特性，首先必须对螺旋桨的几何特性有所认识和了解。

图 10-10　典型螺旋桨

10.3.1　螺旋桨各部分名称

螺旋桨俗称车叶，其常见外观如图 10-10 所示。

螺旋桨通常装于船的艉部（但也有一些特殊船在艏艉部都装有螺旋桨，如港口工作船及渡轮等），在船艉部中线处仅装一只螺旋桨的船称为单螺旋桨船，左右各装一只螺旋桨的称为双螺旋桨船，也有三桨、四桨乃至五桨的。

螺旋桨通常由桨叶和桨毂构成（图 10–11）。螺旋桨与尾轴连接部分称为桨毂，桨毂是一个截头的锥形体。为了减小水阻力，在桨毂后端加一整流罩，与桨毂形成一光顺流线形体，称为毂帽。

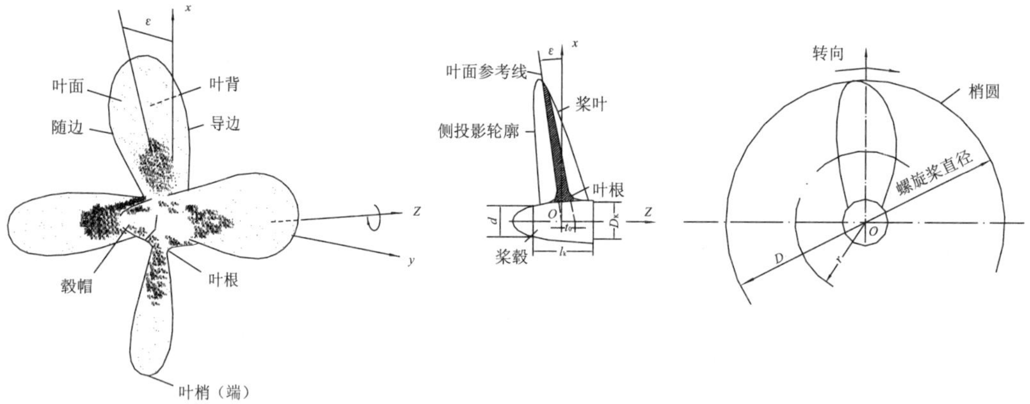

（a）螺旋桨外形　　（b）桨毂结构示意图

图 10–11　螺旋桨结构

桨叶固定在桨毂上。普通螺旋桨常为 3 叶或 4 叶，2 叶螺旋桨仅用于机帆船或小艇上，近来有些船舶（如大吨位大功率的油船），为避免振动而采用五叶或五叶以上的螺旋桨。

由船艉后面向前看时所见到的螺旋桨桨叶的一面称为叶面，另一面称为叶背。桨叶与毂连接处称为叶根，桨叶的外端称为叶梢。螺旋桨正车旋转时桨叶边缘在前面者称为导边，另一边称为随边。

螺旋桨旋转时（设无前后运动）叶梢的圆形轨迹称为梢圆。梢圆的直径称为螺旋桨直径，以 D 表示。梢圆的面积称为螺旋桨的盘面积，以 A_0 表示：

$$A_0 = \frac{\pi D^2}{4} \tag{10-10}$$

当螺旋桨正车旋转时，由船后向前看去所见到的旋转方向为顺时针者称为右旋桨。反之，则为左旋桨。装于船艉两侧之螺旋桨，在正车旋转时其上部向船的中线方向转动者称为内旋桨。反之，则为外旋桨。

10.3.2　螺旋面及螺旋线

桨叶的叶面通常是螺旋面的一部分。为了清楚地了解螺旋桨的几何特征，有必要讨论一下螺旋面的形成及其特点。

设线段 ab 与轴线 oo_1 成固定角度，并使 ab 以等角速度绕轴 oo_1 旋转的同时以等线速度沿 oo_1 向上移动，则 ab 线在空间所描绘的曲面即为等螺距螺旋面，如图 10–12 所示。线段 ab 称为母线，母线绕行一周在轴向前进的距离称为螺距，以 P 表示。

根据母线的形状及与轴线间夹角的变化可以得到不同形式的螺旋面。若母线为一直线且垂直于轴线，则所形成的螺旋面为正螺旋面，如图 10–13（a）所示。若母线为一直线但不垂直于轴线，则形成斜螺旋面，如图 10–13（b）所示。当母线为曲线时，则形成扭曲的螺旋面如图 10-13（c）及图 10-13（d）所示。

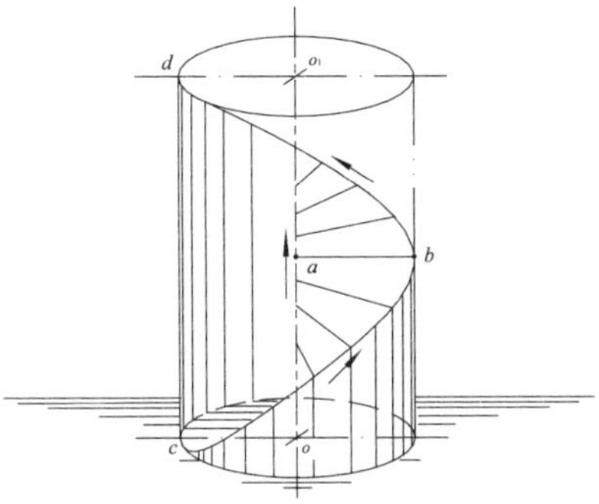

图 10-12　螺旋面的形成

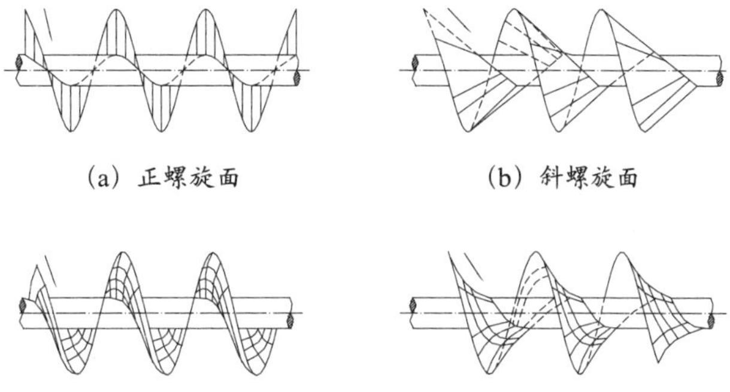

(a) 正螺旋面　(b) 斜螺旋面

(c) 扭曲的螺旋面 (1)　(d) 扭曲的螺旋面 (2)

图 10-13　不同螺旋面形式

母线上任一固定点在运动过程中所形成的轨迹为一螺旋线。任一共轴之圆柱面与螺旋面相交的交线也为螺旋线，图 10-14（a）表示半径为 R 的圆柱面与螺旋面相交所得的螺旋线 BB_1B_2。如将此圆柱面展成平面，则此圆柱面即成一底长为 $2\pi R$、高为 P 的矩形，而螺旋线变为斜线（矩形的对角线），此斜线称为节线。三角形 $B'B''B_2''$ 称为螺距三角形，节线与底线间之夹角 θ 称为螺距角，如图 10-14（b）所示。由图可知，螺距角可由下式来确定：

$$\tan\theta = \frac{P}{2\pi R} \tag{10-11}$$

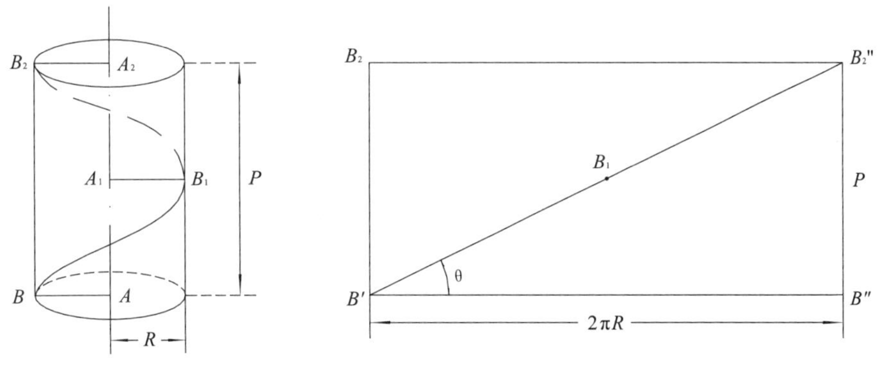

(a) 空间螺旋线　(b) 螺旋线展平

图 10-14　螺距三角形

10.3.3　螺旋桨的几何特性

10.3.3.1　螺旋桨的面螺距

螺旋桨桨叶的叶面是螺旋面的一部分，如图 10-15（a）所示，故任何与螺旋桨共轴的圆柱面与叶面的交线为螺旋线的一段，如图 10-15（b）中的 B_0C_0 段。若将螺旋线段 B_0C_0 引长环绕轴线一周，则其两端之轴向距离等于此螺旋线的螺距 P。若螺旋桨的叶面为等螺距螺旋面之一部分，则 P 即称为螺旋桨的面螺距。面螺距 P 与直径 D 之比

P/D 称为螺距比。将圆柱面展成平面后即得螺距三角形，如图 10-15（c）所示。

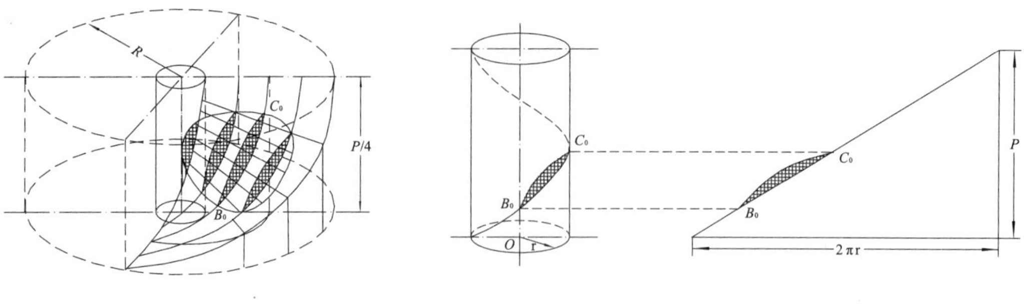

(a) 各切面螺旋线　　(b) 面螺距螺旋线　　(c) 螺距三角形

图 10-15　面螺距展开

设上述圆柱面的半径为 r，则展开后螺距三角形的底边长为 $2\pi r$，节线与底线之间的夹角 θ 为半径 r 处的螺距角，并可据下式来确定：

$$\tan\theta = \frac{P}{2\pi r} \tag{10-12}$$

螺旋桨某半径 r 处螺距角 θ 的大小，表示桨叶叶面在该处的倾斜程度。不同半径处的螺距角是不等的，r 越小则螺距角 θ 越大。图 10-16（a）表示 3 个不同半径的共轴圆柱面与等螺距螺旋桨桨叶相交的情形，其展开后的螺距三角形如图 10-16（b）所示。显然，$r_1 < r_2 < r_3$ 而 $\theta_1 > \theta_2 > \theta_3$。

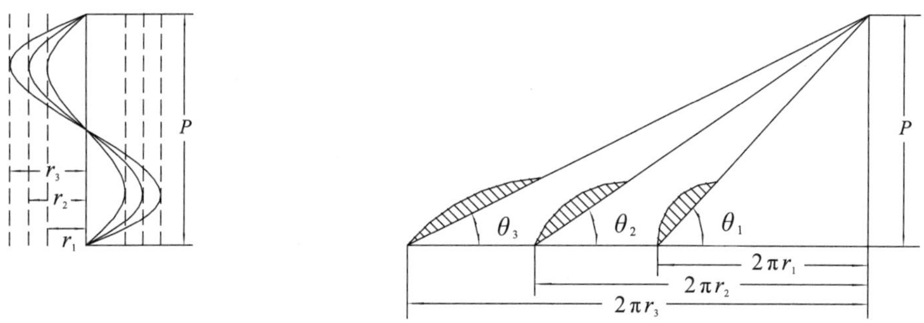

(a) 不同半径空间螺旋线　　(b) 相同螺距三角形

图 10-16　等螺距三角形

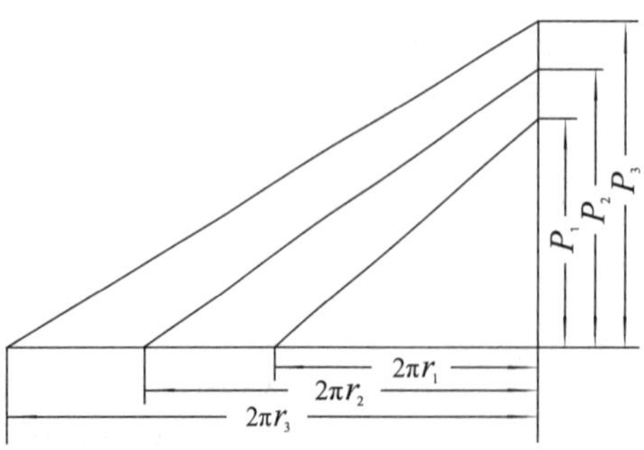

图 10-17　变螺距三角形

若螺旋桨叶面各半径处的面螺距不等，则称为变螺距螺旋桨，其不同半径处螺旋线的展开如图 10-17 所示。对此类螺旋桨常取半径为 0.7R 或 0.75R（R 为螺旋桨梢半径）处的面螺距代表螺旋桨的螺距，为注明其计量方法，在简写时可记作 $P_{0.7R}$ 或 $P_{0.75R}$。

10.3.3.2　桨叶切面

与螺旋桨共轴的圆柱面和桨叶相截所得的截面称为桨叶的切面，简称叶切面或叶剖面，如图 10-15（b）所示。将圆柱面展为平面后则得如图 10-15（c）所示的叶切面形状，其形状与机翼切面相仿。所以表征机翼切面几何特性的方法，可以用于桨叶切面。

桨叶切面的形状通常为圆背式切面（弓形切面）或机翼形切面，特殊的也有梭形切面和月牙形切面，如图 10-18 所示。一般来说，机翼形切面的叶型效率较高，但空泡性能较差，弓形切面则相反。普通之弓形切面展开后叶面为一直线，叶背为一曲线，中部最厚两端颇尖。机翼形切面在展开后无一定形状，叶面大致为一直线或曲线，叶背为曲线，导边钝而随边较尖，其最大厚度则近于导边，在离导边 25% ～ 40% 弦长处。

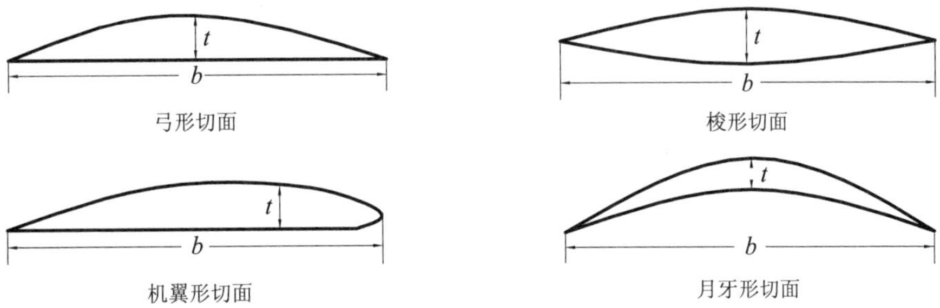

图 10-18　典型叶切面形状

切面的弦长一般有内弦和外弦之分。连接切面导边与随边的直线 AB 称内弦（图 10-19），图中所示线段 BC 称为外弦。对于系列图谱螺旋桨来说，通常称外弦为弦线，而对于理论设计的螺旋桨来说，则常以内弦（鼻尾线）为弦线，弦长及螺距也根据所取弦线来定义。图 10-19 中所示的弦长 b 为系列螺旋桨之表示方法。

切面厚度以垂直于所取弦线方向与切面上、下面交点间的距离来表示。其最大厚度 t 称为叶厚，t 与切面弦长 b 之比称为切面的相对厚度或叶厚比 $\delta = t/b$。切面的中线或平均线称为拱线或中线，拱线到内弦线的最大垂直距离称为切面的拱度，以 f_M 表示。f_M 与弦长 b 之比称切面的拱度比 $f = f_M / b$（图 10-19）。

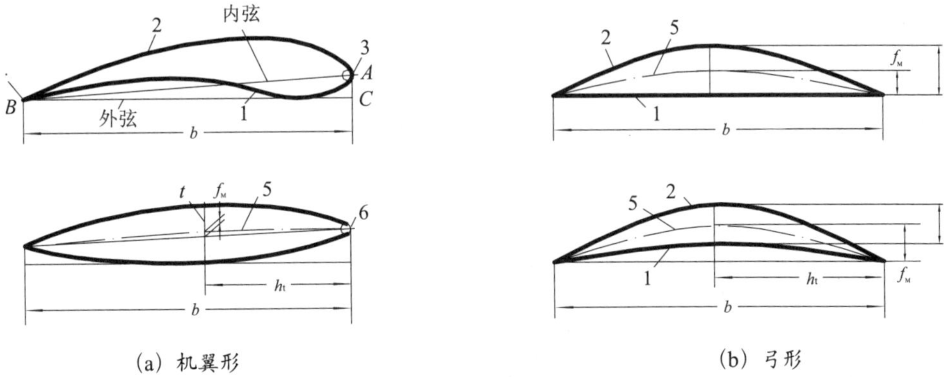

图 10-19　叶切面形状尺寸

1—面线；2—背线；3—导缘；4—随缘；5—拱线；6—导缘端圆

10.3.3.3　桨叶的外形轮廓和叶面积

桨叶的外形轮廓可以用螺旋桨的正视图和侧视图来表示。从船后向船艏所看到的为螺旋桨的正视图，从船侧看过去所看到的为侧视图。图 10-20 为一普通螺旋桨图，图上注明了螺旋桨各部分的名称和术语。

为了正确表达正视图和侧视图之间的关系，取叶面中间的一根母线作为作图的参考线，称为桨叶参考线或叶面参考线，如图 10-20 中直线 OU。若螺旋桨叶面是正螺旋面，则在侧视图上参考线 OU 与轴线垂直。若为斜螺旋面，则参考线与轴线的垂线成某一夹角 ε，称为纵斜角。参考线线段 OU 在轴线上的投影长度称为纵斜，用 z_R 表示。纵斜螺旋桨一般都是向后倾斜的，其目的在于增大桨叶与尾框架或船体间的间隙，以减小螺旋桨诱导的船体振动，但纵斜不宜过大（一般 $\varepsilon < 15°$），否则螺旋桨在操作时因离心力而增加叶根处的弯曲应力，对桨叶强度不利。

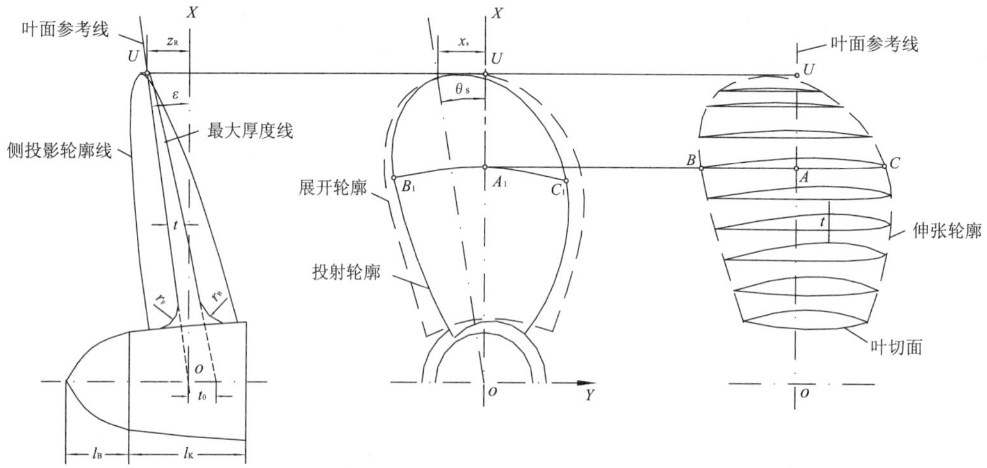

(a) 螺旋桨侧投影　　(b) 螺旋桨正投影与展开　　(c) 桨叶伸张

图 10-20　螺旋桨双向投影

桨叶在垂直于桨轴的平面上的投影称为正投影，其外形轮廓称为投射轮廓。螺旋桨所有桨叶投射轮廓包含面积之总和称为螺旋桨投射面积，以 A_P 表示。投射面积 A_P 与盘面积 A_0 之比称为投射面比，即

$$投射面比 = A_P/A_0$$

投射轮廓对称于参考线的称为对称叶形。若其外形与参考线不相对称，则为不对称叶形。不对称桨叶的叶梢与参考线间的距离 x_s 称为侧斜，相应之角度 θ_s 称为侧斜角。桨叶的侧斜方向一般与螺旋桨的转向相反，合理选择桨叶的侧斜可明显减缓螺旋桨诱导的船体振动。

桨叶在平行于包含轴线和辐射参考线的平面上的投影称为侧投影。图上除画出桨叶外形轮廓及参考线 OU 的位置外，还需作出最大厚度线。最大厚度线与参考线 OU 之间的轴向距离 t 表示该半径处叶切面的最大厚度。它仅表示不同半径处切面最大厚度沿径向的分布情况，并不表示最大厚度沿切面弦向的位置。与桨毂相连处的切面最大厚度称叶根厚度（除去两边填角料）。辐射参考线与最大厚度线的延长线在轴线上交点的距离 t_0 与直径 D 之比值 t_0/D 称为叶厚分数。工艺上往往将叶梢处的桨叶厚度做薄呈圆弧状，为了求得叶梢厚度，需将桨叶最大厚度线延长至梢径，如图 10-20（a）所示。

螺旋桨桨毂的形状一般为圆锥体，在侧投影上可以看到其各处的直径并不相等。通常所说的桨毂直径（简称毂径）是指辐射参考线与桨毂表面相交处（略去叶根处的

填角料）至轴线距离的两倍，并以 d 来表示［参阅图 10-20（a）］。毂径 d 与螺旋桨直径 D 的比值 d/D 称为毂径比。

将各半径处共轴圆柱面与桨叶相截的各切面展成平面后，以其弦长置于相应半径的水平线上，并光顺连接端点所得之轮廓称为伸张轮廓，如图 10-20（c）所示。螺旋桨各叶伸张轮廓所包含的面积之总和称为伸张面积，以 A_E 表示。伸张面积 A_E 与盘面积 A_0 之比称为伸张面比，即

$$\text{伸张面比} = A_E / A_0$$

将桨叶叶面近似展放在平面上所得的轮廓称为展开轮廓，如图 10-20（b）所示。各桨叶展开轮廓所包含面积之总和称为展开面积，以 A_D 表示。展开面积 A_D 与盘面积 A_0 之比称为展开面比，即

$$\text{展开面比} = A_D / A_0$$

螺旋桨桨叶的展开面积和伸张面积极为接近，故均可称为叶面积，而伸张面比和展开面比均可称为盘面比或叶面比。盘面比的大小实质上表示桨叶的宽窄程度，在相同的叶数下，盘面比越大，桨叶越宽。

此外，还可用桨叶的平均宽度 b_m 来表示桨叶的宽窄程度，其值按下式求取：

$$b_m = \frac{A_E}{Z(R - \frac{d}{2})}$$

式中，A_E 为螺旋桨伸张面积；d 为毂径；Z 为叶数。

或用平均宽度比 $\bar{b}_m$ 来表示，即

$$\bar{b}_m = \frac{b_m}{D} = \frac{\pi A_E / A_0}{2Z(1 - \frac{d}{D})} \tag{10-13}$$

【思考题】

1. 简述等螺距螺旋面和变螺距螺旋面的构成原理。

2. 何谓螺距三角形？简述螺距角 θ 的定义及其意义。

3. 叶切面的几何螺距是怎样确定的？如何标定螺旋桨的螺距？

4. 桨叶叶切面的形式通常有哪几种，简述其特点。

5. 某船航速为 25 kn，其拖曳功率是 3 500 hp，船上动力装置分设为两台主机（两轴系）构成。试求每桨产生的有效推力是多少？

6. 若螺旋桨的收到功率是 2 915 hp，轴系效率是 $\eta_s = 0.97$。试计算其推进效率 η_D、推进系数 $P.C$ 及每台主机的功率 P_S。

7. 某巡洋舰的螺旋桨直径 $D = 4.2$ m，几何螺距 $P = 5.712$ m。试求 $r/R = 0.2$ 和 $r/R = 0.6$ 处的叶切面的螺距角 θ，并画出其相应的螺距三角形。

8. 若螺旋桨的螺距比 $P/D = 1.0$，试算出 $r/R = 0.5$ 处的叶剖面（叶元体）的螺距角？试问其在 $r/R = 0.3$ 处的叶剖面螺距角，是增大，还是减小？

9. 用螺距测量仪测某一螺旋桨的螺距时，围绕轴中心线的旋臂转角 $\psi = 30°$ 时，量针上下移动的高度 $h = 0.20$ m。试问该桨的螺距 P 等于多少？

第 11 章　螺旋桨基础理论

关于使用螺旋桨作为船舶推进器的思想很早就已确立，各国发明家先后提出过很多螺旋推进器的设计。在长期的实践过程中，螺旋桨的形状不断改善。自 19 世纪后期，各国科学家与工程师提出多种关于推进器的理论，早期的推进器理论大致可分为两派，其中一派认为：螺旋桨之推力乃因其工作时使水产生动量变化所致，所以可通过水之动量变更率来计算推力，此类理论可称为动量理论；另一派则注重螺旋桨每一叶元体所受之力，据以计算整个螺旋桨的推力和转矩，此类理论可称为叶元体理论。它们彼此不相关联，又各能自圆其说，对于解释螺旋桨性能各有其便利处，然也各有其缺点。

其后，流体力学中的机翼理论应用于螺旋桨，解释叶元体的受力与水之速度变更关系，将上述两派理论联系起来而发展成螺旋桨环流理论。从环流理论模型的建立至今已有 60 多年的历史，在不断发展的基础上已日趋完善。尤其是近 20 年来，由于电子计算机的发展和应用，使繁复的理论计算得以实现，并促使其不断完善。

虽然动量理论中忽略的因素过多，所得到的结果与实际情况有一定距离，但这个理论能简略地说明推进器产生推力的原因，某些结论有一定的实际意义，故在本章中先对此种理论作必要介绍，再用螺旋桨环流理论的观点分析作用在桨叶上的力和力矩，并阐明螺旋桨工作的水动力特性。对环流理论的进一步探讨，将在第 19 章中作介绍。

§11.1　理想推进器理论

11.1.1　理想推进器的概念和力学模型

推进器一般都是依靠拨水向后来产生推力的，而水流受到推进器的作用获得与推力方向相反的附加速度（通常称为诱导速度）。显然推进器的作用力与其所形成的水流情况密切相关。因而我们可以应用流体力学中的动量定理，研究推进器所形成的流动图案来求得它的水动力性能。为了使问题简单起见，假定：①推进器为一轴向尺度趋于零，水可自由通过的盘，此盘可以拨水向后称为鼓动盘（具有吸收外来功率并推水向后的功能）。②水流速度和压力在盘面上均匀分布。③水为不可压缩的理想流体。

根据这些假定而得到的推进器理论，称为理想推进器理论。它可用于螺旋桨、明轮、喷水推进器等，差别仅在于推进器区域内的水流断面的取法不同。例如，对于螺旋桨而言，其水流断面为盘面，对于明轮而言，其水流断面为桨板的浸水板面。

设推进器在无限的静止流体中以速度 V_A 前进，为了获得稳定的流动图案，我们应用运动转换原理，即认为推进器是固定的，而水流自无穷远前方以速度 V_A 流向推进器（鼓动盘）。图 11-1（a）表示包围着推进器的流管。由于推进器的作用，在流管中水质点的速度与流管外不同，在流管以外的水流速度和压力处处相等，均为 V_A 和 p_0，故流管的边界 ABC 和 $A_1B_1C_1$ 是分界面。现在讨论流管内水流轴向速度和压力的分布情况。参阅图 11-1（a），在推进器的远前方（AA_1 剖面）压力为 p_0、流速为 V_A。离盘面越近，由于推进器的抽吸作用，水流的速度越大而压力下降，到盘面（BB_1 剖面）的紧前方时，

水流的速度为 V_A+u_{a1} 而压力降为 p_1。当水流经过盘面时，压力突增为 p'_1（这一压力突变是由于推进器的作用而产生），而水流速度仍保持连续变化。水流离开盘面以后，速度将继续增大而压力下降。到推进器的远后方（CC_1 剖面）处，速度将达到最大值 V_A+u_a，而压力回复至 p_0，图 11-1（b）和图 11-1（c）分别表示流管中水流速度和压力的分布情况。流管内水流轴向速度的增加使流管截面形成收缩，而流管内外的压力差由其边界面的曲度来支持。由于假定推进器在无限深广的流体中运动，故流管以外两端无限远处的压力和水流速度可视为不变。

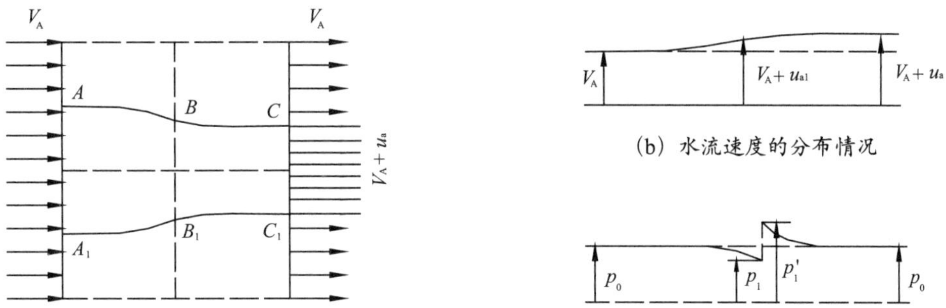

(a) 包围着推进器的流管 (b) 水流速度的分布情况 (c) 压力的分布情况

图 11-1 理想推进器力学模型

11.1.2 理想推进器的推力和诱导速度

根据以上的分析，便可以进一步决定推进器所产生的推力和水流速度之间的关系。

应用动量定理可以求出推进器的推力。单位时间内流过推进器盘面（面积为 A_0）的流体质量为 $m=\rho A_0(V_A+u_{a1})$，自流管远前方 AA_1 断面流入的动量为 $\rho A_0(V_A+u_{a1})V_A$，而在远后方 CC_1 断面处流出的动量为 $\rho A_0(V_A+u_{a1})(V_A+u_a)$，故在单位时间内水流获得的动量增值为

$$\rho A_0(V_A+u_{a1})(V_A+u_a)-\rho A_0(V_A+u_{a1})V_A=\rho A_0(V_A+u_{a1})u_a$$

根据动量定理，作用在流体上的力等于单位时间内流体动量的增量。而流体的反作用力即为推力，故推进器所产生的推力 T_i 为

$$T_i=m\,u_a=\rho\,A_0(V_A+u_{a1})u_a \tag{11-1}$$

以上各式中，ρ 为流体的密度。

为了寻求盘面处速度增量 u_{a1} 与无限远后方速度增量 u_a 的关系，在推进器盘面前和盘面后分别应用伯努利方程。在盘面远前方和紧靠盘面处有下列关系式，即

$$p_0+\frac{1}{2}\rho V_A^2=p_1+\frac{1}{2}\rho(V_A+u_{a1})^2$$

故

$$p_1=p_0+\frac{1}{2}V_A^2-\frac{1}{2}\rho(V_A+u_{a1})^2 \tag{11-2}$$

而在盘面远后方和紧靠盘面处有

$$p_0+\frac{1}{2}\rho(V_A+u_a)^2=p'_1+\frac{1}{2}\rho(V_A+u_{a1})^2$$

故
$$p'_1=p_0+\frac{1}{2}\rho(V_A+u_a)^2-\frac{1}{2}\rho(V_A+u_{a1})^2 \tag{11-3}$$

盘面前后的压力差 p'_1-p_1 就形成了推进器的推力，由式 (11–2) 及式 (11–3) 可得

$$p'_1-p_1=\rho\left(V_A+\frac{1}{2}u_a\right)u_a \tag{11-4}$$

因推进器的盘面积为 A_0，故推进器所产生的推力 T_i 的另一种表达形式为

$$T_i=(p'_1-p_1)A_0=\rho A_0\left(V_A+\frac{1}{2}u_a\right)u_a \tag{11-5}$$

比较式 (11–1) 及式 (11–5) 两式可得

$$u_{a1}=\frac{1}{2}u_a \tag{11-6}$$

由上式可知，在理想推进器盘面处的速度增量为全部增量的一半。水流速度的增量 u_{a1} 及 u_a 称为轴向诱导速度。由式 (11–1) 或式 (11–5) 可见，轴向诱导速度越大，推进器产生的推力也越大。

11.1.3 理想推进器的效率

推进器的效率等于有效功率和消耗功率的比值。现以绝对运动观点来讨论理想推进器的效率。推进器在静水中以速度 V_A 前进时产生推力 T_i，则其有效功率为 T_iV_A，但推进器在工作时，每单位时间内有 $\rho A_0\left(V_A+\frac{1}{2}u_a\right)$ 质量的水通过盘面得到加速而进入艉流，艉流中的能量随水消失乃属损失，故单位时间内损失的能量（即单位时间内艉流所取得的能量）为

$$\frac{1}{2}\rho A_0\left(V_A+\frac{1}{2}u_{a1}\right)u_a^2=\frac{1}{2}T_i u_a$$

从而推进器消耗的功率为

$$T_iV_A+\frac{1}{2}T_iu_a=T_i\left(V_A+\frac{1}{2}u_a\right)$$

因此，理想推进器的效率 η_{iA} 为

$$\eta_{iA}=\frac{T_iV_A}{T_i\left(V_A+\frac{1}{2}u_a\right)}=\frac{V_A}{V_A+\frac{1}{2}u_a} \tag{11-7}$$

由式 (11–5) 可见，推进器必须给水流以向后的诱导速度才能获得推力，故从式 (11–7) 可知，理想推进器的效率总是小于 1。

理想推进器的效率还可用另外的形式来表达，根据式 (11–5) 解 u_a 的二次方程可得

$$u_a = -V_A + \sqrt{V_A^2 + \frac{2T_i}{\rho A_0}} \tag{11-8}$$

或写作：

$$\frac{u_a}{V_A} = \sqrt{1 + \frac{T_i}{\frac{1}{2}\rho A_0 V_A^2}} - 1 = \sqrt{1+\sigma_T} - 1 \tag{11-9}$$

式中，$\sigma_T = \dfrac{T_i}{\frac{1}{2}\rho A_0 V_A^2}$称为推进器的负荷系数。将式 (11-9) 代入式 (11-7) 可得效率的表达式为

$$\eta_{iA} = \frac{2}{1+\sqrt{1+\sigma_T}} \tag{11-10}$$

由式 (11-9) 及式 (11-10) 可见，若已知推进器的载荷系数 σ_T，便可以确定诱导速度 u_a（或 u_{a1}）及效率 η_{iA}。图 11-2 表示 η_{iA}、$\dfrac{\frac{1}{2}u_a}{V_A}$ 与载荷系数 σ_T 之间的关系曲线。σ_T 越小则效率越高。在推力 T_i 和速度 V_A 一定的条件下，要取得小的载荷系数必须增大盘面积 A_0，对螺旋桨来说需增大直径 D，从而提高效率。这一结论具有重要的现实意义。

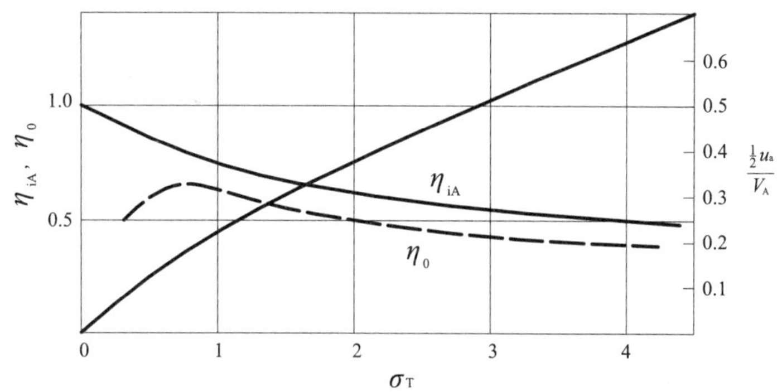

图 11-2　推进器效率与载荷系数关系曲线

§11.2　理想螺旋桨理论

在理想推进器理论中，规定推进器具有吸收外来功率并产生轴向诱导速度的功能。然而，对于推进器是怎样吸收外来功率，又如何实现推水向后等问题，却未予说明。对于螺旋桨来说，它是利用旋转运动来吸收主机功率的。因而，实际螺旋桨在工作时，除产生轴向诱导速度外还产生周向诱导速度，其方向与螺旋桨旋转方向相同，两者合成作用表现为水流经过螺旋桨盘面后有扭转现象，如图 11-3 所示。

为了便于简要地分析周向诱导速度的存在对螺旋桨性能的影响，兹讨论具有无限多桨叶的螺旋桨在理想流体中的运动情况，即同一半径处周向诱导速度为常量。

按动量矩定理，必须有对轴线之外力矩才能变更流体对此轴的动量矩，因为我们

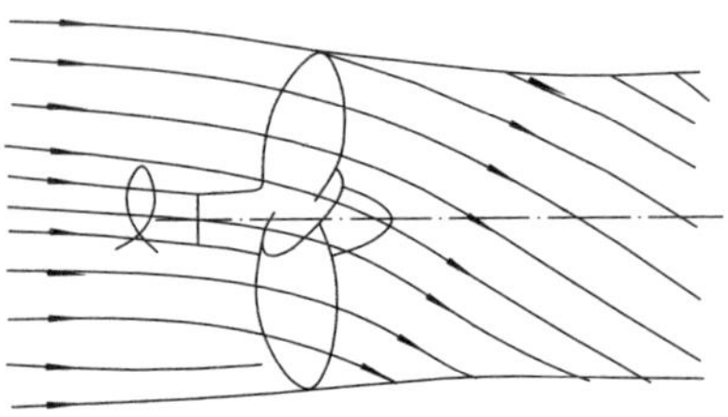

图 11-3　螺旋桨前后流体

假定水是理想流体，故在流体中任何面上仅有垂直的力。在桨盘以前，水柱之任何两切面间所受的压力或通过轴线、或平行于轴线，对轴线皆无力矩，故动量矩保持不变，因而水质点不能产生周向的附加速度，也即在盘面以前水流的周向诱导速度总是等于零。水流经过盘面时，因螺旋桨的转动作用使水流获得周向诱导速度。水流过螺旋桨后直到远后方，作用在流体上的外力矩又等于零，所以流体的动量矩不变。若桨盘后艉流的收缩很小，则可近似认为从螺旋桨紧后方和远后方的周向诱导速度为一常数。

11.2.1　旋转力与周向诱导速度的关系

设螺旋桨在无限、静止流场中以速度 V_A 前进，以角速度 $\omega=2\pi n$ 旋转。为了便于讨论，假定螺旋桨仍以 ω 旋转但不前进，而水流在远前方以轴向速度 V_A 流向推进器。

现分别以 u_{t1} 和 u_t 表示桨盘处和远后方的周向诱导速度（其方向与螺旋桨旋转方向相同），并对盘面上半径 r 处 dr 段圆环中所流过的水流应用动量矩定理。参阅图 11-4，设 dm 为单位时间内流过此圆环的流体质量，其值为

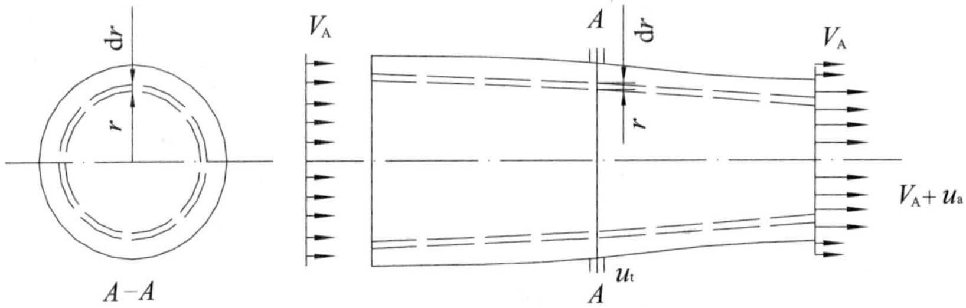

图 11-4　动量矩原理

$$dm=\rho dA_0\left(V_A+\frac{1}{2}u_a\right)$$

式中，dA_0 为桨盘上半径 r 至 $(r+dr)$ 段的环形面积。若 L' 和 L'' 分别表示质量为 dm 的流体在桨盘紧前方和紧后方的动量矩，则

$$L'=0$$

$$L''=dmr\,u'_t$$

式中，u'_t 为螺旋桨紧后方的周向诱导速度。在单位时间内动量矩的增量为

$$L''-L'=dmr\,u'_t \tag{11-11}$$

根据动量矩定理：流体在单位时间内流经流管两截面的动量矩增量等于作用在流管上的力矩。在我们所讨论的情形下，是指对螺旋桨轴线所取的力矩。即

$$L''-L'=dQ \tag{11-12}$$

设螺旋桨在旋转时 dr 圆环范围内作用于流体的旋转力为 dF_i，则其旋转力矩为 rdF_i，故作用在流体上的力矩应为

$$dQ = r dF_i \tag{11-13}$$

由式 (11-11) 及式 (11-13) 两式可得

$$dF_i = dm\, u'_t \tag{11-14}$$

质量为 dm 的流体经过桨盘之后，不再遭受外力矩的作用，故其动量矩保持不变。若桨盘后艉流的收缩很小，则可以近似地认为桨盘后的周向诱导速度为一常数，也即桨盘紧后方及远后方处的周向诱导速度相等，故

$$u'_t = u_t \tag{11-15}$$

根据动能定理可知，质量为 dm 的流体在旋转运动时动能的改变应等于旋转力 dF_i 在单位时间内所做的功，即

$$dF_i\, u_{t1} = dm \frac{u_t^2}{2}$$

式中，u_{t1} 为桨盘处的周向诱导速度。将式 (11-14) 代入上式，并经简化后可得

$$u_{t1} = \frac{1}{2} u_t \tag{11-16}$$

式 (11-16) 表明，螺旋桨盘面处的周向诱导速度等于盘面后任一截面处（包括远后方）的周向诱导速度的一半。

11.2.2　诱导速度的正交性

dr 段圆环面积 dA_0 吸收的功率为 $\omega r dF_i$，它消耗于三部分：完成有效功 $dT_i V_A$，水流轴向运动所耗损的动能 $\frac{1}{2}dmu_a^2$ 和水流周向运动所耗损的动能 $\frac{1}{2}dmu_t^2$。因此，

$$\omega r dF_i = dT_i V_A + \frac{1}{2} dmu_a^2 + \frac{1}{2} dmu_t^2 \tag{11-17}$$

将 $dF_i = dmu_t$，代入式 (11-17) 左边并消去两端 dm 整理后可得

$$\frac{u_a}{u_t} = \frac{\omega r - \frac{u_t}{2}}{V_A + \frac{u_a}{2}} \tag{11-18}$$

若将盘面处远前方及远后方三项的水流速度（相对于半径 r 处的圆环）作出图 11-5 所示的速度多角形。则据式 (11-18) 可知，由矢量 $(V_A + u_{a1})$、$(\omega r - u_{t1})$ 和 V_R 组成的直角三角形与 u_a、u_t 和 u_n 组成的直角三角形相似。从而得到一个非常重要的结论：诱导速度 u_n 垂直于合速 V_R。图中 V_0 和 V_∞ 分别表示远前方和远后方的合速。

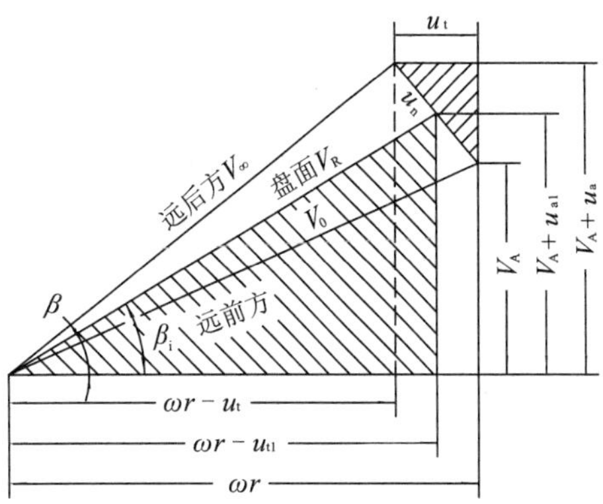

图 11-5　速度多角形关系

11.2.3 理想螺旋桨的效率

设 $\mathrm{d}T_i$ 为流体在环形面积 $\mathrm{d}A_0$ 上的推力，则单位时间内所做的有用功为 $\mathrm{d}T_iV_A$，而吸收的功率为 $\mathrm{d}F_i\omega r$，故半径 r 处 $\mathrm{d}r$ 段圆环的理想效率为

$$\eta_i=\frac{\mathrm{d}T_iV_A}{\mathrm{d}F_i\omega r}=\frac{\mathrm{d}mu_aV_A}{\mathrm{d}mu_t\omega r}=\frac{u_aV_A}{u_t\omega r} \tag{11-19}$$

将式 (11–18) 代入式 (11–19) 得到

$$\eta_i=\frac{V_A}{V_A+\dfrac{u_a}{2}}\cdot\frac{\omega r-\dfrac{u_t}{2}}{\omega r}=\eta_{iA}\cdot\eta_{iT} \tag{11-20}$$

式中，η_{iA} 即为理想推进器效率，也可称为理想螺旋桨的轴向诱导效率。而

$$\eta_{iT}=\frac{\omega r-\dfrac{u_t}{2}}{\omega r} \tag{11-21}$$

称理想螺旋桨的周向诱导效率。

从式 (11–20) 可见，由于实际螺旋桨后的艉流旋转，故理想螺旋桨效率 η_i 总是小于理想推进器效率 η_{iA}。这里尚须提醒的是：式 (11–20) 乃是半径 r 处 $\mathrm{d}r$ 段圆环的理想效率，只有在各半径处的 $\mathrm{d}r$ 圆环对应的 η_i 都相等时，该式所表示的才是整个理想螺旋桨的效率。

§11.3 作用在桨叶上的力和力矩

11.3.1 速度多角形

根据上面的分析可知，螺旋桨在操作时周围的水流情况可简要地描述如下：轴向诱导速度自桨盘远前方的零值起逐渐增加，至桨盘远后方处达最大值，而在盘面处的轴向诱导速度等于远后方处的一半。周向诱导速度在桨盘前并不存在，而在桨盘后立即达到最大值，桨盘处的周向诱导速度是后方的一半。

严格来说，上述结论只适用于在理想流体中工作的具有无限叶数的螺旋桨。但对于有限叶数的螺旋桨，在螺旋桨桨叶上的诱导速度与远后方相应位置处诱导速度间的关系也是这样，且在一定条件下式 (11–18) 的关系也是成立的。

综上所述，当我们在讨论螺旋桨周围的流动情况时，除考虑螺旋桨本身的前进速度及旋转速度外，还需要考虑轴向诱导速度和周向诱导速度。在绝对运动系统中，轴向诱导速度的方向与螺旋桨的前进方向相反，而周向诱导速度的方向与螺旋桨的转向相同。参阅图 11–6，以半径为 r 的共轴圆柱面与桨叶相交并展成平面，则叶元体的倾斜角 θ 即为螺距角，且可据下式决定：

$$\theta=\tan^{-1}\frac{P}{2\pi r}$$

设螺旋桨的进速为 V_A，转速为 N，则叶元体将以进速 V_A、周向速度 $U=2\pi rN$ 在

运动。经过运动转换以后，叶元体即变为固定不动，而水流以轴向速度 V_A 和周向速度 U 流向桨叶切面。轴向诱导速度 $u_a/2$ 的方向与迎面水流的轴向速度 V_A 相同，而周向诱导速度 $u_t/2$ 的方向则与圆周速度 U 相反。从而得到与图 11–5 相类似的叶元体的速度多角形图 11–6。图中 β 称为进角、β_i 称为水动力螺距角、V_R 为相对来流的合成速度。由图 11–6 所示的速度多角形可知，桨叶切面的复杂运动最后可归结为水流以速度 V_R、攻角 α_K 流向桨叶切面。因此，在讨论桨叶任意半径处叶元体上的作用力时，可以把它作为机翼剖面来进行研究。

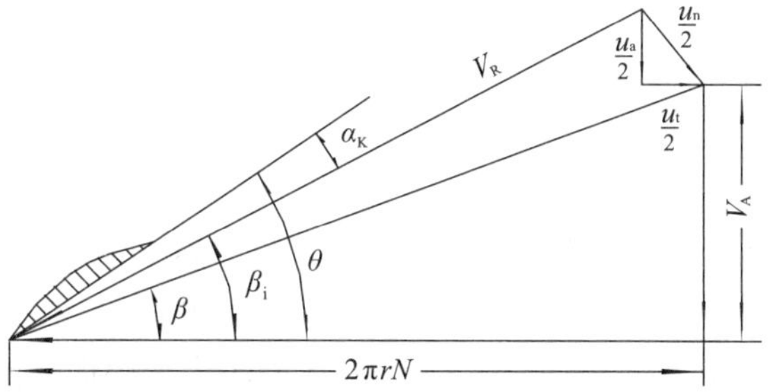

图 11–6　速度多角形

11.3.2　作用在机翼上的升力和阻力

简单回顾一下作用在机翼上的升力和阻力，将有助于桨叶上受力情况的讨论。

对于二因次机翼，我们可以用环量为 Γ 的一根无限长的涡线来代替机翼，这根涡线称为附着涡。在理想流体中，作用在单位长度机翼上的只有垂直于来流方向的升力 $Ł$，其值为

$$Ł = \rho V \Gamma \tag{11–22}$$

式中，ρ 为流体的密度；V 为来流速度。式 (11–22) 即为著名的茹柯夫斯基公式。

实际上流体是有粘性的，所以无限翼展机翼除了产生与运动方向相垂直的升力 $Ł$ 外，尚有与运动方向相反的阻力 D。机翼在实际流体中所受的升力、阻力和力矩可以借风筒试验来测定。图 11–7（a）是某一机翼的 $C_Ł$、C_D 和 α_K 的关系曲线。

图中：

$$\text{升力系数}\quad C_Ł = \frac{Ł}{\frac{\rho}{2}V^2 S} \tag{11–23}$$

$$\text{阻力系数}\quad C_D = \frac{D}{\frac{\rho}{2}V^2 S} \tag{11–24}$$

式中，V 为来流的速度（即机翼前进的速度）；S 为机翼平面的面积；$Ł$ 为机翼的升力；D 为机翼的阻力。

实验证明，在实用范围内，升力系数 $C_Ł$ 与几何攻角 α_K 约略呈线性关系。当几何攻角为零时，$C_Ł$ 不等于零，这是因为机翼剖面不对称之故。升力为零时的攻角称为无升力角，以 α_0 表示。升力为零的来流方向称为无升力线，来流与此线的夹角 α 称为流体动力攻角或绝对攻角，如图 11–7（b）所示。显然，$\alpha = \alpha_0 + \alpha_K$。

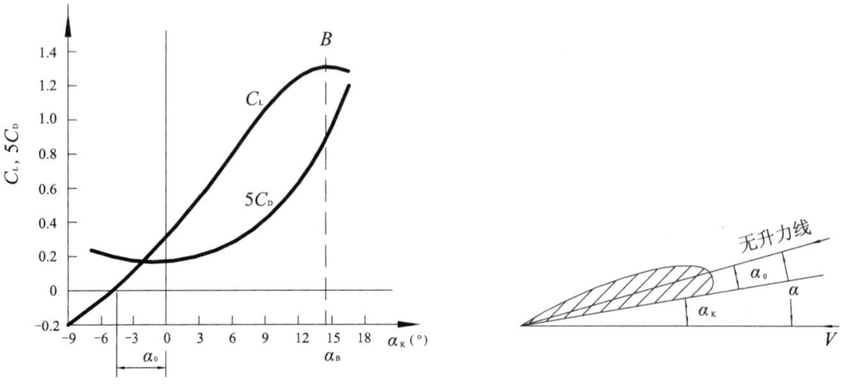

(a) α_K 及与 C_L、C_D 的关系曲线　　(b) α 及与 α_0、α_K 的关系

图 11-7　机翼各作用力与攻角的关系

对于有限翼展机翼，由于机翼上下表面的压差作用，下表面高压区的流体会绕过翼梢流向上表面的低压区。翼梢的横向绕流与来流的共同作用，使机翼后缘形成漩涡层。这些漩涡称为自由涡。它们在后方不远处卷成两股大漩涡而随流速延伸至无限远处，如图 11-8 所示。

(a) 机翼三维运动坐标　　(b) 机翼上下表面流体运动

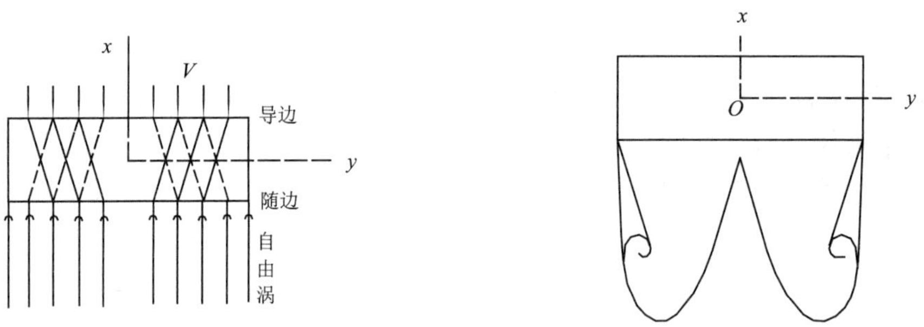

(c) 机翼平面流线分布　　(d) 机翼后缘漩涡模型

图 11-8　有限翼展机翼流体运动模型

由于自由涡的存在，在空间产生一个诱导速度场。在机翼后缘处，诱导速度垂直于运动方向，故也称下洗速度。由于产生下洗速度，使机翼周围的流动图形有所改变，相当于无限远处来流速度 v 发生偏转，真正的攻角发生变化，如图 11-9 所示。由于机翼处下洗速度 $u_n/2$，使得原来流速 V 改变为 V_R，真正的攻角由 α'_K 改变为 α_K，α'_K 为三元的名义弦线攻角，α_K 称为有效几何攻角。$\Delta\alpha = \alpha'_K - \alpha_K$ 称为下洗角，一般为 2°～3°，因此可近似地认为

$$\Delta\alpha = \frac{\frac{1}{2}u_n}{V} \tag{11-25}$$

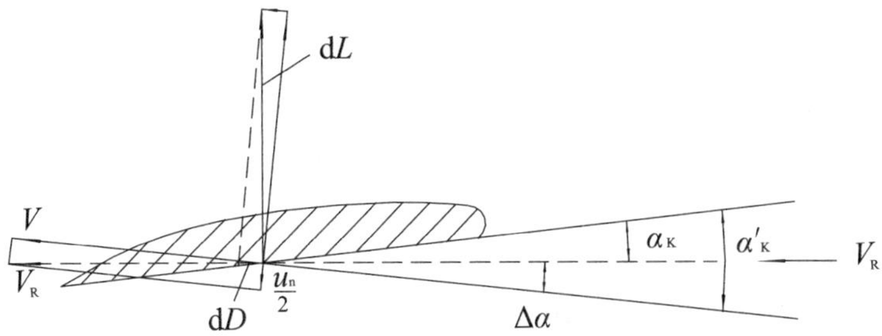

图 11-9　机翼周围速度流场

考虑了艉涡的诱导速度后，我们可以将有限翼展的机翼微段近似地看作二元机翼的一段，如果在 y 处的环量为 $\Gamma(y)$，从茹柯夫斯基升力公式可知，dy 段机翼所受的升力 d$Ł$ 垂直于来流 V_R，其大小为

$$dŁ = \rho V_R \Gamma(y) dy \tag{11-26}$$

也就是说，有限翼展的机翼微段相当于来流速度为 V_R、攻角为 α_K 的二因次机翼，故机翼微段将受到与 V_R 垂直的升力 d$Ł$ 和与 V_R 方向一致的粘性阻力 dD。

11.3.3　螺旋桨的作用力

由上面的分析可知，在给定螺旋桨的进速 V_A 和转速 N 时，如能求得诱导速度 u_a 及 u_t，则可根据机翼理论求出任意半径处叶元体上的作用力，进而求出整个螺旋桨的作用力。

取半径 r 处 dr 段的叶元体进行讨论，其速度多角形如图 11-10 所示。当水流以合速度 V_R、攻角 α_K 流向此叶元体时，便产生了升力 d$Ł$ 和阻力 dD。将升力 d$Ł$ 分解为沿螺旋桨轴向的分力 d$Ł_a$ 和旋转方向的分力 d$Ł_t$，阻力 dD 相应地分解为 dD_a 和 dD_t。因此该叶元体所产生的推力 dT 及遭受的旋转阻力 dF 为

$$\left.\begin{aligned} dT &= dŁ_a - dD_a = dŁ\cos\beta_i - dD\sin\beta_i \\ dF &= dŁ_t + dD_t = dŁ\sin\beta_i + dD\cos\beta_i \end{aligned}\right\} \tag{11-27}$$

根据茹柯夫斯基升力公式，叶元体上 dr 段产生的升力为

$$dŁ = \rho V_R \Gamma(r) dr \tag{11-28}$$

将式 (11-28) 代入式 (11-27)，并考虑到 $dD = \varepsilon dŁ$（ε 为叶元体的阻升比），叶元体转矩 $dQ = r dF$，可得到

$$\left.\begin{aligned} dT &= \rho\,\Gamma(r) V_R \cos\beta_i (1-\varepsilon\tan\beta_i) dr \\ dQ &= \rho\,\Gamma(r) V_R \sin\beta_i (1+\varepsilon\cot\beta_i) r dr \end{aligned}\right\} \tag{11-29}$$

从图 11-10 可得到如下关系式：

$$V_R\cos\beta_i = \omega r - \frac{1}{2}u_t$$

$$V_R\sin\beta_i = V_A + \frac{1}{2}u_a$$

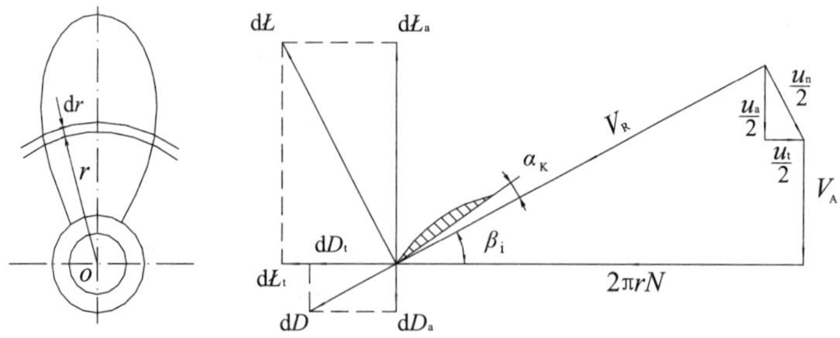

图 11-10　叶元体的速度多角形及作用力

将这些关系式代入式 (11-29)，可得

$$\left.\begin{aligned} dT &= \rho\,\Gamma(r)\left(\omega r-\frac{1}{2}u_t\right)(1-\varepsilon\tan\beta_i)dr \\ dQ &= \rho\,\Gamma(r)\left(V_A+\frac{1}{2}u_a\right)(1+\varepsilon\cot\beta_i)r dr \end{aligned}\right\} \tag{11-30}$$

类似地，可以求得叶元体的效率为

$$\eta_{or}=\frac{V_A\,dT}{\omega r\,dF}=\frac{V_A\,dL(\cos\beta_i-\varepsilon\sin\beta_i)}{\omega r\,dL(\sin\beta_i+\varepsilon\cos\beta_i)}=\frac{V_A\cos\beta_i(1-\varepsilon\tan\beta_i)}{\omega r\sin\beta_i(1+\varepsilon\cot\beta_i)}$$

$$=\frac{V_A}{V_A+\dfrac{u_a}{2}}\cdot\frac{\omega r-\dfrac{u_t}{2}}{\omega r}\cdot\frac{1-\varepsilon\tan\beta_i}{1+\dfrac{\varepsilon}{\tan\beta_i}}=\eta_{iA}\,\eta_{iT}\,\eta_\varepsilon \tag{11-31}$$

式中，η_{iA} 和 η_{iT} 分别为轴向诱导效率和周向诱导效率；$\eta_\varepsilon=(1-\varepsilon\tan\beta_i)/(1+\varepsilon/\tan\beta_i)$ 称为叶元体的结构效率，是因螺旋桨运转于具有粘性的实际流体中所引起的。在实际流体中，因 $\varepsilon\neq 0$，故 $\eta_\varepsilon<1$，说明螺旋桨在实际流体中工作的效率比在理想流体中要低。

图 11-6 中曾定义 β 为进角，β_i 为水动力螺距角，利用关系式：

$$\tan\beta=\frac{V_A}{\omega r}$$

$$\tan\beta_i=\frac{V_A+\dfrac{u_a}{2}}{\omega r-\dfrac{u_t}{2}} \tag{11-32}$$

就可以将叶元体效率 η_{or} 表达为另一种简单而有用的形式如下：

$$\eta_{or}=\frac{\tan\beta}{\tan\beta_i}\eta_\varepsilon \tag{11-33}$$

也就是说，叶元体的理想效率为

$$\eta_i=\frac{\tan\beta}{\tan\beta_i} \tag{11-34}$$

将式 (11-30) 沿半径方向从桨毂至叶梢进行积分并乘以叶数 Z 以后，便可得到整个

螺旋桨的推力和转矩，即

$$\left.\begin{aligned}T&=Z\rho\int_{r_h}^{R}\Gamma(r)\left(\omega r-\frac{1}{2}u_t\right)(1-\varepsilon\tan\beta_i)\mathrm{d}r\\Q&=Z\rho\int_{r_h}^{R}\Gamma(r)\left(V_A+\frac{1}{2}u_a\right)\left(1+\frac{\varepsilon}{\tan\beta_i}\right)r\mathrm{d}r\end{aligned}\right\}\tag{11-35}$$

式中，r_h 为桨毂半径；R 为螺旋桨半径。式 (11-35) 把螺旋桨的推力、转矩与流场及螺旋桨的几何特征联系起来，因而比动量理论的结果要精密完整得多。

当螺旋桨以进速 V_A 和转速 N 进行工作时，必须吸收主机所供给的转矩 Q 才能发出推力 T，其所做的有用功率为 TV_A，而吸收的功率为 $2\pi NQ$，故螺旋桨的效率为

$$\eta_0=\frac{TV_A}{2\pi NQ}\tag{11-36}$$

由式 (11-35) 可见，欲求某一螺旋桨在给定的进速和转速时所产生的推力、转矩和效率，则必须知道环量 $\Gamma(r)$ 和诱导速度沿半径方向的分布情况。这些问题可应用螺旋桨环流理论解决。本章中暂且不讨论利用这些式子来计算螺旋桨的水动力性能，但对上述基本理论的了解将有助于我们深入讨论有关问题。

§11.4　螺旋桨的水动力性能

所谓螺旋桨的水动力性能，是指一定几何形体的螺旋桨在水中运动时所产生的推力、消耗的转矩和效率与其运动（进速 V_A 和转速 N）间的关系。为了清楚地描述它们之间的关系，有必要先介绍表征螺旋桨运动的性征系数并分析螺旋桨在不同运动状态下水动力性能的变化。

设螺旋桨的转速为 N，进速为 V_A，则其旋转一周在轴向所前进的距离 $h_p=V_A/N$ 称为进程。图 11-11 表示螺旋桨旋转一周时半径 r 处叶元体的运动情况。螺距和进程 h_p 之差 $(P-h_p)$ 称为滑脱，滑脱与螺距的比值称为滑脱比并以 S 来表示，即

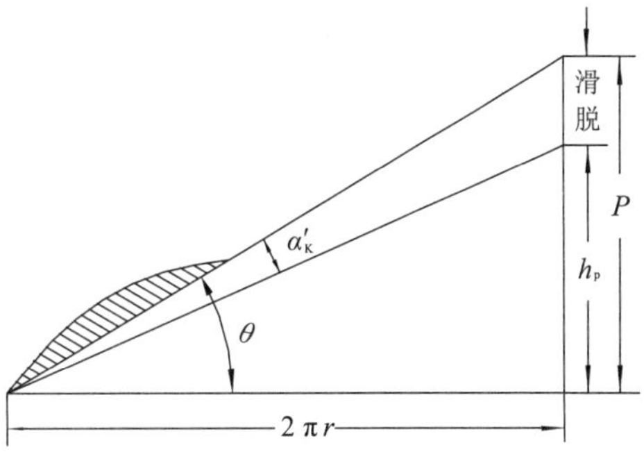

图 11-11　叶元体运动状态

$$S=\frac{P-h_p}{P}=1-\frac{h_p}{P}=1-\frac{V_A}{PN}\tag{11-37}$$

进程 h_p 与螺旋桨直径 D 的比值称为进速系数，以 J 来表示，即

$$J=\frac{h_p}{D}=\frac{V_A}{ND}\tag{11-38}$$

由式 (11-37) 及式 (11-38) 两式，可得进速系数 J 与滑脱比 S 之间的关系为

$$J=\frac{P}{D}(1-S) \tag{11-39}$$

在螺距 P 一定的情况下，若不考虑诱导速度，则滑脱比 S 的大小即标志着攻角 α'_K 的大小，滑脱比 S 大（进速系数 J 小）即表示攻角 α'_K 大，若转速一定，则螺旋桨的推力和转矩也大。因此，滑脱比（或进速系数 J）是影响螺旋桨性能的重要参数，其重要性与机翼理论中的攻角 α'_K 相似。

现在进一步讨论进速系数 J 的变化对螺旋桨性能的影响。当进速系数 $J=0$ 时，由式 (11-38) 知，这时进速为零，即螺旋桨只旋转而不前进，如船舶系柱情况，其速度和力的关系如图 11-12（a）所示。升力将与推力重合，各叶元体具有最大的攻角 α'_K，所以推力和转矩都达到最大值。

当转速保持不变，随着 V_A（即 J 值）的增加，攻角 α'_K 随之减小，从而推力和转矩也相应减小。当 J 增加到某一数值时，螺旋桨发出的推力为零，其实质乃是水流以某一负几何攻角与叶元体相遇［图 11-12（b）]，而此时作用于叶元体上的升力 d$Ł$ 及阻力 dD 在轴向的分力大小相等方向相反，故叶元体的推力等于零，但在这种情况下，叶元体仍遭受旋转阻力（所讨论的叶元体应该是表征螺旋桨性能的叶元体，因为在各不同半径处叶元体的来流攻角是不一样的）。螺旋桨在不发生推力时旋转一周所前进的距离称为无推力进程或实效螺距，并以 P_1 来表示。

若 V_A（即 J 值）再增至某一数值时，螺旋桨不遭受旋转阻力，其实质乃是升力 d$Ł$ 及阻力 dD 在周向的分力大小相等方向相反［图 11-12（c）]，故旋转阻力等于零，但在此种情况下螺旋桨产生负推力。螺旋桨不遭受旋转阻力时旋转一周所前进的距离称为无转矩进程或无转距螺距，并以 P_2 表示。

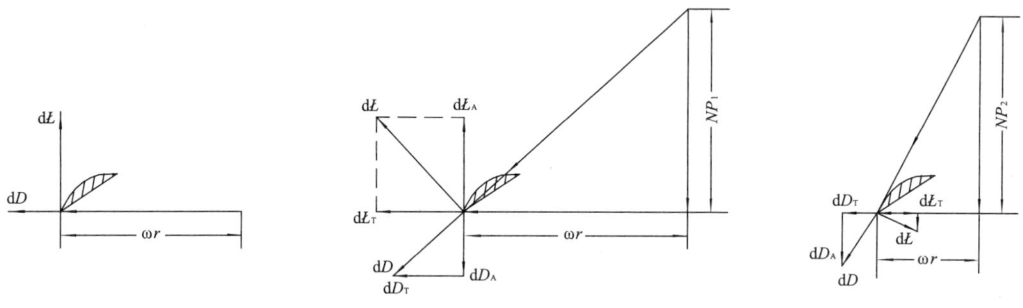

(a)　(b)　(c)

图 11-12　J 的变化对螺旋桨性能的影响

对于一定的螺旋桨而言，显然 $P_2>P_1>P$。船舶在航行时，螺旋桨必须产生向前的推力以克服船之阻力，才能使船以一定的速度前进，故螺旋桨在实际操作时，其每转一周前进的距离 h_p 小于实效螺距 P_1。实效螺距 P_1 与进程 h_p 之差 (P_1-h_p) 称为实效滑脱，其与实效螺距 P_1 的比值称为实效滑脱比，以 S_1 来表示，即

$$S_1=\frac{P_1-h_p}{P_1}=1-\frac{h_p}{P_1}=1-\frac{V_A}{P_1N} \tag{11-40}$$

根据上述分析，可以画出转速 N 为常数时螺旋桨推力和转矩随进程 h_p 的变化曲线，

如图 11–13 所示。

在研究螺旋桨的水动力性能时，通常并不应用图 11–13 那样推力和转矩的绝对数量，而是以无因次系数来表达。这样对于不同尺寸的几何相似螺旋桨有同样的水动力性能图。

根据因次分析，螺旋桨的推力及转矩可用下列无因次系数来表示，即

推力系数 $$K_T=\frac{T}{\rho N^2D^4} \tag{11-41}$$

转矩系数 $$K_Q=\frac{Q}{\rho N^2D^5} \tag{11-42}$$

式中，T 为推力；Q 为转矩；ρ 为水的密度；N 为螺旋桨转速；D 为螺旋桨直径。

对于螺旋桨的效率 η_0 也可用无因次系数 K_T、K_Q 及 J 来表示：

$$\eta_0=\frac{TV_A}{2\pi NQ}=\frac{K_T\rho N^2D^4V_A}{2\pi NK_Q\rho N^2D^5}=\frac{K_T}{K_Q}\cdot\frac{V_A}{2\pi ND}=\frac{K_T}{K_Q}\cdot\frac{J}{2\pi} \tag{11-43}$$

式中，J 为进速系数。

对于几何形状一定的螺旋桨而言，推力系数 K_T、转矩系数 K_Q 及效率 η_0 仅与进速系数 J（或滑脱比）有关，K_T、K_Q、η_0 对 J 之曲线称为螺旋桨的性征曲线，又因为我们所讨论的是孤立螺旋桨（即未考虑船体的影响）的性能，所以称为螺旋桨的敞水性征曲线，如图 11–14 所示。因 K_Q 数值太小，常增大 10 倍（$10K_Q$）与 K_T 使用同一纵坐标。

综上所述，螺旋桨的敞水性征曲线乃表示螺旋桨在任意工作情况下的全面性能。螺旋桨的性征曲线可以根据环流理论计算得到，也可以由试验方法来得到。

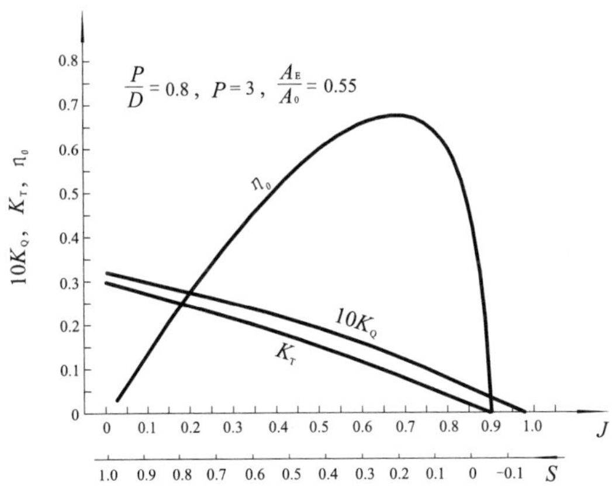

图 11–13 推力、转矩、进程关系曲线

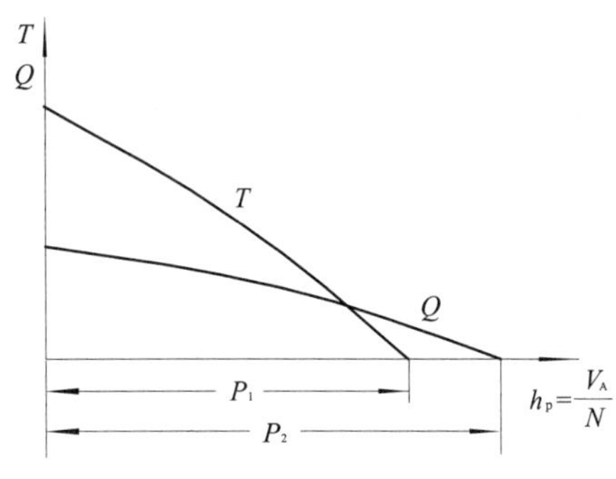

图 11–14 螺旋桨敞水性征曲线

【思考题】

1. 试述推进器的载荷系数含义；拖轮推进器的载荷系数为什么比一般运输船舶大？
2. 分析说明叶元体效率、理想推进器效率、理想螺旋桨效率之间的主要区别。
3. 某些船上设置对转螺旋桨，桨后设置整流片或整流舵及扭曲船艉的作用是什么？

4. 何谓下洗角？试述下洗角产生的原因。

5. 速度多角形的定义及速度多角形的底边和垂边的增减意味着什么？对攻角有何影响？

6. 已知某扫雷艇的螺旋桨直径 $D=2.4\,\text{m}$，进速 $V_A=18\,\text{kn}$，螺旋桨发出的推力 $T=45\,000\,\text{kg}$，试求螺旋桨的实际效率及轴向诱导速度。

7. 某大船的航速为 10 kn，另某小船的航速为 15 kn，若要求它们的螺旋桨推力相等。问这两船螺旋桨的直径比为多少时，两船才能有相等的轴向诱导效率？

8. 某螺旋桨直径 $D=3.0\,\text{m}$，进速 $V_A=30\,\text{kn}$，推力 $T=60\,000\,\text{kg}$。试求其理想效率，并推算其实际效率。

9. 若上题中，其他条件不变，仅直径增大 0.50 m，该桨的负荷（载）系数及理想效率将如何变化？

第 12 章　螺旋桨模型的敞水试验

螺旋桨模型单独地在均匀水流中的试验称为敞水试验，试验可以在船模试验池、循环水槽或空泡水筒中进行。它是检验和分析螺旋桨性能较为简便的方法。螺旋桨模型试验对于研究它的水动力性能有重要的作用，除为螺旋桨设计提供丰富的资料外，对理论的发展也提供可靠的基础。

螺旋桨模型敞水试验的目的及其作用大致是：①进行系列试验，将所得结果分析整理后绘制成专门图谱，供设计使用。现时各类螺旋桨的设计图谱都是根据系列试验结果绘制而成的。②根据系列试验的结果，可以系统地分析螺旋桨各种几何要素对性能的影响，以供设计时正确选择各种参数，并为改善螺旋桨性能指出方向。③校核和验证理论方法必不可少的手段。④为配合自航试验而进行同一螺旋桨模型的敞水试验，以分析推进效率成分，比较各种设计方案的优劣，便于选择最佳的螺旋桨。

螺旋桨模型试验的重要性如上所述，但模型和实际螺旋桨形状相似而大小不同，应该在怎样的条件下才能将模型试验的结果应用于实际螺旋桨，这是首先需要解决的问题。为此，我们在下面将分别研究螺旋桨的相似理论以及尺度作用的影响。

§12.1　敞水试验的相似条件

从“流体力学”及“船舶阻力”课程中已知，在流体中运动的模型与实物要达到力学上的全相似，必须满足几何相似、运动相似及动力相似。

研究螺旋桨相似理论的方法甚多，所得到的结论基本上是一致的。下面将用量纲分析法进行讨论，也就是用因次分析法则求出螺旋桨作用力的大致规律，然后研究所得公式中各项的物理意义。可以设想，一定几何形状的螺旋桨在敞水中运转时产生的水动力（推力或转矩）与直径 D（代表螺旋桨的大小）、转速 N、进速 V_A、水的密度 ρ、水的运动粘性系数 v 及重力加速度 g 有关。换言之，我们可用下列函数来表示推力 T 和各因素之间的关系，即

$$T=f_1(D,\ N,\ V_A,\ \rho,\ v,\ g)$$

为了便于用因次分析法确定此函数的性质，将上式写作

$$T=k\,D^a N^b V_A^c\,\rho^d v^e g^f \tag{12-1}$$

式中，k 为比例常数；a、b、c、d、e、f 均为未知指数。

将式 (12-1) 中各变量均以基本量（即质量 M、长度 L、时间 T）来表示，则得

$$\frac{ML}{T^2}=kL^a\left(\frac{1}{T}\right)^b\left(\frac{L}{T}\right)^c\left(\frac{M}{L^3}\right)^d\left(\frac{L^2}{T}\right)^e\left(\frac{L}{T^2}\right)^f$$

比较上述等式两端的基本因次，可得未知指数之关系为

$$\left.\begin{aligned}&M:1=d\\&L:1=a+c-3d+2e+f\\&T:-2=-b-c-e-2f\end{aligned}\right\} \tag{12-2}$$

由式 (12−2) 中解得

$$\left.\begin{aligned} d &= 1 \\ a &= 4-c-2e-f \\ b &= 2-c-e-2f \end{aligned}\right\} \tag{12-3}$$

将式 (12−3) 代入式 (12−1) 得：

$$T = kD^{4-c-2e-f}N^{2-c-e-2f}V_A^c\rho^1 v^e g^f = k\rho n^2 D^4\left(\frac{V_A}{ND}\right)^c\left(\frac{v}{ND^2}\right)^e\left(\frac{gD}{N^2D^2}\right)^f$$

式中，$\left(\frac{V_A}{ND}\right)^c$、$\left(\frac{v}{ND^2}\right)^e$、$\left(\frac{gD}{N^2D^2}\right)^f$ 均为无因次数。从而可以推想到更普遍一些的写法是

$$T = \rho N^2 D^4 \cdot f_1(\frac{V_A}{ND},\frac{ND^2}{v},\frac{N^2D^2}{gD})$$

或

$$K_T = \frac{T}{\rho N^2 D^4} = f_1(\frac{V_A}{ND},\frac{ND^2}{v},\frac{N^2D^2}{gD}) \tag{12-4}$$

式中，K_T 为推力系数。

与上述推导相类似，我们可以求得螺旋桨的转矩系数 K_Q 及效率 η_0 的表达式为

$$K_Q = \frac{Q}{\rho N^2 D^5} = f_2\left(\frac{V_A}{ND},\frac{ND^2}{v},\frac{N^2D^2}{gD}\right) \tag{12-5}$$

$$\eta_0 = \frac{K_T}{K_Q}\cdot\frac{J}{2\pi} = f_3\left(\frac{V_A}{ND},\frac{ND^2}{v},\frac{N^2D^2}{gD}\right) \tag{12-6}$$

式 (12−4)、式 (12−5) 及式 (12−6) 所表示的函数 f_1、f_2 及 f_3 视螺旋桨的形状而定。根据相似理论，对于几何相似的螺旋桨及其模型说来，必然具有相同的函数 f_1、f_2 及 f_3，若函数内各无因次数相同，则几何相似的螺旋桨成为动力相似，其推力系数 K_T、转矩系数 K_Q 及效率 η_0 相等。

现分别讨论函数 f 内各项的物理意义。

（1）$\frac{V_A}{ND}$为进速系数 J，两几何相似螺旋桨的$\frac{V_A}{ND}$相同，即$\frac{V_A}{\pi ND}$数相等，则螺旋桨及其模型在各对应点处流体质点的速度具有相同的方向，且其比值为一常数，也即对应点处流体质点的行迹相似。因此，这是运动相似的基本条件。

（2）$\frac{ND^2}{v}$为雷诺数 Re（螺旋桨的雷诺数可有多种表示方法，见 §12.2 节），模型和实桨粘性力相似必须满足雷诺数相同的条件，当螺旋桨及其模型之雷诺数相同时，两者之粘性力系数相等，也即由粘性而产生的力也与 $\rho N^2 D^4$ 成比例。

（3）$\frac{N^2D^2}{gD}$相当于弗劳德数 $Fr = \frac{\pi ND}{\sqrt{gD}}$（也可用$\frac{V_A}{\sqrt{gD}}$来表示），表示模型和实物的重力相似条件，与螺旋桨运转时水面的兴波情况有关，也可以说与螺旋桨在水面下的沉没深度有关。实践证明，当桨轴的沉没深度 $h_s > 0.625D$（D 为螺旋桨直径），兴波的影

响可以忽略不计。故在水面下足够深度处进行模型试验时，弗劳德数可不予考虑。

综上所述，当螺旋桨在敞水中运转时，如桨轴沉没较深，则其水动力性能只与进速系数 J 和雷诺数 Re 有关，也即

$$K_T = f_1(J, Re) \tag{12-7}$$

$$K_Q = f_2(J, Re) \tag{12-8}$$

$$\eta_0 = f_3(J, Re) \tag{12-9}$$

现在进一步讨论满足相似定理的两几何相似螺旋桨（简称桨模和实桨）转速和进速之间的关系。令 V_{As}、N_s、D_s、v_s 及 V_{Am}、N_m、D_m、v_m 分别表示实桨及桨模的进速、转速、直径和水的运动粘性系数，α 为实桨与桨模的尺度比数，即 $\alpha = D_s/D_m$

由进速系数相等的条件可得 $\dfrac{V_{Am}}{N_m D_m} = \dfrac{V_{As}}{N_s D_s}$

或

$$\frac{V_{Am}}{V_{As}} = \frac{N_m}{N_s} \cdot \frac{1}{\alpha} \tag{12-10}$$

由雷诺数相等的条件可得

$$\frac{N_m D_m^2}{v_m} = \frac{N_s D_s^2}{v_s}$$

因 v_s 与 v_m 相差很小，设 $v_s = v_m$，则满足雷诺数相等的条件为

$$N_m D_m^2 = N_s D_s^2$$

或

$$\frac{N_m}{N_s} = \frac{D_s^2}{D_m^2} = \alpha^2 \tag{12-11}$$

由此可见，要保持桨模和实桨的进速系数和雷诺数同时相等，则必须满足

$$\left.\begin{aligned} &\frac{N_m}{N_s} = \alpha^2 \\ &\frac{V_{Am}}{V_{As}} = \frac{N_m}{N_s} . \frac{1}{\alpha} = \alpha \end{aligned}\right\} \tag{12-12}$$

此时，桨模发出的推力 T_m 将等于实桨发出的推力 T_s，因为

$$T_m = K_T \rho N_m^2 D_m^4 = K_T \rho N_s^2 \alpha^4 \frac{D_s^4}{\alpha^4} = T_s$$

显然，在模型试验时如要求满足进速系数和雷诺数同时相等的条件，则桨模的转速和进速都将过高而难以实现，推力过大而无法测量。因此，在进行螺旋桨模型的敞水试验时，通常只满足进速系数相等，对于雷诺数则仅要求超过临界数值（以 Re_c 表示），即当 $Re > Re_c$ 的条件下

$$\left.\begin{aligned} K_T &= f_1(J) \\ K_Q &= f_2(J) \end{aligned}\right\} \tag{12-13}$$

至于桨模和实桨因 Re 不同而引起两者水动力性能之差异称为尺度作用（或尺度效应）。

§12.2 临界雷诺数和尺度作用

12.2.1 临界雷诺数

前已述及，螺旋桨模型试验时的雷诺数无法保持与实桨相同，若雷诺数过低，则由于桨叶切面上流动状态与实桨不同，将使试验结果无实用价值，因此必须确立一个模型桨试验的最低雷诺数值——称为临界雷诺数。决定粘性流体流动状态的基本参数之一为雷诺数，当雷诺数足够大时，界层中的流动才能达到紊流状态，故临界雷诺数乃为保证模型界层中达到紊流状态的最低雷诺数。

雷诺数是以特征速度 × 特征尺度 / v 来表示的一个无因次数。对螺旋桨的雷诺数过去曾用过许多不同的表示方法$\left(如\dfrac{ND^2}{v}、\dfrac{V_A D}{v}等\right)$。为统一起见，1978 ITTC 规定，螺旋桨的雷诺数以 0.75R 处叶切面的弦长及其合速来表示，即

$$Re=\frac{b_{0.75R}\sqrt{V_A^2+(0.75\pi ND)^2}}{v} \tag{12-14}$$

式中，V_A 为进速；N 为转速；D 为螺旋桨的直径；$b_{0.75R}$ 为 0.75R 处叶切面的弦长；v 为水的运动粘性系数。

实桨的 Re 数约为 10^7，处于紊流状态工作，为了使模型试验数据稳定可靠，并能用于实桨，就有必要正确地确定临界雷诺数的数值。

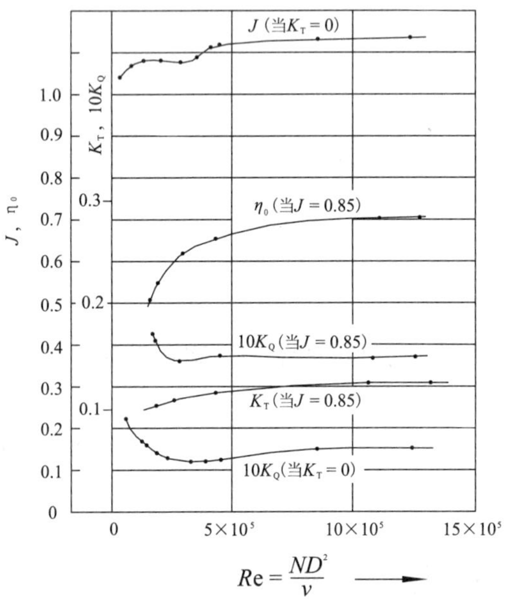

图 12-1 K_T、K_Q 和 η_0 与 Re 的关系曲线

肯夫在汉堡试验池中曾对 5 个大小不同（直径分别为 0.10 m、0.15 m、0.20 m、0.406 m 及 0.6 m）的几何相似模型进行了试验，图 12-1 为 $J=0.85$ 时，K_T、K_Q 和 η_0 随雷诺数$\left(肯夫用\dfrac{ND^2}{v}来表示\right)$而变化的情况，图中还绘制了 $K_T=0$ 时的 J 及 K_Q 曲线。由图中可见，当 $Re\left(=\dfrac{ND^2}{v}\right)>4\times10^5\sim5\times10^5$ 时，各曲线几乎与横坐标相平行，意即此时螺旋桨的性能几乎与雷诺数无关。因此这个数值即为临界雷诺数。

20 世纪 60 年代初日本三菱水池谷口中对三个直径不同的几何相似螺旋桨（直径分别为 130.14 mm、216.90 mm 和 309.86 mm）进行了试验，图 12-2 为 $J=0.4$、$J=0.5$ 和 $J=0.6$ 时 K_T、K_Q 和 η_0 随雷诺数（谷口中用 0.7R 处叶切面的弦长及合速来表示）而变化的情况。由图 12-2 可见，当 $Re>4.0\times10^5$ 时，K_T 值近似为常数，K_Q 值随雷诺数 Re 的增加而略有减小。

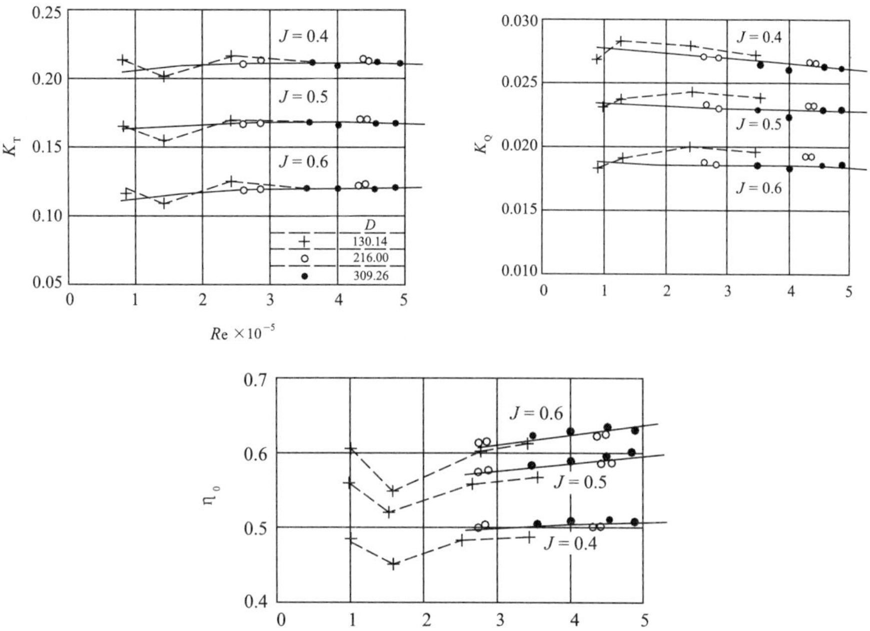

图 12-2　日本谷口中试验得出的 K_T、K_Q 和 η_0 与 Re 的关系曲线

近年来，我国上海交通大学船舶流体力学研究室为研究尺度作用的需要，对 5 个几何相似的桨模（直径分别为 214.6 mm、169.1 mm、139.5 mm、118.7 mm 和 103.3 mm）进行了敞水试验，试验中，以 0.75R 处叶切面弦长计算的雷诺数变化范围为：

$$Re = \frac{b_{0.75R}\sqrt{V_A^2 + (0.75\pi ND)^2}}{\nu} = (1.17 \sim 8.09) \times 10^5$$

图 12-3 为 K_T、K_Q 随雷诺数而变化的情况。图 12-4 为敞水效率 η_0 随雷诺数而变化的情况。

从图 12-3、图 12-4 中可见，螺旋桨的临界雷诺数可取为 3.0×10^5。1978 年 ITTC 性能委员会报告中原先提出此数值为 2.0×10^5，经上海交通大学船舶流体力学研究室提出意见后同意改为 3.0×10^5。

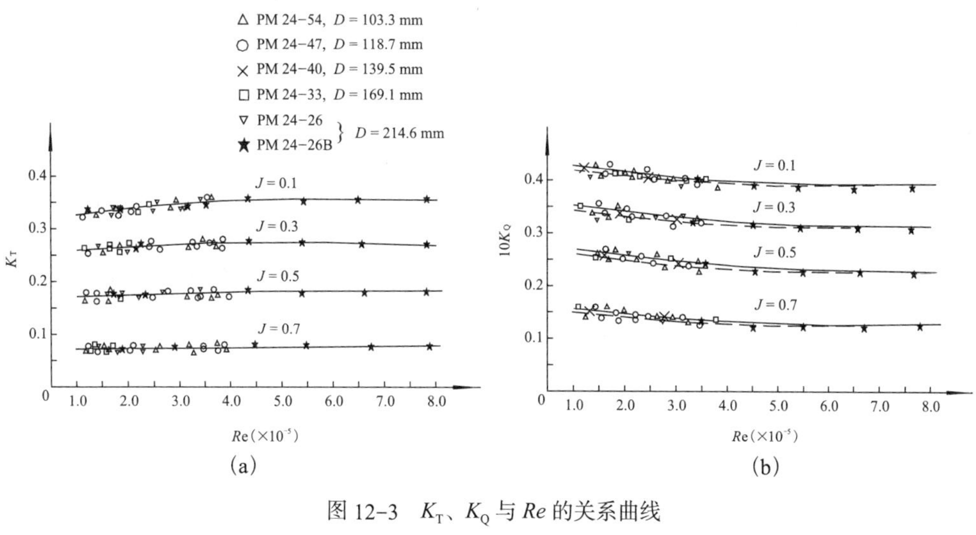

图 12-3　K_T、K_Q 与 Re 的关系曲线

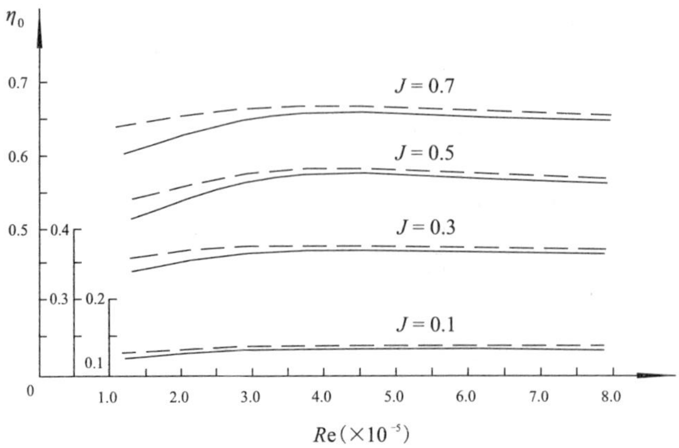

图 12-4　η_0 与 Re 的关系曲线

12.2.2　尺度作用及修正方法

因雷诺数不同而对螺旋桨性能的影响通常称为尺度作用。若模型之雷诺数过低，桨叶大部分处于层流区或变流区中，则试验数据无法进行修正而用之于实桨。故在实际应用上，尺度作用仅适用于桨模和实桨均在超临界区时因雷诺数不同的影响。

机翼试验的研究表明，雷诺数对升力系数 C_L 的影响不大，可认为模型和实物的升力系数相同，即 $C_{Lm} \approx C_{Ls}$。但 Re 对阻力系数 C_D 的影响较大，这是因为 C_D 由粘性所引起。由于实物之雷诺数较模型为高，故 $C_{Ds} < C_{Dm}$。两者之差 $\Delta C_D = C_{Dm} - C_{Ds}$ 即为实物及模型之间的尺度作用。

从图 11-10 所示叶切面受力情况中可以看出：螺旋桨的尺度作用对推力的影响较小，对扭矩的影响较大。实桨和桨模在同一 J 值时推力系数、转矩系数及效率之间的关系（即尺度作用的影响）是：$K_{Tm} < K_{Ts}$，$K_{Qm} > K_{Qs}$，$\eta_{0m} < \eta_{0s}$。因此，将模型结果用之于实桨时需要考虑尺度作用问题。对于模型试验结果的尺度修正办法概括说来有下列三种。

（1）不修正。即将模型试验的结果直接用之于实桨。认为尺度作用主要影响阻力，光滑之实桨较桨模之 C_D 虽小，但实际上桨模加工可以做得很光滑，而实桨比较粗糙，因粗糙而增加之阻力大体抵消了尺度作用，故可不予修正。

（2）只修正 K_Q。认为尺度作用主要影响 K_Q，对 K_T 的影响很小可不予考虑。为简便计，可以用平板摩擦阻力公式（如柏兰特－许立汀公式）。直接对 K_Q 进行修正，在同一 J 值时，有

$$\frac{K_{Qm}}{K_{Qs}} = \left[\frac{Re_m}{Re_s}\right]^{-2.58} \tag{12-15}$$

（3）1978 年 ITTC 推荐的修正方法。在综合了许多螺旋桨尺度作用的经验的、半经验半理论的修正办法以后，1978 年 ITTC 推荐下述修正方法。

实桨与桨模在同一 J 值时 K_T 及 K_Q 之间有下列关系：

$$K_{Ts} = K_{Tm} - \Delta K_T \tag{12-16}$$

$$K_{Qs} = K_{Qm} - \Delta K_Q \tag{12-17}$$

式中，ΔK_T、ΔK_Q 为尺度作用对推力系数及转矩系数的影响，以下式表示：

$$\Delta K_T=-0.3\,\Delta C_D\left(\frac{P}{D}\right)\left(\frac{b}{D}\right)Z \tag{12-18}$$

$$\Delta K_Q=0.25\,\Delta C_D\left(\frac{b}{D}\right)Z \tag{12-19}$$

式中，Z 为螺旋桨叶数；P/D 为 0.75R 处的螺距比；b/D 为 0.75R 处切面的弦长与螺旋桨直径之比；ΔC_D 为桨模及实桨在 0.75R 处切面的阻力系数之差，即

$$\Delta C_D=C_{Dm}-C_{Ds} \tag{12-20}$$

其中

$$C_{Dm}=2\left(1+2\frac{t}{b}\right)\left[\frac{0.044}{Re^{1/6}}-\frac{5}{Re^{2/3}}\right] \tag{12-21}$$

$$C_{Ds}=2\left(1+2\frac{t}{b}\right)\left[1.89+1.62\lg\frac{b}{K_P}\right]^{-2.5} \tag{12-22}$$

这里，b、t/b、Re 等为 0.75R 处切面的弦长、厚度比及雷诺数。K_p 为实桨的表面粗糙度，一般可取作 $K_p=3.0\times10^{-6}$。

这样，就可以将模型试验的敞水性征曲线修正至实桨的敞水性征曲线。通常推力系数受尺度作用的影响很小，实用上可予忽略，转矩系数一般约为 1%。为了使读者对尺度作用修正有一个量的概念，以“风光”轮螺旋桨为例，将其修正前后的敞水性征曲线相应的数值列于表 12−1。

表 12−1　“风光”轮螺旋桨敞水性征曲线修正前后的数值

J	K_T		$10K_Q$	
	修正前	修正后	修正前	修正后
0.10	0.3726	0.3728	0.5127	0.5100
0.20	0.3381	0.3385	0.4732	0.4700
0.30	0.3014	0.3018	0.4312	0.4270
0.40	0.2623	0.2627	0.3862	0.3820
0.50	0.2209	0.2214	0.3379	0.3340
0.60	0.1773	0.1777	0.2857	0.2820
0.70	0.1316	0.1319	0.2294	0.2260
0.80	0.0836	0.0840	0.1684	0.1650

§12.3　敞水试验方法及测量数据的表达

由 §12.2 节的讨论中已知，螺旋桨模型在足够沉没深度和超临界雷诺数情况下进行试验所得的结果，可用之于实桨。对于几何相似的螺旋桨来说，其水动力性能只与 J 有关，即

$$\left.\begin{aligned}K_T&=\frac{T}{\rho N^2D^4}=f_1\left(\frac{V_A}{ND}\right)\\K_Q&=\frac{Q}{\rho N^2D^5}=f_2\left(\frac{V_A}{ND}\right)\\\eta_0&=\frac{K_T}{K_Q}\cdot\frac{J}{2\pi}=f_3\left(\frac{V_A}{ND}\right)\end{aligned}\right\} \tag{12-23}$$

至于实桨和桨模因 Re 不同对水动力性能的影响可进行尺度作用修正。

根据试验条件，上式中螺旋桨直径 D 和水的密度 ρ 是已知量，因此欲知螺旋桨的水动力性能，只需测出桨模在试验中的转速 N、进速 V_A，推力 T 及扭矩 Q。

12.3.1 敞水试验设备及测试仪器

螺旋桨模型敞水试验的目的是测定螺旋桨的水动力性能，故在试验过程中应使 J 有足够大的变化范围。目前不外乎采用下列两种方法以得到不同的 J 值。

第一种方法：保持桨模的转速不变，而以不同的进速进行试验。拖曳水池中常采用这种方法。

第二种方法：保持模型的进速不变，而以不同的转速进行试验。空泡水筒中常采用这种方法。

采用第二种方法时因转速不能无限加大，因而进速系数 J 的变动范围有一定限度，不能得到“系柱”时（即 $J=0$）的情况。下面对拖曳水池中进行敞水试验作比较详细的介绍。

桨模安装在流线型敞水箱的前方。敞水箱由拖车带动以获得一定的进速（等于拖车速度）。用于驱动桨模旋转及测量其推力、转矩和转速的动力仪安置在敞水箱内。桨模应置于敞水箱前足够远处，以避免敞水箱在水中运动时影响桨模附近的水流，且其叶背向前。桨轴的沉没深度应不小于桨模的直径，即 $h_s \geqslant D_m$，以消除兴波的影响，一般可取 $h_s=D_m$。

试验前应先根据桨模的几何尺寸，如直径 D_m 和 $0.75R$ 处切面的弦长及临界雷诺数 3.0×10^5［按式 (12-14) 计算］确定桨模要求的最小转速，并约略估算 $J=0$ 时桨模可能发出的最大推力及吸收的转矩，以选择量程合适的动力仪。

敞水试验的主要测量仪器为螺旋桨动力仪。螺旋桨动力仪有三类：①机械式动力仪，如 J04 式动力仪；②电测式动力仪，如电阻应变式及变磁阻式动力仪；③还有机电综合式动力仪。

图 12-5 为 J04 螺旋桨动力仪的简图，用于说明螺旋桨模型转矩和推力的测量原理。

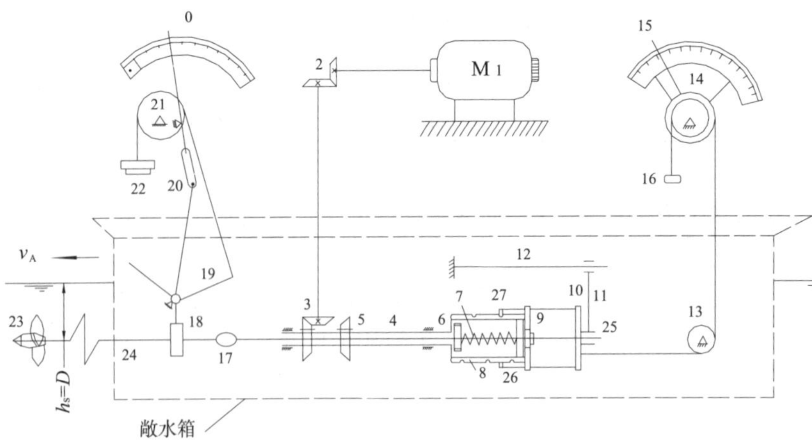

图 12-5 J04 螺旋桨动力仪结构原理

1—直流发动机；2，3—小直角齿轮；4—空心轴；5—大直角齿轮；6—法兰；7—扭转弹簧；8—圆柱管；9—弹簧压盖；10—构件；11—连杆；12—圆杆；13，14—滑轮；15—指针；16—平衡块；17—可伸缩节头；18—推力轴承；19—杠杆；20—摆秤调节杆；21—滑轮；22—砝码；23—模型桨；24—螺旋桨转动轴；25—内轴；26—滑杆；27—圆环

1）转矩测量

图 12–5 中 1 为直流发动机，通过直角齿轮 2 和 3 把转动传至空心轴 4，空心轴右端为带有两只固定销的法兰 6，外表刻有螺旋型槽的圆柱管 8 套在法兰 6 上。7 是用于测量转矩的扭转弹簧，弹簧 7 装在圆柱管 8 之内，弹簧两端的座子都由孔与固定销相配，9 是弹簧压盖，它通过键带动内轴 25 旋转，螺旋桨就装在内轴上，构件 10 通过滑杆 26（穿过弹簧压盖 9 上的开口槽）和圆环 27 相连。圆环上有两小滑块嵌在圆管外表面的螺旋形槽内。11 是连杆，上端套在圆杆 12 上，且可自由滑动，下端则与构件 10 相连，彼此间可以相对转动。当螺旋桨产生转矩时，空心轴 4 和内轴 25 发生相对转动，弹簧 7 将发生扭转，因而圆环 27 上的两小滑块将沿圆管 8 表面的螺旋槽滑动，使构件 10 产生轴向位移。该轴向位移通过滑轮 13、14 及指针 15 转换成在刻度盘上的角位移，弹簧上承受的转矩和指针角位移间的关系是预先校验好的。因此，在试验中根据指针的角位移即可量得桨模的转矩。

2）推力测量

螺旋桨模型的推力可借杠杆系统量得。图中 19 为杠杆，18 为推力轴承，17 为内轴上的可伸缩节头，杠杆的杠杆比为 2 ∶ 1，推力的主要部分借砝码 22 平衡，未被平衡的余量由摆秤来测量，摆秤的刻度与相当砝码的关系，也是通过校验预先求得的。因此，在试验中根据砝码及摆秤的读数即可量得桨模的推力。

3）进速 V_A 和转速 N 的测量

模型的进速 V_A 即拖车前进的速度，螺旋桨转速由桨轴上转速传感器（光电式）检测。

12.3.2　测量数据的表达 *

在螺旋桨模型的敞水试验中，将测量的进速 V_A、转速 N 及其对应的推力 T 及转矩 Q 按式 (11–38) 和式 (12–23) 算出无因次系数 J、K_T、K_Q 及 η_0。然后，将计算结果以 J 为横坐标，K_T、K_Q 及 η_0 为纵坐标绘制敞水性征曲线。为了使用方便，有时还以表格形式给出 K_T、K_Q 及 η_0 与 J 之间的关系。图 12–6 为 24 000 吨级油轮“大庆 61 号”的桨模敞水性征曲线（MAU4–60、P/D = 0.778、桨模直径 D = 0.123 8 m、转速 N_m = 30 r/s、桨轴沉深 h_s = 0.18 m）。

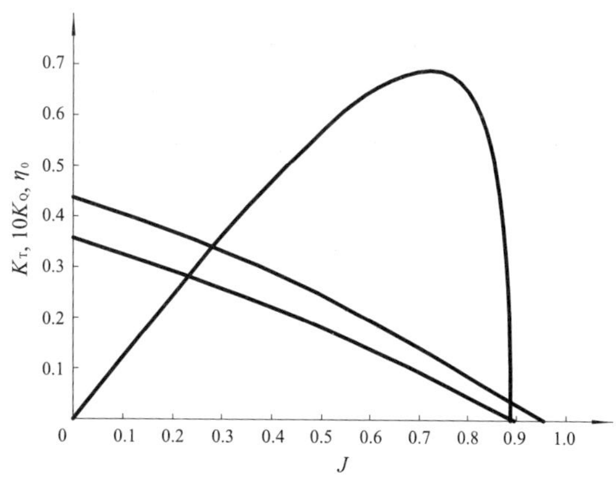

图 12–6　“大庆 61 号”的桨模敞水性征曲线

* 关于螺旋桨敞水试验及其结果的表达，我国船舶标准化委员会委托上海交通大学船舶流体力学研究室编制成标准化文件，该文件已于 1983 年年底通过，1984 年开始执行。文件中对试验方法、数据表达均有详细说明。

§12.4 螺旋桨模型系列试验及性征曲线组

敞水试验的重要任务之一乃是进行螺旋桨模型的系列试验，并将其结果绘制成专门图谱，以供设计螺旋桨或分析船舶航行特性之用。所谓螺旋桨系列，是指一定类型的螺旋桨按一定的次序变更某些主要参数，以构成一个螺旋桨系列。在同一系列中，将叶数和盘面比相同，而螺距比不同的 5 或 6 个桨模称为一组。通常将同一组螺旋桨的敞水性征曲线绘在同一图内，如图 12–7 所示。为了便于螺旋桨设计，还需将系列试验结果绘制成专用的螺旋桨设计图谱。关于图谱的绘制原理、使用方法以及螺旋桨各参数对于性能的影响将于第 17 章中再作介绍。

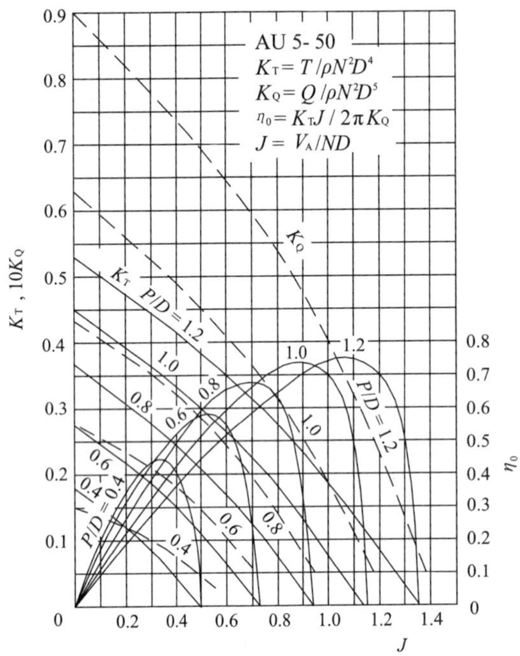

图 12–7 桨模系列敞水性征曲线

目前，世界上已有不少性能优良的螺旋桨系列，其中比较著名、应用较广的有：荷兰的 B 型螺旋桨、日本的 AU 型螺旋桨和英国的高恩螺旋桨等。B 型和 AU 型螺旋桨适用于商船，而高恩螺旋桨则适用于水面高速军舰。

为了使大家了解目前世界各国比较有名的螺旋桨系列发展情况，特摘要列于表 12–2 和表 12–3 中，以便选用。

表 12–2 荷兰船模试验池于 1973—1975 年整理完成的 B 型螺旋桨设计图谱由 21 组系列组成 *

叶 数（叶）	盘 面 比
3	0.35，0.50，0.65，0.85
4	0.40，0.55，0.70，0.85，1.00
5	0.45，0.60，0.75，0.90，1.05
6	0.50，0.65，0.80，0.95
7	0.55，0.70，0.85

* 表中所列图谱都已对雷诺数的影响作了修正，图谱是对应于 $Re = 2\times10^6$ 的情况。

表 12–3　世界各国有名的螺旋桨系列

系列所属试验水池名称	系列代号	叶数 Z	盘面比 A_E/A_0	叶厚分数 t_0/D	桨叶外形轮廓	桨叶切面形式	毂径比 d/D	螺距比范围	螺距分布	纵斜角 ε	桨模直径 D_M	雷诺数 Re 定义及试验雷诺数范围
日本船舶运输技术研究所水池	NAU-3 MAU-4 MAU-5 AU_W-6 MAU_W-6	3 4 5 6 6	0.35；0.50 0.40；0.55；0.70 0.50；0.65；0.80 0.55；0.70；0.85 0.85	0.05	有侧斜非对称形	叶根附近为机翼形叶梢附近为弓形	0.18	0.4 ～ 1.2 0.4 ～ 1.6 0.5 ～ 1.1	等螺距	10°	250 mm	$Re=\dfrac{ND^2}{v}$ $4.5\times10^5\sim6.5\times10^5$
瑞典国家船模试验水池	SSPA-3 SSPA-4 SSPA-5 SSPA-6	3 4 5 6	0.45 0.47；0.53；0.60 0.60 0.60	0.05	有侧斜非对称形	同上	0.15 ～ 0.20	0.55 ～ 0.75 0.65 ～ 1.15 0.65 ～ 1.15 0.75	0.6R 以内变螺距	5°	250 mm	$Re=\dfrac{b_{0.75R}\sqrt{V_A^2+(0.75\pi ND)^2}}{v}$ $3.5\times10^5\sim5.5\times10^5$
	Ma-3 Ma-5	3 5	0.75；0.90；1.05；1.20 0.75；0.90；1.05；1.20	0.053 ～ 0.063 0.042 ～ 0.054	对称形	弓形	0.19	1.0； 1.15 1.30	等螺距	0°	250 mm	$2.7\times10^6\sim5.1\times10^6$
英国	G-3	3	0.50；0.65；0.80	0.06	对称形	弓形	0.20	0.4 ～ 2.0	等螺距	0°	507 mm	$Re=\dfrac{b_{0.7R}\sqrt{V_A^2+(0.7\pi ND)^2}}{v}$ 2.2×10^6
苏联		3	0.50；0.80；1.10		对称形	月牙形	0.165	0.6 ～ 1.6	等螺距	0°	200 mm	
中国	GD-3 GD-4	3 4	0.35；0.50 0.45；0.60	0.045	有侧斜非对称形（关刀型）	叶根附近为机翼形叶梢附近为弓形	0.17	0.4 ～ 1.4	径向线性变螺距	13°	240 mm	$Re=\dfrac{b_{0.75R}\sqrt{V_A^2+(0.75\pi ND)^2}}{v}$ $2.7\times10^5\sim3.5\times10^5$
	在特种推进器方面已有不少先进系列（如串联螺旋桨、导管螺旋桨、可调螺距螺旋桨等），其详情于本书第 18 章中介绍											

【思考题】

1. 螺旋桨模型敞水试验应满足哪些相似条件？实际应用上是如何处理的？
2. 何谓尺度作用？并说明产生尺度作用的原因？当存在尺度作用时可通过什么途径进行修正？
3. 敞水试验有哪些方法，说明其特点。试验的结果是如何表达的？

第 13 章 螺旋桨与船体间的相互影响

在上面各章中，我们只讨论了孤立螺旋桨在敞水中（或称在均匀流场中）的水动力性能，而在“船舶阻力”课程中也只研究了孤立船体（即不带螺旋桨）在静水中航行时所遭受的阻力。实际螺旋桨是在船后工作的，螺旋桨和船体成为一个系统，两者之间必然存在相互作用。这种相互作用表现为船体所形成的速度场和螺旋桨所形成的速度场之间的相互影响。在船后工作的螺旋桨因受到船体的影响，故进入桨盘处的水流速度及其分布情况与敞水者不同，而船体周围的水流速度分布及压力分布受螺旋桨的影响也与孤立的船体不同。因此，船后螺旋桨与水流的相对速度不等于船速，螺旋桨发出的推力也不等于孤立船体所遭受的阻力。

如何把孤立螺旋桨与孤立船体联系起来，正是研究螺旋桨与船体相互影响的目的。严格来说，应把船体和螺旋桨作为统一的整体来考虑。近年来也确有一些学者从事这方面的研究，但由于问题相当复杂，未能付诸实用。所以，目前仍采用近似方法来解决，即分别研究船体和螺旋桨的单独性能，然后再近似地考虑两者之间的相互影响。这种近似方法的实质是：把船体和螺旋桨仍然看作孤立的，即认为螺旋桨是在船后流场中单独工作，而船体位于螺旋桨所影响的水流中运动。这样就可以把孤立螺旋桨和孤立船体相联系起来，也即考虑到上述情况以后，可以把螺旋桨敞水试验的结果和船模阻力试验的结果用之于船体 – 螺旋桨的整个系统。

§13.1 船体对螺旋桨的影响

13.1.1 伴流的成因

船在水中以某一速度 V 向前航行时，附近的水受到船体的影响而产生运动，其表现为船体周围伴随着一股水流，这股水流称为伴流或迹流。由于伴流的存在，使螺旋桨与其附近水流的相对速度和船速不同，在船舶推进中，关注的问题是船体对螺旋桨的影响，故通常所指的伴流即为船艉装螺旋桨处（即桨盘处）的伴流。

船后伴流的速度场是很复杂的，它在螺旋桨盘面各点处的大小和方向是不同的。一般来说，伴流速度场可以用相对于螺旋桨的轴向速度，周向（或切向）速度和径向速度三个分量来表示。测量结果表明，与轴向伴流速度相比较，周向和径向两种分量为二阶小量，在螺旋桨设计问题中，常可不予考虑。因此，在本书中如无特别说明，所谓伴流均是指轴向伴流。伴流的速度与船速同方向者称为正伴流，反之则称为负伴流。产生伴流的原因有下列三种。

1）船身周围的流线运动

船在水中以速度 V 向前航行时，船体周围水流的流线分布情况大致如图 13–1 所示。艄艉处的水流具有向前速度，即产生正伴流，而在舷侧处水流具有向后速度，故为负伴流。由此而形成的伴流称为形势伴流或势伴流。因流线离船身不远处即迅速分散，故在船体略远处其作用即不甚显著，也即离船体越远，形势伴流之数值越小。

2）水之粘性作用

因水具有粘性，故当船在运动时沿船体表面形成界层，界层内水质点具有向前速度，形成正伴流，通常称为摩擦伴流。摩擦伴流在紧靠船身处最大，由船身向外急剧减小，离船体不远处即迅速消失，但在船后相当距离处摩擦伴流依然存在。图 13–2 表示船身附近的界层（或称摩擦伴流带），界层（实际上是艉流）在艉部后具有相当的厚度，与螺旋桨直径相差不多，故摩擦伴流常为总伴流中的主要部分。摩擦伴流的大小与船型、表面粗糙度、雷诺数及螺旋桨的位置等有关。

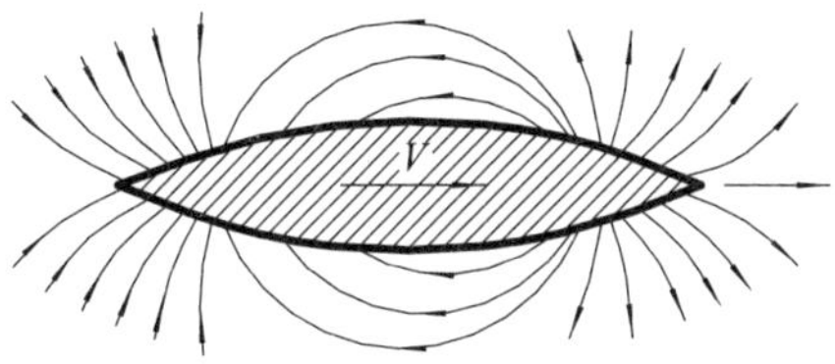

图 13–1　船体周围流线分布

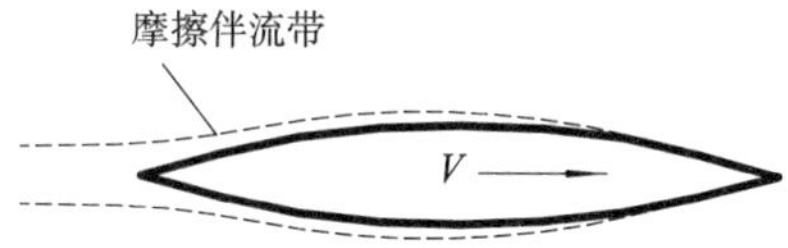

图 13–2　船体表面界层分布

3）船舶的兴波作用

船舶在航行时水面形成波浪，若螺旋桨附近恰为波峰，则水质点具有向前速度，如恰为波谷，则具有向后速度。由于船舶本身兴波作用而形成的伴流称为波浪伴流，其数值常较前两者为小。但对于高速双桨船（如驱逐舰）因其艉部常为波谷，且螺旋桨的位置处于船后两侧，摩擦伴流和势伴流较小，故其总伴流可能为负值。

由伴流之成因可知，伴流是一股很复杂的水流，在螺旋桨盘面各处伴流速度的大小和方向各不相同。因而，在利用螺旋桨系列敞水图谱设计螺旋桨时，常取盘面处伴流的平均轴向速度近似地估计桨盘处的速度场。若船速为 V，桨盘处伴流的平均轴向速度为 u，则螺旋桨与该处水流的相对速度（即进速）V_A 为

$$V_A = V - u \tag{13–1}$$

根据伴流的成因，可将伴流速度 u 写成

$$u = u_p + u_f + u_w \tag{13–2}$$

式中，u_p 为桨盘处形势伴流的轴向平均速度；u_f 为桨盘处摩擦伴流的轴向平均速度；u_w 为桨盘处波浪伴流的轴向平均速度。

13.1.2　伴流分数

伴流的大小通常用伴流速度 u 对船速 V 的比值 ω 来表示，ω 称为伴流分数或泰洛伴流分数，即

$$\omega = \frac{u}{V} = \frac{V - V_A}{V} = 1 - \frac{V_A}{V} \tag{13–3}$$

若已知伴流分数，则可由下式决定螺旋桨的进速

$$V_A = (1-\omega)V \tag{13–4}$$

根据伴流的成因，伴流分数 ω 也写作

$$\omega = \omega_p + \omega_f + \omega_w \tag{13-5}$$

式中，ω_p 为形势伴流分数；ω_f 为摩擦伴流分数；ω_w 为波浪伴流分数。

各类船舶的伴流分数数值列于表 13-1。

表 13-1　各类船舶的伴流分数数值

船舶类型	伴流分数	船舶类型	伴流分数
快速船和邮船	0.10 ~ 0.18	轻巡洋舰	0.035 ~ 0.10
单桨商船（C_B 为 0.5 ~ 0.7）	0.20 ~ 0.30	大型驱巡舰	0.00 ~ 0.10
双桨商船（C_B 为 0.5 ~ 0.7）	0.08 ~ 0.20	驱逐舰和护航舰	0.00 ~ 0.03
肥大船（C_B 为 0.8 左右）	0.30 ~ 0.40	潜水艇	0.10 ~ 0.25
主力舰及重巡洋舰	0.15 ~ 0.20	鱼类快艇	0.00 ~ 0.04

13.1.3　伴流的测定

伴流的大小一般用试验方法求得，因测量的方法不同可分为标称伴流和实效伴流两种。在未装螺旋桨之船模（或实船）后面，用各种流速仪测定螺旋桨盘面处水流速度，可得标称伴流；根据船后螺旋桨试验或自航试验结果与螺旋桨敞水试验结果比较分析可得实效伴流。

经验证明，上述两种测量结果是不同的。其差别在于是否考虑了螺旋桨工作的影响，因为当船艉有螺旋桨工作时，螺旋桨产生抽吸作用，从而改变了船艉的流线、界层厚度、波形等。由于螺旋桨在船后工作，以实效伴流分数来计算螺旋桨进速比较合理，故通常说的伴流分数均指实效伴流分数。

13.1.3.1　测量标称伴流的方法

现时测量船模（或实船）标称伴流场最常用的仪器是毕托耙。图 13-3 所示为上海交通大学船舶流体力学研究室在测量伴流时毕托耙安装在船模艉部的情况。

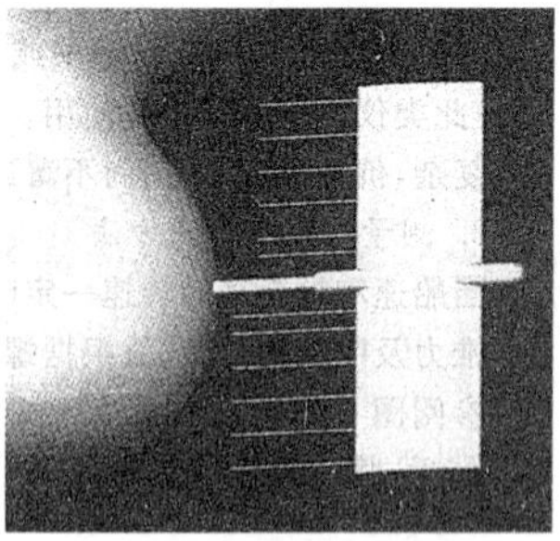

图 13-3　毕托耙测量

为了测得整个桨盘面处的速度场，毕托耙需在 360° 范围内转动，测试角度的间隔一般为 10°。由此我们可以测得桨盘面处若干同心圆周上等距离点的水流轴向速度 [图 13-4（a）]，此速度即为螺旋桨在该点的“局部进速” $V_A(r, \theta)$，由船模（或实船）速度减去 $V_A(r, \theta)$ 便可得到伴流速度 $u(r, \theta)$。图 13-4（b）为某单螺旋桨船桨盘面上不同半径处伴流分数在圆周方向的分布曲线，在某一半径处伴流分数分布曲线变化的大小表示该半径处伴流沿周向的不均匀程度。图 13-4（c）为盘面上伴流的等值曲线，该图完整地表示了桨盘面处的伴流场，其变化的大小表示整个桨盘面处伴流的不均匀程度。

根据测量结果，即可求得各半径处圆周上的平均伴流及整个盘面上（除去桨毂部分）的平均伴流，在计算时一般可用体积积分法。例如，半径为 r 圆周上的平均伴流分数为

$$\omega(r)=\frac{\int_0^{2\pi}\omega(r,\theta)\cdot r\,\mathrm{d}\theta}{\int_0^{2\pi}r\,\mathrm{d}\theta}=\frac{1}{2\pi}\int_0^{2\pi}\omega(r,\theta)\cdot r\,\mathrm{d}\theta \tag{13-6}$$

整个盘面上的平均伴流分数为

$$\omega=\frac{\int_0^{2\pi}\int_{r_h}^{R}\omega(r,\theta)\cdot r\,\mathrm{d}r\,\mathrm{d}\theta}{\int_0^{2\pi}\int_{r_h}^{R}r\,\mathrm{d}r\,\mathrm{d}\theta} \tag{13-7}$$

式中，R 为螺旋桨半径；r_h 为桨毂半径。

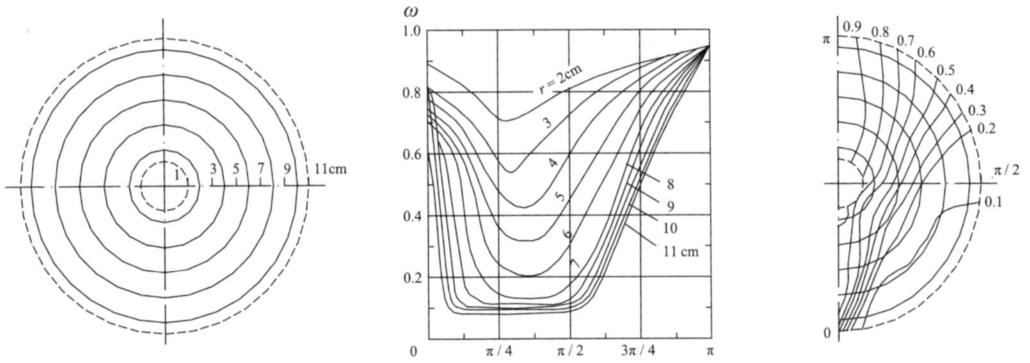

(a) 各半径圆周测量点　(b) ω 沿圆周方向分布线　(c) 盘面上 ω 的等值曲线

图 13–4　桨盘面处的伴流场

过去曾有人用叶轮伴流仪或环形伴流仪量取桨盘面上各半径处伴流在圆周方向的平均值，但此类仪器目前已极少使用。近年来已有用激光测速仪量取船模的伴流场，由于仪器本身比较复杂，价格昂贵，使用尚不普遍。

13.1.3.2　测量实效伴流的方法

当船速和螺旋桨的转速一定时，伴流的大小直接决定螺旋桨的进速，因而决定螺旋桨所发生之推力及吸收之转矩，故根据螺旋桨的推力或转矩也可测定伴流。

如图 13–5 所示，首先在船模后试验螺旋桨，量出船模速度 V 及螺旋桨的转速 N、推力 T_B、转矩 Q_B。然后，将螺旋桨进行敞水试验，保持转速 N 不变，调节进速直到发出之推力等于上述 T_B 值时，量取其进速 V_A 及转矩 Q_0，则 $u=V-V_A$ 即为实效伴流速度。

(a) 船后试验测量　(b) 敞水试验测量

图 13–5　实效伴流测量法

上述测定实效伴流的方法是使螺旋桨在船后与敞水中于同一转速时发生相同的推力，故称为等推力法，但此时 $Q_0 \neq Q_B$。

若螺旋桨进行敞水试验时，保持转速 N 不变，调节进速直至 $Q_0=Q_B$ 时，量取其进速 V_A 及推力 T_0，则得 $u_1=V-V_A$，也为实效伴流速度。这种方法称为等转矩方法，但此时 $T_0 \neq T_B$。用等推力法得到的实效伴流 u 与等转矩法得到的实效伴流 u_1 是不相等的。等推力法是目前广泛采用的方法。

除上述方法外，还可以用船模自航试验或实船试验来测定实效伴流，这在第 14 章中讨论。

大量试验资料表明，用各种方法测得的伴流分数有一定的差异。一般来说，以等推力法所得到的实效伴流较等转矩法所得者约大 4%。至于标称伴流与实效伴流之间的大小视方形系数 C_B 之大小有所不同。

13.1.4 伴流不均匀性的影响

在上面的讨论中，已经提到用等推力法决定实效伴流时，$Q_0 \neq Q_B$，用等转矩法决定实效伴流，则 $T_0 \neq T_B$。这种差别是由于船后桨盘处伴流的不均匀引起的。船后桨盘处各点的伴流速度（包括大小和方向）是不同的，伴流的轴向速度在盘面上的分布也是不均匀的。因而以平均伴流来估计船后螺旋桨的速度场是近似的。如果把同一螺旋桨分别在敞水中和船后进行试验，在转速和进速（对船后情况来说，进速为船速与平均伴流速度之差）相同时，两者的推力和转矩是不同的，引起这种差别的原因在于两者之流动状态不同。螺旋桨在敞水中工作时，盘面上各处的进速都相同，而在船后工作时，盘面上各处的局部进速不同。故在同一进速系数时，两者的推力和转矩不同。如以带下标“0”者表示敞水中测得的数值，带下标“B”表示船后相应的数值，则：

$i_1=\dfrac{T_B}{T_0}$ 为伴流不均匀性对推力的影响系数；$i_2=\dfrac{Q_B}{Q_0}$ 为伴流不均匀性对转矩的影响系数；$i=\dfrac{i_1}{i_2}$ 为伴流不均匀性对效率的影响系数，表示在同一进速系数下敞水螺旋桨效率 η_0 和船后螺旋桨效率 η_B 之间的关系。即

$$\frac{\eta_B}{\eta_0}=\frac{T_B V_A/2\pi N Q_B}{T_0 V_A/2\pi N Q_0}=\frac{T_B}{T_0}\cdot\frac{Q_0}{Q_B}=\frac{i_1}{i_2}$$

或

$$\eta_B=\eta_0\cdot\frac{i_1}{i_2} \tag{13-8}$$

如前所述，目前广泛采用的是以等推力法来确定实效伴流，故 $T_0=T_B$，而 $Q_0 \neq Q_B$，也即 $i_1=1.0$，而 $i_2=\dfrac{Q_B}{Q_0}$ 或

$$\eta_B=\frac{1}{i_2}\cdot\eta_0=\eta_R\cdot\eta_0 \tag{13-9}$$

式中，$\eta_R=\dfrac{1}{i_2}$ 称为相对旋转效率。

综上所述，在用等推力法确定实效伴流的情况下，船体对螺旋桨的影响可归结为：①平均实效伴流速度 u，据此可以建立螺旋桨进速 V_A 与船速 V 之间的关系，即 $V_A=V-u$，

如以伴流分数 ω 来表示，则 $V_A = V(1-\omega)$。②伴流不均匀性的影响，即相对旋转效率 η_R，据此可以建立敞水螺旋桨和船后螺旋桨转矩（或效率）之间的关系。

§13.2　螺旋桨对船体的影响

13.2.1　推力减额的成因

螺旋桨在船后工作时，由于它的抽吸作用，使桨盘前方的水流速度增大。根据伯努利定理，水流速度增大压力必然下降，故在螺旋桨吸水作用所及的整个区域内压力都要降低，其结果改变了船艉部分的压力分布状况。如图 13-6 所示，曲线 A 表示孤立船体周围的压力分布曲线，曲线 B 为螺旋桨在敞水中工作时桨盘前后的压力分布曲线。螺旋桨在船后工作时船体周围的压力分布状况可近似地认为是上述两种压力的叠加，故图中曲线 C 即表示螺旋桨在船后工作时压力沿船体周围的分布情况，其阴影部分即为压力减小的数值，导致船体压阻力增加。此外，船艉部水流速度的增大，使摩擦阻力也有所增加，但其数值远较压阻力的增加为小。

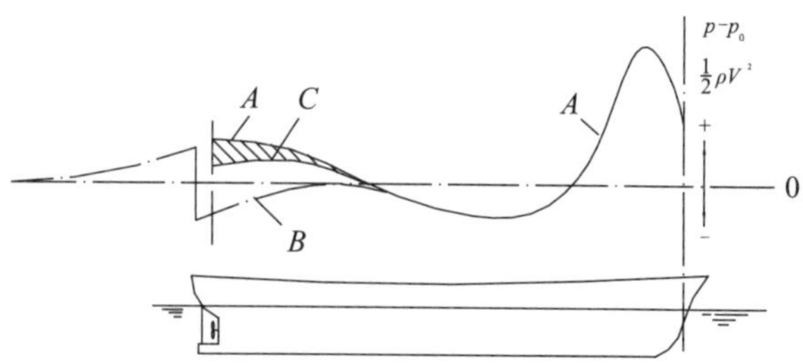

图 13-6　船后桨工作时船体周围压力变化

由于螺旋桨在船后工作时引起的船体附加阻力称为阻力增额。若螺旋桨发出的推力为 T，则其中一部分用于克服船的阻力 R（不带螺旋桨时的阻力），而另一部分则为克服阻力增额 ΔR，即

$$T = R + \Delta R \tag{13-10}$$

由式 (13-10) 可见，螺旋桨发出的推力中只有 $(T-\Delta R)$ 这一部分是用于克服阻力 R 并推船前进的，故称为有效推力 T_e。在习惯上，通常将 ΔR 称为推力减额，并以 ΔT 表示。因此，螺旋桨的总推力 T 可写作

$$T = R + \Delta T \tag{13-11}$$

上式也可写作

$$R = T - \Delta T$$

13.2.2　推力减额分数

在实际应用上，常以推力减额分数来表征推力减额的大小，推力减额 ΔT 与推力 T 的比值称为推力减额分数 t，即

$$t = \frac{\Delta T}{T} = \frac{T - T_e}{T} = \frac{T - R}{T} \tag{13-12}$$

由此可得船体阻力 R 和螺旋桨推力 T 之间的关系为

$$R = T(1-t) \tag{13-13}$$

推力减额分数的大小与船型、螺旋桨尺度、螺旋桨负荷以及螺旋桨与船体间的相对位置等因素有关。用理论方法来计算推力减额是很困难的，通常都是根据船模自航试验或经验公式来决定的。表 13-2 中列举了各类船舶推力减额分数 t 的大致范围。

表 13-2　各类船舶推力减额分数 t 的大致范围

船舶类型	推力减额分数 t	船舶类型	推力减额分数 t
快速船和邮船	0.06 ～ 0.15	轻巡洋舰	0.05 ～ 0.10
单桨商船（C_B 为 0.5 ～ 0.7）	0.08 ～ 0.20	大型驱逐舰	0.07 ～ 0.08
双桨商船（C_B 为 0.5 ～ 0.7）	0.10 ～ 0.22	驱逐舰和护航舰	0.06 ～ 0.08
肥大船	0.17 ～ 0.25	潜水艇	0.10 ～ 0.18
主力舰及重巡洋舰	0.18 ～ 0.22	鱼雷快艇	0.01 ～ 0.03

13.2.3　推力减额与伴流的关系

很早以前即有人认识到推力减额与伴流间有密切关系，而后不少学者进行了更加具体的分析，并仿照伴流分数的划分方法，将推力减额分数 t 写作

$$t = t_p + t_f + t_w \tag{13-14}$$

式中，t_p 为形势推力减额分数；t_f 为摩擦推力减额分数；t_w 为波浪推力减额分数。

在理论上分析伴流与推力减额之间的关系甚为复杂，且所得的结果并不一致，故仅作简要的介绍。

在理想流体中，螺旋桨工作时引起船艉处压力降低，因而使船体的压阻力增加，这部分附加阻力称为形势推力减额。富来申纽从理论上分析了流线型回转体在理想流体中的运动情况，得出形势伴流和形势推力减额之间关系为

$$t_p = \omega_p \tag{13-15}$$

狄克曼以理论计算方法来确定速度场的不均匀性对推力减额的影响，并得出伴流与推力减额之间的关系为

$$t_p = \omega_p \frac{2}{1 + \sqrt{1 + \dfrac{T}{\dfrac{1}{2}\rho A_0 V^2 (1-\omega_f)^2}}} \tag{13-16}$$

式中，V 为船或船模速度，A_0 为螺旋桨的盘面积。由式 (13-16) 可见，形势推力减额与螺旋桨之负荷有关，螺旋桨在一般工作情况下，$t_p < \omega_p$，但当推力为零时，则 $t_p = \omega_p$。

高木又男等从船体 - 螺旋桨系统的定常绕流的研究得到

$$t = \frac{\omega_p}{1 - \omega_f / 2} \tag{13-17}$$

由式 (13-17) 可见，假定螺旋桨装于船后甚远处，则仅有摩擦伴流的作用，这时推力减额为零。假定水为理想流体，则 $\omega_f = 0$，从而 $t_p = \omega_p$。

巴甫米尔研究了模型试验的结果，发现在系柱情况时的推力减额分数 t_0 近似地与形势伴流分数 ω_p 相等，即

$$t_0 \approx \omega_p \tag{13-18}$$

其后，拉夫伦捷夫在理论上得到了上述关系。

螺旋桨工作时诱导速度所涉及的范围不大，船艉因水流速度增大而增加的摩擦阻力很小，即摩擦推力减额较小。在正常情况下，t_f 值在测量误差范围内，因而可不予考虑。

船艉波系受螺旋桨工作的影响致使船的兴波阻力发生改变，由此形成波浪推力减额。但螺旋桨在正常深度时所引起的波浪很小，对于船艉波系几无影响，故一般认为波浪推力减额分数 t_w 可不予考虑。

综上所述，形势推力减额占总推力减额中的主要成分，且可认为两者大致相等，即

$$t \approx t_p \tag{13-19}$$

§13.3　推进系数及推进效率的成分分析

在本节中通过对功率传递和推进效率成分的分析，以便读者了解船体、螺旋桨及主机之间的相互关系，进一步理解在实际设计工作中把敞水螺旋桨与孤立船体联系起来的大体思路。此外，还简要讨论提高推进性能的若干措施。

13.3.1　功率传递及推进效率成分

设船舶以速度 V 前进时，主机的转速为 n，发出的功率为 P_s，主机带动螺旋桨旋转，螺旋桨发出的推力为 T，克服船在航速 V 时所遭受的阻力 R。在这一平衡系统中，功率的传递及各种效率成分可分析如下。

1）传送效率

主机发出的功率 P_s 经过轴系传送至螺旋桨，由于轴系的摩擦损耗等因素，致使螺旋桨在船后实际收到的功率为 P_{DB}，即

$$P_{DB} = \eta_s P_s \tag{13-20}$$

式中，η_s 称为轴系传送效率。若主机直接带动螺旋桨，则螺旋桨的转速也为 n。η_s 的数值一般取作

$$中机型船\ \eta_s = 0.97$$

$$尾机型船\ \eta_s = 0.98$$

在有减速装置的情况下，螺旋桨的转速 $N_1 = jn$，j 为齿轮箱的减速比。此时应考虑减速装置的效率 η_G（η_G 可视具体的减速装置合理选取，对一般情况 $\eta_G = 0.96$），故螺旋桨实际收到的功率为

$$P_{DB} = \eta_s \eta_G P_s \tag{13-21}$$

式中，η_s、η_G 纯粹是机械性的传送效率，与船体及螺旋桨的水动力性能无关。

2）推进系数及推进效率

主机发出的功率 P_s 真正有用的部分是克服阻力 R 使船以航速 V 前进，也即有用的功率为船的有效功率 P_e。两者之比值称为推进系数 $P.C$，即

$$P.C = P_e / P_s \tag{13-22}$$

推进系数 $P.C$ 中包括机械性的轴系损失在内。为了表达推进系统中总的水动力性能，在船舶推进中，采用船的有效功率 P_e 与螺旋桨的收到功率 P_{DB} 比值，称为推进效率 η_D（过去常称为推进系数），即

$$\eta_D = P_e / P_{DB} \tag{13-23}$$

这里需要说明的是，P_{DB} 是指在船后的螺旋桨所收到的功率，它用于克服船后螺旋桨转速为 N 时的转矩。因此

$$P_{DB} = \frac{2\pi N Q_B}{75} \tag{13-24}$$

3）推进效率成分

船后螺旋桨在收到功率 P_{DB} 后发出推力 T，其进速为 V_A，故螺旋桨所做的功率为推功率 P_T

$$P_T = \frac{TV_A}{75} \tag{13-25}$$

螺旋桨推功率 P_T 与收到功率 P_{DB} 之比值称为船后螺旋桨的效率

$$\eta_B = \frac{P_T}{P_{DB}} = \frac{TV_A}{2\pi N Q_B} = \frac{TV_A}{2\pi N Q_0} \cdot \frac{Q_0}{Q_B} = \eta_0 \cdot \eta_R \tag{13-26}$$

式中，$\eta_R = \frac{Q_0}{Q_B}$为相对旋转效率；$\eta_0 = \frac{TV_A}{2\pi N Q_0}$为螺旋桨的敞水效率。

η_R 也可写作螺旋桨敞水收到功率 P_{D0} 与船后收到功率 P_{DB} 之比，即

$$\eta_R = \frac{P_{D0}}{P_{DB}} \tag{13-27}$$

船之有效功率 P_e 与螺旋桨推功率 P_T 之比值称为船身效率 η_H，即

$$\eta_H = \frac{P_e}{P_T} = \frac{RV}{TV_A} = \frac{1-t}{1-\omega} \tag{13-28}$$

由式 (13-28) 可见船身效率 η_H 表示伴流与推力减额之合并作用。

通过上述分析，我们可以把推进系数 $P.C$ 表示为

$$P.C = \frac{P_E}{P_s} = \frac{P_E}{P_T} \cdot \frac{P_T}{P_{D0}} \cdot \frac{P_{D0}}{P_{DB}} \cdot \frac{P_{DB}}{P_s} = \eta_D \cdot \eta_s = \eta_H \eta_0 \eta_R \eta_s \tag{13-29}$$

为了便于了解组成推进系数 $P.C$ 的各效率成分及功率的传递，给出图 13-7 所示的各种效率成分与功率关系的示意图。

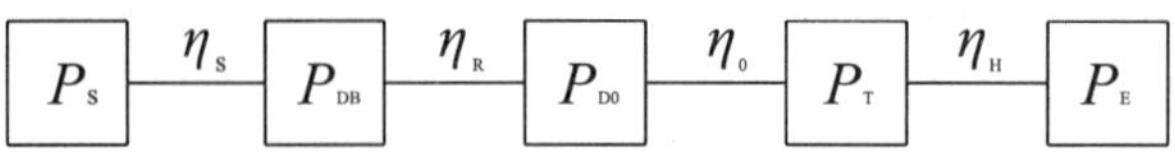

图 13-7 各种效率成分与功率关系

按上述效率成分分析的思路，可以把孤立的船体与敞水螺旋桨联系起来，并使船体、螺旋桨和主机三者相配合。其程序大体是：设已知船速 V 时遭受的阻力为 R，则先估计

伴流分数及推力减额分数 t，设计或选择一个螺旋桨，要求它在进速 $V_A = V(1-\omega)$ 时发出推力 $T = R(1-t)$。假定该螺旋桨的敞水效率为 η_0，转速为 N，转矩为 Q_0，则估计相对旋转效率 η_R，求出该螺旋桨在船后时的扭矩 Q_B 及收到功率 P_{DB}，考虑到轴系传送效率 η_s 后即可得出所需的主机功率 P_s。

13.3.2　提高推进性能的措施

如前所述，推进系数 $P.C$ 是表征整个推进系统性能优劣的全面衡准，虽便于船舶初步设计时根据船之速度与阻力估计所需的主机功率，但因包括机械性能之传送效率，不能正确表示船体与螺旋桨的水动力性能。推进效率 $\eta_D = P_e / P_{DB}$ 中包括螺旋桨的效率及船体与螺旋桨之间的相互影响，但未能表示船形对于阻力是否合适。若船形不佳，阻力过大，虽其推进效率较高，但也不能确证其为优良设计。因此，快速性优秀的船舶应具有最小的阻力和最高的推进效率。

随着船舶尺度和航速的不断提高，螺旋桨诱导船体振动已成为设计师和业主烦恼的问题。因此，目前在船体和螺旋桨设计时，往往从船体阻力、推进性能和激振力等方面综合考虑。这里仅就改善船舶推进性能的途径作简略介绍，供读者参考。至于激振等问题在以后有关章节中再作讨论。

1）船艉形状对推进性能的影响

船艉形状不仅影响船的阻力，而且对伴流及推力减额影响很大。船的后半体方形系数大者，其伴流及推力减额皆大，但推力减额分数的增加较大，所以总的结果是船身效率较低。在方形系数一定时，有三种典型的船艉形状可供选择，即 U 形、球艉形和 V 形。U 形及球艉之平均伴流较大，分布也较均匀，除推进效率较高外，还有利于减小螺旋桨的激振力，但其阻力较 V 形者为大。世界各国对此问题研究甚多，现以瑞典国家船模试验池（SSPA）对 30 万吨级油船的模型试验结果为例说明如下。试验模型具有相同的艏部线型，但配以三种典型的艉部线型（V 形、U 形及球艉形），如图 13-8 所示。

模型试验的结果表明，在设计航速 16 kn 时 V 形艉的阻力最低，球艉形及 U 形艉的阻力分别较 V 形艉约高 3% 及 7%。球艉形及 U 形艉的推进效率都较 V 形艉为高，但就螺旋桨所需的收到功率 P_D 来说，球艉较 V 形艉约低 4%，而 U 形艉较 V 形艉约高 3%。总的来说，似以球艉形为佳。

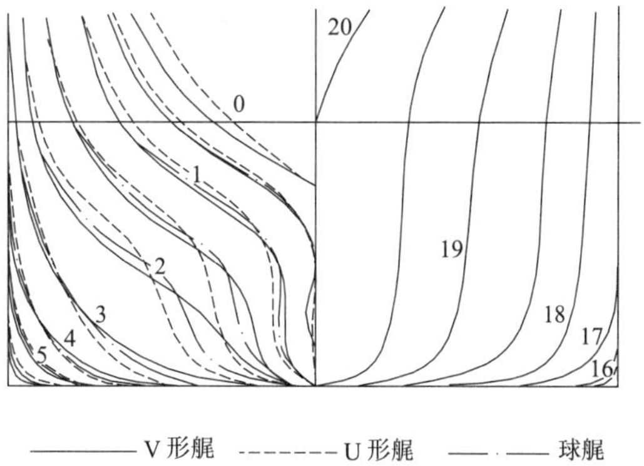

图 13-8　典型的艉部线型

双桨船具有普通艉部形状者桨盘处的伴流分数较低，船身效率及推进效率也低。如果将普通常规船艉恰当地改为类似于两个单桨船艉的双艉鳍形状，同时合理选择螺旋桨的旋转方向以充分利用伴流的周向成分，则可以得到极为显著的效果。图 13-9 为某沿海双桨货船（双艉鳍）的线型。根据交大模型试验的结果表明：在设计航速时双艉鳍之阻力较普通尾约低 4%；

双艉鳍配内旋桨者推进效率较普通尾约高 10%，配外旋桨者较普通尾约高 4%。双艉鳍配内旋桨者所需的功率较普通尾低 13% 。上述模型试验结果已用之于实船，并为实船试航所证实。

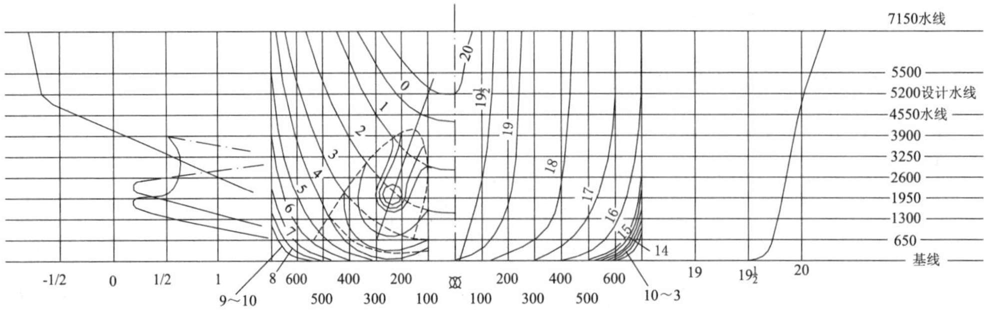

图 13-9　双桨货船（双艉鳍）的线型

2）船艏形状对推进性能的影响

球艏在减小船舶阻力方面的作用早已为人们所认识，但对改善船舶推进性能方面的积极作用常被忽视。不少的试验结果表明，无论大型球艏或小型“流鼻”，在获得减低阻力效果的同时，推进效率也有所提高。图 13-10 给出了 25 000 吨级散装货船球艏和普通艏的自航试验结果，从图 13-10 中可以看到，球艏对提高推进效率的作用相当显著。

3）舵对推进性能的影响

位于螺旋桨后方的舵可以减小艉流旋转动能的损失，有利于提高推进效率。但舵对推进效率的影响通常以推力减额分数的大小来表示。一般来说，流线型舵优于平板舵，反应舵则更优。如在舵上配置整流帽，则更有利于提高推进效率。表 13-3 为上海交通大学船舶流体力学研究室对 25 000 吨级散装货船配以不同形式的舵进行自航试验的结果。

4）图谱设计桨与理论设计桨对推进性能的影响

就敞水效率而言，图谱设计的螺旋桨和环流理论设计的螺旋桨基本相同，但与船体配合工作时两者的推进效率是有差别的。25 000 吨级散装货船模型自航试验的结果表明，环流理论桨具有较高的推进效率，如图 13-11 所示。其中，图谱桨为 AU 型 5 叶螺旋桨，环流理论桨是按配合伴流最佳环量分布条件设计的。

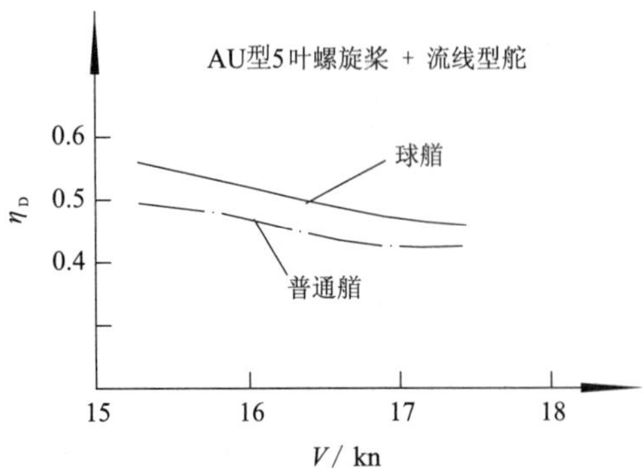

图 13-10　不同船艏对推进效率的影响

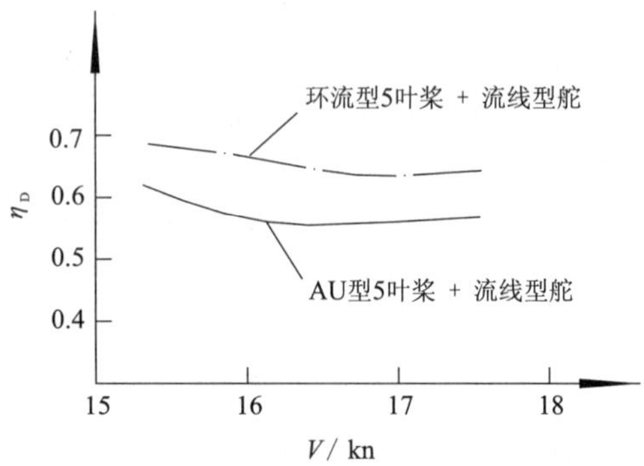

图 13-11　不同设计法对推进效率的影响

表 13-3　25 000 吨级散装货船配置不同形式舵的（$1-t$）值

航速 V/kn	15.7	16.2	16.7
反应舵 + 整流帽	0.705	0.696	0.695
流线型舵 + 整流帽	0.718	0.696	0.689
反应舵	0.711	0.688	0.681
流线型舵	0.689	0.675	0.673

§13.4　估算船体与螺旋桨相互影响系数的公式

13.4.1　正确确定船体与螺旋桨相互影响系数的重要性

从上面的讨论可知，通过伴流分数 ω、推力减额分数 t 和相对旋转效率 η_R 可把船体和螺旋桨联系起来，从而解决了孤立螺旋桨和孤立船体的配合问题。因此在螺旋桨设计时，应首先根据船型估计伴流分数 ω、推力减额分数 t 及相对旋转效率 η_R，然后才能利用螺旋桨敞水系列图谱。由此可见，正确选取这些系数十分重要，如果选择不当将会产生不良的后果。现以伴流分数为例简要说明如下。

假定选取 ω_1、t、η_R 作为相互影响系数设计螺旋桨，而实际的相互影响系数却是 ω_2、t、η_R，且 $\omega_2 < \omega_1$。由于 $V_A = V(1-\omega)$，故

$$V_{A1} = V(1-\omega_1)$$

$$V_{A2} = V(1-\omega_2)$$

因为 $\omega_2 < \omega_1$，故必然有 $V_{A2} > V_{A1}$。设计螺旋桨的工作状态是 $J_1 = \dfrac{V_{A1}}{ND}$，而实际的工作状态却是 $J_2 = \dfrac{V_{A2}}{ND}$，且 $J_2 > J_1$。图 13-12（a）为该螺旋桨某一代表切面处的速度图，图 13-12（b）为该桨的敞水性征曲线。

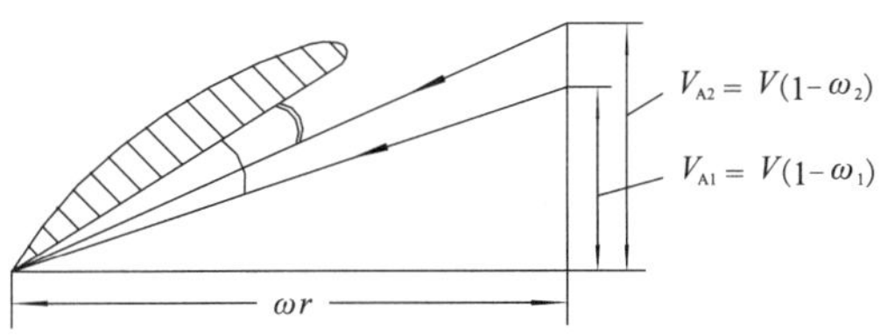

(a) 速度图

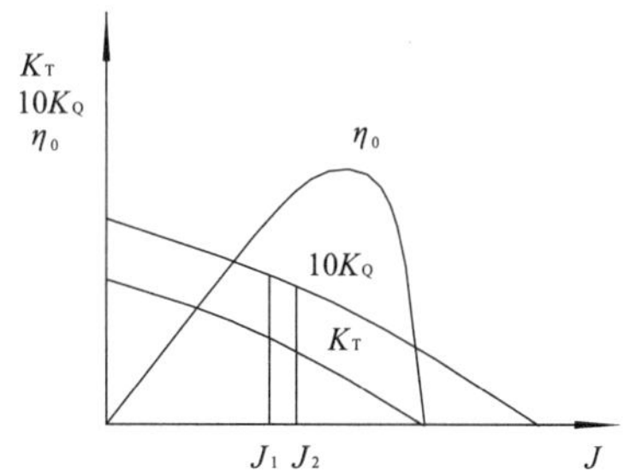

(b) 敞水性征曲线

图 13-12　ω 变化对螺旋桨性能影响

从图 13-12（b）中可以看出：设计时以为螺旋桨发出的推力为

$$T_1 = (K_T)_1 \rho^2 D^4$$

而实际上螺旋桨发出的推力为

$$T_2 = (K_T)_2 \rho^2 D^4$$

且 $T_2 < T_1$。同样，螺旋桨转矩之间的关系为 $Q_2 < Q_1$。由此可见，实际螺旋桨不能吸收预定功率和发出要求的推力，从而无法达到预定的设计航速。这时螺旋桨处于轻载状态，不能充分利用主机功率。

反之，若 $\omega_2 > \omega_1$，则螺旋桨实际工作处于重载状态，对主机工作不利。

类似地，如果推力减额分数选择不当，则螺旋桨发出的推力无法与实船阻力平衡。从上述分析中可见，ω、t、η_R 等系数的选择是否合适，是螺旋桨设计成功与否的重要前提，必须予以充分注意。

13.4.2 估算伴流分数的近似公式

伴流及推力减额与船型、螺旋桨尺度以及螺旋桨与船体间的相对位置等因素有关，故决定伴流和推力减额比较可靠的办法是进行专门的模型试验。但在无法进行模型试验的情况下可以应用经验公式进行估算。这些近似公式是根据某类或某几类船型的实船试验或模型试验的结果归纳而成，其适用性有一定的范围。用不同公式计算得到的结果往往相差很大，因此难以笼统肯定哪个公式最正确。设计者应根据船型的特点选择合适的公式。

1）泰洛公式（适用于海上运输船舶）

对单螺旋桨船：

$$\omega = 0.5C_B - 0.05 \tag{13-30}$$

对双螺旋桨船：

$$\omega = 0.55C_B - 0.20 \tag{13-31}$$

式中，C_B 为船舶的方形系数。

2）汉克歇尔公式

对于单桨标准型商船（C_B 为 0.54 ～ 0.84）：

$$\omega = 0.70C_P - 0.18 \tag{13-32}$$

对于单桨渔船：

$$\omega = 0.77C_P - 0.28 \tag{13-33}$$

对于双桨标准型商船（C_B 为 0.54 ～ 0.84）：

$$\omega = 0.7C_P - 0.3 \tag{13-34}$$

式中，C_P 为纵向棱形系数。

3）巴甫米尔公式

巴甫米尔公式如下：

$$\omega = 0.165\, C_B^x \sqrt{\frac{\sqrt[3]{\nabla}}{D}} - \Delta\omega \tag{13-35}$$

式中，C_B 为方形系数；∇ 为船之排水量，m^3；D 为螺旋桨直径，m；x 为指数，$x = 1$ 时适用于中线处的螺旋桨，$x = 2$ 时适用于舷侧螺旋桨；$\Delta\omega$ 为伴流分数修正值，与弗劳德数 $Fr = \frac{V}{\sqrt{gL}}$ 有关，可根据下式决定：当 $Fr > 0.2$ 时，$\Delta\omega = 0.1(Fr-0.2)$；当 $Fr \leqslant 0.2$ 时，

$\Delta\omega = 0$。

为了了解上述经验公式的适用性，许凡脱纳曾以 35 艘各类船舶的实测数据与经验公式的估算结果进行了分析比较。对于单桨船的主要结论如下：①平均而言，泰洛公式的误差最小。②对于内河船，以巴甫米尔公式以及巴甫米尔公式与汉克歇尔公式的求和平均值为佳，泰洛公式并不适用。

对于双桨船的主要结论如下：①各公式的计算值与实测结果均较接近，其中以汉克歇尔公式为最佳、巴甫米尔公式次之；但当方形系数 C_B 较小时，均相差较多，相对而言，巴甫米尔公式比较好些。②巴甫米尔公式的适用性较广。对求和平均值而言，以上述三式相加的平均值为最佳，泰洛公式加巴甫米尔公式、汉克歇尔公式加巴甫米尔公式次之。

我国在这方面积累的资料不多，但就我们掌握的实船资料来看，对于 1 万吨级至 4 万吨级的单桨海船，泰洛公式是较理想的。

4）越智重信公式

对于渔船，在主机负荷为 75% ～ 100% 的航速段内所有装载情况（其平均情况为 $B/L = 0.19$，$D/B = 0.25$，$h_s/d_A = 0.66$），伴流分数按下式计算：

$$\omega = 0.301 + 0.053\,B/L - \frac{1}{3}\,(D/B + 0.75\,h_s/d_A - C_B) \tag{13-36}$$

或者，采用如下简化式：

$$\left.\begin{aligned}\omega &= \frac{1}{3}C_B + 0.063\ (\text{满载})\\ \omega &= \frac{1}{3}C_B + 0.08\ (\text{轻载，试航})\end{aligned}\right\} \tag{13-37}$$

式中，d_A 为尾吃水；B 为船宽；D 为螺旋桨直径；h_s 为桨轴中心入水深度。

近年来，回归分析方法用于试验数据处理日益广泛，在大量的船模和实船试验结果的基础上，得到一些估计伴流分数的统计公式，其中以荷兰船模试验池供各类海船用的公式有代表性，现介绍如下。

5）霍尔特洛泼公式

霍尔特洛泼公式基于大量模型和实船试验的结果（所统计的船舶类型包括油船、货船、渔船、集装箱船和巡洋舰等），也可用于低长宽比（L/B）的大方形系数船和瘦船。

对于单桨船：

$$\omega = C_9 C_V \frac{L}{d_A}\left(0.066\,187\,5 + 1.217\,56\,C_{11}\frac{C_F}{1-C_{P1}}\right) + 0.245\,58\sqrt{\frac{B}{L(1-C_{P1})}} - \frac{0.097\,26}{0.95-C_P} + \frac{0.114\,34}{0.95-C_B} + 0.75\,C_{stern}C_V + 0.002C_{stern} \tag{13-38}$$

对于双桨船：

$$\omega = 0.309\,5\,C_B + 10C_V C_B - 0.23\,D\big/\sqrt{Bd} \tag{13-39}$$

式 (13-38) 和式 (13-39) 中，B 为船宽；d 为平均吃水；D 为螺旋桨直径；d_A 为在尾垂线（A.P.）处的吃水；L 为实船水线长度；C_P 为棱形系数；C_B 为方形系数；C_V 为粘性阻力系数，按下式计算：

$$C_V = (1+k)\,C_F + C_A$$

式中，C_F 为摩擦阻力系数，按 1957 ITTC 公式计算；C_A 为实船－船模相关系数，按下式计算：

$$C_A = 0.006\,(L+100)^{-0.16} - 0.002\,05 + 0.003\sqrt{L/7.5}\,C_B^4 C_2 (0.04 - C_4)$$

这里，$C_4 = d_F/L$，当 $d_F/L \leqslant 0.04$，$C_4 = 0.04$，当 $d_F/L > 0.04$，d_F 为艏吃水；C_2 为考虑球艏对兴波阻力的影响参数，$C_2 = \exp(-1.89\sqrt{C_3})$

此处，$C_3 = 0.56\,A_{BT}^{1.5}\big/\{Bd(0.31\sqrt{A_{BT}} + d_F - h_B)\}$

其中，A_{BT} 为球艏横剖面积（以水线面与艏柱相交处计算）；h_B 为 A_{BT} 面积中心在基线以上的高度。

C_9 为与系数 C_8 有关的系数，定义如下：

$$C_8 = BS/(LDd_A) \qquad 当\ B/d_A < 5$$

或

$$C_8 = S(7B/d_A - 25)/[LD(B/d-3)] \qquad 当\ B/d_A > 5$$

其中，S 为船的总湿面积（包括附体），定义为

$$S = L(2d+B)\sqrt{C_M}\,(0.453 + 0.442\,5\,C_B - 0.286\,2\,C_M$$

$$-0.003\,467\,B/d + 0.369\,6\,C_{WP}) + 2.38\,A_{BT}/C_B$$

这里，C_M 为船横舯剖面系数；C_{WP} 为水线面面积系数。

$$C_9 = C_8 \qquad 当\ C_8 < 28$$

或

$$C_9 = 32 - 16/(C_8 - 24) \qquad 当\ C_8 > 28$$

C_{11} 为系数，由下式确定

$$C_{11} = d_A/D \qquad 当\ d_A/D < 2$$

或

$$C_{11} = 0.083\,333\,3(d_A/D)^3 + 1.333\,33 \qquad 当\ d_A/D > 2$$

C_{P1} 为系数，由下式定义

$$C_{P1} = 1.45C_P - 0.315 - 0.022\,5L_{cb}$$

式中，L_{cb} 为 0.5L 前的纵向浮心位置，以 L 的百分数计。

表 13–4　艉部形状系数

船后体形状	C_{stern}
V 形剖面	−10
常规剖面形状	0
带霍格纳尾的 U 形剖面	+10

C_{stern} 与艉部形状有关的系数，由表 13-4 决定。

此公式在形式上比较复杂，但如有可编程序的袖珍计算器，则使用起来并不困难。加之，霍尔特洛泼采用同样形式的不同统计公式提供了估算实船性能的近似方法，具有其实用价值。

13.4.3　估算推力减额分数的近似公式

1）汉克歇尔公式

对于单桨标准型商船（C_B 为 0.54 ～ 0.84）

$$t = 0.50C_P - 0.12 \tag{13-40}$$

对于单桨渔船

$$t = 0.77C_P - 0.30 \tag{13-41}$$

对于双桨标准型商船（C_B 为 0.54 ～ 0.84）

$$t = 0.50C_P - 0.18 \tag{13-42}$$

2）商赫公式

对于单螺旋桨船

$$t = k\omega \tag{13-43}$$

式中，k 为系数，视舵的形式而定，k 为 0.50 ～ 0.70，适用于装有流线型舵或反应舵；k 为 0.70 ～ 0.90，适用于装有方形舵柱之双板舵；k 为 0.90 ～ 1.05，适用于装有单板舵者。

对于双螺旋桨船采用轴包架者：

$$t = 0.25\omega + 0.14 \tag{13-44}$$

对于双螺旋桨船采用轴支架者：

$$t = 0.70\omega + 0.06 \tag{13-45}$$

3）哥铁保公式

对于单桨标准型商船（C_B 为 0.6 ～ 0.85）：

$$t = \left(1.57 - 2.3\frac{C_B}{C_{WP}} + 1.5C_B\right)C_P \tag{13-46}$$

对于双桨标准型商船（C_B 为 0.6 ～ 0.85）：

$$t = 1.67 - 2.3\frac{C_B}{C_{WP}} + 1.5C_B \tag{13-47}$$

式中，C_{WP} 为水线面面积系数。

根据许凡脱纳的比较分析，对于单桨船的主要结论为：①上述各式都差得较大，相对而言，以汉克歇尔公式为佳；②对于内河船舶均不甚适用，对于 C_B 较小或较大的船，用商赫公式较为接近。

对于双桨船，其结论为：①几乎所有公式的计算值都偏高。比较接近的是汉克歇尔公式，商赫公式最差。②对于拖船，以汉克歇尔公式和哥铁保公式之平均值最佳，对于采用轴支架者，则以商赫公式为佳。

4）霍尔特洛泼公式

对于单桨船：

$$t = 0.001\,979\,L/(B - BC_{P1}) + 1.058\,5\,C_{10} - 0.000\,524 - 0.141\,8D^2/(Bd) + 0.001\,5C_{stern} \tag{13-48}$$

式中，C_{10} 的定义如下：

$$C_{10} = B/L，当 B/L > 5.2$$

或者 $$C_{10} = 0.25 - 0.003\,328\,402 / (B/L - 0.134\,615\,385)，当 B/L < 5.2$$

其他符号与式 (13–38) 同。

对于双桨船：

$$t = 0.325C_B - 0.188\,5\, D/\sqrt{Bd} \tag{13-49}$$

13.4.4 相对旋转效率

目前可供计算相对旋转效率 η_R 的经验公式成熟者不多，通常借螺旋桨船后试验或自航试验来获得。普通单桨船之相对旋转效率为 0.98 ～ 1.05，双桨船为 0.97 ～ 1.0，在缺少资料时，一般可近似地取为

$$\eta_R = 1.0 \tag{13-50}$$

或采用霍尔特洛泼公式，

对于单桨船：

$$\eta_R = 0.992\,2 - 0.059\,08\, A_E/A_0 + 0.074\,24\, (C_P - 0.022\,5\, L_{cb}) \tag{13-51}$$

对于双桨船：

$$\eta_R = 0.973\,7 + 0.111\, (C_P - 0.022\,5\, L_{cb}) - 0.063\,25\, P/D \tag{13-52}$$

式中，A_E/A_0 为盘面比；P/D 为螺距比；其他符号与式 (13–38) 同。

有关估计相互影响系数的经验公式甚多，这里不再一一列举。应该注意的是，在选用经验公式或资料时宜慎重，尤其对那些由船模伴流分数的数据推算到实船相应的公式，更应注意其试验条件、船模尺度等因素，否则会导致较大的误差。

13.4.5 伴流分数的尺度作用

用经验公式估算伴流分数和推力减额分数，难免带有局限性，因而一般认为：比较可靠的办法是进行专门的模型试验（如船后试验或船模自航试验）。但是随着实船建造经验的积累和人们认识的深入，发现船模的伴流分数 ω_m 与实船伴流分数 ω_s 有很大的差别。表 13–5 给出了我国三种典型船舶船模和实船轴向平均伴流的资料，可见实船的伴流分数显著小于船模的伴流分数。

表 13–5 我国三种典型船舶船模和实船轴向平均伴流的资料

船名	排水量 / t	ω_m	ω_s
风光	17 120	0.355	0.258
郑州	32 600	0.547	0.315
大庆 61 号	32 350	0.448	0.302

船模和实船伴流分数存在差别是由尺度作用所引起的。实船与船模的雷诺数相差很大（一般万吨级船舶的雷诺数量级为 10^9，船模雷诺数量级为 10^6），因此实船边界层

的厚度在比例上较船模的边界层为薄。为简单起见，用平板边界层厚度与雷诺数的关系加以说明。从"流体力学"的课程中已知，在长度为 L 的平板末端，边界层的相对厚度 $\ddot{a}/L$ 可按普兰特公式计算，即

$$\delta/L = \frac{0.37}{Re^{1/5}} \tag{13-53}$$

由此可见，雷诺数 Re 越大，边界层的相对厚度越薄。由于实船的雷诺数远大于船模的雷诺数，因而实船的摩擦伴流带在比例上较船模为薄。也就是说，实船摩擦伴流带在实桨盘面内所占的面积比例较模型摩擦伴流带在桨模盘面内所占的面积比例为小，致使实船的摩擦伴流分数 ω_{fs} 小于模型的摩擦伴流分数 ω_{fm}，即

$$\omega_{fm} > \omega_{fs}$$

在理想流体中，当弗劳德数相同时，实船及船模附近的流线及波浪形状相同，故两者的形势伴流分数 ω_p 及波浪伴流分数 ω_w 相等。当然，如果考虑到边界层的存在对船体附近流线和兴波的影响，则 ω_p 和 ω_w 同样存在尺度作用，但与摩擦伴流的尺度作用相比毕竟是小量，通常予以忽略。综上所述，由于 $\omega_{fm} > \omega_{fs}$，致使 $\omega_m > \omega_s$，这就是所谓伴流的尺度作用。

实船伴流分数 ω_s 常借船模试验来确定，既然 $\omega_{fm} > \omega_{fs}$，那么我们又如何根据船模试验所得的 ω_m 来确定 ω_s 呢？这就需要进行伴流尺度作用的修正或所谓确定伴流分数的尺度作用。根据伴流的成因，总伴流分数可写作：

$$\omega = \omega_f + \omega_p + \omega_w$$

对于中低速船来说，ω_w 是小量，常可忽略不计，故

$$\omega = \omega_f + \omega_p$$

或

$$\omega_f = \omega - \omega_p$$

在 §13.2 节的讨论中已知，形势伴流分数 ω_p 与推力减额分数 t 大体相等，即 $\omega_p \approx t$，故近似地有

$$\omega_f = \omega - t$$

式中，推力减额分数 t 的尺度作用较小，通常可不予考虑，故认为实船的推力减额分数 t_s 与模型的推力减额分数 t_m 相同，即 $t_s = t_m$，而 t_m 可借船模自航试验求得。至于摩擦伴流分数 ω_f，可以认为与摩擦阻力系数 C_F 成正比。根据上述分析，便可确定伴流分数的尺度作用。现时比较流行的伴流尺度作用修正方法尽管在形式上可能有些差别，但基本思路大体如上所述。

关于确定伴流分数尺度作用的问题，受到历届国际船模试验池会议的重视，除进行广泛的讨论外，还提供了不少修正公式。其中，对于单桨船比较实用效果较好的有下列三种公式。

1）笹岛秀雄公式

笹岛秀雄公式如下：

$$\omega_s = \omega_{pm} + (\omega_m - \omega_{pm})\frac{C_{Fs}}{C_{Fm}} \tag{13-54}$$

式中，$\omega_{pm}=t_m$，t_m 为船模的推力减额分数；C_{Fs} 为实船的摩擦阻力系数；C_{Fm} 为船模的摩擦阻力系数。

2）勃拉特－奥赫公式

勃拉特－奥赫公式如下：

$$\omega_s=\omega_{pm}+(\omega_m-\omega_{pm})\frac{C_{Fs}}{C_{Fm}} \tag{13-55}$$

式中，$\omega_{pm}=\frac{t_m}{2}[(1-\omega_m)+\sqrt{(1-\omega_m)^2+C_{Th}}]$

其中，$C_{Th}=\dfrac{T}{\frac{1}{2}\rho V^2 A_0}$

这里，T 为螺旋桨推力，kgf；V 为船速，m/s；A_0 为螺旋桨盘面积，m^2；ρ 为水的密度，$kgf\cdot s^2/m^4$。

上述两种修正公式虽然比较合理，但对于 4 m 左右的船模来说，尺度作用的修正量似嫌偏小。上海交通大学船舶流体力学研究室的分析资料表明，对笹岛秀雄公式尚须将求得的值约再减小 0.03，即

$$\omega_s=\omega_{s(笹法)}-0.03 \tag{13-56}$$

对勃拉特－奥赫公式也须将求得的值约再减小 0.006，即

$$\omega_s=\omega_{s(勃-奥法)}-0.006 \tag{13-57}$$

3）1978 ITTC 推荐的伴流修正公式

1978 ITTC 推荐的伴流修正公式如下：

$$\omega_s=(t_m+0.04)+[\omega_m-(t_m+0.04)]\frac{C_{Fs}(1+K)+\Delta C_F}{C_{Fm}(1+K)} \tag{13-58}$$

式中，K 为形状因子。

对于上述三种修正公式的具体应用，将在本篇第 14 章中作进一步的讨论。

【思考题】

1. 伴流是怎样形成的？如果螺旋桨安装在船艏，则在桨盘处是否还存在伴流？

2. 伴流不均匀性对螺旋桨的性能会产生什么影响？在螺旋桨设计中，如何考虑伴流不均匀性的影响？

3. 船身效率 $\eta_H=(1-t)/(1-\omega)$ 是否总小于 1？为什么？并说明伴流分数 ω 及推力减额分数 t 对推进效率的影响。

4. 已知：某双桨船，航速 15.5 kn，对应的有效功率 $P_e=1921$ hp，模型试验求得 $\omega=0.104$，$t=0.198$，$\eta_R=0.98$，螺旋桨效率 $\eta_0=0.62$，试求：螺旋桨发出的推力 T 及要求的船后收到功率 P_{DB}（注：计算均以单桨计）。

第 14 章 实船推进性能

为了获得螺旋桨与船体之间的相互作用诸因素，如伴流分数、推力减额分数以及其他相互作用系数，应进行三种试验：船模阻力试验、螺旋桨敞水试验及有附体的船模自航试验。 船模自航试验是分析研究各种推进效率成分的重要手段。对于给定的船舶来说，通过自航试验应解决两个问题：①预估实船性能，即给出主机功率、转速和船速之间的关系，从而给出实船的预估航速，验证设计的船舶是否满足任务书中所要求的航速。②判断螺旋桨、主机、船体之间的配合是否良好。如果配合不佳，则需考虑重新设计螺旋桨。

此外，根据实船试航结果与相应的船模自航试验数据，可以进行船模及实船的相关分析，积累资料以便改进换算办法，使船模试验预报实船的性能更正确可靠。

§14.1 船桨模型自航试验

14.1.1 自航试验的相似定律

在船模阻力试验时，我们只满足了弗劳德数相同的条件，对于船模的雷诺数只要求超过临界数值。因此：

$$\frac{V_s}{\sqrt{gL_s}} = \frac{V_m}{\sqrt{gL_m}}$$

式中，下标带 m 者表示模型数值，带 s 者表示实船数值（以下相同）。

在螺旋桨敞水试验时，只满足进速系数相同的条件，对于螺旋桨模型的雷诺数也只要求超过临界数值，因此：

$$\frac{V_{As}}{N_s D_s} = \frac{V_{Am}}{N_m D_m}$$

在进行船模的自航试验时，两者都要求满足，根据几何相似有

$$\frac{L_s}{L_m} = \frac{D_s}{D_m} = \alpha$$

则，满足弗劳德数相等时：

$$V_m = V_s / \sqrt{\alpha} \tag{14-1}$$

满足进速系数相等时：

$$\frac{V_{As}}{N_s} = \frac{V_{Am}}{N_m}\alpha$$

由于

$$V_{As} = (1-\omega_s)V_s，\ V_{Am} = (1-\omega_m)V_m$$

故

$$\frac{(1-\omega_s)V_s}{N_s} = \frac{(1-\omega_m)V_m}{N_m}\alpha$$

或
$$N_m = N_s\sqrt{\alpha}\left(\frac{1-\omega_m}{1-\omega_s}\right)$$

假定伴流无尺度作用，则 $\omega_s = \omega_m$，因此，可得

$$N_m = N_s\sqrt{\alpha} \tag{14-2}$$

式 (14–1) 及式 (14–2) 是船桨模型自航试验应满足相似定律的条件，由于船后螺旋桨满足了进速系数相等的条件，因此在不考虑尺度作用的情况下，螺旋桨实桨及其模型在推力、转矩及收到功率方面存在下列关系：

$$\left.\begin{aligned} T_s &= T_m \frac{\rho_s}{\rho_m}\alpha^3 \\ Q_s &= Q_m \frac{\rho_s}{\rho_m}\alpha^4 \\ P_{Ds} &= P_{Dm} \frac{\rho_s}{\rho_m}\alpha^{3.5} \end{aligned}\right\} \tag{14-3}$$

式 (14–3) 只对螺旋桨来说是正确的，但自航试验是把螺旋桨与船体联系起来通盘考虑的。因此推力与阻力之间必然有

$$\left.\begin{aligned} &\text{对于实船} \quad T_s(1-t_s) = R_s \\ &\text{对于船模} \quad T_m(1-t_m) = R_m \end{aligned}\right\} \tag{14-4}$$

如果将式 (14–3) 和式 (14–4) 联系起来分析，发现两者是不一致的。从推进的角度出发，当满足弗劳德数和进速系数相同的条件时，模型与实桨的推力之间确实存在缩尺比 3 次方的关系。假定推力减额无尺度作用，即 $t_s = t_m$，则从式 (14–4) 看来，实船与船模的阻力之间也应与缩尺比 3 次方有关才能使两者一致。但是，在“船舶阻力”课程中已知，当船模与实船在弗劳德数相同时，两者的总阻力并不存在缩尺比 3 次方的关系，即

$$R_s \neq R_m \frac{\rho_s}{\rho_m}\alpha^3$$

为了克服这个矛盾，需要在船模自航试验中做适当处理后才能进行实船的换算。

14.1.2 摩擦阻力的修正

在船桨模型自航试验中，当满足弗劳德数 Fr 及进速系数 J 相同的条件时，则模型与实船之间的各种力基本上是缩尺比的 3 次方关系，唯阻力之间不存在这种关系。在阻力中，剩余阻力部分实际上也是满足这种关系的，因为在 Fr 相同时实船和船模的剩余阻力系数相等，故两者总阻力之间不存在缩尺比 3 次方关系主要是摩擦阻力部分造成的。为了使试验中各种力都存在缩尺比 3 次方的关系，需对阻力进行修正（实际上是对摩擦阻力修正），人为地将其硬凑成 3 次方关系。

设船模在速度 V_m 时的阻力为 R_m，实船在相当速度 $V_s = \sqrt{\alpha}\,V_m$时的阻力为 R_s，则摩

擦阻力修正值 F_D 为

$$F_D = R_m - \frac{\rho_m}{\rho_s}\frac{R_s}{\alpha^3}$$

或

$$R_s = \frac{\rho_s}{\rho_m}\alpha^3\left(R_m - F_D\right) \tag{14-5}$$

这样，在船模自航试验中，当船模速度为 V_m 时，我们设法预先对船模加一个拖曳力 F_D，则螺旋桨模型发出的推力 T_m 仅需克服阻力 (R_m-F_D)，此点称为实船自航点即相当于实际螺旋桨发出推力 T_s 克服实船的总阻力 R_s。经过这样处理以后，船模自航试验系统中各种力便都存在 α^3 的关系。

假定 $t_m = t_s$，则式 (14-5) 可写作：

$$\frac{R_s}{1-t_s} = \frac{R_m - F_D}{1-t_m}\cdot\frac{\rho_s}{\rho_m}\alpha^3$$

或

$$T_s = T_m\frac{\rho_s}{\rho_m}\alpha^3$$

从上面的分析可知，进行摩擦修正（或称为决定实船自航点）的目的，是使模型桨的载荷与实船螺旋桨相当，只有在这种情况下，才能根据船模自航试验的结果预估实船推进性能。

§14.2 自航试验方法及数据表达

14.2.1 自航试验概述

船模自航试验，一般是在阻力试验和敞水试验之后进行的，据此可以分析推进效率的各种成分。图 14-1 是船模自航试验布置的示意图，借以说明试验中测量有关数据。

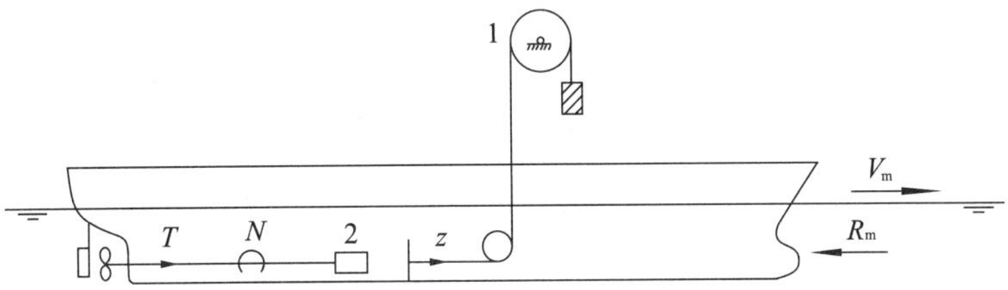

图 14-1 船模自航试验布置

1—阻力仪；2—动力仪

船模在速度 V_m 时的阻力 R_m 已自阻力试验中求得，在自航试验中，螺旋桨模型的转速 N、推力 T 及转矩 Q_B 由动力仪 2 测得，强制力 z 由阻力仪 1 测得，船模速度 V_m 即为拖车的前进速度。由于试验时要求保持等速直线前进，故力的平衡必然是

$$T\left(1-t_{\mathrm{m}}\right)+z=R_{\mathrm{m}} \tag{14-6}$$

自航试验的方法有所谓大陆法（即纯粹自航法）和英国法（即强制自航法）两种。纯粹自航法根据船模速度 V_{m} 时的 F_{D} 值，事先在船模上予以扣除（即图 14-1 中时 z 应等于 F_{D}），然后调节螺旋桨的转速，使其发出的推力恰能克服阻力（$R_{\mathrm{m}}-F_{\mathrm{D}}$），保持船模速度与拖车速度 V_{m} 相等。由于 F_{D} 在试验中不能改变，因此调节比较困难。在我国各水池中，基本上都采用强制自航法。

强制自航法是船模在螺旋桨推力 T 和强制力 z 的共同作用下，其前进速度和拖车速度 V_{m} 保持相等。对某一选定的船模试验速度 V_{m}，一般需要外加五个强制力，即 z_1、z_2、z_3、z_4、z_5。对不同的强制力，为维持船模速度 V_{m} 而要求螺旋桨模型发出的推力 T、转速 N 及转矩 Q_{B} 是不同的。因此对于一个速度一般需要试五次，各次尽可能保持同一速度 V_{m}。测量记录数据有 V_{m}、z、T、Q_{B} 及 N 五项。五个强制力的范围大致是：$z_1=0$，相应于船模的自航点，即螺旋桨模型发出的推力克服船模的阻力；$z_3=F_{\mathrm{D}}$，相应于实船的自航点。$z_2=0.5F_{\mathrm{D}}$，z_4、z_5 一般大于 F_{D}，总之使试验点能合理布置。

为了正确预估实船性能，一般需要 4 个船模自航速度，即 V_1、V_2、V_3、V_4，其中 V_3 约相当于实船试航速度，V_4 则高于实船试航速度，以保证预估的实船性能在试验范围之内。

在对某一速度 V_{m} 进行试验时，由于很难保证相应于五个强制力的各次试验速度都相同，在有小量偏离的情况下，可以用下列办法进行修正。

如某次试验量得的船模速度为 V_{m}'，其相应的数值为 T'、Q_{B}'、N'、z'，现在要化至标准的速度 V_{m} 及其对应的数值 T、Q_{B}、N、z，其间的关系为

$$\frac{V_{\mathrm{m}}'}{V_{\mathrm{m}}}=\frac{N'}{N} \tag{14-7}$$

$$\frac{T'}{T}=\frac{Q_{\mathrm{B}}'}{Q_{\mathrm{B}}}=\frac{z'}{z}=\left(\frac{V_{\mathrm{m}}'}{V_{\mathrm{m}}}\right)^2 \tag{14-8}$$

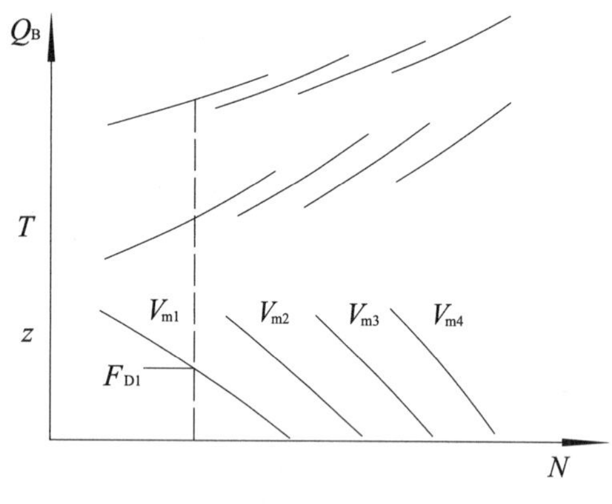

图 14-2　船模自航试验曲线

自航试验的测量结果通常应绘制成如图 14-2 所示的船模自航试验曲线。据此可以进行各种推进效率成分的分析及实船性能预估。

14.2.2　试验结果的数据处理

根据船模阻力曲线、螺旋桨模型敞水性征曲线及船模自航试验曲线，大体按下列步骤进行推进效率成分的分析处理，以便求得船体与螺旋桨相互影响的诸因素及推算出实船在相当速度时的推进性能。

表 14-1 和表 14-2 中分析所得的各种效率成分都是对应于船模的数值。此外，两种表中分析所得的推进效率在数值上应基本一致，其误差应不超过 0.001。

表 14-1　相当于实船自航点的推进效率分析

试验的船模速度	V_m	V_{m1}	V_{m2}	V_{m3}	V_{m4}
相应的船速	$V_s=\alpha^{0.5}\cdot V_m$	V_{s1}	V_{s2}	V_{s3}	V_{s4}
船模阻力	R_m	R_{m1}	R_{m2}	R_{m3}	R_{m4}
摩擦阻力修正值	F_D	F_{D1}	F_{D2}	F_{D3}	F_{D4}
据 F_D 在自航曲线上查出：					
螺旋桨转速	N	N_1	N_2	N_3	N_4
推力	T	T_1	T_2	T_3	T_4
转矩	Q_B	Q_{B1}	Q_{B2}	Q_{B3}	Q_{B4}
依靠桨模推力克服的阻力	$R=R_m-F_D$	R_1	R_2	R_3	R_4
推进效率	$\eta_D=RV_m/2\pi Q_B N$	η_{D1}	η_{D2}	η_{D3}	η_{D4}

表 14-2　推进效率成分的分析

船后螺旋桨推力系数	$K_T=T/\rho N^2D^4$	K_{T1}	K_{T2}	K_{T3}	K_{T4}
船后桨的转矩系数	$K_{QB}=Q_B/\rho N^2D^5$	K_{QB1}	K_{QB2}	K_{QB3}	K_{QB4}
据等推力法查敞水性征曲线，得：					
进速系数	J	J_1	J_2	J_3	J_4
敞水转矩系数	K_{Q0}	K_{Q01}	K_{Q02}	K_{Q03}	K_{Q04}
敞水效率	η_{0m}	η_{0m1}	η_{0m2}	η_{0m3}	η_{0m4}
相对旋转效率	$\eta_{Rm}=K_{Q0}/K_{QB}$	η_{Rm1}	η_{Rm2}	η_{Rm3}	η_{Rm4}
推力减额系数	$t_m=T-R/T$	t_{m1}	t_{m2}	t_{m3}	t_{m4}
伴流分数	$\omega_m=1-JND/V_m$	ω_{m1}	ω_{m2}	ω_{m3}	ω_{m4}
船身效率	$\eta_{Hm}=(1-t_m)/(1-\omega_m)$	η_{Hm1}	η_{Hm2}	η_{Hm3}	η_{Hm4}
推进效率	$\eta_d=\eta_{0m}\eta_{Hm}\eta_{Rm}$	η_{d1}	η_{d2}	η_{d3}	η_{d4}

§14.3　实船推进性能预估

所谓实船推进性能预估，是指根据船模自航试验结果给出实船航速、螺旋桨转速及收到功率之间的关系。

在 20 世纪 50 年代前，常用模型自航试验数据按相似定律和缩尺比直接算出实船的有关数据，由于忽略了所有的尺度作用，不可能得到正确的预报结果。自 50 年代末开始，各国水池十分重视实船性能的预估问题，同时实船试航的资料积累也日渐增多，有可能对尺度作用进行经验统计的修正。例如，英国船池会议 BTTP 于 1965 年采用 $(1+x)$、K_2 作为标准方法，1966 年 ITTC 也曾给以推荐，$(1+x)$、K_2 统称为实船船模相关因子，前者主要是对阻力估算的相关因子，后者是照顾伴流尺度作用的相关因子。由于该方法在分析中物理意义不清晰，后被废弃不用。本节主要介绍实船性能预估的 ΔC_T、$\Delta\omega$ 方法及 1978 ITTC 的标准方法。

14.3.1　ΔC_T、$\Delta\omega$ 法

在 20 世纪 60—70 年代，日本以及北欧的一些国家多采用 ΔC_T、$\Delta\omega$ 法预估实船性能。ΔC_T、$\Delta\omega$ 也称为相关因子，是根据经验统计资料而得出的修正数据。这种方法认

为：在船模实船的换算中，造成预估不正确的主要问题在于阻力和伴流两项，由于粘性不相似及摩擦阻力计算的外插等问题，致使阻力换算结果与实际有差别，因此需要用相关因子 ΔC_T 予以补救。伴流受粘性的影响较大，船模试验得到的伴流数值偏高，应由相关因子 $\Delta\omega$ 予以修正。

至于相对旋转效率 η_R，推力减额分数 t 则认为尺度作用影响较小，可直接采用船模试验数据。螺旋桨的敞水性征曲线有修正与不修正两种意见。

ΔC_T、$\Delta\omega$ 法的大体步骤列于表 14-3。表 14-3 中 K_T/J^2 对于一定的船速是一常数，表示从阻力角度对螺旋桨的要求。在螺旋桨的敞水性征图上可事先另设一个纵坐标 K_T/J^2，并绘制该桨的 $J-K_T/J^2$ 曲线，从该曲线上可以读出表中 K_T/J^2= 常数的点子，该点表示了实船螺旋桨的工作点，由此可以读出 η_0、J、K_Q 等，并可按表 14-4 计算转速及功率。

表 14-3　ΔC_T、$\Delta\omega$ 法的大体步骤

实船航速	$V_s=\alpha^{0.5}\cdot V_m$	V_{s1}	V_{s2}	V_{s3}	V_{s4}
从船模换算所得实船阻力系数	$[C_{Ts}]_m$	$[C_{Ts}]_{m1}$	$[C_{Ts}]_{m2}$	$[C_{Ts}]_{m3}$	$[C_{Ts}]_{m4}$
实船的实际总阻力系数	$[C_{Ts}]_A=[C_{Ts}]_m+\Delta C_T$	$[C_{Ts}]_{A1}$	$[C_{Ts}]_{A2}$	$[C_{Ts}]_{A3}$	$[C_{Ts}]_{A4}$
实船总阻力	$R_{Ts}=0.5\rho SV_s^2[C_{Ts}]_A$	R_{Ts1}	R_{Ts2}	R_{Ts3}	R_{Ts4}
要求螺旋桨发出的推力	$T_s=R_{Ts}/(1-t_m)$	T_{s1}	T_{s2}	T_{s3}	T_{s4}
船模伴流分数	ω_m	ω_{m1}	ω_{m2}	ω_{m3}	ω_{m3}
实船伴流分数	$\omega_s=\omega_m+\Delta\omega$	ω_{s1}	ω_{s2}	ω_{s3}	ω_{s4}
螺旋桨进速	$V_A=(1-\omega_s)V_s$	V_{A1}	V_{A2}	V_{A3}	V_{A4}
	$K_T/J^2=T_s/\rho_s V_A^2 D^2$	$(K_T/J^2)_1$	$(K_T/J^2)_2$	$(K_T/J^2)_3$	$(K_T/J^2)_4$

表 14-4　计算结果

实桨的敞水效率	η_0	η_{01}	η_{02}	η_{03}	η_{04}
实桨的进速系数	J	J_1	J_2	J_3	J_4
实桨的敞水转矩系数	K_Q	K_{Q1}	K_{Q2}	K_{Q3}	K_{Q4}
实船推进效率	$\eta_{Ds}=\eta_0\eta_{Rm}(1-t_m)/(1-\omega_s)$	η_{Ds1}	η_{Ds2}	η_{Ds3}	η_{Ds4}
实桨转速	$N_s=V_A/JD_s$	N_{s1}	N_{s2}	N_{s3}	N_{s4}
实船有效功率	$P_{Es}=R_{Ts}V_s/75$	P_{Es1}	P_{Es2}	P_{Es3}	P_{Es4}
实桨收到功率	$P_{Ds}=P_{Es}/\eta_{Ds}$	P_{Ds1}	P_{Ds2}	P_{Ds3}	P_{Ds4}

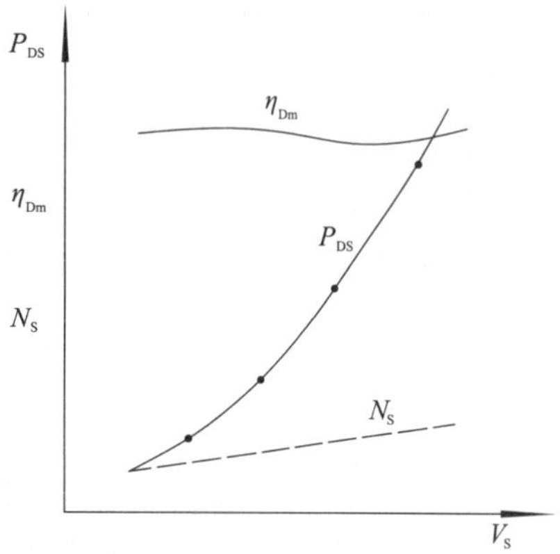

图 14-3　N_s-V_s 及 $P_{Ds}-V_s$ 曲线

据表 14-4 中的计算结果，同样可以绘制如图 14-3 所示的 N_s-V_s 及 $P_{Ds}-V_s$ 曲线。

14.3.2　1978 ITTC 单桨船实船性能预估的标准方法

近 20 年来关于实船性能预估问题的研究十分活跃，在历届 ITTC 会议上都有相当的资料公布和有关这方面的讨论。第 15 届 ITTC 性能委员会试图总结出一个标准方法，经过 3 年的准备，在 1978 年第 15 届 ITTC 会议上提出了一个《1978 ITTC 单桨船实船性能的预估方法》，并被大会通过作为暂行标准方法，要求各成员组织按此进行实船性能预估。

原先第 15 届 ITTC 性能委员会准备给出统一的标准，但实际上无法做到，因而采取折中的办法，将暂行标准分为两部分：第一部分是 1978 ITTC 标准预估，一切照其规定办法进行计算；第二部分是结合各水池自己积累的资料给予经验性修正，并据以得出实船航速、螺旋桨转速及收到功率之间的关系。这个方法基本上与 ΔC_T、$\Delta\omega$ 法相类同，只是对许多因素规定得更加明确具体而已。现简述如下。

14.3.2.1　第一部分：1978 ITTC 标准预估

（1）阻力采用三因次的 (1+K) 方法进行换算，故船模的总阻力系数应写作：

$$C_{\mathrm{Tm}} = (1+K)C_{\mathrm{Fm}} + C_{\mathrm{Rm}} \tag{14-9}$$

式中，C_{Fm} 为按 1957 ITTC 公式计算的摩擦阻力系数；C_{Rm} 为剩余阻力系数；(1+K) 为形状因子，可根据弗劳德数 Fr 在 0.1 ～ 0.2 范围内的试验结果按下式决定：

$$\frac{C_{\mathrm{Tm}}}{C_{\mathrm{Fm}}} = (1+K) + A\left(\frac{Fr^m}{C_{\mathrm{Fm}}}\right) \tag{14-10}$$

其中，(1+K)、A、m 等数值由最小二乘方确定。故船模的剩余阻力系数为 $C_{\mathrm{Rm}} = C_{\mathrm{Tm}} - (1+K)C_{\mathrm{Fm}}$。

在相当速度时，实船的剩余阻力系数 $C_{\mathrm{Rs}} = C_{\mathrm{Rm}}$。

因此，无舭龙骨时实船的总阻力系数为

$$C_{\mathrm{Ts}} = (1+K)C_{\mathrm{Fs}} + C_{\mathrm{Rs}} + \Delta C_{\mathrm{F}} + C_{\mathrm{AA}} \tag{14-11}$$

式中，(1+K)、C_{Rs} 由船模试验求得，C_{Fs} 为按 1957 ITTC 公式计算的摩擦阻力系数，ΔC_{F} 为粗糙度附加，由下式决定，

$$\Delta C_{\mathrm{F}} = \left[105\left(\frac{K_{\mathrm{s}}}{L_{\mathrm{WL}}}\right)^{1/3} - 0.64\right]\times 10^{-3} \tag{14-12}$$

式中，K_{s} 为船体表面粗糙度，通常可取为 $K_{\mathrm{s}} = 150\times 10^{-6}\mathrm{m}$，$L_{\mathrm{WL}}$ 为水线长度；C_{AA} 为空气阻力系数，可按下式求得：

$$C_{\mathrm{AA}} = 0.001\frac{A_{\mathrm{T}}}{S} \tag{14-13}$$

式中，A_{T} 为水线以上船体及上层建筑在横中剖面上的投影面积；S 为湿面积。

在装有舭龙骨时，实船的总阻力系数为

$$C_{\mathrm{Ts}} = \frac{S+S_{\mathrm{BK}}}{S}\left[(1+K)C_{\mathrm{Fs}} + \Delta C_{\mathrm{F}}\right] + C_{\mathrm{Rs}} + C_{\mathrm{AA}} \tag{14-14}$$

式中，S_{BK} 为舭龙骨面积。

（2）螺旋桨敞水性征曲线。螺旋桨模型敞水试验的临界雷诺数不低于 3.0×10^5，试验结果以无因次系数 K_{T}、K_{Q} 及 J 来表示，并给出敞水性征曲线。

实船螺旋桨的性能应根据模型敞水试验结果进行尺度修正后求得，修正办法详见

本书 §13.2 节中 1978 ITTC 推荐的方法。

（3）船模自航试验结果采用等推力法求出相当于实船自航点处的模型推进效率成分，即 ω_m、t_m 及 η_{Rm}，其分析方法详见本章 §14.2 节。

（4）实船伴流分数 ω_s 按下式计算：

$$\omega_s=(t_m+0.04)+[\omega_m-(t+0.04)]\frac{(1+K)\ C_{Fs}+\Delta C_F}{(1+K)\ C_{Fm}} \tag{14-15}$$

（5）假定推力减额分数与相对旋转效率无尺度作用，即

$$t_s=t_m\ ;\ \ \eta_{Rs}=\eta_{Rm}$$

（6）实船性能的标准预估步骤与 ΔC_T、$\Delta\omega$ 法相同，这里不再重复。

14.3.2.2 第二部分：根据各水池本身所积累的经验修正，给出实船航速、转速及功率之间的关系

第 15 届国际船模试验池会议性能委员会在分析不同单位提供的实际资料时发现，无论采用何种公式所得的 ΔC_T 与 $\Delta\omega$ 数据总是相当离散，难以得出一致的规律。这种离散是由于各水池的模型试验及实船试航程序不同所致。因此，需要引进一个所谓结合本单位的修正项，以便提供比较切合实际的实船性能预报。1981 年第 16 届国际船模试验池会议建议：采用功率因子 C_P 及转速因子 C_N 进行修正，C_P 及 C_N 的数值由各水池根据自己积累的经验统计资料决定。

因此，经 C_P、C_N 修正后给出的实船试航性能预估数值为

转速 $N_T=C_N\cdot N_s$

收到功率 $P_{DT}=C_P\cdot P_{Ds}$

式中，N_s 及 P_{Ds} 为 ITTC 标准预估中得出的转速及螺旋桨收到功率。

按上述方法所得到的结果，同样可以绘制如图 14-3 所示的曲线。

14.3.3 实船船模相关因子的选取

如前所述，根据船模自航试验结果预估实船性能时，相关因子的合理选取对预估的正确性极为重要。在进行实船性能的预估方法中，目前应采用 1978 ITTC 标准预估方法，但不少水池仍按传统习惯沿用 ΔC_T、$\Delta\omega$ 法，至于 BTTP 提出的 $(1+x)$、K_2 法已基本废弃不用。在我国制定的《单桨船模自航试验及数据的标准表达方法》标准文件中，规定采用 1978 ITTC 标准预估方法，也可以使用 ΔC_T、$\Delta\omega$ 法。因此，这里简要介绍两种预估方法中相关因子的选取问题。

14.3.3.1 1978 ITTC 预估方法

在 1978 ITTC 的预估方法中，第 16 届国际船模试验池会议规定采用功率因子 C_P 及转速因子 C_N 进行修正。因此，C_P、C_N 即为实船－船模的相关因子。根据上海交大水池对 7 条单桨船的实船及船模相关分析的结果，C_P、C_N 值如图 14-4 所示。

平均来说，$C_P=0.972\,5$，$C_N=1.023\,4$，第 16 届国际船模试验池会议性能委员会认为上述数据是在合理范围之内。

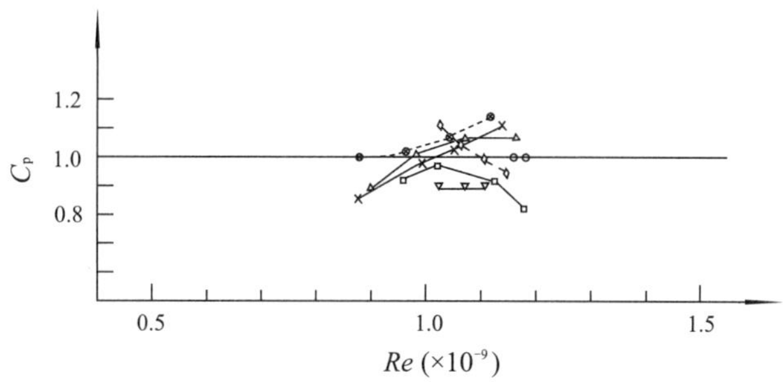

（a）C_P 值修正

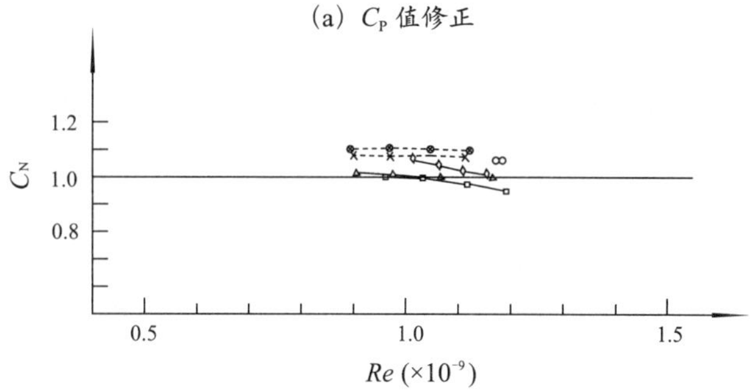

（b）C_N 值修正

图 14-4　上海交大水池 C_P、C_N 值的修正

14.3.3.2　ΔC_T，$\Delta\omega$ 法

在 ΔC_T、$\Delta\omega$ 预估方法中，实船阻力按传统的弗劳德二因次方法由船模阻力试验结果换算而得，其中摩擦阻力系数采用 1957 ITTC 公式进行计算。根据上海交大水池对有关实船及船模相关分析的结果，相关因子 ΔC_T 如图 14-5 所示。图 14-5 中同时给出了日本三菱试验池的分析结果。

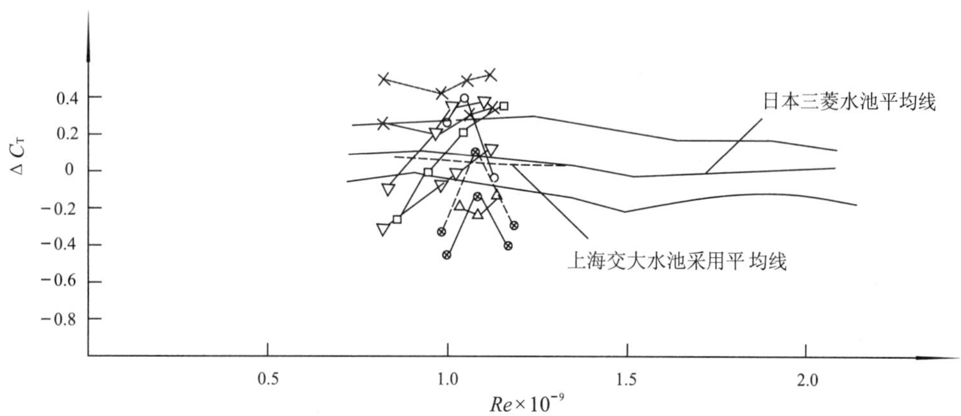

图 14-5　ΔC_T 分析比较

由图 14-5 中可见，相关因子 ΔC_T 比较离散，其平均数值可按图中的虚线选取，或按下列经验公式计算：

$$\Delta C_T = -1.615\,4 \times 10^{-10} Re + 0.183\,1 \tag{14-16}$$

至于相关因子 $\Delta\omega$，其实质是实船伴流分数 ω_s 与船模伴流分数 ω_m 之差，即 $\lambda\omega=\omega_s-\omega_m$。因此，问题可归结为既知 ω_m 如何估算 ω_s，根据我们的经验，可按本书 §13.4 节中式 (13-56) 或式 (13-57) 进行计算。

严格来说，实船船模的相关因子应按各水池自己积累的经验选取，但在资料缺乏的情况下，上述数据可供实船性能预估时参考使用。

14.3.4　实船试航速度预报、螺旋桨与主机的配合情况

对于产品任务来说，自航试验的目的是希望预先了解实船能达到的试航速度，螺旋桨与主机的配合情况。

根据图 14-3 所给出的 $P_{Ds}-V_s$ 及 N_s-V_s 的关系曲线，表示所试验的船体配上螺旋桨推船前进时 V_s、P_{Ds}、N_s 之间的关系。也即螺旋桨以转速 N_s 旋转时，如果能收到功率 P_{Ds} 的话，则这个螺旋桨就可推船以速度 V_s 前进。因此，如图 14-3 所示的曲线仅仅表示螺旋桨与船体的关系，还没有涉及与主机的关系。

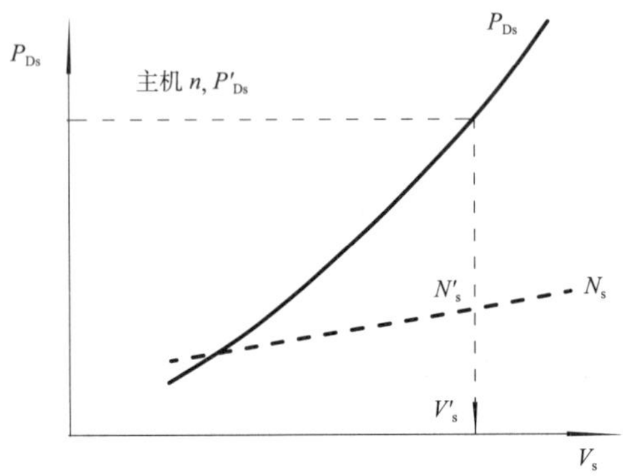

图 14-6　实船 $P_{Ds}-V_s$ 与 N_s 的关系曲线

当给定主机的功率和转速时，我们即可预报实船试航速度和判断螺旋桨与主机配合情况。设螺旋桨设计工况所对应的主机的转速为 n，功率为 P_s、轴系传送效率为 η_s，则主机在转速 n 时能够供给螺旋桨的功率为 P'_{Ds}。将此数值画在自航试验所得的实船 $P_{Ds}-V_s$，N_s 曲线如图 14-6 所示。

P'_{Ds} 直线与 P_{Ds} 曲线的交点表示主机供给螺旋桨的功率恰为螺旋桨所需要吸收的功率，此点为主机与螺旋桨在功率上平衡一致。从该交点可读得螺旋桨的转速为 N'_s，船速为 V'_s。现在需要考察螺旋桨转速 N'_s 与主机转速 n 之间的关系，这可能有下列三种情况。

（1）$P'_{Ds}=P_{Ds}$，$n=N'_s$。表明螺旋桨与主机不仅在功率上平衡一致，两者在转速上也一致。因此，主机与螺旋桨配合良好，符合设计要求。预计的实船试航速度可达 V'_s。

（2）$P'_{Ds}=P_{Ds}$，$n<N'_s$。由于在同样功率时螺旋桨的转速较主机为高，由此可以断定相对于设计工况来说螺旋桨的负荷过轻，即当该桨在转速 n 运转时，其吸收的功率将小于设计工况主机提供的功率。

（3）$P'_{Ds}=P_{Ds}$，$n>N'_s$。此时，相对于设计工况来说，螺旋桨负荷过重。即当该桨在转速 n 运转时，其吸收的功率将超过设计工况主机提供的功率，如果以额定转速和额定功率作为设计工况的话，则该桨必须降低转速运转。

船体、螺旋桨、主机三者配合一致是船舶设计者必须力争做到的。从自航试验的结果来看，情况（1）符合这个要求，因此可以预计所设计的船体、螺旋桨与主机是配合一致的，同时可以预计在主机功率 P_s、转速 n 时，实船可达到的试航速度为 V'_s。情况（2）（3）都出现船体、螺旋桨与主机不配合，表明原设计存在问题，需要加以改进而使三者配合一致。一般来说，由于船体、主机已定，修改螺旋桨比较方便省事，在自航试验预估中如出现情况（2）或情况（3），船模试验研究机构应负责提供修改方案，

即推荐一个能与船体、主机相匹配的螺旋桨，以纠正原设计的错误。

在机翼理论和螺旋桨理论基本知识中已知，改变螺旋桨的负荷可以有两种办法：①保持原来叶切面的形状而改变螺距；②保持原来的螺距而改变叶切面的形状（即改变叶切面的拱度）。因此，如果在自航试验预估中发现螺旋桨负荷过轻，则可以用增加螺距或增加叶切面拱度的办法使之改进。在螺旋桨负荷过重的情况下则可以借减少螺距或减小叶切面拱度的办法使之改进。实用上以修改螺距较为简单，对于原先用图谱设计的螺旋桨尤为方便，这是因为使用图谱系列资料很快可以得出修改后螺旋桨的数据，同时原先设计的螺旋桨一般都已进行空泡校核及强度计算，现只修改一下螺距估计对这方面的影响不大。

下面简要介绍根据螺旋桨敞水系列试验曲线对螺旋桨进行修改的大体步骤。

已知原设计桨（如图 14-6 中的交点）在吸收功率 P_{Ds}、转速 N'_s 时船速为 V'_s，且该桨之直径为 D，螺距比为 P/D。据 P_{Ds}、N'_s 及 D 等可算出该螺旋桨的 K_{QB}，再根据自航试验所得的 η_R 可得该桨的敞水转矩系数 K_{Q0}。

主机在转速 n 时能供给螺旋桨的功率为 P'_{Ds}。若螺旋桨的直径不变，则可以得出主机能供给该桨的 K'_{QB} 和相应的敞水 K'_{Q0} 或者根据 $P'_{Ds}=P_{Ds}$（功率一致），也可得出两者的关系。

$$2\pi n K'_{QB}\rho n^2 D^5 = 2\pi N'_s K_{QB}\rho N'^2_s D^5$$

$$n^3 K'_{QB} = N'^3_s K_{QB}$$

同时，可有

$$K'_{Q0} = \left(\frac{N'_s}{n}\right)^3 K_{Q0}$$

修改后螺旋桨的敞水 K'_{Q0} 满足上式的要求，则可与主机的功率及转速配合一致。

然后，假定若干个船速 V 并算得对应的进速系数 J，根据上面计算的 K'_{Q0} 及 J 在敞水曲线图谱中查得若干组 P'/D 和 K'_T，并得到对应的 $T'_e(V)$，最后可由 $T'_e(V)=R(V)$ 确定修改后螺旋桨的螺距比 P'/D 和船速 V。

如果不按上述办法修改，则也可以根据船模试验所得出的有关数据，如 R_{Ts}、t_m、ω_s、η_{Rm} 等，重新进行螺旋桨设计。

在许多情况下，船模自航试验使用的是备用螺旋桨模型而不是设计桨的模型。所谓备用螺旋桨模型，是指船模试验池已有的库存螺旋桨模型。各国船模试验池普遍采用备用螺旋桨进行自航试验的原因是：①对于船型系列试验研究项目，无明确对应的实船，则选用大体合适的备用桨进行自航试验以便提供船型系列有关的各推进效率成分资料。②对于新设计船舶的产品试验研究来说，由于设计者要求尽快提供新船的推进性能，作为方案设计审查的依据。按设计螺旋桨新造一个模型相当费工费时，为了节省时间，只好选用船池中已有的桨模。③备用桨所得的试验结果用之于实际尚能满足工程上的要求而没有显著的误差。

选用备用桨进行自航试验虽然可以免除设计桨模型的加工制造，但我们需要的是设计桨与船体、主机匹配是否良好，以及用设计桨后船舶能达到的航速等。因此，用备用桨进行试验所得的数据必须加以换算并给出相应于设计桨的结果。现就有关问题说明如下。

（1）备用桨的选择原则：备用桨的螺距比、叶数及盘面比应尽可能与设计桨相近，即使有些差别，问题也不大。但是，备用桨的直径必须与设计桨相同，这是因为直径不同会影响到 ω、t、η_R 等因素，故备用桨的直径务必与设计桨一致。关于这一要求是极易做到的。假定设计桨的实桨直径为 D_s，船池中现有比较合适的备用桨的直径为 D_m，则可以根据 $\frac{D_s}{D_m}=\lambda$ 作为实船和船模的缩尺比，这样便保证了备用桨模型直径与设计桨模型的直径相同。

（2）按备用桨进行自航试验后的船模推进效率成分分析方法与 §14.2 节中相同。所用的分析资料是船模阻力曲线，备用桨的敞水性征曲线及自航试验曲线。由此所得到的对应于实船自航点的各种效率成分如 η_0、η_R、t、ω、η_D 以及转速 n_m 等都是备用桨的数值。

（3）根据船模试验数据的统计分析，当螺旋桨直径相同时，由于其他因素变化对 η_R、t、ω 的影响较小，因此可以认为：用备用桨自航分析所得的 η_R、t、ω 等数值完全适用于设计桨。

（4）在 ΔC_T、$\Delta\omega$ 或 1978 ITTC 方法进行实船性能预估时，只要根据备用桨得出之模型 η_R、t、ω 等数值及设计桨的敞水性征曲线，参照本节中所介绍的办法进行分析，便可得出相应于设计桨的实船性能预估曲线，即 P_{Ds}、N_s–V_s 曲线。

由此可见，对于新设计船舶以备用桨进行自航试验的前提是：必须已知设计桨的敞水性征曲线，否则将无法预估实船的性能。

14.3.5 实船船模的相关分析

从前面的许多讨论中我们可以清楚地看到，由于船模试验不是（也不可能是）在全相似的条件下进行，因此根据船模试验结果进行实船性能预估时，不得不利用经验统计数据，以期提高预估的正确性，这些经验统计数据可统称为实船船模的相关数据。这些数据是从船模试验与相应的实船试航资料分析比较而得来的。这种分析比较可统称为实船船模的相关分析。

为了提高实船性能预估的正确性，需要积累大量的实船试航资料。为了寻求合理的船模换算方法，也需要积累大量的实船试航资料。因此，重视实船试航以取得可靠的数据，认真进行船模实船相关分析，是十分重要的。

在进行实船船模相关分析时，所需要的资料是：①实船试航数据，即 N_T、P_{DT}–V_s 曲线（图 14–7）。②相应的船模试验给出的实船性能预估，即 N_s、P_{DT}–V_s 曲线（图 14–8）。

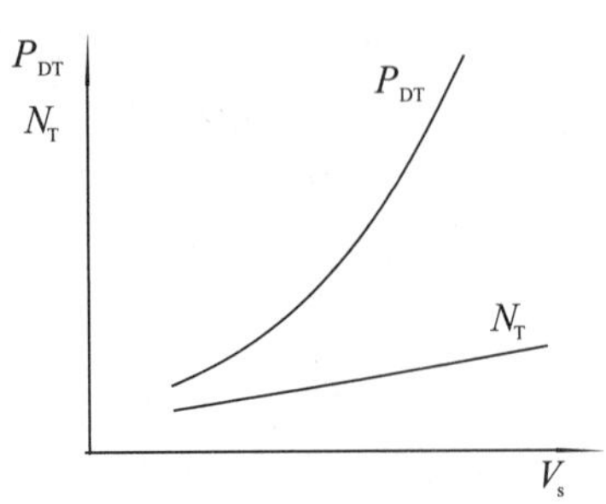

图 14–7 N_T、P_{DT}–V_s 曲线

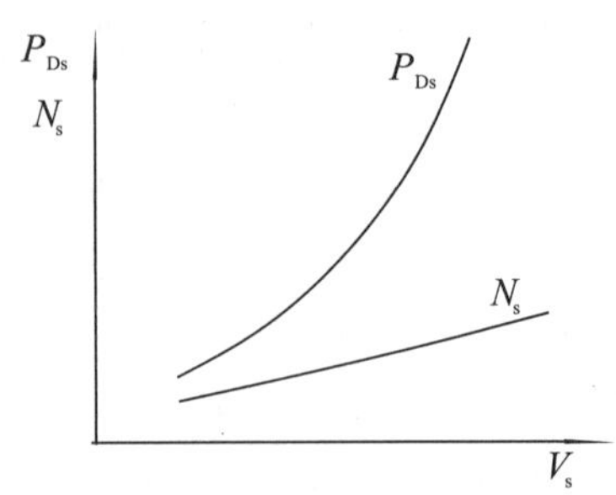

图 14–8 N_s、P_{Ds}–V_s 曲线

相关分析可按如下步骤进行。

14.3.5.1 功率因子 C_P 及转速因子 C_N 的相关分析

这种相关分析比较简便。对于某一船速 V_s，从实船试航数据得出的功率为 P_{DT}，螺旋桨的转速为 N_T，但根据船模自航试验用 1978 ITTC 标准方法预估实船在船速为 V_s 时的功率为 P_{Ds}，转速为 N_s。则可得相关因子如下：

功率相关因子
$$C_P = \frac{P_{DT}}{P_{Ds}} \tag{14-17}$$

转速相关因子
$$C_n = \frac{N_T}{N_s} \tag{14-18}$$

14.3.5.2 ΔC_T、$\Delta\omega$ 因子的相关分析

对于某一船速 V_s 从实船试航数据得出功率 P_{DT}，螺旋桨的转速 N_T，则可利用相应的船模自航数据及螺旋桨敞水性征曲线进行相关分析。

根据实船螺旋桨的收到功率 P_{DT}，按下式算出船后转矩 Q_{TB}：

$$Q_{TB} = \frac{75P_{DT}}{2\pi N_T}$$

利用船模自航试验所得的相对旋转效率 η_{Rm}，按下式求得实桨敞水转矩 Q_{T0}：

$$Q_{T0} = \eta_{Rm} \cdot Q_{TB}$$

根据实桨的直径 D_s、转速 N_T 及水的密度 ρ，按下式求得实桨敞水转矩系数 K_{Q0}：

$$K_{Q0} = \frac{Q_{T0}}{\rho N_T^2 D_s^5}$$

根据上述 K_{Q0} 在螺旋桨敞水性征曲线上查得实桨的工作点 J 及推力系数 K_T，由此可得

实桨的推力 $$T = K_T \rho N_T^2 D_s^4$$

实桨的进速 $$V_A = J N_T D_s$$

根据实船的航速 V_s，可算出伴流分数 ω_s：

$$\omega_s = 1 - \frac{V_A}{V_s}$$

利用船模自航试验所得的推力减额分数 t_m，可得实船的总阻力 R_{Ts}：

$$R_{Ts} = T(1 - t_m)$$

根据实船的航速 V_s，船的湿面积 S 及水的密度可得实船总阻力系数 $[C_{Ts}]_A$：

$$[C_{Ts}]_A = \frac{R_{Ts}}{\frac{1}{2}\rho S V_s^2}$$

上述 $[C_{Ts}]_A$、ω_s 是实船试航分析所得的实际总阻力系数与伴流分数。据此可得相关因子如下：

$$\Delta C_T = [C_{Ts}]_A - [C_{Ts}]_m$$

$$\Delta\omega = \omega_s - \omega_m$$

式中，$[C_{Ts}]_m$ 为船模换算所得的实船总阻力系数；ω_m 为船模自航分析所得的模型伴流分数。

§14.4 实船试速

船舶在建造或维修工作完成后，照例要进行试航，以检验船舶在快速性、操纵性、主辅机性能及船舶装置等营运性能是否达到规定的技术指标。由于实船快速性试验是其中一项重要内容，因此，也常称为实船试速。

此外，大量实船试航资料的积累对于建立各家水池的实船船模相关数据，以提高实船性能预估的正确性是非常重要的。就“船舶推进”这门学科而言，最关心的是取得如图 14-7 所示的实船试速的可靠数据。

关于实船试速的条件和方法，我国已制定了标准化文件，本节只作简单介绍。

14.4.1 试速条件

14.4.1.1 测速区

应选择水面宽广，有足够深度，风浪、潮流影响较小的水域作测试区。

通常多采用叠标法测速，因此测速区不宜离岸边太远。测速区的标桩设置如图 14-9 所示。

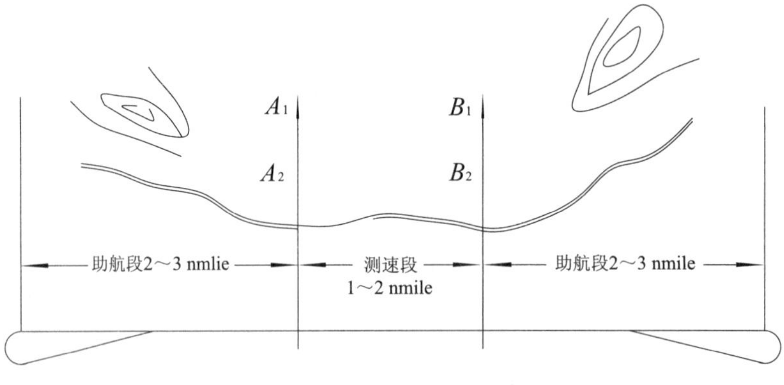

图 14-9　实地测速区的标桩设置

在岸上设立 A_1、A_2、B_1、B_2 四个标桩，标桩 A_1A_2 与 B_1B_2 的垂直距离为测速段长度，通常取 1 ～ 2 n mile。为使船舶在进入测速段前达到稳定的航速，在测速段两端设有助航段，助航段长度视船舶大小而定，中小型船舶为 2 ～ 3 n mile（或 25 倍船长），大型船舶（5 万吨级以上）应大于 40 倍船长。

14.4.1.2 环境要求

风力应不大于蒲氏风标三级，海况不大于二级浪，能见度良好。

试速区水深应满足以下两式中较大者：

$$h > 2.75\frac{V^2}{g} \text{ 或 } h > 3\sqrt{Bd}$$

式中，h 为水深，m；V 为船速，m/s；g 为重力加速度，m/s^2；B 为船宽，m；d 为吃水，m。

14.4.1.3　船舶状况

为进行船模和实船相关分析，要求试验船舶处于设计装载状态，即与船模自航试验的状态一致，船体水下部分及螺旋桨表面没有污损。

14.4.2　测试方法

14.4.2.1　试验工况

试验工况一般分 4 ～ 5 档，主机从低负荷向高负荷依次递增，直至容许的超负荷工况。例如，主机额定功率的 60%、75%、90%、100% 及 110% 超负荷工况。

对于每一工况至少应进行正反航向三个连续单航次的试验，每一工况三个航次的主机转速应尽可能保持不变。每个航次都应保持船的航向同标桩方位正交，且尽可能在同一测速线上，尽量少操舵，为保持航向而必须操舵时，操舵角要求不大于 5°。

14.4.2.2　测量数据

1）航速

至少由三位观察者用秒表（精度应可读至 1/100 s）测定船舶在测速段内航行的时间。由所测跑标时间及已知标桩距离可以计算出每一航次船舶的对地速度 V_G。将跑标时间及对地速度填入表格。表格中也希望同时填入进标及出标时间、航次等，以便查考。

当然也可利用近期发展的一些新型高精度测速装置，无须跑标就可精确测定船舶对水速度或对地速度。但就目前情况来看，跑标还是方便可靠，广为人们采用的方法。

2）轴转矩和转速测量

用扭力仪测定轴转矩及轴转速，便可以计算出轴功率，扣除尾轴系的传递损失后可得到螺旋桨的船后收到功率。轴转矩及转速最好是连续同步记录，否则，在测速段内至少应作 3 ～ 4 次的数据记录。

3）推力测量

推力是船模和实船相关分析中比较重要的数据，但由于目前尚缺少足够满意的测量实船推力的仪器及传感器，故实际应用中常借助自航试验中的相对旋转效率 η_R 来进行分析。

4）其他观察测量项目

为了能够对试速结果进行深入分析和以备查考，有必要对下列诸项目进行观察或测量：①航向——记录每航次的实际罗经航向；②操舵情况——在测速段内记录航行时的操舵次数及舵角；③风速、风向——测定每一航次的相对风速 V_R 及相对风向角 θ；④海况——试速区海面的波浪情况；⑤海流——若有可能，测量潮流大小及方向；⑥海水温度及重量密度——试速前后，测定试速区一定深度处的水温和重量密度；⑦船舶吃水情况——试速前后都应观测船舶艏、舯、艉的吃水。

上述测量和观察结果均应记录在试速的表格内。

14.4.3 数据整理和分析

严格来讲，尽管前面规定了实船试速的条件，但实船试速所遭受的外界影响仍不同于船模试验，在外界影响中主要是风力、潮流及波浪。为了使在实际环境中试速得到的结果能同模型试验结果进行对比，就必须用适当的数据处理办法排除风力、潮流及波浪的影响。将试速结果修正为相当于无风、无潮流及无波浪状态的结果。关于风力和潮流的影响已有一些可行的修正方法，而对于波浪的影响至今尚无恰当的修正方法。

14.4.3.1 对风力影响的修正

对风力影响的修正目前有两种修正方法：一种方法是将有风状态的试速结果扣除全部空气阻力的影响部分，得到所谓“无空气”状态的推进性能；另一种方法是仅扣除风力的影响部分，还保留船在静止空气中运动时遭受的空气阻力的影响部分，也就是得到所谓“无风”状态的推进性能。后者似乎更切合实船情况，因为在无风时实船实际上仍遭受速度和船速相同的迎风阻力，但前者却更切合于船模情况，因为在船模试验时并不安装上层建筑。

关于风力影响的修正在不少书本和文章中都有介绍，除了要求合理选择不同上层建筑在不同迎风角度下的风阻系数外，处理方法并不复杂，因此这里不予赘述。另外，根据我们的经验，在较理想的试航条件下，根据目前现有的各类数据测量精度，不必专门进行风力影响的修正。将此项影响包含在总的实船和船模的相关系数中，从工程实际观点出发还是可行的。

14.4.3.2 对潮流的修正

潮流仅改变船舶对地速度，并不改变对水速度，因此，若测速时测定的是对水速度，则不必进行潮流修正。现行的测速方法，大多数是测定对地速度，因此需作潮流修正。对潮流影响的较实用的修正方法也有如下两种。

（1）假定同一工况内相邻两航次的中间时刻的平均潮流速度等于这两个航次的对地速度之差的一半，再以时刻为横坐标绘出整个试航时刻范围内的平均潮流速度变化曲线，由该曲线可以求出每一航次对应的潮流速度，从而求得船舶的对水速度。

目前，有些国家在试速时，同时测量测试段内潮流随时间的变化曲线，这样可以直接从对地速度扣除潮流速度后求出船舶的对水速度。

（2）假定潮流速度随时间的变化规律（如假定是线性关系或二次曲线关系），然后将同一工况内若干航次的对地速度用次第平均法求得该工况的对水速度。

如前所述，试速时对每一工况一般进行正反航向三个连续单航次的试验，每一工况三个航次的主机转速尽可能保持不变。若三个航次测得的数据如表 14-5 所列，按次第平均法可以消除潮流速度，因而得出该工况的平均对水船速 $V=\dfrac{V_1+2V_2+V_3}{4}$，平均转

速 $n=\dfrac{n_1+2n_2+n_3}{4}$，平均主机功率 $P_s=\dfrac{P_{s1}+2P_{s2}+P_{s3}}{4}$。

表 14-5　三个航次测得的数据

试验航次	对地船速 / kn	转速 / (r/min)	主机功率 / hp
1	V_1	n_1	P_{s1}
2	V_2	n_2	P_{s2}
3	V_3	n_3	P_{s3}

这就是目前在实船试速时常采用的最简便的方法。考虑到轴系传送效率 η_s 后，就可以得到如图 14-7 所示的实船试航数据 n、P_D-V 曲线。由于船模试验预报的实船航行性能通常是指标准温度 15℃及某一排水量（如满载排水量）时的情况。因此需将上述实船试航结果修正至标准状态后再进行船模实船相关分析，对于排水量的差别可近似地应用海军常数相同的方法进行修正。至于温度的差别主要影响船体的摩擦阻力，因此可以先估计温度不同对于有效功率的修正百分数，在假定推进效率相同的情况下将此百分数直接用之于修正螺旋桨的收到功率。

【思考题】

1. 船模自航试验的相似条件是什么？为什么不能满足完全动力相似？

2. 什么叫船模航点和实船自航点，船模自航试验时为何需对船模的摩擦阻力进行修正？

3. 如何根据实船性能预估曲线，判断螺旋桨与主机的配合情况？如果发现船体－螺旋桨－主机三者配合不好，应如何加以改进使三者配合一致？

第 15 章　螺旋桨的空泡现象

螺旋桨的空泡现象，从 19 世纪末叶开始便引起了造船界的注意。机械工业的迅速发展初步解决了高速舰船的动力问题，各帝国主义国家为了争夺殖民地而竞相建造高速军舰，就当时的设计和建造水平而言，在一般情况下舰船的速度大致能达到预期的要求。1894 年英国 240 t 的小型驱逐舰“勇敢”号初次试航时，发现转速只能达到 384 r/min，比额定转速低 1.54%，两台主机发出的总功率为 3 700 hp，比额定功率低 7.5%，而航速不超过 24 kn，与原定设计航速 27 kn 相差很多。后来，对螺旋桨作多次修改设计，但每次试航结果差别不大，甚至艉部还发生剧烈振动。直到第 6 次修改设计，其他参数基本不变，仅盘面比增加 45%，就达到了预定要求。1897 年负责建造该舰的总工程师巴纳贝在造船工程师会议上详细地介绍了该舰试航时所遇到的现象，认为最初未达到预期航速的原因是螺旋桨发生了空泡现象。几年后，第一艘汽轮机船“透平”号又出现了同样的问题，以致连续换了 7 个桨，最后只得放弃单桨，改为 3 桨才使航速达到 32 kn。

近 20 多年，船舶发展呈现着两种发展趋势：一是军用船舶（如高速艇等）主机不断向高转速和大功率方向发展，并将高速主机与螺旋桨直接相连。这类船的螺旋桨上空泡往往在所难免，因而促进了所谓空泡螺旋桨或全空泡螺旋桨的研究和发展。船舶的大型化和高功率乃是另一发展趋势，由于螺旋桨负荷不断增加，艉部流场的不均匀性使螺旋桨上产生时生时灭的空泡，导致桨叶剥蚀损伤，而且往往伴有强烈的艉部振动。因此，空泡问题日趋重要，不少学者致力于这方面的研究，以进一步提高对空泡机理的认识，寻求避免产生空泡的规律和方法。

近年来的研究表明，过去的不少概念并不确切，如：认为按常规设计方法就可以避免空泡；根据空泡筒中均流试验结果就能预估实船空泡现象等。因而向研究部门提出了一系列问题：空泡的机理是什么？空泡到底有没有尺度效应？空泡为什么会产生剥蚀及其防止的对策？叶切面的空泡程度和性能究竟如何预测，等等。到目前为止，上述问题还未能获得真正解决。因此，本章仅就比较成熟且与螺旋桨图谱设计有关的问题，作系统的介绍。

§15.1　桨叶表面产生空泡的原因

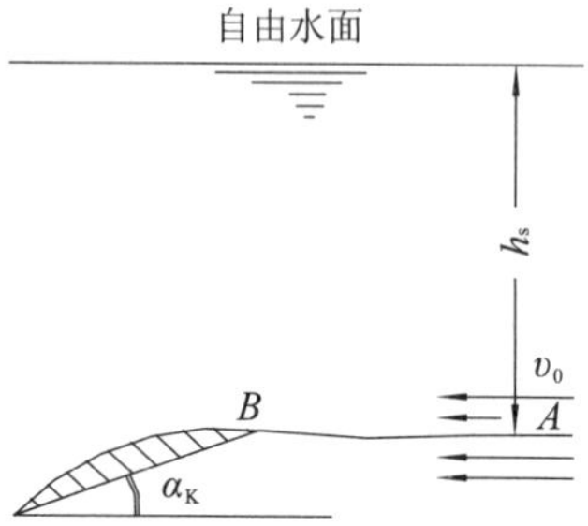

图 15-1　叶切面的流动状态

螺旋桨在水中工作时，桨叶的叶背压力降低形成吸力面，若某处的压力降至临界值以下时，导致爆发式的汽化，水汽通过界面，进入气核并使之膨胀，形成气泡，称为空泡。一般认为，压力的临界值即为该温度时水的汽化压力 p_v（或称饱和蒸汽压力）。

现以桨叶某半径处切面（或普通的机翼切面）的运动说明产生空泡的情况。参阅图 15-1，设水为理想流体并在远处以流速 v_0、攻角 α_K 流向叶切面。叶背上

的水流速度大于 v_0，压力则小于 p_0，形成“吸力”。而叶面上的水流速度小于 v_0，压力大于 p_0，形成“压力”。在叶背上取一点 B，设该处的压力为 p_b、流速为 v_b，并与切面远前方的 A 点位于同一流线上。由于运动是定常的，故可用伯努利方程确定 A、B 两点处压力及速度之间的关系，即

$$p_b + \frac{1}{2}\rho v_b^2 = p_0 + \frac{1}{2}\rho v_0^2$$

式中，v_0 为 A 点处的流速；p_0 为 A 点处的压力。

或

$$p_0 - p_b = \frac{1}{2}\rho(v_b^2 - v_0^2)$$

将上式两边除以 $\frac{1}{2}\rho v_0^2$，可得无因次系数：

$$\xi = \frac{p_0 - p_b}{\frac{1}{2}\rho v_0^2} = \left(\frac{v_b}{v_0}\right)^2 - 1 \tag{15-1}$$

式中，ξ 称为减压系数。

若切面上某处的 $\xi < 0$，则表示该处压力增高（即大于 p_0），若 $\xi > 0$，则为压力降低。通常认为，当 B 点的压力降至该水温下的汽化压力（或称饱和蒸汽压力）p_v 时，B 点处即开始出现空泡。故 B 点产生空泡的条件为

$$p_b \leqslant p_v$$

令

$$\sigma = \frac{p_0 - p_v}{\frac{1}{2}\rho v_0^2} \tag{15-2}$$

若切面上 B 点处的减压系数 $\xi \geqslant \sigma$，则 $p_b \leqslant p_v$，B 处即产生空泡。反之，当 B 点处的 $\xi < \sigma$，则 $p_b > p_v$，即不产生空泡。因此，B 点产生空泡的条件也可写成：

$$\xi \geqslant \sigma$$

因 σ 可用以衡量切面上是否发生空泡，故称为空泡数。

综上所述，根据桨叶上某处的减压系数 ξ 与空泡数 σ 的比较，可以判断该处是否发生空泡，其判断的准则是：

$$\left.\begin{array}{l}\text{当 } \xi \geqslant \sigma\text{，有空泡} \\ \text{当 } \xi < \sigma\text{，无空泡}\end{array}\right\} \tag{15-3}$$

由式 (15-3) 可见，欲使桨叶切面不发生空泡，应设法减小减压系数 ξ，或增大空泡数 σ。因此有必要分别了解影响减压系数 ξ 和空泡数 σ 的各种因素。

由式 (15-1) 可知，叶切面上某一点（如图 15-1 中的 B 点）的减压系数 ξ 只与该处流速 v_b 对来流速度 v_0 的比值（v_b/v_0）有关。故在绕流条件下减压系数 ξ 随切面形状、入射角 α_K 及 B 点的位置而变，与来流速度 v_0 的大小无关。图 15-2 表示某一机翼形切面在不同入射角时的减压系数 ξ 的分布曲线，图中曲线的最高点表示切面上的压力最低处，并称为最大减压系数 ξ_{max}。图 15-3 表示同一入射角时机翼形切面和弓形切面的

压力分布情况。从图 15–2 及图 15–3 中可以看出，对一定的切面来说，增加入射角其最大减压系数 ξ_{max} 也增加。在同一入射角时，机翼形切面的 ξ_{max} 值较弓形切面为大。因此，改变叶切面上减压系数 ξ 只能从改变切面形状和入射角入手。

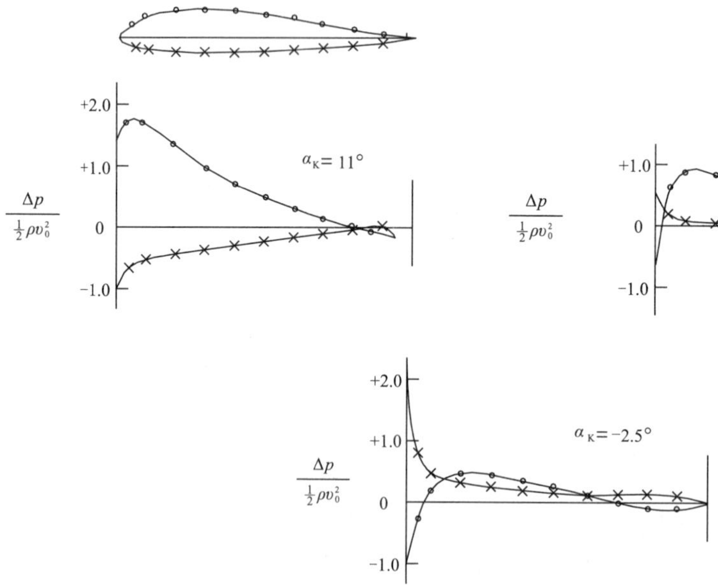

图 15–2　不同入射角时的减压系数 ξ 的分布曲线

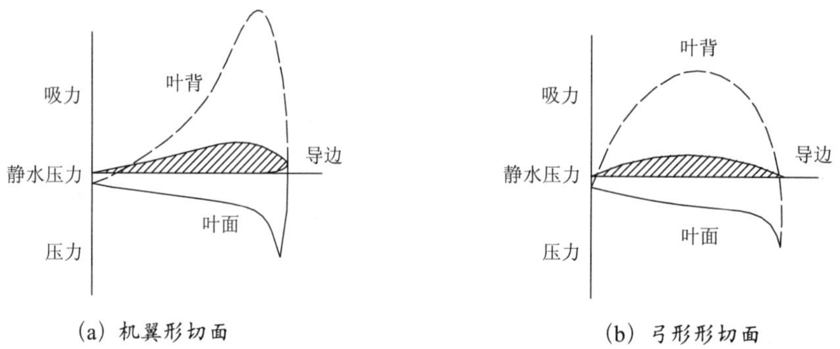

图 15–3　相同入射角时不同切面的压力分布情况

由式 (15–2) 可知，空泡数 σ 与来流速度 v_0、水的汽化压力 p_v 及静压力 p_0 有关，而与桨叶切面的几何特征无关。当 $p_0 - p_v$ 的数值为一定时，来流速度 v_0 越大，则空泡数越小。而水之汽化压力 p_v，则随水的温度 t 而变化，两者的关系列于表 15–1。

表 15–1　汽化压力与水温的关系

水温 t / °C	5	10	15	20	30	40	50	60	100
汽化压力 p_v / (kgf/m^2)	89	125	174	238	433	725	1 258	2 081	10 330

在 v_0 与 p_0 一定时，水温越高，汽化压力 p_v 越大，则空泡数 σ 越低。由图 15–1 可知，静压力 p_0 可表示为

$$p_0 = p_a + \gamma h_s \tag{15–4}$$

式中，p_a 为大气压力，其数值为 10 330 kgf/m^2；γ 为水的重量密度，kgf/m^3；h_s 为桨叶切面的沉没深度，m，对整个螺旋桨来说，h_s 常以桨轴中心离自由水面的高度来计算。

在 v_0 及 p_0 一定的情况下，桨叶的沉没深度越大，则空泡数 σ 越高。

v_0 是来流速度 (m/s)，相对于桨叶切面来说，若忽略诱导速度，则可表示为

$$v_0 = \sqrt{(2\pi rN)^2 + V_A^2}$$

当转速 N 或进速 V_A 较大时，其合成速度 V_0 也大，因而空泡数较小。

由上述分析可知，根据桨叶切面的减压系数 ξ 与空泡数 σ 之间的相对关系可以断定是否发生空泡，而 ξ 与 σ 是由两组互不相关的参数所决定。调整这两组参数可以改变 ξ 与 σ 的关系，因而使空泡现象提早或延缓。对于叶切面来说，最大减压系数越大者越易发生空泡。而对空泡数来说，σ 越小者越易发生空泡。若已知某一物体（如水翼）在一定运动情况下（如某一定攻角）的最大减压系数为 ξ_{max}，则可由空泡数 σ 决定其不发生空泡的极限速度 v_k 值。因不发生空泡的极限条件为

$$\xi_{max} = \sigma \tag{15-5}$$

或

$$\xi_{max} = \frac{p_0 - p_v}{\frac{1}{2}\rho v_k^2}$$

故

$$v_k = \sqrt{\frac{p_0 - p_v}{\frac{1}{2}\rho\,\xi_{max}}} \tag{15-6}$$

物体做高速运动时，若速度超过极限值 v_k，则必然发生空泡现象。

近年来对空泡机理的研究表明，空泡其实是一个笼统的名称，它有气化空泡，汽化空泡和似是空泡之分。所谓气化空泡，是指原溶解于水中的气体，由于降压或过饱和，以扩散的方式通过界面逸到存在于水里的气核中并成长到肉眼能见的程度；所谓汽化空泡，是指液体分子因降压到所谓饱和蒸汽压力导致爆发式的汽化，水汽通过界面，进入气核并使之膨胀；似是空泡，是指原来以各种方式存在于水中的气核，虽然没有任何水汽或气体逸入，但当外界压力降低时，它本身也会膨胀到肉眼可见的程度。因此，除汽化空泡外，气化空泡或似是空泡都可能在大于、等于或小于饱和蒸汽压力 p_v 时出现，而汽化空泡则总是在小于或至少等于 p_v 下才能出现。前者空泡成长过程缓慢，后者迅速。本节所讨论的空泡主要是指汽化空泡。

上面提到的空泡产生都涉及液体内原来就存在有气核这一因素。有人进行过这样的试验，将事先经过特殊处理的水（所谓“纯水”），用静力学或动力学的方法测量它能否抗低压或负压。结果发现这种“纯水”不仅在非常低压下（远低于该温度下的饱和蒸汽压）不会出现上述三类空泡，而且能承受相当大的拉力，即负压。由此证明，在液体中产生空泡一定是因液体内本身存在某种“缺陷”或“弱点”所致，这种缺陷或弱点就是气核。无论是汽化空泡或气化空泡，都得通过界面进行“蒸发”或扩散，大量存在于自然水中或壁面上的气核正是这种“媒介”。

式 (15-5) 所表示的不发生空泡的极限条件（也即发生空泡的条件）仅对汽化空泡才近似正确，而且即使是汽化空泡，也是在空泡数 σ 略低于 ξ_{max} 时才出现可见的空泡，

因为汽化空泡由气核的尺寸成长到肉眼可见的尺寸需要一定的时间，并需对表面张力做功。因而出现了所谓初生空泡数 σ_i 与消失空泡数 σ_d 的说法。

所谓初生空泡，通常是指物体绕流中保持速度不变，进行减压，直到在初生压力 p_{0i} 下出现空泡为止，因此，初生空泡数 σ_i 定义为

$$\sigma_i = \frac{p_{0i} - p_v}{\frac{1}{2}\rho v_k^2} \tag{15-7}$$

当然也可以通过降压与加速两者并用，来达到出现空泡的目的，这时

$$\sigma_i = \frac{p_{0i} - p_v}{\frac{1}{2}\rho v_{0i}^2} \tag{15-8}$$

在试验室中确定物体空泡的初生，可以采用声学的方法，如规定噪声电平的分贝；也可以用目测的方法，如规定出现每秒钟可见的 3 mm 左右的空泡条纹等。但即使对同一物体，空泡初生时刻的 σ_i 值变化也很大，而且是随机的。为了研究试验条件不同对空泡初生的影响，第 16 届国际船模试验池会议曾将标准水翼 - 头体组合体的空泡初生在 5 个空泡水筒中进行试验观察，图 15–4 是半球头空泡初生的部分试验结果，可见离散度很大。

以后有人尝试在已经产生空泡的情况下，逐渐增压以观察空泡的消失，最后看到个别气泡间断地闪现约每秒几次，将这时的空泡数定义为消失空泡数 σ_d，这个数值比较稳定，重复性也比较好。图 15–5 为某椭球体的试验数据，通常

$$\sigma_d > \sigma_i \tag{15-9}$$

现在某些文献发表的数据，有用 σ_d 代替 σ_i 作为空泡发生的衡准数。

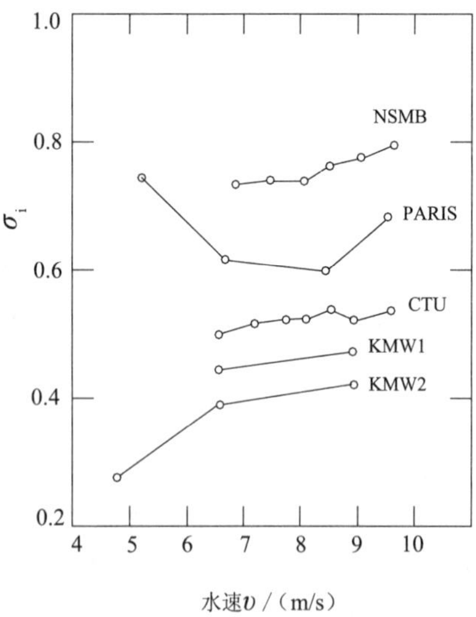

图 15–4　半球头空泡初生的部分试验数据

NSMB—荷兰船模试验池；PARIS—巴黎船模试验池；CTU—上海交通大学；KMW—瑞典长曼瓦公司

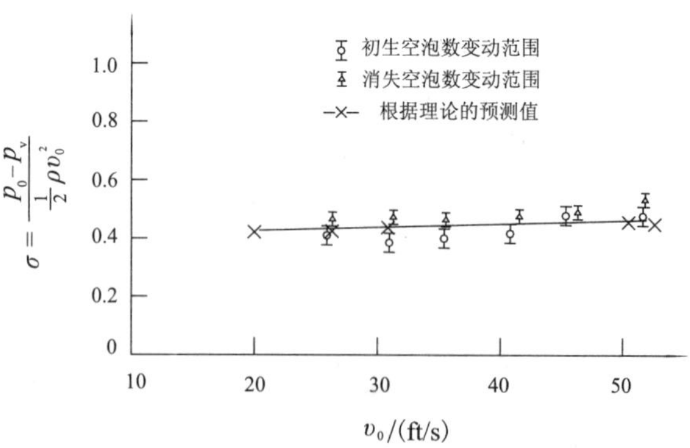

图 15–5　椭球体的试验数据

§15.2　叶切面空泡现象及其对性能的影响

叶切面某处发生空泡以后，该处的叶表面不再与水接触。试验结果表明，不同的空泡发展程度对叶切面性能的影响也不同。在研究空泡问题时，常按空泡对翼型水动力性能影响的不同而分为两个阶段，即空泡现象的第一阶段和第二阶段。

在空泡现象的第一阶段，叶切面某处的压力降至汽化压力 p_v 时，水即汽化，水汽通过界面，进入气核并使之膨胀而形成球状空泡，如图 15-6 所示。这类空泡常发生于叶切面上最大减压系数附近，可称为局部空泡。当其沿流线移至较高的压力区内时，水汽压力不再支持外界压力，因而空泡被压缩而迅速溃灭，水流也恢复正常情形。此类空泡对叶切面的水动力性能基本上没有影响，这可解释如下：参阅图 15-6，虚线表示切面在一定攻角下未发生空泡时的减压系数 ξ 曲线，实线表示叶背上产生局部空泡时减压系数的分布曲线。叶背上 A 点前的压力已降至临界压力 p_k，溶解于水中的气体开始逸出；而在 A 点处，减压系数 ξ 等于空泡数 σ，水即开始汽化而形成空泡，其压力恒为 p_v 而不再变化，故在 AB 范围内，减压系数 ξ 不再按无空泡时的规律变化而恒为空泡数 σ。在 B 点以后，减压系数 ξ 开始过渡到小于空泡数 σ 的区域，但因该处的空泡不会马上完全溃灭消失，故延伸至 C 点。而且空泡占有一定的位置，改变了流经翼型的流线形状，使流速增大，其影响至 D 处才消失。因此，在 BD 范围内，空泡发生后的减压系数 ξ 也不按无空泡时的规律变化。由图 15-6 中可以看出，在 AB 范围内 ξ 曲线被截去的部分（损失的吸力部分）大致为 BD 范围内增加的部分（吸力的增加）所抵消，因而对于整个叶切面的升力无甚影响。此外，由于空泡区对翼型流动情况改变不大，故对阻力影响也不大。但是，由于空泡在 C 点下沿溃灭，产生内爆，这种内爆之冲击力反复集中于一点，可使叶表面材料被剥蚀而损坏，称为剥蚀现象，以区别于化学作用产生的材料腐蚀或电蚀。当然，材料被反复剥蚀后会形成多孔海绵状麻点，使翼型的性能显著下降，甚至有导致桨叶折断的危险。归纳起来，第一阶段空泡现象的特征是：空泡区域是局部的，对叶切面的水动力性能不发生明显影响，但可能在叶表面产生剥蚀。

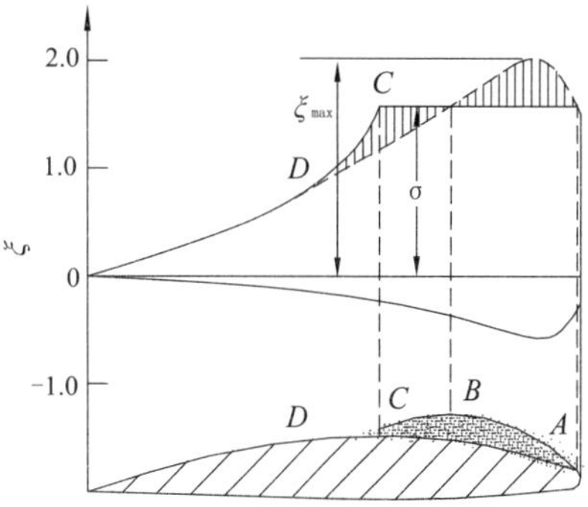

图 15-6　第一阶段空泡现象

当空泡区域扩大占整个叶背面积的 60% ～ 70% 时，即开始从根本上改变流动状况，叶背的大部分与空泡相接触，这时空泡现象已发展到第二阶段。当叶切面发生广泛的背空泡时，整个切面的叶背全部被空泡所笼罩，各处的压力都等于汽化压力 p_v，这种形式的空泡称为片状空泡（或称全空泡以区别于局部空泡），如图 15-7 所示。此时整个叶背等于在蒸汽和空气的混合气体中运动，吸力面的升力不再随速度的增高而加大，其升力及阻力均较无空泡时为低，但阻升

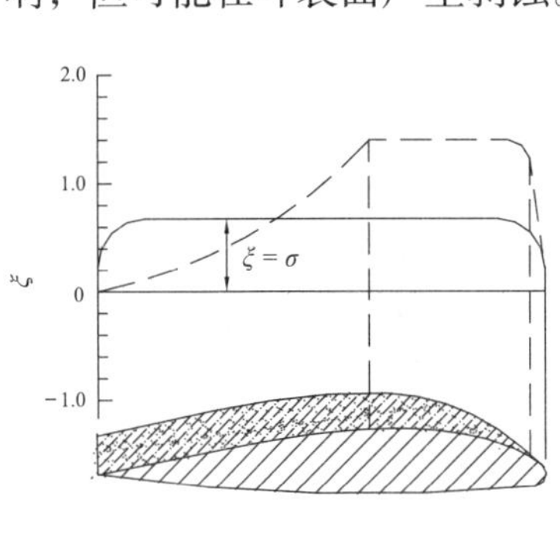

图 15-7　第二阶段空泡现象

比增加，使叶切面的水动力性能恶化。在第二阶段空泡时，空泡已不在叶背上溃灭消失，而被曳出至艉流中，故对叶表面无剥蚀作用。归纳起来，第二阶段空泡现象的特征是：空泡区域已拖到随边之外，通常对叶表面无剥蚀作用；但影响叶切面的水动力性能。

图 15–8 为某叶切面在空泡发生前后其水动力特性（升力系数 C_L 和阻力系数 C_D）随空泡数 σ 变化的典型曲线。同一攻角不同空泡数下的叶背上的减压系数 ξ 分布如图 15–9 所示。可见与上述讨论相类似，当开始发生空泡时，对水动力性能无甚影响，随着 σ 的减小，空泡发展到一定阶段，升力系数还有所上升，而后则随 σ 大致呈线性减小，标志着已进入第二阶段空泡。

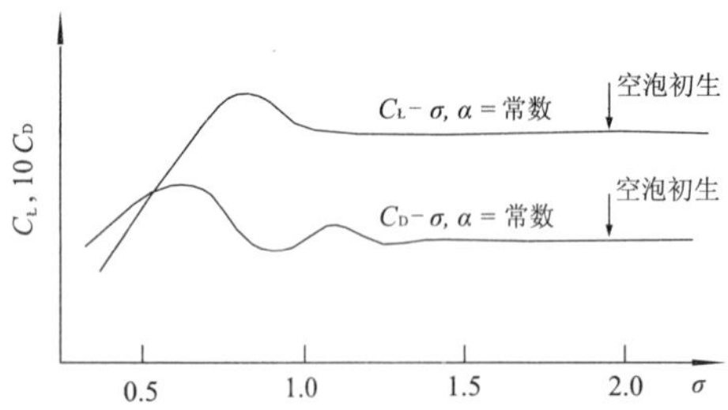

图 15–8　C_L 和 C_D 随 σ 变化的典型曲线

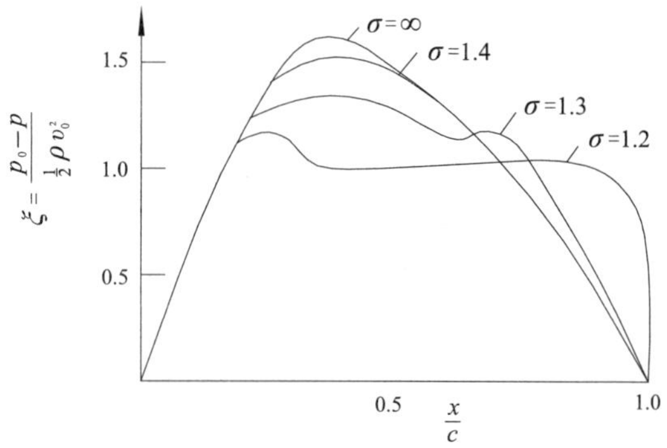

图 15–9　相同 α 不同 σ 下叶背上的 ξ 分布曲线

上面主要讨论了叶背空泡对水动力特性的影响。事实上，叶切面出现空泡不限于叶背，有时会出现在叶面，如图 15–10 所示。对任一切面来说，空泡出现的部位取决于空泡数 σ 和攻角 α 的大小。

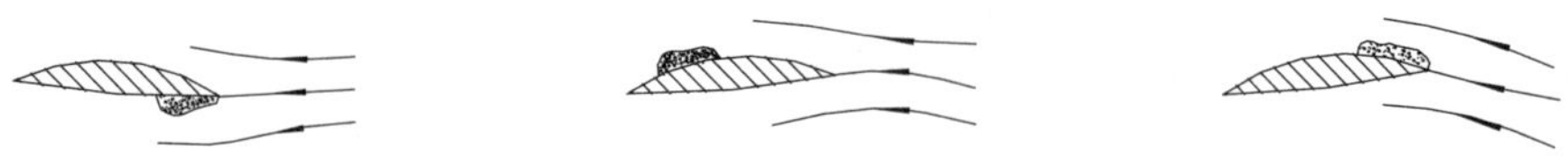

(a) 叶面空泡　(b) 随边区域叶背空泡　(c) 导边区域叶背空泡

图 15–10　叶切面不同部位发生的空泡

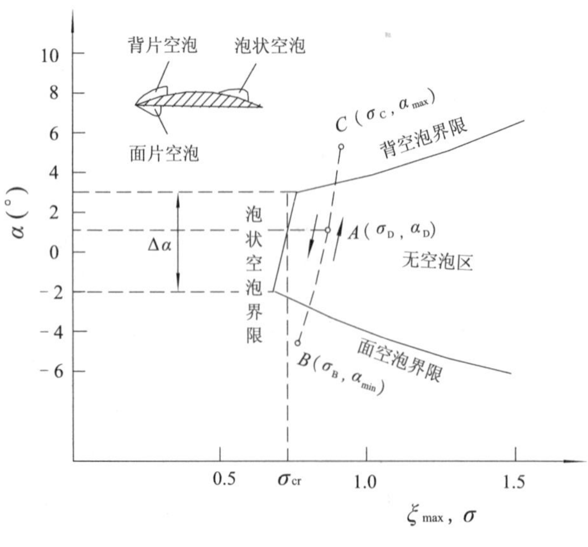

图 15–11　叶切面的空泡斗

对于一个指定切面，攻角 α 不同时有其对应的最大减压系数 ξ_{max} 值，以 α 为纵坐标，ξ_{max} 为横坐标，把 α 与 ξ_{max} 的关系作成如图 15–11 所示的曲线。同时又将横坐标以空泡数 σ 来表示，从而曲线上对应的 σ 值即为该切面在相应攻角时产生空泡的空泡数。图 15–11 称为叶切面的空泡斗。当切面工作的攻角为 α，来流空泡数为 σ 时，我们就可用这两个数值在图上点出它所处的位置，如果该点落在无空泡区内

（如点 A），表明不会发生空泡。如果点落在斗外（即无空泡区外），则切面上产生空泡。而且从点所处位置可以判断切面上空泡产生的部位，如：C 点表示叶切面产生背空泡；B 点表示叶切面产生面空泡；而图中 σ_{cr} 为泡状空泡的临界空泡数，当空泡数 σ 小于 σ_{cr} 时，在切面上将产生泡状空泡。在 $\Delta\alpha$ 范围内，导边上不会产生负压峰，从而不会产生自导边激发的叶面和叶背空泡。故如图 15–11 所示的叶切面空泡斗（又称叶切面空泡限界线）是检验叶切面是否产生空泡的有用资料。

§15.3　螺旋桨空泡现象及其对性能的影响

以往对螺旋桨的空泡现象比较笼统地讨论它对螺旋桨性能的影响，因而对空泡现象的划分如前节一样，分为第一阶段空泡和第二阶段空泡。这种划分办法虽然比较粗略，但对于利用敞水图谱来设计螺旋桨还是简单明了，有一定的实用意义。

随着空泡问题研究的深入，对螺旋桨桨叶上出现的空泡类型、空泡发展的物理过程等认识有所深化，为进一步研究和处理螺旋桨的空泡问题具有指导作用。因此本节将综合上述内容分别讨论螺旋桨的空泡现象、空泡对螺旋桨性能的影响以及延缓螺旋桨空泡发生的措施等有关问题。

15.3.1　螺旋桨的空泡现象

从空泡发展的物理过程来看，螺旋桨桨叶上经常出现的空泡大体有如下四种类型。

1）涡空泡

涡空泡出现在叶梢和毂部。桨叶随边曳出的自由涡片（参考图 11–8）的不稳定性，在其艉端不远处就卷成两股大漩涡，在各叶的叶梢形成梢涡，而根部处的涡汇集一起形成毂涡。涡核中压力最低，当降至某一临界压力时即发生空泡，这可能是气核成长，原溶于水的气体的扩散及水的汽化的综合结果而形成的空泡。在螺旋桨模型空泡试验中，有时会在叶梢稍后处先观察到这种空泡，随着压力的进一步降低，这种螺旋形的涡空泡向前移动并与叶梢相接。一般而言，梢涡空泡的发生先于其他形式的空泡，空泡水筒中的压力降低到一定值时，就可清晰地看到螺旋形的涡空泡出现，如图 15–12 所示。这种空泡对螺旋桨的水动力性能没有影响，对材料的剥蚀也没有什么威胁。但当桨的载荷较高且在丰满艉部工作时，梢涡空泡的另一端有可能贴到桨上方的船艉底部游移，它将产生局部很高的脉动压力，这种涡空泡称桨 – 船体涡（PHV）空泡。虽然它并不会构成艉振，且出现的概率不高，即使出现，也时隐时现，并不恒定。可是，有时会在螺旋桨上方稍前的船体表面处出现特有的小块空泡剥蚀区，且由于相互影响，可能会加强桨叶上的空泡。此外，梢涡空泡往往使螺旋桨的噪声明显加大。

2）泡状空泡

泡状空泡通常指在叶背上切面最大厚度处所产生的空泡，呈泡沫状。这时叶切面的攻角较小，导边未出现负压峰，压力最低处大致在最大厚度附近，由此所产生的空泡因前后压力变化比较缓和，单个空泡的成长清晰可见，有时可以成长到相当尺度，被水流带向下游时尺寸减小，并发生溃灭、再生、再溃灭、直至消失，如图 15–13 所示。这种空泡对螺旋桨的性能影响不大，但对桨叶材料有剥蚀作用。

3）片状空泡

片状空泡通常在桨叶外半径部分导边附近产生，呈膜片状，长度不一。在攻角较大时最易产生这类空泡。因为这时导边附近的负压很高，空泡急剧产生，肉眼已见不到其成长过程，似在导边附近陡然发生空穴，水在其外侧流过，若空泡从叶切面导边一直延伸至随边以外，即叶切面全部为空泡所覆盖，则形成所谓超空泡流动；有时也有起于叶切面导边而在随边之前结束，则形成所谓局部空泡。前者影响螺旋桨的性能而无剥蚀作用；后者对螺旋桨有剥蚀作用。片状空泡通常用来描绘厚度较薄、定常或准定常的空泡。图 15-14 为空泡水筒观察到的螺旋桨片状空泡的形状。

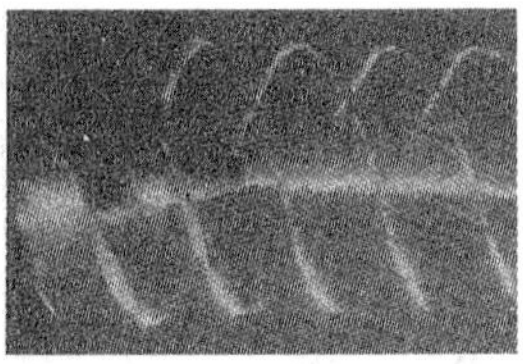

图 15-12　叶梢涡空泡

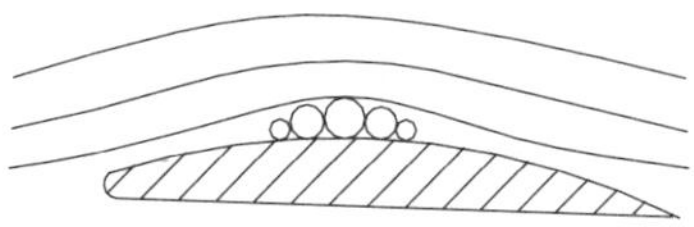

图 15-13　叶背上的泡状空泡

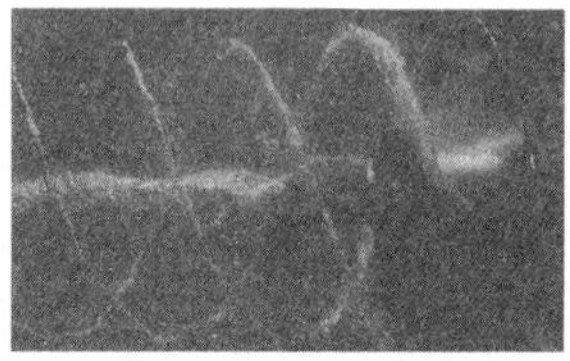

图 15-14　导边附近片状空泡

4）云雾状空泡

螺旋桨在不均匀流场中工作时，桨叶切面的工作状态发生周期性变化。参照图 15-11，设桨叶切面工作的平均状态相应于 A 点，则在高伴流处攻角大，如图中 C 点，而低伴流处攻角小，如图中 A 点，甚至 B 点。当攻角大时，发生空泡，而攻角小时，空泡从切面导边向随边流去，在随边附近破裂而消失。这种攻角时大时小的变化，使空泡周期性地产生和消失，对螺旋桨材料的剥蚀最为严重。这种周期性变化的空泡时现时隐，消失时被水流冲向后方，形成云雾状，故称云雾状空泡。

15.3.2　空泡对螺旋桨性能的影响

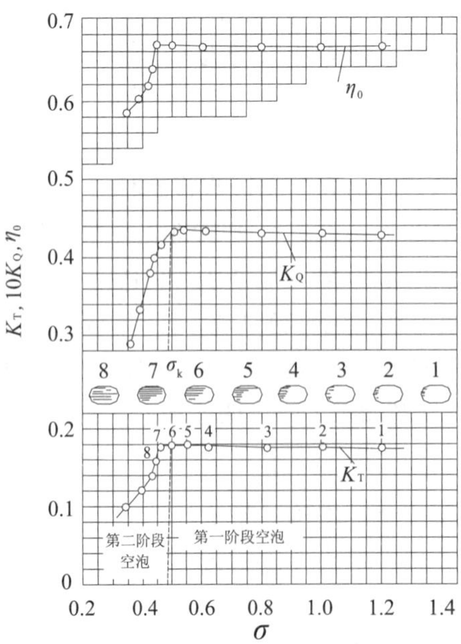

图 15-15　桨叶 σ 与 K_T、K_Q 和 η_0 的关系曲线

如 §15.2 节中一样，对螺旋桨的空泡现象也可分成第一阶段和第二阶段。图 15-15 为某一螺旋桨模型在空泡水筒中的试验结果，试验时保持螺旋桨的进速系数 J 不变，而系统地改变空泡数 σ。图中横坐标为空泡数 σ，纵坐标为 K_T、K_Q 和 η_0，并附有桨叶上空泡的形状。由图 15-15 中可见，在 $\sigma > \sigma_k$ 范围内，桨叶上虽有空泡存在，但 K_T、K_Q 和 η_0 几乎不随空泡数而变化，即其性能与无空泡时一样，这种情况称为第一阶段空泡。而当 $\sigma < \sigma_k$ 时，K_T、K_Q 和 η_0 急剧下降，桨叶上大部分乃至全部面积已被空泡覆盖，通常把这种情况称为第二阶段空泡，有时称全空泡螺旋桨。

因此我们可以得出如 §15.2 节中相同的结论：第一阶段空泡对螺旋桨的水动力

性能不发生影响，但使叶表面产生剥蚀；第二阶段空泡对桨叶表面无剥蚀作用，但影响螺旋桨的水动力性能。

15.3.3　延缓螺旋桨空泡发生的措施

一般民用船舶的航速较低，在螺旋桨上不可能产生叶切面全为空泡所覆盖的片状空泡，如果桨叶上发生空泡，则常属第一阶段空泡。虽然此类空泡不致影响螺旋桨的水动力性能，但对桨叶表面产生剥蚀，影响螺旋桨的强度。因此对于此类船舶应力求避免空泡的发生。

根据叶切面的减压系数 ξ 与来流空泡数 σ 之间的关系，可以判断是否发生空泡，而发生空泡的条件为

$$\xi \geqslant \sigma$$

式中，ξ 与 σ 是由两组互不相关的参数所决定的。因此，为了避免或减缓空泡的发生，我们应尽量设法减小减压系数 ξ 或提高空泡数 σ。一般常采取下列措施以避免或减轻螺旋桨的空泡。

1）从降低最大减压系数 ξ_{max} 着手

（1）增加螺旋桨的盘面比，以减低单位面积上的平均推力，使叶背上 ξ 值下降。因为盘面比的增加相当于叶切面弦长加大，故可用较小的攻角来产生同样升力（即 ξ 值分布曲线所围的面积不变），从而 ξ_{max} 值必然降低，如图 15-16 所示。

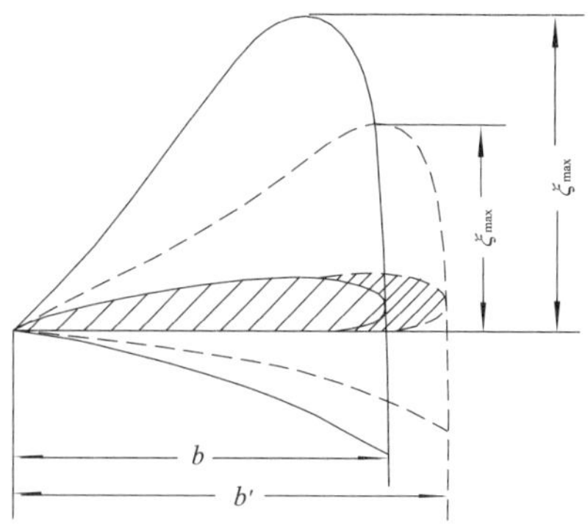

图 15-16　盘面比变化对 ξ_{max} 影响

（2）采用弓形切面或压力分布较均匀的其他切面形式。一般来说，弓形切面的压力分布比较均匀，ξ_{max} 值相应较小（参看图 15-3），对延缓空泡的发生有利。这就是某些系列螺旋桨（如 B 系列及 AU 系列螺旋桨）在近梢部处采用弓形切面的原因。此外，随着机翼理论的发展，一些性能优良且压力分布均匀的机翼形切面（如中线为 $\alpha = 0.8$ 的 NACA66、NACA16 切面）可供螺旋桨采用。

（3）减小叶根附近切面的螺距。单螺旋桨船在叶根部分的伴流较大，易产生空泡现象，故可将根部切面的螺距适当减小，从而使该处的最大减压系数 ξ_{max} 值降低，并宜保持相当的叶宽以免厚度过大。

2）从提高螺旋桨的空泡数 σ 着手

（1）在条件许可的情况下，尽量增加螺旋桨的浸没深度，以增大空泡数 σ。

（2）减小螺旋桨转速，即尽可能选用低转速的主机。

此外，提高桨叶的加工精度，使表面光滑平整以避免水流的局部突变；改善船艉部分的形状与正确安置桨轴位置可减小斜流及伴流不均匀性的影响等，上述措施对避免空泡都是有利的。

这里顺便指出，随着现代工业的发展以及国防建设的需要，要求舰船的速度迅速提高，尤其是高速军舰，螺旋桨的空泡在所难免，针对这种情况一般可做如下处理：

①允许桨叶上有部分空泡存在，在使用过程中根据其剥蚀情况予以调换。②速度再高时，干脆设法促使其在第二阶段空泡状态下运转，即所谓全空泡（或称超空泡）螺旋桨的设计问题。有关全空泡螺旋桨的研究已有不少进展，有兴趣者可查阅有关资料。

15.3.4 螺旋桨模型的空泡试验

15.3.4.1 相似定理

用模型试验来研究螺旋桨的空泡现象时，除应满足 §12.1 节中所得到的结论外，还必须考虑空泡现象的模拟问题。§15.1 节中已经提到，表征空泡现象的系数是空泡数 σ：

$$\sigma = \frac{p_0 - p_v}{\frac{1}{2}\rho v_0^2}$$

式中，$p_0 = p_a + \gamma h_s$。

若两几何相似的螺旋桨进速系数相等，则在对应点处的速度成比例，由式 (15–1) 可知，各对应点处的减压系数 ξ 必将一一对应相等。进一步地，若能满足两者的空泡数相等，则各对应点处的减压系数 ξ 与空泡数 σ 的关系保持一致，因而空泡现象得到了模拟。在未产生空泡现象时，两几何相似螺旋桨只要满足进速系数 J 相等的条件，便可根据伯努利方程推导出压力相似的条件。但在产生空泡现象后，尚需满足空泡数相等的条件。综上所述，螺旋桨及其模型满足空泡相似的条件为

$$\left.\begin{aligned} J_s &= J_m \\ \sigma_s &= \sigma_m \end{aligned}\right\} \tag{15–10}$$

式中，下标 s 及 m 分别代表实桨及桨模所对应的值。

现进一步讨论实桨及桨模满足式 (15–10) 时进速与转速之间的关系，满足进速系数相等的条件为

$$\frac{V_{As}}{N_s D_s} = \frac{V_{Am}}{N_m D_m}$$

或

$$\frac{V_{Am}}{V_{As}} = \frac{N_m D_m}{N_s D_s} = \frac{N_m}{N_s} \cdot \frac{1}{\alpha} \tag{15–11}$$

式中，$\alpha = D_s / D_m$ 为模型的缩尺比。

满足空泡数相等的条件为

$$\frac{p_{0s} - p_{vs}}{\frac{1}{2}\rho_s V_{As}^2} = \frac{p_{0m} - p_{vm}}{\frac{1}{2}\rho_m V_{Am}^2}$$

设 $\rho_s = \rho_m$，则

$$\frac{p_{0m} - p_{vm}}{p_{0s} - p_{vs}} = \frac{V_{Am}^2}{V_{As}^2}$$

若在敞露的水池中进行试验，且设桨模之沉没深度与实桨相等，则 $p_{0m} = p_{0s}$。在常温下进行试验时，$p_{vm} = p_{vs}$。因此，在满足空泡数相等时实桨及其桨模的进速应

相同，即

$$V_{Am}=V_{As} \tag{15-12}$$

由式 (15-11) 可知，若同时满足进速系数及空泡数相等，则实桨及其桨模转速之间的关系应为

$$N_m=N_A\alpha \tag{15-13}$$

由上述分析可知，若在敞露的水池中进行空泡试验，则必须拖车的速度与实桨的进速相等，桨模的转速应为实桨的 λ 倍，此外，桨模的沉没深度尚需与实桨相同。上述条件实际上是难以实现的。为此，就必须采取某种特殊的装置来进行螺旋桨模型的空泡试验，如空泡试验筒或减压水池。本节将就空泡试验筒作简要介绍。在空泡试验筒中，可以借调压装置以调节静压力 p_{0m}。而有时也可改变水的温度来调节汽化压力 p_{vm}。因此在空泡试验筒中进行试验时是依靠调节压力来满足空泡数相等的条件。

15.3.4.2　空泡试验筒概述

由于桨模的进速 V_{Am} 总是小于实桨的进速 V_{As}，故要求 $\sigma_m=\sigma_s$ 可能的途径是减小（$p_{0m}-p_{vm}$）。一般借调压装置以调节静压力 p_{0m}，空泡试验筒就是为此目的而建造的试验设备。空泡试验筒（简称空泡水筒）的筒体是由密封的管子所构成，图 15-17 为上海交通大学的空泡水筒结构简图。筒中的水由底部的水泵驱动使之循环不息，在筒内各转角处设有导流片，以避免水流于转弯时产生漩涡。试验工作段之前装有整流格栅及收缩管，使水流进入工作段时均匀稳定且具有较高的速度。水流速度是由装于试验工作段略前处的水流测速仪（如 U 形管或水银差压计等）量得。调压箱（或称空气箱）与压力调节器相连接，借抽气泵以调节水筒内的压力。螺旋桨模型由电动机带动，模型的推力和转矩由推力仪与转矩仪分别量得。在工作段两侧开有观察窗，可借频闪仪观察空泡发生的情况。当频闪仪的闪光频率与模型的转数相等时，所见到的螺旋桨模型及其附近水流情况好像处于静止状态。利用现代高速摄影机在观察窗前摄制照片，可以从照片中详细观察和研究桨叶上空泡发生、扩展和压缩的全部过程。

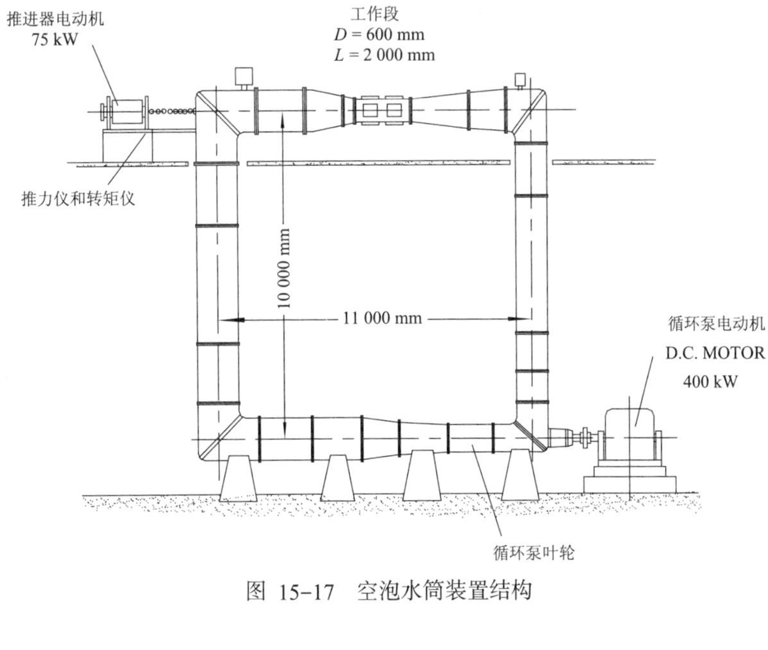

图 15-17　空泡水筒装置结构

空泡水筒都是垂直放置的，且循环水泵置于底部，其目的在于加大循环水泵处的静水压头，避免工作时在水泵叶片上产生空泡。

15.3.4.3　试验方法及测量数据的表达

在空泡水筒中进行螺旋桨模型试验时,常保持筒内水流速度（即螺旋桨进速）不变，调节转速以得到不同的进速系数，因而无法得到进速系数 $J = 0$ 及其附近的数据。用空气箱压力调节器调节模型处的压力，以获得所需的空泡数。通常将模型分别在不同空泡数及大气压力情况下（相当于敞水情况）进行试验，以便分析空泡对于螺旋桨性能的影响。在进行试验时应测量水流速度 v_A，桨模的转速 N，推力 T，转矩 Q，轴线处的静压力 p_0 以及水的温度。

根据测量的结果，可绘制进速 V_A 一定时不同空泡数下的螺旋桨推力 T、转矩 Q 与转速 N 的关系曲线，如图 15-18 所示。进一步将测量所得的数据折算成无因次的推力系数 K_T、转矩系数 K_Q、进速系数 J 及效率 η_0。据此可绘制不同空泡数 σ 时螺旋桨的性征曲线，如图 15-19 所示。

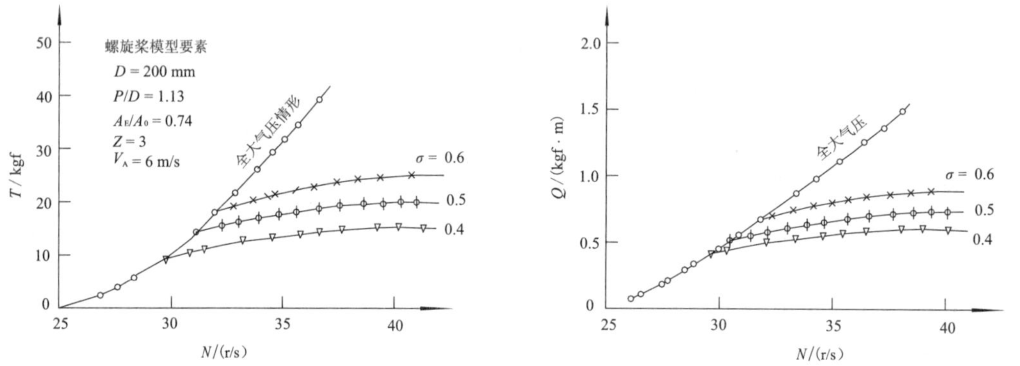

(a) 螺旋桨 T 与 N 的曲线　　(b) 螺旋桨 Q 与 N 的曲线

图 15-18　V_A 一定、不同 σ 时的相互关系

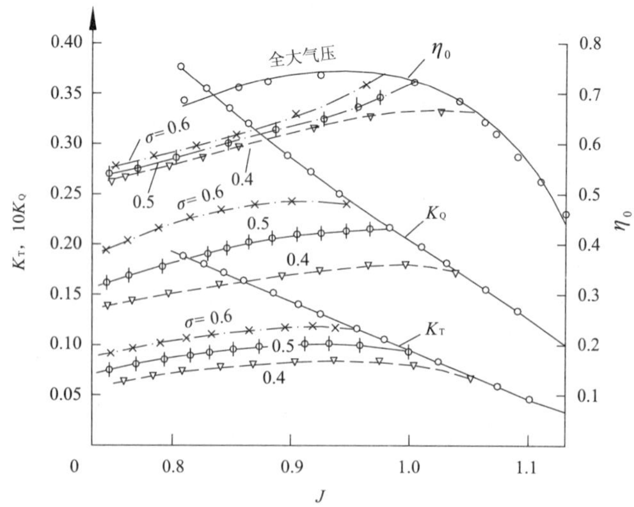

图 15-19　不同空泡数 σ 时螺旋桨的性征曲线

§15.4　空泡性能校验

在设计螺旋桨时应考虑其是否发生空泡或空泡的发展程度，故需进行空泡现象的预测，以便确定所设计的螺旋桨是否合乎要求。如前所述，一旦桨叶上出现空泡，或导致桨叶表面材料剥蚀，或使螺旋桨性能恶化，因而避免桨叶上出现空泡乃是螺旋桨设计中所需考虑的重要环节之一。目前常使用螺旋桨模型空泡试验或大量实船资料整理所得的图谱，或由统计数据归纳而成的近似公式进行空泡校核，因试验往往仅限于某一类型的螺旋桨，故在进行空泡校核时应注意各种图谱或公式的适用范围，否则难以获得正确的结果。空泡校验的方法很多，下面仅介绍螺旋桨图谱设计中常用的限界线方法。

15.4.1　柏利尔限界线

柏利尔根据各类船舶螺旋桨的统计资料，提出校核空泡的限界线如图 15-20 所示。图中以 0.7R 处切面的空泡数 $\sigma_{0.7R}$ 为横坐标，单位投射面积上的平均推力系数 τ_c 为纵坐标，即

$$\sigma_{0.7R}=\frac{p_0-p_v}{\frac{1}{2}\rho V_{0.7R}^2} \tag{15-14}$$

$$\tau_c=\frac{T/A_P}{\frac{1}{2}\rho V_{0.7R}^2} \tag{15-15}$$

式中，p_0 为桨轴中心处的静压力，$p_0=p_a+\gamma h_s$，kgf/m^2，其中，γ 为水的重量密度，淡水 $\gamma=1\,000$ kgf/m^3，海水 $\gamma=1\,025$ kgf/m^3，h_s 为螺旋桨轴线的沉没深度，m；p_v 为汽化压力，kgf/m^2；$V_{0.7R}^2$ 为 0.7R 处切面与水流的相对速度的平方，$V_{0.7R}^2=V_A^2+(0.7\pi ND)^2$，(m/s)^2；$\rho$ 为水的密度，kgf · s^2/m^4；T 为螺旋桨的推力，kgf；A_p 为桨叶投射面积，m^2。以统计资料分析得

$$A_p\approx A_E(1.067-0.229P/D) \tag{15-16}$$

式中，A_E 为螺旋桨的伸张面积，m^2；P/D 为螺距比。

高速军舰的螺旋桨常无法完全避免空泡，故图 15-20 中之“重载荷螺旋桨限界线”表示此类螺旋桨在接近严重空泡区工作可用的最大 τ_c 数值，但若采用空泡性能较好的切面，尚不至因空泡而影响其推力或转矩。“商船螺旋桨限界线”表示避免空泡可用的最大 τ_c 数值，机翼形切面的螺旋桨易于发生空泡，故采用较低的限界线。

设计单位常用柏利尔限界线进行螺旋桨的空泡校核，但早期认为其结果往往偏于安全。所以荷兰瓦根宁根试验池提出：若根据楚思德 B 系列螺旋桨图谱设计螺旋桨，应以瓦根宁根限界线来进行空泡校核为宜，图 15-20 中同时给出了瓦根宁根水池限界线。

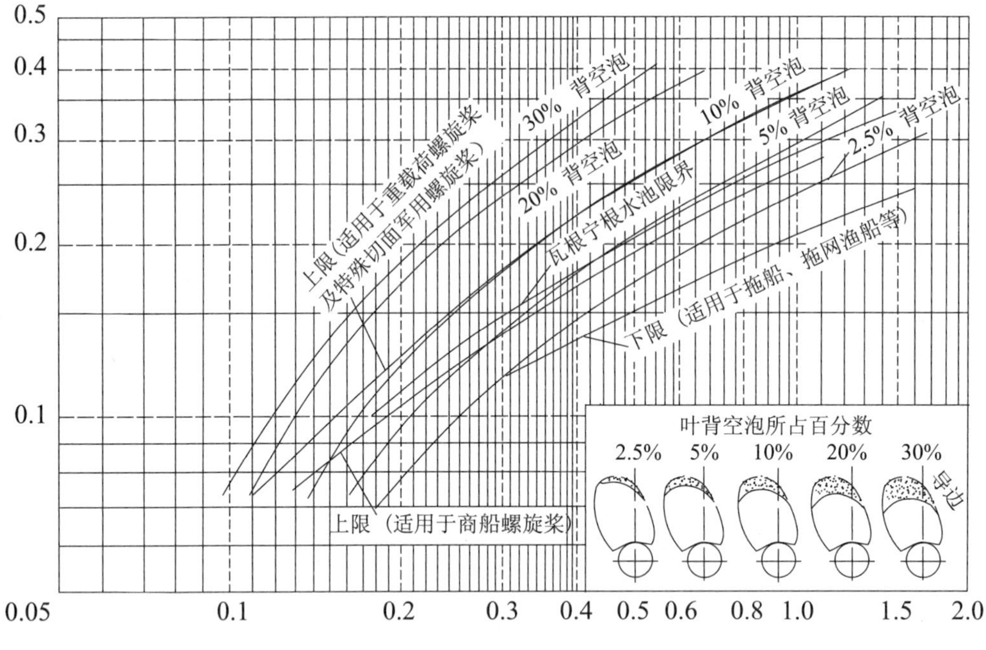

图 15-20　空泡校核限界线

第 13 章中曾经提到，在螺旋桨图谱设计中以轴向平均伴流分数 ω 作为考虑船体对螺旋桨的影响，然后将敞水中螺旋桨的数据应用于船后。事实上，船后的艉流场是不均匀的（图 13-4），螺旋桨在一周中来流速度的周期性变化对空泡不利。在实际运营中发现，原来以为不发生空泡的螺旋桨仍有空泡剥蚀存在。近年来，随着船舶尺度和主机功率显著增大，相应地，船的方形系数增大，船艉流场的不均匀现象更为突出。为此，有人曾对商船螺旋桨由于空泡而发生损坏的情况进行了调查，其结果示于图 15-21，从中可以看到，在瓦根宁根水池限界线的下方还有不少螺旋桨发生空泡损伤，而柏利尔的商船螺旋桨限界线则比较合理。综上所述，我们对螺旋桨空泡校核建议如下：①采用柏利尔的商船限界线；②对于大功率船舶，一般据瓦根宁根水池限界线所得出的展开面积再加 5% ～ 10% 的裕度；③采用图 15-22 所示空泡限界线（此图由日本横尾幸一和矢崎敦生在《中小型船舶螺旋桨设计方法及参考图表集》中提供），实际上是据柏利尔的商船限界线整理而成，但较清晰，便于应用。

下面举例说明应用柏利尔限界线进行空泡校核的方法。

某 25 000 吨级散装货船，主机功率 $P_s = 1.2 \times 10^4$ hp，转速 $n = 118.5$ r/min。利用 AU5-65 图谱设计了一只螺旋桨，直径 $D = 5.747$ m，螺距比 $P/D = 0.782$，效率 $\eta_0 = 0.559$。可达最大航速 $V_{max} = 16.05$ kn。空泡校核采用图 15-22 的空泡限界线，计算可列表进行，如表 15-2 所示。计算中已知的数据如下：海水密度 $\rho = 104.6\ \mathrm{kgf\,s^2/m^4}$；螺旋桨轴线沉没深度 $h_s = 5.99$ m；海水压力 $\gamma h_s = 1\,025 \times h_s = 6\,140\ \mathrm{kgf/m^2}$；标准大气压力 $p_a = 10\,330\ \mathrm{kgf/m^2}$；伴流分数 $\omega = 0.34$。

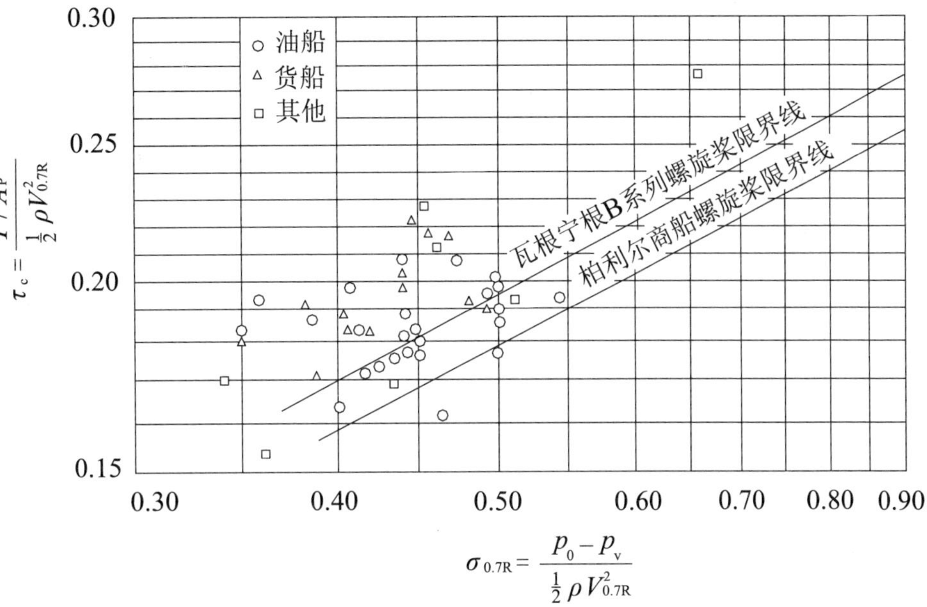

图 15-21　限界线附近的空泡现象

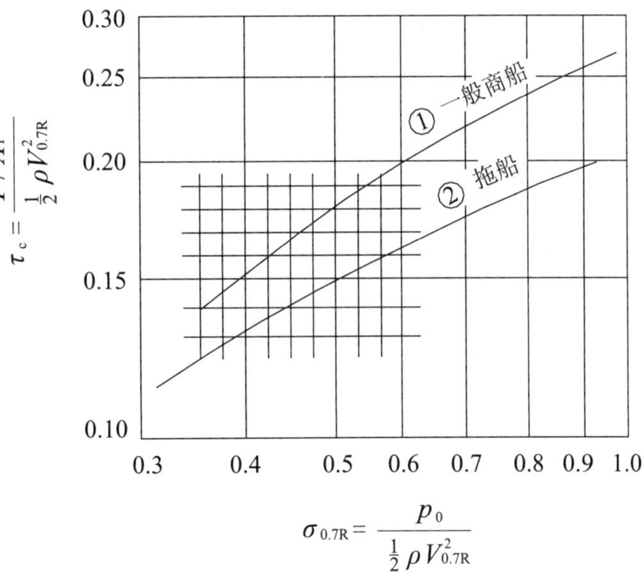

图 15-22　中小型船舶空泡限界线

由表 15-2 计算的结果可见，满足空泡要求的螺旋桨盘面比为 0.642，而设计螺旋桨的盘面比为 0.65，故满足要求。

表 15-2 空泡校核计算

序号	项目	单位	数据
1	A_E / A_0		0.65
2	$p_0 = p_a + \gamma h_s$	kgf / m^2	16 470
3	$V_A = 0.515(1-\omega)V$	m/s	5.46
4	V_A^2	(m/s)^2	29.8
5	$0.7\pi \frac{n}{60} D$	m/s	25.0
6	$\left(0.7\pi \frac{n}{60} D\right)^2$	(m/s)^2	625
7	$V_{0.7R}^2 = V_A^2 + \left(0.7\pi \frac{n}{60} D\right)^2$	(m/s)^2	654.8
8	$\frac{1}{2}\rho V_{0.7R}^2$	kgf / m^2	34 250
9	$\sigma_{0.7R} = p_0 \Big/ \frac{1}{2}\rho V_{0.7R}^2$		0.481
10	查图 15-22 得 τ_c		0.175
11	推力 $T = \frac{145.6P_E}{(1-t)V}\left(= 75\frac{P_D}{V_A}\cdot\eta_0\right)$	kgf	88 800
12	需要投射面积 $A_P = T \Big/ \tau_c \cdot \frac{1}{2}\rho V_{0.7R}^2$	m^2	14.80
13	需要伸张面积 $A_E = A_P/(1.067-0.229P/D)$	m^2	16.68
14	$A_0 = \frac{\pi}{4}D^2$	m^2	26.00
15	需要盘面比 A_E/A_0		0.642

15.4.2 高恩限界线

高恩限界线是专用于高恩螺旋桨系列（§17.2 节）空泡校核的，如图 15-23 所示。

图谱的坐标与柏利尔限界线一样，因而可完全类似地应用此限界线来校核高恩螺旋桨系列的空泡发生情况。但须注意：图 15-23 中推力所用的单位是 1 bf。图中还给出了下列几组线，其意义分别为：

- A 面空泡限界线
- B 叶梢空泡可见限界线

（以上）分别对应于系列的各个盘面比

- C 叶面积的 2.5% 背空泡
- D 叶面积的 10% 背空泡
- E 叶面积的 20% 背空泡
- F K_T 开始下降，在 D 与 E 之间
- G K_T 最大值

（以上）对于系列中所有的盘面比

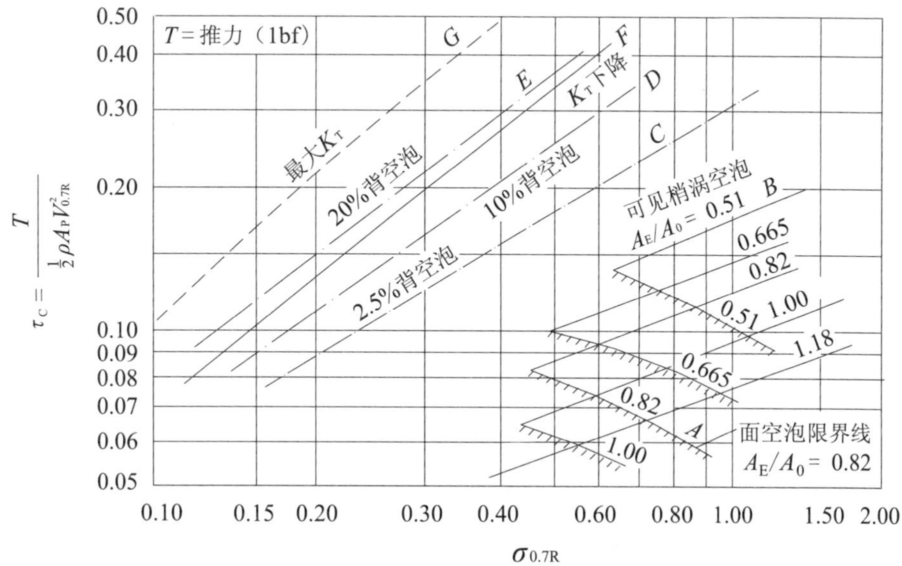

图 15-23　高恩限界线

由此可见，在空泡校核时 C 线可认为是下限线，而 F 线可视为上限线。如果将图 15-23 的横坐标改成线性，则可以用下列方程来表示 C 线和 F 线。

对于下限线 C 线：

$$\tau_k = 0.295(\sigma_{0.7R} + 0.1) \tag{15-17}$$

对于上限线 F 线：

$$\tau_s = 0.69\,\sigma_{0.7R} \tag{15-18}$$

因而，也可利用式 (15-17) 和式 (15-18) 来了解高恩螺旋桨系列桨叶上空泡的发生情况。

15.4.3　B 系列螺旋桨空泡特性估算图

将 B 系列螺旋桨在均流下进行系列空泡试验，其结果整理成如图 15-24 所示的螺旋桨空泡起始曲线图。图中仅以 B4-85 和 B4-100 为例，以了解螺旋桨在均流下的空泡特性，横坐标为

$$\sigma = \frac{p_0 - p_v}{\frac{1}{2}\rho V_A^2} \tag{15-19}$$

式中，p_0 为桨轴中心处的静压力；V_A 为螺旋桨的进速。纵坐标为载荷系数，以下式表示：

$$C_T = \frac{T}{\frac{1}{2}\rho V_A^2 \frac{\pi}{4} D^2} = \frac{8}{\pi}\cdot\frac{K_T}{J^2} \tag{15-20}$$

式中，T 为螺旋桨推力；D 为螺旋桨直径；K_T 为螺旋桨推力系数；J 为螺旋桨的进速系数。由图中可以判断螺旋桨桨叶上空泡发生的情况。

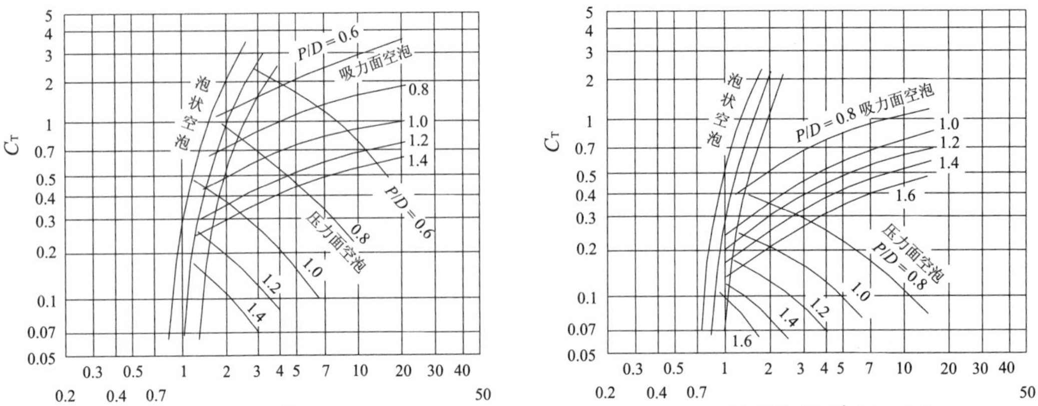

B4-85, P/D为0.6～1.4　　　　B4-100, P/D为0.8～1.6

图 15-24　B 系列螺旋桨空泡起始曲线

空泡校核的方法很多，除了上面介绍的以外，还有校核临界转速的经验公式及校验叶切面压力系数等。因前者应用不广，后者又与螺旋桨图谱设计关系不大，故这里不再赘述。

【思考题】

1. 试分析减压系数 ξ 及空泡数 σ 的异同，并就叶元体空泡现象发展的两个阶段说明它们之间的相互关系。

2. 在螺旋桨设计时，如何考虑防止和延缓空泡现象的产生？

3. 某军舰：双桨 $Z_P=2$，航速 $V_s=24$ kn 时船体有效功率 $P_e=3\,790$ hp，桨轴浸深 $h_s=2.5$ m，直径 $D=2.25$ m，螺距比 $P/D=1.05$，转速 $N=330$ r/min（伴流分数 $\omega=0.06$，推力减额分数 $t=0.08$，相对旋转效率 $\eta_R=1.0$），试用柏利尔限界线判断不出现空泡的最小盘面比 A_E/A_0。

4. 已知某螺旋桨收到功率 $P_D=5\,000$ hp，$N=110$ r/min，$V_A=11$ kn，$D=5.0$ m，敞水效率 $\eta_0=0.65$，$P/D=0.87$，桨轴的沉没深度 $h_s=4.0$ m，水温 $t=20$℃，试判断 $A_E/A_0=0.40$ 时是否满足避免空泡产生要求？

5. 某客货轮螺旋桨的要素如下：$D=4.830$ m，$P/D=1.065$，$\eta_0=0.661$，$h_s=2.9$ m，$P_D=4\,800$ hp，$N=110$ r/min，$V_s=16.67$ kn，$\omega=0.226$，吃水 $d=6.6$ m，桨叶的投射面积 $A_p=9.9\ \text{m}^2$，试检验该螺旋桨是否会发生空泡。

6. 螺旋桨收到功率 $P_D=10\,185$ hp，$N=122$ r/min，吃水 $d=9.5$ m，桨轴在基线之上 3.5 m，水温 $t=15$℃，$\omega=0.32$，$\eta_R=1.0$，由螺旋桨设计计算得：

当 $A_E/A_0=0.5$ 时，$\eta_0=0.547$，$P/D=0.776$，$D=5.61$ m，$V_s=15.38$ kn；

当 $A_E/A_0=0.70$ 时，$\eta_0=0.524$，$P/D=0.782$，$D=5.45$ m，$V_s=15.24$ kn；

试确定避免空泡产生时的最小盘面比 A_E/A_0。

第 16 章　螺旋桨的强度校核

为了船舶的安全航行，必须保证螺旋桨具有足够的强度，使其在正常航行状态下不致破损或断裂。为此，在设计螺旋桨时必须进行强度计算和确定桨叶的厚度分布。螺旋桨工作时作用在桨叶上的流体动力有轴向的推力及与转向相反的阻力，两者都使桨叶产生弯曲和扭转。螺旋桨在旋转时桨叶本身的质量产生径向的离心力，使桨叶受到拉伸，若桨叶具有侧斜或纵斜，则离心力还要使桨叶产生弯曲。此外，桨叶上也可能受到意外的突然负荷，如：碰击冰块或其他漂浮物体等。同时螺旋桨处于不均匀的艉流场中工作，使桨叶受力产生周期性变化，故较难精确地算出作用在桨叶上的外力。

在计算桨叶的强度时，我们可以把桨叶看作是扭曲的、变截面的悬臂梁，而且其横截面是非对称的，故计算较为复杂，即使能正确地求得桨叶上的作用力，要精确地进行强度计算也是很困难的。目前，对于动态负荷（即计及伴流不均匀性影响）下螺旋桨的强度计算方法虽然有所发展，但计算繁复，付诸实用还为时尚早。故在螺旋桨设计的实践中，一般都用理论和实验相结合的近似方法来进行螺旋桨的强度计算。

计算螺旋桨强度的近似方法有很多，中国船级社于 2012 年颁发的《钢质海船入级规范》(以下简称《规范》) 中对螺旋桨的强度也有了规定，因为比较偏于安全，用近似方法计算的厚度未必一定能满足规范的要求，因此对“入级”海船应采用规范规定的方法计算。本章主要介绍我国 2012 年《规范》的规定，由此确定桨叶厚度。为了使读者了解桨叶上的受力情况，对于分析计算方法也作必要的介绍。

§16.1　《规范》校核法

16.1.1　螺旋桨桨叶厚度的确定

为了保证螺旋桨的安全，中国船级社 2012 年版《钢质海船入级规范》第三分册第三篇第十一章中，对螺旋桨的强度要求作了明确具体的规定。

螺旋桨桨叶厚度 t（固定螺距螺旋桨为 $0.25R$ 和 $0.6R$ 切面处，可调螺距螺旋桨为 $0.35R$ 和 $0.6R$ 切面处）不得小于按下式计算所得值：

$$t=\sqrt{\frac{Y}{K-X}}\qquad(\text{mm})\tag{16-1}$$

式中，Y 为功率系数，按式 (16–2) 求得；K 为材料系数，可查表 16–1；X 为转速系数，按式 (16–3) 求得。

1）功率系数

功率系数的计算公式如下：

$$Y=\frac{1.36A_1P_s}{ZbN_e}\tag{16-2}$$

式中，P_s 为主机的额定功率，kW；Z 为桨叶叶数；b 为所计算半径处切面的弦长，m；

N_e 为螺旋桨在主机额定功率时的转速，r/min；$A_1=\frac{D}{P}\left(K_1-K_2\frac{D}{P_{0.7}}\right)+K_3\frac{D}{P_{0.7}}-K_4$，其中，$D$ 为螺旋桨直径，m；P 为所计算切面处的螺距，m；$P_{0.7}$ 为 0.7R 切面处的螺距，m；R 为螺旋桨半径，m；K_1、K_2、K_3、K_4 为系数，可查表 16-2。对于随缘上翘的机翼形切面，上式求得的 A_1 值应增加 30%。

表 16-1　材料系数

材料	抗拉强度 σ_b / (N/mm^2)	材料密度 G / (g/cm^3)	材料系数 / K
碳钢与合金钢	400	7.9	0.57
铁素钢与马氏体不锈钢	500	7.7	1.04
奥氏体不锈钢	450	7.9	1.04
Cu1 锰青铜	440	8.3	1
Cu2 镍锰青铜	440	8.3	1
Cu3 镍铝青铜	590	7.6	1.38
Cu4 锰铝青铜	630	7.5	1.17

表 16-2　K_j 系数值

r	K_j							
	K_1	K_2	K_3	K_4	K_5	K_6	K_7	K_8
0.25R	634	250	1 410	4	82	34	41	380
0.35R	520	285	1 320	16	64	28	57	420
0.60R	207	151	635	34	23	12	65	330

2）转速系数

转速系数的计算公式如下：

$$X=\frac{A_2 G A_d N_e^2 D^3}{10^{10} Z b} \tag{16-3}$$

式中，N_e、Z 和 b 同前；G 为桨叶材料的重量密度，g/cm^3；A_d 为螺旋桨的盘面比；$A_2=\frac{D}{P}(K_5+K_6\varepsilon)+K_7\varepsilon+K_8$，这里 ε 为桨叶后倾角 (°)，P 和 D 同前，K_5、K_6、K_7、K_8 为系数，可查表 16-2。

对航行于冰区的船舶，螺旋桨桨叶还需进行加强，具体办法在《规范》第三分册第三篇第十四章中有明确规定。因限于篇幅，这里不再进行介绍。

《规范》还规定，对于特殊设计的螺旋桨，允许用其他计算方法来确定螺旋桨桨叶的厚度，但需取得验船部门的同意。

16.1.2　计算实例

某 35 000 吨级散装货船，船长 $L_{PP}=185$ m，型宽 $B=28.4$ m，设计吃水 $d=11.0$ m，方形系数 $C_b=0.821$。主机额定功率 $P_s=1.11\times10^4$ hp，转速 $n_e=124$ r/min，按 MAU 型 4 叶螺旋桨设计图谱求得：螺旋桨的直径 $D=5.6$ m，螺距比 $P/D=0.7$，敞水效率 $\eta_0=0.521$，盘面比 $A_E/A_0=0.586$，航速 $V=14.68$ kn。桨叶的纵斜角 $\varepsilon=10°$，螺旋桨的材

料为 ZQAL12–8–3–2，其重量密度为 $G=7.4\ \mathrm{g/cm^3}$。现要求按《规范》进行强度校核。

根据已知条件可算出：0.7R 切面处的螺距 $P_{0.7}=3.92\ \mathrm{m}$，0.25R 及 0.6R 处切面的弦长为

$$b_{0.25}=0.721\,2\frac{b_{\max}}{D}\cdot D=0.721\,2\times0.331\times5.6=1.337\,\mathrm{m}\qquad(\mathrm{m})$$

$$b_{0.6}=0.991\,1\frac{b_{\max}}{D}\cdot D=0.991\,1\times0.331\times5.6=1.837\,\mathrm{m}\qquad(\mathrm{m})$$

由表 16–1 可查得材料系数 K，由表 16–2 可查得 K_1、K_2、K_3、K_4、K_5、K_6、K_7、K_8 诸系数。

计算可按表 16–3 形式进行。

表 16–3　计算结果

序号	项目	单位	所校核的叶切面	
			0.25R	0.6R
1	桨叶宽度 b	m	1.337	1.837
2	0.7R 处 D/P　$D/P_{0.7}$		1.428 6	1.428 6
3	D/P		1.428 6	1.428 6
4	$A_1=\frac{D}{P}\left(K_1-K_2\frac{D}{P_{0.7}}\right)+K_3\frac{D}{P_{0.7}}-K_4$		2 405.80	860.69
5	$A_2=\frac{D}{P}(K_5+K_6\varepsilon)+K_7\varepsilon+K_8$		1 392.86	1 184.29
6	$Y=\frac{1.36A_1P_s}{ZbN_e}$		40 268.9	10 479.5
7	$X=\frac{A_2GA_dN_e^2D^3}{10^{10}Zb}$		0.304 97	0.188 6
8	《规范》要求最小厚度 $t=\sqrt{\frac{Y}{K-X}}$	mm	212.1	101.8
9	标准桨叶切面厚度 t_n	mm	214.2	122.1

由表 16–3 的计算结果可见，满足《规范》要求的最小厚度为：$t_{0.25R}=212.1\ \mathrm{mm}$；$t_{0.6R}=101.8\ \mathrm{mm}$。而标准桨在相应半径处切面的厚度为：$t_{n0.25R}=214.2\ \mathrm{mm}$；$t_{n0.6R}=122.1\ \mathrm{mm}$，大于《规范》的要求。若采用标准桨的厚度及其分布，则可以满足强度的要求，且略有裕度。

§16.2　分析计算法

本节讨论在静态负荷下螺旋桨强度的计算问题。所谓静态负荷，就是假定作用于桨叶上的外力负荷不变。在应用这种方法进行计算时，把桨叶作为简单的悬臂梁，首先计算出每一桨叶上的推力、旋转阻力及离心力对计算切面的弯矩，然后根据切面的

几何特性确定所受的应力。

螺旋桨工作时，桨叶根部所受的应力最大。实践证明，螺旋桨桨叶常在叶根附近断裂，所以应用计算分析法来校核桨叶强度时，主要计算叶根处切面的强度（略去填角料）。

16.2.1 推力和旋转阻力所产生的弯矩

螺旋桨运转时，推力 T 和转矩 Q 沿桨叶半径的分布是不规则的，如图 16–1（a）、（b）中的实线所示。如果要计算任意半径 r_p 处切面的应力，则可用积分法确定该切面以外（至叶梢）部分的作用力对该切面产生的弯矩。

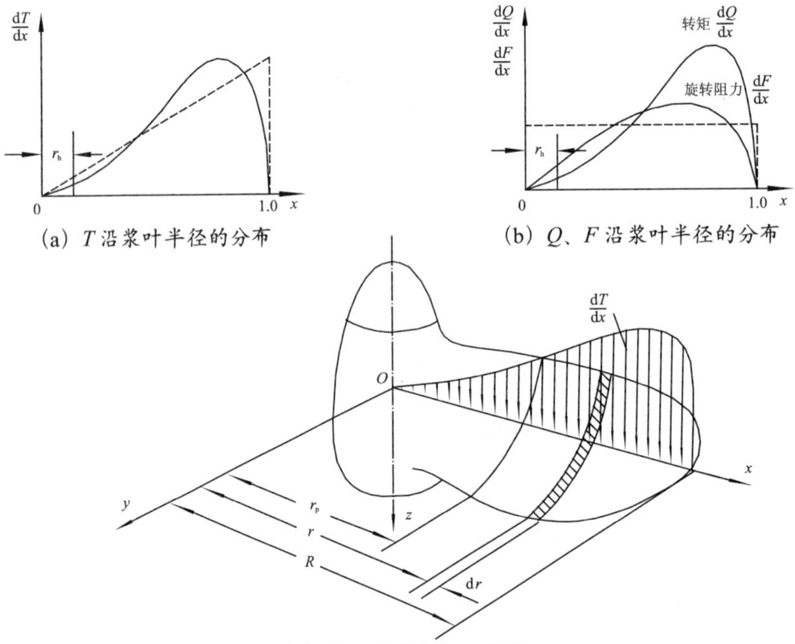

(a) T 沿桨叶半径的分布

(b) Q、F 沿桨叶半径的分布

(c) 由 T 产生的切面弯距

图 16–1 桨叶半径上的载荷分布

考虑桨叶上半径 r 处 dr 微段的叶元体，设 dT_1 为该叶元体上所受的推力［图 16–1（c）］，则半径 r_p 以外桨叶所受的推力对 r_p 处切面的弯矩 M_T 为

$$M_T = \int_{r_p}^{R} \frac{dT_1}{dr}(r - r_p)\,dr \tag{16-4}$$

式中，R 为螺旋桨半径；

$$dT_1 = \frac{1}{Z} dK_T \rho N^2 D^4 \tag{16-5}$$

其中，Z 为桨叶数。

若采用相对半径 $x = r/R$，$x_p = r_p/R$，并将式 (16–5) 代入式 (16–4)，则得

$$M_T = \frac{\rho N^2 D^5}{2Z} \int_{x_p}^{1.0} \frac{dK_T}{dx}(x - x_p)\,dx \tag{16-6}$$

弯矩 M_T 可以表示成螺旋桨推力系数的另一函数形式。如果 K_T 为螺旋桨在计算状态的推力系数，x_h 为桨毂相对半径 ($x_h = r_h/R$)，则有

$$K_T = \int_{x_h}^{1.0} \frac{dK_T}{dx} dx \tag{16-7}$$

从而式 (16-6) 可写成

$$M_T = \frac{K_T \rho N^2 D^5}{2Z} \cdot \frac{\int_{x_p}^{1.0} x \frac{dK_T}{dx} dx - x_p \int_{x_p}^{1.0} \frac{dK_T}{dx} dx}{\int_{x_h}^{1.0} \frac{dK_T}{dx} dx} \tag{16-8}$$

如果知道推力系数沿径向的分布形式，则即可按式 (16-8) 算出 M_T。但是，要精确地求出推力系数沿径向的分布是很麻烦的，因此在计算时将作某些假定。

对于等螺距或径向螺距变化不大的普通螺旋桨，其推力系数分布可假定为如下的曲线形式：

$$\frac{1}{Z} \cdot \frac{dK_T}{dx} = kx^2 (1-x)^{1/2} \tag{16-9}$$

式中，k 为常数。应用此式可算出式 (16-8) 的积分，从而 M_T 可表示为

$$M_T = \frac{K_T \rho N^2 D^5}{2Z} G_T(x_h, x_p) \tag{16-10}$$

函数 $G_T(x_h, x_p)$ 已有人算得，并作成曲线示于图 16-2 中。据此可用式 (16-10) 确定 $x_h \leqslant x_p < 1$ 和 $0.2 \leqslant x_h \leqslant 0.4$ 时由推力产生的弯矩 M_T。对 x_h 为 0.17 ~ 0.18 的情况，在利用图 16-2 查取 $G_T(x_h, x_p)$ 时可近似地取 $x_h = 0.2$ 时的数值。

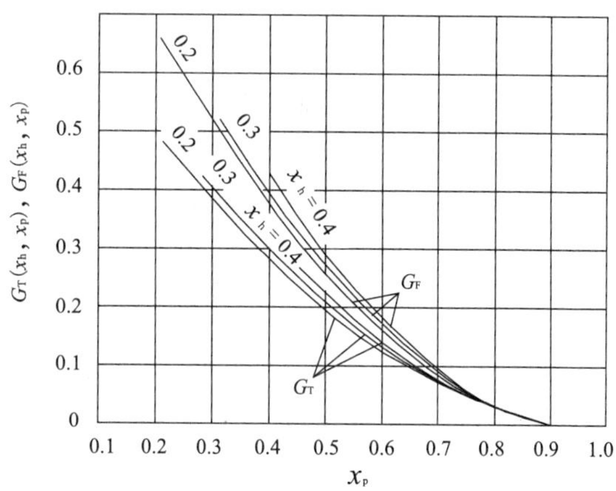

图 16-2　G_T、G_F 与 x_p 的关系

更简便的方法是假定推力沿桨叶径向按线性规律分布，如图 16-1（a）中虚线所示。

令 $\frac{dK_T}{dx} = kx$（k 为常数），则从式 (16-8) 可以得到

$$M_T = \frac{2TR}{Z(1-x_h^2)} = \left(\frac{1}{3} - \frac{1}{2}x_p + \frac{1}{6}x_p^3\right) \tag{16-11}$$

与求推力产生的弯矩相似，半径 r 处 dr 段叶元体的旋转阻力 dF_1 对半径 r_p 处切面产生的弯矩为 $dF_1(r-r_p)$，故在 r_p 以外至叶梢处所有切面所受之旋转阻力对 r_p 处的弯矩为

$$M_F = \int_{r_p}^{R} \frac{dF_1}{dr}(r - r_p) dr \tag{16-12}$$

若引用旋转阻力系数 $K_F = F/\rho N^2D^4$，则有

$$\mathrm{d}F_1 = \frac{\mathrm{d}F}{Z} = \frac{1}{Z}\mathrm{d}K_F \cdot \rho N^2D^4 \tag{16-13}$$

把式 (16-13) 用相对半径 x 表示并代入式 (16-12)，则有

$$M_F = \frac{\rho N^2D^5}{2Z}\int_{x_p}^{1.0}\frac{\mathrm{d}K_F}{\mathrm{d}x}(x-x_p)\mathrm{d}x \tag{16-14}$$

此式也可用转矩系数来表示，因

$$K_Q = \int_{x_h}^{1.0}\frac{\mathrm{d}K_Q}{\mathrm{d}x}\mathrm{d}x \tag{16-15}$$

则利用 $\mathrm{d}K_Q = \mathrm{d}K_F \cdot x/2$，可以得到

$$M_F = \frac{K_Q\rho N^2D^5}{Z}\cdot\frac{\int_{x_p}^{1.0}x\frac{\mathrm{d}K_F}{\mathrm{d}x}\mathrm{d}x - x_p\int_{x_p}^{1.0}\frac{\mathrm{d}K_F}{\mathrm{d}x}\mathrm{d}x}{\int_{x_h}^{1.0}x\frac{\mathrm{d}K_F}{\mathrm{d}x}\mathrm{d}x} \tag{16-16}$$

如果取 $\frac{\mathrm{d}K_Q}{\mathrm{d}x}$ 的分布形式与式 (16-9) 的推力系数分布形式相同，则可将式 (16-16) 进行积分并表示成

$$M_F = \frac{K_Q\rho N^2D^5}{Z}G_F(x_h, x_p) \tag{16-17}$$

函数 $G_F(x_h, x_p)$ 也用曲线形式表示于图 16-2 中。

当假定旋转阻力 F 沿径向为均匀分布时，如图 16-1（b）中虚线所示，即 $\mathrm{d}K_F/\mathrm{d}x = k''$（常数），则从式 (16-16) 可以得到

$$M_F = \frac{2Q}{Z(1-x_h^2)}\left(\frac{1}{2} - x_p + \frac{1}{2}x_p^2\right) \tag{16-18}$$

通常螺旋桨的收到功率 P_D(hp) 及其转速 N(r/min) 是已知的，故式 (16-18) 中螺旋桨的转矩 Q 可按下式求出：

$$Q = \frac{4\,500P_D}{2\pi N} \quad (\mathrm{kgf \cdot m}) \tag{16-19}$$

16.2.2 离心力及其所产生的弯矩

螺旋桨工作时，桨叶上还受离心力的作用。设螺旋桨的转速为 N(r/s)，螺旋桨材料的重量密度为 γ(kgf/m³)，S 为某半径 r 处切面的面积 (m²)，则 dr 段叶元体所产生的离心力［图 16-1（c）］为

$$\mathrm{d}C = \frac{\gamma}{g}(2\pi N)^2 Sr\mathrm{d}r \tag{16-20}$$

式中，g 为重力加速度，m/s²。

桨叶 $r \geqslant r_p$，部分的离心力 C 为

$$C = 4\pi^2 N^2 \frac{\gamma}{g} \int_{r_p}^{R} Sr\,\mathrm{d}r \tag{16-21}$$

若桨叶的重量为 G，桨叶重心至轴线的距离为 r_g，则整个桨叶的离心力为

$$C = \frac{4\pi^2 N^2}{g} G r_g \tag{16-22}$$

式中，r_g 可近似地按下式求得：

$$r_g = \frac{d}{2} + 0.3\left(\frac{D}{2} - \frac{d}{2}\right) \tag{16-23}$$

其中，D 和 $d = 2r_h$ 分别为螺旋桨直径及桨毂直径。

此外，当桨叶具有纵斜和侧斜时（图 16-3），其离心力的作用线并不通过计算切面的形心，因而对该切面产生弯矩。

设桨叶的纵斜角为 ε，且各切面的形心位于与参考线 OU 平行的线上，则在计算半径 r_p 处切面因纵斜产生的离心力弯矩为

$$M_C = 4\pi^2 N^2 \frac{\gamma}{g} \tan\varepsilon \int_{r_p}^{R} Sr(r - r_p)\,\mathrm{d}r \tag{16-24}$$

在图 16-3 中，侧视图表示桨叶在各半径处之最大厚度，C_G 为桨叶之重心（它与轴心距离为 r_g），C_R 为计算半径 r_p 处切面的形心。对于弓形切面，其形心可取在最大厚度处距叶面为 $2t/5$ 的地方（t 为切面最大厚度），从而可以量取 C_G 与 C_R 的纵向距离 l_g，或可近似取为

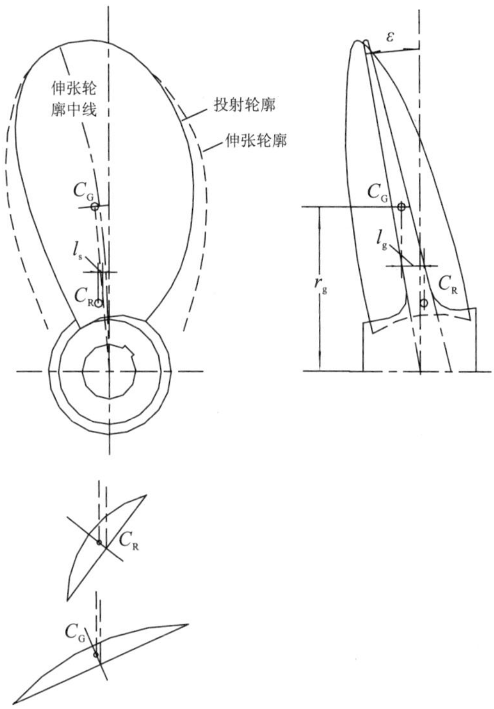

图 16-3　纵、侧斜叶切面上形心位置

$$l_g \approx (r_g - r_p)\tan(\varepsilon + 6°)$$

此时式 (16-24) 可更简便地写成

$$M_c = l_g \cdot C \tag{16-25}$$

对于具有侧斜的螺旋桨，还应计及离心力产生的弯矩 M_s，因一般侧斜与螺旋桨转向相反，故此弯矩与旋转阻力产生的弯矩 M_F 方向相反（在无侧斜或小侧斜时也有可能方向相同）。在图 16-3 中正视图上标出重心 C_G 及切面形心 C_R 的轴向投射位置。通过 C_G 绘一辐射线，由 C_R 至此辐射线间之垂直距离 l_s 即为离心力 C 对形心 C_R 的力臂。故因侧斜所产生的离心力弯矩 M_s 为

$$M_s = l_s C \tag{16-26}$$

16.2.3 合成弯矩及切面应力计算

图 16–4 表示在半径 r_p 处切面（或叶根处切面）承受弯矩的情况，图中 M_T 及 M_F 以右手定则规定的矢量来表示。严格来说，这些流体动力弯矩作用点并不与切面的形心相重合，但在实际计算中，通常可近似地通过切面形心来取惯性主轴。图 16–4 中 $\xi-\xi$ 轴为切面的最小惯性主轴（通过切面形心且与其弦线平行），$\eta-\eta$ 轴为切面的最大惯性主轴（与 $\xi-\xi$ 轴相垂直）。其正向如图 16–4 所示。

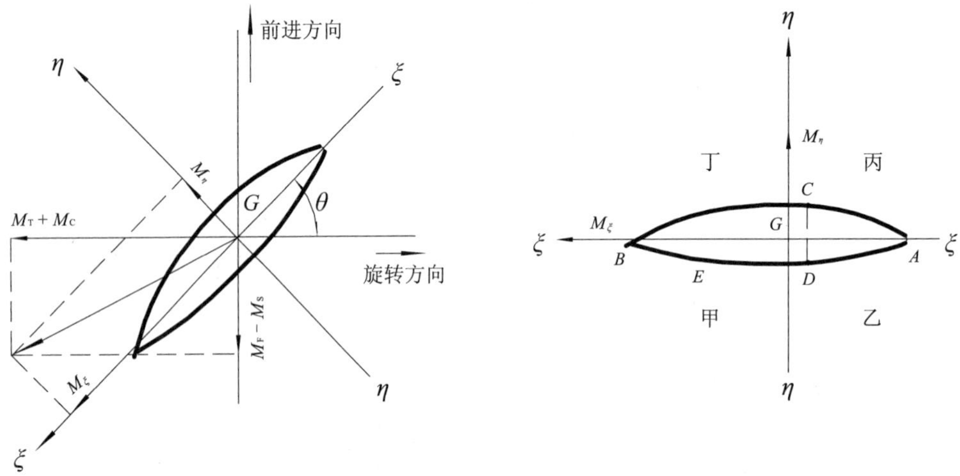

图 16–4　叶切面上的弯矩

若将推力和旋转阻力产生的弯矩 M_T 和 M_F 及离心力产生的弯矩 M_C 和 M_s 分解到切面的 $\xi-\xi$ 轴及 $\eta-\eta$ 轴上，则可得

$$\left.\begin{aligned} M_\xi &= (M_T + M_C)\cos\theta + (M_F - M_s)\sin\theta \\ M_\eta &= (M_T + M_C)\sin\theta - (M_F - M_s)\cos\theta \end{aligned}\right\} \tag{16-27}$$

式中，θ 为计算切面的螺距角。

力矩 M_ξ 使桨叶在刚度最小的平面内弯曲，而力矩 M_η 使桨叶在刚度最大的平面内弯曲。若已知叶切面的面积和抗弯剖面模数，则便能求出由弯曲力矩 M_ξ 和 M_η 之作用而引起的应力。设 $W_\xi(\eta_{max})$ 和 $W_\eta(\xi_{max})$ 分别为切面上具有最大坐标 η_{max} 和 ξ_{max} 的点（如 C、D、A、B 诸点）对于 $\xi-\xi$ 轴和 $\eta-\eta$ 轴的抗弯剖面模数，则弯矩 M_ξ 和 M_η 在这些点上产生的应力可分别写成

$$\left.\begin{aligned} \sigma_\xi(\eta_{max}) &= \frac{M_\xi}{W_\xi(\eta_{max})} \\ \sigma_\eta(\xi_{max}) &= \frac{M_\eta}{W_\eta(\xi_{max})} \end{aligned}\right\} \tag{16-28}$$

若计算切面的面积为 S，则离心力产生的应力为

$$\sigma_C = \frac{C}{S} \tag{16-29}$$

这里，S 可根据切面形状求得，或可用近似公式估算：

$$S=(0.67\sim0.73)bt \tag{16-30}$$

式中，b 为切面弦长；t 为切面最大厚度。

若用惯性主轴将切面分成 4 个区域（图 16-4），则在每个区域中因弯矩 M_ξ、M_η 及离心力 C 所产生的应力性质如下：

区　域	甲	乙	丙	丁
M_ξ 所生应力	拉	拉	压	压
M_η 所生应力	拉	压	压	拉
C 所生应力	拉	拉	拉	拉

由此可见，最大拉应力应在甲区内切面的外缘，最大压应力在丙区内切面外缘。也就是说，在叶切面上随边 B 点所受的拉应力最大，叶背最大厚度处 C 点所受的压应力最大（对于切面边缘有翘度者，最大拉应力约发生在叶面开始上翘处，梭形切面则约在叶面中点处）。

综上所述，合成弯矩及离心力所产生的总应力一般可写成如下形式：

A 点所受的拉应力：

$$\sigma(A)=\sigma_\xi(\eta_A)-\sigma_\eta(\xi_A)+\sigma_C=\frac{M_\xi}{W_\xi(\eta_A)}-\frac{M_\eta}{W_\eta(\xi_A)}+\frac{C}{S} \tag{16-31}$$

B 点所受的拉压力：

$$\sigma(B)=\sigma_\xi(\eta_B)-\sigma_\eta(\xi_B)+\sigma_C=\frac{M_\xi}{W_\xi(\eta_B)}+\frac{M_\eta}{W_\eta(\xi_B)}+\frac{C}{S} \tag{16-32}$$

C 点所受的压应力：

$$\sigma(C)=-\sigma_\xi(\eta_C)-\sigma_\eta(\xi_C)+\sigma_C=-\frac{M_\xi}{W_\xi(\eta_C)}-\frac{M_\eta}{W_\eta(\xi_C)}+\frac{C}{S} \tag{16-33}$$

D 点所受的拉应力：

$$\sigma(D)=\sigma_\xi(\eta_D)-\sigma_\eta(\xi_D)+\sigma_C=\frac{M_\xi}{W_\xi(\eta_D)}-\frac{M_\eta}{W_\eta(\xi_D)}+\frac{C}{S} \tag{16-34}$$

上述各式中，切面的抗弯剖面模数可根据切面形状进行计算，或者可按下列近似公式估算：

$$\left.\begin{aligned}W_\xi(\eta_{max})&=\alpha_\eta b t^2\\ W_\eta(\xi_{max})&=\alpha_\xi t b^2\end{aligned}\right\} \tag{16-35}$$

式中，系数 α_η 和 α_ξ 值可据切面形式由表 16-4 查得。

表 16-4　系数 α_η 和 α_ξ 值

系数	切面								
	对于 A 点和 B 点			对于 C 点			对于 D 点		
	弓形	双凸弓形	机翼形	弓形	双凸弓形	机翼形	弓形	双凸弓形	机翼形
α_η	0.11	0.22	0.10	0.075	0.19	0.085	0.11	0.17	0.10
α_ξ	0.07	0.10	0.09	∞	∞	—	∞	∞	—

若计算所得的最大压应力（如叶背 C 点处的应力）和最大拉应力（如随边 B 点处的应力）没有超过材料的许用应力，则认为螺旋桨的强度是足够的。

16.2.4 许用应力

在计算螺旋桨的强度时，通常都以船在全速航行情况下螺旋桨发出的推力及吸收的转矩为依据。但当开航时，其进速系数甚小，推力系数及转矩系数皆大，致使螺旋桨所受的应力可能大于全速时的数值。螺旋桨在实际工作中因桨叶在不同位置时的伴流相差甚大，桨叶所受的应力产生周期性变更，空泡及振动等使材料有剥蚀及疲衰作用。再者桨叶与桨毂的厚度相差甚大，在铸造时两部分的冷却速度不同，使叶根部分的实际强度降低。此外，螺旋桨在工作中可能碰击飘浮物体而遭受突然负荷。由于上述诸多原因，故螺旋桨所取用的许用应力值甚低，亦即其安全系数（或称强度储备系数）较大。

许用应力 $[\sigma]$ 以下式表示：

$$[\sigma]=\sigma_b/k_b \tag{16-36}$$

式中，σ_b 为强度极限应力；k_b 为安全系数（强度储备系数）。

在实用上，螺旋桨的许用应力随船舶类型而异。客船及货船长时间以全功率航行者许用应力较小，军舰经常使用部分功率者许用应力可用较大数值，高速快艇螺旋桨每单位面积需发出的推力甚大，不得不采用更大的许用应力。表 16–5 列出了螺旋桨常用材料的性能和许用应力范围。从表 16–5 中可见，其安全系数约为 10。近年来，国内外许多人认为将安全系数 k_b 降低至 8 左右为宜。也有人认为内河船螺旋桨的 k_b 可取 6。另外，用推力为线性分布假定计算时，若已考虑了离心力所引起的应力，则可将表中的许用应力加大 20% ～ 30%。

表 16–5 螺旋桨常用材料的性能和许用应力范围

材料名称和牌号	重量密度 (tf/m^3)	许用应力 $[\sigma]$ (kgf/cm^2)	极限拉应力 σ_b (kgf/cm^2)	对海水的抗蚀性能	备注
锰青铜 HMnFe55-3-1	8.41	450 ～ 500	4 500 ～ 5 000	好	表面光滑，可修补
铝青铜 ZHAl67-5-2-2	8.41	620	6 200	良好	表面很光滑，可修补
铸 钢 $ZG_{25}A$，$ZG_{20}A$	7.85	450 ～ 500	4 500 ～ 5 000	稍差	不易浇铸，表面粗糙，强度计算后须加厚 10% 以抗腐蚀
球墨铸铁 QT40-10	7.60	260 ～ 280	4 000 ～ 5 500	差	很难修补，叶片将比铜质的厚 25% ～ 30%
灰铸铁 HT21-40，HT24-44	7.60	190 ～ 220（拉伸）	1 800 ～ 2 600	差	表面很粗糙，不能修补，叶片比铜质的厚 30% ～ 35%
增强塑料（环氧）	2.50	200 ～ 300	2 000 ～ 3 000	好	表面很光滑，可修补，叶厚比铜质的大 20% ～ 25%

§16.3　桨叶厚度的径向分布

如前所述，利用中国船级社 2012 年《钢质海船入级规范》中的规定，可以求得满足强度要求的在 0.25*R* 及 0.6*R* 处桨叶切面的最大厚度（可调螺距螺旋桨为 0.35*R* 及 0.6*R* 处切面的最大厚度）；或利用分析计算法确定桨叶根部处（一般取 0.2*R*）切面的最大厚度。接下来的问题需要确定其余各半径处切面的最大厚度，即厚度沿半径方向的分布。

16.3.1　桨叶的叶梢厚度

在决定桨叶厚度沿径向分布之前，首先要知道桨叶叶梢厚度 t'。

一般螺旋桨叶梢厚度 t' 可由图 16–5 据直径 *D* 查得。也可采用如下的经验公式来确定：

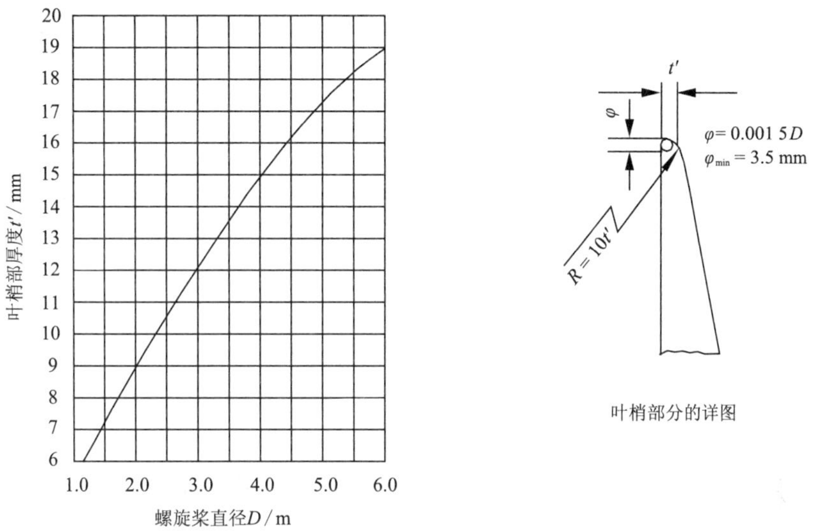

图 16–5　叶梢厚度与直径关系曲线

当螺旋桨直径 $D < 3.0\,\text{m}$ 时，取

$$t' = 0.004\,5D \tag{16–37}$$

当螺旋桨直径 $D \geqslant 3.0\,\text{m}$ 时，取

$$t' = 0.003\,5D \tag{16–38}$$

式中，t' 和 *D* 取相同单位。

16.3.2　桨叶厚度的径向分布

叶梢厚度确定以后，就可决定桨叶厚度的径向分布。一般可采用如下几种方式。

1）线性分布

大多数螺旋桨的厚度沿径向采用线性分布，即将叶梢厚度 t' 与按《规范》确定的 0.25*R*（或 0.35*R*）处桨叶厚度用同一比例画在图上并连成直线，即可量得不同半径处的桨叶厚度。实践证明，这样的厚度分布对 0.6*R* 处的强度总是过剩的，故可不必再行验算。

2）非线性分布

将叶梢厚度 t' 与按《规范》计算得到的 0.25R（或 0.35R）及 0.6R 处切面的厚度 3 个点在图上按同样比例标出，通过 3 点连成光顺曲线，即可得到各不同半径处桨叶厚度，这种分布形式可以节省些桨叶材料。

3）荷兰船模试验池建议的厚度分布

荷兰船模试验池建议桨叶各半径处切面厚度可由下式计算：

$$t_x = f_x(t_{0.2} - t') + t' \tag{16-39}$$

式中，$t_{0.2}$ 为 0.2R 处切面的厚度；t_x 为 $x = r/R$ 处切面的厚度；f_x 为由表 16-6 所决定的系数。

表 16-6　决定叶切面最大厚度径向分布的系数 f_x

x	f_x	x	f_x
0.3	0.845	0.7	0.318
0.4	0.699	0.8	0.206
0.5	0.546	0.9	0.100
0.6	0.436	0.95	0.049 5

§16.4　螺距修正

螺旋桨设计中，有些参数往往与所用系列螺旋桨不同，如：按上节强度计算所得的桨叶厚度小于选用系列桨的厚度时，尚可直接采用系列桨的厚度及厚度分布，其缺点是浪费材料。若计算中为满足强度要求不得不增加桨叶厚度时，将导致设计螺旋桨的叶厚分数大于系列螺旋桨的叶厚分数。有时设计螺旋桨的毂径比不同于系列螺旋桨。在这种情况下，必须对设计螺旋桨的螺距进行修正，使二者性能相同。现将修正方法简述如下。

16.4.1　毂径比不同对螺距的修正

设 $(d_h/D)'$ 为设计螺旋桨的毂径比；d_h/D 为系列螺旋桨的毂径比。则所需的螺距比修正量$\Delta\left(\frac{P}{D}\right)_B$可按下式求得：

$$\Delta\left(\frac{P}{D}\right)_B = \frac{1}{10}[(d_h/D)' - d_h/D] \tag{16-40}$$

16.4.2　叶厚比不同对螺距的修正

修正计算通常是根据 0.7R 处切面的螺距角 θ 与无升力角 α_0 之和等于常数这一原则进行的，即

$$\theta + \alpha_0 = \text{常数} \tag{16-41}$$

如图 16-6 所示。

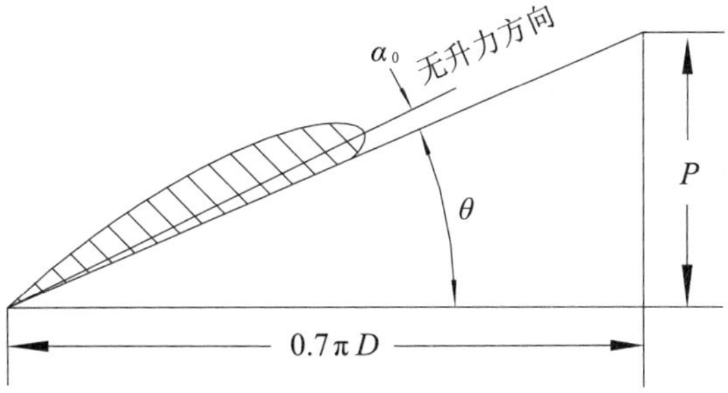

图 16-6　0.7R 处切面的 θ 与 α_0

切面的无升力角 α_0(°) 可按下式计算：

$$\alpha_0 = 57.3K\left(\frac{t}{b}\right) \tag{16-42}$$

式中，K 为系数，与 0.7R 处的切面形式有关，对 MAU 型螺旋桨，$K = 0.735$；对 B 型螺旋桨，$K = 0.813$；对弓形切面螺旋桨，$K = 0.75$。

设$\frac{t'}{b}$为设计桨的厚度比，$\frac{t}{b}$为系列桨的厚度比，则修正后的螺距角 θ' 可由下式计算：

$$\begin{aligned}\theta' &= \theta + \alpha_0 - \alpha_0' = \theta + 57.3K\left(\frac{t}{b} - \frac{t'}{b}\right)\\ \tan^{-1}\frac{P'}{0.7\pi D} &= \tan^{-1}\frac{P}{0.7\pi D} + 57.3K\left(\frac{t}{b} - \frac{t'}{b}\right)\end{aligned} \tag{16-43}$$

修正后的螺距为

$$P = 0.7\pi D\cdot\tan\theta' \tag{16-44}$$

下面再介绍一种螺距修正方法，以供参考。

由于厚度比不同，对螺距比修正量$\Delta\left(\frac{P}{D}\right)_{\rm t}$可由下式表示：

$$\Delta\left(\frac{P}{D}\right)_{\rm t} = -2\frac{P}{D}(1-s)\Delta\left(\frac{t}{b}\right)_{0.7\rm R} \tag{16-45}$$

式中，$\frac{P}{D}$为设计螺旋桨的螺距比；s 为滑脱比，按下式决定：$s = 1 - \frac{30.866\,V_{\rm A}}{NP}$，其中，$V_{\rm A} = (1-\omega)\,V$，kn；$N$ 为每分钟转数，r/min；P 为螺距，m；

$\Delta\left(\frac{t}{b}\right)_{0.7\rm R} = \left\{\left(\frac{t}{b}\right)'_{0.7\rm R} - \left(\frac{t}{b}\right)_{0.7\rm R}\cdot\frac{a_{\rm E0}}{a'_{\rm E}}\right\}\times 0.75$，其中，$\left(\frac{t}{b}\right)'_{0.7\rm R}$为设计螺旋桨 0.7$R$ 处切面的厚度比，$\left(\frac{t}{b}\right)_{0.7\rm R}$为基准螺旋桨 0.7$R$ 处切面的厚度比，$\alpha_{\rm E0}$ 为基准螺旋桨展开面积比，$\alpha'_{\rm E}$ 为设计螺旋桨的换算展开面积比，$a'_{\rm E} = \left\{1 + 1.1\left[(d_{\rm h}/D)' - (d_{\rm h}/D)\right]\right\}\cdot\frac{A_{\rm E}}{A_0}$，这里，$(d_{\rm h}/D)'$ 和 $(d_{\rm h}/D)$ 分别为设计桨和系列桨的毂径比，$A_{\rm E}/A_0$ 为设计螺旋桨的盘面比。

16.4.3 经过修正后螺旋桨的螺距

令修正后的螺旋桨螺距比为 $(P/D)_m$，则可由式 (16–40)、式 (16–44) 或式 (16–40)、式 (16–45) 来得到，即

$$(P/D)_m = \frac{P'}{D} + \Delta\left(\frac{P}{D}\right)_B \tag{16–46}$$

或

$$(P/D)_m = \frac{P}{D} + \Delta\left(\frac{P}{D}\right)_B + \Delta\left(\frac{P}{D}\right)_t \tag{16–47}$$

16.4.4 螺距修正实例

某船螺旋桨设计结果如下：采用 AU 型 4 叶螺旋桨，可达船速 $V = 11.08$ kn，伴流分数 $\omega = 0.35$，转速 $N = 260$ r/min，螺旋桨直径 $D = 2.57$ m，螺距比 $P/D = 0.623$，伸张面积比 $A_E/A_0 = 0.54$，毂径比 $(d_h/D)' = 0.179$，根据强度计算求得 0.7R 处切面的厚度比 $(t/b)'_{0.7R} = 0.0594$。

由于 AU 型螺旋桨的毂径比 $d_h/D = 0.18$，且设计桨 0.7R 处切面厚度比不同于系列桨，故必须进行螺距修正。

（1）由于毂径比不同所需的螺距修正：

$$\Delta(P/D)_B = \frac{1}{10}[(d_h/D)' - d_h/D] = \frac{1}{10}[0.179 - 0.18] = -0.0001$$

（2）由于叶厚比不同所需的螺距比修正：

$$\Delta(P/D)_t = -2\frac{P}{D}\cdot(1-s)\Delta\left(\frac{t}{b}\right)_{0.7R}$$

为方便起见，取 AU4–55 为基准螺旋桨，故

$$a_{E0} = 0.5$$

相应的 0.7R 处切面厚度比为

$$(t/b)_{0.7R} = 0.0552$$

$$a'_E = \{1 + 1.1\times[(d_h/D)' - (d_h/D)]\}\frac{A_E}{A_0}$$

$$= \{1 + 1.1\times[0.179 - 0.18]\}\times 0.540 = 0.539$$

所以

$$\Delta(t/b)_{0.7R} = \left\{(t/b)'_{0.7R} - (t/b)_{0.7R}\cdot\frac{a_{E0}}{a'_E}\right\}\times 0.75$$

$$= \left\{0.0594 - 0.0552\times\frac{0.5}{0.539}\right\}\times 0.75 = 0.002$$

$$s = 1 - \frac{30.866 V_{\mathrm{A}}}{NP} = 1 - \frac{30.866 \times 11.08 \times (1 - 0.35)}{260 \times 0.623 \times 2.57} = 0.466$$

$$\Delta(P/D)_{\mathrm{t}} = -2 \times 0.623 \times 0.534 \times 0.002 = -0.001\,3$$

（3）修正后的螺距比：

$$(P/D)_{\mathrm{m}} = P/D + \Delta(P/D)_{\mathrm{B}} + \Delta(P/D)_{\mathrm{t}} = 0.623 - 0.000\,1 - 0.001\,3 \approx 0.622$$

这样，经螺距修正后该桨的水动力性能近似地与螺距比为 0.623、毂径比为 0.18 的系列螺旋桨相同。

§16.5　螺旋桨重量及惯性矩计算

在螺旋桨设计中，必须进行重量和惯性矩的估计，以提供轴系计算、工厂备料以及离心力计算等需要。螺旋桨的总重量为叶片重量和毂重量之和。通常比较精确的计算方法是：先根据桨叶不同半径处各切面的形状求得其切面面积，其次用近似积分法算出桨叶的体积和体积惯性矩，最后分别乘以材料的重量密度，即可得到螺旋桨之重量和重量惯性矩。由于 AU 型螺旋桨提供了切面有关资料（参阅 §17.2 节），因而对此类螺旋桨利用近似数值积分方法并不复杂。

图 16-7 为 AU 型螺旋桨切面的形状。图中 G 为切面重心，b 为切面弦长，t 为切面厚度。桨叶切面的面积 S 可由下式计算：

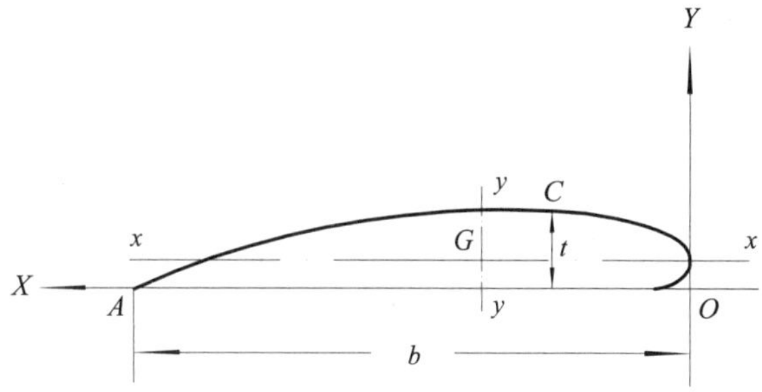

图 16-7　AU 型螺旋桨切面形状分布

$$S = K_{\mathrm{a}} bt \tag{16-48}$$

式中，K_{a} 为系数，由表 16-7 给出，表 16-7 中同时提供了切面重心的坐标 x_{G} 和 y_{G}。

表 16-7　系数 K_{a} 及坐标 x_{G}、y_{G} 值

r/R	面积系数 K_{a}	x_{G}/b	y_{G}/t
0.2 ～ 0.4	0.674 0	0.435 0	0.411 0
0.5	0.674 5	0.435 0	0.411 0
0.6	0.674 5	0.440 0	0.411 3
0.7	0.677 0	0.450 0	0.420 0
0.8	0.683 0	0.464 0	0.420 0
0.9	0.695 0	0.488 0	0.411 3
1.0	—		

具体计算可依表 16-8 所列形式进行。例如，对盘面比 $A_{\mathrm{E}}/A_0 = 0.65$，直径 $D = 5.75$ m，螺距比 $P/D = 0.785$，毂径比 $d_{\mathrm{h}}/D = 0.18$，叶厚分数 $t_0/D = 0.046\,8$，材料重量密度 $\gamma =$

8 700 kgf/m^3 的 AU 型 5 叶桨，在表 16-8 的基础上可以计算。

表 16-8　桨叶切面的面积 S 计算方式

(1)	(2)	(3)	(4)	(5)	(6)	(7)	(8)	(9)	(10)
r/R	面积系数 K_d	弦长 × 最大厚度 $b\times t$	切面面积 /m^2 $S=K_a bt$	辛氏系数 SM	(4)×(5)	r	r^2	(6)×(7)	(6)×(8)
0.2	0.674	1.125×0.219	0.166 0	1	0.166	0.2 R	0.04 R^2	0.033 2 R	0.006 64 R^2
0.3	0.674	1.314×0.195	0.172 7	4	0.691	0.3 R	0.09 R^2	0.207 3 R	0.062 20 R^2
0.4	0.674	1.472×0.170	0.168 7	2	0.337	0.4 R	0.16 R^2	0.134 8 R	0.053 92 R^2
0.5	0.674 5	1.595×0.145	0.155 9	4	0.624	0.5 R	0.25 R^2	0.312 0 R	0.156 00 R^2
0.6	0.674 5	1.676×0.120	0.135 7	2	0.271	0.6 R	0.36 R^2	0.162 6 R	0.097 56 R^2
0.7	0.677 0	1.684×0.095	0.108 3	4	0.433	0.7 R	0.49 R^2	0.303 1 R	0.212 17 R^2
0.8	0.683 0	1.571×0.071	0.076 2	2	0.152	0.8 R	0.64 R^2	0.121 6 R	0.097 28 R^2
0.9	0.695 0	1.245×0.045	0.039 2	4	0.159	0.9 R	0.81 R^2	0.143 1 R	0.128 79 R^2
1.0	0.700 0	0	0	1	0	R	R^2	0	0
					∑(6)= 2.833			∑(9)= 1.417 7 R	∑(10)= 0.814 6 R^2

1）螺旋桨重量

（1）叶片重量（未计及填角料的重量）：

$$每叶片重量=\left[\frac{1}{3}\times\frac{R}{10}\sum(6)+0.166\times0.02R\right]\gamma=2\ 444.7\qquad(\text{kg})$$

其中，$0.166\times0.02R$ 是考虑桨毂至 $0.2R$ 切面间的重量。

$$5\text{个叶片重量}=5\times2\ 444.7=12\ 224\qquad(\text{kg})$$

（2）桨毂重量，由螺旋桨图绘制完成后进行，毂重量 = 7 734 kg。

（3）整个螺旋桨重量 = 12 224 + 7 734 ≈ 20 000 kg。

2）转动惯性矩

（1）每叶片体积惯性矩$=\frac{1}{3}\times\frac{R}{10}\times\sum(10)+0.166\times0.02R\times(0.19R)^2=0.645\ \text{m}^5$。

（2）每叶片质量惯性矩$=\frac{\gamma}{g}\times$每叶片体积惯性矩 $=572\ \text{kgf}\cdot\text{m}\cdot\text{s}^2$。

（3）5 个叶片质量惯性矩 $=5\times572=2\ 860\ \text{kgf}\cdot\text{m}\cdot\text{s}^2$。

（4）桨毂转动惯性矩 $=187.3\ \text{kgf}\cdot\text{m}\cdot\text{s}^2$。

（5）整个螺旋桨的惯性矩 $I_{mp}=2\ 860+187.3=3\ 047.3\ \text{kgf}\cdot\text{m}\cdot\text{s}^2=304\ 730\ \text{kgf}\cdot\text{cm}\cdot\text{s}^2$。

有些型式的螺旋桨并未提供如表 16-7 那样切面的有关数据，此时不妨采用按统计资料得出的近似公式进行计算，现简要介绍如下。

我国船舶及海洋工程设计研究院提出的公式：

（1）桨叶重：

$$G_{bl}=0.169\gamma Zb_{max}(0.5t_{0.2}+t_{0.6})(1-\frac{d}{D})D \tag{16-49}$$

式中，γ 为材料重量密度，kgf/m^3；Z 为桨叶数；b_{max} 为桨叶最大宽度，m；$t_{0.2}$、$t_{0.6}$ 分别为 0.2R 和 0.6R 处切面的最大厚度，m；d 为桨毂直径，m；D 为螺旋桨直径，m。

（2）桨毂重：

$$G_n=\left(0.88-0.6\frac{d_0}{d}\right)L_K\gamma d^2 \tag{16-50}$$

式中，L_K 为毂长，m；d_0 为桨毂长度中央处轴径，m，可按下式估计：

$$d_0=0.045+0.108(P_D/N)^{1/3}-\frac{KL_K}{2}$$

其中，P_D、N 分别为主机最大持续功率情况下的螺旋桨收到功率 (hp) 和转速 (r/min)；K 为轴毂配合的锥度。

（3）螺旋桨重量：

$$G=G_{b1}+G_n \tag{16-51}$$

（4）螺旋桨惯性矩：

$$\text{当 } d/D\leqslant 0.18 \text{ 时：} I_{mp}=0.094\,8\gamma Zb_{max}(0.5t_{0.2}+t_{0.6})D^3 \tag{16-52}$$

$$\text{当 } d/D>0.18 \text{ 时：} I_{mp}=\left(0.064\,8+0.167\frac{d}{D}\right)\gamma Zb_{max}(0.5t_{0.2}+t_{0.6})D^3 \tag{16-53}$$

上海交通大学船制 63 班同学对于楚思德 B 型螺旋桨进行分析后，得到下列近似计算公式。

B 型 3 叶螺旋桨：

$$G=0.005\,7\gamma b_{0.6}D^2 \tag{16-54}$$

B 型 4 叶螺旋桨：

$$G=0.005\,1\gamma b_{0.6}D^2 \tag{16-55}$$

式中，G 为每一桨叶的重量，kgf；γ 为材料重量密度，kgf/m^3；$b_{0.6}$ 为 0.6R 处叶切面的弦长，m；D 为螺旋桨直径，m。

柯必也茨基得到计算整个螺旋桨重量的近似公式为

$$G=\frac{Z\gamma D^2 b_{0.6}}{4\times10^4}\left[6.2+2\times10^4\left(0.71-\frac{d}{D}\right)\frac{t_{0.6}}{D}\right]+0.59\gamma L_K d^2 \tag{16-56}$$

式中，$b_{0.6}$、$t_{0.6}$ 分别为 0.6R 处叶切面的弦长和最大厚度，m；其余符号意义同前。

我国船舶科学研究中心提供了一个计算快艇的阔叶螺旋桨重量的公式：

$$\text{每叶重量}\qquad G=0.163\frac{3}{Z}\gamma\frac{A_E}{A_0}D^2 t_{R0} \tag{16-57}$$

式中，A_E/A_0 为盘面比；t_{R0} 为半径为 R_0 处切面的最大厚度，m，R_0 为桨叶伸张轮廓面积重心至轴线的距离；其余符号意义同前。

【思考题】

1. 何谓螺旋桨的静态负荷和动态负荷？在分析计算法中，以什么负荷来分析计算螺旋桨的强度？

2. 螺旋桨在工作中，通常受到哪些载荷的作用？并指明桨叶何处的压应力和拉应力为最大？

3. 图谱设计的螺旋桨通常需进行螺距修正，试说明其理由。

4. 某采用 B 型螺旋桨，主机额定功率 P_s =1 118 hp，$N = 300$ r/min，$Z = 3$，$D = 2.22$ m，$P/D = 0.838$，$A_E/A_0 = 0.50$，后倾角 $\varepsilon = 15°$，试采用规范校核法确定桨叶各半径处厚度 $t_{r/R}$。

第 17 章　螺旋桨图谱设计

螺旋桨设计是整个船舶设计中的一个重要组成部分。在船舶线型初步设计完成后，通过有效功率的估算或船模阻力试验，得出该船的有效功率曲线。在此基础上，要求我们设计一个效率最佳的螺旋桨，既能达到预定的航速，又要使消耗的主机功率小；或者当主机功率和转速已选定，要求设计一个在给定主机功率和转速条件下使船舶能达到最高航速的螺旋桨。

§17.1　螺旋桨的设计与设计方法

螺旋桨的设计可分为螺旋桨的初步设计和螺旋桨的终结设计两类。

17.1.1　螺旋桨的初步设计

对于新设计的船舶，根据设计任务书对船速的要求设计出最合适的螺旋桨，然后由螺旋桨的转速及效率决定主机的转速及功率，并据此订购主机。具体地讲，就是：①已知船速 V，有效功率 P_e，根据选定的螺旋桨直径 D，确定螺旋桨的最佳转速 N、效率 η_0、螺距比 P/D 和主机功率 P_s；②已知船速 V，有效功率 P_e，根据给定的转速 N，确定螺旋桨的最佳直径 D、效率 η_0、螺距比 P/D 和主机功率 P_s。

17.1.2　螺旋桨的终结设计

主机功率和转速决定后（最后选定的主机功率及转速往往与初步设计所决定者不同），求所能达到的航速及螺旋桨的尺度。具体地讲，就是已知主机功率 P_s、转速 n 和有效功率曲线，确定所能达到的最高航速 V，螺旋桨的直径 D、螺距比 P/D 及效率 η_0。新船采用现成的标准型号主机或旧船调换螺旋桨等均属此类问题。在造船实践中，一般采用标准机型，所以在实际设计中，绝大多数是这类设计问题。

目前，设计船用螺旋桨的方法有两种：图谱设计法及环流理论设计法。

图谱设计法就是根据螺旋桨模型敞水系列试验绘制成专用的各类图谱来进行设计。用图谱方法设计螺旋桨不仅计算方便，易于为人们所掌握，而且如选用图谱适宜，其结果也较为满意，是目前应用较广的一种设计方法。应用图谱设计螺旋桨虽然受到系列组型式的限制，但此类资料日益丰富，已能包括一般常用螺旋桨的类型。

环流理论设计方法是根据环流理论及各种桨叶切面的试验或理论数据进行螺旋桨设计。用此种方法可以分别选择各半径处最适宜的螺距和切面形状，并能照顾到船后伴流不均匀的影响，因而对于螺旋桨的空泡和振动问题可进行比较正确的考虑。但由于此种方法计算繁复，加工工艺也较复杂，故目前在我国应用较少。随着电子计算机技术在造船行业中的应用，加上设计方法的优越，今后必然会得到广泛的应用。关于环流理论设计方法将在第 19 章中予以介绍。

§17.2 B–δ 型图谱的设计方法与应用

目前，各国已发表的螺旋桨设计图谱较多，有的只是表达形式不同而试验资料相同，有的则是螺旋桨形式不同。因此，在进行螺旋桨设计时，必须针对船舶的特点和要求，根据实践经验，选用合适的螺旋桨图谱。这里主要讨论商船螺旋桨的设计，兼顾高速军舰螺旋桨设计。目前，在商船螺旋桨设计中，以荷兰的楚思德 B 型螺旋桨和日本 AU 型螺旋桨应用最为广泛。鉴于有关 B 型螺旋桨发表的资料较多，本节将以 AU 型螺旋桨为对象，进行较详细的介绍，对于 B 型螺旋桨仅就其最近归纳发表的新形式图谱作些介绍。我们认为，只要对于螺旋桨的设计问题理解清楚以后就能融会贯通，即使对于不同的图谱形式或不同的螺旋桨类型都能灵活应用。

17.2.1 AU 型螺旋桨设计图谱及其应用

AU 型螺旋桨是日本运输技术研究所发展的螺旋桨系列，近年来日本有关部门又对切面形状等做了改进，扩大了盘面比和螺距比范围，进行了 3 ～ 6 叶螺旋桨模型的系列试验，并做成了设计图谱。

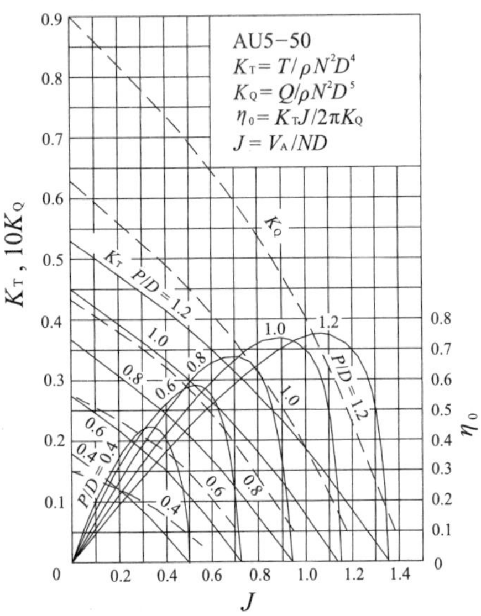

图 17–1 敞水性征曲线组

17.2.1.1 B–δ 型设计图谱的建立

如果将 AU 型 5 叶螺旋桨，盘面比为 0.50、螺距比 P/D 分别为 0.4、0.6、0.8、1.0、1.2 的 5 个螺旋桨的敞水试验结果绘制在同一张图上，则可以得到如图 17–1 所示的敞水性征曲线组。当知道进速系数 $J = V_A/ND$ 以后，即可得到不同螺距比螺旋桨的性能。在螺旋桨的设计问题中，一般不可能同时给定直径 D 和转速 N，而敞水性征曲线图的横坐标进速系数 J 却同时包括了 D 和 N 两个参数，这给设计螺旋桨带来不便，为此需将这类性征曲线转绘成专用图谱，B–δ 型图谱就是目前应用最广的一种图谱形式。

如前所述，通常遇到最多的是终结设计问题，即已知主机功率和螺旋桨转速，所以解决这类问题的计算系数应该不包含未知量 D。为此需导出这类计算系数。

按定义有

$$Q = K_Q \rho N^2 D^5 = \frac{75P_D}{2\pi N}$$

又

$$D = V_A/NJ$$

将上面两式消去直径 D 得

$$K_Q \rho N^2 (V_A/NJ)^5 = \frac{75P_D}{2\pi N}$$

或
$$\frac{2\pi\rho K_Q}{75J^5}=\frac{P_D N^2}{V_A^5}$$

两边开平方得
$$\sqrt{\frac{2\pi\rho K_Q}{75J^5}}=\frac{P_D^{1/2}N}{V_A^{2.5}}$$

式中，P_D 为螺旋桨收到功率（在设计图谱中常简单地用 P 表示，为避免与螺距 P 混淆，本书中仍用 P_D 表示），hp；V_A 为螺旋桨进速，m/s；N 为螺旋桨转速，r/s。若将式中 V_A 以节（kn）来表示，转速以 N（r/min）来代替 N（r/s），ρ 为海水密度，取 104.51 kgf · s²/m⁴，则可得

$$B_P=\frac{NP_D^{0.5}}{V_A^{2.5}}=33.30\frac{K_Q^{0.5}}{J^{2.5}} \tag{17-1}$$

B_P 就是 B 型图谱所采用的计算系数，称为收到功率系数（或简称功率系数）。

同时，还引入直径系数 δ，定义如下：

$$\delta=\frac{ND}{V_A}=\frac{30.86}{J} \tag{17-2}$$

B_P 和 δ 是螺旋桨设计中最根本的计算系数，为强调起见，将式 (17–1) 和式 (17–2) 中有关参数的意义和单位重列于下：N 为螺旋桨转速，r/min；P_D 为螺旋桨敞水收到功率，hp；V_A 为螺旋桨进速，kn；D 为螺旋桨直径，m。

用 K_T、K_Q–J 图谱（图 17–1）就可以作出 $\sqrt{B_P}-\delta$ 图谱。这类图谱的绘制方法如下：①在同一叶数和盘面比的螺旋桨敞水性征曲线组上（图 17–1），取一定值的螺距比 P/D，并设定一系列的 J 值，在同一 P/D 的性征曲线上读取与 J 相应的一系列 K_Q 及 η_0 值。②据式 (17–1) 和式 (17–2) 分别算出相应的 $\sqrt{B_P}$ 和 δ。③在纵坐标为螺距比 P/D，横坐标为 $\sqrt{B_P}$ 的图上，如图 17–2 所示，通过上述计算的 P/D 值作一平行横坐标的水平线，并在该线对应于每一 $\sqrt{B_P}$ 值的点上标明相应的 η_0 和 δ 值，此线即能代表螺距比为 P/D 的螺旋桨水动力特性。④对不同 P/D 的螺旋桨性征曲线都作上述处理，并绘在同一图上，然后将 η_0 和 δ 值相同者分别连成光顺曲线，即得 η_0 和 δ 的等值线。⑤将各 $\sqrt{B_P}$ = 常数时（在图谱上表现为垂直线）效率最高的点连成光滑的曲线，即得最佳效率线，如图 17–2 中的点划线。

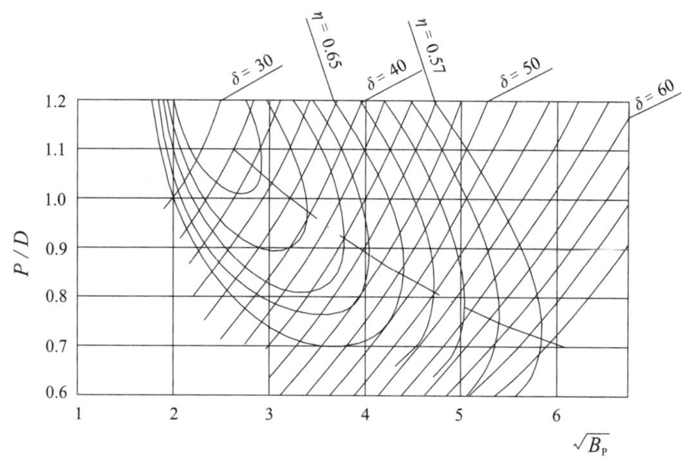

图 17–2　$\sqrt{B_P}-\delta$ 图谱与最佳效率曲线

17.2.1.2 AU 型螺旋桨型式

通常所指的 AU 型螺旋桨包括 AU 型螺旋桨的原型、改进 AU 型（MAU）和 AU_w 型几种类型。

（1）AU 型螺旋桨的原型。这是初始阶段发展的螺旋桨模型，为部分 5 叶和 6 叶螺旋桨所采用。

（2）改进 AU 型，以 MAU 表示。这种型式是对原型 AU 桨在叶梢部分切面的前缘形状进行了局部修正。AU 型的 4 叶螺旋桨系列就是采用这种形式。实践证明，AU 原型桨的面空泡裕度过大，因此少量减小叶切面前缘的高度 [图 17–3（a）]，适当降低面空泡的裕度，以增大叶背的抗空泡性能。这种改动反映在切面的拱线（或称中线）上表现为增大了拱度而减小了攻角，经计算比较，MAU 型和 AU 原型的水动力性能是接近的，如图 17–3（b）所示。

因此，AU 原型 5 叶及 6 叶螺旋桨的设计图谱，完全能用于设计 MAU 型 5 叶及 6 叶螺旋桨。

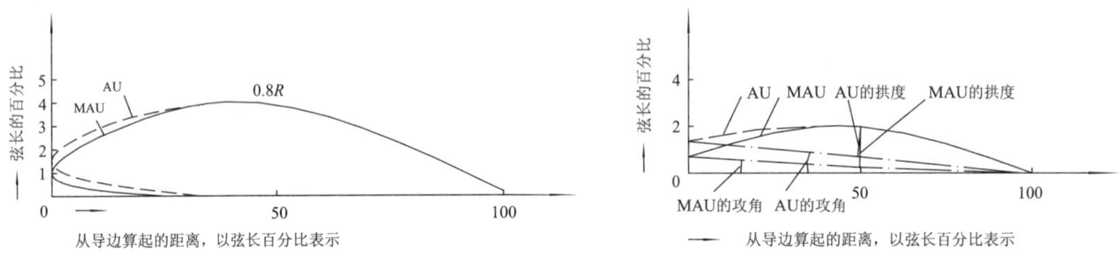

(a) 叶切面前缘高度变化　　(b) 叶切面拱度变化

图 17–3　MAU 型叶梢部分切面前缘形状修正

（3）AU 型桨叶切面的后缘具有一定翘度（这对于改善桨叶根部叶间干扰有一定效果），在 6 叶螺旋桨上采用这种型式，称 AU_w 型。

对于 MAU 型的叶切面后缘具有一定翘度（即 MAU_w）的设计，应用本图谱也具有相当精度。

AU 型螺旋桨是等螺距螺旋桨，桨模的几何特征是：① 4 叶螺旋桨系列：属于本组的模型螺旋桨列于表 17–1 中。桨叶轮廓的尺寸见表 17–4，轮廓形状如图 17–4（a）、（b）所示。② 5 叶螺旋桨系列：其要素列于表 17–2 中。桨叶轮廓的尺寸见表 17–4，轮廓形状如图 17–5（a）及图 17–5（b）所示。③ 6 叶螺旋桨系列：其要素列于表 17–3 中。桨叶轮廓的尺寸见表 17–4，轮廓形状如图 17–6（a）、（b）所示。

表 17–1　4 叶螺旋桨要素

螺旋桨要素	MAU4–40	MAU4–55	MAU4–70
直径 / m	0.250	0.250	0.250
毂径比	0.180	0.180	0.180
盘面比	0.400	0.550	0.700
最大叶宽比	0.226	0.311	0.398
平均叶宽比	0.192	0.263	
叶厚比	0.050	0.050	0.050
后倾角	10°	10°	10°

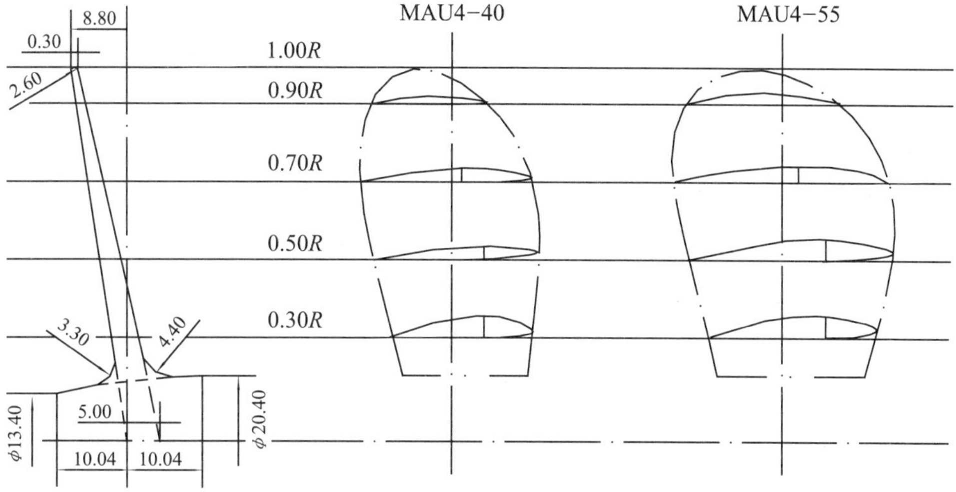

(a) MAU4−40/55 桨叶轮廓尺寸

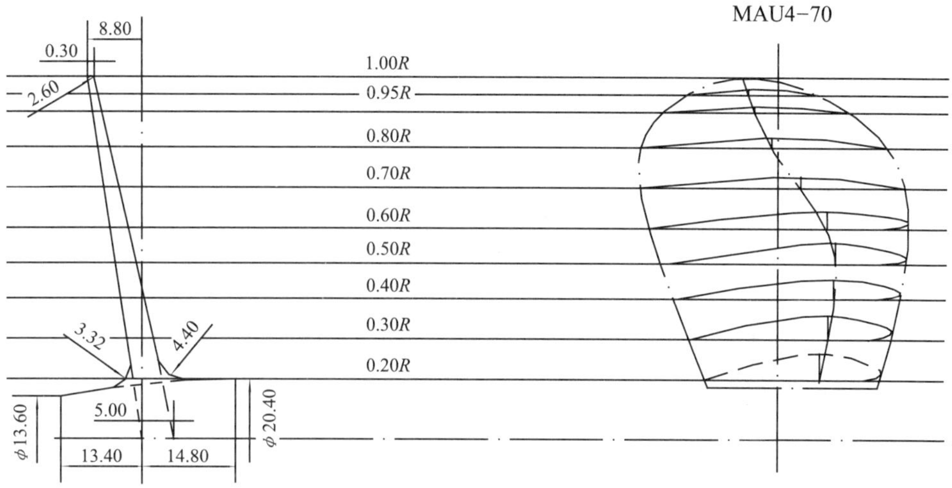

(b) MAU4−70 桨叶轮廓尺寸

图 17-4　4 叶螺旋桨桨叶轮廓尺寸

表 17−2　5 叶螺旋桨要素

螺旋桨要素	AU5−50	AU5−65	MAU5−80
直径 / m	0.250	0.250	0.250
毂径比	0.180	0.180	0.180
盘面比	0.500	0.650	0.800
最大叶宽比	0.226	0.294	0.364
叶厚比（叶厚分数）	0.050	0.050	0.050
后倾角	10°	10°	10°

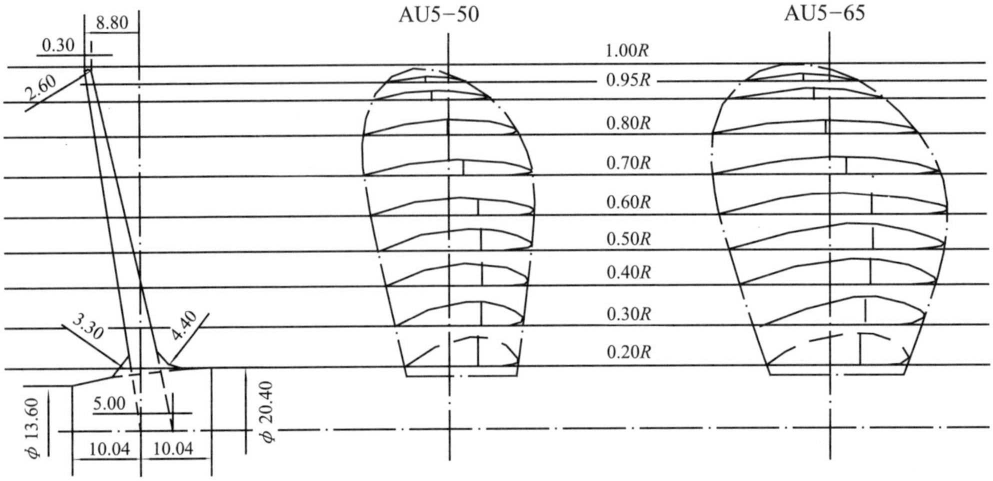

（a）MAU5−50/65 浆叶轮廓尺寸

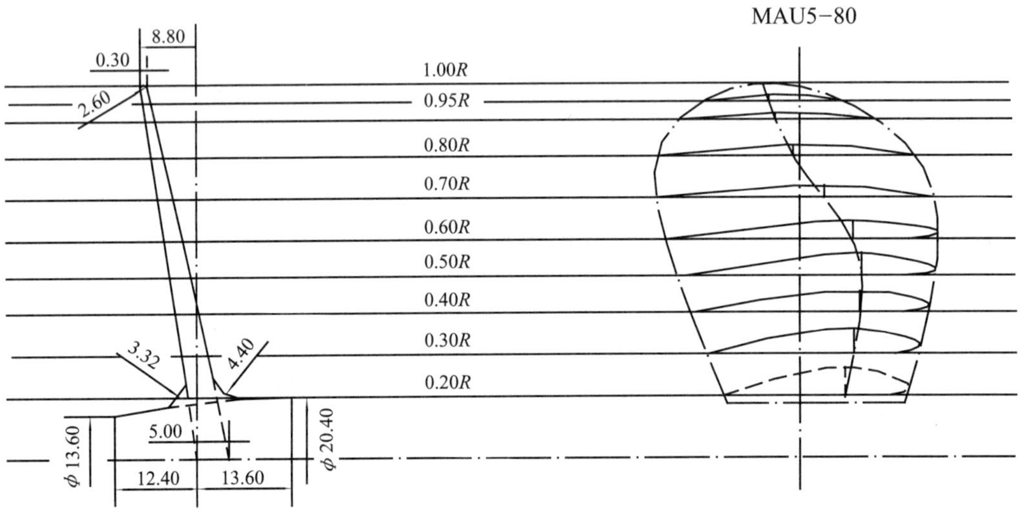

（b）MAU5−80 浆叶轮廓尺寸

图 17-5　5 叶螺旋桨桨叶轮廓尺寸

表 17-3　6 叶螺旋桨要素

螺旋桨要素	AU_w6-55	AU_w6-70	AU6-70	MAU_w6-85
直径 / m	0.250	0.250	0.250	0.250
毂径比	0.180	0.180	0.180	0.180
盘面比	0.550	0.700	0.700	0.850
最大叶宽比	0.208	0.264	0.264	0.322
叶厚比	0.050	0.050	0.050	0.050
后倾角	10°	10°	10°	10°
叶片剖面后缘有一定翘度	有	有	无	有

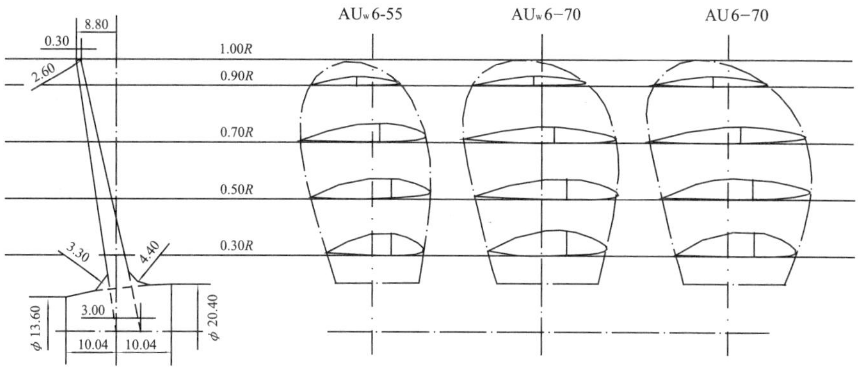

(a) AU_W6-55/70、AU6-70 桨叶轮廓尺寸

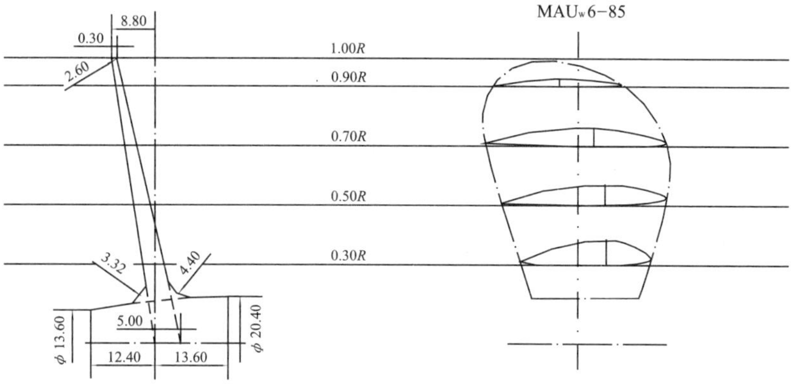

(b) MAU_W6-85 桨叶轮廓尺寸

图 17-6　6 叶螺旋桨桨叶轮廓尺寸

表 17-4 给出了 AU 型（MAU、AU_w）模型螺旋桨的伸张轮廓尺寸。表 17-5、表 17-6、表 17-7、表 17-8 分别给出 AU 型、MAU 型、AU_w 型及 MAU_w 型的叶切面尺寸，据此可以求出螺旋桨的伸张轮廓和各半径处的叶切面形状。

表 17-4　AU 型螺旋桨桨叶轮廓尺寸

<table>
<tr><td rowspan="4">叶片宽度以最大叶片宽度的百分比表示</td><td>r/R</td><td>0.2</td><td>0.3</td><td>0.4</td><td>0.5</td><td>0.6</td><td>0.66</td><td>0.7</td><td>0.8</td><td>0.9</td><td>0.95</td><td>1.0</td><td rowspan="4">叶片最大宽度在 0.66 处 = 0.226。$D\cdot\alpha_E/0.1Z$，D 为螺旋桨直径；α_E 为盘面比；Z 为叶数</td></tr>
<tr><td>从母线到叶片随边的距离</td><td>27.96</td><td>33.45</td><td>38.76</td><td>43.54</td><td>47.96</td><td>49.74</td><td>51.33</td><td>52.39</td><td>48.49</td><td>42.07</td><td>17.29</td></tr>
<tr><td>从母线到叶片导边的距离</td><td>38.58</td><td>44.25</td><td>48.32</td><td>50.80</td><td>51.15</td><td>50.26</td><td>48.31</td><td>40.53</td><td>25.13</td><td>13.55</td><td></td></tr>
<tr><td>叶片宽度</td><td>66.54</td><td>77.70</td><td>87.08</td><td>94.34</td><td>99.11</td><td>100.0</td><td>99.64</td><td>92.92</td><td>73.62</td><td>55.62</td><td></td></tr>
<tr><td colspan="2">叶片厚度用 D 的百分比表示</td><td>4.06</td><td>3.59</td><td>3.12</td><td>2.65</td><td>2.18</td><td>1.90</td><td>1.71</td><td>1.24</td><td>0.77</td><td>0.54</td><td>0.30</td><td>叶片最大厚度在螺旋桨轴线处 = 0.05D</td></tr>
<tr><td colspan="2">以叶片宽度百分比表示的从导边至最厚点的距离</td><td>32.0</td><td>32.0</td><td>32.0</td><td>32.5</td><td>34.9</td><td>37.9</td><td>40.2</td><td>45.4</td><td>48.9</td><td>50.0</td><td></td><td></td></tr>
</table>

表 17–5　AU 型叶切面尺寸

r/R																	
0.20	X	0	2.00	4.00	6.00	10.00	15.00	20.00	30.00	32.00	40.00	50.00	60.00	70.00	80.00	90.00	95.00	100.00
	Y_0	35.00	51.85	59.75	66.15	76.05	85.25	92.20	99.80	100.00	97.75	89.95	78.15	63.15	45.25	25.30	15.00	4.50
	Y_u		24.25	19.05	15.00	10.00	5.40	2.35										
0.30	X	0	2.00	4.00	6.00	10.00	15.00	20.00	30.00	32.00	40.00	50.00	60.00	70.00	80.00	90.00	95.00	100.00
	Y_0	35.00	51.85	59.75	66.15	76.05	85.25	92.20	99.80	100.00	97.75	89.95	78.15	63.15	45.25	25.30	15.00	4.50
	Y_u		24.25	19.05	15.00	10.00	5.40	2.35										
0.40	X	0	2.00	4.00	6.00	10.00	15.00	20.00	30.00	32.00	40.00	50.00	60.00	70.00	80.00	90.00	95.00	100.00
	Y_0	35.00	51.85	59.75	66.15	76.05	85.25	92.20	99.80	100.00	97.75	89.95	78.15	63.15	45.25	25.30	15.00	4.50
	Y_u		24.25	19.05	15.00	10.00	5.40	2.35										
0.50	X	0	2.03	4.06	6.09	10.16	15.23	20.31	30.47	32.50	40.44	50.37	60.29	70.22	80.15	90.07	95.04	100.00
	Y_0	35.00	51.85	59.75	66.15	76.05	85.25	92.20	99.80	100.00	97.75	89.95	78.15	63.15	45.25	25.30	15.00	4.50
	Y_u		24.25	19.05	15.00	10.00	5.40	2.35										
0.60	X	0	2.18	4.36	6.54	10.91	16.36	21.81	32.72	34.90	42.56	52.13	61.76	71.28	80.85	90.43	95.21	100.00
	Y_0	35.00	51.85	59.75	66.15	76.05	85.25	92.20	99.80	100.00	97.75	89.95	78.15	63.15	45.25	25.30	15.00	4.50
	Y_u		24.25	19.05	15.10	10.00	5.40	2.35										
0.70	X	0	2.51	5.03	7.54	12.56	18.84	25.12	37.69	40.20	47.23	56.03	64.82	73.62	82.41	91.21	95.60	100.00
	Y_0	35.00	51.85	59.75	66.15	76.05	85.25	92.20	99.80	100.00	97.75	89.95	78.15	63.15	45.25	25.30	15.00	4.50
	Y_u		24.25	19.05	15.00	10.00	5.40	2.35										
0.80	X	0	2.84	5.68	8.51	14.19	21.28	21.28	42.56	45.40	51.82	59.85	67.88	75.91	83.94	91.97	95.99	100.00
	Y_0	35.00	51.85	59.75	66.15	76.05	85.25	92.20	99.80	100.00	97.75	89.95	78.15	63.15	45.25	25.30	15.00	4.50
	Y_u		24.25	19.05	15.00	10.00	5.40	2.35										
0.90	X	0	3.06	6.11	9.17	15.28	22.92	30.56	45.85	48.90	54.91	62.42	69.94	77.46	84.97	92.47	96.24	100.00
	Y_0	30.46	48.22	55.33	62.44	74.10	85.25	92.20	99.80	100.00	97.75	89.95	78.15	63.15	45.25	25.30	15.00	4.50
	Y_u		23.10	19.04	15.23	10.15	5.40	2.35										
0.95	X	0	3.13	6.25	9.38	15.63	23.44	31.25	46.87	50.00	55.88	63.23	70.59	77.94	85.30	92.65	96.32	100.00
	Y_0	0	15.88	25.99	39.66	50.55	68.36	83.75	99.80	100.00	97.75	89.95	78.15	63.15	45.25	25.30	15.00	4.50
	Y_u																	

注：① X 坐标值以叶宽的百分比表示；② Y 坐标值以 $Y_{最大}$ 的百分比表示。

表 17–6 改进 AU 型（MAU 型）叶切面尺寸

r/R																		
0.20	X	0	2.00	4.00	6.00	10.00	15.00	20.00	30.00	32.00	40.00	50.00	60.00	70.00	80.00	90.00	95.00	100.00
	Y_0	35.00	51.85	59.75	66.15	76.05	85.25	92.20	99.80	100.00	97.75	89.95	78.15	63.15	45.25	25.30	15.00	4.50
	Y_u		24.25	19.05	15.00	10.00	5.40	2.35										
0.30	X	0	2.00	4.00	6.00	10.00	15.00	20.00	30.00	32.00	40.00	50.00	60.00	70.00	80.00	90.00	95.00	100.00
	Y_0	35.00	51.85	59.75	66.15	76.05	85.25	92.20	99.80	100.00	97.75	89.95	78.15	63.15	45.25	25.30	15.00	4.50
	Y_u		24.25	19.05	15.00	10.00	5.40	2.35										
0.40	X	0	2.00	4.00	6.00	10.00	15.00	20.00	30.00	32.00	40.00	50.00	60.00	70.00	80.00	90.00	95.00	100.00
	Y_0	35.00	51.85	59.75	66.15	76.05	85.25	92.20	99.80	100.00	97.75	89.95	78.15	63.15	45.25	25.30	15.00	4.50
	Y_u		24.25	19.05	15.00	10.00	5.40	2.35										
0.50	X	0	2.03	4.06	6.09	10.16	15.23	20.31	30.47	32.50	40.44	50.37	60.29	70.22	80.15	90.07	95.04	100.00
	Y_0	35.00	51.85	59.75	66.15	76.05	85.25	92.20	99.80	100.00	97.75	89.95	78.15	63.15	45.25	25.30	15.00	4.50
	Y_u		24.25	19.05	15.00	10.00	5.40	2.35										
0.60	X	0	2.18	4.36	6.54	10.91	16.36	21.81	32.72	34.90	42.56	52.13	61.70	71.28	80.85	90.43	95.21	100.00
	Y_0	34.0	49.60	58.00	64.75	75.20	84.80	91.80	99.80	100.00	97.75	89.95	78.15	63.15	45.25	25.30	15.00	4.50
	Y_u		23.60	18.10	14.25	9.45	5.00	2.25										
0.70	X	0	2.51	5.03	7.54	12.56	18.84	25.12	37.69	40.20	47.23	56.03	64.82	73.62	82.41	91.21	95.60	100.00
	Y_0	30.0	42.90	52.20	59.90	71.65	82.35	90.60	99.80	100.00	97.75	89.95	78.15	63.15	45.25	25.30	15.00	4.50
	Y_u		20.50	15.45	11.95	7.70	4.10	1.75										
0.80	X	0	2.84	5.68	8.51	14.19	21.28	28.38	42.56	45.40	51.82	59.85	67.88	75.91	83.94	91.97	95.99	100.00
	Y_0	21.0	32.45	41.70	50.10	64.60	78.45	88.90	99.80	100.00	97.75	89.95	78.15	63.15	45.25	25.30	15.00	4.50
	Y_u		14.00	10.45	8.05	5.05	5.40	1.15										
0.90	X	0	3.06	6.11	9.17	15.28	22.92	30.56	45.85	48.90	54.91	62.42	69.94	77.46	84.97	92.49	96.24	100.00
	Y_0	8.30	21.10	31.50	40.90	57.45	74.70	87.45	99.70	100.00	98.65	92.75	83.00	69.35	51.85	30.80	19.40	6.85
	Y_u		4.00	2.70	2.05	1.20	0.70	0.30										
0.95	X	0	3.13	6.25	9.38	15.63	23.44	31.25	46.87	50.00	55.88	63.23	70.50	77.94	85.30	92.65	96.32	100.00
	Y_0	6.00	19.65	30.00	39.60	56.75	74.30	87.30	99.65	100.00	99.00	93.85	84.65	71.65	54.30	33.50	21.50	8.00
	Y_u																	

注：① X 坐标值以叶宽的百分比表示；② Y 坐标值以 $Y_{最大}$ 的百分比表示。

表 17-7　AU_w 型叶切面尺寸

r/R																		
0.20	X	0	2.00	4.00	6.00	10.00	15.00	20.00	30.00	32.00	40.00	50.00	60.00	70.00	80.00	90.00	95.00	100.00
	Y_0	35.00	51.85	59.75	66.15	76.05	85.25	92.20	99.80	100.00	97.80	91.10	81.25	69.35	56.60	42.00	34.20	25.55
	Y_u		24.25	19.05	15.00	5.40	2.35						2.25	5.00	10.00	15.80	19.55	
0.30	X	0	2.00	4.00	6.00	10.00	15.00	20.00	30.00	32.00	40.00	50.00	60.00	70.00	80.00	90.00	95.00	100.00
	Y_0	35.00	51.85	59.75	66.15	76.05	85.25	92.20	99.80	100.00	97.80	91.50	79.85	66.95	52.40	37.40	29.55	19.80
	Y_u		24.25	19.05	15.00	5.40	2.35						1.00	4.00	7.50	12.15	14.85	
0.40	X	0	2.00	4.00	6.00	10.00	15.00	20.00	30.00	32.00	40.00	50.00	60.00	70.00	80.00	90.00	95.00	100.00
	Y_0	35.00	51.85	59.75	66.15	76.05	85.25	92.20	99.80	100.00	97.80	90.30	78.50	63.95	47.95	31.16	22.40	12.80
	Y_u		24.25	19.05	15.00	10.00	5.40	2.35						0.25	2.30	5.75	8.05	
0.50	X	0	2.03	4.06	6.09	10.16	15.23	20.31	30.47	32.50	40.44	50.37	60.29	70.22	80.15	90.07	95.04	100.00
	Y_0	35.00	51.85	59.75	66.15	76.05	85.25	92.20	99.80	100.00	97.80	90.00	78.20	63.20	45.65	26.25	16.35	5.60
	Y_u		24.25	19.05	15.00	10.00	5.40	2.35								0.25	1.20	
0.60	X	0	2.18	4.36	6.54	10.91	16.36	21.87	32.72	34.90	42.56	52.13	61.76	71.28	80.85	90.43	95.21	100.00
	Y_0	35.00	51.85	59.75	66.15	76.05	85.25	92.20	99.80	100.00	97.75	89.95	78.15	63.15	45.25	25.30	15.00	4.50
	Y_u		24.25	19.75	15.10	10.00	5.40	2.35										
0.70	X	0	2.51	5.03	7.54	12.56	18.84	25.12	37.69	40.20	47.23	56.03	64.82	73.62	82.41	91.21	95.60	100.00
	Y_0	35.00	51.85	59.75	66.15	76.05	85.25	92.20	99.80	100.00	97.75	89.95	78.15	63.15	45.25	25.30	15.00	4.50
	Y_u		24.25	19.05	15.00	10.00	5.40	2.35										
0.80	X	0	2.84	5.68	8.51	14.19	21.28	28.38	42.56	45.40	51.82	59.85	67.88	75.91	83.94	91.97	95.99	100.00
	Y_0	35.00	51.85	59.75	66.15	76.05	85.25	92.20	99.80	100.00	97.75	89.95	78.15	63.15	45.25	25.30	15.00	4.50
	Y_u		24.25	19.75	15.00	10.00	5.40	2.35										
0.90	X	0	3.06	6.11	9.17	15.28	22.92	30.56	45.85	48.90	54.91	62.42	69.94	77.46	84.97	92.49	96.24	100.00
	Y_0	30.46	43.22	55.33	62.44	74.10	85.25	92.20	99.80	100.00	97.75	89.95	78.15	63.15	45.25	25.30	15.00	4.50
	Y_u		23.10	19.04	15.23	10.15	5.40	2.35										
0.95	X	0	3.13	6.25	9.78	15.63	23.44	31.25	46.87	50.00	55.88	63.23	70.59	77.94	85.30	92.65	96.32	100.00
	Y_0	0	15.88	25.99	34.66	50.55	68.36	83.25	99.80	100.00	97.75	89.95	78.15	63.15	45.25	25.30	15.00	4.50
	Y_u																	

注：① X 坐标值以叶宽的百分比表示；② Y 坐标值以 $Y_{最大}$ 的百分比表示。

表 17−8　改进 $AU_W(MAU_W)$ 型叶切面尺寸

r/R																		
0.20	X	0	2.00	4.00	6.00	10.00	15.00	20.00	30.00	32.00	40.00	50.00	60.00	70.00	80.00	90.00	95.00	100.00
	Y_0	35.00	51.85	59.75	66.15	76.05	85.25	92.20	99.80	100.00	97.80	91.10	81.25	69.35	56.60	42.00	34.20	25.55
	Y_u		24.25	19.05	15.00	10.00	5.40	2.35					2.25	5.00	10.00	15.80	19.55	
0.30	X	0	2.00	4.00	6.00	10.00	15.00	20.00	30.00	32.00	40.00	50.00	60.00	70.00	80.00	90.00	95.00	100.00
	Y_0	35.00	51.85	59.75	66.15	76.05	85.25	92.20	99.80	100.00	97.80	90.50	79.85	66.95	52.40	37.40	29.55	19.80
	Y_u		24.25	19.05	15.00	10.00	5.40	2.35					1.00	4.00	7.50	12.15	14.85	
0.40	X	0	2.00	4.00	6.00	10.00	15.00	20.00	30.00	32.00	40.00	50.00	60.00	70.00	80.00	90.00	95.00	100.00
	Y_0	35.00	51.85	59.75	66.15	76.05	85.25	92.20	99.80	100.00	97.80	90.30	78.50	63.95	47.95	31.16	22.40	12.80
	Y_u		24.25	19.05	15.00	10.00	5.40	2.35						0.25	2.30	5.75	8.05	
0.50	X	0	2.03	4.06	6.09	10.16	15.23	20.31	30.47	32.50	40.44	50.37	60.29	70.22	80.15	90.07	95.04	100.00
	Y_0	35.00	51.85	59.75	66.15	76.05	85.25	92.20	99.80	100.00	97.80	90.00	78.20	63.20	45.65	26.25	16.35	5.60
	Y_u		24.25	19.05	15.00	10.00	5.40	2.35								0.25	1.20	
0.60	X	0	2.18	4.36	6.54	10.91	16.36	21.81	32.72	34.90	42.56	52.13	61.70	71.28	80.85	90.43	95.21	100.00
	Y_0	34.00	49.60	58.00	64.75	75.20	84.80	91.80	99.80	100.00	97.75	89.95	78.15	63.15	45.25	25.30	15.00	4.50
	Y_u		23.60	18.10	14.25	9.45	5.00	2.25										
0.70	X	0	2.51	5.03	7.54	12.56	18.84	25.12	37.69	40.20	47.23	56.03	64.82	73.62	82.41	91.21	95.60	100.00
	Y_0	30.00	42.90	52.20	59.90	71.65	82.35	90.60	99.80	100.00	97.75	89.95	78.15	63.15	45.25	25.30	15.00	4.50
	Y_u		20.50	15.45	11.95	7.70	4.10	1.75										
0.80	X	0	2.84	5.68	8.51	14.19	21.28	28.38	42.56	45.40	51.82	59.85	67.88	75.91	83.94	91.97	95.99	100.00
	Y_0	21.00	32.45	41.70	50.10	64.60	78.45	88.90	99.80	100.00	97.75	89.95	78.15	63.15	45.25	25.30	15.00	4.50
	Y_u		14.00	10.45	8.05	5.05	2.70	1.15										
0.90	X	0	3.06	6.11	9.17	15.28	22.92	30.56	45.85	48.90	54.91	62.42	69.94	77.46	84.97	92.49	96.24	100.00
	Y_0	8.30	21.10	31.50	40.90	57.45	74.70	87.45	99.70	100.00	98.65	92.75	83.05	69.35	51.85	30.80	19.40	6.85
	Y_u		4.00	2.70	2.05	1.20	0.70	0.30										
0.95	X	0	3.13	6.25	9.38	15.63	23.44	31.25	46.87	50.00	55.88	63.23	70.59	77.94	85.30	92.65	96.32	100.00
	Y_0	6.00	19.65	30.00	39.60	56.75	74.30	87.30	99.65	100.00	99.00	93.85	84.65	71.65	54.30	33.50	21.50	8.00
	Y_u																	

注：① X 坐标值以叶宽的百分比表示；② Y 坐标值以 $Y_{最大}$ 的百分比表示。

17.2.1.3 图谱的应用

在进行设计时，应先确定伴流分数 ω、推力减额分数 t、相对旋转效率 η_R 及传送效率 η_s，然后可应用$\sqrt{B_P}-\delta$图谱来解决螺旋桨设计中不同类型的问题，现分述如下。

1）螺旋桨的初步设计问题

（1）已知船速 V、有效功率曲线，根据选定的螺旋桨直径 D 确定螺旋桨的最佳转速 N、螺旋桨效率 η_0、螺距比 P/D 和主机功率 P_s。

首先需选定螺旋桨的型式、叶数和盘面比。例如，选用 MAU 型、4 叶、盘面比为 0.55 的螺旋桨，则可决定所用的图谱为 MAU4–55 的$\sqrt{B_P}-\delta$图谱。

在此类问题中，欲求的是转速 N 和主机功率 P_s（或螺旋桨收到功率 P_D），由式 (17–1) 和式 (17–2) 可见，无法确定其中任一个参数，因此需要假设一组转速 N 来进行计算，具体步骤可用表 17–9 的形式进行。

将表 17–9 的计算结果作图 17–7，图中以转速 N 为横坐标，并以 P_s、P_{TE}、P/D、η_0 分别为纵坐标。然后根据已知船速 V 时的有效功率 P_e 值作水平线与 P_{TE} 曲线相交，此交点即为所求的螺旋桨，由此还可读出螺旋桨的转速 N、要求的主机功率 P_s 及螺旋桨的螺距比 P/D、效率 η_0 等。

表 17–9 计算步骤（1）

序号	名称	单位	数据			
1	螺旋桨直径 D（给定）	m				
2	$\eta_H=(1-t)/(1-\omega)$					
3	$V_A=V(1-\omega)$	kn				
4	P_e（给定）					
5	假定一组转速 N	r/min	N_1	N_2	N_3	N_4
6	直径系数 $\delta=\dfrac{ND}{V_A}$		δ_1	δ_2	δ_3	δ_4
7	查 MAU4–55 图谱，由 δ 等值线与最佳效率曲线的交点得到：P/D；η_0；$\sqrt{B_P}$		$(P/D)_1$ η_{01} $\sqrt{B_{P1}}$	$(P/D)_2$ η_{02} $\sqrt{B_{P2}}$	$(P/D)_3$ η_{03} $\sqrt{B_{P3}}$	$(P/D)_4$ η_{04} $\sqrt{B_{P4}}$
8	$P_D=\dfrac{B_P^2V_A^5}{N^2}$		P_{D1}	P_{D2}	P_{D3}	P_{D4}
9	主机功率 $P_s=\dfrac{P_D}{\eta_s\cdot\eta_R}$		P_{s1}	P_{s2}	P_{s3}	P_{s4}
10	计算螺旋桨能克服的有效功率 $P_{TE}=P_D\cdot\eta_0\cdot\eta_H$		P_{TE1}	P_{TE2}	P_{TE3}	P_{TE4}

在以后的讨论中将会看到，B_P–δ 图谱中的最佳效率曲线按理应为最佳直径曲线而不是最佳转速曲线，因此表 17–9 为近似处理方法，其所得的转速严格来讲并非最佳值。合理的做法是选用其他型式的图谱，或按下列步骤进行计算：假定若干个收到功率 P_D，对于各个 P_D 分别假设几个转速 N。在已知船速 V 和螺旋桨直径 D 的条件下，对某一个 P_{Di}，可求出相应一组 B_P 及 δ，按此二值由 B_P–δ 图谱查得 η_0，以 N 为横坐标，η_0 为纵坐标找出极大值，对应的 N_{opti} 即为所假定 P_{Di} 下之最佳转速。不同的 P_{Di} 有不同的 N_{opti}

及相应的螺旋桨参数与 P_{TEi}，然后由船速 V 时的有效功率 P_e 内插决定最后的最佳转速 N、主机功率 P_s 和螺旋桨参数。

（2）已知船速 V、有效功率 P_e，根据给定的转速 N 确定螺旋桨效率最佳的直径 D、螺距比 P/D 及主机功率 P_s。

同样在选定螺旋桨型式、叶数和盘面比（如 MAU4-55）后，按表 17-10 的步骤进行计算，此时需假设一组螺旋桨直径。将表 17-10 的结果作图 17-8，图中以直径 D 为横坐标，以 P_s、P_{TE}、P/D、η_0 分别为纵坐标。类似于图 17-7 可以求得螺旋桨直径 D、要求的主机功率 P_s 及螺旋桨的螺距比 P/D、效率 η_0 等。

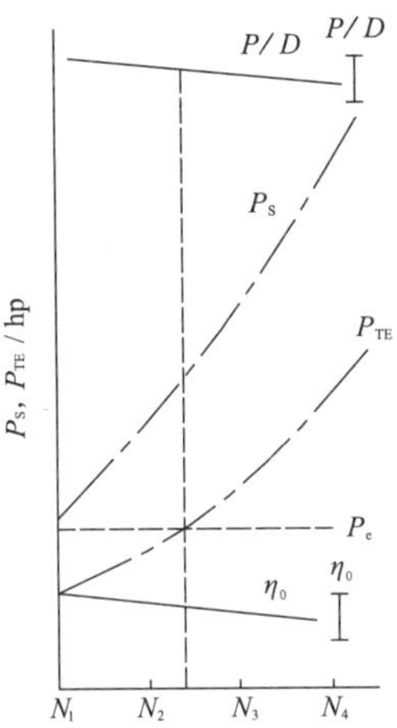

图 17-7　设计工况求取曲线

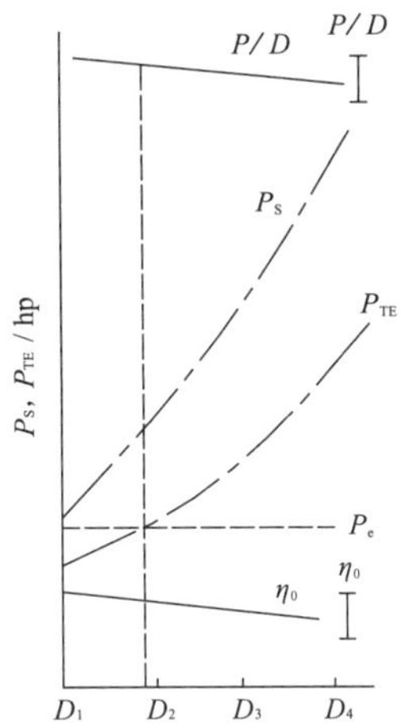

图 17-8　设计要素求取曲线

表 17-10　计算步骤（2）

序号	名称	单位	数据			
1	螺旋桨转速 N（给定）	r/min				
2	$\eta_H=(1-t)/(1-\omega)$					
3	$V_A=V(1-\omega)$	kn				
4	P_e（给定）					
5	假定一组直径 D	m	D_1	D_2	D_3	D_4
6	直径系数 $\delta=\dfrac{ND}{V_A}$		δ_1	δ_2	δ_3	δ_4
7	查 MAU4-55 图谱，由 δ 等值线与最佳效率曲线的交点得到 P/D；η_0；$\sqrt{B_P}$		$(P/D)_1$ η_{01} $\sqrt{B_{P1}}$	$(P/D)_2$ η_{02} $\sqrt{B_{P2}}$	$(P/D)_3$ η_{03} $\sqrt{B_{P3}}$	$(P/D)_4$ η_{04} $\sqrt{B_{P4}}$
8	$P_D=\dfrac{B_P^2V_A^5}{N^2}$		P_{D1}	P_{D2}	P_{D3}	P_{D4}
9	主机功率 $P_s=\dfrac{P_D}{\eta_s\cdot\eta_R}$		P_{s1}	P_{s2}	P_{s3}	P_{s4}
10	有效推功率 $P_{TE}=P_D\cdot\eta_0\cdot\eta_H$		P_{TE1}	P_{TE2}	P_{TE3}	P_{TE4}

2）螺旋桨的终结设计问题

已知主机功率 P_s、转速 n 和有效功率曲线，确定所能达到的最高航速 V 及螺旋桨的尺度与效率。对于该类设计问题，在选定螺旋桨型式、叶数和盘面比（如 MAU4-55）后，通常先假定若干个船速进行计算。终结设计是经常遇到的设计问题，故下面结合一个具体例子列表说明。

例如，已知 25 000 吨级装货船的主要数据为：船长 $L_{PP}=172$ m，船宽 $B=27.2$ m，吃水 $T=9.8$ m。实船的有效功率如表 17-11 所示。估计的伴流分数 $\omega=0.340$，推力减额分数 $t=0.260$，相对旋转效率 $\eta_R=0.982$。主机功率 $P_s=1.2\times10^4$ hp，主机转速 $n=118.5$ r/min。

表 17-11　实船有效功率

船速 V / kn	14.0	14.5	15.0	15.5	16.0	16.5
有效功率 P_e / hp	4 050	4 570	5 200	6 090	7 120	8 330

假定轴系传送效率 $\eta_s=0.98$，则螺旋桨的敞水收到功率为

$$P_D=\eta_s\cdot\eta_s\cdot P_s=0.98\times0.982\times12\,000=11\,548.32\qquad(\text{hp})$$

船身效率
$$\eta_H=\frac{1-t}{1-\omega}=1.121$$

以 AU 5-50 图谱进行设计，表 17-12 为计算的具体步骤。

表 17-12　计算步骤（3）

假定若干船速 V		kn	14	15	16	17
$V_A=V(1-\omega)$		kn	9.23	9.90	10.56	11.22
$\sqrt{P_D}$			107.4	107.4	107.4	107.4
$V_A^{2.5}$			259	308.5	362	422
n			118.5	118.5	118.5	118.5
$B_P=\dfrac{NP_D^{0.5}}{V_A^{2.5}}$			49.2	41.3	35.2	30.2
$\sqrt{B_P}$			7.02	6.43	5.93	5.50
查 AU5-50 图谱，由 $\sqrt{B_P}$ 与最佳效率线的交点得到：	δ		76.5	71.0	66.2	62.0
	η_0		0.519	0.544	0.567	0.588
	P/D		0.672	0.700	0.728	0.752
	D	m	5.95	5.93	5.90	5.87
	$P_{TE}=P_D\cdot\eta_0\cdot\eta_H$		6 720	7 040	7 340	7 615

将表 17-12 的计算结果作图 17-9，图中以船速 V 为横坐标，以 P_e、P/D、D 及 η_0 为纵坐标。图 17-9 中曲线 P_{TE} 和曲线 P_e 的交点即为所求的螺旋桨，因为此时螺旋桨在

主机额定转速 $n = 118.5\,\text{r/min}$，吸收主机功率 $P_s = 1.2 \times 10^4\,\text{hp}$ 的条件下发出的有效推功率 P_{TE} 与该船速下船的有效功率相平衡。

由图 17-9 可得螺旋桨的要素及能达到的船速如下：可达航速 $V_{max} = 16.1\,\text{kn}$；螺旋桨螺距比 $P/D = 0.731$；螺旋桨直径 $D = 5.897\,\text{m}$；螺旋桨效率 $\eta_0 = 0.569$。

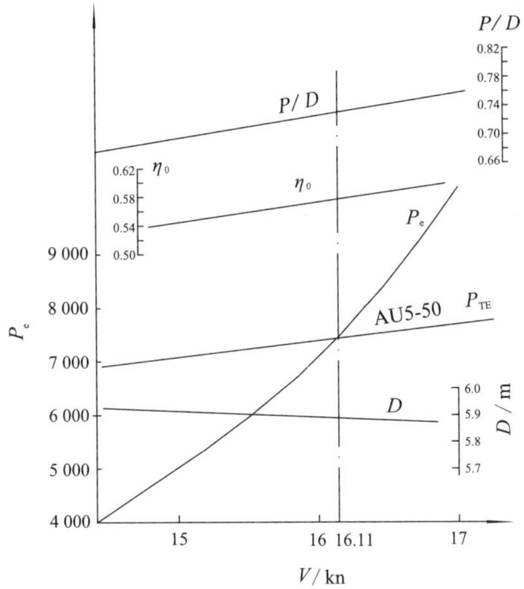

图 17-9　设计桨最佳要素求取曲线

17.2.2　荷兰楚思德 B 型螺旋桨设计图谱的新形式

荷兰瓦根宁根船模试验池 B 型螺旋桨设计图谱也是 $B-\delta$ 形式的图谱，它是根据 B 型螺旋桨模型系列试验结果绘制的，图谱几经修改。此类螺旋桨在一般商船上应用很广，具有相当长的历史。

关于楚思德 B 型螺旋桨的设计资料于 1969 年重新进行分析整理予以发表，在很多教科书上进行转载，这里不再赘述，但必须指出：我们在用该资料的过程中发现，1969 年发表的 B4-40 和 B4-55 的 $B_p-\delta$ 图谱与相应的 K_T、K_Q-J 敞水性征曲线之间有较大的差别。经证实此二图谱有误并予以更正。由于 4 叶螺旋桨应用较多，请读者在设计过程中加以注意。

17.2.2.1　B 型螺旋桨图谱和 AU 型螺旋桨图谱的差别

在图谱型式上二者除横坐标（B 型桨为 B_p，AU 型桨为 $\sqrt{B_p}$）略有差别外，其余基本相同。但在实际使用时是有很大差别的，千万不能混淆。这里简要指出其特点，引起读者注意。

1）AU 型螺旋桨的图谱

（1）设计时采用的计算系数 B_p 和 δ 中参数均为公制单位。

（2）图谱已经转换至海水情况。

（3）图谱查出的最佳直径就是船后采用的螺旋桨最佳直径。

2）B 型螺旋桨的图谱

（1）设计时采用的均为英制单位，即螺旋桨敞水收到功率 P_D，UKhp；螺旋桨前进速度 V_A，kn；螺旋桨转速 N，r/min；螺旋桨直径 D，ft。

因此，其相应的收到功率系数 B_p 与直径系数 δ 有如下的形式：

$$B_P = \frac{P_D^{1/2} N}{V_A^{2.5}} = 33.08\sqrt{\frac{K_Q}{J^5}} \tag{17-3}$$

及

$$\delta = \frac{ND}{V_A} = \frac{101.3}{J} \tag{17-4}$$

（2）图谱是工作于淡水时的螺旋桨性能，故在设计海船螺旋桨时尚需考虑水的密度不同引起的影响，即 B_p 值应按下式计算：

$$B_P = \frac{N\sqrt{P_D/\gamma}}{V_A^{2.5}} = \frac{N\sqrt{P_D}}{\sqrt{\gamma}\, V_A^{2.5}} \tag{17-5}$$

式中，γ=1.025，为海水比重；P_D 为海水中螺旋桨敞水收到功率，UKhp。

（3）根据 B 型螺旋桨的试验研究表明，对于 1969 年以前发表的 B 型图谱，从图谱查得的最佳直径用于船后时应减小 2% ～ 4%，一般对铸铜螺旋桨减小 4%（单桨）和 2%（双桨），对铸铁螺旋桨减小 8%（单桨）和 6%（双桨）。对 1969 年发表的图谱，其最佳直径比原图谱有所减小，故一般可以把图谱所得的直径直接用于船后。

此外，B 型螺旋桨除提供 $B_P-\delta$ 图谱形式外，还提供了一种 $B_U-\delta$ 形式的图谱。此图谱采用的纵坐标仍是螺距比 P/D，而横坐标改为 B_U，定义如下：

$$B_U = \frac{P^{1/2} N}{V_A^{2.5}} = 13.20\sqrt{\frac{K_T}{J^4}} \tag{17-6}$$

式中，P 为螺旋桨推功率，UKhp；直径系数 δ 定义仍如式 (17-4)。

一般来说，对螺旋桨的初步设计问题，用 $B_U-\delta$ 图谱较 $B_P-\delta$ 图谱方便，读者可自行考虑其相应的计算步骤。

17.2.2.2 B 型螺旋桨系列新图谱

如前所述，鉴于：① B 型螺旋桨设计图谱几经修改发表，且各次结果又不尽相同；②图谱采用的是英制单位，不符合国际规定；③图谱的横坐标 B_P 是以对数形式给出，使用不太方便。

因此，荷兰船模试验池在 1972 年完成最后一批 6 叶和 7 叶螺旋桨资料以后，采用多元回归分析的方法用电子计算机重新整理和分析了 40 多年来积累的系列资料，并对于雷诺数的影响（尺度效应）做了修正，最后将试验结果用一组多项式来表示，并且重新绘制成一套新形式的图谱，以供设计使用。

这套图谱分成三组，采用不同的形式。第一组为敞水性征曲线 K_T、K_Q–J 图谱，第二组是 $B_{P1}-1/J$ 图谱，第三组是 $B_{P2}-1/J$ 图谱，每组图谱包括 21 个螺旋桨系列，对应叶数为 3 ～ 7 叶，盘面比为 0.35 ～ 1.05。这 21 个系列的组成如 §12.4 中的表 12-2 所示。

这三组新图谱中，第一组为大家所熟知，这里不再重复。第二、第三组则不同于

上面所提及的 $B_P-\delta$ 或 $B_U-\delta$ 图谱。

第二组是 $B_{P1}-1/J$ 或 $K_Q^{1/4}\cdot J^{-5/4}-J^{-1}$ 形式，当主机功率、螺旋桨转速和进速给定时可据以确定螺旋桨的最佳直径，这与 $B_P-\delta$ 图谱的用途相类似。但在这里应用了参数 B_{p1}，定义为

$$B_{P1}=\frac{NP_D^{1/2}}{V_A^{2.5}} \tag{17-7}$$

式中，N 为螺旋桨转数，r/min；P_D 为英制螺旋桨敞水收到功率，1 Ukhp = 76 kgf · m/s；V_A 为螺旋桨进速，kn。

由于 B_{P1} 的数值取决于所用之单位制，将它用无因次变量 $K_Q^{1/4}\cdot J^{-5/4}$ 来代替更为恰当。两者关系为

$$0.173\,9\sqrt{B_{P1}}=K_Q^{1/4}\cdot J^{-5/4} \tag{17-8}$$

后者可直接由定义来计算：

$$K_Q^{1/4}\cdot J^{-5/4}=\left[\frac{QN^3}{\rho V_A^5}\right]^{1/4} \tag{17-9}$$

式中，Q 为螺旋桨转矩，kgf · m；N 为螺旋桨转速，r/s；ρ 为淡水密度，取为 101.94 kgf · s^2/m^4；V_A 为螺旋桨进速，m/s。

第三组图谱是 $B_{P2}-1/J$ 或 $K_Q^{1/4}\cdot J^{-3/4}-J^{-1}$ 形式，当主机功率、螺旋桨直径和进速给定时可据以确定螺旋桨的最佳转速。这里应用了功率常数 B_{P2}，其定义为

$$B_{P2}=\frac{P_D^{1/2}}{D\cdot V_A^{3/2}} \tag{17-10}$$

这里，B_{P2} 同样可用无因次变量 $K_Q^{1/4}\cdot J^{-3/4}$ 来代替，两者的关系为

$$1.75\sqrt{B_{P2}}=K_Q^{1/4}\cdot J^{-3/4} \tag{17-11}$$

后者也可直接由定义计算：

$$K_Q^{1/4}\cdot J^{-3/4}=\left[\frac{QN}{\rho D^2 V_A^3}\right]^{1/4}=\left[\frac{P_D}{2\pi\rho D^2 V_A^3}\right]^{1/4} \tag{17-12}$$

式中，Q、N、ρ 和 V_A 与第二组图谱所用者相同，P_D 为敞水螺旋桨的收到功率，以 kg · m/s 计算。

上述三组图谱都已修正至雷诺数 $Re=2\times10^6$ 的情况。

17.2.2.3　B 型螺旋桨型式

B 型螺旋桨的叶形梢部较宽，略有侧斜，纵斜角为 15° 后倾。根部切面为机翼形，梢部为弓形。4 叶螺旋桨系列的螺距从 0.6R 至叶梢处为等螺距，自 0.6R 向叶根逐渐递减，至叶根处减少 20%。其余各系列均为等螺距分布。图 17-10 及图 17-11 分别为 4 叶螺旋桨及 5 叶螺旋桨系列的伸张轮廓。桨叶的几何尺度列于表 17-13 和表 17-14，切面型值列于表 17-15。

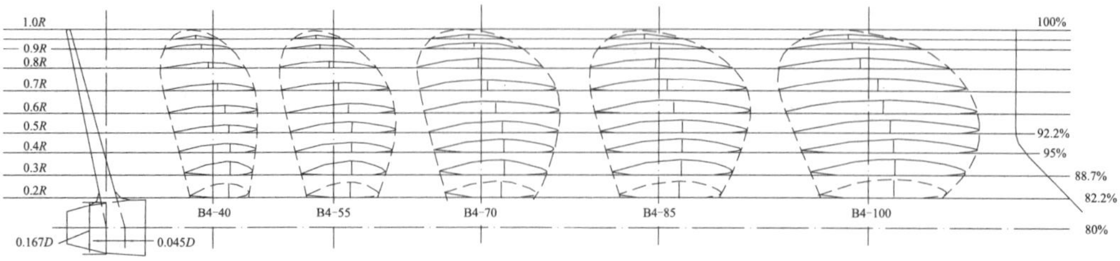

图 17-10　B 型 4 叶螺旋桨系列伸张轮廓

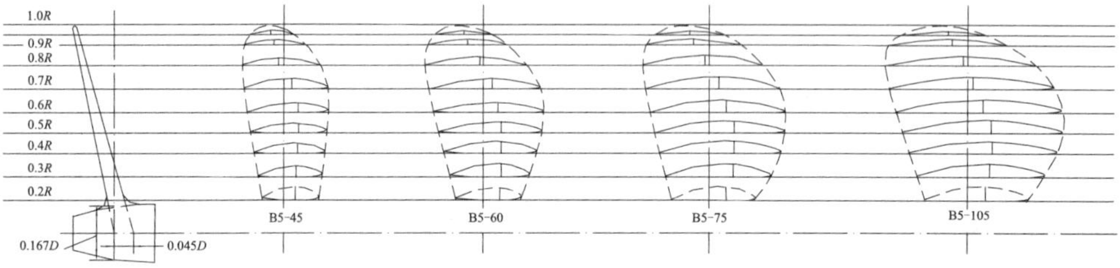

图 17-11　B 型 5 叶螺旋桨系列伸张轮廓

表 17-13　B 型 3 叶螺旋桨尺度

r/R		0.2	0.3	0.4	0.5	0.6	0.7	0.8	0.9	1.0	
以最大切面弦长（在 $0.6R$ 处）的百分比计	辐射基线至随边	28.68	32.67	36.62	40.53	44.18	46.97	48.22	45.46	14.87	3 叶在 $0.6R$ 处切面弦长 $= 0.7396\dfrac{A_E}{A_0}D$
	辐射基线至导边	46.05	51.25	54.91	56.52	55.82	52.22	44.63	30.31	—	
	切面弦长	74.73	83.91	91.53	97.05	100.0	99.19	92.85	75.77	—	
切面最大厚度（以 D 的百分比计）		4.06	3.59	3.12	2.65	2.18	1.71	1.24	0.77	0.30	轴线处最大厚度 $= 0.05D$
切面最厚处至导边（以其弦长百分比计）		35.0	35.0	35.0	35.5	38.9	44.2	47.8	50.0	—	

表 17-14　B 型 4 叶和 5 叶螺旋桨尺度

r/R		0.2	0.3	0.4	0.5	0.6	0.7	0.8	0.9	1.0	
以最大切面弦长（在 $0.6R$ 处）的百分比计	辐射基线至随边	29.18	33.32	37.30	40.78	43.92	46.68	48.35	47.00	20.14	在 $0.6R$ 处切面弦长 $= 2.1867\dfrac{A_E}{A_0}\dfrac{D}{Z}$
	辐射基线至导边	46.90	52.64	56.32	57.60	56.08	51.40	41.65	25.35	—	
	切面弦长	76.08	85.96	93.62	98.38	100.0	98.08	90.00	72.35	—	
切面最大厚度（以 D 的百分比计）	4 叶	3.66	3.24	2.82	2.40	1.98	1.56	1.14	0.72	0.30	轴线处最大厚度 $= 0.045D$，4 叶 $= 0.04D$，5 叶
	5 叶	3.26	2.89	2.52	2.15	1.78	1.41	1.04	0.67	0.30	
切面最厚处至导边（以其弦长百分比计）		35.0	35.0	35.0	35.5	38.9	44.3	47.9	50.0	—	

表 17−15　B 型螺旋桨各半径处切面纵坐标

		各纵坐标至切面最厚处距离（以导边或随边至最厚处长度的百分比计）													导边和随边端圆直径（以其切面最大厚度的百分比计）		
		由随边至最厚处						由最厚处至导边									
		r/R	100	80	60	40	20	20	40	60	80	90	95	100	r/R	导边	随边
以最大厚度百分数计的切面纵坐标值	叶背	0.2	—	53.35	72.65	86.90	96.45	98.60	94.50	87.00	74.40	64.35	56.95	—	0.2	6.4	—
								98.15	92.45	82.35	67.45	57.20	50.60				
		0.3	—	50.95	71.60	86.80	96.80	98.40	94.00	85.80	72.50	62.65	54.90	—	0.3	6.5	—
								98.15	91.35	80.45	68.85	63.70	46.55				
		0.4	—	47.70	70.25	86.55	97.00	98.20	93.25	84.30	70.40	60.15	52.20	—	0.4	6.6	—
								97.50	90.40	78.35	61.60	48.75	40.75				
		0.5	—	43.40	68.40	86.10	96.65	98.10	92.40	82.30	67.70	56.80	48.60	—	0.5	6.7	—
								97.00	89.70	76.00	57.45	42.00	32.95				
		0.6	—	40.20	67.15	85.40	96.80	98.10	91.25	79.35	63.60	52.20	43.35	—	0.6	6.8	—
									89.85	73.55	51.65	34.85	25.30				
		0.7	—	39.40	66.90	84.90	96.65	97.60	88.80	74.90	57.00	44.20	35.00	—	0.7	6.9	—
										72.15	49.00	32.95	23.00				
		0.8	—	40.95	67.80	85.30	96.70	97.00	85.30	68.70	48.25	34.55	25.45	—	0.8	7.0	—
											47.25	31.65	22.45				
		0.9	—	45.15	70.00	87.00	97.00	97.00	87.00	70.00	45.15	30.10	22.00	—	0.9	11.1	11.1
	叶面	0.2	30.00	18.20	10.90	5.45	1.55	0.45	2.30	5.90	13.45	20.30	26.20	40.00			
									2.80	7.40	15.50	21.65	25.95	36.75	0.95	15.7	15.7
		0.3	25.35	12.20	5.80	1.70		0.05	1.30	4.60	10.85	16.55	22.20	37.35			
										4.65	10.90	16.25	19.80	31.00	叶梢	26.7	26.7
		0.4	17.85	6.20	1.50				0.30	2.65	7.80	12.50	17.90	34.50			
										1.75	5.90	9.90	13.45	24.35			
		0.5	9.07	1.75						0.70	4.30	8.45	13.30	30.40			
										0.35	1.70	4.45	7.25	17.05			
		0.6	5.10								0.80	4.45	8.40	24.50			
												0.50	1.95	10.25			
		0.7										0.40	2.45	16.05			
		0.8												7.40			

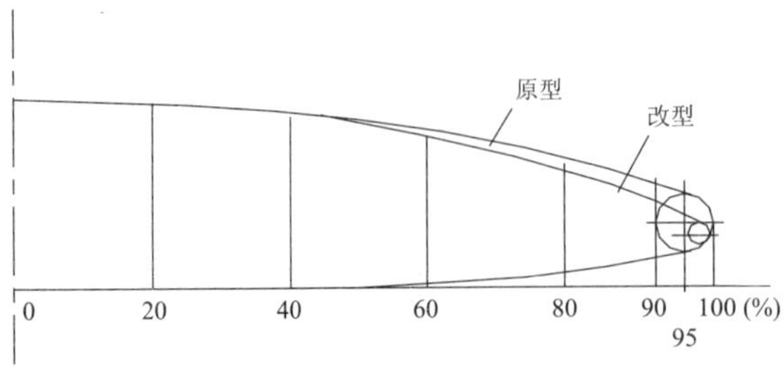

图 17-12　导边部分改型尺寸

表 17-15 中，由最大厚度处至导边部分的型值有两行，上行表示原 B 桨的型值（原型），下行表示修改后的型值（改型）。改型的导边部分较原型略薄，具较小的端圆半径（图 17-12），其目的可减小切面阻力并使压力分布较为均匀。航行状态变化不大的高速运输船的螺旋桨宜采用改型桨。对于多工况的螺旋桨（如拖轮桨）或在较不均匀速度场中工作的螺旋桨，采用原型比较合适。

荷兰船模试验池曾采用一种称为 BB 型的螺旋桨。此类螺旋桨与 B 型螺旋桨基本一样，只是在近梢部略为加宽。就水动力性能而言，可以认为两者是相同的，也就是说可以用 B 型桨的图谱来设计 BB 型螺旋桨。表 17-16 为 BB 型螺旋桨的外形轮廓尺度。

表 17-16　BB 型螺旋桨的外形轮廓尺度

r/R	$\frac{b_r}{D}\cdot\frac{Z}{A_E/A_0}$	m_r/b_r	n_r/b_r
0.20	1.600	0.581	0.350
0.30	1.832	0.584	0.350
0.40	2.023	0.580	0.351
0.50	2.163	0.570	0.355
0.60	2.243	0.552	0.389
0.70	2.247	0.524	0.443
0.80	2.132	0.480	0.486
0.85	2.005	0.448	0.498
0.90	1.798	0.402	0.500
0.95	1.434	0.318	0.500
0.975	1.122	0.227	0.500

注：m_r 为 r 处切面导边至参考线间之距离；n_r 为 r 处切面导边至最大厚度位置的距离；b_r 为 r 处切面的弦长。

17.2.3　高恩螺旋桨设计图谱

高恩螺旋桨模型的系列试验结果发表于 1953 年英国造船年刊中。模型的几何特征是：3 叶，椭圆形展开轮廓，弓形切面，等螺距，无纵斜，桨叶的展开面积比从 0.20 到 1.10，螺距比 P/D 的范围为：$A_D/A_0 < 0.8$ 时，P/D 为 0.4 ～ 2.0；当 $A_D/A_0 \geqslant 0.8$ 时，P/D 为 0.6 ～ 2.0，毂径比为 0.2，叶厚分数为 0.06，其叶型如图 17-13 所示。

模型试验结果是以 K_T、K_Q–J 的敞水性征曲线形式发表。为设计计算方便，后来由我国造船工程师范濂源等将其转换成常用的 $B_P-\delta$ 图谱，并刊登在《中国造船》第 32 期中。

此类螺旋桨的性能比较优良，尤其适用于高速军舰。

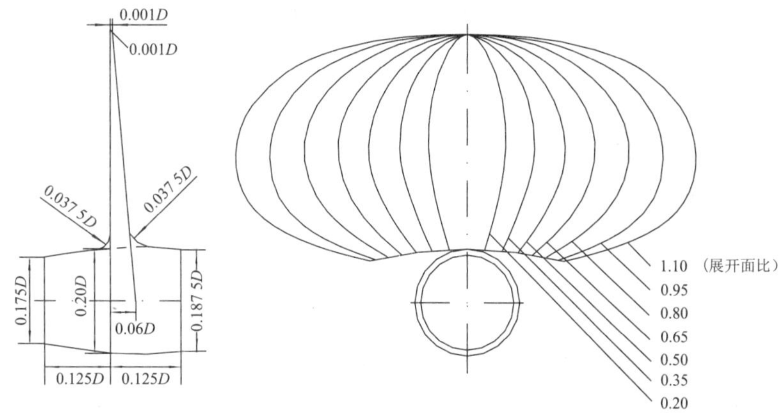

图 17-13　高恩螺旋桨展开轮廓及结构尺寸

高恩螺旋桨与其他螺旋桨的不同之处在于它是由展开轮廓来求得其他各轮廓形状的，桨叶的展开轮廓是椭圆形，辐射参考线作为椭圆的一个轴，其长度从 0.1*R* 到叶梢 1.0*R*（窄叶时为长轴，阔叶时为短轴），另一轴取在 0.55*R* 处与辐射参考线垂直的线上，其长度按桨叶的展开面积比和直径决定，由于原文及以后有关资料中并未给出此数据，因此只能从图 17-13 中在 0.55*R* 处量取展开叶面的最大宽度 b_M，然后由表 17-17 确定其余各半径处展开轮廓的宽度。

表 17-17　各半径处展开轮廓的宽度

$x=r/R$	0.20	0.30	0.40	0.50	0.55	0.60	0.70	0.80	0.90	0.95
b/b_M	0.628 5	0.831 5	0.942 8	0.993 8	1.000 0	0.993 8	0.942 8	0.831 5	0.628 5	0.458 1

在实际应用中发现，高恩螺旋桨图谱给出的敞水效率偏高，根据我们的经验，宜将敞水图谱的效率减小 2% ～ 3%，这已为实船试验结果所证实。此外，为了制图方便，我们提供了一个由桨叶的展开面积比 A_D/A_0 及直径 *D* 决定 0.55*R* 处椭圆轴的长度（即最大叶宽）b_M 的公式如下：

$$b_M = 0.765D\frac{A_D}{A_0} \tag{17-13}$$

这样，结合表 17-17 可以方便地绘制桨叶的展开轮廓。

§17.3　螺旋桨设计时相关要素分析

在前两节中，我们已经详细地介绍了螺旋桨设计图谱的建立及其具体应用，但未涉及如何选定螺旋桨类型、叶数及展开面积比等问题，而这些参数在应用图谱之前是必须首先确定的。影响船舶推进性能的因素很多，而且这些因素之间有相互制约作用，在考虑某一问题时，常出现相互矛盾相互依存的现象。为了设计出最合理的螺旋桨，设计者必须从推进效率、空泡、振动及强度等方面全方面地考虑。下面简要讨论影响船舶推进性能的各种因素，以供设计时参考之用。

17.3.1　螺旋桨的数目

选择螺旋桨的数目必须综合考虑推进性能、振动、操纵性能及主机功率等各方面的因素，而这些因素之间常有矛盾现象，因此应根据各类船舶的不同特点来选取。通常习惯按母型船来选取螺旋桨数目，且螺旋桨数目与船舶艉部线型直接有关，故在船舶初步设计时已决定其螺旋桨数目。

若功率相同，则单螺旋桨船之推进效率常高于双螺旋桨船，这是因为单螺旋桨位于船艉中央，伴流较大，且单桨的直径较双桨为大，故其效率较高。现代散装货船、干货船和油船等均采用单桨，如我国建造的万吨轮“风雷”号、“风光”号、“朝阳”号、“岳阳”号，25 000 吨级散装货船“郑州”号、24 000 吨级油轮“大庆 61 号”等都是采用单螺旋桨。目前国外单螺旋桨也有高达 $3.0\times10^4\sim4.0\times10^4$ 轴功率者。因此，只要主机能力允许，这类船舶都用单螺旋桨。

随着集装箱船的大型化、高速化，由于主机能力有限，船速超过 25 kn 者一般采用多桨。从推进性能来讲，以单桨最好，三桨次之，双桨最差。目前，由于双桨船艉部形状的改进，其效率已有所提高。当采用多螺旋桨时，应注意合理布置各螺旋桨的位置。

客船要求速度快、振动小、操纵灵活，故多采用双桨（如“长征”号沿海客轮）。江船常受吃水限制，而且要求操纵灵敏，故也大多采用双螺旋桨（如申汉线大班客轮）。

军用舰艇则有装 4 个螺旋桨的，因为对于军用舰艇来说，作战时的快速性、机动性和生命力都是十分重要的，而且这样也可兼顾动力装置的使用寿命及各种使用工况下的经济性。

17.3.2 螺旋桨叶数的选择

叶数的选择应根据船型、吃水、推进性能、振动和空泡等多方面加以考虑。一般认为，若螺旋桨的直径及展开面积相同，则叶数少者效率常略高，叶数多者因叶栅干扰作用增大，故效率下降。但叶数多者对减小振动有利，叶数少者对避免空泡有利。通常双桨船的螺旋桨多采用 3 叶或 4 叶，高速军舰的螺旋桨以 3 叶为宜。

下面以单桨商船螺旋桨叶数的选择问题为例作较为详细的介绍。

17.3.2.1 根据造船统计资料选择螺旋桨叶数

根据过去大量造船资料的统计，大船螺旋桨的叶数选用情况如图 17-14 所示，小船螺旋桨的叶数如图 17-15 所示。由此可见大致的趋势。一般来说，在 3 叶至 6 叶之间选择。

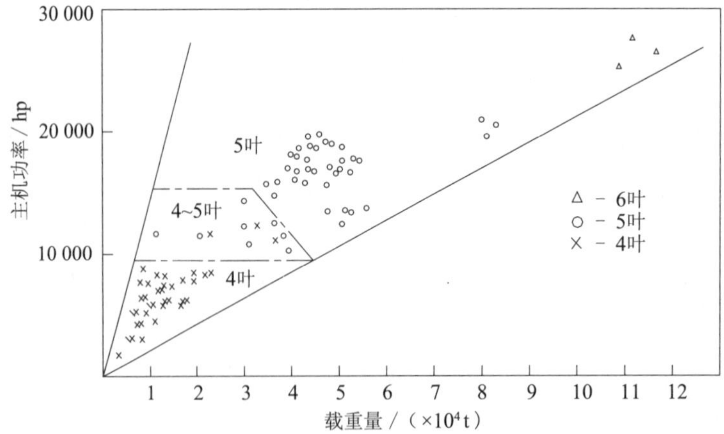

图 17-14 大船螺旋桨叶数统计分布

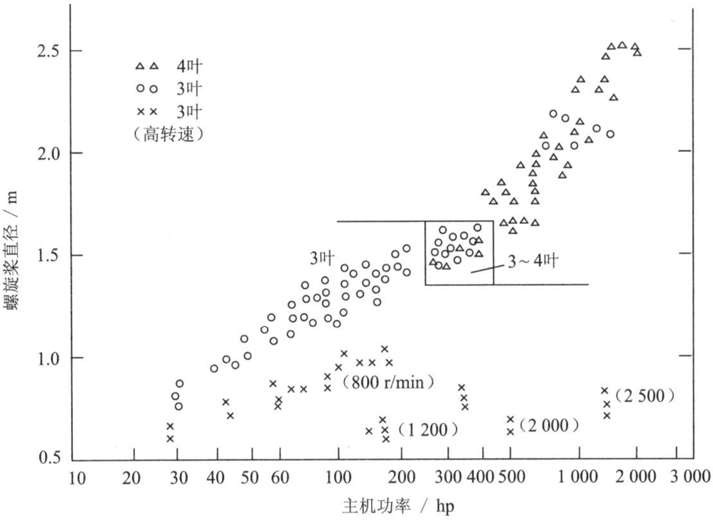

图 17-15　小船螺旋桨叶数统计分布

17.3.2.2　螺旋桨叶数对推进性能的影响

有人曾做过叶数对推进性能影响的试验。在同样条件下，4 叶、5 叶、6 叶螺旋桨的推进性能在实用上几乎没有什么差别，即在直径相同、螺旋桨载荷相同的条件下，叶数对于伴流分数、推力减额分数和相对旋转效率没有影响。从而问题归结为叶数对螺旋桨敞水效率的影响如何。图 17-16 为 AU 型 $A_E/A_0=0.65$ 的 4 叶、5 叶、6 叶螺旋桨敞水性能的比较，从图中可见，叶数的影响应视工作范围而定，叶数增加效率不一定下降，这就有可能考虑在肥大船上采用 6 叶螺旋桨。

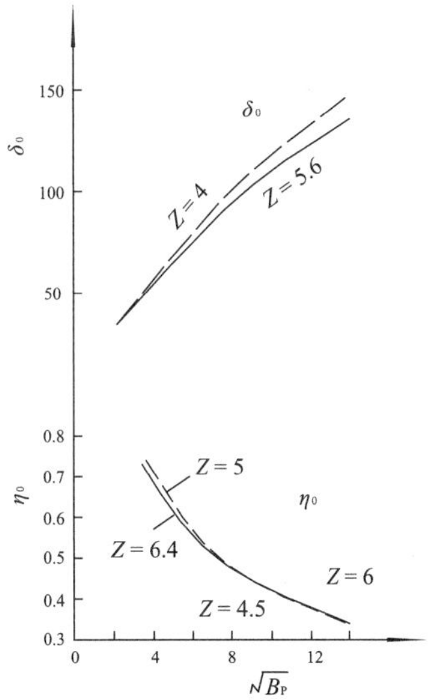

图 17-16　不同叶数桨敞水性能

17.3.2.3　综合考虑螺旋桨效率与空泡性能

增加叶数，为满足避免空泡要求需增大盘面比。一般来说，每增加一叶，盘面比增加 5% ～ 10%。

有人对一艘 70 000 吨级油轮的螺旋桨用 AU 图谱进行比较性计算，其结果列于表 17-18。

表 17-18　计算结果

叶数（叶）	直径 / m	P/D	A_E/A_0	η_0	重量 / t
5	6.5	0.735	0.645	0.492	24.90
6	6.4	0.746	0.675	0.493	24.67

计算结果表明：增加叶数，盘面比也随之增大，但效率并不下降。上述结论是根据 AU 桨的计算结果所得，不同类型的螺旋桨可能会有不同的结论。其原因可解释如

下：不同切面形状最小阻升比所对应的切面厚度比往往并不一样，我们知道，决定螺旋桨性能主要是 0.7*R* 处的切面。对于 B 型螺旋桨，0.7*R* 处切面之最佳厚度比约为 6.5%，而 AU 螺旋桨 0.7*R* 处切面之最佳厚度比约为 7.2%。故对不同类型螺旋桨在不同叶数或不同展开面积比时的水动力性能，在很大程度上取决于 0.7*R* 处切面的厚度比数值。表 17–18 的例子说明，6 叶（$A_E/A_0=0.675$）螺旋桨 0.7*R* 处切面的厚度比 5 叶更接近最佳值。因此，在设计大船螺旋桨时，不妨多进行比较计算，不宜轻易下结论。

17.3.2.4 螺旋桨叶数的选择与振动的关系

螺旋桨叶数的选择与振动关系较大。运转于不均匀流场中螺旋桨的激振力一般有两种：①轴承力，作用在螺旋桨上的变化力通过轴系传递到船体的激振力；②表面力，螺旋桨运转时诱导的脉动压力场经过水传递至船体表面的激振力。一般来说，随着叶数的增加，螺旋桨诱导的压力有下降趋势。而轴承力则需根据螺旋桨盘面处伴流分布的谐调分析来考虑。近期对螺旋桨激振力的研究表明，螺旋桨诱导的表面力是导致强烈尾振的主要原因，因此在图谱设计中，一般单桨商船多用 4 叶。但随着船舶的大型化，振动问题显得突出，有采用 5 叶甚至 6 叶的趋势。

此外，在选择叶数时应避免和船体或轴系发生共振，也即避免叶频 *nz*（转数与叶数的乘积）与轴系或船体的自然频率相等或相近。同时还应尽量避免主机气缸数、冲程数与叶数相等或恰为其整数倍。

17.3.3 螺旋桨的直径

一般来说，螺旋桨的直径越大，转速越低者效率越高，但直径受到船的吃水和尾框间隙所限制，而且直径过大时桨盘处的平均伴流减小，使船身效率下降，故对总的推进效率未必有利。实际上，螺旋桨的直径多数是根据设计图谱来决定的。对于经常在压载情况下航行的船舶，宜采用直径较小的螺旋桨，以照顾压载时的效率和避免叶梢露出水面。从振动方面考虑，螺旋桨与船体间的间隙不宜过小，否则可能引起严重振动。下面介绍螺旋桨与船体及各附件间之间隙的有关资料。

图 17–17 和图 17–18 可作为单螺旋桨船艉部布置的参考。

图 17–17 中的数据可由表 17–19 决定。

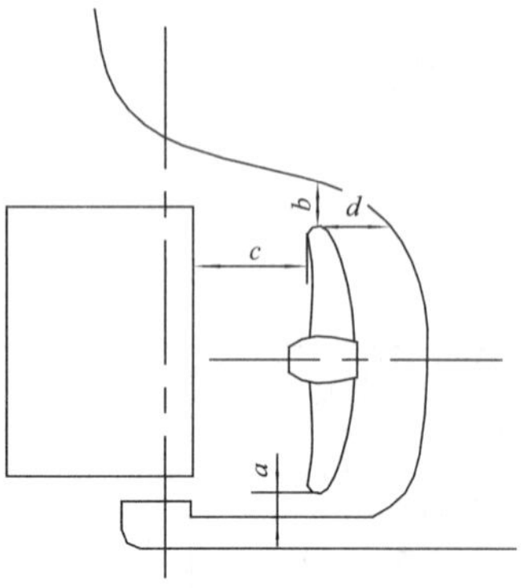

(a) 小型船

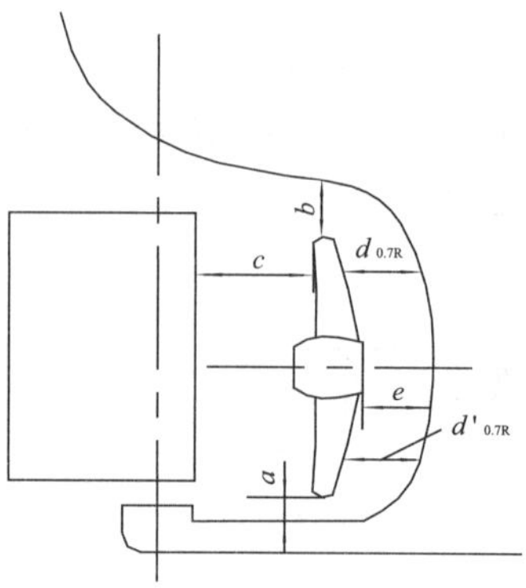

(b) 超大型船

图 17–17 船 – 桨艉部规范尺寸（1）

表 17–19　螺旋桨直径

螺旋桨直径	a	b	c	d	d'	e
小型船 $D<2$m	$0.05D$ 以上	$0.12D$ 以上	$0.12D$ 以上	$0.15D$ 以上		
中型船 2m $<D<$ 5m	$0.03\sim0.06D$	$0.11\sim0.21D$	$0.09\sim0.17D$	$0.18\sim0.26D$	$0.15\sim0.23D$	100 ~ 200 mm
超大型船 $D>5$m	$0.03\sim0.06D$	$0.11\sim0.21D$	$0.09\sim0.17D$	$0.24\sim0.32D$	$0.21\sim0.29D$	$0.04D$

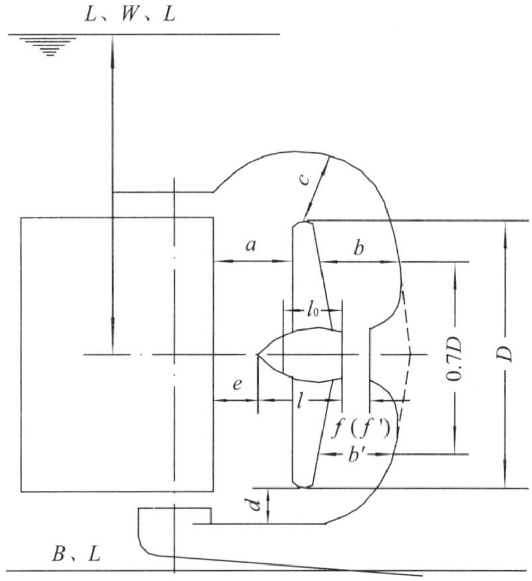

图 17–18　船 – 桨艉部规范尺寸（2）

图 17–18 中的数据范围如下：

$$\frac{a}{D}=13\pm4\ (\%)$$

$$\frac{b}{D}=20\pm4\ (\%)，D<5.5\ \text{m}$$

$$\frac{b}{D}=(2D+9)\pm4\ (\%)，D>5.5\ \text{m}$$

式中，D 以 m 计，

$$\frac{b'}{D}=18\pm4\ (\%)，D<5.5\ \text{m}$$

$$\frac{b'}{D}=(2D+7)\pm4\ (\%)，D>5.5\ \text{m}$$

$$\frac{c}{D}=14\pm4\ (\%)$$

$$\frac{d}{D}=3.5\pm1.5\ (\%)$$

$$e=100\ \text{mm}\pm50\ \text{mm}，D<5.5\ \text{m}$$

$$\frac{e}{D}=2\pm1\ (\%)，D>5.5\ \text{m}$$

$$\frac{f}{D}=(11-D)\pm1.5\ (\%)，\text{但不小于 }4\%$$

$$\frac{f'}{D}=\left(4.5-\frac{D}{4}\right)\pm0.5\ (\%)$$

$$\frac{l}{D}=\left(34-\frac{D}{2}\right)\pm4\ (\%)$$

$$\frac{l_0}{D}=\left(23-\frac{D}{2}\right)\pm3\ (\%)$$

上述数据中，f 表示尾轴管用螺钉安装；f' 表示尾轴管采用焊接结构。

图 17–19 提供了单桨、双桨和三桨船间隙的有关数据，表 17–20 给出了相应的数值范围。

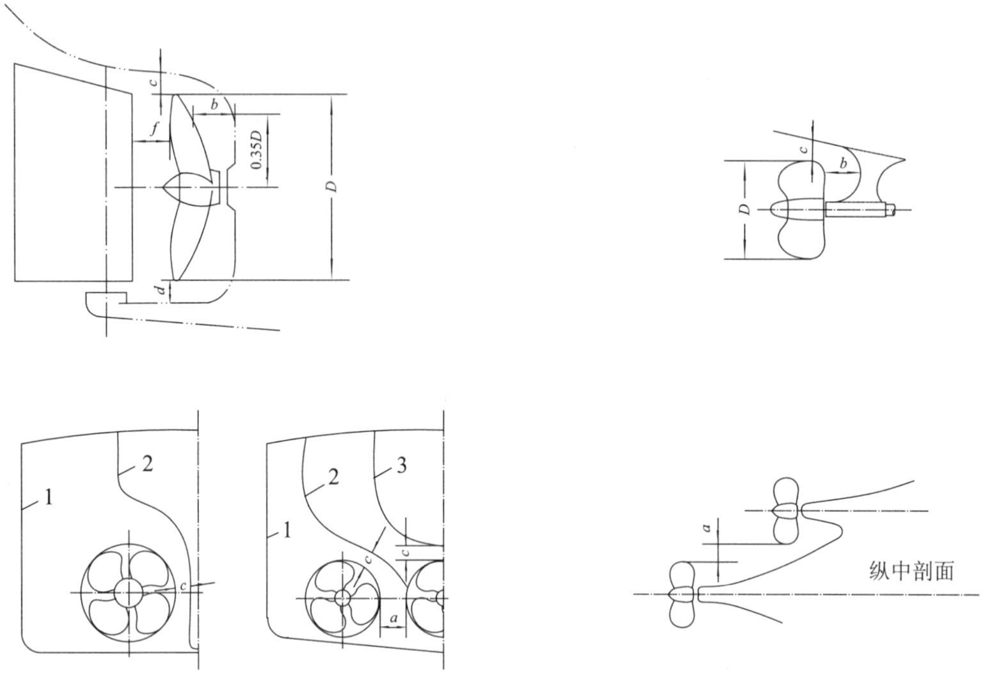

图 17–19　多桨船艉部间隙尺寸

1—横中剖面处肋骨线；2—边桨盘面处肋骨线；3—中线桨盘面处肋骨线

表 17–20　间隙数值范围

船舶类型	间隙（以螺旋桨直径的倍数计）				
	a	*b*	*c*	*d*	*f*
货船、拖船及其他低速船	0.06 ～ 0.10	0.18 ～ 0.22	0.10 ～ 0.20	0.04 ～ 0.05	0.10
快速船	0.10 ～ 0.12	0.18 ～ 0.25	0.14 ～ 0.22	—	0.15 ～ 0.30

中国船级社 2012 年版《钢质海船入级规范》中也有相应规定，用图 17–19 中单桨船相同的符号，《规范》建议螺旋桨与艉柱、舵之间的最小间隙不小于下列数值：$b = 0.20D$；$c = 0.14D$；$d = 0.04D$；$f = 0.12D$。

此外，在长江钢船建造规范中，对单桨船、内河双桨船以及采用轴支架的单桨船的间隙也有详细规定，这里不再赘述。

如果图谱设计的螺旋桨最佳直径受到上述实际条件限制时，则必须重新进行设计，此即所谓限制直径的螺旋桨设计问题，可按表 17–21 的步骤进行。从表 17–21 中可见，因螺旋桨的限制直径 D^* 小于图谱查得的最佳直径 D（第 8 项），故必须根据给定的 D^* 重新计算 δ^*，由 δ^* 和 $\sqrt{B_P}$ 两等值线在图谱上得到交点并得出相应的效率及螺距比。最后可绘制类似于图 17–9 中的曲线，即可求出螺旋桨的要素和可达到的最大航速，螺旋桨的直径即为 D^*。

表 17–21　限制直径的螺旋桨的设计步骤

<table>
<tr><th>序号</th><th colspan="2">名称</th><th>单位</th><th colspan="4">数据</th></tr>
<tr><td>1</td><td colspan="2">V</td><td>kn</td><td>V_1</td><td>V_2</td><td>V_3</td><td>V_4</td></tr>
<tr><td>2</td><td colspan="2">$V_A = V(1-\omega)$</td><td>kn</td><td>V_{A1}</td><td>V_{A2}</td><td>V_{A3}</td><td>V_{A4}</td></tr>
<tr><td>3</td><td colspan="2">$\sqrt{P_D}$</td><td></td><td>$\sqrt{P_D}$</td><td>$\sqrt{P_D}$</td><td>$\sqrt{P_D}$</td><td>$\sqrt{P_D}$</td></tr>
<tr><td>4</td><td colspan="2">N</td><td>r/min</td><td>N</td><td>N</td><td>N</td><td>N</td></tr>
<tr><td>5</td><td colspan="2">$B_P = \dfrac{N\sqrt{P_D}}{V_A^{2.5}}$</td><td></td><td>$B_{P1}$</td><td>$B_{P2}$</td><td>$B_{P3}$</td><td>$B_{P4}$</td></tr>
<tr><td>6</td><td colspan="2">$\sqrt{B_P}$</td><td></td><td>$\sqrt{B_{P1}}$</td><td>$\sqrt{B_{P2}}$</td><td>$\sqrt{B_{P3}}$</td><td>$\sqrt{B_{P4}}$</td></tr>
<tr><td>7</td><td rowspan="6">查 $\sqrt{B_P}-\delta$ 图谱
（例 AU5–50）</td><td>δ（最佳值）</td><td></td><td>δ_1</td><td>δ_2</td><td>δ_3</td><td>δ_4</td></tr>
<tr><td>8</td><td>$D = V_A\delta/N$</td><td></td><td>D_1</td><td>D_2</td><td>D_3</td><td>D_4</td></tr>
<tr><td>9</td><td>D^*</td><td></td><td>D^*</td><td>D^*</td><td>D^*</td><td>D^*</td></tr>
<tr><td>10</td><td>$\delta^* = ND^* / V_A$</td><td></td><td>$\delta^*{}_1$</td><td>$\delta^*{}_2$</td><td>$\delta^*{}_3$</td><td>$\delta^*{}_4$</td></tr>
<tr><td>11</td><td rowspan="2">由 δ^*和第 6 项的 $\sqrt{B_P}$ 的交点在图谱上读出：$\eta_0 P/D$</td><td></td><td>η_{01}</td><td>η_{02}</td><td>η_{03}</td><td>η_{04}</td></tr>
<tr><td>12</td><td></td><td>$(P/D)_1$</td><td>$(P/D)_2$</td><td>$(P/D)_3$</td><td>$(P/D)_4$</td></tr>
<tr><td>13</td><td colspan="2">$P_{TE} = P_D \cdot \eta_0 \cdot \eta_H$</td><td>hp</td><td>$P_{TE1}$</td><td>$P_{TE2}$</td><td>$P_{TE3}$</td><td>$P_{TE4}$</td></tr>
</table>

17.3.4　螺旋桨的转速

上面已经提到，螺旋桨转速低、直径大者效率较高，但在选择螺旋桨的转速时，除考虑螺旋桨本身的效率外，尚需顾及主机的类型、重量、价格及机器效率。一般来说，两者的要求是矛盾的。对机器来说，转速越大效率越高，且机器的重量，尺寸都可减小。

在选择螺旋桨转速时，还应考虑船体的振动问题。往复式主机及螺旋桨在工作时均产生周期性的干扰力，往复机不平衡力变化的频率与转速 N 相同，螺旋桨因制造不当而引起的不平衡力之频率也为 N，因船后艉流场不均匀而引起之干扰力的频率则为 NZ（转数与叶数的乘积）。船体振动一般可分为两类：①当主机或某辅机在一定转速时，整个船体处于振动状态，这种影响整个船体结构的振动称为共振；②船舶局部或某些装置处于振动状态称为局部振动。后者可以采取一些局部措施，如增设扶强材、支柱等措施来消除，而前者乃是危险状态，应考虑避免。

二节点垂向振动频率是船上所有自然频率的最低者，它比目前经常遇到的螺旋桨转速范围低不了多少（一般单螺旋桨转数在 80 ～ 150 r/min）。实际上船舶是一种弹性结构，在低频振动时阻尼很低而动力扩大因素很大，在这种情况下，即使很小的干扰力在共振时也会引起很大的振幅。高频振动时阻尼增大，共振峰较低，且分布于较大的频率范围内，动力扩大因素较小，共振影响也较缓和，故对一般船舶来说，避免最低频的振动是很重要的。因此在船舶设计时，应相当确切地决定船体自然频率，特别是二节点垂向振动频率 N_{2V}，螺旋桨转速 N 的选择应避开 $0.9N_{2V}$ ～ $1.1N_{2V}$，螺旋桨转速

的选择一般均大于 $1.1N_{2V}$。这样，在机器启动与加速时，共振情况只出现在一段很短的时间内，不会引起严重的后果。

随着船舶尺度的增加，二节点垂向振动的频率一般有所下降，满载状态的 N_{2V} 低于轻载状态，表 17-22 中为我国 3 艘船舶的实测数据，以供参考。

表 17-22　二节点垂向振动频率

船名	状态	L / m	B / m	H / m	Δ / t	60 N_{2V} / Hz
“郑州”号	满载 轻载	172	23.2	14.2	32 600 17 500	54 65
“长风”号	满载 轻载	162	22.3	13.2	28 000 15 100	67 92
“东风”号	满载 轻载	147.2	20.2	12.4	17 182 8 340	71 88

17.3.5　桨叶外形和叶切面形状

一般认为，桨叶外形轮廓对螺旋桨性能的影响很小，其展开轮廓近于椭圆形者为良好的叶形。对于具有侧斜的桨叶，各半径处叶切面弦长也应大致按椭圆规律变化为佳。

螺旋桨最常用的叶切面形状有弓形（或称圆背形）和机翼形两种。弓形切面的压力分布较均匀，不易产生空泡，但在低载荷时其效率较机翼形者低 3% ～ 4%。若适当选择机翼形切面的中线形状使其压力分布较均匀，则无论对空泡或效率均有得益，故商船螺旋桨采用机翼形切面。军舰螺旋桨及其他高载荷螺旋桨都用宽而薄的弓形切面。

用图谱方法设计螺旋桨时，桨叶外形和切面形状一般均按所选用的螺旋桨系列资料确定。实际螺旋桨常具有一定的后倾角，其目的在于增加与船体的间隙，对避免振动有利。实践证明，后倾对于螺旋桨的性能没有什么影响，设计者可根据船艉线型及尾框架的具体情况确定适宜的后倾角。

§17.4　船 – 机 – 桨的匹配问题

前面所讨论的螺旋桨设计问题，是对船舶在一定情况下选择效率最佳的螺旋桨。对于普通船舶即指满载时以全速或用正常功率航行的情况。显然，船舶在设计状态下航行时，不仅螺旋桨效率最佳，而且船体 – 螺旋桨 – 主机间的配合十分完善。但船舶的实际航行状态比较复杂，外界情况的改变（如风浪、污底、航道深度、装载情况等）直接引起船体阻力的变化，因而航速、螺旋桨的工作情况、主机的功率及转速等都将发生变化。

螺旋桨及主机装在船上成为一个复杂的联动机构。主机为机械能的发生器，螺旋桨为能量的转换器（将主机的旋转能转换为推力能），而船体则为能量的需求者（即螺旋桨的推力能消耗于船体阻力做功）。因此，船体 – 螺旋桨 – 主机之间能量转换及工作状态是相互牵制和相互关联的。当船舶在等速直线航行时，主机与螺旋桨之间有下列关系：①运动的：螺旋桨的转数等于主机的转数；②动力的：螺旋桨所需的转力矩等于主机所能供给的转力矩。

若螺旋桨与主机之间装有减速齿轮，则上述关系中尚需引入传动比作为乘数。

同样，在船体与螺旋桨之间也存在下列关系：①运动的：螺旋桨的进速等于伴流修正后的船速，即 $V_A=V(1-\omega)$；②动力的：螺旋桨的有效推力等于船体所遭受的阻力，即 $T(1-t)=R$。

现讨论船速变化（即主机部分功率航行）时螺旋桨的工作情况。当船在刚开航时，船速及船体阻力为零，主机以某一转速带动螺旋桨，此时螺旋桨的进速系数 $J=0$，其发出之推力启动船舶做加速运动。其后，船速渐增，阻力加大，而螺旋桨的进速系数也随之渐增。若转速保持不变，则推力因进速系数增加而略减，如转速继续增加，则推力可能续增。当船速与转速达到适当的关系后，螺旋桨发出的推力恰能克服船体阻力，螺旋桨所遭受的转力矩也恰为主机所能供给者，则供求互相平衡，船即以等速度前进，螺旋桨也在一定的进速系数下操作。

普通低速船舶在保持排水量不变的情况下，其阻力与船速 V 约略呈平方关系，即有效功率与 V^3 成比例。若伴流分数 ω，推力减额分数 t 和相对旋转效率 η_R 不随船速变化的话，则螺旋桨推力与进速 V_A 呈平方关系。据螺旋桨比较定律可知，符合此种关系之条件为进速系数 J 值相同，因此普通低速度船舶以不同功率航行（保持排水量不变）时主机的转速大致与船速成比例，主机功率则约略与转速的 3 次方成比例。换句话说，螺旋桨在不同转速下工作时所要求的主机功率约略与转速的 3 次方成比例，表示此种关系的 P_s-n^3 曲线通常称为推进特性曲线。但其他类型船舶的阻力不一定与 V^2 成比例关系，故实际情况常较上述者复杂。

现进一步讨论因外界条件的影响使船舶阻力发生变化时螺旋桨的工作情况。若某船的螺旋桨在给定主机功率和转速下其工作情况如图 17-20 所示。此时螺旋桨的转速为 N(r/s)，吸收的转矩为 Q，发出的推力为 $T=\dfrac{R}{(1-t)}$，船舶达到的航速为 V，螺旋桨的进速 $V_A=V(1-\omega)$，对应的螺旋桨工作点在进速系数 $J=V_A/nD$ 处［图 17-20（b）］。

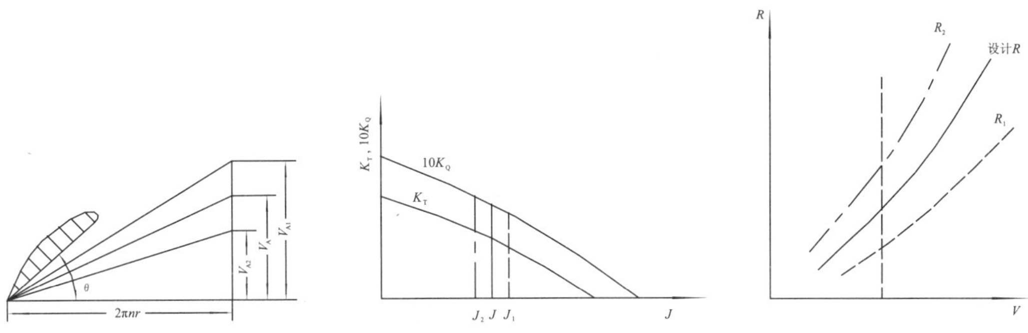

(a) 对应 V_A 水动力角　(b) 对应 J 工作点　(c) 与 V 对应的阻力

图 17-20　螺旋桨特定条件下的工况

下面分两种情况讨论外界条件变化可能产生的后果。

第一种情况：船舶在压载航行时因吃水减小，阻力降低，阻力曲线如图 17-20（c）

中 R_1-V 所示。因为 $T(1-t)=R$，故 $T(1-t)>R_1$，使船加速。此时：

（1）若主机转速 n 保持常数，由于螺旋桨的进速 V_A 提高，则进速系数 J 上升，K_T 及 K_Q 均减小。当船速达到 V_1 时进速系数为 J_1，其相应的推力及转矩系数为 K_{T1} 及 K_{Q1}。推力 $T_1=K_{T1}\cdot\rho n^2D^4=R_1/(1-t)$ 克服船速为 V_1 时的阻力 R_1，船体与螺旋桨在 $V_1>V$ 的状态平衡。此时 $K_{Q1}<K_Q$，故 $Q_1=K_{Q1}\cdot\rho n^2D^5<Q$，$Q$ 为主机在转速 n 时所能提供的转矩。这就表明：当船体阻力减小时，若主机转速不能提高，则必然不能充分利用功率，螺旋桨处于“轻载”状态工作。

（2）若转速可以提高，则进速系数 J 约略维持不变，当转速增加到 n_1 时，$J'_1\approx J_1$，$K'_{Q1}\approx K_{Q1}$，由于 $n_1>n$，故 $Q'_1>Q_1$，$Q'_1=Q$，使主机与螺旋桨达到平衡状态。同时，$T'_1>T_1$，使 $V'_1>V_1$，这就表明：当船体阻力减小时，若主机转速能够提高，则船速可以增大。

第二种情况：船舶由于污底或风浪而增加阻力，如图 17-20（c）中 R_2-V 所示。因为 $T(1-t)=R$，故 $T(1-t)<R_2$，使船速降低。此时：

（1）若主机转速保持常数，由于螺旋桨的 V_A 减小，则进速系数 J 下降，K_T 及 K_Q 均增大。当船速降至 V_2 时进速系数为 J_2，其相应的推力及转矩系数为 K_{T2} 及 K_{Q2}，推力 $T_2=K_{T2}\cdot\rho n^2D^2=R_2/(1-t)$，克服船速为 V_2 时的阻力 R_2，船体与螺旋桨在 $V_2<V$ 的状态平衡。此时，$K_{Q2}>K_Q$，故 $Q_2=K_{Q2}\cdot\rho n^2D^5>Q$。这就表明：当船体阻力增加时，若主机转速保持不变，则要求能供给的转矩 Q_2 大于原设计时的转矩 Q。

（2）若主机转矩 Q 不能增加，则只能靠降低主机转速至 n_2。使$Q'_2=K'_{Q2}\rho n_2^2D^5=Q$。

显然，由于 $T'_2<T_2$，故 $V'_2<V_2$，使船速继续减小。这就表明：当船体阻力增加时，若主机供给的转矩不再增加，则螺旋桨将不得不减小转速，而主机仍处于最大转矩下工作，这种现象，称螺旋桨处于“重载”状态工作。

根据以上的简要分析可知，船舶在不同航行情况下船体－螺旋桨－主机间的关系比较复杂，它们之间是相互牵制和相互关联的。通常对于船体－螺旋桨－主机的配合问题可以归结如下：①船舶在经济航速时的功率及转速，也即螺旋桨在不同转速时可以达到的航速和所需的主机功率；②船舶的排水量或外界情况发生变化时，船舶能够达到的航速、主机的功率及转速；③多螺旋桨船在部分螺旋桨工作时能达到的最大航速、主机功率和转速；④螺旋桨的设计工况。

下面将作进一步的讨论。

17.4.1 特性曲线

我们知道，船体、螺旋桨和主机间相互存在联系，但同时又必须服从它们各自的特性。因此，我们首先分别考虑一下它们单独的情况。为了使问题更清楚，下面以 25 000 吨级散装货船为例进行讨论。

（1）船体：众所周知，表征船体阻力特性的是有效功率曲线。我们可以通过近似估算或船模阻力试验来确定船体的有效功率曲线。对应于不同装载状况将有不同的有效功率曲线，一般有满载和压载之分。此外，若考虑到风浪或污底等影响因素，则尚需增加一定百分数的有效功率裕度。25 000 吨级散装货船相应于三种状态的有效功率见表 17-23。

表 17–23 25 000 吨级散装货船相应于三种状态的有效功率

V / kn	14.0	14.5	15.0	15.5	16.0	16.5	17.0
（Ⅰ）满载 P_e	4 050	4 570	5 200	6 090	7 120	8 330	9 820
（Ⅱ）压载 P_e	3 450	3 800	4 260	4 770	5 350	6 056	6 860
（Ⅲ）20% 附加的 P_e	4 870	5 480	6 240	7 310	8 550	10 000	11 780

表 17–23 中，压载状态是指艏吃水 4.9 m，艉吃水 7.7 m 的状态，满载状态是指艏艉吃水都是 9.8 m，即满载试航状态；满载 P_e 加上 20% 附加，即为在风浪或污底情况下的有效功率。从上面情况看到，由于装载状态不同或污底等必定会引起船体有效功率的变化，即船体阻力的变化。

（2）螺旋桨的特性曲线：螺旋桨的特性是由敞水性征曲线来表示的。上述 25 000 吨级散装货船主机的额定功率为 1.2×10^4 hp，转速为 115 r/min，螺旋桨的设计工况取 1.2×10^4 hp 及 118.5 r/min。可达航速 $V = 16.05$ kn。该桨的敞水性征曲线如图 17–21 所示。

（3）主机的特性曲线：船用主机一般有蒸汽往复机、蒸汽涡轮机及内燃机三种，而目前以内燃机使用最为普遍，因此这里主要介绍内燃机的外特性。

船用内燃机绝大多数为柴油机，当其燃料泵有效冲程一定时，喷嘴的喷油量也一定。从理论上说，其转矩为常数。但转速过高或过低时，引起汽缸内燃烧不良或增加机械摩擦，故转矩均将下降。因柴油机的转矩在设计转速附近约为常数，故其功率约略与转速成正比。因此，对于这类主机，当转速小于额定转速时，可视作等转矩主机。改变或调节柴油机喷嘴的喷油率 ε，则可得柴油机在不同负荷情况下的外特性曲线，如图 17–22 所示。

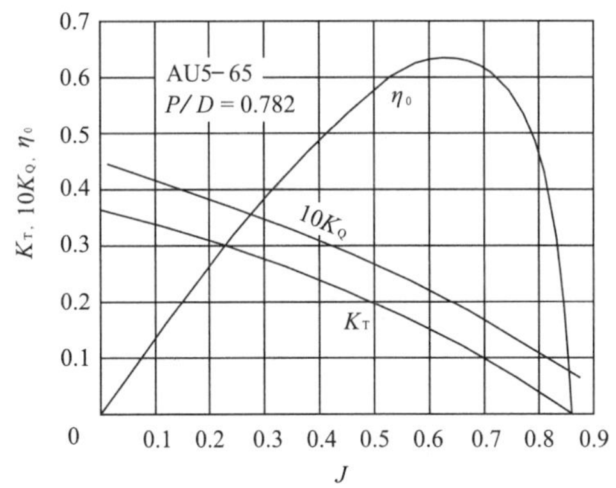

图 17–21 桨敞水性征曲线

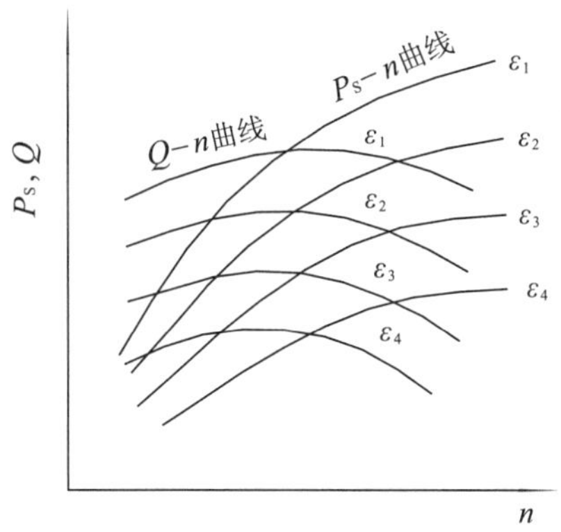

图 17–22 主机外特性曲线

以往船用主机，单机功率及增压度都不太大，发动机的热负荷也不高，因此在整条主机外特性曲线上都能安全地稳定运转。由于在外特性和推进特性线之间尚有一大块面积可供利用，故柴油机的潜在功率很大［图 17–23（a）］。所谓推进特性线，是指通过额定功率和额定转速点的一条 3 次方抛物线：$P_s = Cn^3$。

20 世纪 60 年代以来，相继出现了大功率、高增压的船用柴油机，这类船用发动机由于增压度很高，缸径又大，热负荷是很大的，致使其功率储备区减小，如图 17–23（b）所示。

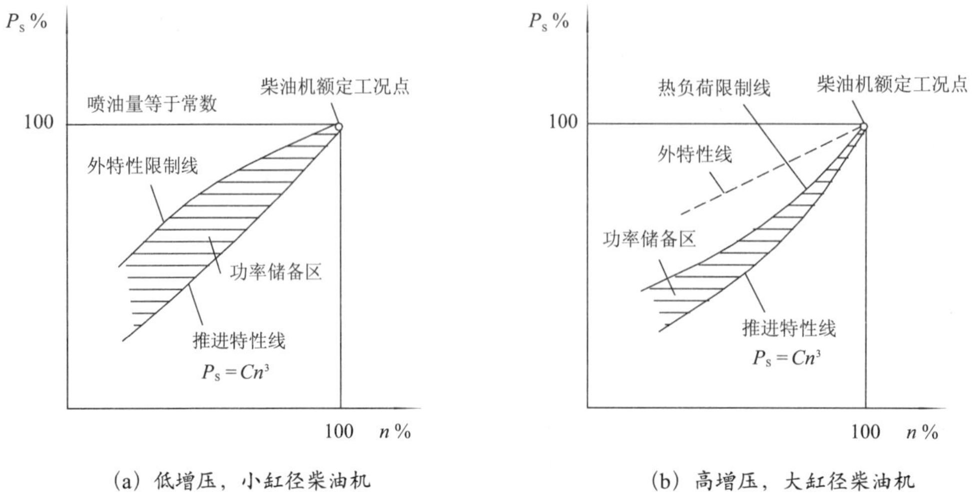

图 17-23　船用主机的潜在功率

17.4.2　船体、螺旋桨和主机三者的关系

首先，我们将 25 000 吨级散装货船三种航行状态的有效功率曲线绘于图 17-24 中，然后，利用给定的螺旋桨特性（图 17-21）计算不同转速时可达到的航速和所需要的主机功率。并将计算结果一起画入图 17-24 中，此图通常称为校核曲线（或称航行特性曲线）。计算过程见表 17-24。

表 17-24　25 000 吨级散装货船校核曲线计算

给定螺旋桨	$D = 5.75$ m，$P/D = 0.782$，AU5-65
伴流分数	$\omega = 0.34$
推力减额分数	$t = 0.26$
相对旋转效率	$\eta_R = 0.982$
传送效率	$\eta_s = 0.98$
海水密度	$\rho = 104.6$ kgf · s^2/m^4

对 3 个不同转速 N=118.5 r/min、113 r/min、107 r/min 情况下进行的计算结果如下：

（1）$N = 118.5$ r/min，$n = 1.975$ r/s 的计算结果：

V / kn	14	15	16	17
$V_A = 0.5144\,(1-\omega)V$　(m/s)	4.76	5.09	5.43	5.77
$J = V_A/n\,D$	0.419	0.448	0.478	0.509
K_T	0.224 5	0.212	0.199	0.184 5
K_Q	0.029 8	0.028 5	0.027 2	0.025 8
$T = K_T\rho n^2 D^4 = 447\,000\,K_T$	100 200	94 700	88 800	82 400

续表

V / kn	14	15	16	17
$P_{TE}=T(1-t)V/145.6$	7 130	7 220	7 230	7 120
$Q=K_Q\rho n^2D^5=2\,565\,000\,K_Q$	76 400	73 200	69 700	66 200
$P_D=2\pi\,n\,Q/75$	12 640	12 100	11 520	10 940
$P_s=P_D/\eta_R\cdot\eta_s$	13 140	12 570	11 980	11 370

② N=113 r/min，n = 1.884 r/s 的计算结果：

V / kn	14	15	16	17
$J=$	0.439	0.470	0.502	0.532
K_T	0.216	0.202	0.188	0.174
K_Q	0.028 9	0.027 6	0.026 1	0.024 8
$T=407\,000\,K_T$	87 800	82 200	76 400	70 800
P_{TE}	6 250	6 270	6 220	6 120
$Q=2\,330\,000\,K_Q$	67 500	64 300	60 900	57 800
P_D	10 650	10 150	9 620	9 130
P_s	11 070	10 550	10 000	9 500

③ N=107 r/min，n = 1.783 r/s 的计算结果：

V / kn	14	15	16	17
$J=$	0.464	0.497	0.529	0.563
K_T	0.205	0.190	0.175	0.159
K_Q	0.027 8	0.026 4	0.024 9	0.023 3
$T=364\,000\,K_T$	74 700	69 200	63 700	57 800
P_{TE}	5 310	5 270	5 170	4 990
$Q=2\,090\,000\,K_Q$	58 100	55 200	52 000	48 700
P_D	8 670	8 230	7 760	7 270
P_s	9 020	8 560	8 070	7 570

由图 17–24 可以看到，该图的上半部分表示不同航行状态在不同转速时可达的航速，下半部分表示相应情况下所需的功率。从图中得到：

（1）在满载试航状态（即正常航行状态）下，N = 118.5 r/min，航速 V = 16.05 kn，所需主机功率 P_s = 11 970 hp，校核证明与设计基本一致，N=113 r/min，航速 V=15.6 kn，所需主机功率 P_s = 10 250 hp，由此即可了解在同一航行状态下，由于主机转速的改变而引起航速 V 和功率 P_s 的变化。

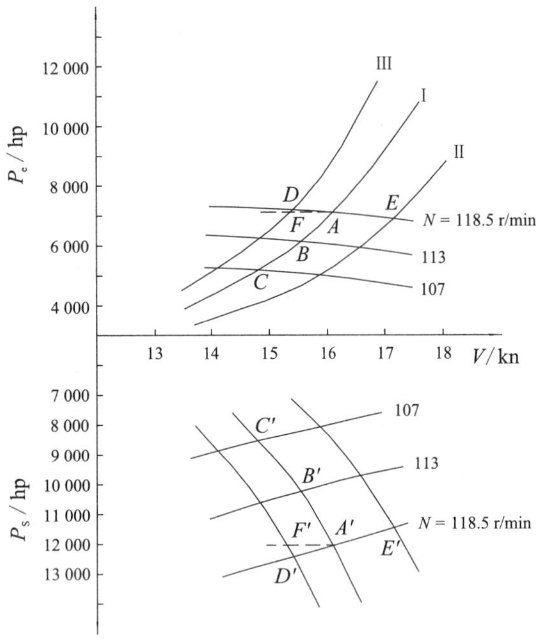

图 17-24　航行特性曲线

（2）从有效功率曲线Ⅲ与 $N=118.5\,\mathrm{r/min}$ 的螺旋桨有效推功率 P_{TE} 曲线交点 D 和 D' 可知，航速应为 15.47 kn，所需主机功率为 12 300 hp，但该主机的额定功率为 12 000 hp，故螺旋桨处于“重载”状态，必须减低转速至 $N=117\,\mathrm{r/min}$，可达航速 $V=15.4\,\mathrm{kn}$，主机功率 $P_s=12\,000\,\mathrm{hp}$。

（3）从有效功率曲线Ⅱ与 $N=118.5\,\mathrm{r/min}$ 的螺旋桨有效推功率曲线交点 E 和 E' 可知，航速 $V=17.15\,\mathrm{kn}$，主机功率 $P_s=11\,300\,\mathrm{hp}$。此时螺旋桨处于“轻载”（相对于设计工况）状态，如果主机转速还可提高的话，则航速还可增加，使功率发足，但由于转速受主机的限制已不能提高。

综上所述，我们利用图 17-24 和主机的特性即可清楚地了解船体－螺旋桨－主机三者之间的关系。

在完成船体－螺旋桨－主机三者关系的校核曲线后，往往还需计算该螺旋桨在系泊状态（或称系柱状态）的推力。显然，在系柱状态时船速 $V=0$，螺旋桨的进速系数 $J=0$，螺旋桨的 K_T 和 K_Q 达最大值，螺旋桨处于“重载”状态。按柴油机的特性，主机必然降低转速，而保持额定转矩运行。具体计算步骤见表 17-25。

表 17-25　螺旋桨在系泊状态（或称系柱状态）的推力计算

序号	项目	单位	数值	说明
1	n	r/s		主机额定转速
2	P_s	hp		主机额定功率
3	$P_D=P_s\cdot\eta_s\cdot\eta_R$	hp		螺旋桨敞水收到功率
4	$Q=75P_D/2\pi n$	kgf · m		螺旋桨转矩
5	$K_{Q0}(J=0)$			由敞水性征曲线查得 $J=0$ 时的转矩系数
6	$n_0^2=\dfrac{Q}{\rho K_{Q0}D^5}$	$(\mathrm{r/s})^2$		由主机等转矩特性求得系柱状态的转速
7	$K_{T0}\,(J=0)$			由敞水性征曲线查得 $J=0$ 时的推力系数
8	$T=K_{T0}\rho n_0^2D^4$	kgf		螺旋桨系柱推力
9	t_0		0.04	系柱状态的推力减额分数取 0.04
10	$F=T(1-t_0)$	kgf		螺旋桨系柱拖力

17.4.3　螺旋桨设计工况点

以往在螺旋桨设计时常采用额定转速和额定功率作为设计工况，而对于功率储备问题并未引起注意，其原因是：①如果设计的螺旋桨较轻（即留有功率储备），则在试航时转速虽已达到额定数值，但主机未发出额定功率，如不超速运转，则无法试出主机额定功率，更谈不上 110% 额定功率的过载功率。②以往船用主机的单机功率及增压度都不太大，故在外特性和推进特性线之间尚有一大块面积可用，柴油机的潜在功率很大。

但对于大功率高增压船用柴油机来说，按额定转速和额定功率作为螺旋桨的设计工况，会出现不少问题。如由于船体积污、转矩增大而引起的平均有效功率的提高，造成燃烧室周围热负荷增大，以致引起气缸盖、排气阀、排气阀箱体、气缸等损裂，气缸严重磨损而漏气，活塞顶部烧坏，活塞环槽出现热裂纹等。

现以瑞士苏尔寿公司生产的 RD 和 RND 型柴油机为例，该公司于 1968 年正式发出通知，对 RD 型、RND 型发动机给出了一个允许的工况范围（图 17-25）。

（1）柴油机能够持续工作的运转范围，平均有效功率 P_e 不得超过额定工况点的推进特性线；转速不得超过额定转速的 103%，而在 100% ～ 103% 转速范围内，则以 100% 额定功率 P_s 的等功率线作为限制（即图中的 A 区）。

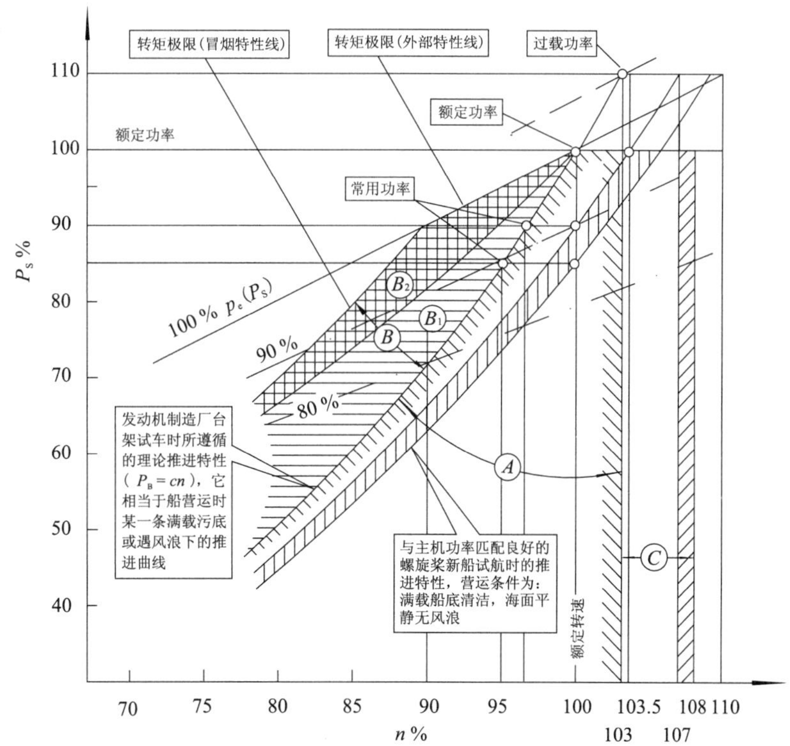

图 17-25　RD 型和 RND 型发动机允许工况范围

苏尔寿公司规定：A—可以持续工作的工作范围；B—仅允许短时期工作的工况范围；C—仅为出海试航时主机的转速上限

石川岛播磨提出：B_1—容许运转范围；B_2—仅允许短时期工作范围（图中 B_1 和 B_2 之间的虚线为热负荷限制特性线）

（2）柴油机不能沿整根外特性曲线（100% 有效功率 P_e 时）运转，自 90% n 开始，随着转速的下降应显著减少喷油量，降低平均有效功率 P_e，以减小发动机的热负荷。这是一根冒烟限制特性线，在 P_s–n 图上，它近似地平行于推进特性线。考虑到发动机本身及废气透平增压器在运转过程中活塞环可能磨损，喷油嘴雾化不良，空气过滤器、中间冷却器的局部堵塞、压气机叶片和透平叶片的表面沾污等故障，而引起主机及增压效率的暂时性下降，会导致热负荷的进一步提高。规定在转矩极限线和推进特性线之间的范围（即图中 B 区）为仅允许短期使用的工况范围。

（3）发动机的极限转速为额定转速的 108%，在 103% ～ 108% 转速的范围（图中 C 区）内仅允许在出海试航测量最大功率时作短期使用。

因此苏尔寿公司规定对该厂生产的 RD 型和 RND 型发动机应以 100% 额定转速 n，85% ～ 90% 额定功率 P_s 作为螺旋桨的设计工况点。

日本针对 RD 型柴油机，在外特性线下面又做了一根热负荷限制特性线，规定 B_2 区能短期运转，而 B_1 区可作发动机储备功率，允许持续运转。日本石川岛播磨重工业公司于 1967 年针对 RD 型柴油机提出了应以 100% 额定功率 P_s、103.5% 额定转速 n 作为螺旋桨设计工况的建议。

从上面的介绍可以清楚地看到，对于这类主机绝不允许以 100% 额定功率 P_s、100% 额定转速 n 作为螺旋桨的设计工况，否则一旦船体阻力增加，螺旋桨处于“重载”状态，主机就不能正常运转。

必须注意，对于不同类型的主机，其容许的工况范围不尽相同，如 RND 的 B_1 区域较 RD 更小，我们在设计螺旋桨之前，先要了解主机的工作特性，然后定出设计工况。对于大功率、高增压的柴油机，在设计螺旋桨时，必须留有一定的储备。目前有两种通行的方法：①功率储备：以 100% 额定转速 n、85% ～ 90% 额定功率 P_s 作为螺旋桨设计工况点；②转速储备：以 100% 额定功率 P_s、103.5% ～ 105% 额定转速 n 作为螺旋桨设计工况点。

关于螺旋桨设计工况点的问题，目前可能还有不同的看法，但上述情况，在选择螺旋桨设计工况时应引起我们的注意。总之，对于具体情况应作具体分析，例如，针对不同的主机类型、不同的航线及使用单位的要求等加以综合考虑。

17.4.4 多工况船舶螺旋桨设计的特点

拖船、拖网渔船、破冰船及扫雷艇等都具有两种典型的航行状态：自航状态和拖航（或破冰、扫雷）状态。这类船舶在自由航行状态时螺旋桨发出的推力只用于克服船体阻力；而拖带航行时，除克服船体阻力外，还需克服拖钩上的拉力（或破冰阻力）。两种不同工况下螺旋桨的工作状态相差很大，因此，对其设计状态的选择需要进行具体的分析比较。下面以拖船为例简略说明这类船舶的螺旋桨设计特点。

就主观愿望来说，我们在设计拖船螺旋桨时，既要拖航时拖力大又要自由航行时速度快，也即希望主机在两种状态都能充分发挥其功率，但实际上两者是有矛盾的。若按自由航行设计，则自由航行时能充分发挥主机功率，航速高，而拖带航行时螺旋桨处于重载，主机功率不能充分发挥。若按拖带航行状态设计，虽拖力大，主机充分发挥其功率，但在自由航行时由于螺旋桨处于轻载状态，自由航速较低。如果采用中间状态进行设计，则自由航行时的轻载以及拖带航行的重载都没有上述两种情况那么明显，其自由航行时的速度和拖带航行时的拖力介于上述两种情况之间。

一般来说，我们可以根据拖船的主要用途决定螺旋桨的设计工况。例如，专门用于拖带驳船队的拖船，其大部分工作时间用于拖带，则以拖航状态设计螺旋桨为宜。用于消防、救助的拖船要求航速快，宜按自由航行状态设计。实际上，在设计此类螺旋桨时，可根据设计任务书中对自由航速和拖航时拖力的要求，先假定几种工况（如自由航行状态、拖带航行状态及若干中间状态）进行计算比较，最后选取合适的方案。

在多工况船螺旋桨设计的计算中，必须对各种速度下的拖力和可能达到的自由航速进行计算，以代替本节第二部分中的校核曲线。其原则是：①当船速大于设计状态的速度时，采用转速等于常数（即额定转速）进行计算；②当船速小于设计状态的速度时，采用转矩等于常数（即主机额定转矩）进行计算。

在求得不同速度下螺旋桨发出的有效推力 $T_e=T(1-t)$ 后，扣除对应速度时船舶的阻力 R 即为该速度下的拖力 F：

$$F=T(1-t)-R$$

式中，推力减额分数 t 的取法如下：在系柱状态时取 $t_0=0.04$，设计工况时按常规经验公式计算，中间速度可用线性内插关系求得，即以船速 V 为横坐标，推力减额分数 t 为纵坐标，将 t_0 值与设计工况时的 t 值用直线连接，从而可以查得不同速度下的推力减额分数 t，当船速大于设计工况时则保持 t 值不变。也有人将常规经验公式计算的 t 值用于自由航行，系柱状态仍取 $t_0=0.04$，然后用直线相连得到中间速度时相应的 t 值。

§17.5　螺旋桨图谱设计举例

本节主要结合设计实例综合应用上面所学过的知识，使读者了解螺旋桨的设计步骤以及一份完整的螺旋桨设计计算书大体包括的内容。

1）已知船体的主要参数

船型：单桨、球艏、球艉、流线型挂舵、中机型多用途远洋货船。

设计水线长 $L_{WL}=144.20\,\text{m}$；垂线间长 $L_{PP}=140.00\,\text{m}$；型宽 $B=21.80\,\text{m}$；型深 $H=12.50\,\text{m}$；设计吃水 $d=8.90\,\text{m}$；方形系数 $C_B=0.743\,\text{m}$；排水量 $\varDelta=20\,800\,\text{t}$；桨轴中心距基线 $Z_P=2.95\,\text{m}$。

由模型试验提供的船体有效功率曲线数据见表 17-26。

表 17-26　船体有效功率曲线数据

航速 V/kn		12	13	14	15	16	17
有效功率 P_e/hp	满　载	2036	2655	3406	4368	5533	7017
	压　载	1779	2351	3007	3642	4369	5236
	110% 满载	2239	2921	3747	4805	6086	7719

2）主机参数

型号：苏尔寿 6RLB56 柴油机 1 台；最大持续功率：8 460 hp；转速：155 r/min；旋向：右旋。

3）推进因子的决定

据型船资料选取伴流分数 ω=0.35；按经验公式决定推力减额分数 t=0.6，ω=0.21；取相对旋转效率 η_R=1.0；船身效率$\eta_H=\dfrac{1-t}{1-\omega}$=1.215 4。

4）可以达到最大航速的计算

采用 MAU 4 叶桨图谱进行计算。取功率储备 10%，轴系效率 η_s= 0.97，螺旋桨敞水收到功率：

$$P_D=8\,460\times0.9\times\eta_s\times\eta_R=8\,460\times0.9\times0.97\times1.0=7\,385.58 \qquad \text{(hp)}$$

根据 MAU4-40、MAU4-55、MAU4-70 的$\sqrt{B_P}-\delta$图谱列表计算见表 17-27。

表 17-27　MAU4-40、MAU4-55、MAU4-70 的$\sqrt{B_P}-\delta$图谱列表计算

项目		单位	数值			
假定航速 V		kn	13	14	15	16
$V_A=V(1-\omega)$		kn	8.45	9.10	9.75	10.4
$B_P=NP_D^{0.5}/V_A^{2.5}$			64.177	53.324	44.876	38.189
$\sqrt{B_P}$			8.011	7.302	6.699	6.179
MAU 4-40	δ		90.0	83.5	77.8	72.7
	P/D		0.600	0.618	0.635	0.654
	η_0		0.503	0.527	0.550	0.572
	$P_{TE}=P_D\eta_H\cdot\eta_0$	hp	4 517	4 730	4 941	5 134
MAU 4-55	δ		88.9	81.8	76.2	71.2
	P/D		0.637	0.659	0.677	0.697
	η_0		0.485	0.510	0.533	0.556
	$P_{TE}=P_D\eta_H\cdot\eta_0$	hp	4 354	4 578	4 784	4 986
MAU 4-70	δ		87.7	81.1	75.3	70.3
	P/D		0.648	0.670	0.694	0.713
	η_0		0.470	0.492	0.514	0.534
	$P_{TE}=P_D\eta_H\cdot\eta_0$	hp	4 219	4 421	4 614	4 793

据表 17-27 中的计算结果可绘制 P_{TE}、δ、P/D 及 η_0 对 V 的曲线，如图 17-26 所示。

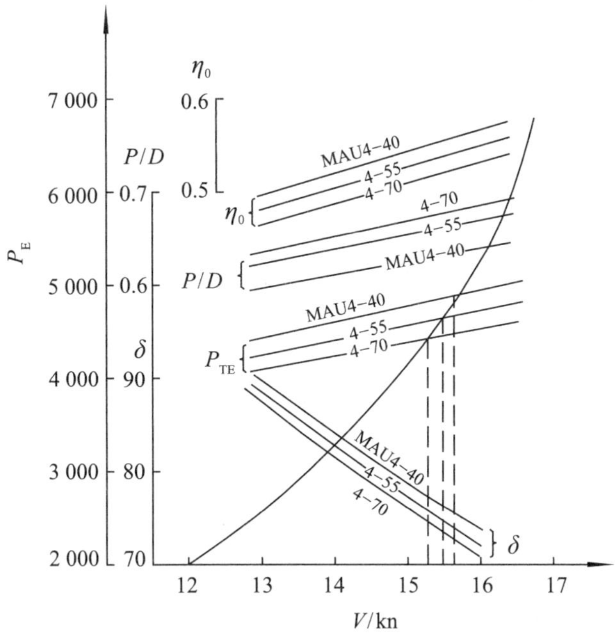

图 17-26　设计工况求取曲线

从 $P_{TE}-f(V)$ 曲线与船体满载有效功率曲线之交点，可获得不同盘面比所对应的设计航速及螺旋桨最佳要素 P/D、D、η_0，如表 17-28 所列。

表 17-28　不同盘面比所对应的设计航速及螺旋桨最佳要素值

MAU	V_{max}	P/D	δ	D	η_0
4-40	15.62	0.647	74.6	4.886	0.564
4-55	15.48	0.686	73.6	4.778	0.544
4-70	15.28	0.698	73.8	4.792	0.519

5）空泡校核

按柏利尔空泡限界线中商船上限线，计算不发生空泡之最小展开面积比。

桨轴沉深　$$h_s = d - Z_p = 8.9 - 2.95 = 5.95 \quad (\text{m})$$

$$p_0 - p_v = p_a + \gamma h_s - p_v = 10\,330 + 1\,025 \times 5.95 - 174 = 16\,255 \quad (\text{kgf/m}^2)$$

计算温度 $t = 15$℃，$p_v = 174$ kgf/m^2，$P_D = 7\,385.58$ hp，$\rho = 104.63$ kgf · s^2/m^4。

据表 17-29 计算结果作图 17-27，可求得不发生空泡的最小盘面比以及所对应的最佳螺旋桨要素。

表 17–29　最小展开面积比计算

序号	项目	单位	数值		
			MAU4–40	MAU4–55	MAU4–70
1	V_{max}	kn	15.62	15.48	15.28
2	$V_A=0.5144\,V_{max}(1-\omega)$	m/s	5.223	5.176	5.109
3	$(0.7\pi ND/60)^2$	$(m/s)^2$	770.64	736.74	721.76
4	$V_{0.7R}^2=V_A^2+(3)$	$(m/s)^2$	797.9	763.53	747.87
5	$\sigma=(p_0-p_v)\Big/\frac{1}{2}\rho V_{0.7R}^2$		0.389	0.407	0.416
6	τ_c（查图 15–20）		0.162	0.164	0.169
7	$T=P_D\cdot\eta_0\cdot 75/V_A$	kgf	59 818	58 218	56 324
8	$A_P=T\Big/\frac{1}{2}\rho V_{0.7R}^2\cdot\tau_c$	m^2	8.855	8.887	8.518
9	$A_E=A_P/(1.067-0.229P/D)$	m^2	9.637	9.767	9.391
10	$A_E/A_0=A_E\Big/\frac{\pi}{4}D^2$		0.514	0.545	0.535

$A_E/A_0=0.544$，$P/D=0.684$，$D=4.78$ m，$\eta_0=0.545$，$V_{max}=15.48$ kn。

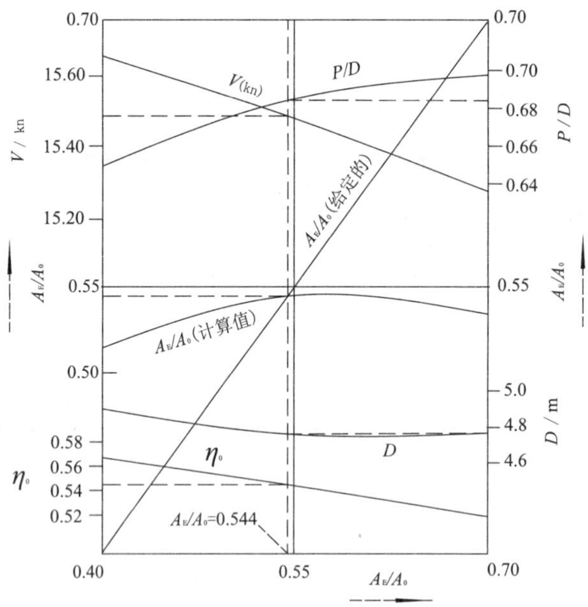

图 17–27　螺旋桨最佳要素求取曲线

6）强度校核

按 2012 年版《规范》校核 $t_{0.25R}$ 及 $t_{0.6R}$（表 17–30），应不小于按下式计算之值：

$$t=\sqrt{\frac{Y}{K-X}}\text{，}\ Y=\frac{1.36A_1P_s}{ZbN_e}\text{，}\ X=\frac{A_2GA_dN_e^2D^3}{10^{10}Zb}$$

计算功率 $P_s = 8\,460 \times 0.97 = 8\,206.2$ hp

$$A_d = A_E/A_0 = 0.544，P/D=0.684，\varepsilon=8°，G=7.6\ \text{kgf/cm}^3，n_e=155\ \text{r/min}$$

$$b_{0.66\text{R}} = 0.226\ D \cdot A_E/A_0/0.1Z = 0.226 \times 4.78 \times 0.544/0.4 = 1.469\,2\ \text{m}$$

$$b_{0.25\text{R}} = 0.721\,2\ b_{0.66\text{R}} = 1.059\,6\ \text{m}$$

$$b_{0.6\text{R}} = 0.991\,1\ b_{0.66\text{R}} = 1.456\,1\ \text{m}$$

实际桨叶厚度按 $t_{1.0R} = 0.003\,5D = 16.73$ mm 与 $t_{0.25R} = 188.2$ mm 连直线决定：

$t_{0.2} = 199.6$ mm，$t_{0.3} = 176.8$ mm，

$t_{0.4} = 153.9$ mm，$t_{0.5} = 131$ mm，

$t_{0.6} = 108.2$ mm，$t_{0.7} = 85.3$ mm，

$t_{0.8} = 62.4$ mm，$t_{0.9} = 39.6$ mm。

具体的强度校核计算列于表 17–30。

表 17–30　强度校核计算

项目	单位	数值	
		0.25*R*	0.6*R*
弦长 *b*	m	1.059 6	1.456 1
K_1 查表 16–2		634	207
K_2 查表 16–2		250	151
K_3 查表 16–2		1 410	635
K_4 查表 16–2		4	34
$A_1 = (D/P)(K_1 - K_2D/P_{0.7}) + K_3D/P_{0.7} - K_4$		2 450	874.25
$Y = A_1P_s/ZbN$		30 603.7	7 946.85
K_5 查表 16–2		82	23
K_6 查表 16–2		34	12
K_7 查表 16–2		41	65
K_8 查表 16–2		380	330
$A_2 = (D/P)(K_5 + K_6\varepsilon) + K_7\varepsilon + K_8$		1 225	1 024
材料系数 *K*（铝镍青铜）		1.179	1.179
$X = A_2GA_dN_e^2D^3/10^{10}Zb$		0.313 7	0.190 7
$t = [Y/(K-X)]^{0.5}$	mm	188.063	89.67
MAU 标准桨叶厚度 *t'*	mm	183	104.2
校核结果		不满足要求	满足要求
实取桨叶厚度	mm	188.2	108.2

7）螺距修正

根据尾轴直径大小，决定毂径比 $d_h/D = 0.18$，此值与 MAU 桨标准毂径比相同，故对此项螺距无须修正。

由于实际桨叶厚度大于 MAU 桨标准厚度，故需因厚度差异进行螺距修正。

设计桨：$\left(\dfrac{t}{b}\right)_{0.7\mathrm{R}}=\dfrac{0.085\ 3}{0.996\ 4\times1.469\ 2}=0.058\ 27$

标准桨：$\left(\dfrac{t}{b}\right)_{0.7\mathrm{R}}=\dfrac{0.017\ 1\times D}{0.996\ 4\times0.310\ 75\times D}=0.055\ 22$（取 MAU4-55 为基准桨）

$$1-s=\frac{V_{\mathrm{A}}}{NP}=\frac{(1-\omega)V\times30.866}{NP}=\frac{0.65\times15.48\times30.866}{155\times3.269\ 5}=0.612\ 8$$

$$\Delta\left(\frac{t}{b}\right)_{0.7}=\left[\left(\frac{t}{b}\right)_{0.7\text{设}}-\left(\frac{t}{b}\right)_{0.7\text{标}}\times\frac{0.5}{0.544}\right]\times0.75=0.001\ 83$$

$$\Delta\left(\frac{P}{D}\right)_{\mathrm{t}}=-2\left(\frac{P}{D}\right)_{0}(1-s)\Delta\left(\frac{t}{b}\right)_{0.7\mathrm{R}}=-2\times0.684\times0.612\ 8\times0.001\ 83=-0.001\ 534$$

修正后的螺距比：

$$\frac{P}{D}=\left(\frac{P}{D}\right)_{0}+\Delta\left(\frac{P}{D}\right)_{\mathrm{t}}=0.684-0.001\ 534=0.682\ 5$$

8）重量及惯性矩计算

根据 MAU 桨切面的面积数据用积分方法计算得：

桨叶重量 $G_{\mathrm{b}}=5\ 532.75$ kgf；

桨毂重量 $G_{\mathrm{h}}=2\ 874$ kgf；

螺旋桨总重 $G=8\ 406.75$ kgf；

桨叶惯性矩 $I_{\mathrm{b}}=89\ 453.4\ \mathrm{kgf\cdot cm\cdot s^2}$；

桨毂惯性矩 $I_{\mathrm{b}}=8\ 440\ \mathrm{kgf\cdot cm\cdot s^2}$；

螺旋桨总惯性矩 $I=97\ 893.4\ \mathrm{kgf\cdot cm\cdot s^2}$。

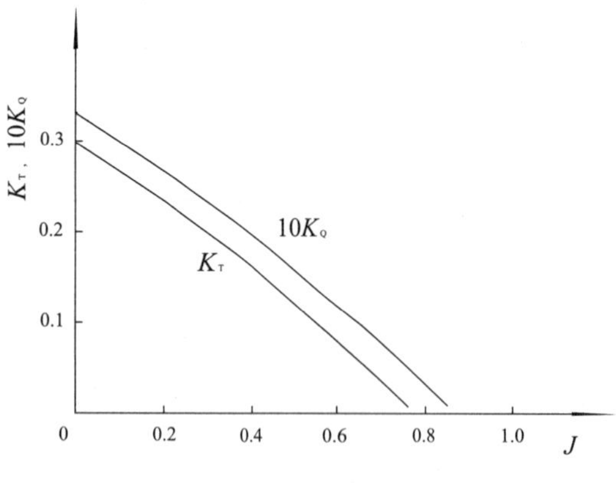

图 17-28　本桨敞水性征曲线

9）确定敞水性征曲线

由 MAU4-40，MAU4-55，$P/D=0.682\ 5$ 的敞水性征曲线内插得到 MAU4-54.4，$P/D=0.682\ 5$ 的敞水性征曲线（图 17-28），其数据见表 17-31。

表 17-31　MAU4-54.4，$P/D=0.682\ 5$ 的敞水性征数据

J	0	0.1	0.2	0.3	0.4	0.5	0.6	0.7
K_{T}	0.295	0.267	0.238 8	0.204	0.167 7	0.127	0.084 9	0.039 8
K_{Q}	0.032 1	0.029 8	0.026 8	0.023 8	0.020 3	0.016 4	0.012 4	0.008 3

10）系柱特性计算

由图 17–28 得 $J=0$ 时，$K_T=0.295$，$K_Q=0.032\,1$。

计算功率 $P_D=8\,460\times0.97=8\,206.2$　(hp)；

系柱推力减额分数取 $t_0=0.04$；

主机转矩：$Q=\dfrac{P_D\times60\times75}{2\pi N}=\dfrac{8\,206.2\times60\times75}{2\pi\times155}=37\,917.79$　(kgf · m)；

系柱推力：$T=\dfrac{K_T}{K_Q}\cdot\dfrac{Q}{D}=\dfrac{0.295}{0.032\,1}\cdot\dfrac{37\,917.79}{4.78}=72\,900$　(kgf)；

车叶转速：$N=60\sqrt{\dfrac{T}{\rho D^4K_T}}=127.6$　(r/min)。

11）航行特性计算

取转速为 155 r/min、145 r/min、135 r/min 进行计算，计算结果见表 17–32。

表 17–32　转速 N 分别为 155 r/min、145 r/min、135 r/min 的航行特性计算

项目		单位	数值				
V		kn	13	14	15	16	17
$V_A=0.514\,4V(1-\omega)$		m/s	4.3467	4.681	5.0154	5.349	5.684
$N=155$ r/min	$J=V_A/ND$		0.352	0.379	0.406	0.433	0.460
	K_T		0.185	0.175	0.165	0.154	0.143
	K_Q		0.021 9	0.021	0.020 1	0.019	0.018
	$P_{TE}=K_T\rho N^2D^4(1-t)V/145.6$	hp	4 756	4 846	4 895	4 873	4 808
	$P_s=K_Q2\pi N\rho N^2D^5/75\eta_s\eta_R$	hp	8 514	8 164	7 814	7 386	6 998
$N=145$ r/min	$J=V_A/ND$		0.376	0.405	0.434	0.463	0.492
	K_T		0.176	0.165	0.153	0.141 5	0.13
	K_Q		0.021 1	0.020 1	0.019	0.017 9	0.016 8
	$P_{TE}=K_T\rho N^2D^4(1-t)V/145.6$	hp	3 972	3 998	3 972	3 919	3 825
	$P_S=K_Q2\pi N\rho N^2D^5/75\eta_S\eta_R$	hp	6 715	6 397	6 047	5 697	5 347
$N=135$ r/min	$J=V_A/ND$		0.404	0.435	0.466	0.497	0.528
	K_T		0.165	0.153	0.14	0.128	0.114
	K_Q		0.020 2	0.019	0.018	0.016 5	0.015 3
	$P_{TE}=K_T\rho N^2D^4(1-t)V/145.6$	hp	3 218	3 214	3 151	3 073	2 908
	$P_s=K_Q2\pi N\rho N^2D^5/75\eta_s\eta_R$	hp	5 176	4 880	4 572	4 238	3 930

将上述结果绘成图 17–29。由图 17–29 可求得：压载航行时，可达最大航速

$V=16.6$ kn，主机功率为 7 150 hp；110% 超载航行时，可达最大航速 $V=15.10$ kn，主机功率为 7 800 hp；满载航行、$N=155$ r/min 时，可达最大航速 $V=15.45$ kn，主机功率为 7 620 hp，与设计要求基本一致。

12）螺旋桨计算总结

螺旋桨直径 $D=4.78$ m；螺距比 $P/D=0.6825$；型式：MAU；叶数 $Z=4$；盘面比 $A_E/A_0=0.544$；纵倾角 $\varepsilon=8°$；螺旋桨效率 $\eta_0=0.545$；设计航速 $V_{max}=15.48$ kn；毂径比 $d_h/D=0.18$；旋向：右旋；材料：铝镍青铜；重量：8 406.75 kgf；惯性矩：97 893.4 kgf · cm · s^2。

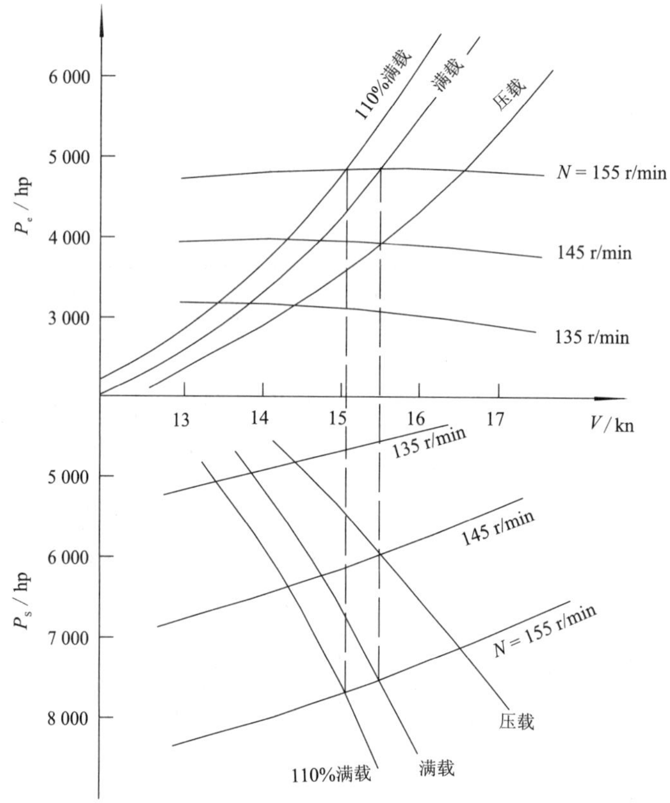

图 17-29　本桨航行特性曲线

§17.6　螺旋桨制图

17.6.1　螺旋桨制图的内容和原理

出于今后螺旋桨制造需要，在经过螺旋桨的设计计算后，即需绘制螺旋桨的总图。图 17-30 为某船的螺旋桨总图。在总图上需画出桨叶的伸张轮廓、投射轮廓、展开轮廓（常可省略）及侧投影轮廓。在伸张轮廓上画出若干半径处的切面形状（一般画 8 ～ 9 个切面），在侧投影图上画出桨叶的最大厚度线，桨叶的限界轮廓线（有时省略），并需注出桨毂的主要数据。此外，在总图上尚需注明螺旋桨的主要尺度、各种比值及必要的说明。螺旋桨的设计计算将在后续几章中予以详细介绍。

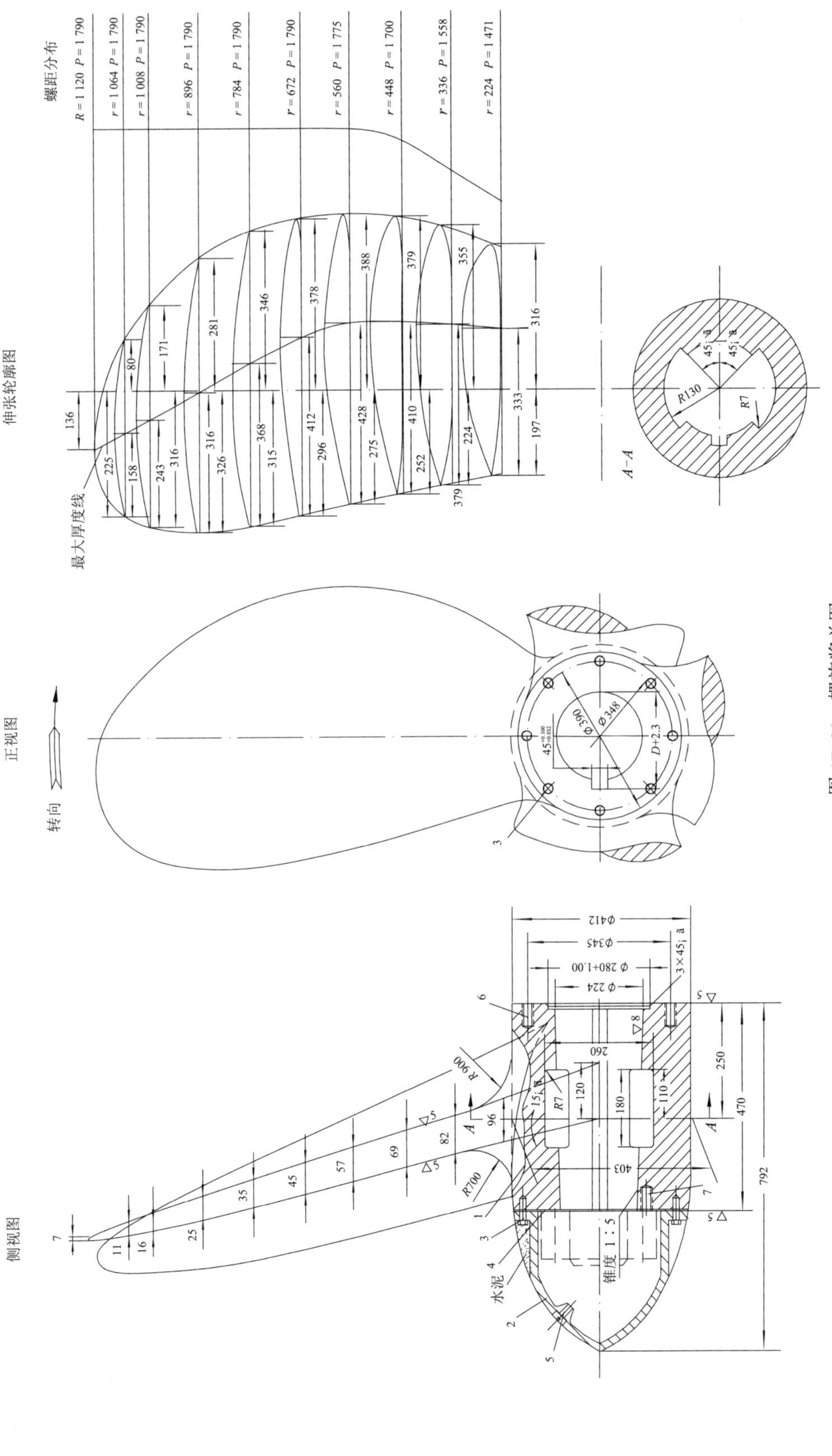

图 17-30　螺旋桨总图

1—螺旋桨；2—桨毂；3—半光波小六角头螺栓；4—橡皮；5—圆柱头螺栓；6—螺孔（对称布置）；7—制动螺钉孔

下面我们先简单介绍投影原理，进而讨论螺旋桨总图的绘制。

17.6.1.1 投影原理

图 17-31（a）是将一机翼形切面的螺旋桨水平放置且叶面向下的情形。

由图 17-31 可知，如果以半径为 r 的（与螺旋桨同轴的）圆柱面和桨叶相交，则得螺旋线 $B_0A_0C_0$；机翼叶面线 $H_0A_0J_0$ 在垂直于轴线之平面上的投影为圆弧$\overset{\frown}{H_1A_1J_1}$。如果把圆柱面剖开并展成平面［图 17-31（b）］，则得到螺旋线的实长（即伸张长度）BAC，而圆弧$\overset{\frown}{H_1A_1J_1}$伸直成直线$\overline{H_1'A_1'J_1'}$，且 $H_1J_1=H_1'J_1'$，$H_1A_1=H_1'A_1'$。

在图 17-31（b）的螺距三角形中，螺距角$\theta=\tan^{-1}\dfrac{P}{2\pi r}$；式中，$P$ 为螺距，m；r 为切面所在的半径，m。

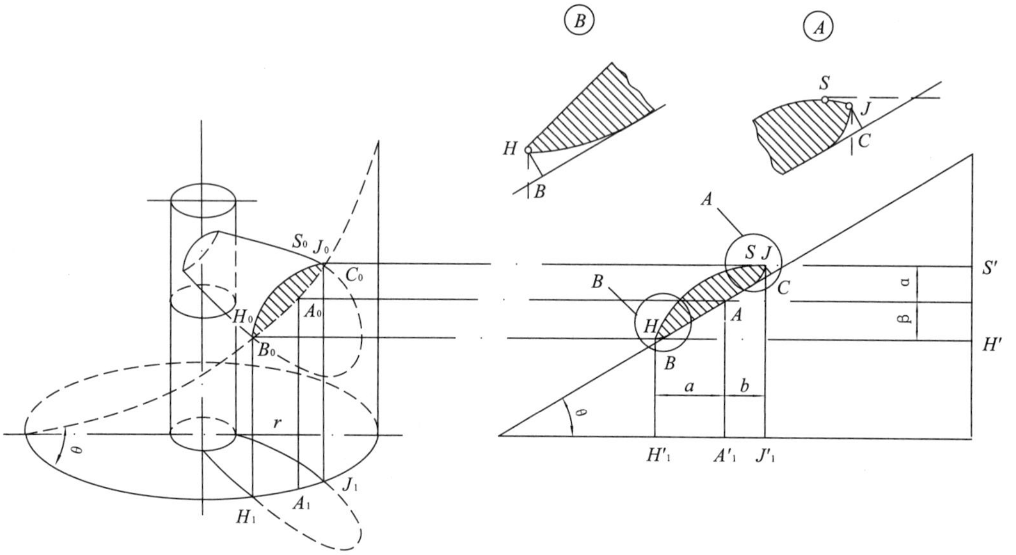

(a) 叶切面空间螺旋线　　(b) 螺旋线展开

图 17-31　机翼形切面螺旋桨投影原理

必须指出，对于图 17-31 所示的机翼形切面来说，从正投影方向所见到的是切面最外边的两点 J_0 和 H_0，从侧投影方向所见到的则是切面最外边的两点 S_0 和 H_0，即图 17-31（b）上的 J、H 和 S、H 对应的点。因此在制图时应该根据 J 点和 H 点求正投影轮廓（或称投射轮廓），而据 S 点和 H 点求侧投影轮廓。在图 17-31（b）中，标出了点 H_1' 与 A_1' 和 A_1' 与 J_1' 之间在正投影方向上的间距分别为 a 和 b，点 S 与 A 和 A 与 H 之间在侧投影方向上的间距分别为 α 和 β。如果桨叶的切面为弓形（即圆背式）时，则图 17-31（b）应变为图 17-32 的情况，此时图 17-31（b）中的 S、J 点相当于图 17-32 中的

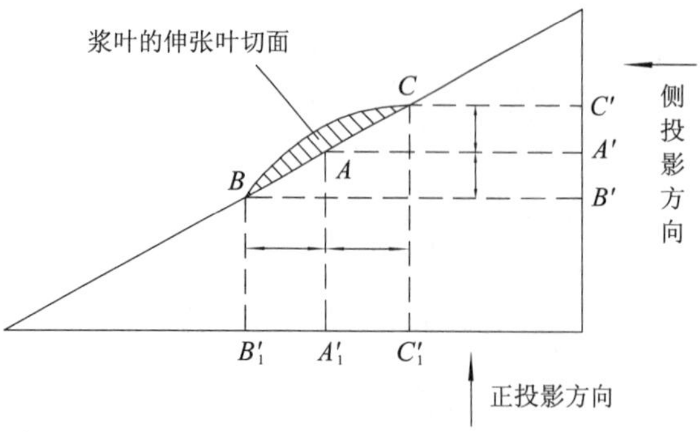

图 17-32　弓形叶切面投影

C 点，图 17–31（b）中的 H 点相当于图 17–32 中的 B 点。因此，弓形切面是上述机翼形切面的一种特例，它比机翼形切面的作图更为简单，下面我们以机翼形切面桨叶为例说明作图方法，对于弓形切面则更容易，只要掌握上述特点即可。

17.6.1.2 螺旋桨总图的绘制

绘制总图的主要目的是给出螺旋桨的形状及各部结构，以便能按总图绘制施工详图供制造需要。

通常在设计计算过程中，已经决定了螺旋桨各半径处切面形状和桨叶的伸张轮廓。例如，对于 AU 型螺旋桨，根据我们设计螺旋桨的叶数、盘面比和直径，由表 17–4 和表 17–5（或表 17–6，或表 17–7）即可知道螺旋桨各半径处的切面形状和桨叶的伸张轮廓。在确定桨叶切面时尚需考虑下列两点。

1）关于叶切面导边处圆弧的大小

因为桨叶切面运转于非均匀的艉流场中，故端点的圆弧对螺旋桨性能，特别是空泡性能有较大的关系，近来的研究表明，在近叶梢处（0.8R 以外）适当加大导边端点的圆弧比较有利。图 17–33 给出了螺旋桨该部分的端部圆半径 r_1(mm) 值。事实上 r_1 的大小与桨叶的面积、切面轮廓形状及叶厚有关，故在实际设计时可以适当有所增减。一般来说，0.8R 切面端圆半径的大小可视切面弦长 b 来决定：$r_1=(0.004\sim0.005)b$。

2）关于叶梢附近切面随边处的厚度

从螺旋桨损坏情况的调查发现，在叶梢附近随边处常发生曲损，影响螺旋桨的性能。因此，宜适当增加该处厚度，图 17–34 给出了 0.9R 处切面随边的厚度，可供参考。

采用上述导边处端圆半径 r_1 及随边处的厚度 $t_{0.9R}$ 后，有可能使该处的局部厚度与表 17–5 等确定的叶切面形状发生不连续。为了满足局部厚度的需要可对标准叶切面的尺寸稍作修改，并光顺之。

螺旋桨的叶切面形状和桨叶伸张轮廓确定后，即可绘制正投影图（投射轮廓）和侧投影图（侧投射轮廓）。

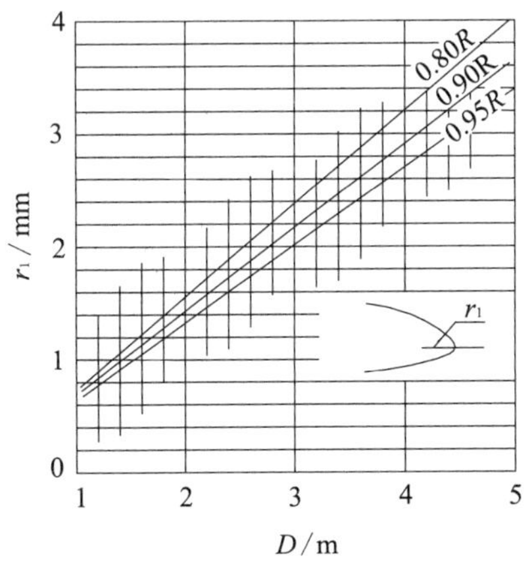

图 17–33 0.8R 以外导边端部圆半径

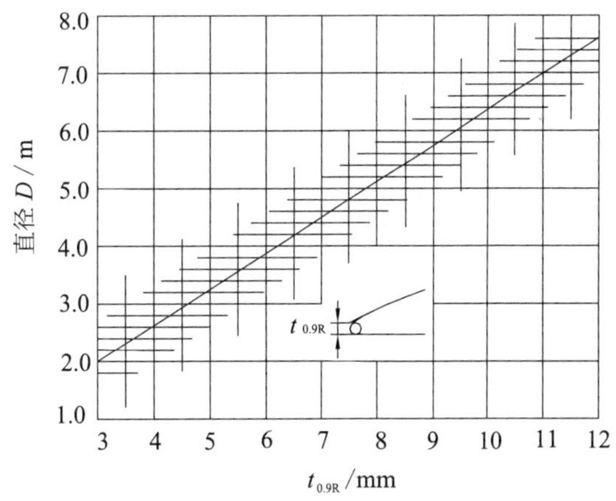

图 17–34 0.9R 处随边厚度

17.6.2 螺旋桨投影轮廓图的绘制

17.6.2.1 投射轮廓的绘制

根据上述投影原理，便可以从伸张轮廓上的切面长度求出正投影图上相应半径的圆弧长度，从而作出投射轮廓。参阅图 17–35，以半径 $r = OA$ 处的切面为例，其作图的具体步骤说明如下。

（1）在伸张面上［图 17–35（c）］取$OF = \dfrac{P}{2\pi}$，连 AF，则得：$\tan\angle OAF = \dfrac{P}{2\pi r}$；故 $\angle OAF$ 为半径 r 处的螺距角。

（2）在伸张面上过 A 点作直线 $NN' \perp AF$，则$\angle N'AC = \angle OAF = \theta$。从 J、H 两点分别作垂直于 NN' 的直线 JJ_1' 和 HH_1'，则

$$\overline{AH_1'} = a\ ;\quad \overline{AJ_1'} = b$$

（3）在正投影图上［图 17–35（b）］以 O 为圆心，r 为半径画圆弧，并在此圆弧上量取：

$$\overset{\frown}{A_1J_1}\text{弧长} = \overline{AJ_1'} = b$$

$$\overset{\frown}{A_1H_1}\text{弧长} = \overline{AH_1'} = a$$

则 J_1 和 H_1 即为投射轮廓上的两点。

（4）按照上述方法作出其他各半径处投射轮廓上的相应之点，用光顺的曲线连接各点即可得到投射轮廓。

按照一般习惯，常根据桨叶 8 个或 9 个半径处的切面进行制图，其相应的半径为 r=0.2R，0.3R，…，0.9R（0.95R）。对于等螺距桨叶来说，图 17–35（c）中的 F 点为对于一切半径的共同之点，称为节点。若桨叶为径向变螺距，则不同半径的$\dfrac{P}{2\pi}$值并非常数，故对各半径需用其相应的$\dfrac{P}{2\pi}$值来确定点 F 的位置。

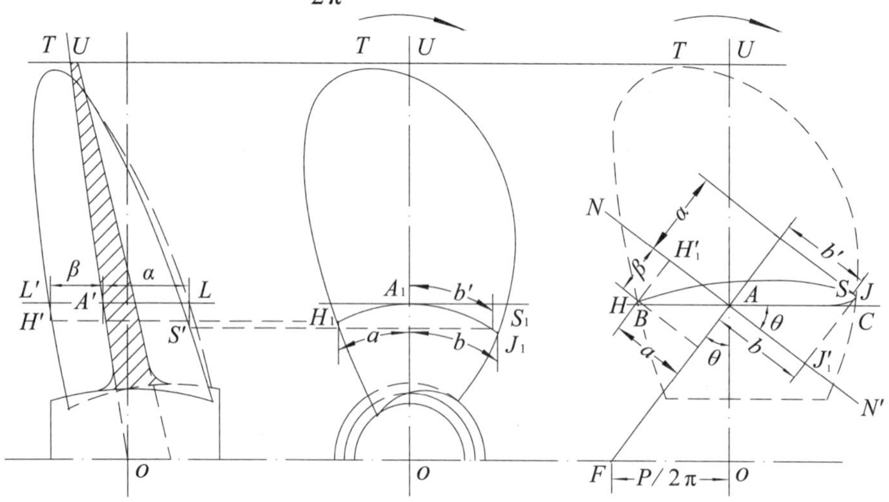

(a) 侧投影面图 (b) 正投影面图 (c) 伸张轮廓图

图 17–35 螺旋桨投影轮廓与侧投影图的绘制

17.6.2.2　侧投影图的绘制

在绘制侧投影图时，如图 17–31（b）或图 17–35（c）所示，应注意在侧投影方向见到的是 S 点和 H 点，且 S 点在 A 点之前的距离为 α，H 点在 A 点之后的距离为 β。由此便可按如下步骤作图。

（1）在侧投影图上［图 17–35（a）］先画出参考线 OU，然后由正投影图上 A_1 点引水平线与侧投影图上的参考线 OU 交于 A' 点，则 A' 点即为 A_1 点的侧投影位置。

（2）在侧投影图上从 A' 点向前水平量取 $A'L=\alpha$，向后水平量取 $A'L'=\beta$，其中 α 和 β 的数值可直接从伸张面［图 17–35（c）］上量得。然后，在正投影图上取圆弧 $A_1S_1=b'$［b' 的大小可在图 17–35（c）上量得］，则 S_1 即为 S 点在正投影图上的位置。从正投影图上 S_1 点引水平线与 $A'L$ 线上从 L 点向下所作的垂线相交于 S' 点，则 S' 点即为 S 点在侧投影轮廓上的一点。用同样方法，从正视图上 H_1 点引水平线与 $A'L'$ 线的垂线相交于 H' 点，则 H' 点即为 H 点在侧投影轮廓上随边处的一点。

（3）用上述方法作出其他各半径处侧投影轮廓上的相应点，并以光顺曲线连接各点，即可得到桨叶的侧投影轮廓。

上面我们所叙述的侧投影轮廓绘制方法是指螺旋桨在静止时的情况，但在检查螺旋桨与船身或尾框架之间的最小距离时，则应以螺旋桨旋转时桨叶边缘各点在最外面的位置为依据，所以在侧投影图上有时还要画出桨叶的限界轮廓线。参阅图 17–35（a），当螺旋桨旋转时，在侧投影图上的 S' 点表现为沿 LS' 直线上下运动，能达到的最高点为 L，而在 A 点前后的距离不变，故螺旋桨在旋转时桨叶边缘上 S' 点在最外面的位置为 L 点。把不同半径处相当于 L 的各点连成曲线，即得桨叶的限界轮廓线如图 17–35（a）中的虚线所示。

17.6.2.3　桨叶顶点及包毂线的绘制

桨叶顶点（即叶梢顶点）在正投影图和侧投影图上的位置同样可用上述方法求得。参阅图 17–36，在伸张轮廓上由叶梢顶点 T 引水平线与参考线 OU 交于 U 点，同时取 $OF=\dfrac{P}{2\pi}$，P 为叶梢处的螺距。连接 FU，并过 U 点作直线 $NN' \perp FU$，从 T 点作直线 $TD \perp NN'$。然后以 O 为圆心，OU 为半径作圆弧，在此圆弧上截取 UT_1 并使其弧长等于 $\overline{DU}=a$，则 T_1 点即为叶梢顶点在投射轮廓（正视图）上的位置。由图 17–36 可知，T_1 点的位置低于 T 点。

叶梢在侧投影轮廓图上位置的做法是：在侧投影轮廓图上（图 17–36），作参考线 OU'，U' 点与正投影图上的 U 点位于同一水平线上；从 U' 点向后取 $U'L'=TD=\beta$，然后从正投影图上 T_1 点作水平线，与 $U'L'$ 线的垂线相交于 T' 点，此即叶梢顶点在侧投影轮廓上的位置。从图中可以看出，侧投影轮廓线的顶点并不通过 U' 点。

所谓包毂线，是指桨叶叶面和桨毂的相交线。通常桨毂为一圆锥体，故包毂线在实质上即为螺旋面和圆锥体表面的相交线。由于桨叶强度的需要，在叶根尚有填角料，因而在实用上没有必要精确地求出螺旋面和圆锥体表面的相交线，一般可采用近似方法绘制。参阅图 17–36，在侧投影图上把桨叶轮廓线按其曲线趋势延长与桨毂相交于 H' 点，在正投影图上以 O 为圆心，以 H' 点处的毂半径 r' 为半径画圆，然后把投射轮廓按其曲线趋势延长与此圆相交于 I 点，以 I 点引水平线与侧投影轮廓的延长线相交于 I' 点，则 I 及 I' 点可近似地认为是包毂线在正投影图和侧投影图上的起点。用同样的方法可作出包毂线的另一端点 G 和 G'。同时参考线与桨毂的交点 K 和 K' 也是包毂线上的一点。将 I、K、G 及 I'、K'、G' 分别连成曲线，此两根曲线即近似地表示包毂线在正投影图和侧投影图上的形状。在绘制桨毂外形和包毂线时应将看得见的部分画成实线，看不见的部分画成虚线。

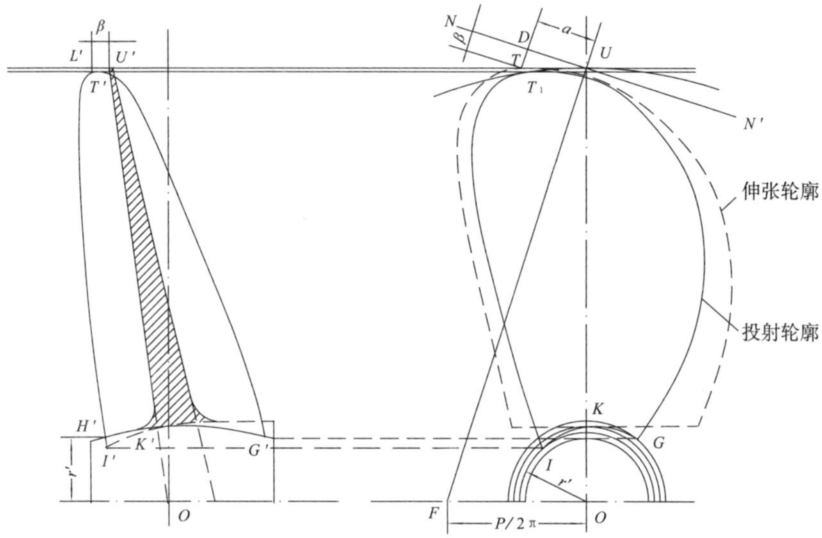

(a) 叶梢顶点及包毂线在侧视图的投影　　(b) 叶梢顶点及包毂线在正视图的投影

图 17-36　桨叶顶点及包毂线的绘制

17.6.2.4　桨叶展开轮廓的绘制

螺旋面为一双向曲面，不能展放于平面上，下述之近似方法应用最广，对于普通螺旋桨在实用上已够准确。

为简便起见，先以等螺距、弓形切面、无侧斜的桨叶为例。设已知桨叶的投射轮廓 B_1TC_1 如图 17-37 所示。以半径 $r=OA$ 之共轴圆柱面与叶面相交成螺旋线，其在正投影图上为圆弧$\overset{\frown}{B_1AC_1}$。参阅图 17-38（a），此螺旋线的实际形状为 B_0AC_0，过 OA 作投射面 $LEKA$，则此螺旋线在投射面上的投影为圆弧$\overset{\frown}{B_1AC_1}$。为求得螺旋线 B_0AC_0 在展开图上的形状，可用近似方法两次。

第一次近似——以椭圆弧之一部分代替螺旋线，在 A 点处作包含 OA 的平面且在 A 点处与螺旋线 B_0AC_0 相切。此平面与圆柱面相交成一椭圆 $XEYA$，并与投射面 $LEKA$ 间之夹角为螺距角 θ。螺旋线段 B_0AC_0 在椭圆上的投影为椭圆弧 B_2AC_2。通常桨叶具有一定的宽度，其螺旋线段 B_0AC_0 较短，与椭圆弧 B_2AC_2 十分接近，因而可用此椭圆弧来代替螺旋线段。将此椭圆绕 AOE 轴旋转 θ 角后便与投射面 $LEKA$ 重合，而 B_1 和 B_2，C_1 和 C_2 点则在同一水平线上（即至 LOK 线的距离相等），如图 17-38（b）所示。由图 17-38（a）可知，此椭圆的长半径为 $OX=r\sec\theta$，短半径为 $OA=r$。既知椭圆的长半径和短半径，即可画出椭圆，但在实用上比较麻烦，故尚须进行第二次近似。

第二次近似——以圆弧代替椭圆弧：此圆弧的半径等于椭圆在正点的曲率半径。由高等数学中可知，椭圆在 A 点处之曲率半径为$\dfrac{(r\sec\theta)^2}{r}=r\sec^2\theta$，我们即以半径为 $r\sec^2\theta$ 的圆弧来代替椭圆弧。参阅图 17–37 以半径 $r=OA$ 处的切面为例，说明根据投射轮廓绘制展开轮廓的具体步骤：

（1）在正投影图上取$OF=\dfrac{P}{2\pi}$，连接 AF，则

$$AF=r\sec\theta$$

（2）过 F 点，作 $FM\perp AF$ 且与 OA 的延长线相交于 M 点，则

$$MA=AF\sec\theta=r\sec^2\theta$$

故 MA 为椭圆在 A 点之曲率半径。

（3）以 M 为圆心，MA 为半径作圆弧$\overset{\frown}{B_2AC_2}$，自 B_1 及 C_1 分别引平行于 OF 的直线 B_1B_2 及 C_1C_2 并与$\overset{\frown}{B_2AC_2}$画弧相交于 B_2 及 C_2 两点，则 B_2 及 C_2 即为展开轮廓上的两点。用同样的方法可决定其他半径处相应点，然后以光顺的曲线连接各点即得展开轮廓。

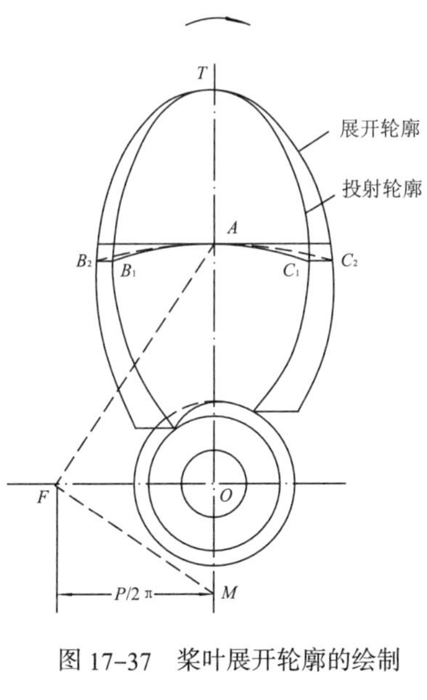

图 17–37　桨叶展开轮廓的绘制

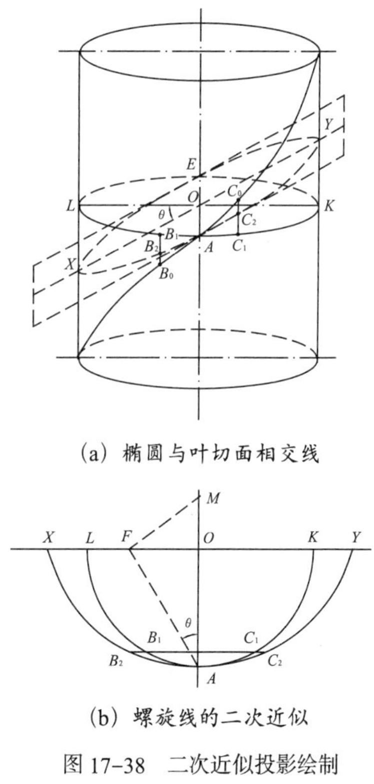

图 17–38　二次近似投影绘制

展开轮廓也可从伸张轮廓作出，在利用二次近似求得圆弧$\overset{\frown}{B_2AC_2}$以后，直接在圆弧上量取$\overset{\frown}{B_2A}=BA$ 及$\overset{\frown}{AC_2}=AC$，这里的 BA 及 AC 是直接由图 17–35（c）中伸张轮廓上相同半径切面的伸张弦长 BA 和 AC 量得。同理 B_2 及 C_2 为展开轮廓上的两点。

在实用上有时由设计者决定展开轮廓的形状，据以求得投射轮廓（如高恩系列螺旋桨），其绘制程序与上述者相反。

17.6.2.5 桨毂形状及尺度

毂和毂帽的形状必须使水流顺滑地流过，避免产生漩涡。其尺度及形状可根据船舶实际情况和造船实践经验确定。下面提供的数据可作为设计时参考。

图 17–39 表示毂部有关尺寸的符号，其相应的参考数据如下。

d_t——螺旋桨轴的轴径。此数据一般由轮机部门提供，若无此数据时，可利用图 17–40 来确定。图中 P_D 是最大连续功率时的收到功率；N 是最大连续功率时的螺旋桨每分钟转数。

d_h——螺旋桨的毂径，一般可根据螺旋桨的轴径 d_t 来确定。对于组合式螺旋桨，d_h 为 $2.6\,d_t \sim 2.8\,d_t$；对于整体式螺旋桨，d_h 为 $1.8\,d_t \sim 2.1\,d_t$。

d_1，d_2——毂前后两端的直径，d_2/d_h 为 $0.75 \sim 0.90$；d_1/d_h 为 $1.05 \sim 1.15$。

l_1——减轻孔的长度，一般最大值约为 $0.3l_0$（l_0——毂长）。

δ——毂部筒圆厚度，最小值约为 $0.75t_{0.2R}$，$t_{0.2R}$ 为桨叶 $0.2R$ 处切面的厚度。

r_1、r_2——叶面、叶背与毂连接处的圆弧半径，$r_1 = 0.033D$；$r_2 = 0.044D$。

l_0——桨毂长度。对于单桨船可用下式作为参考数值：组合式螺旋桨：$l_0 = 2.7d_t$ 或 $l_0 = d_h$；整体式螺旋桨：$l_0 = 2.5d_t$ 或 $l_0 = d_h + 100$ mm 或 $\frac{l_0}{D}(\%) = \left(23 - \frac{D}{2}\right) \pm 3$（其中 D 以 m 计）。在应用上述数据的同时，尚需考虑保证桨毂长度大于桨叶根部在侧投影上的长度。

$(d_t - d_3)/l_0$——轴孔之锥度，一般为 $1/16 \sim 1/10$。

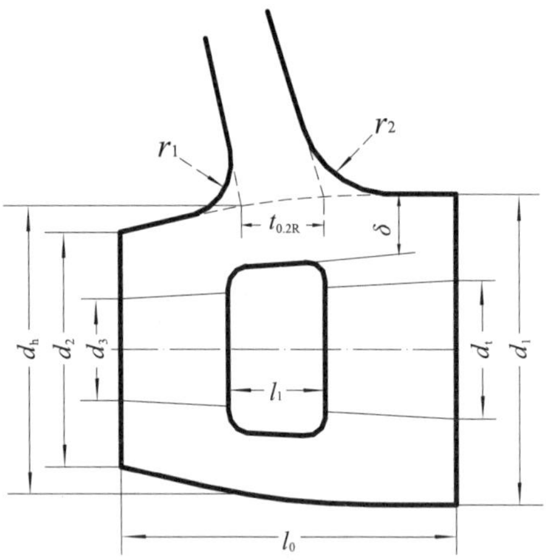

图 17–39 桨毂形状及尺寸

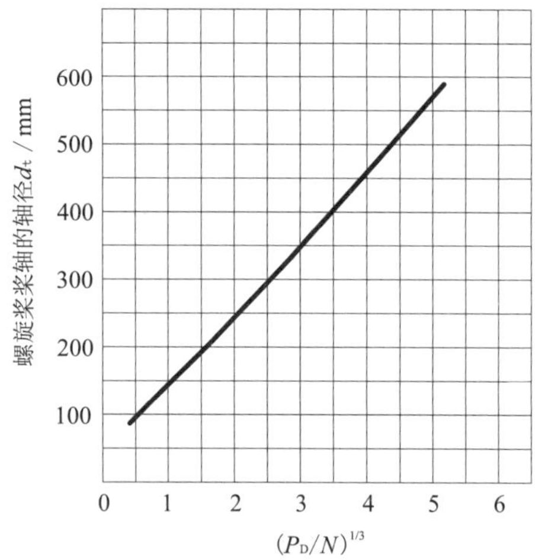

图 17–40 桨轴轴径选取

至此，总图绘制基本完毕。在总图上，除绘制出桨叶的伸张轮廓、投射轮廓和侧投影轮廓外，最后应注明桨叶和桨毂的主要尺度、各种比值及必要的说明。

17.6.3 螺旋桨材料简介

制造螺旋桨的金属材料主要有铜合金、铸铁和铸钢等。近年来国内外开始采用玻璃钢、尼龙等非金属材料制造螺旋桨。在我国的内河小船上也有采用钢板焊接螺旋桨。

我国用于制造螺旋桨的铜合金的化学成分和机械性能列于表 17–33 和表 17–34 中。

锰青铜的机械强度高，延伸率大，抗冲击性能好，耐海水腐蚀，而且制造和加工比较容易；但抗空泡剥蚀性能较差。

表 17–33　铜合金的化学成分

名称	牌号	铜 Cu (%)	锰 Mn (%)	铁 Fe (%)	锌 Zn (%)	铝 Al (%)
锰青铜	HMnFe 55–3–1	55 ～ 58	3 ～ 4	0.5 ～ 0.15	余量	—
铝青铜	ZHAl 67–5–2–2	66 ～ 68	1.5 ～ 2.5	1.5 ～ 2.5	余量	4 ～ 6

表 17–34　铜合金的机械性能

名称	牌号	抗拉强度 σ_b / (kgf/mm^2)	伸长率 δ_s (%)
锰青铜	HMnFe 55–3–1	砂模≥ 45，铁模≥ 50	砂模≥ 15，铁模≥ 10
铝青铜	ZHAl 67–5–2–2	≥ 62	≥ 12

铝青铜是以铜铝为主体，添加锰、铁、镍等元素构成的合金。它除了具有锰青铜的优点外，还具有重量较轻、疲劳强度高、抗剥蚀性能好等优点，故多用于制造大型高速船舶螺旋桨。其缺点是要求熔炼、浇铸技术高，同时大型铸件的缓冷脆性等问题较难处理，造价较高。

铸铁螺旋桨成本低，铸造容易，但其机械强度低，质脆而易断，易被海水腐蚀，故使用寿命短。由于强度低，切面厚度较大，降低螺旋桨效率，故铸铁螺旋桨仅用于小型低速船上。

铸钢螺旋桨的优点是机械强度高、抗冲击性能好，但铸造过程中变形难控制，常使螺旋桨的几何尺寸产生很大偏差，加工困难，成本高；比铸铁更容易被海水腐蚀，使用寿命短，目前多用作备件。

为了提高螺旋桨的抗腐蚀和空泡剥蚀性能，有些特殊用途的船舶用镍合金、钛合金等来制造螺旋桨。

玻璃钢是以合成树脂为黏结剂，以玻璃纤维或其织物为增强材料黏合而成的一种新型结构材料。玻璃钢螺旋桨具有重量轻（为铜螺旋桨重量的 1/4 ～ 1/3）、装卸方便、冲击韧性好、不为海水所腐蚀、制造简单等优点。其缺点是机械强度较低，在长期负荷下有蠕变现象，耐磨性较差，目前多用于内河螺旋桨。

17.6.4　桨毂与尾轴的配合

桨毂与尾轴需各开键槽并加键，尾轴末端作螺纹装螺母，以固定螺旋桨的位置。键的尺度可按设计条件根据国家标准确定。一般键与桨毂的接触长度不宜小于尾轴直径的 1.5 倍，其宽度则约为尾轴直径的 1/4，尾轴键槽前端应逐渐升高，并将槽底做成圆角以免应力集中。通常以埋头螺钉把键固定在尾轴键槽内。

尾轴末端之螺纹常制成与螺旋桨正转方向相反，紧固螺帽厚度需能承受螺旋桨倒转时所发出的推力，以免船舶倒退时螺旋桨脱落，螺帽装妥后尚需加插销或其他止动装置。尾轴末端有螺纹部分的直径 d' 为尾轴直径的 0.55 ～ 0.8 倍，并需用下列公式进行校验：

$$d' \geqslant 0.06\sqrt{T_{max}}$$

式中，d'，cm；T_{max} 为螺旋桨最大推力，kg。

桨轴后端装有毂帽以保护尾轴末端及螺帽等，并与桨毂连成一光顺的流线体，以减小水阻力，其长度约为螺旋桨直径的 14% ～ 17%。在小船上有时将尾轴的螺帽做成圆锥形体，故无须另加毂帽。螺旋桨、尾轴及其他附件凡有铜与钢相连接处应避免与海水接触，否则会产生电解作用使钢料迅速腐蚀。因此，毂帽与桨毂的连接应该极其紧密，并在毂帽内空隙处填满黄油或兽脂，预防毂帽漏水时尾轴末端及螺母与海水接触。在桨毂前端沿毂孔开槽，以橡皮垫圈嵌入并与尾轴的铜套压紧，防止海水渗入毂内。也有采用另装压盖将橡皮垫圈与尾轴衬套压紧者，此装置在更换橡皮垫圈时无须将螺旋桨拆下。图 17-41 为桨毂两端构造示意图。

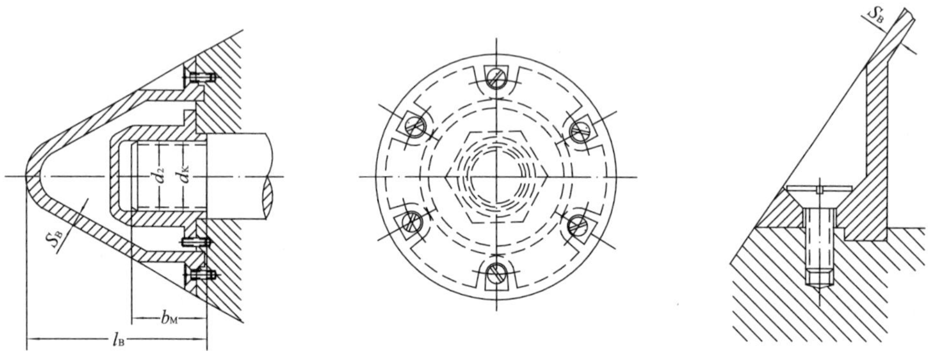

(a) 桨毂后端的连接结构

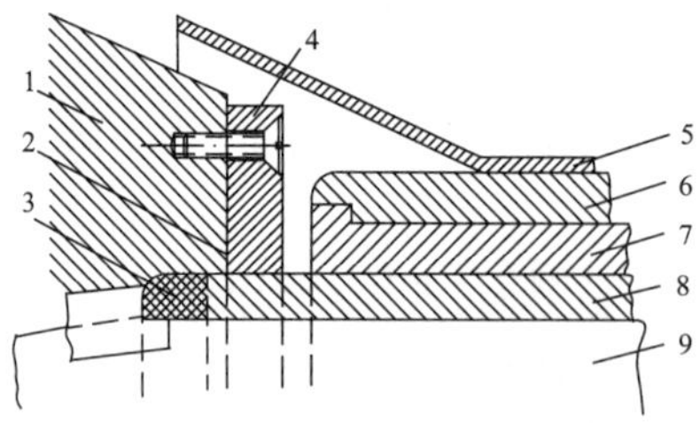

(b) 桨毂前端与桨轴的连接

图 17-41　桨毂两端构造示意图

1—桨毂；2—橡皮；3—油脂麻线或橡皮垫圈；4—垫圈；5—盖板；6—外套；
7—轴承；8—轴包套；9—桨轴

20 世纪 70 年代初期，西欧各国开始利用液压方法进行螺旋桨的装卸，既简便省力，又可使螺旋桨与尾轴紧密接合，可不必再用键连接。这些年来，国内也利用液压拆装螺旋桨的工艺，开始成熟使用无键连接技术。

随着船舶的大型化或高速化，螺旋桨的重量越来越大，吸收的功率也相应增大，因而带键的桨轴在键槽周围极易产生裂纹。据统计，大型油轮和散装货船轴的损伤率已占相当比重，成为一个严重问题。此外，桨轴和桨毂的键槽加工复杂，螺旋桨的安装、拆卸均较困难。拆卸时需要将桨毂加热，使其轴孔膨胀。这种方法既费工时，又因桨毂局部加热时产生热应力，有可能使桨毂产生龟裂。实践表明：带键螺旋桨安装约需 1 d 时间，拆卸要 10 h 以上，而无键螺旋桨安装仅需 1.5 h，拆卸只需 3 min。无键螺旋桨的安装步骤如下：①把桨毂毂孔及桨轴接触表面擦干净；②把螺旋桨放在正常位置并接好油管；③用高压泵（手摇式）将油注入，此时桨毂锥孔膨胀；④当螺旋桨达到所需的压入量时，油泵停止工作，并使桨毂内的油压降低，然后再减小桨毂后端部分的压力；⑤当螺旋桨桨毂与尾轴极其紧密配合后（约 20 min），拆除一切工具，上紧螺母，安装即完成。

无键槽螺旋桨的拆卸过程如下：①将螺母拧松，并后退至离桨毂后端面约 2 mm 处；②接好油管（只接桨毂），并以高压泵将油注入毂内；③当高压油扩散到桨轴与毂孔之间的全部接触面时，螺旋桨立即后移至螺母端。

图 17-42（a）为无键螺旋桨安装和拆卸时油泵管道布置情况，图 17-42（b）、图 17-42（c）为无键螺旋桨两种桨轴上油槽布置形式。

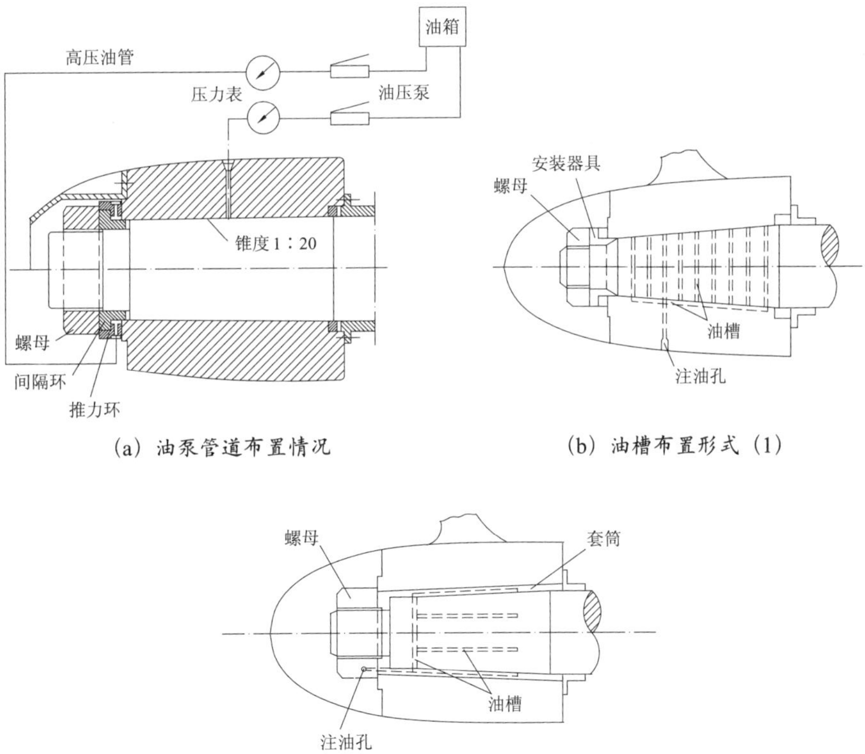

(a) 油泵管道布置情况　(b) 油槽布置形式（1）

(c) 油槽布置形式（2）

图 17-42　液压套合装、拆原理

【思考题】

1. 螺旋桨的直径和螺距比的变化对螺旋桨的性能有何影响？

2. 船体 - 螺旋桨 - 主机的配合受到哪些因素的影响？当三者出现不匹配时，会产生怎样的后果？

3. 何谓螺旋桨的“重载”与“轻载”工况，其转矩 Q 及转速 N 的特点如何？

4. 试用校核曲线和速度三角形来说明，螺旋桨处于重载和轻载时均不能发挥主机功率的现象。

5. 在设计螺旋桨之前如何确定设计工况点？对于多工况船舶如何确定其设计状况？

6. 图谱设计中被确定的最佳效率的螺旋桨，它的敞水性征曲线上的工作点（设计工况点）是否就在效率 η_0 曲线上的最高点？为什么？

7. 若设计桨的毂径比 d/D 或厚度比 t/b 与图谱规定的（标准桨）不同时，螺距比为什么要修正？

8. 螺旋桨与尾轴的连接方式有几种？说明其特点。

9. 某内河船螺旋桨敞水收到功率 $P_0 = 172.8\,\text{hp}$，主机转速 $n = 350\,\text{r/min}$，减速比为 $i = 1:2.54$。当设计航速 $V_s = 10\,\text{kn}$，伴流分数 $\omega = 0.15$ 时，试分别用 B3–35、B3–50、B4–40 和 B4–55，确定螺旋桨的效率 η_0、P/D、D_{opt} 的大小。

10. 某内河船长 $L = 30\,\text{m}$，$B = 6.5\,\text{m}$，$d = 1.56\,\text{m}$，$\omega = 0.15$，$t = 0.24\,\text{m}$，$\eta_R = 1.0$，$\eta_s = 0.96$，由艉型而选定螺旋桨直径 $D = 0.9\text{m}$，选用 MAU4–55 图谱，计算船速 $V_s = 10\,\text{kn}$ 时（此时 $P_e = 75.5\,\text{hp}$），所需主机功率和转速。

11. 已知某轮的螺旋桨为 MAU4–40.8，直径 $D = 1.487\,\text{m}$，螺距比 $P/D = 0.695$，纵斜角 $\varepsilon = 10°$，敞水效率 $\eta = 0.65$，试计算：

（1）该桨叶的伸张轮廓尺寸，并绘出伸张轮廓。

（2）$0.2R$、$0.6R$ 和 $1.7R$ 处叶切面的型值（其中 $t_{0.2R} = 55.4\,\text{mm}$，$t_{0.6R} = 30.2\,\text{mm}$，$t_{0.7R} = 23.9\,\text{mm}$）。

12. 已知某轮的螺旋桨为 B3–50.5，直径 $D = 1.169\,\text{m}$，螺距比 $P/D = 0.722$，纵斜角 $\varepsilon = 15°$，$t_{0.25R} = 40\,\text{mm}$，试计算：

（1）该桨的伸张轮廓尺寸，并绘制伸张轮廓。

（2）$0.25R$ 处叶切面的型值。

第 18 章　特种推进器

上述各章中我们所讨论的推进器均为普通螺旋桨，广泛用于一般商船和军舰。除普通螺旋桨外，还有许多其他形式的推进器，如导管螺旋桨、可调螺距螺旋桨、喷水推进器、隧道螺旋桨、串联螺旋桨和对转螺旋桨及风帆等。各类推进机构在特殊情况下各有其优点，为了更好地满足各种特殊船舶所要求的性能，采用相应的推进器型式是有利的。由于篇幅所限，本章将着重讨论应用较广的导管螺旋桨和可调螺距螺旋桨，至于其他型式的推进器仅作一般介绍。

§18.1　导管螺旋桨

导管螺旋桨又称套筒螺旋桨（图 18–1），是在螺旋桨的外围加上一个环形套筒而成。套筒的剖面为机翼形或折角线型。由于它能改善重载螺旋桨的效率，故首先在螺旋桨载荷较重的船舶上得到广泛应用（如拖船、顶推船以及拖网渔船）。最近 10 多年来，船舶向大型化、高功率发展，导致螺旋桨的载荷加重。实践证明，此类船上采用导管螺旋桨不仅可提高推进效率，而且有利于减小振动。

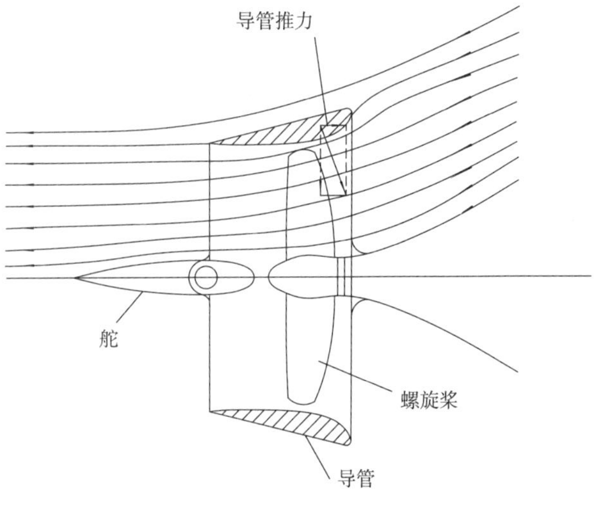

图 18–1　导管螺旋桨结构

图 18–2 为各种船用推进器最佳效率的比较，图的上方还标出了各种船舶 B_p 的大致范围。从图中可以看出，当 B_p 值约为 25 时，导管螺旋桨开始显示出其优越性，载荷越高，效率上的收益越大。近代大型油船的 B_p 值一般在 40 以上，采用导管螺旋桨能使效率有明显的提高。至于渔船及拖船，其 B_p 值分别在 60 及 100 以上，导管螺旋桨的效率远远超过普通螺旋桨，故在这类船上采用导管螺旋桨的优越性是毫无疑问的。

采用导管螺旋桨除能提高重载螺旋桨的效率外，尚有下列优点：①将导管兼作舵用，可显著提高船舶的操纵性能；②导管螺旋桨盘面处的水流速度受船速变化的影响远较普通螺旋桨为小，因此导管螺旋桨吸收的功率受船速变化的影响较小，在各种载荷（如拖曳或自由航行等）情况下都能良好地运转；③纵摇较小，可减小波浪中失速；④保护螺旋桨不与异物相碰，浅吃水时可防止空气吸入现象。

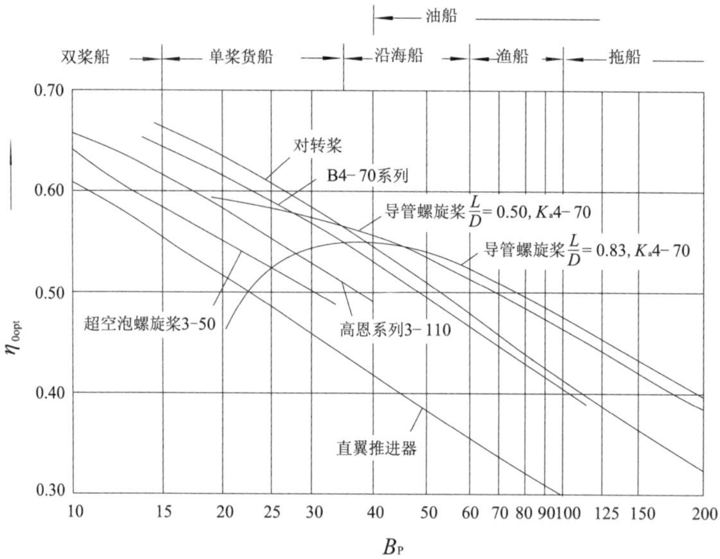

图 18-2　各种船用推进器最佳效率比较

18.1.1　导管螺旋桨的工作原理

在第 11 章中，我们已求得推进器的理想效率 η_{iA} 与载荷系数 σ_T 之间的关系如下：

$$\eta_{iA} = \frac{2}{1+\sqrt{1+\sigma_T}} \tag{18-1}$$

式 (18-1) 也可用艉流截面积（图 11-1 中的 CC_1 断面）A_1 来表示，根据连续性方程有

$$A(V_A + u_{a1}) = A_1(V_A + u_a)$$

将上述关系式代入式 (11-5)，得

$$T_i = \rho A_1 (V_A + u_a) u_a$$

从上式解出 u_a，得

$$u_a = -\frac{V_A}{2} + \frac{1}{2}\sqrt{V_A^2 + \frac{4T_i}{\rho A_1}}$$

代入式 (18-1) 并经整理后得

$$\eta_{iA} = \frac{4}{3+\sqrt{1+\dfrac{4T_i}{\rho A_1 V_A^2}}} \tag{18-2}$$

其中，$\sigma_T = \dfrac{T_i}{\frac{1}{2}\rho A V_A^2}$为推进器的载荷系数；$\rho$ 为水的密度；T_i 为推进器的推力；V_A 为推进器进速；A 为推进器盘面积；A_1 为艉流截面积。

由式 (18-1) 及式 (18-2) 可见，理想效率随推进器载荷系数 σ_T 的增加或艉流截面积的减小而降低。若要提高推进器的理想效率，必须设法减小推进器的载荷系数或艉流截面积的收缩（这两方面实际上是一致的）。而要减小艉流收缩，正确的途径只有增加

单位时间内通过桨盘的流量。在螺旋桨叶梢外面加上导管后，就可以大致达到这一目的。事实证明，加上导管后，不仅可以减少艉流收缩，有时还能使艉流稍有扩展。

为了探讨导管螺旋桨的工作原理，我们仍用鼓动盘来代替整个推进器，简化后的导管螺旋桨的流体模型如图 18-3（a）所示。

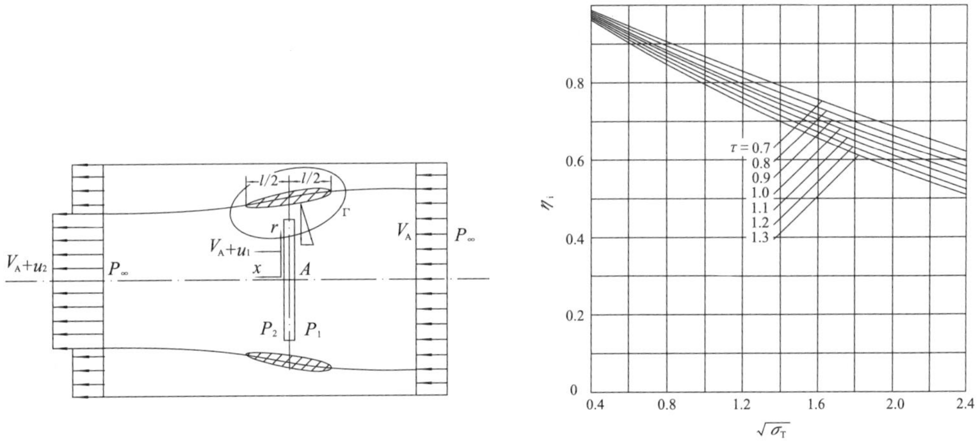

（a）流体模型　　（b）性能参数

图 18-3　导管螺旋桨流体模型与性能参数

由于忽略了艉流中水流的旋转，得出的结果虽然比较粗略，但可用以定性地分析导管螺旋桨的性能。由动量理论 (图 18-3) 可知，导管螺旋桨整个系统的总推力为

$$T=\rho\,(V_A+u_1)\,Au_2 \tag{18-3}$$

式中，u_1 为推进器在盘面处的诱导速度和导管产生的诱导速度之和；u_2 为无限远后方的诱导速度。

分别对盘面前后应用伯努利定理，并计算桨盘前后的压力差，可求得螺旋桨产生的推力为

$$T_P=\rho\left(V_A+\frac{u_2}{2}\right)Au_2 \tag{18-4}$$

由于单位时间内流过盘面的流体质量为 $\rho\,(V_A+u_1)\,A$，故艉流中的动能损失为

$$E=\frac{1}{2}\rho\,(V_A+u_1)\,Au_2^2 \tag{18-5}$$

因此，导管螺旋桨系统的理想效率可表示为

$$\eta_i=\frac{TV_A}{TV_A+E}=\frac{2}{1+\sqrt{1+\tau\sigma_T}} \tag{18-6}$$

式中，$\tau=T_P/T$ 为螺旋桨推力与总推力之比，简称推力比。

在没有导管的情况下，图 18-3（a）中的 u_1 等于 $u_2/2$，则式 (18-3) 与式 (18-4) 完全相同，也即 $T=T_P$，因而 $\tau=1$，此时式 (18-6) 也就与式 (18-1) 完全相同，但在导管存在的情况下，围绕导管的环流将使桨盘处的水流加速，有可能使 $u_1>u_2/2$，$T>T_P$。由式 (18-6) 可见，对此类型式的导管来说，由于 $\tau<1$，在同样的总推力系数下，导管螺旋桨与普通螺旋桨相比，有较高的理想效率，τ 越小效率越高，故 τ 值可以看作衡量导管螺旋桨性能的一个指标。图 18-3（b）表示了理想效率、载荷系数及推力比三者之间的关系。

实际上水具有粘性。τ 值的减小受到在导管上发生水流分离的限制，τ 值过小，意味着要求导管承担过大的推力，这时导管剖面的升力系数也就很大，在机翼理论中我们已经知道翼切面升力系数的最大值一般在 1.0 ～ 1.5（具体数值视机翼形状而定），大于上述数值时翼背的某处将出现分离点，导管上发生水流分离的原因与此极为相似。理论和实验都表明，对某一个给定的总推力，大致存在一个使效率最佳的 τ 值，这个 τ 值也就是对应于这一载荷时为保证不发生水流分离所允许的最小值。

此外，水的粘性还使导管本身产生阻力，所以导管螺旋桨的实际效率将由下面两个部分组成：

$$\eta_0 = \eta_i \cdot \eta_\varepsilon \tag{18-7}$$

式中，η_i 为理想效率；η_ε 为结构效率，其数值与导管的阻力 D_N 有关：

$$\eta_\varepsilon = (T - D_N) / T \tag{18-8}$$

有时，两个导管螺旋桨在某一个载荷时 τ 值有明显的不同，但效率上并无多大差异，甚至 τ 值小者效率反略低，这似乎与式 (18-6) 所得出的结论相矛盾，在引入结构效率之后，这一现象也能得到合理的解释。

在简单讨论了导管螺旋桨的原理之后，我们就可以对导管螺旋桨能使重载螺旋桨效率提高的原因作进一步的说明。

导管螺旋桨效率的提高，并不是由于在导管上产生了什么额外的推力，因为在导管上产生推力的同时，桨盘处的水流受到加速，螺旋桨产生的推力减小了，所以这仅是总推力分配关系的改变。但是螺旋桨的部分推力转移到导管上，却意味着螺旋桨的一部分艉涡变成了导管的附着涡（正是这些涡引起导管上的环流），从而减少了艉流的能量损失，只要这种减小的损失在数量上超过导管本身阻力的损失，那么导管螺旋桨的效率就高于普通桨。螺旋桨的载荷越重，艉流能量损失越大，采用导管带来的好处就越多。对于轻载情况，由于艉流收缩很小，损失能量也小，导管阻力的损失反而高于艉流的损失，因而也就得不偿失，故轻载时（如 B_P 在 20 以下）不宜采用此类导管。

上面所讨论的导管称为加速型导管，其作用可改善重载螺旋桨的效率。导管本身对进入桨盘的水流速度具有控制作用，采用不同形状的导管，可使流入桨盘的水流加速或减速，因此近年来还出现了一种减速型导管（图 18-4）。由于减速型导管使进入桨盘处的水流速度降低，能延缓空泡的发生，且有利于减少噪声，故可用于军用舰艇，但总的来说，目前使用得最普遍的还是加速型导管，本节将着重介绍加速型导管。

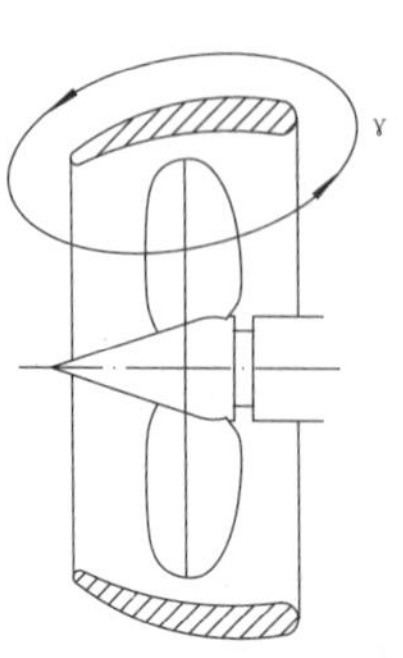

(a) 减速型（导管切面拱度向外凸）

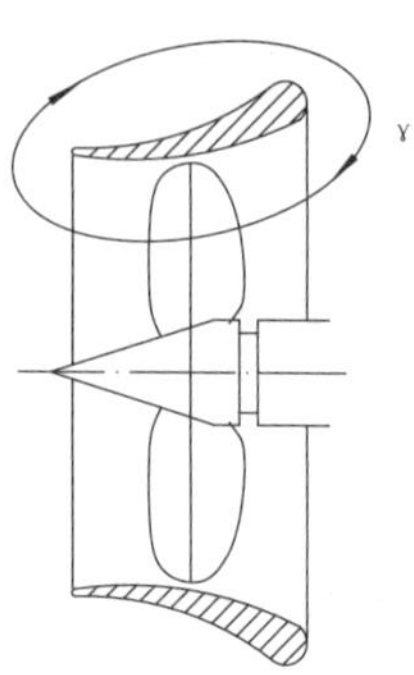

(b) 减速型（导管切面拱度向内凸）

图 18-4　减速型导管形状

18.1.2　导管螺旋桨系列试验及设计图谱

导管螺旋桨除导管及螺旋桨各自的几何形状对其性能有影响外，还与两者互相配合的一些几何参数有关，如叶梢间隙、螺旋桨在导管中的位置等。分析清楚各种参数对性能的影响需要一定的篇幅，鉴于多数设计者感兴趣的是利用现有优秀型式导管螺旋桨的图谱设计导管螺旋桨，故本节着重介绍有关这方面的资料。

在国外发表的导管螺旋桨系列试验资料中，以荷兰船模试验池的 No.19A + K_a 螺旋桨系列最为著名，随后，为改善后退性能又提供了 No.37A + K_a 螺旋桨系列，其结果都已绘制成 $B_P-\delta$ 型设计图谱可供应用。国内对导管螺旋桨的研究也相当活跃。中国船舶科学研究中心通过对两组 6 个不同剖面的导管与螺旋桨系列的敞水试验，研究了导管各种几何参数对导管螺旋桨性能的影响，并推荐了性能优良的导管螺旋桨系列。上海交通大学船舶流体力学研究室根据使用单位要求简化导管的加工工艺，在系列研究基础上推荐了两组简易导管螺旋桨系列，即：JD75 + K_a 螺旋桨系列和 JD7704 + K_a 螺旋桨系列。前者为适用于改善操纵性能的转动导管，后者是兼顾后退性能的导管，由于其加工方便，而性能又与机翼形导管相接近，故为不少单位所采用。

18.1.2.1　No.19A 导管 + K_a 螺旋桨系列

19A 导管的长度 l 与螺旋桨直径 D 的比值（简称长径比）$l/D = 0.5$，其切面形状如图 18-5 所示，切面型值列于表 18-1。切面沿轴线方向的位置以横坐标 y 与导管长度 l 的比值 y/l 表示；外表面和内表面坐标分别用 X_u 和 X_i 与 l 的比值 X_u/l 及 X_i/l 表示。

表 18-1　No.19A 导管剖面型值

y/l	0	1.25	2.50	5.0	7.5	10	15	20	25	30	40	50	60	70	80	90	95	100
X_i/l	18.25	14.66	12.80	10.87	8.00	6.34	3.87	2.17	1.10	0.48	圆柱部分			0.29	0.82	1.45	1.86	2.36
X_u/l	—	20.72	21.07	20.80	直　线　部　分													6.36

K_a 系列螺旋桨是等螺距螺旋桨，其外形为宽叶梢的扇形轮廓，根部切面为机翼形，梢部切面为弓形，如图 18-6 所示。桨叶形状和切面型值列于表 18-2 和表 18-3。

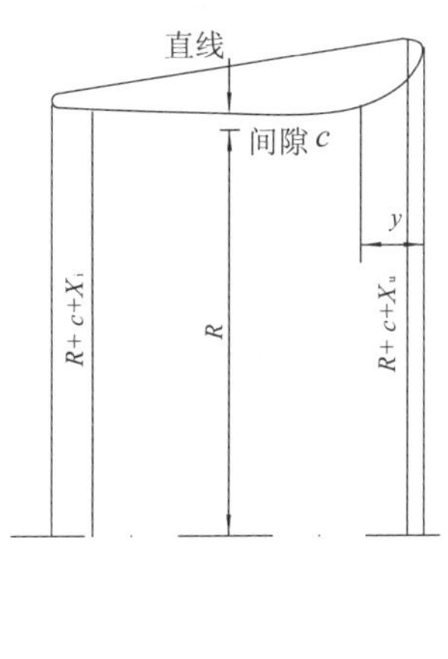

图 18-5　19A 导管形状尺寸

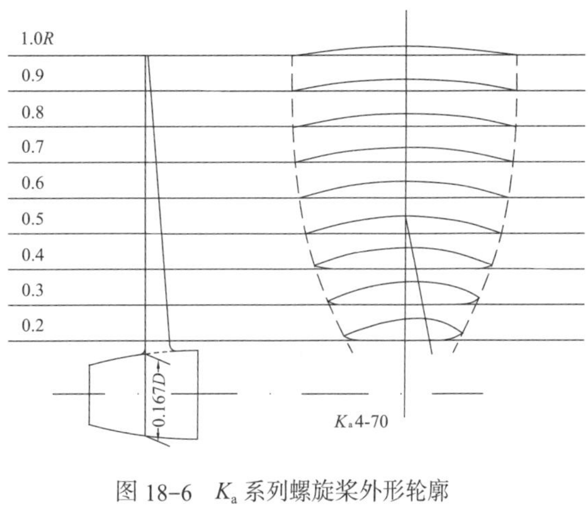

图 18-6　K_a 系列螺旋桨外形轮廓

表 18-2　K_a 螺旋桨系列的尺寸

r/R		0.2	0.3	0.4	0.5	0.6	0.7	0.8	0.9	1.0	
以 $0.6R$ 处的叶片切面最大长度的百分比表示的叶片切面长度	从中心线到随边	30.21	36.17	41.45	45.99	49.87	52.93	55.04	56.33	56.44	在 $0.6R$ 的叶片切面长度 $=1.969A_E \cdot D/A_D \cdot Z$
	从中心线到导边	36.94	40.42	43.74	47.02	50.13	52.93	55.04	56.33	56.44	
	总长	67.15	76.59	85.19	93.01	100.0	105.86	110.08	112.66	112.88	
以直径的百分比表示的最大叶片厚度		4.00	3.52	3.00	2.45	1.90	1.38	0.92	0.61	0.50	在轴中心的最大厚度 $=0.049D$
以切面长度百分比表示的最大厚度与导边间的距离		34.98	39.76	46.02	49.13	49.98	—	—	—	—	

表 18-3　K_a 螺旋桨系列的纵坐标及距最大厚度的距离

	从最大厚度到随边					从最大厚度到导边						
r/R	100%	80%	60%	40%	20%	20%	40%	60%	80%	90%	95%	100%
叶背纵坐标												
0.2	—	38.23	63.65	82.40	95.00	97.92	90.83	77.19	56.00*	43.75*	36.50*	—
0.3	—	39.05	66.63	84.14	95.86	97.63	90.06	75.62	53.02	37.87	27.57	—
0.4	—	40.56	66.94	85.69	96.25	97.22	88.89	73.61	50.00	34.72	25.83	—
0.5	—	41.77	68.59	86.42	96.60	96.77	87.10	70.46	45.84	30.22	22.24	—
0.6	—	43.58	68.26	85.89	96.47	96.47	85.89	68.26	43.58	28.59	20.44	—
0.7	—	45.31	69.24	86.33	96.58	96.58	86.33	69.24	45.31	30.79	22.88	—
0.8	—	48.16	70.84	87.04	96.76	95.76	87.04	70.84	48.16	34.39	26.90	—
0.9	—	51.75	72.94	88.09	97.17	97.17	88.09	72.94	51.75	38.87	31.87	—
1.0	—	52.00	73.00	88.00	97.00	97.00	88.00	73.00	52.00	39.25	32.31	—
叶面纵坐标												
0.2	20.21	7.29	1.77	0.1	—	0.21	1.46	4.37	10.52	16.04	20.62	27.50*
0.3	13.85	4.62	1.07	—	—	0.21	0.83	2.72	6.15	8.28	10.30	14.20*
0.4	9.17	2.36	0.56	—	—	—	0.42	1.39	2.92	3.89	4.44	13.47
0.5	6.62	0.68	0.17	—	—	—	0.17	0.51	1.02	1.36	1.53	7.81

注：1. 纵坐标的百分比是对相应切面的最大厚度而言。

2. 原荷兰给出的数据中，$0.2R$ 切面近导边部分纵坐标和 $0.3R$ 切面的导边纵坐标无法光顺，为此我们在伸长轮廓上作了等厚度曲线，在弦长方向和半径方向进行光顺。表中带 * 号的数据是我们所采用的。

导管螺旋桨的敞水试验方法及数据表达方式与普通螺旋桨相同，只是在测量螺旋桨推力时，须同时测量导管的推力。结果以图 18-7 的敞水性征曲线形式给出。

图 18-7 为 No.19A 导管 + K_a 4-70 系列敞水试验结果，其中：$K_T = \dfrac{T}{\rho n^2 D^4} = \dfrac{T_P + T_N}{\rho n^2 D^4}$ 为导管螺旋桨总推力系数；$K_{TN} = \dfrac{T_N}{\rho n^2 D^4}$ 为导管推力系数；$J = \dfrac{V_A}{nD}$ 为进速系数；$K_Q = \dfrac{Q}{\rho n^2 D^5}$ 为螺旋桨转矩系数；$\eta_0 = \dfrac{K_T}{K_Q}\dfrac{J}{2\pi}$ 为导管螺旋桨的效率。从图 18-7 的敞水性征曲线组可以看出，其效率曲线的包络线比较平坦，这一特点意味着螺旋桨螺距比的变化对效率的影响不大，因此导管螺旋桨具有较宽的最佳直径范围。在图 18-8 中，作出了 $P/D = 1.0$ 的螺旋桨的总推力系数 K_T，导管推力系数 K_{TN} 及螺旋桨推力系数 K_{TP} 对于进速系数 J 的曲线。由图 18-8 可见，K_{TP} 曲线比较平坦，当 J 为 0 ～ 0.4 时，K_{TP} 几乎保持不变，这说明尽管进速系数有变化，但导管内的平均速度几乎为常数，这也是导管螺旋桨的特点之一。这一特点带来的好处是：螺旋桨吸收的功率受船速变化的影响较小。

导管螺旋桨设计图谱的绘制与普通螺旋桨相同，19A 导管 + K_a 系列螺旋桨的 B_P–δ 图谱所用的单位和计算系数与 B 型螺旋桨系列的 B_P–δ 图谱完全相同。

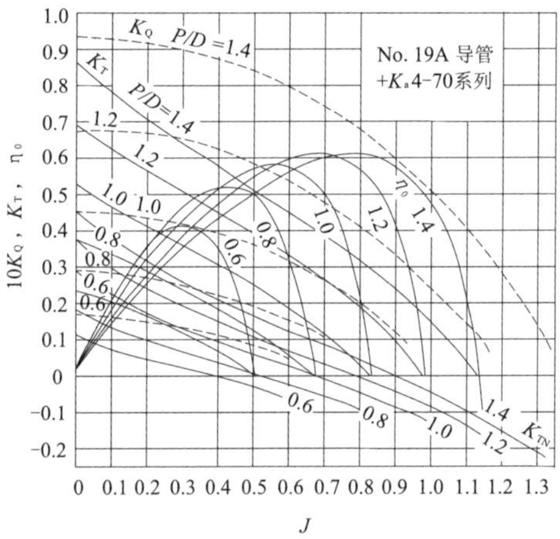

图 18-7　导管螺旋桨敞水性征曲线

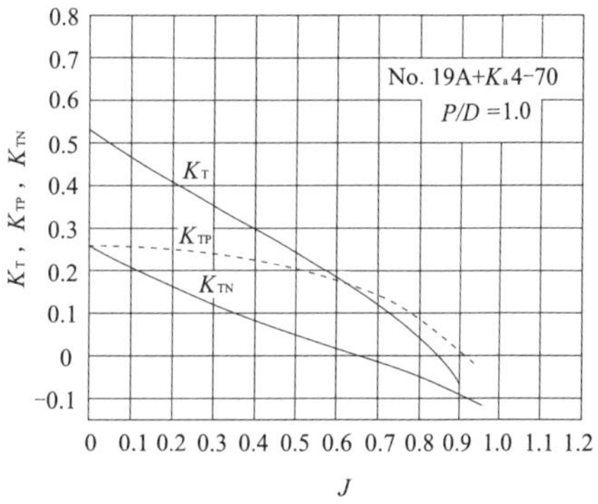

图 18-8　$P/D = 1.0$ 时的性能曲线

18.1.2.2　No.37+K_a 系列螺旋桨

1972 年，荷兰船模试验池又发展了一种特别适用于后退工作的新型导管 No.37。37 号导管的长径比 l/D 也为 0.5，其切面形状示于图 18-9。试验结果也已绘制成 B_P–δ 图谱。

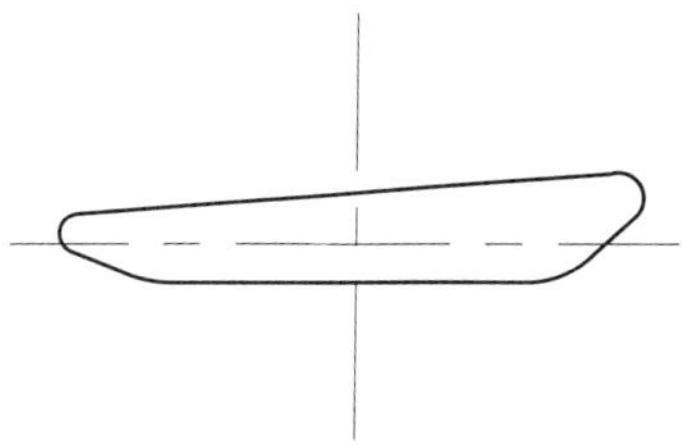

图 18-9　新型导管 No.37

18.1.2.3　简易导管螺旋桨

所谓简易导管，是指考虑简化加工工艺而设计的折角线形切面形状的导管。JD75 导管和 JD7704 导管的切面形状如图 18-10 所示，相应的参数列于表 18-4。

JD75 导管是考虑改善操纵性能的转动导管，因而可兼作舵用，所以也称导管舵。此类导管对操纵性能要求较高的港作拖轮最为适用。JD7704 导管除具有优良的后退性能外，前进性能也很好，故非常适用于内河推轮及渔轮。上述简易导管的特点在于加工工艺简便而仍有较优良的水动力性能。上述两组简易导管螺旋桨系列已以$\sqrt{B_P}-\delta$形式的图谱发表，图谱中使用公制单位。

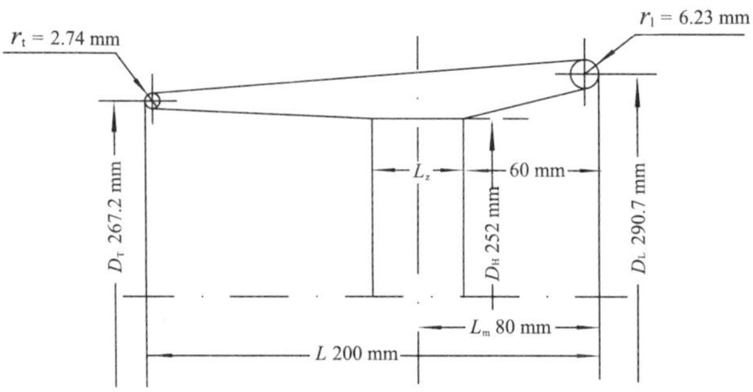

（a）JD75 导管模型形式

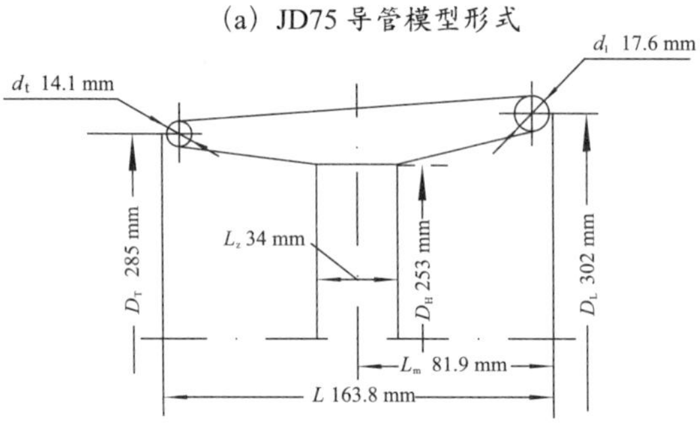

（b）JD7704 导管模型形式

图 18-10　JD75 导管和 JD7704 导管的切面形状

JD 简易导管 + K_a 系列螺旋桨在近年来的使用中已显示出性能较佳、加工简便的优越性，但有些船在实际使用中发现桨叶叶梢时有损坏。除空泡剥蚀外，主要是由于 K_a 系列螺旋桨的梢部过阔，导边及随边两缘厚度较薄，因而偶与异物相碰容易发生卷曲乃至断裂。再者由于叶梢过阔致使桨盘船面处轴向“通道”甚小，杂物一旦吸入导管便不易通过而往往卡在叶梢与导管之间引起桨叶损坏，对航行于浅水以及水上漂浮物较多区域的船舶，这一问题尤为严重。为此，上海交通大学船舶流体力学研究室还进行了修改 K_a 系列桨梢部形状的试验研究，并称之为修改的 K_a 系列螺旋桨。

表 18-4　简易导管主要参数

型号	L/D	L_m/L	L_Z/L	D_L/D_H	D_T/D_H	d_L/D_H	d_t/D_H	α_f	α_β
JD75	0.8	0.4	0.2	1.1536	1.0603	0.0494	0.0217	1.3307	1.1243
JD7704	0.6552	0.5	0.2076	1.1937	1.1265	0.0696	0.0557	1.4249	1.2690

修改的 K_a 系列螺旋桨的外形如图 18-11（a）所示，桨叶形状之改善是将梢部两缘的尖角削成圆弧的方法来实现，圆弧根据桨展开轮廓之梢圆及导边、随边相切作出，切割后叶切面的导边、随边两缘以小圆弧光顺，其余各处型值仍按 K_a 系列螺旋桨不变。切割的大小共有Ⅰ、Ⅱ、Ⅲ、Ⅳ 4 种，图 18-11（b）给出了各种盘面比的 K_a 系列螺旋桨桨叶在各种切割情况下的圆弧相对半径值。设计者按上述原则可简便地解决新桨叶的制图问题。

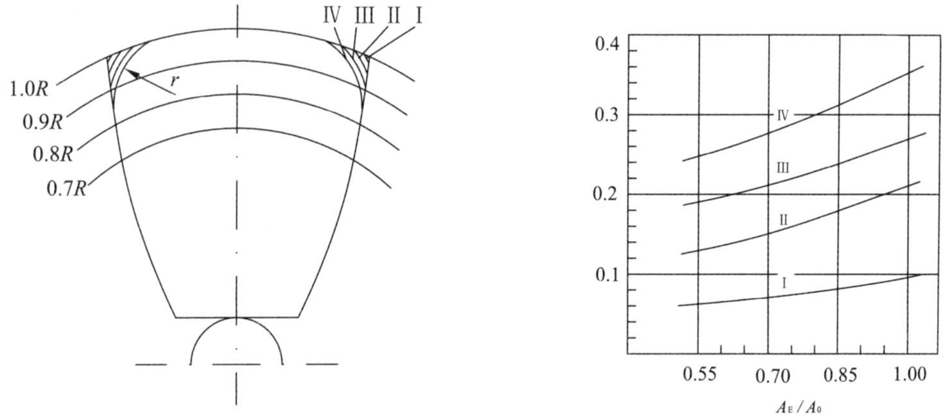

(a) K_a 系列螺旋桨外形梢部两修改　　(b) 梢部两端圆弧相对半径值

图 18-11　K_a 系列螺旋桨外形修改及圆弧参数

试验研究结果表明，叶梢削成圆弧后对螺旋桨的水动力性能影响甚微。只需引入桨叶螺距比的微小修正即可等价于桨叶几何形状的变化。

在具体设计时，设计者可应用原简易导管螺旋桨系列设计图谱决定螺旋桨的几何参数，然后将图谱所得的螺距比 P/D 按下式求出切割后的 K_a 螺旋桨的螺距比 $(P/D)'$：

$$(P/D)' = (1+K)/(P/D)$$

式中，K 为切割对应的螺距比修正系数，由图 18-12 给出。这样在保持其他参数相同的条件下，JD 简易导管 + 螺距比为 $(P/D)'$ 的修正的 K_a 螺旋桨其敞水性能等价于 JD 简易导管 + 螺距比为（P/D）的原 K_a 系列螺旋桨。

18.1.3　导管螺旋桨设计须知

导管螺旋桨的设计方法与普通螺旋桨基本相同。但由于导管螺旋桨自身的特点，在设计时还需注意下列几点。

（1）导管螺旋桨的导管和螺旋桨在设计中必须视为一个整体。

（2）导管螺旋桨的最佳直径不如普通螺旋桨那样严格，这是因为导管螺旋桨螺距的变化对效率影响不大，故在设计时甚至可预先选定直径，使设计更为简便。

（3）导管螺旋桨的伴流分数和推力减额分数与同样设计条件下普通螺旋桨的数值不尽相同，但由于目前尚缺乏这方面的试验资料，故在设计加速型导管螺旋桨时，伴流分数、推力减额分数及相对旋转效率仍近似地采用普通桨的数值。例如，对于单桨船不妨采用泰洛公式估计伴流分数，即

$$\omega = 0.5C_B - 0.05$$

用商赫公式估计推力减额分数，即

$$t = 0.7\omega$$

而相对旋转效率直接取 1.0，即

$$\eta_R = 1.0$$

就当前我国的实际使用情况来看，导管螺旋桨大多应用于小型的多工况船，如拖

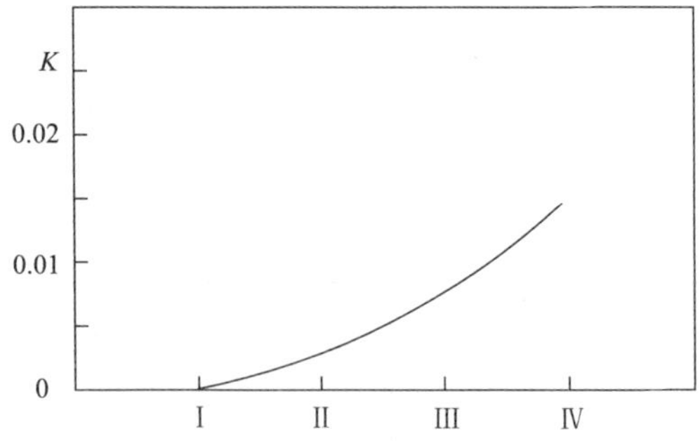

图 18-12　螺距比修正系数

船、渔船等，因而尚须说明：①伴流分数 ω 选取的正确与否不会像一般商船那样直接影响船体、螺旋桨、主机三者的配合关系，因为对多工况船来说，若对自由航行不利，则对拖带状态有利，或反之。②推力减额分数 $t=0.7\omega$ 是指自由航行，或折中设计工况的数值。在系缆状态，即 $J=0$ 时，应取 $t=0.04$。在介于设计工况（或自由航行）与系缆状态之间的所谓中间工况，其推力减额分数 t 可用线性内插方法求得。

日本伊藤一男建议可按表 18-5 选取 ω 和 t 值。

表 18-5　不同船型 ω 和 t 取值

船型	ω	t
单螺旋桨船	0.15 ～ 0.20	0.15 ～ 0.18
双螺旋桨船	0.07 ～ 0.10	0.10 ～ 0.12

（4）在无专用的空泡图谱时，导管螺旋桨空泡校核可近似地按下式决定螺旋桨的展开面积比 A_E/A_0：

$$\frac{A_E}{A_0}=\frac{245P_D}{nD^3(p_0-p_v-0.8R\gamma)}\approx\frac{P_D}{42nD^3} \tag{18-9}$$

式中，p_v 为饱和蒸气压；R 为螺旋桨半径；n 为螺旋桨每秒转数；P_D 为收到功率（英制，因近似计算，可用公制代替）；D 为螺旋桨直径，m；γ 为海水重量密度，$\gamma=1\,025\,\text{kgf/m}^3$；

$$p_0=p_a+\gamma h_s=10\,330+\gamma h_s$$

其中，γ 为海水重量密度，$\gamma=1\,025\,\text{kgf/m}^3$；$h_s$ 为桨轴中心线沉深，m。

（5）关于叶梢间隙。在模型系列试验时，螺旋桨叶梢与导管内壁的间隙即图 18-5 中所标的间隙 c 一般取 1 mm（也有取 1.5 mm 或 2 mm 者）。在实桨制造中这个参数不必满足相似条件，间隙过小将给加工带来不便，而过大又将影响效率，一般实桨的叶梢间隙为 5 ～ 10 mm，最好不要大于 10 mm。

（6）有时因受船舶艉部结构的限制，不得不将导管的一部分削去，或与隧道顶端连接，使导管的一部分失去作用。在计算时应扣除失去作用部分的导管推力系数，其大小可约略按该部分占整个导管周长的比值计算。一般应以试验资料作依据。

18.1.4　实例比较

我们曾对某 600 功率渔轮螺旋桨进行设计比较，表 18-6 给出了采用普通螺旋桨和导管螺旋桨的计算结果。设计条件为主机功率 $P_s=545$ hp（主机实际能力）；额定转速 $n=400$ r/min。设计了 4 只螺旋桨：①设计航速为 7 kn，JD7704 + K_a4 − 70，$D=1.4$ m；②设计航速为 12 kn，JD7704 + K_a4 − 70，$D=1.4$ m；③设计航速为 7 kn，B4–70，$D=1.59$ m；④设计航速为 12 kn，B4–55，$D=1.60$ m。

结果表明：导管螺旋桨在重载时的效率显著大于普通螺旋桨，且螺旋桨的吸收功率受船速变化的影响也小于普通螺旋桨。

表 18-6　采用导管螺旋桨和普通螺旋桨的计算结果

拖力 / kgf		系柱工况			自航工况			拖网工况 (3 kn)		
		转速 / (r/min)	P_S / hp	航速 / kn	转速 / (r/min)	P_S / hp	航速 / kn	转速 / (r/min)	P_S / hp	航速 / kn
导管螺旋桨	① 7 kn hp%	7 747.3	371.6	506.4 93%	11.5	400	405.2 74.3%	6 050	377	514.9 94.5%
	② 12 kn hp%	7 211	329	448 82.2%	12.3	400	527.8 96.8%	5 550	335	456.3 83.7%
普通螺旋桨	③ 7 kn hp%	5 613	338	461 84.6%	11.15	400	389.7 71.5%	4 720	356	484 88.8%
	④ 12 kn hp%	4 942	289.5	394.4 72.4%	12.4	400	540.2 99.1%	4 350	308	420 77%

§18.2　可调螺距螺旋桨

通过设置于桨毂中的操纵机构，使桨叶能够转动而调节螺距的螺旋桨，称可调螺距螺旋桨（简称可调桨）。

固定螺距螺旋桨在设计条件下运行时，能充分利用主机的功率和达到预期的航速，而且螺旋桨本身的效率也为最佳值。这对于螺旋桨工作状况变化不大的一般商船是合适的。但对于多工况船舶（如拖船、渔船、破冰船等），由于螺旋桨工况变化较大，无法在各种工况下都能充分发挥主机的功率。而可调桨可借助于桨毂中的操纵机构改变桨叶的螺距，从而提供了在各种工况下充分吸收主机功率的可能。

18.2.1　桨叶在不同位置时的工作情况

现以半径 r 处的桨叶切面为代表，说明可调桨在各种工作情况下均可充分发挥主机功率的原因。参阅图 18-13，设可调桨在正常情况时的进速为 V_A，转速为 N，半径 r 处叶切面的螺距角为 θ，来流攻角为 α，相应的作用力为：升力 L、阻力 D、合成推力 T 和旋转阻力 F。当船速由于某种原因而降低时，螺旋桨的进速为 V_A'，如保持主机的转速不变，则来流攻角加大，推力及旋转阻力也随之增加，螺旋桨所需转矩超过主机限制转矩，只能降低转速，螺旋桨处于“重载”状态。由于可调桨可将叶片转动，使该切面的螺距角减为 θ'。若叶片转动的角度适宜，可使新工况下所需的旋转阻力 F' 与设计状态的旋转阻力 F 相等。这样，在转速不变的情况下主机功率也保持不变，因而螺距调整以后的螺旋桨既适应了新的航行状态，又能使主机仍然发挥全部功率。

当螺旋桨“轻载”时，在保持转速不变的情况下，借适当增加桨叶螺距，使 F' 等于 F，从而也能充分发挥主机的功率。因此在任何情况下，主机的转向、转速和功率均无须变化，这对主机的性能和寿命都很有利。图 18-14 表示可调桨在不同工作情况时叶片所处的典型位置。

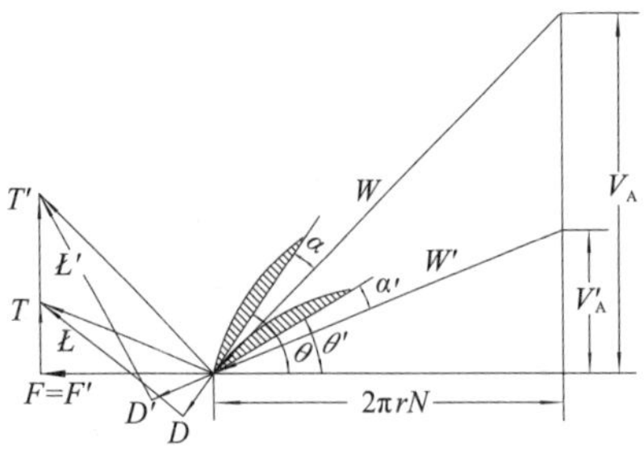

图 18-13　各种工况下性能保证

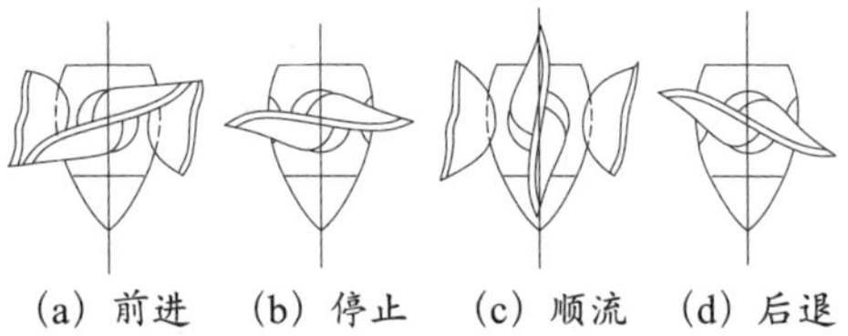

图 18-14　桨叶相对位置

18.2.2　可调桨的操纵机构

可调桨的桨叶与桨毂中支持桨叶的承座相连接。通过桨毂中的旋转机构便可操纵桨叶旋转（图 18-15）。桨叶根部除承受推力和转矩外，还承受从调距机构传来的使桨转动的旋转力矩。因桨毂中安装有桨叶的紧固件和旋转机构，故要求桨叶与桨毂连接处必须水密，以防止水进入桨毂中。

桨叶的旋转机构一般有两种形式：齿轮式和曲柄式，如图 18-16 所示。前者由于齿度较弱、制造和调整比较复杂，故一般较少使用，大多采用曲柄机构。图 18-16（b）为曲柄连杆的一种形式，滑杆在桨轴中间沿轴向移动并带动曲柄连杆运动，从而使桨叶转动。

调距机构的作用是带动操纵杆在桨轴中滑动，从而达到转动叶片调节螺距的目的。调距机构一般有液压、电机－机械、机械和人力等形式，用得较多的是液压式调距机构。液压调距机构一般安装在推进轴与主机之间，作为轴系的一部分。

在变更可调桨的螺距时各叶片需同时转动，故桨叶宽度（或盘面比）不宜过大，以防止各叶片在转动过程中发生相互碰撞。在一般情况下，可调螺距螺旋桨的盘面比小于 0.75。

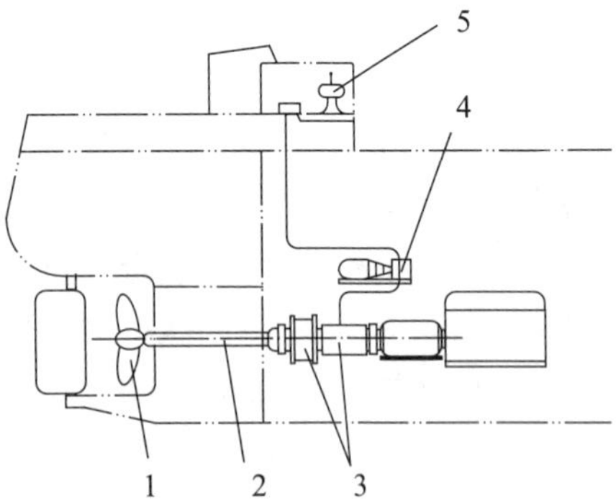

图 18-15　可调桨操纵机构

1—可调桨；2—尾轴；3—调距机构；
4—调距机构动力部分；5—操纵台

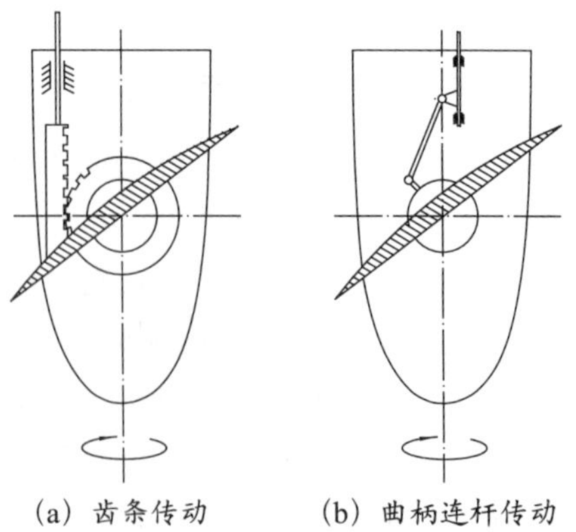

图 18-16　桨叶旋转机构

若桨叶在某一位置时各半径之螺距皆相等（图 18-17），则桨叶转动后各半径处叶切面所增加或减少之螺距角也相同，故桨叶转动后各半径处的螺距不等。转动叶片的轴线通常垂直于桨轴，桨叶转动后之切面形状发生畸变。图 18-18 表示某一半径处叶切面形状在叶片转动后（未转动时的螺距比为 P/D）的变化情况。为了减小操纵机构转动叶片时所需的力矩，应将转动叶片的轴线置于桨叶的压力中心线处。实践表明，桨叶转至零推力附近处转动机构所受的力矩最大，故通常即据此决定转动机构所需的功率。此外，螺旋桨操作时桨叶上所产生的推力、离心力及旋转阻力均直接作用于转动机构，因而转动机构之各零件均需有足够的强度。

为了容纳转动桨叶的操纵机构，可调桨的毂径较大，其毂径比通常为 0.3 左右。且因桨叶根部之切面需厚而窄，故在正常运行情况下其效率较定距桨低 3% ～ 4%。

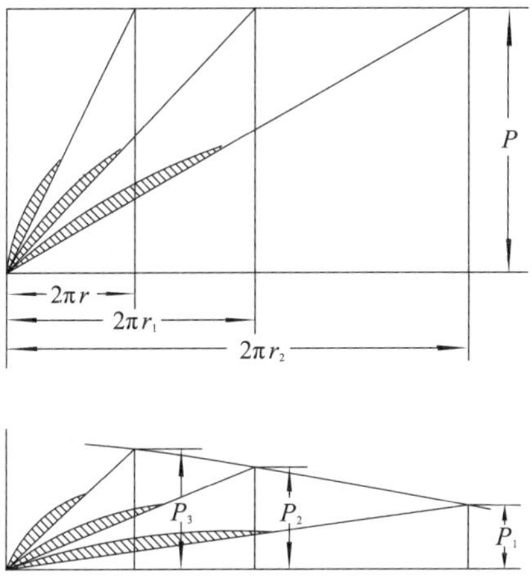

图 18-17　螺距角与螺距关系

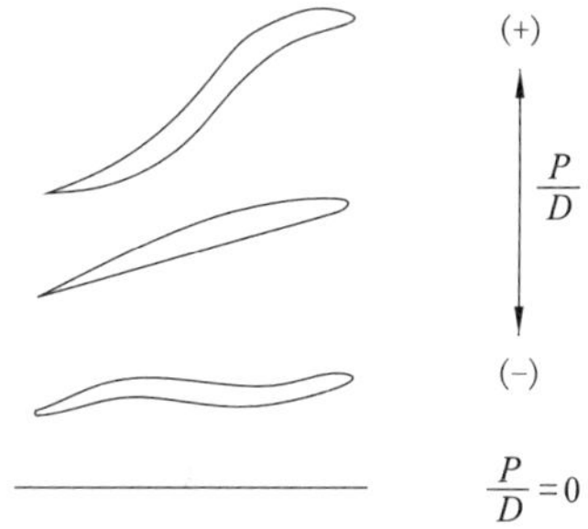

图 18-18　叶片转动与螺距关系

18.2.3　可调桨的优缺点及其应用范围

综上所述，可调桨的优点有：①在任何航行条件下均可充分利用主机的全部功率。②在不改变主机转速的情况下，可借调节螺距适应船舶的各种航行状态。可以缩短船舶从全速航行至后退所需的时间及距离，船舶的操纵性能得到显著的改善。③因船舶在前进、减速、后退等过程中可完全不改变主机的转速及转向，故主机的调速次数显著减少，减轻了机器部件的磨损程度，延长主机使用期限。对于柴油机或涡轮机船舶来说，采用可调桨后可省去主机的整套换向装置。④若同时改变主机转速 n 及螺距比 P/D 并使之配合适当，则可使船舶在某一定时消耗的燃料最少，因而提高了船舶的续航力及经济性。⑤多螺旋桨船在航行时可将一个或几个螺旋桨的桨轴制锁，并使叶片置于顺流状态，因而减少了所遭受的阻力。

可调桨的缺点有：①桨毂中的转动机构及整套操纵机构复杂，保养及修理相当繁难；②毂径比较大，且因配合叶片转动需要，桨毂不易制成光顺的流线型，故在设计情况下，其效率较定螺距螺旋桨低 3% ～ 4%；③因叶片转动及保证强度的需要，叶根部分切面的厚度比较大，易产生空泡现象；④造价较高。

由上述分析可知，下列三类船舶宜采用可调桨：①对灵敏性要求较高，需要经常灵活地前进、停车及倒退的船舶，如扫雷艇、港内拖船、轮渡等；②航程远且具有多种工况的船舶，如拖网渔船、捕鲸船及潜水艇等；③在各种航道及气候条件下需要远航（虽然只有一种航速）的船舶，如燃气轮机货船（因为燃气轮机不能变速和倒车）。

而对一般船舶，如货船、油船及客船等采用可调桨，则可能得不偿失。

18.2.4 可调桨设计

目前，比较完整的可调桨设计图谱有 JDC 3 叶可调桨系列图谱及日本 4 叶可调桨系列图谱两种。JDC 3 叶可调桨的几何特征和切面型值见图 18–19 和表 18–7 至表 18–9。

表 18–7　JDC 螺旋桨系列主要参数

螺旋桨编号	7701	7702	7703	7704	7705	7706	7707	7708	7709	7710
螺旋桨直径 D / m	0.267 9					0.267 9				
毂径比 d_h/D	0.28					0.28				
初始螺距比 P/D	0.4	0.6	0.8	1.0	1.2	0.4	0.6	0.8	1.0	1.2
盘面比 A_E/A_0	0.50					0.65				
叶厚度比 t_0/D	0.05					0.05				
平均叶宽比 $\bar{c}/D$	0.363 6					0.472 7				
最大宽度比 c_{max}/D	0.441 03					0.573 34				
叶 数 Z	3					3				
纵倾角	0					0				
叶轴位置 R_0 / mm	5.38	5.80	6.40	7.04	7.65	5.38	5.80	6.40	7.04	7.65
R_0/D	0.020 0	0.021 6	0.025 8	0.026 2	0.028 5	0.020 0	0.021 6	0.025 8	0.026 2	0.028 5

表 18–8　JDC 螺旋桨系列桨叶主要尺度

r/R	$\dfrac{c_r Z}{DA_E/A_0}$	a_r/c_r	b_r/c_r	t_r/D	r_e/t_r	r_t/t_r	$(P/D)_r$
0.28	1.336 34	0.545 50	0.320	0.036 8	0.145	0.044 0	0.870
0.30	1.455 42	0.550 00	0.320	0.035 9	0.134	0.044 5	0.887
0.40	2.013 77	0.542 71	0.320	0.031 2	0.102	0.045 0	0.950
0.50	2.455 68	0.538 70	0.325	0.026 5	0.083	0.045 5	0.992
0.60	2.619 75	0.516 18	0.349	0.021 8	0.064	0.046 0	1.000
0.70	2.646 21	0.484 80	0.402	0.017 1	0.046	0.046 5	1.000
0.80	2.507 55	0.436 15	0.454	0.012 4	0.048	0.047 0	1.000
0.90	2.040 76	0.341 29	0.489	0.007 7	0.078	0.068 0	1.000
0.95	1.544 06	0.216 11	0.500	0.005 35	0.000	0.000	1.000
1.00	—	—	—	0.003 0	—	—	1.000

注：最大宽度在 0.7R 处：$c_{0.7}=2.646\,21\dfrac{A_E/A_0\times D}{Z}$；1.0 处随边到母线距离：$c_{1.0}=0.579\,52\dfrac{A_E/A_0\times D}{Z}$；$D$ 为螺旋桨直径；A_E/A_0 为盘面比；Z 为叶数；c_r 为半径 r 处叶切面弦长；a_r 为导边至母线距离；b_r 为最大厚度至导边的距离；t_r 为切面的最大厚度；r_e 为导边圆角半径；r_t 为随边圆角半径。

表 18-9　JDC 螺旋桨系列切面型值

r/R																		
0.28	x	0.00	2.00	4.00	6.00	10.00	15.00	20.00	30.00	32.00	40.00	50.00	60.00	70.00	80.00	90.00	95.00	100.00
	y_B	35.00	51.85	59.75	66.15	76.05	85.25	92.20	99.80	100.00	97.80	91.10	81.25	69.35	56.60	42.00	34.20	25.55
	y_F		24.25	19.05	15.00	10.00	5.40	2.35					2.25	5.00	10.00	15.80	19.55	
0.30	x	0.00	2.00	4.00	6.00	10.00	15.00	20.00	30.00	32.00	40.00	50.00	60.00	70.00	80.00	90.00	95.00	100.00
	y_B	35.00	51.85	59.75	66.15	76.05	85.25	92.20	99.80	100.00	97.80	90.50	79.85	66.95	52.40	37.40	29.55	19.80
	y_F		24.25	19.05	15.00	10.00	5.40	2.35					1.00	4.00	7.50	12.15	14.85	
0.40	x	0.00	2.00	4.00	6.00	10.00	15.23	20.00	30.00	32.00	40.00	50.00	60.00	70.00	80.00	90.00	95.00	100.00
	y_B	35.00	51.85	59.75	66.15	76.05	85.25	92.20	99.80	100.00	97.80	90.30	78.50	63.95	47.95	31.16	22.40	12.80
	y_F		24.25	19.05	15.00	10.00	5.40	2.35						0.25	2.30	5.75	8.05	
0.50	x	0.00	2.03	4.06	6.09	10.16	15.23	20.31	30.47	32.50	40.44	50.37	60.29	70.22	80.15	90.07	95.04	100.00
	y_B	35.00	51.85	59.75	66.15	76.05	85.25	92.20	99.80	100.00	97.80	90.00	78.20	63.20	45.65	26.25	16.35	5.60
	y_F		24.25	19.05	15.00	10.00	5.40	2.35								0.25	1.20	
0.60	x	0.00	2.18	4.36	6.54	10.91	16.36	21.81	32.72	34.90	42.56	52.13	61.70	71.28	80.85	90.43	95.21	100.00
	y_B	34.00	49.60	58.00	64.75	75.20	84.84	91.80	99.80	100.00	97.75	89.95	78.15	63.15	45.25	25.30	15.00	4.50
	y_F	23.60	18.10	14.25	9.45	5.00	2.25											
0.70	x	0.00	2.51	5.03	7.54	12.56	18.84	25.12	37.69	40.20	47.23	56.03	64.82	73.62	82.41	91.21	95.60	100.00
	y_B	30.00	42.90	52.20	59.90	71.65	82.35	90.60	99.80	100.00	97.75	89.95	78.15	63.15	45.25	25.30	15.00	4.50
	y_F	20.50	15.45	11.95	7.70	4.10	1.75											
0.80	x	0.00	2.84	5.68	8.51	14.19	21.28	28.318	42.56	45.40	51.82	59.85	67.88	75.91	83.94	91.97	95.99	100.00
	y_B	21.00	32.45	41.70	50.10	64.60	78.45	88.90	99.80	100.00	97.75	89.95	78.15	63.15	45.25	25.30	15.00	4.50
	y_F		14.00	10.45	8.05	5.05	2.70	1.15										
0.90	x	0.00	3.06	6.11	9.17	15.28	22.92	30.56	45.85	48.90	54.91	62.42	69.94	77.64	84.97	92.49	96.24	100.00
	y_B	8.30	21.10	31.50	40.90	57.45	74.70	87.45	99.70	100.00	98.65	92.75	83.05	69.35	51.85	30.80	19.40	6.85
	y_F		4.00	2.70	2.05	1.20	0.70	0.30										
0.95	x	0.00	3.13	6.25	9.38	15.63	23.44	31.25	46.87	50.00	55.88	63.23	70.59	77.94	85.30	92.65	96.32	100.00
	y_B	6.00	19.65	30.00	39.60	56.75	74.30	87.30	99.65	100.00	99.00	93.85	84.65	71.65	54.30	33.50	21.50	8.00
	y_F																	

注：x 为从导边量起的距离，以弦长百分比表示；y_B 为叶背坐标，以切面最大厚度百分比表示；y_F 为叶面坐标，以切面最大厚度百分比表示。

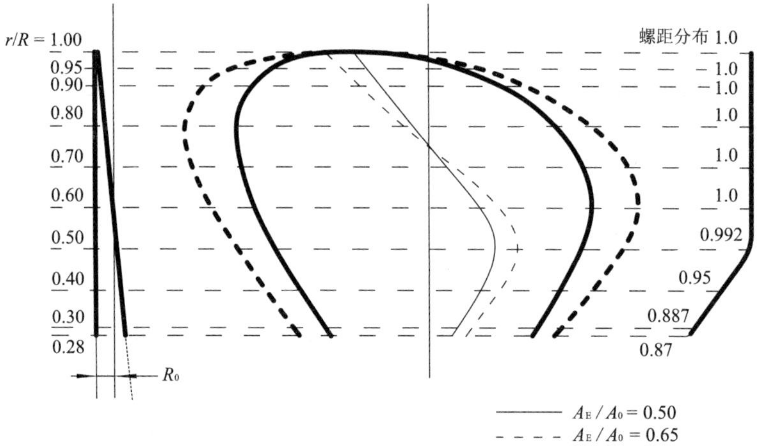

图 18-19 JDC 3 叶可调桨的几何特征

此类图谱除了$\sqrt{B_P - \delta}$或 $B_P-\delta$ 型设计图谱外，还需提供不同初始螺距比及不同转角下可调桨的敞水性征曲线和不同初始螺距比及不同转角下可调桨的水动力叶力矩系数及离心力叶力矩系数。

可调桨的设计与普通螺旋桨稍有不同，设计计算大致按下列步骤进行。

（1）根据 $B_P-\delta$ 图谱，按普通螺旋桨的设计方法计算自由航行工况下螺旋桨的几何要素、螺旋桨敞水效率及航速等。

（2）根据 $B_P-\delta$ 图谱，按普通螺旋桨的设计方法计算拖带（拖网、挖泥等）航行工况下螺旋桨的几何要素，敞水效率，航速（规定拖力）或拖力（规定拖速）。

（3）对自由航行及拖带航行两种工况进行空泡校核计算，确定盘面比。在目前尚无专供可调桨空泡校核资料的情况下，可仍以伯利尔限界线为依据。

（4）根据（1）（2）及（3）项计算，可决定上述两种工况下可调桨的参数：盘面比、直径、螺距比、敞水效率、最大航行速度、拖带工况的拖力及拖速。

然后在上述计算的基础上选取盘面比、直径及设计螺距比：①选取盘面比：拖带工况下船速较低，螺旋桨负荷较重，所需的盘面比较大，为保证螺旋桨在重负荷下不发生空泡，应取较大的盘面比。②直径的选取：一般来说，自由航行工况下计算所得的直径较小，按拖带航行设计的直径较大。如果直径不受艉部形状的限制，则取较大的直径为宜。③设计螺距比：除了对航行工况有明确要求的船舶选定自由航行或拖带航行工况的螺距比为设计螺距比外，为考虑不同工况时桨叶切面畸变不至于过大，通常设计螺距比以折中办法选取较好，其数值的大小可按经验决定。

（5）根据前面计算和选定的螺旋桨进行如下计算。

①螺旋桨强度计算：按中国船级社 2012 年版《钢质海船入级规范》的规定方法。

②桨叶重量及惯性矩的计算：对于 JDC 3 叶系列可按下式计算。

桨叶重量 G_B，kgf：

$$G_B = 0.048\,69\,\gamma\,\frac{A_E}{A_0}\cdot D^3 \tag{18-10}$$

式中，γ 为材料重量密度，kgf/m³；$\frac{A_E}{A_0}$ 为盘面比；D 为螺旋桨直径，m。

惯性矩：

$$I_{mp} = 2.701 G_B \cdot D^2 \tag{18-11}$$

③水动力叶力矩计算。

可调桨的转叶力矩是由水动力叶力矩、离心力叶力矩及摩擦力叶力矩三部分组成。由于毂内调距机构不同，摩擦力叶力矩需视具体情况而定。

水动力叶力矩系数 K_{SH} 由下式表示：

$$K_{SH} = \frac{Q_{SH}}{\rho n^2 D^5} \tag{18-12}$$

式中，Q_{SH} 为水动力叶力矩，kgf · m。

④离心力叶力矩计算。

离心力叶力矩系数 K_{SC} 由下式表示：

$$K_{SC} = \frac{Q_{SC}}{\rho n^2 D^5} \tag{18-13}$$

式中，Q_{SC} 为离心力叶力矩，kgf · m。

K_{SH} 曲线表示成图 18-20 所示的形式，K_{SC} 可用理论方法计算，其形式如图 18-21 所示。

⑤ 自由航行工况校核计算。

⑥ 拖带（或其他）航行工况的校核计算。

在⑤、⑥两项计算中需利用在不同转角下螺旋桨的敞水性征曲线，以决定具有设计螺距比的可调桨在不同工况时所需的转角值，同时计算包括各工况下航速、拖力、转叶力矩和敞水效率。

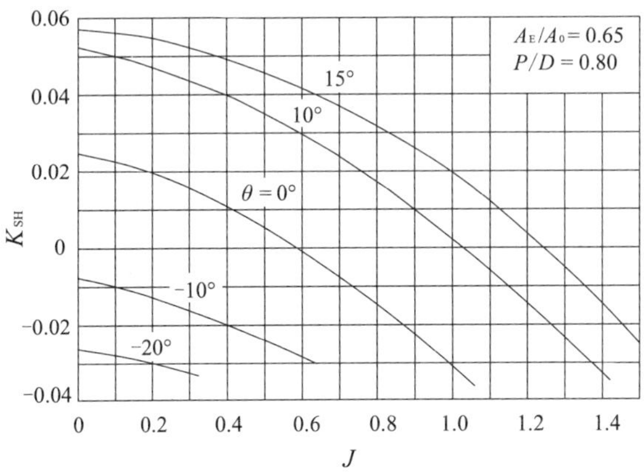

图 18-20　K_{SH} 与 J 的关系曲线

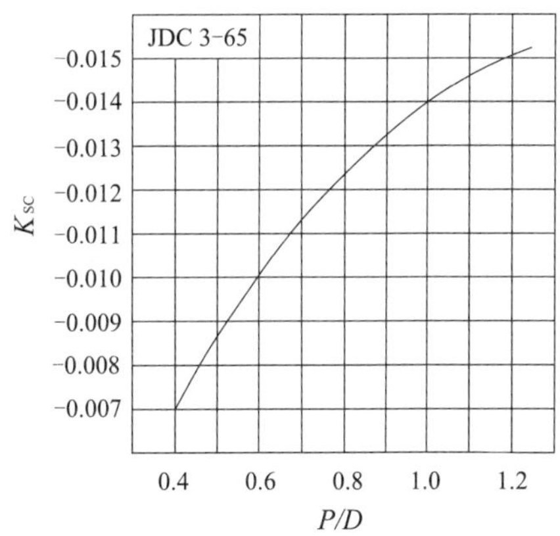

图 18-21　K_{SC} 与 P/D 的关系曲线

⑦ 校核不同工况下的空泡性能。

§18.3　隧道螺旋桨

内河浅水船由于吃水浅，螺旋桨直径受到很大限制，如果仅靠增加螺旋桨的转速和螺距比来提高螺旋桨吸收功率的能力，势必导致效率的严重下降。为了使螺旋桨能够吸收较大的主机功率而又不致太大地影响其效率，就必须增大螺旋桨的直径。隧道式船就是为了适应这种要求而出现的。所谓隧道式船，就是在艉部（约占船长的 1/3）船底部分做成形似隧道的空间，螺旋桨就在这半管道式的流场中工作（图 18–22）。按隧横剖面的深浅，隧道可分为全隧道和半隧道两种。

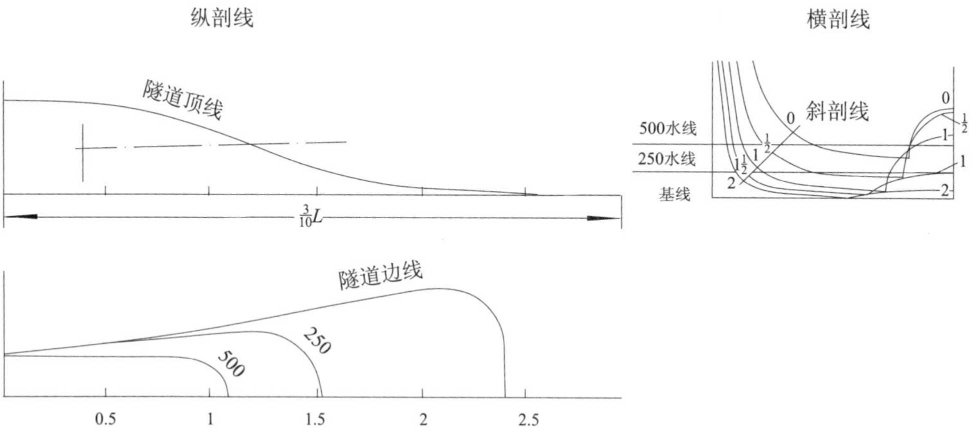

图 18–22　隧道式船线型

全隧道的横剖线具有较大的拱线，螺旋桨直径与吃水之比 D/d 较大，通常在 1.2 左右，最大可达到 1.4。全隧道多见于航道较浅、动力装置功率较大、转速较低的单桨船。就螺旋桨而言具有较高效率，但由于水流弯曲和位能的损失，推进效率未必高。在浅水航道航行时艉纵倾较大。

半隧道的横剖线拱度较小，D/d 约在 1.0，多数见于双桨船或航道较深的单桨船，由于在自由水面上的空间较小或不存在，启动比较容易，倒车性能也比较好。

隧道顶线在出口处高出自由水面者称开式隧道，低于自由水面者称闭式隧道。闭式隧道阻力较大，但倒车时没有气体进入，可改善船舶的倒车性能。开式隧道虽然阻力较小，但倒车性能较差。为了克服这一缺点，有时在隧道出口处设一活动舌板，倒车时将舌板放下，变成封闭隧道，正车时再将其开启。

在隧道中工作的螺旋桨犹如在一根横剖面被截去一部分的圆管中工作一样；本来隧道与螺旋桨应作为一个统一体来研究，但目前对隧道和隧道中的螺旋桨仍缺乏深入系统的研究，所以下面提供的隧道尺度，带有经验性质。

隧道的几何尺度（图 18–23）可按螺旋桨直径的倍数选取，故在确定隧道尺度时应先确定螺旋桨直径。螺旋桨前的隧道的几何尺度应以保证足够的水量供给螺旋桨为原则，故应使进口面积尽量宽敞，隧道外形流畅；螺旋桨后的隧道应以保证水流平直、集中为原则,故应使隧道外形平顺。隧道的尺度如图 18–23 所示。图中虚线表示闭式隧道，实线表示开式隧道。隧道进口处宽度为螺旋桨直径的 2.5 ～ 3.5 倍，视船宽和吃水大小而定，对船底与河底的距离小的应取大值，使螺旋桨工作时能有充足的水量，通常约为直径的 3 倍。隧道长为螺旋桨直径的 7 ～ 9 倍。盘面处至尾封板的距离为螺旋桨直径的 1.2 ～ 1.5 倍。设计水线至隧道顶线的最大距离 $\varDelta_1$ 为吃水的 10% ～ 20%（主机功率大者取大值）。隧道顶线反弯点的切线与基线的夹角 θ，对高速船应不大于 15°，对低速船应不大于 18°，能小一些更好。实践证明，隧道顶线反弯点很重要，若取消反弯点，采用单向弯曲的隧道顶线，将会造成隧道空间太大，启动充水困难。通常反弯点在轴线与纵中剖线相交点处稍低处。

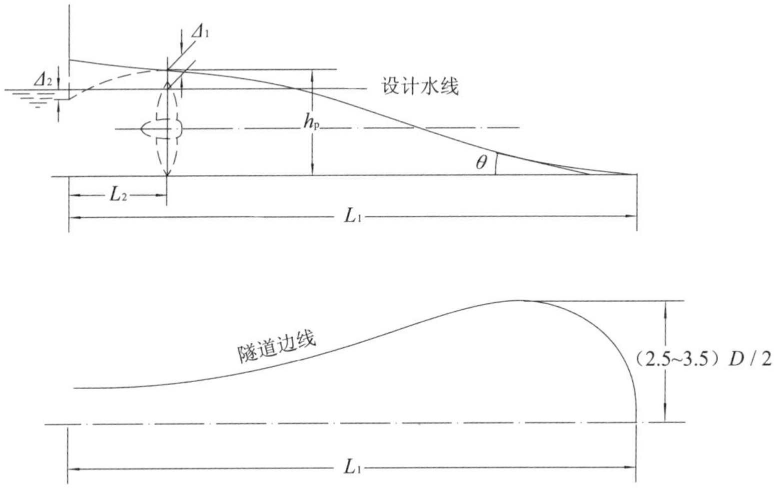

图 18-23　隧道几何尺度

国外大功率的拖、推轮也采用隧道式船型，当主机功率为 340 ～ 3 200 hp 时，隧道尺度：

$$\frac{L_1}{L}\text{为 } 0.33 \sim 0.45\text{；}\frac{L_2}{L}\text{为 } 0.10 \sim 0.12\text{；}$$

$$\frac{\Delta_1}{d}\text{为 } 0.1 \sim 0.2\text{；}\frac{\Delta_2}{d}\text{为 } 0.05 \sim 0.07\text{；}$$

$$\frac{L_1}{h_p}\text{为 } 6 \sim 7\text{；}\theta\text{ 为 } 12° \sim 15°$$

其中，L 为船舶设计水线长；d 为船吃水；h_p 为盘面处基线离隧道顶线高度；其他符号见图 18-23。

隧道中螺旋桨的设计仍没有专门的方法和图谱。目前用的仍是普通螺旋桨的设计资料。由于隧道中的工作条件，上半部像导管，下半部像普通螺旋桨，比较复杂。但由于下半部也是在限制航道中工作的，导管螺旋桨的某些特点似有借鉴意义。叶梢与隧道表面的最小间距通常保持在 0.04D（D 为螺旋桨直径）左右，或取 50 mm 左右。

§18.4　其他推进器简介

18.4.1　喷水推进器

利用水泵吸水并向船后喷射获得水的反作用力而推船前进者称为喷水推进。实现吸水和喷水的装置称为喷水推进器。

早在 17 世纪，人们就已利用喷水装置作为船舶的推进器，有关喷水装置的试验研究一直延续至今。但早期的喷水推进装置相当笨重，管路损失严重，推进效率很低，长期以来它的应用仅限于浅吃水或对操纵性要求特高的某些专用船上。自从 20 世纪 70 年代以来，专用推进泵的研制取得了相当的进展，从而大大提高了喷水推进的效率，当前已有总推进效率为 55% 的喷水推进装置，在高速艇上其效率可以与螺旋桨相匹敌。因而喷水推进在高速艇及低噪声推进船上得到日益广泛的应用。典型的喷水推进系统如图 18-24 所示。

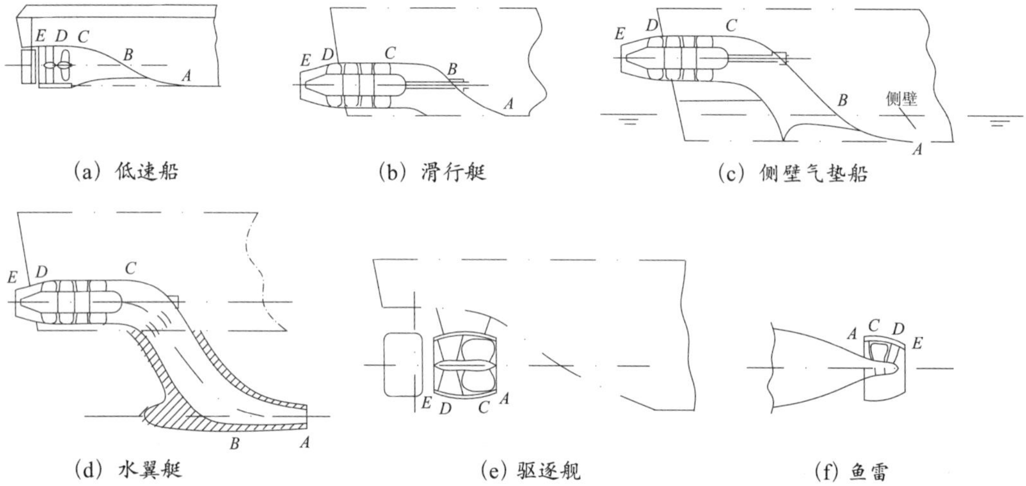

图 18-24　典型船舶喷水推进系统示意图

各种类型船舶的喷水推进装置形式虽然有所不同，但其组成大致是水泵、管道以及附属装置如隔栅、整流片等。通常把管道分成进口段 *AC* 和出口段 *DE*，如图 18-24 所示。喷口部分常做成可转动式借以改变水流的喷射方向，使船舶能倒退或转向[图 18-24 中（b）（c）（d）]。近年来，我国在喷水推进器的研制方面取得了可喜的成果，并积累了一定的设计经验。

18.4.2　串列螺旋桨

两只普通螺旋桨安装在同一根尾轴上者称为串列螺旋桨。其优点是：①与其他特种推进器相比，构造简单，制造加工和维修都较方便。②在总盘面比相同的条件下，负荷较轻时（B_P 为 10 ～ 35），串列螺旋桨和普通螺旋桨具有相当的最佳效率，但串列螺旋桨最佳直径约小 8%。中等负荷时，串列螺旋桨的效率约高 1.5%，直径约小 3%。在直径受到限制时，串列螺旋桨效率高于普通螺旋桨，限制直径 10%，效率约高 3%，限制直径 20%，则效率约高 6%。③外界负荷变化对主机转速影响不大，主机功率发挥较好。④由于功率和推力由两只螺旋桨分担，故能缓和因推进器引起的艉部振动。

串列螺旋桨的缺点是尾轴较长，重量较大，造价高于普通螺旋桨。

对于多工况的船舶如拖轮、油轮，尤其是直径受限制的浅水内河船，采用串列螺旋桨可以收到较显著的效果。近年来，由于船舶主机功率急速增大，推进器负荷不断升高，空泡、振动问题更加突出，串列螺旋桨可望有发展前途。

为了探讨串列螺旋桨的性能，上海船舶运输科学研究所进行了模型的敞水系列试验，并提供了下述系列的$\sqrt{B_P}-\delta$图谱，可供设计者参考选用：CLB4-55-2、CLN4-40-2、CLB4-40-2、CLB4-55-1、CLB4-55-3、CLB-5540-1、CLB4-5540-2。符号意义：CL 表示串列的汉语拼音；B 表示叶型及切面形式采用楚思德 B 型螺旋桨；N 表示叶梢较宽，叶根较窄，并采用改进的 NACA66 机翼形切面；数字依次表示“叶数 – 盘面比 – 前后桨螺距比之差”。如：CLB4-40-2 表示 B 型，前后桨均为 4 叶，盘面比都是 0.4，前后桨的螺距比之差为 0.2；而 5540 表示前桨盘面比为 0.55，后桨盘面比为 0.40。

利用上述$\sqrt{B_P}-\delta$图谱设计串列桨的方法与普通螺旋桨基本相同。对于船体影响系数（ω、t、η_R 等）可按普通螺旋桨的相应公式估算。从图谱查得的螺距比是后桨的值，前桨螺距比需从此值减去螺距差。从串列螺旋桨和普通螺旋桨空泡水筒试验的有关资料看，在总盘面比相同时，两者的空泡性能相近，故通常先计算前后桨的功率分配或近似地将功率平均分配，再按普通螺旋桨所用的方法进行空泡校核。强度校核也可做类似处理。

18.4.3　对转螺旋桨

对转螺旋桨或称双反转螺旋桨，乃将两普通螺旋桨分别装于同心的两轴上，以相反方向旋转，如图 18-25 所示。因为前后螺旋桨艉流的旋转方法相反，其总结果是减少了艉流的旋转损失。若前后桨配合适当，可使艉流中几乎没有周向诱导速度，故对转螺旋桨的效率较普通螺旋桨高。对转之前后两螺旋桨的转矩方向相反，大小约略相等，作用在运动体上的扭转力矩很小，故此种装置多年来普遍用作鱼雷之推进器，其目的是为了避免鱼雷在航行中转动而产生航向偏离。又因其总的叶面积增加，故在吸收同样功率时，负荷较单螺旋桨为低，有利于避免空泡的产生。在一定负荷下，对转螺旋桨所需直径较普通螺旋桨小，因此对解决浅吃水船舶的推进问题具有一定的意义。但对转螺旋桨的轴系构造极为复杂，制造工艺要求高，造价和维修费用也贵，故未能得到广泛应用。

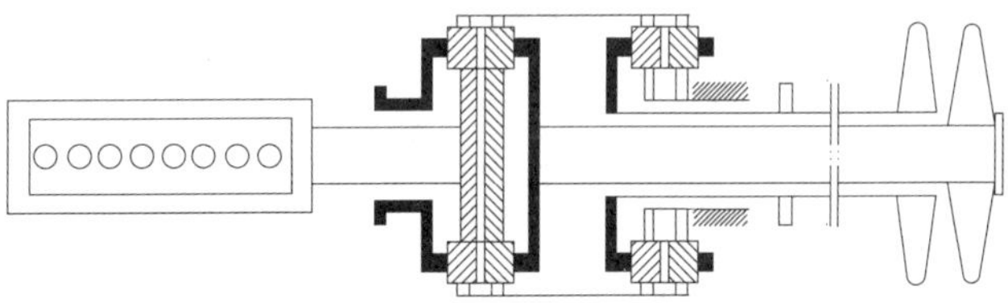

图 18-25　对转螺旋桨结构形式

【思考题】

1. 导管螺旋桨是用哪些几何要素和水动力性征系数来表示的？
2. 导管螺旋桨的设计特点是什么？
3. 导管螺旋桨能提高效率的原因何在？它适用于哪些类型的船舶？
4. 可调距螺旋桨有什么优缺点？主要应用于哪类船舶？
5. 可调距螺旋桨的盘面比为何不宜过大，它工作时能提高效率是指什么效率？
6. 对于可调距螺旋桨何谓叶切面畸变？

第 19 章　螺旋桨环流理论设计基础

前面我们已经详细地讨论了螺旋桨的图谱设计方法。由于计算方便，易为人们所掌握，而且如选用图谱适宜，结果也较满意，故目前仍是应用最广泛的一种设计方法。但是实际螺旋桨运转于非均匀的船后艉流场内，实践表明，这种艉流场的不均匀性发展到一定程度后，将会发生螺旋桨空泡和引起船体振动等问题。在这种情况下，用环流理论方法所设计的螺旋桨将显示出它的优越性。环流理论设计方法是根据环流理论及各种桨叶切面的试验或理论数据进行螺旋桨设计。用此种方法可以分别选择各半径处最适宜的螺距和切面形状，以照顾到船后伴流不均匀性的影响。因而对于螺旋桨的空泡和振动问题能进行比较正确的考虑。以往由于此方法计算繁复,加工工艺也较复杂，故在我国除某些军用船外应用甚少。随着计算机技术在造船事业中应用的发展与理论的进一步研究，不少设计单位和船厂已具有相应的设计程序，这必将有力地促进环流理论螺旋桨的应用。在这种情况下，本课程有必要介绍螺旋桨环流理论基础及其应用，以便掌握目前推广的辅之以升力面理论修正的螺旋桨升力线理论设计计算程序。

§19.1　螺旋桨环流理论导言

螺旋桨环流理论是利用流体力学的理论方法来解决螺旋桨下列两类问题：一类是给定螺旋桨的几何形状和运转条件（包括它所处的伴流场），通过理论计算的方法求出螺旋桨的水动力、桨叶切面的压力分布等。实际上就是借助于理论方法来确定螺旋桨性能的问题。通常人们称之为（计算的）正问题，也有人称为（设计的）逆问题。本书中称此为正问题。另一类是给定螺旋桨的运转条件（包括所处的伴流场），并提出对螺旋桨水动力性能的某些设计要求，如提高效率，推迟空泡发生或缩小空泡区域，降低激振力或推迟梢涡空泡噪声的发生等，然后根据理论研究的成果去控制某些变量或参数，设计出尽可能符合这些要求的螺旋桨几何形状。这类问题有人称为（计算的）逆问题，也有人称为（设计的）正问题。本书中称它为逆问题或设计问题。

螺旋桨的叶数实际上是有限的，并且桨叶有旋转运动，因此在空间的固定坐标系中，对指定的场点来说，由于桨叶对场点的相对位置随时间而变化，故流场是非定常的。但在与螺旋桨固定在一起的旋转坐标系中看问题时，如果螺旋桨在敞水或一个轴对称的伴流场中运转，则在该运动坐标系中的场点（与运动坐标系固定在一起）与桨叶的相对位置不随时间而变化，而桨叶所遇的来流条件也不随时间变化，因此运动坐标系所表现的流场也不随时间而变化，在螺旋桨理论中，是用此运动坐标系中的流场来定义定常或非定常的。如在这种运动坐标系中，流场不随时间变化，则定义为定常运动，反之为非定常运动。显然，在周向不均匀的伴流场中，由于桨叶所遇的来流条件随时间而变化，引起桨叶的扰动也随时间变化，因此即使在运动坐标系中，流场仍然是非定常的。实际上运转于船后的螺旋桨都属于这种情况，即非定常运动。为简化起见，常将伴流场理想化，或视作均匀流场（敞水情况），或视作轴对称流场（所谓船后状态）。

螺旋桨叶片是一个做螺旋运动的机翼，所以机翼中的环流理论（也称漩涡理论）

是螺旋桨理论的基础。事实上，螺旋桨理论中不少基本概念及模型的建立是从机翼理论中引申过来的，只是由于螺旋桨不但有前进运动并且还有旋转运动，故在处理上要比机翼理论复杂。

19.1.1　螺旋桨的漩涡模型

19.1.1.1　*机翼漩涡模型及其处理方法*

螺旋桨的环流理论又称漩涡理论，是把流体力学中的机翼理论用于研究螺旋桨的作用力与其周围流体速度场之间的基本规律，从而确定螺旋桨的水动力性征。这里先简单回顾一下机翼的漩涡模型及其解决问题的概念，对于理解螺旋桨问题是有帮助的。

无限翼展的机翼（即二因次机翼）在计算其升力时，可把机翼用一无穷长的涡线来代替，此涡线称为附着涡。但对于有限翼展的机翼，由于上下表面压力不同（上表面为吸力面，高速低压；下表面为压力面，低速高压），在机翼两端形成自下而上的横向绕流，致使在翼端处上下压力趋于相等，亦即该处升力趋于零（图 11–8），升力沿翼展方向是变化的。因此它不能用等强度的附着涡来代替以计算其升力。根据海姆霍茨（Helmholtz）定理：涡线的强度保持不变并且不能中断于流体内部，从而就可设法寻求相应的漩涡模型。在图 19–1 所示的机翼上，作一曲面 S 环绕它，曲面 S 有一割缝，AB 和 CD 为其两岸。对沿曲面 S 周界作速度的线积分，由于割缝两岸积分方向相反，故割缝两岸的速度线积分相互抵消，从而使

$$\oint V \cdot \mathrm{d}l = \Gamma_1 - \Gamma_2$$

式中，Γ_1 为绕机翼截面Ⅰ的环量；Γ_2 为绕机翼截面Ⅱ之环量。根据斯托克斯定理

$$\oint V \cdot \mathrm{d}l = \text{穿过曲面}\ S\ \text{的涡的总强度}$$

由于三因次机翼中 $\Gamma_1 \neq \Gamma_2$，故必有涡穿过曲面 S 向外泄出，泄出的涡称为自由涡或艉涡，艉涡的存在是三因次机翼区别于二因次机翼的主要特征。由此可见

$$\Gamma_1 = \Gamma_2 + \text{两截面间泄出的自由涡总强度}$$

这样，保持涡强度的总和不变，符合海姆霍茨定理。

根据上述现象，普朗特（Prandr）提出了描绘三因次机翼的漩涡模型如图 19–2 所示。它是由无数个具有无限小强度的不同展长的马蹄形涡组成，整个涡系分为两部分：所有沿翼展方向的涡线段称为附着涡系，所有向下游泄出的涡线称为自由涡系。这样，对于每一条马蹄形涡线是等强度的，但绕机翼每一截面的环量取决于穿过该截面的附着涡的总强度，故它沿翼展方向是变化的。

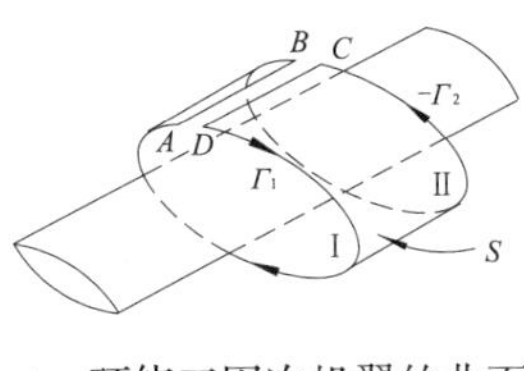

图 19–1　环绕三因次机翼的曲面 S

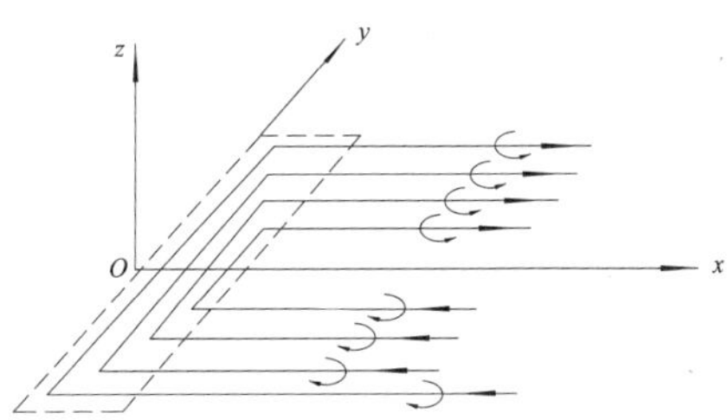

图 19–2　三因次机翼的漩涡模型

如取（x、y、z）坐标系如图 19–2 所示，x 方向为来流方向，y 为翼展方向，z 垂直于 xy 平面。若绕截面Ⅰ的环量为 Γ_1，绕截面Ⅱ的环量为 Γ_2，则在截面Ⅰ与Ⅱ之间泄出的环量必为

$$\Delta\Gamma = \Gamma_1 - \Gamma_2$$

由于环量 Γ 沿展向连续变化，是 y 的函数，如自由涡线以向下游取为正，则分布在 $\mathrm{d}y$ 区间的自由涡强为

$$-\frac{\mathrm{d}\Gamma}{\mathrm{d}y}\cdot\mathrm{d}y$$

对于大展弦比的机翼，普朗特再将上述涡系作进一步简化，他认为此时可把所有的附着涡看作是束集在一条线上，也即以一条附着涡线来代替，称之为升力线。实际上所谓升力线就是强度沿展向变化的一条附着涡线，如图 19–3 所示，自由涡从升力线向下游泄出，形成一个自由涡片，此即享有盛名的机翼升力线漩涡模型。上述自由涡片与观察到的并不完全一致，实际上自由涡片并不稳定，在离机翼艉端不远处变形而卷成两个涡卷，如图 19–4 所示，被来流冲向下游。要根据实际形成的涡卷作理论上的讨论是很困难的，故实际计算中仍采用图 19–3 所示的模型，认为机翼后面的自由涡片是延伸至无穷远后方的平面涡片。

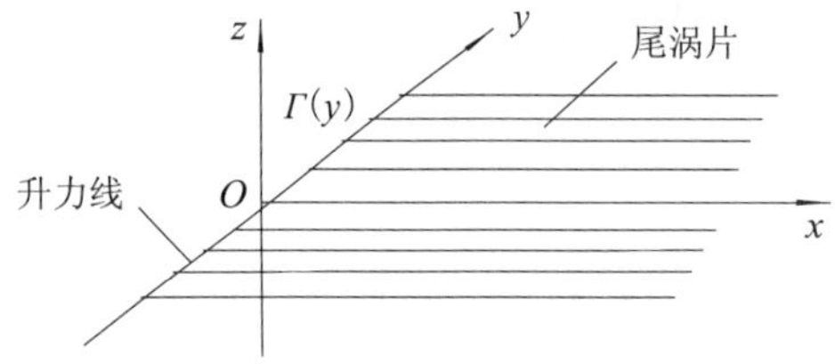

图 19–3　机翼升力线漩涡模型

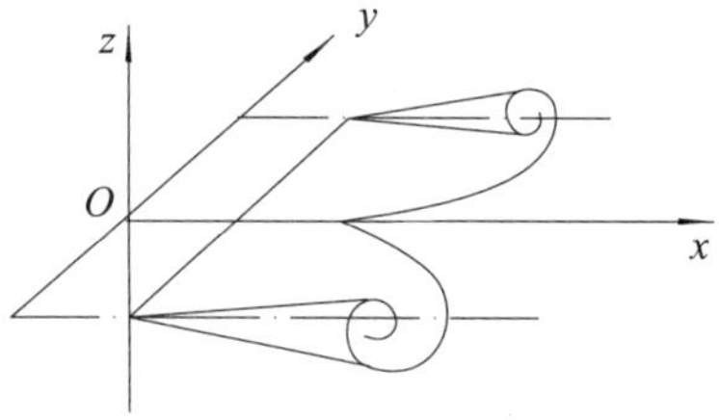

图 19–4　自由涡片形成涡卷

流场中的速度 $\boldsymbol{v}$ 可看成由三个部分合成：

$$\boldsymbol{v} = \boldsymbol{V} + \boldsymbol{v}_b + \boldsymbol{v}_f$$

式中，$\boldsymbol{V}$ 为来流速度；$\boldsymbol{v}_b$ 为附着涡（即升力线）产生的诱导速度；$\boldsymbol{v}_f$ 为自由涡系产生的诱导速度。

通过升力线上各点可作相应的平行于 xOz 平面的平面，普朗特把此平面内的流动用一个二因次流动来代替。引入一个速度 $\boldsymbol{V}_m$：

$$\boldsymbol{V}_m = \boldsymbol{V} + \boldsymbol{v}_i$$

式中，$\boldsymbol{v}_i$ 为升力线上的 $\boldsymbol{v}_f$ 在 Z 方向的分量，称为下洗速度。把 $\boldsymbol{V}_m$ 当作假想的二因次流动的来流速度，用 $\boldsymbol{v}_i$ 来体现自由涡的影响。然后把平行于 xOz 平面的平面内的流动看作二因次问题，它在升力线处的速度可表达为

$$\boldsymbol{v} = \boldsymbol{V}_m + \boldsymbol{v}_b$$

形式上与真正的二因次流动一致。但必须注意，此时的来流速度已是 $\boldsymbol{V}_m$，而不是 $\boldsymbol{V}$，故按茹可夫斯基定理计算的升力 $\boldsymbol{Ł}$ 垂直于 $\boldsymbol{V}_m$。把 $\boldsymbol{Ł}$ 分解为垂直于 $\boldsymbol{V}$ 的分量 $\boldsymbol{Ł}'$（实际上的升力）和沿速度 $\boldsymbol{V}$ 方向的分量 D'（诱导阻力），如图 19–5 所示。由此可见，即使在

理想流体中，三因次机翼也是存在阻力的。

二因次机翼的升力系数 $C_Ł$ 可由下式给出：

$$C_Ł = \frac{dC_Ł}{d\alpha}(\alpha + \alpha_0) = \alpha_0(\alpha + \alpha_0) \tag{19-1}$$

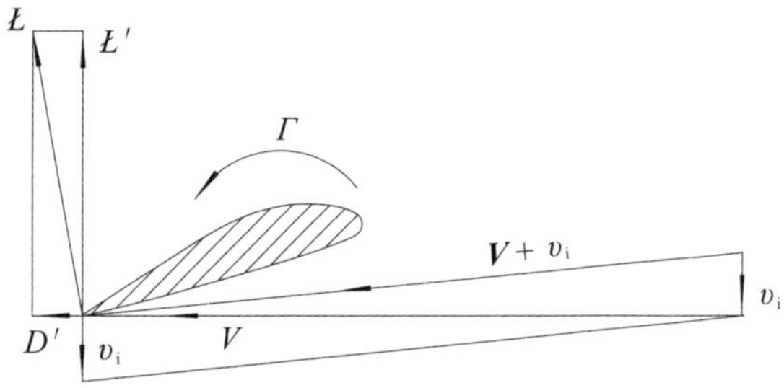

图 19-5　三因次机翼的下洗速度和诱导阻力

式中，α 为机翼对于来流速度的攻角，α_0 为机翼切面的零升力角。由于现在某机翼截面的来流速度为 $\boldsymbol{V}_m$，它与 $\boldsymbol{V}$ 之间有夹角 $\Delta\alpha$，称为下洗角。若仍以 α 表示机翼对于 $\boldsymbol{V}$ 的攻角，则式 (19-1) 应改写成

$$C_Ł = \alpha_0(\alpha + \alpha_0 + \Delta\alpha) = \alpha_0\left(\alpha + \alpha_0 + \frac{v_i}{V}\right) \tag{19-2}$$

升力系数还可由下式表示：

$$C_Ł = Ł\Big/\frac{1}{2}\rho b(y)V^2 \tag{19-3}$$

式中，ρ 为流体密度；$b(y)$ 为 y 处机翼切面的弦长；$Ł$ 为切面单位长度上的升力，由下式表示：

$$Ł = \rho V_m \Gamma(y) \approx \rho V \Gamma(y) \tag{19-4}$$

因此，将式 (19-4) 代入式 (19-3) 可得

$$C_Ł = \frac{2\Gamma(y)}{b(y)V} \tag{19-5}$$

再将式 (19-5) 代入式 (19-2)，经整理即可有

$$\Gamma(y) = \frac{1}{2}\alpha_0 b(y)V\left(\alpha + \alpha_0 + \frac{v_i}{V}\right) \tag{19-6}$$

如前所述，自由涡强为$-\frac{d\Gamma}{dy}\cdot dy$，故自由涡产生的诱导速度 v_i 可按毕奥 – 萨伐公式求得

$$v_i(y) = -\frac{1}{4\pi}\int_l \frac{\frac{d\Gamma}{dy_0}dy_0}{y_0 - y} \tag{19-7}$$

代入式 (19-6)，就有下列积分微分方程：

$$\Gamma(y) = \frac{\alpha_0}{2}b(y)V\left[\alpha(y) + \alpha_0(y) - \frac{1}{4\pi V}\int_l \frac{\frac{d\Gamma}{dy_0}dy_0}{y_0 - y}\right] \tag{19-8}$$

利用式 (19-8) 可以求解环量 $\Gamma(y)$。解出 $\Gamma(y)$ 后，则 v_i、下洗角 $\Delta\alpha$，升力和诱导阻力均可解决。由此也可看到，上述处理过程中，仅通过假想的二因次截面建立方程，

并未考虑物面上的边界条件。因此，升力线理论是一个近似的理论，对于展弦比较小的机翼，必然导致较大的误差。

所谓升力面理论，是把附着涡连续分布在整个翼面上以构成一个附着涡的涡片。对于小攻角和小拱度的机翼，上述附着涡分布在 xOy 平面上以近似代替翼面上的分布，如图 19–6 所示。γ_b（x，y）定义为附着涡的强度分布密度，故在 dx 区间，附着涡的强度为 γ_b（x，y）dx。

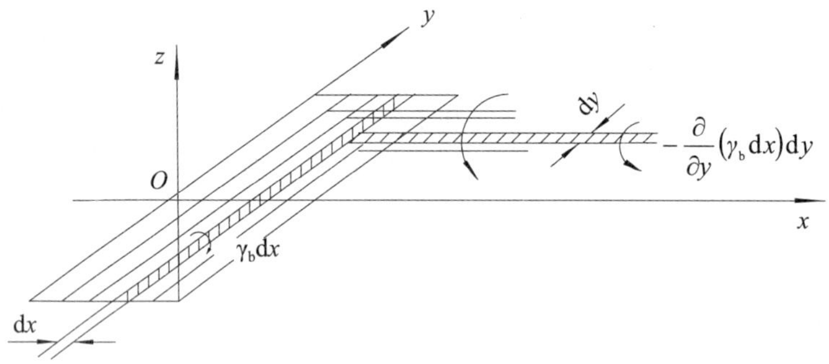

图 19–6　三因次机翼的升力面模型

在三因次问题中，在 dx 区间的一束附着涡涡强沿 y 方向变化，可按升力线模型的规则，泄出自由涡，且其强度 $\bar{\gamma}_f(y)dy$ 可由下式表达：

$$\bar{\gamma}_f(y)dy = -\frac{\partial}{\partial y}\left[\gamma_b(x, y)dx\right]dy$$

因为自由涡是从泄出点起向下游延伸至无穷远，故在翼区内任一点（x，y，O）上，自由涡强度不但包含所在点泄出的涡，而且还有上游泄出的所有自由涡，以图 19–6 所示的矩形翼为例，该点自由涡强度为

$$\gamma_f(x, y)dy = -\int_0^x \frac{\partial}{\partial y}\left[\gamma_b(x_0, y)\right]dx_0 dy \tag{19–9}$$

自由涡密度则为

$$\gamma_f(x, y) = -\int_0^x \frac{\partial}{\partial y}\left[\gamma_b(x_0, y)\right]dx_0 \tag{19–10}$$

由上式可见，在翼区 S 内，γ_f 是 x、y 的函数。但在机翼尾缘之后，因不再有新的自由涡加入，故自由涡强度沿 x 方向就不再变化，而只是 y 的函数，即

$$\gamma_f(x, y) = \gamma_f(y) = -\int_0^b \frac{\partial}{\partial y}\left[\gamma_b(x_0, y)\right]dx_0 \tag{19–11}$$

式中，b 为弦长。对于非矩形的翼，则上述三式还要考虑到导边和尾缘的处理。升力面模型就是用上述的附着涡分布及自由涡合成的涡系来代替机翼。由式 (19–10) 可见，γ_f 取决于 γ_b，故整个涡分布的未知函数仅是 $\gamma_f(x, y)$。附着涡系和自由涡系在机翼上各点所产生的诱导速度 $u(x, y)$ 可以通过毕奥 – 萨伐公式与涡分布建立关系，亦即建立 $u(x, y)$ 与 $\gamma_b(x, y)$ 的关系式。然后根据 $u(x, y)$ 在机翼表面上所需满足的边界条件，建立一个求解 $\gamma_b(x, y)$ 的积分微分方程，这就是升力面理论处理机翼问题的基本概念。

19.1.1.2　螺旋桨的升力线模型

螺旋桨的叶片是做螺旋运动的机翼，从螺旋桨运转时周围水流运动情况的观察可以清晰地看到，螺旋桨的漩涡形式与机翼十分相似。图 19–7 为螺旋桨运转时周围的水流运动情况，在桨叶的叶梢和叶根（桨毂处）各有一股漩涡顺流冲向螺旋桨后方，与机翼不同的是：由于螺旋桨具有旋转运动，桨叶随边泄出的漩涡呈螺旋形。

与机翼类似，螺旋桨叶也可用附着涡来代替，由于实际桨叶具有一定的长度，叶梢具有横向绕流，因而形成自由涡。与三因次机翼的情况相似，附着涡的环量沿桨叶长度方向（即半径方向）是变化的，艉涡（自由涡）沿整个桨叶随边泄入艉流并成一连续的自由涡片。

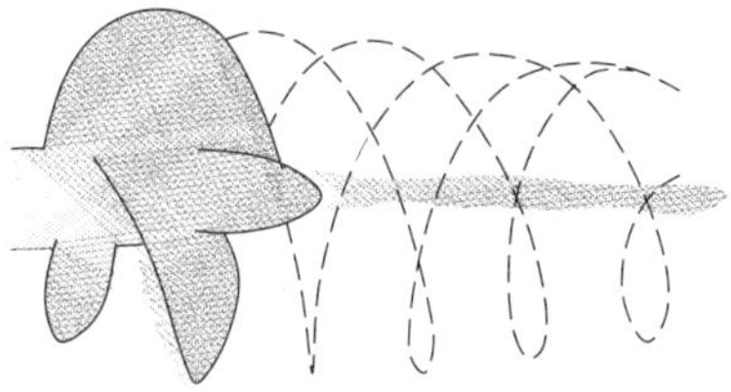

图 19–7　桨叶泄出的螺旋形涡线

由此我们可建立螺旋桨升力线模型：把螺旋桨叶看作有限翼展的机翼，并以一根径向的升力线（即一条附着涡线）来代替螺旋桨叶，升力线的环量随半径方向是变化的，故自升力线上每一点有自由涡线下泄，如图 19–8 所示。在叶梢处，因叶面和叶背压力趋于相等，故不存在升力（即环量为零）。至于叶根部分，因与桨毂连在一起，处理起来比较复杂。有人认为：桨毂虽能阻挡同一叶片压力面和吸力面之间的压力中和，但由于根部处叶与叶之间很靠近，一叶之压力面将与相邻叶片之吸力面发生压力的中和，因此使该处的环量也为零，如图 19–9 所示；但也有人认为在根部环量并不一定为零，因而在处理上有些不同。

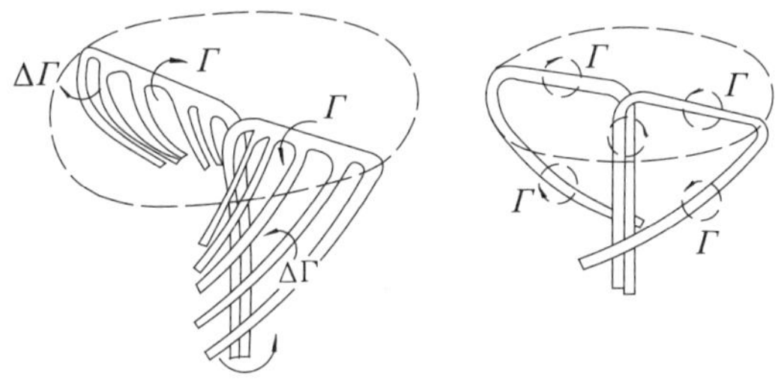

图 19–8　螺旋桨升力线模型

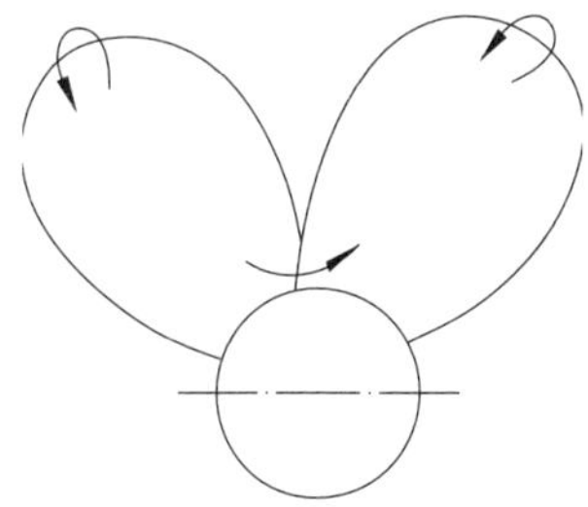

图 19–9　叶根处的环量

令 $\Gamma(r)$ 为一个叶子的附着涡在半径 r 处的环量，由于它沿半径 r 方向连续变化，如取自由涡线向下游为正，则该点下泄的自由涡强度 $\overline{\Gamma}$ 与附着涡环量之间有如下关系：

$$\overline{\Gamma} = -\frac{\mathrm{d}\Gamma(r)}{\mathrm{d}r} \qquad (19\text{–}12)$$

如前所述，由于螺旋桨运转时一边前进，一边旋转，故在升力线处下泄的自由涡线呈螺旋线状，无数螺旋线状自由涡线组成螺旋面涡片。每个叶片后面有一个螺旋状涡片，Z 个叶子就有 Z 个螺漩涡片。又因螺旋桨叶片是对称的，故螺旋桨后面的螺漩涡片也是对称的。

事实上，螺旋桨后面的螺旋形自由涡片是不稳定的，在离螺旋桨稍远处即卷成两个漩涡带（图 19–7），一个在叶梢附近，一个在叶根附近，分别称为梢涡和根涡，各叶的根涡汇集成一个总的轴向漩涡带，而梢涡则呈螺旋状涡管，梢涡数目与叶数相同。

在理论研究时，为方便起见，假定螺漩涡片并不卷起，一直延伸到无穷远。

19.1.1.3 桨叶上的力和转矩

我们以升力线涡线系代替螺旋桨，认为此涡系所诱导的速度场与螺旋桨运动所诱导的速度场相同，如果能够计算出自由涡系在桨叶上（即升力线上）的诱导速度，那么，考虑了此诱导速度之后，可将桨叶上每一个叶元体当作二因次机翼来处理，应用茹可夫斯基升力公式可以求出作用在桨叶上的力和力矩。

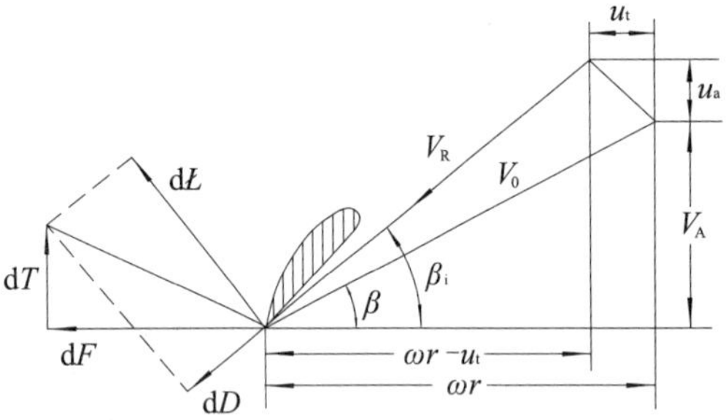

图 19-10 叶剖面的速度与作用力

设螺旋桨的进速为 V_A，角速度为 ω，如在半径 r 处截取 dr 微段，则此 dr 微段的轴向速度为 V_A，周向速度为 ωr，如图 19-10 所示。此叶元体相对于静水的合速为 $V_0=\sqrt{V_A^2+(\omega r)^2}$

V_0 与周向速度的夹角 β 称为进角，可由下式表示：

$$\tan\beta=\frac{V_A}{\omega r} \tag{19-13}$$

设所有自由涡片对升力线处的诱导速度为 u_a、u_t 和 u_r。由于径向诱导速度 u_r 与附着涡环量 $\Gamma(r)$ 方向相同，不产生升力，所以对水动力的计算不起作用。轴向诱导速度 u_a 的方向与螺旋桨前进方向相反，使桨叶与附近水流的轴向相对速度增加。周向诱导速度 u_t 的方向与螺旋桨旋转方向相同，使桨叶与附近水流的相对周向速度减小。因此，考虑自由涡系的诱导速度以后，水流与螺旋桨叶元体的相对速度为 V_R，如图 19-10 所示。V_R 与周向速度的夹角 β_i 称为水动力螺距角，可由下式表示：

$$\tan\beta_i=\frac{V_A+u_a}{\omega r-u_t} \tag{19-14}$$

若忽略离心力的影响，则作用在 dr 微段上的升力可表达为

$$\mathrm{d}L=\rho V_R\Gamma(r)\,\mathrm{d}r$$

其方向与 V_R 垂直。

在实际流体中，除升力外尚有翼型阻力（包括摩擦阻力和漩涡阻力），以 dD 表示，方向与 V_R 相同，如图 19-10 所示。以 ε 表示翼型的阻升比，即

$$\varepsilon=\mathrm{d}D/\mathrm{d}L \quad 或 \quad \mathrm{d}D=\varepsilon\cdot\mathrm{d}L$$

将 dŁ 和 dD 的合力在轴向投影，得到叶元体所产生的推力 dT 为

$$\begin{aligned}\mathrm{d}T&=\mathrm{d}Ł\cos\beta_i-\mathrm{d}D\sin\beta_i=\mathrm{d}Ł\cos\beta_i(1-\varepsilon\cdot\tan\beta_i)\\&=\rho V_R\Gamma(r)\cos\beta_i(1-\varepsilon\cdot\mathrm{tg}\,\beta_i)\,\mathrm{d}r\end{aligned} \tag{19-15}$$

将 dŁ 和 dD 的合力在周向投影，得到叶元体所受的旋转阻力 dF 为

$$\mathrm{d}F=\mathrm{d}Ł\sin\beta_i+\mathrm{d}D\cos\beta_i=\mathrm{d}Ł\sin\beta_i\left(1+\frac{\varepsilon}{\tan\beta_i}\right)$$

$$= \rho V_R \Gamma(r) \sin\beta_i \left(1+\frac{\varepsilon}{\tan\beta_i}\right) dr \tag{19-16}$$

因而，dF 所形成的转矩 dQ 为

$$dQ = dF \cdot r = \rho V_R \Gamma(r) \sin\beta_i \left(1+\frac{\varepsilon}{\tan\beta_i}\right) r\,dr \tag{19-17}$$

由图 19-10 可知

$$V_R \cos\beta_i = \omega r - u_t$$

$$V_R \sin\beta_i = V_A + u_a$$

故作用在 dr 微段上的推力和转矩为

$$dT = \rho\Gamma(r)(\omega r - u_t)(1-\varepsilon\cdot\tan\beta_i)\,dr \tag{19-18}$$

$$dQ = \rho\Gamma(r)(V_A+u_a)\left(1+\frac{\varepsilon}{\tan\beta_i}\right) r dr \tag{19-19}$$

将 dT 和 dQ 沿半径 r 积分，即得一个叶片的推力和转矩，乘以叶数 Z 即为整个螺旋桨发出的推力 T 和吸收的转矩 Q，即

$$\left.\begin{aligned} T &= \rho Z\int_{r_h}^{R} \Gamma(r)(\omega r - u_t)(1-\varepsilon\tan\beta_i)\,dr \\ Q &= \rho Z\int_{r_h}^{R} \Gamma(r)(V_A + u_a)(1+\frac{\varepsilon}{\tan\beta_i}) r\,dr \end{aligned}\right\} \tag{19-20}$$

式中，r_h 为桨毂半径。上述公式中环量分布 $\Gamma(r)$ 和自由涡系在升力线处的诱导速度之间有一定的关系，可以通过毕奥 - 萨伐定理或速度势理论建立这种关系。所以，问题就归结为求解环量分布。

至于确定诱导速度和自由涡强度$\overline{\Gamma}\,dr = -\dfrac{d\Gamma}{dr}dr$之间的关系，与机翼理论一样，可以利用毕奥 - 萨伐公式或速度势理论。由于螺旋桨后面的自由涡系是 Z 个对称的螺漩涡片，问题比平面机翼要复杂一些。

在决定自由涡系所感诱的诱导速度时，首先必须知道自由涡线的形状，而自由涡线的形状又依赖于诱导速度的大小，即诱导速度和自由涡线形状是相互依赖的，所以不得不作些近似假定。在实际处理中，一般将螺旋桨分为三种类型：轻载螺旋桨、中载螺旋桨和重载螺旋桨。

所谓轻载螺旋桨，是指诱导速度与螺旋桨运动速度相比为很小的情况。对于这类螺旋桨，一般忽略诱导速度对涡片形状的影响，升力线上每一点的运动轨迹就是自由涡线的位置。设螺旋桨前进速度为 V_A，角速度为 ω，则半径 r 处叶元体与静水的相对速度为$V_0 = \sqrt{V_A^2 + (\omega r)^2}$。在 r 处下泄的自由涡线就假定沿 V_0 方向，它在静水中的轨迹为螺旋线，其螺距为

$$P = 2\pi r\tan\beta = 2\pi r\frac{V_A}{\omega r} = 2\pi\frac{V_A}{\omega} \tag{19-21}$$

式中，β 为螺漩涡线的螺距角，也即式 (19-13) 中的进角。

由式 (19-21) 可见，将自由涡线放置在 V_0 方向来计算诱导速度时，不同半径处螺漩涡线的螺距都相同，这些等螺距螺旋线组成一个等螺距螺旋面，每个叶子后面有一个螺漩涡面，Z 个叶子就有 Z 个对称的等螺距螺漩涡面。可见这个假定忽略了诱导速度、离心力和艉流收缩等影响。

中载螺旋桨（除拖船以外，一般船舶的螺旋桨均属中载螺旋桨）是指其诱导速度的二次项及高次项与进速相比可以忽略的情况。也就是说需考虑诱导速度对自由涡片形状的影响，但仍忽略艉流收缩的影响，故升力线 r 处下泄的自由涡线总是位于同一半径 r 的圆柱面上。此时，自由涡线的半径 r 和螺距沿轴向都没有变化，这种轴向等螺距螺旋线称为真正的螺旋线。

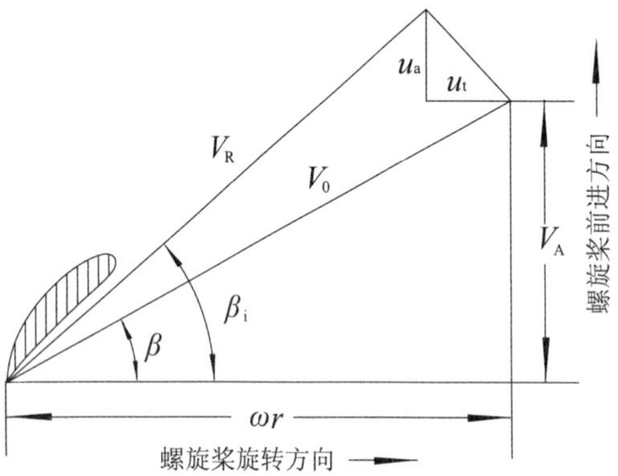

图 19-11　中载螺旋桨自由涡线处理

至于不同半径处自由涡线的螺距是否相同，则视载荷分布情况而定。令 u_a 和 u_t 分别表示自由涡系在升力线某半径 r 处的轴向和周向诱导速度。如图 19-11 所示，对中载螺旋桨，假定自由涡线沿着 V_R 方向，则其螺距角为 β_i，螺距 P 为

$$P = 2\pi r\tan\beta_i = 2\pi r\frac{V_A + u_a}{\omega r - u_t} \tag{19-22}$$

至今，以中载荷螺旋桨理论发展最为充分，应用也较广，大部分螺旋桨问题都可按此来处理，故本书主要介绍中载荷螺旋桨理论。

如果螺旋桨负荷加重，径向诱导速度已不能忽略，则须考虑艉涡的收缩，这种螺旋桨称为重负荷螺旋桨。处理这类问题需采用相应的重载荷螺旋桨理论，否则会有明显误差。但有关重载荷螺旋桨理论的文献至今还很少。

19.1.2　对称螺旋涡线诱导速度场的若干几何特性

根据上面的假定忽略艉流收缩，认为自升力线处下泄的自由涡线是等螺距螺旋线，因此，我们先研究 Z 根孤立的对称螺漩涡线的诱导速度场的几何特性。

引入动坐标系统 (x, y, z)，x 轴与螺旋桨的一个叶子重合，也即与一根升力线重合，升力线在 $z=0$ 的平面内，z 轴与螺旋桨前进方向相反，采用右手坐标系统，坐标轴 (x, y, z) 与螺旋桨固定在一起运动，如图 19-12 所示。

设在半径 r_0 处 $\mathrm{d}r_0$ 段下泄 Z 根对称螺漩涡线，其强度为 $\overline{\Gamma}\mathrm{d}r_0 = -\frac{\mathrm{d}\Gamma}{\mathrm{d}r}\Big|_{r=r_0}\mathrm{d}r_0$，涡线的螺距角为 β_{i0}，涡线的螺距为

$$P = 2\pi r_0\tan\beta_{i0} = 2\pi h_0$$

式中，$r_0\tan\beta_{i0} = h_0$，对每一半径处的螺漩涡线其值为常数。

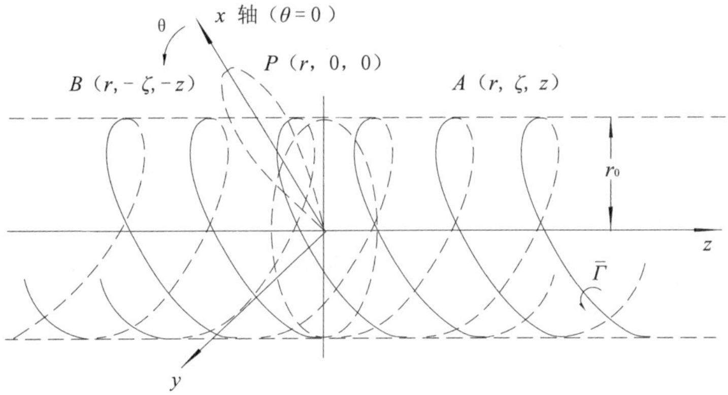

图 19-12　螺旋桨的动坐标系统

令在零叶半径 r_0 处下泄的螺漩涡线上任一点的坐标为 x、y、z，则

$$x = r_0 \cos\theta$$

$$y = r_0 \sin\theta$$

$$z = r_0 \theta \tan\beta_{i0}$$

所以，零螺漩涡线在圆柱坐标系 $(r,\ \theta,\ z)$ 中的方程式为

$$r = r_0$$

$$\theta - \frac{1}{h_0} z = 0$$

类似地，从第 k 叶下泄的螺漩涡线的方程式为

$$r = r_0$$

$$\theta - \frac{1}{h_0} z = \frac{2\pi}{Z} k$$

式中，$k = 0，1，2，\cdots，Z-1$；Z 为桨叶数。

为方便起见，在讨论这种对称等螺距螺漩涡线速度场的几何特性时，引入螺旋曲面坐标系统 $(r,\ \zeta,\ z)$。其中，$r=$ 常数，表示半径为 r 的圆柱面；$\zeta = \theta - \frac{1}{h_0} z =$常数，表示螺距 $P = 2\pi h_0$ 的等螺距螺旋面；ζ 表示此螺旋面在 $z = 0$ 平面上的交线与 x 轴的夹角；$z =$ 常数，表示垂直于 z 轴的平面。以上 3 个面相交得一交点，决定空间一点的位置：r，ζ，z。

在 $(r,\ \zeta,\ z)$ 的螺旋曲面坐标系中，自由涡线的方程可表示为

$$r = r_0$$

$$\zeta = \theta - \frac{1}{h_0} z = \frac{2\pi}{Z} k，\quad k = 0，1，2，\cdots，Z-1$$

每一个 k 值对应于自第 k 叶下泄的涡线。

先将螺旋桨后方（右边）Z 根半无穷长的螺漩涡线向桨前方（左边）延伸至无穷远处，这样就形成二边都伸向无穷的 Z 根螺漩涡线。再将右边半无穷长涡系绕 Ox 轴转过 180°，使 $\zeta=0$ 的右边半根涡线与左边的半根涡线正好重合，右边 $\zeta=C$ 与左边 $\zeta=-C$ 的螺漩涡线完全重合，而右边点 $A(r,\zeta,z)$ 与左边点 $B(r,-\zeta,-z)$ 重合，如图 19-12 所示。

旋转后，右边 Z 根半无穷长螺漩涡线与左边 Z 根半无穷长的螺漩涡线相互重合，由于合成后总漩涡强度为零，故对空间任一点的诱导速度必然为零。亦即右边半涡系在 $A(r,\zeta,z)$ 点的诱导速度旋转后与左边半涡系在 $B(r,-\zeta,-z)$ 点的诱导速度相互抵消。所以，其径向诱导速度关系为

$$u_{rd}(r,\ -\zeta,\ -z)+u_r(r,\ \zeta,\ z)=0$$

即
$$u_{rd}(r,\ -\zeta,\ -z)=-u_r(r,\ \zeta,\ z) \tag{19-23}$$

式中，u_{rd} 为左边半涡系诱导的径向诱导速度，u_r 为右边半涡系诱导的径向诱导速度。

至于轴向和周向诱导速度因右半涡系在 $A(r,\ \zeta,\ z)$ 点的轴向和周向诱导速度旋转后方向相反，故

$$u_{ad}(r,\ -\zeta,\ -z)+u_a(r,\ \zeta,\ z)=0$$

即
$$u_{ad}(r,\ -\zeta,\ -z)=u_a(r,\ \zeta,\ z) \tag{19-24}$$

式中，u_{ad}、u_a 分别为左边和右边半涡系诱导的轴向诱导速度。

及
$$u_{td}(r,\ -\zeta,\ -z)-u_t(r,\ \zeta,\ z)=0$$

即
$$u_{td}(r,\ -\zeta,\ -z)=u_t(r,\ \zeta,\ z) \tag{19-25}$$

式中，u_{td}、u_t 分别为左边和右边半涡系诱导的切向诱导速度。

根据以上的结果，可以证明以下几点：

（1）
$$u_a(r,0,0)=\frac{1}{2}u_{a\infty}(r,0) \tag{19-26}$$

$$u_t(r,0,0)=\frac{1}{2}u_{t\infty}(r,0) \tag{19-27}$$

式中，$u_{a\infty}(r,0)$ 和 $u_{t\infty}(r,0)$ 表示两边延伸到无穷远的对称涡线对螺旋线 $(r=r,\zeta=0)$ 上任一点的轴向和周向诱导速度，它们相当于对称半无穷长螺漩涡线在其无穷远后方螺旋线 $(r=r,\zeta=0)$ 上的轴向和周向诱导速度。$u_a(r,0,0)$ 和 $u_t(r,0,0)$ 表示半无穷长涡线对升力线处 $(r,0,0)$ 点的轴向和周向诱导速度。

应用式 (19-24) 及式 (19-25) 很容易证明式 (19-26) 和式 (19-27) 两式成立。

由式 (19-24) 可得

$$u_{ad}(r,0,0)=u_a(r,0,0)$$

而
$$u_{ad}(r,0,0)+u_a(r,0,0)=u_{a\infty}(r,0)$$

所以
$$u_a(r,0,0)=\frac{1}{2}u_{a\infty}(r,0)$$

同样，应用式 (19–25) 可以证明式 (19–27) 成立。

（2）在螺旋桨远后方涡带 $\left(\zeta=\dfrac{2\pi}{Z}k\right)$ 上的径向诱导速度为零。由式 (19–23) 可得

$$u_{\mathrm{rd}}(r,0,0)=-u_{\mathrm{r}}(r,0,0)$$

所以，$u_{\mathrm{r}\infty}(r,0)=u_{\mathrm{rd}}(r,0,0)+u_{\mathrm{r}}(r,0,0)=0$

（3）$u_{\mathrm{a}\infty}(r,\zeta)$ 是 ζ 的偶函数，即

$$u_{\mathrm{a}\infty}(r,\zeta)=u_{\mathrm{a}\infty}(r,-\zeta) \tag{19-28}$$

由式 (19–24)

$$u_{\mathrm{ad}}(r,-\zeta,-z)=u_{\mathrm{a}}(r,\zeta,z)$$

同理有

$$u_{\mathrm{a}}(r,-\zeta,-z)=u_{\mathrm{ad}}(r,\zeta,z)$$

将上面两式相加，显然等式左边即为 $u_{\mathrm{a}\infty}(r,-\zeta)$，而右边为 $u_{\mathrm{a}\infty}(r,\zeta)$，从而使 $u_{\mathrm{a}\infty}(r,-\zeta)=u_{\mathrm{a}\infty}(r,\zeta)$。

（4）$u_{\mathrm{t}\infty}(r,\zeta)$ 是 ζ 的偶函数，即

$$u_{\mathrm{t}\infty}(r,\zeta)=u_{\mathrm{t}\infty}(r,-\zeta) \tag{19-29}$$

证法与③相同。

（5）$u_{\mathrm{r}\infty}(r,\zeta)$ 是 ζ 的奇函数，即

$$u_{\mathrm{r}\infty}(\mathrm{r},\zeta)=-u_{\mathrm{r}\infty}(r,-\zeta) \tag{19-30}$$

由式 (19–23) 可得

$$u_{\mathrm{rd}}(r,-\zeta,-z)=-u_{\mathrm{r}}(r,\zeta,z)$$

及

$$u_{\mathrm{r}}(r,-\zeta,-z)=-u_{\mathrm{rd}}(r,\zeta,z)$$

两式相加，即有：$u_{\mathrm{r}\infty}(r,\zeta)=-u_{\mathrm{r}\infty}(r,\zeta)$。

（6）因为螺旋桨桨叶是对称的，所以诱导速度必然是关于 ζ 的周期性函数，其周期为 $\dfrac{2\pi}{Z}$。即

$$u_{\mathrm{a}\infty}(r,\ \zeta)=u_{\mathrm{a}\infty}\left(r,\ \zeta+\frac{2\pi}{Z}\right)=u_{\mathrm{a}\infty}\left(r,\ \zeta+\frac{2\pi}{Z}k\right)$$

$$u_{\mathrm{t}\infty}(r,\ \zeta)=u_{\mathrm{t}\infty}\left(r,\ \zeta+\frac{2\pi}{Z}k\right)$$

$$u_{\mathrm{r}\infty}(r,\ \zeta)=u_{\mathrm{r}\infty}\left(r,\ \zeta+\frac{2\pi}{Z}k\right) \tag{19-31}$$

（7）$u_{\mathrm{a}\infty}$、$u_{\mathrm{t}\infty}$ 和 $u_{\mathrm{r}\infty}$ 仅是 r 和 ζ 的函数，与 z 无关，也就是说在同一螺旋线上的诱导速度分量处处相等。

§19.2　螺旋涡线的速度势

前已提及，大部分螺旋桨问题，可按中载荷螺旋桨理论来处理。对于中载荷螺旋桨，

每根艉涡线的半径 r_0 和螺距 $P = 2\pi\, r_0 \tan\beta_{i0} = 2\pi h_0$ 不随 z 而变，且其螺距等于升力线处的螺距。但这并不意味在不同半径处升力线下泄的螺旋涡线的螺距都一样。因此，在一般情况下，艉涡面是径向变螺距螺旋面。这样，问题就归结为求解径向变螺距自由涡面的诱导速度。确定自由涡面产生的诱导速度场，除了利用毕奥 − 萨伐定理外，还可以用速度势法。下面将结合目前螺旋桨升力线理论中应用最广的勒勃斯诱导因子法作较为详细的讨论。

首先，我们讨论自半径 r_0 处泄出的 Z 根对称螺旋涡线对升力线处 $(r, 0, 0)$ 点的诱导速度，然后将涡线元沿半径叠加，就可以得到整个涡面对升力线处的诱导速度。我们知道，半无穷长涡线的诱导速度场是一个三元问题，处理起比较复杂，但从式 (19−26) 和式 (19−27) 两式可知，半无穷长螺旋涡线在升力线的诱导速度可以由无穷远后方的诱导速度来求得，即 $u_a = \dfrac{1}{2}u_{a\infty}$， $u_t = \dfrac{1}{2}u_{t\infty}$。由此，问题简化为求两边都延伸到无穷远的螺旋涡线的诱导速度。

设两边延伸到无穷的 Z 根对称螺旋涡线。其环量为 $\overline{\Gamma} = -\dfrac{\mathrm{d}\Gamma}{\mathrm{d}r_0}$，螺距角为 β_{i0}，整个流场（除在涡线上外）均存在速度势，$\Phi'(r, \theta, z)$，即为 Z 根对称螺旋涡线的诱导速度势。显然，它必须满足拉普拉斯方程：

$$\Delta\Phi' = \frac{\partial^2\Phi'}{\partial r^2} + \frac{1}{r}\frac{\partial\Phi'}{\partial r} + \frac{1}{r^2}\frac{\partial^2\Phi'}{\partial\theta^2} + \frac{\partial^2\Phi'}{\partial z^2} = 0 \tag{19-32}$$

从流体力学知道，诱导速度与速度势的关系如下：

$$\left.\begin{aligned} u_{a\infty} &= \frac{\partial\Phi'}{\partial z} \\ u_{t\infty} &= -\frac{1}{r}\frac{\partial\Phi'}{\partial\theta} \\ u_{r\infty} &= \frac{\partial\Phi'}{\partial r} \end{aligned}\right\} \tag{19-33}$$

此处注意，大多数研究者对周向诱导速度的正向取与 θ 坐标的正方向相反。

考虑到螺旋桨的工作情况，速度势 Φ' 必须满足下列边界条件：

（1）在离涡线无限远处，流体不受干扰，即当 $r\to\infty$ 时，诱导速度 $u_{a\infty}= u_{t\infty}= u_{r\infty}= 0$，或可写成

$$\text{当 } r\to\infty \text{ 时，}\quad \frac{\partial\Phi'}{\partial z} = \frac{\partial\Phi'}{\partial\theta} = \frac{\partial\Phi'}{\partial r} = 0 \tag{19-34}$$

（2）在 $r = 0$ 处，流体不可能有径向流动，即当 $r\to 0$ 时，$u_r= 0$，或

$$\left.\frac{\partial\Phi'}{\partial r}\right|_{r\to 0} = 0 \tag{19-35}$$

除上述边界条件外，Φ' 尚需满足对称涡线速度场的若干几何条件，为此在解速度势时采用螺旋面坐标系统 (r, ζ, z)，其中（见 §19.1 节）：

$$\zeta=\theta-\frac{1}{h_0}z \tag{19-36}$$

相应把 $\Phi'(r,\theta,z)$ 也记作 $\Phi(r,\zeta,z)$。

上一节中，我们已知螺旋面坐标系统中诱导速度场的几何特性为：

①$u_{a\infty}$、$u_{t\infty}$ 和 $u_{r\infty}$ 仅是 r 和 ζ 的函数，与 z 无关；

②

$$u_{a\infty}(r,\zeta)=u_{a\infty}(r,-\zeta)$$

$$u_{t\infty}(r,\zeta)=u_{t\infty}(r,-\zeta)$$

$$u_{r\infty}(r,\zeta)=-u_{r\infty}(r,-\zeta)$$

③诱导速度是关于 ζ 的周期性函数，其周期为$\dfrac{2\pi}{Z}$。

此外，根据斯托克斯定理，在 $r>r_0$ 的任何封闭圆周线上速度线积分等于周线内所包含涡线环量的总和，也就是说：

$$\left.\begin{aligned}&\text{当 } r>r_0 \text{ 时，}\Phi(r,\ \zeta+2\pi)-\Phi(r,\ \zeta)=Z\overline{\Gamma}\\&\text{而 } r<r_0 \text{ 时，}\Phi(r,\ \zeta+2\pi)-\Phi(r,\ \zeta)=0\end{aligned}\right\} \tag{19-37}$$

根据以上条件，可以把速度势展开为下列形式：

$$\Phi=C_0+C_1\zeta+C_2z+C_3f_0(r)+\sum_{n=1}^{\infty}f_n(r)\sin Zn\zeta \tag{19-38}$$

式中，C_1、C_2、C_3、$f_n(r)$ 等需根据边界条件、几何条件和基本方程确定的系数或函数。因在 $r\geqslant r_0$ 和 $r\leqslant r_0$ 区域内边界条件不同，故应分成两个区域求解，并对有关系数或函数分别标以下标 e 或 i，以免混淆。

19.2.1　在 $r\geqslant r_0$ 区域内的解

（1）由于 $r>r_0$ 时，

$$\Phi(r,\ \zeta+2\pi)-\Phi(r,\ \zeta)=Z\overline{\Gamma}$$

所以

$$C_{1e}=\frac{Z\overline{\Gamma}}{2\pi}$$

（2）由式（19-33）和式（19-36）知

$$u_{t\infty}=-\frac{1}{r}\frac{\partial\Phi}{\partial\theta}=-\frac{1}{r}\frac{\partial\Phi}{\partial\zeta}$$

$$u_{a\infty}=\frac{\partial\Phi}{\partial\zeta}\cdot\frac{\partial\zeta}{\partial z}+\frac{\partial\Phi}{\partial z}=-\frac{1}{h_0}\frac{\partial\Phi}{\partial\zeta}+\frac{\partial\Phi}{\partial z}$$

所以

$$\frac{\partial\Phi}{\partial z}=u_{a\infty}-\frac{1}{h_0}ru_{t\infty}=C_{2e}$$

又据式 (19-34) 和式 (19-37) 知：

当 $r \to \infty$ 时，
$$u_{a\infty}=0$$
$$\int_0^{2\pi} r u_{t\infty}\,\mathrm{d}\theta = -Z\overline{\Gamma}$$

因此，可以求出系数 C_{2e} 为

$$C_{2e}=\frac{Z\overline{\Gamma}}{2\pi h_0}$$

（3）当 $r \to \infty$ 时，$u_{a\infty}=u_{t\infty}=0$，要求 $f_{ne}(r)=0$；

（4）因整个流场的散度为零，所以对于 $z=$ 常数平面的任何圆周，要求

$$r\int_0^{2\pi} u_r\,\mathrm{d}\theta = 0$$

或
$$u_r(r,\zeta)=-u_r(r,-\zeta)$$

所以
$$C_{3e}=0$$

又因为，当 $r \to \infty$ 时，$u_{r\infty}=0$，故要求 $f'_{ne}(r)=0$。

综上所述，在 $r \geqslant r_0$ 区域内的速度势 Φ_e 可表达为

$$\Phi_e = C_{0e}+\frac{Z\overline{\Gamma}}{2\pi}\zeta+\frac{Z\overline{\Gamma}}{2\pi h_0}z+\sum_{n=1}^{\infty} f_{ne}(r)\sin Zn\zeta$$

将上式代入式 (19–32)，则可得到

$$\frac{\mathrm{d}^2 f_{ne}(r)}{\mathrm{d}r^2}+\frac{1}{r}\frac{\mathrm{d}f_{ne}(r)}{\mathrm{d}r}-\left[(Zn)^2\left(\frac{1}{r^2}+\frac{1}{h_0^2}\right)f_{ne}(r)\right]=0$$

$$t=\frac{Znr}{h_0}$$

并代入上式，则得到变型贝塞尔函数的微分方程：

$$\frac{\mathrm{d}^2 f_{ne}(t)}{\mathrm{d}t^2}+\frac{1}{t}\cdot\frac{\mathrm{d}f_{ne}(t)}{\mathrm{d}t}-\left(\frac{Z^2n^2}{t^2}+1\right)f_{ne}(r)=0$$

此方程的通解为

$$f_{ne}(r)=C_n I_{Zn}\left(\frac{Zn}{h_0}\cdot r\right)+d_n K_{Zn}\left(\frac{Zn}{h_0}\cdot r\right)$$

式中，I_{zn} 和 K_{zn} 分别为第一类和第二类变形的贝塞尔函数。

前面已经提到，当 $r \to \infty$ 时，$u_{a\infty}=u_{t\infty}=u_{r\infty}=0$，要求 $f_{ne}(r)=0$ 和 $f'_{ne}(r)=0$，而根据贝塞尔函数的性质，当 $r \to \infty$ 时

$$I_{zn}\left(Zn\frac{r}{h_0}\right)\to\infty$$

所以必须使 $C_n=0$，以满足当 $r \to \infty$ 时，$f_{ne}(r)=0$ 和 $f'_{ne}(r)=0$，因此

$$f_{ne}(r)=d_n K_{zn}\left(\frac{Zn}{h_0}\cdot r\right)$$

最后，我们可以得到：

$r > r_0$ 时，

$$\Phi_e = C_{0e} + \frac{Z\overline{\Gamma}}{2\pi}\zeta + \frac{Z\overline{\Gamma}}{2\pi h_0}z + \sum_{n=1}^{\infty} d_n K_{zn}\left(Zn\frac{r}{h_0}\right)\sin Zn\zeta \tag{19-39}$$

19.2.2　在 $r \leqslant r_0$ 区域内的解

（1）因在 $r \leqslant r_0$ 区域内：

$$\Phi(r,\ \zeta+2\pi)-\Phi(r,\ \zeta)=0$$

所以

$$C_{1e}=0$$

（2）当 $r=r_0$，对于任何 z 值应满足：

$$\Phi_e(r_0,\ \zeta,\ z)=\Phi_i(r_0,\ \zeta,\ z)$$

由此可得

$$C_{2i}=C_{2e}=\frac{Z\overline{\Gamma}}{2\pi h_0}$$

（3）与前面类似，根据整个流场的散度为零的条件，要求 $C_{3e}=0$。

（4）当 $r=0$ 时，$\dfrac{\partial\Phi}{\partial r}=0$，则要求：$f'_{ni}(r)=0$。这样，对于 $r \leqslant r_0$ 区域内的速度势 Φ_i 可表达为

$$\Phi_i = C_{0i} + \frac{Z\overline{\Gamma}}{2\pi h_0}z + \sum_{n=1}^{\infty} f_{ni}(r)\sin Zn\zeta$$

将 Φ_i 代入式 (19-32)，与 Φ_e 同样可以解出：

$$f_{ni}(r) = a_n I_{Zn}\left(\frac{Zn}{h_0}\cdot r\right) + b_n K_{Zn}\left(\frac{Zn}{h_0}\cdot r\right)$$

根据贝塞尔函数的另一特性：

当 $r \to 0$ 时，$K_{zn} = \left(Zn\dfrac{r}{h_0}\right) \to \infty$，故必须 $b_n=0$，

从而

$$f_{ni}(r) = a_n I_{zn}\left(\frac{Zn}{h_0}\cdot r\right)$$

最后，同样可以得到：

$r \leqslant r_0$ 时的速度势 Φ_i 为

$$\Phi_i = C_{0i} + \frac{Z\overline{\Gamma}}{2\pi h_0}z + \sum_{n=1}^{\infty} a_n I_{zn}\left(Zn\frac{r}{h_0}\right)\sin Zn\zeta \tag{19-40}$$

19.2.3　常数 a_n 和 d_n 的确定

速度势 Φ_e 和 Φ_i 中的常数 d_n 和 a_n 可以由连续条件来确定，即：当 $r=r_0$ 时，要求

$$\Phi_e = \Phi_i$$

$$\frac{\partial \Phi_e}{\partial r} = \frac{\partial \Phi_i}{\partial r}$$

令任意常数$C_{0i} = \dfrac{Z\overline{\Gamma}}{2}$，$C_{0e} = (Z-1)\dfrac{\overline{\Gamma}}{2}$，以使

$$C_0 = C_{0i} - C_{0e} = \frac{\overline{\Gamma}}{2} \tag{19-41}$$

并将 ζ 在 $0 \leqslant \zeta \leqslant 2\pi/Z$ 的区间展开成傅里叶级数：

$$\zeta = \frac{\pi}{2} - 2\sum_{n=1}^{\infty} \frac{1}{Z\,n} \sin Z\,n\,\zeta \tag{19-42}$$

将式 (19–41) 和式 (19–42) 代入式 (19–39)，并令 $r = r_0$ 处，$\Phi_e = \Phi_i$，从而得到

$$a_n I_{zn}\left(Zn\frac{r_0}{h_0}\right) - d_n K_{zn}\left(Zn\frac{r_0}{h_0}\right) = -\frac{\overline{\Gamma}}{n\pi} \tag{19-43}$$

在 $r = r_0$ 处，令$\dfrac{\partial \Phi_e}{\partial r} = \dfrac{\partial \Phi_i}{\partial r}$，得出

$$a_n I'_{zn}\left(Zn\frac{r_0}{h_0}\right) = d_n K'_{zn}\left(Zn\frac{r_0}{h_0}\right) \tag{19-44}$$

利用变型贝塞尔函数之间的关系式：

$$I_n(x)K'_n(x) - I'_n(x)K_n(x) = -\frac{1}{x}$$

从式 (19–43) 和式 (19–44) 解

$$\left.\begin{aligned} a_n &= \frac{r_0}{h_0}\cdot\frac{Z\overline{\Gamma}}{\pi}K'_{zn}\left(Zn\frac{r_0}{h_0}\right) \\ d_n &= \frac{r_0}{h_0}\cdot\frac{Z\overline{\Gamma}}{\pi}I'_{zn}\left(Zn\frac{r_0}{h_0}\right) \end{aligned}\right\} \tag{19-45}$$

所以，Z 根对称无穷长螺漩涡线的速度势为

当 $r \leqslant r_0$：

$$\Phi_i = \frac{Z\overline{\Gamma}}{2} + \frac{Z\overline{\Gamma}}{2\pi h_0}z + \frac{Z\overline{\Gamma}}{\pi}\frac{r_0}{h_0}\sum_{n=1}^{\infty} I_{zn}\left(Zn\frac{r}{h_0}\right) K'_{zn}\left(\frac{Z\,n\,r_0}{h_0}\right)\cdot \sin Zn\left(\theta - \frac{z}{h_0}\right) \tag{19-46}$$

当 $r \geqslant r_0$：

$$\Phi_e = \frac{Z\overline{\Gamma}}{2\pi}\left[\zeta - \left(\pi - \frac{\pi}{2}\right)\right] + \frac{Z\overline{\Gamma}}{2\pi h_0}z + \frac{Z\overline{\Gamma}}{\pi}\cdot\frac{r_0}{h_0}\sum_{n=1}^{\infty} K_{zn}\left(\frac{Znr}{h_0}\right) I'_{zn}\left(\frac{Znr_0}{h_0}\right)\sin Zn\left(\theta - \frac{z}{h_0}\right)$$

或

$$\Phi_e = \frac{Z\overline{\Gamma}}{2\pi}\left[\theta - \frac{(Z-1)\pi}{Z}\right] + \frac{Z\overline{\Gamma}}{\pi}\cdot\frac{r_0}{h_0}\sum_{n=1}^{\infty} K_{zn}\left(\frac{Znr}{h_0}\right) I'_{zn}\left(\frac{Znr_0}{h_0}\right)\sin Zn\left(\theta - \frac{z}{h_0}\right) \tag{19-47}$$

§19.3 螺旋涡线对升力线处的诱导速度

求得式 (19–46) 和式 (19–47) 两式所示的速度势后，就不难求出其速度场。对于半无穷长的螺旋涡线来说，此速度场相当于在无穷远后方的速度场。如果把涡线看成是升力线上泄出的自由涡线，则利用关系式 (19–26) 和式 (19–27) 可以求出 Z 根对称螺旋涡线在升力线处 $P(r，0，0)$ 点的诱导速度为

$r < r_0$ 时：

$$\mathrm{d}u_{\mathrm{ai}}=\frac{1}{2}\frac{\partial\Phi_{\mathrm{i}}}{\partial z}=\frac{Z\overline{\Gamma}}{4\pi}\cdot\frac{1}{h_0}\left[1-2Z\frac{r_0}{h_0}\sum_{n=1}^{\infty}n\,I_{zn}\left(\frac{Zn}{h_0}r\right)K'_{zn}\left(\frac{Zn}{h_0}r_0\right)\right]$$

$$\mathrm{d}u_{\mathrm{ti}}=-\frac{1}{2}\frac{1}{r}\frac{\partial\Phi_{\mathrm{i}}}{\partial\zeta}=-\frac{1}{r}\frac{Z^2\overline{\Gamma}}{2\pi}\cdot\frac{r_0}{h_0}\sum_{n=1}^{\infty}nI_{zn}\left(\frac{Zn}{h_0}r\right)K'_{zn}\left(\frac{Zn}{h_0}r_0\right)\tag{19–48}$$

$r > r_0$ 时：

$$\mathrm{d}u_{\mathrm{ae}}=-\frac{1}{2}\frac{\partial\Phi_{\mathrm{e}}}{\partial z}=-\frac{Z^2\overline{\Gamma}}{2\pi}\cdot\frac{r_0}{h_0^2}\sum_{n=1}^{\infty}nK_{zn}\left(\frac{Zn}{h_0}r\right)I'_{zn}\left(\frac{Zn}{h_0}r_0\right)$$

$$\mathrm{d}u_{\mathrm{ie}}=-\frac{1}{2}\frac{1}{r}\frac{\partial\Phi_{\mathrm{e}}}{\partial\zeta}=-\frac{1}{r}\cdot\frac{Z\overline{\Gamma}}{4\pi}\left[1+2Z\frac{r_0}{h_0}\sum_{n=1}^{\infty}n\,K_{zn}\left(\frac{Zn}{h_0}r\right)I'_{zn}\left(\frac{Zn}{h_0}r_0\right)\right]\tag{19–49}$$

因为径向诱导速度在这里没有意义，故不予讨论。

为了数值计算式 (19–48) 和式 (19–49)，将式中的贝塞尔函数用涅克尔逊（Nicho1son）渐近公式来替代。渐近公式的形式如下：

$$I_{\mathrm{n}}(ny)=\left[\frac{1}{2\pi n\sqrt{1+y^2}}\right]^{0.5}\mathrm{e}^{\mathrm{nY}}$$

$$K_{\mathrm{n}}(ny)=\left[\frac{\pi}{2n\sqrt{1+y^2}}\right]^{0.5}\mathrm{e}^{-\mathrm{nY}}$$

$$Y=\sqrt{1+y^2}-\frac{1}{2}\ln\frac{\sqrt{1+y^2}+1}{\sqrt{1+y^2}-1}$$

经过运算以后，最后可得式 (19–48) 和式 (19–49) 两式的简化表达形式如下：

$$\left.\begin{aligned}\mathrm{d}u_{\mathrm{ai}}&=\frac{1}{h_0}\cdot\frac{Z\overline{\Gamma}}{4\pi}(1+B_2)\\\mathrm{d}u_{\mathrm{ti}}&=\frac{1}{r}\cdot\frac{Z\overline{\Gamma}}{4\pi}B_2\\\mathrm{d}u_{\mathrm{ae}}&=-\frac{1}{h_0}\frac{Z\overline{\Gamma}}{4\pi}B_1\\\mathrm{d}u_{\mathrm{te}}&=-\frac{1}{r}\frac{Z\overline{\Gamma}}{4\pi}(1-B_1)\end{aligned}\right\}\tag{19–50}$$

其中，$B_{1,2}=\left(\dfrac{1+y_0^2}{1+y^2}\right)^{0.25}\left[\dfrac{1}{e^{ZA_{1,2}}-1}\pm\dfrac{1}{2Z}\dfrac{y_0^2}{\left(1+y_0^2\right)^{1.5}}\ln\left(1+\dfrac{1}{e^{ZA_{1,2}}-1}\right)\right]$；

$$A_{1,2}=\pm\left(\sqrt{1+y^2}-\sqrt{1+y_0^2}\right)\mp\frac{1}{2}\ln\frac{\left(\sqrt{1+y_0^2}-1\right)\left(\sqrt{1+y^2}+1\right)}{\left(\sqrt{1+y_0^2}+1\right)\left(\sqrt{1+y^2}-1\right)};$$

$$y_0=\frac{r_0}{h_0}=\frac{1}{\tan\beta_{i0}};\quad y=\frac{r}{h_0}=\frac{r}{r_0\tan\beta_{i0}}$$

如果计算点趋近于涡线，即 $r\to r_0$，速度分量的表达式趋于无穷大，这就大大影响在 r_0 邻近的数值计算的精确性。为了解决这个困难，引进诱导因子，其定义为

$$\mathrm{d}u_t=-\frac{\overline{\Gamma}}{4\pi(r-r_0)}\cdot i_t$$

$$\mathrm{d}u_a=-\frac{\overline{\Gamma}}{4\pi(r-r_0)}\cdot i_a$$

式中，i_a 为轴向诱导因子，i_t 为周向诱导因子，也可表达为

$$\left.\begin{aligned}i_t&=-\frac{\mathrm{d}u_t}{\overline{\Gamma}/4\pi(r-r_0)}\\ i_a&=-\frac{\mathrm{d}u_a}{\overline{\Gamma}/4\pi(r-r_0)}\end{aligned}\right\}\tag{19-51}$$

诱导因子是个无因次量。显然，$\dfrac{\overline{\Gamma}}{4\pi(r-r_0)}$ 是一根位于 r_0 处平行于 z 轴从 $z=0$ 一直延伸到 $z=+\infty$，强度为$\overline{\Gamma}$的半无穷长直线涡对 $P(r,\ 0,\ 0)$ 点的诱导速度。

当 $r\to r_0$ 时，$\mathrm{d}u_a$（或 $\mathrm{d}u_t$）与$\dfrac{\overline{\Gamma}}{4\pi(r-r_0)}$以同一量级趋于$\infty$，所以其比值，即诱导因子保持有限。

将式 (19-50) 代入式 (19-51)，则可得到

$$\left.\begin{aligned}i_{ai}&=Z\cdot\frac{x}{x_0\tan\beta_{i0}}\left(\frac{x_0}{x}-1\right)\left(1+B_2\right)\\ i_{ae}&=-Z\frac{x}{x_0\cdot\tan\beta_{i0}}\left(\frac{x_0}{x}-1\right)B_1\\ i_{ti}&=Z\left(\frac{x_0}{x}-1\right)B_2\\ i_{te}&=-Z\left(\frac{x_0}{x}-1\right)\left(1+B_1\right)\end{aligned}\right\}\tag{19-52}$$

式中，x 和 x_0 为无因次半径，$x=r/R$，$x_0=r_0/R$，R 为螺旋桨半径。

根据式 (19-52)，勒勃斯对于 $Z=3$、4 和 5 计算出诱导因子数值，并将结果绘成便于查阅的图谱，如图 19-13 所示（共有 12 张，在此仅举 $Z=4$ 的 4 张图为例）。

计算表明，诱导因子仅与几何参数 x_0/x 、叶数 Z 和 β_{i0} 有关，而与环量 $\overline{\Gamma}$ 的大小无关，由此可见，诱导因子可以理解为螺旋涡线的曲率修正数。

此外，从式 (19-52) 中还可以得到如下几个极限值：

$$\left.\begin{aligned}&\text{当 } r_0/r\to 0 \text{ 时，则 } i_a\to 0,\ i_t\to Z\\&\text{当 } r_0/r\to\infty \text{ 时，则 } i_a\to\frac{Z}{\tan\beta_{i0}},\ i_t\to 0\\&\text{当 } r_0/r\to 1 \text{ 时，则 } i_a\to\cos\beta_{i0},\ i_t\to\sin\beta_{i0}\end{aligned}\right\}\tag{19-53}$$

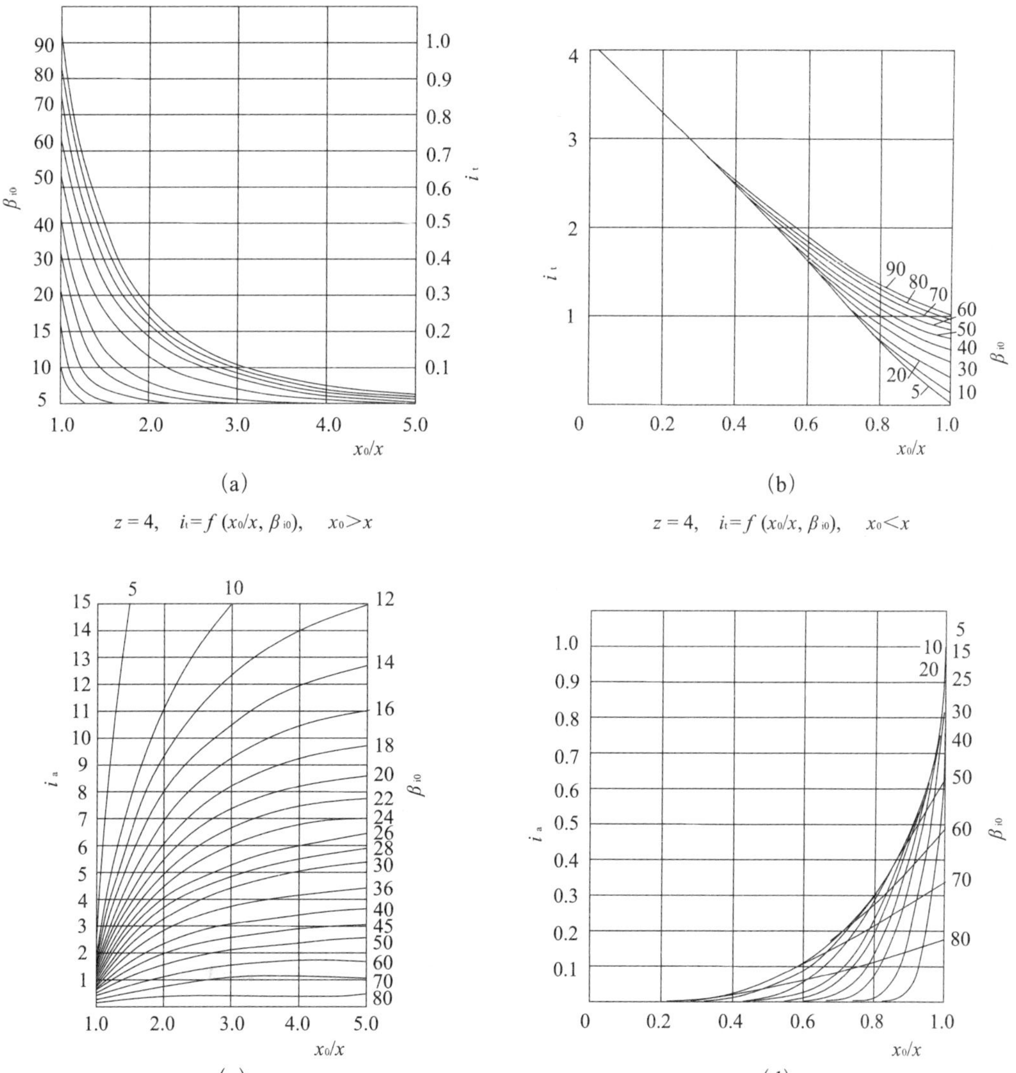

(a) $z=4,\quad i_t=f(x_0/x,\beta_{i0}),\quad x_0>x$

(b) $z=4,\quad i_t=f(x_0/x,\beta_{i0}),\quad x_0<x$

(c) $z=4,\quad i_a=f(x_0/x,\beta_{i0}),\quad x_0>x$

(d) $z=4,\quad i_a=f(x_0/x,\beta_{i0}),\quad x_0<x$

图 19-13　勒勃斯诱导因子图谱

如果应用计算机来处理问题，则直接利用式 (19-52) 进行数值计算，而不必求助于图 19-13。顺便提一下，后来雷奇（Wrech）认为涅克尔逊的近似公式精度不够，他用更精确的渐近近似公式计算 I_n 和 K_n，重新导出了

$$B_{1,2}=\left(\frac{1+y_0}{1+y}\right)^{1/4}\left\{\frac{1}{A_{1,2}-1}\mp\frac{1}{24Z}\left[\frac{9y_0^2+2}{\left(1+y_0^2\right)^{3/2}}+\frac{3y^2-2}{\left(1+y^2\right)^{3/2}}\right]\cdot\ln\left(1+\frac{1}{A_{1,2}-1}\right)\right\}$$

式中，$A_1=\left(\dfrac{\sqrt{1+y^2}-1}{y}\cdot\dfrac{y_0}{\sqrt{1+y_0^2}-1}\right)^z\cdot e^{\left(\sqrt{1+y^2}-\sqrt{1-y_0^2}\right)Z}$

$$A_2=A_1^{-1}$$

计算结果表明，勒勃斯用式 (19-52) 计算的诱导因子前二位数是精确的，从实际应用上考虑精度已足够。摩根（Morgen）据雷奇方法用计算机也算出了详细的诱导因子数值表。

§19.4 螺漩涡片的诱导速度

利用式 (19-52) 的诱导因子即可求得 Z 根对称螺漩涡线对升力线上点 $P(r，0，0)$ 的诱导速度分量：

$$\left.\begin{aligned}
\mathrm{d}u_{te}&=-\frac{\overline{\Gamma}}{4\pi\left(r-r_0\right)}\cdot i_{te}\\
\mathrm{d}u_{ti}&=-\frac{\overline{\Gamma}}{4\pi\left(r-r_0\right)}\cdot i_{ti}\\
\mathrm{d}u_{ae}&=-\frac{\overline{\Gamma}}{4\pi\left(r-r_0\right)}\cdot i_{ae}\\
\mathrm{d}u_{ai}&=-\frac{\overline{\Gamma}}{4\pi\left(r-r_0\right)}\cdot i_{ai}
\end{aligned}\right\}\tag{19-54}$$

表征螺旋桨叶升力线的环量沿半径方向是变化的，不同半径 r 处均有自由涡线泄出，因此对于螺旋桨来说，应求解 Z 个螺漩涡片在升力线上的诱导速度。如果 Z 组连续分布的螺漩涡线，各分别起始于 $z=0$，$\theta=\theta_k$ 的径向线上 $r_h\leqslant r\leqslant R$ 区间，向无穷远后方延伸 Z 个螺漩涡面，其诱导速度只需将式 (19-54) 沿 r_h 到 R 积分，以周向诱导速度为例，Z 个螺漩涡面对升力线上 $P(r，0，0)$ 点产生的诱导速度为

$$u_t=\int_{r_h}^{R}-\frac{\overline{\Gamma}}{4\pi\left(r-r_0\right)}i_t\,\mathrm{d}r_0=\frac{1}{4\pi}\int_{r_h}^{R}\frac{\mathrm{d}\Gamma}{\mathrm{d}r_0}\frac{1}{r-r_0}i_t\,\mathrm{d}r_0$$

式中，r_h 为桨毂半径。

若引进无因次量：$x=r/R$；$x_0=r_0/R$，

及无因次环量

$$G=\frac{\Gamma}{\pi DV_A}\tag{19-55}$$

就可以得到诱导速度的无因次表达式为

$$\frac{u_t}{V_A}=\frac{1}{2}\int_{x_h}^{1}\frac{dG}{dx_0}\frac{1}{x-x_0}i_t dx_0 \tag{19-56}$$

同理，可得轴向诱导速度的无因次表达式：

$$\frac{u_a}{V_A}=\frac{1}{2}\int_{x_h}^{1}\frac{dG}{dx_0}\frac{1}{x-x_0}i_a dx_0 \tag{19-57}$$

积分式 (19-56) 和式 (19-57) 与有限翼展机翼理论中出现的诱导速度无因次量表达式相类似，其区别仅在于这里多了一个诱导因子，如前所述，它是考虑螺旋涡线曲率影响的修正。因此，和机翼理论一样，可应用葛劳渥方法来确定此积分的主值。

引入参数 φ，使 $x=x_h$ 时，$\varphi=0$；$x=1$ 时，$\varphi=\pi$，其关系可由下式表示：

$$x=\frac{1}{2}(1+x_h)-\frac{1}{2}(1-x_h)\cos\varphi \tag{19-58}$$

根据环量 G 在 $x_h\leqslant x\leqslant 1$ 或 $0\leqslant\varphi\leqslant\pi$ 区间内的分布为连续函数，且当 $x=x_h$ 即 $\varphi=0$ 时，$G=0$ 及当 $x=1$ 即 $\varphi=\pi$ 时，$G=0$ 的条件，可以将 G 展开为级数如下：

$$G=\sum_{m=1}^{\infty}G_m\sin(m\varphi) \tag{19-59}$$

由图 19-13 可知，诱导因子除了依赖于桨叶数和涡线螺距以外，还取决于 φ 和 φ_0，因此将 i 也展开为 φ_0 的傅里叶级数：

$$i(\varphi,\ \varphi_0)=\sum_{n=0}^{\infty}I_n(\varphi)\cos(n\varphi_0) \tag{19-60}$$

于是式 (19-56) 即可改写成

$$\frac{u_t}{V_A}=\frac{1}{1-x_h}\sum_{m=1}^{\infty}mG_m h_m^t(\varphi) \tag{19-61}$$

式中，$h_m^t(\varphi)=\int_0^{\pi}\frac{i_t(\varphi,\ \varphi_0)\cos m\varphi_0}{\cos\varphi_0-\cos\varphi}d\varphi_0$

$$=\frac{1}{2}\sum_{n=0}^{\infty}I_n^t(\varphi)\left[\int_0^{\pi}\frac{\cos(m+n)\varphi_0}{\cos\varphi_0-\cos\varphi}d\varphi_0+\int_0^{\pi}\frac{\cos(m-n)\varphi_0}{\cos\varphi_0-\cos\varphi}d\varphi_0\right]$$

利用葛劳渥积分

$$\int_0^{\pi}\frac{\cos\mu\varphi_0}{\cos\varphi_0-\cos\varphi}d\varphi_0=\pi\frac{\sin\mu\varphi}{\sin\varphi}$$

即可得到

$$h_m^t(\varphi)=\frac{\pi}{\sin\varphi}\left[\sin(m\varphi)\sum_{n=0}^{m}I_n^t(\varphi)\cos(n\varphi)+\cos(m\varphi)\sum_{n=m+1}^{\infty}I_n^t(\varphi)\sin(n\varphi)\right] \tag{19-62}$$

与此相类似，轴向诱导速度分量可以表达为

$$\frac{u_a}{V_A}=\frac{1}{1-x_h}\sum_{m=1}^{\infty}mG_m h_m^a(\varphi) \tag{19-63}$$

其中，$h_{\mathrm{m}}^{a}(\varphi)=\dfrac{\pi}{\sin\varphi}\left[\sin(m\varphi)\sum_{n=0}^{m}I_{\mathrm{n}}^{a}(\varphi)\cos(n\varphi)+\cos(m\varphi)\sum_{n=m+1}^{\infty}I_{\mathrm{n}}^{a}(\varphi)\sin(n\varphi)\right]$ (19–64)

但在h_{m}^{a}和h_{m}^{t}的计算中，当 $\varphi=0$ 和 $\varphi=\pi$（即在叶根和叶梢）时，$h_{\mathrm{m}}^{a,t}$变成没有意义。勒勃斯对式 (19–62) 及式 (19–64) 两式应用罗比达法则求极限，得到

$$h_{\mathrm{m}}^{t,a}(0)=\pi\left[m\sum_{n=0}^{m}I_{\mathrm{n}}^{t,a}(0)+\sum_{n=m+1}^{\infty}n\,I_{\mathrm{n}}^{t,a}(0)\right] \tag{19–65}$$

$$h_{\mathrm{m}}^{t,a}(\pi)=-\pi\cos(m\pi)\left[m\sum_{n=0}^{m}I_{\mathrm{n}}^{t,a}\cos(n\pi)+\sum_{n=m+1}^{\infty}nI_{\mathrm{n}}^{t,a}\cos(n\pi)\right] \tag{19–66}$$

式 (19–61) 和式 (19–63) 把诱导速度分量与环量分布及诱导因子联系在一起，而诱导因子有图谱可查或可按式 (19–52) 进行数值计算，因此对于任何环量分布都可以计算其诱导速度。但在实际上，环量又与涡线螺距即与诱导速度有关，具体解时必须采用逐次迭代法。

§19.5 等螺距螺旋涡片的诱导速度的正交性

由式 (19–61) 和式 (19–63) 两式所表达的诱导速度分量依赖于其各半径处自由涡线的螺距，在一般情况下，诱导速度 u_{a} 和 u_{t} 的合成速度对于涡面既有法向分量又有切向分量。但在特殊情况下，诱导速度在涡面上只有法向分量，也即诱导速度的合成速度垂直于涡面。现对这种特殊情况讨论如下：

在式 (19–48) 和式 (19–49) 中，令

$$S_1=\sum_{n=1}^{\infty}nK_{zn}\left(\frac{Zn}{h_0}r\right)I'_{zn}\left(\frac{Zn}{h_0}\cdot r_0\right)$$

$$S_2=\sum_{n=1}^{\infty}nI_{zn}\left(\frac{Zn}{h_0}r\right)K'_{zn}\left(\frac{Zn}{h_0}\cdot r_0\right)$$

则轴向和周向诱导速度可分别表达为

$$u_{\mathrm{a}}=\frac{Z^2}{2\pi}\int_{r_{\mathrm{h}}}^{r}\frac{\mathrm{d}\Gamma}{\mathrm{d}r_0}\cdot\frac{r_0}{h_0^2}S_1\,\mathrm{d}r_0-\frac{Z}{4\pi}\int_{r}^{R}\frac{\mathrm{d}\Gamma}{\mathrm{d}r_0}\cdot\frac{1}{h_0}\mathrm{d}r_0+\frac{Z^2}{2\pi}\int_{r}^{R}\frac{\mathrm{d}\Gamma}{\mathrm{d}r_0}\cdot\frac{r_0}{h_0^2}S_2\,\mathrm{d}r_0 \tag{19–67}$$

$$u_{\mathrm{t}}=\frac{1}{r}\cdot\frac{Z^2}{2\pi}\int_{r_{\mathrm{h}}}^{r}\frac{\mathrm{d}\Gamma}{\mathrm{d}r_0}\cdot\frac{r_0}{h_0}S_1\,\mathrm{d}r_0+\frac{1}{r}\cdot\frac{Z}{4\pi}\int_{r_{\mathrm{h}}}^{r}\frac{\mathrm{d}\Gamma}{\mathrm{d}r_0}\cdot\mathrm{d}r_0+\frac{1}{r}\cdot\frac{Z^2}{2\pi}\int_{r}^{R}\frac{\mathrm{d}\Gamma}{\mathrm{d}r_0}\cdot\frac{r_0}{h_0^2}S_2\,\mathrm{d}r_0 \tag{19–68}$$

对径向螺距不等的涡片，其 $h_0=r_0\tan\beta_{\mathrm{i}0}$ 是半径 r 的函数，但如果涡片为径向等螺距的螺旋涡片，则 h_0 与 r 无关，即

$$h_0=r_0\tan\beta_{\mathrm{i}0}=r\tan\beta_{\mathrm{i}}=\text{常数}$$

因此，可将式 (19–67) 和式 (19–68) 两式中的 h_0 提到积分号的外面，并将式 (19–67) 乘以$(-\tan\beta_{\mathrm{i}0})=\left(-\dfrac{h_0}{r_0}\right)$后再与式 (19–68) 相加，可得

$$u_{\mathrm{t}}-\tan\beta_{\mathrm{i}}u_{\mathrm{a}}=\frac{Z}{4\pi}\cdot\frac{1}{r}\int_{r_{\mathrm{h}}}^{R}\frac{\mathrm{d}\Gamma}{\mathrm{d}r_0}\mathrm{d}r_0=\frac{Z}{4\pi}\cdot\frac{1}{r}\left(\Gamma_{\mathrm{R}}-\Gamma_{r_{\mathrm{h}}}\right)$$

因为
$$\Gamma_R = \Gamma_{r_h} = 0$$

所以
$$u_t \cos\beta_i - u_a \sin\beta_i = 0 \tag{19-69}$$

也即
$$u_t = u_a \cdot \tan\beta_i \tag{19-70}$$

上式说明，如果涡片是一个径向等螺距螺旋涡片（有时称为真实的螺旋涡片），则升力线上 u_a 及 u_t 之合速度垂直于当地的螺旋涡线，此即等螺距螺旋涡片诱导速度的正交条件。

§19.6　最佳环量分布螺旋桨设计问题

所谓最佳环量分布螺旋桨又称最小诱导损失螺旋桨，是指螺旋桨具有最高效率时的环量分布，故也称最高效率螺旋桨。

设计螺旋桨时，在给定直径 D 和进速 V_A 下，希望螺旋桨所消耗的功率最小而保证发出所需的推力。螺旋桨工作时所消耗的功率可分为两部分：一部分是艉流具有诱导速度而产生的诱导损失；另一部分是由于粘性引起的翼型阻力损失。若同时考虑这两部分是比较困难的，为了简便起见，这里先讨论理想流体情况下最小诱导损失的条件也即最佳环量分布的条件。

19.6.1　敞水最佳环量分布条件

在式 (19-20) 中，令阻升比 $\varepsilon = 0$，得到螺旋桨的理想推力和理想转矩为

$$\left.\begin{aligned} T_i &= \rho Z \int_{r_h}^{R} \Gamma(r)(\omega r - u_t)\,\mathrm{d}r \\ Q_i &= \rho Z \int_{r_h}^{R} \Gamma(r)(V_A + u_a) r\,\mathrm{d}r \end{aligned}\right\} \tag{19-71}$$

螺旋桨工作时，艉流具有诱导速度而产生诱导损失，此能量损失等于螺旋桨所吸收的功减去螺旋桨所做的有用功。令 E_i 表示单位时间内的能量损失，则

$$E_i = Q_i\omega - T_i V_A = \rho Z \int_{r_h}^{R} \Gamma(r)(V_A u_t + \omega r u_a)\,\mathrm{d}r \tag{19-72}$$

式 (19-72) 表示能量损失可用环量 $\Gamma(r)$ 及其相应的诱导速度来表示。

求诱导损失最小的条件实质上是在保证发出给定推力下能量损失 E_i 为最小的极值条件。现从物理的观点进行讨论。设在半径 r 处 $\mathrm{d}r$ 段叶元体上增加微环量 $\Delta\Gamma$（这一环量的增加可借加大叶元体的弦长或螺距的结果）。在 $\mathrm{d}r$ 段叶元体上增加 $\Delta\Gamma$ 后，将使叶元体本身所受的力以及桨叶其他半径处的力发生改变，其结果使整个螺旋桨增加了推力 ΔT_i 及转距 ΔQ_i。因此有用功率增加了 $\Delta T_i V_A$，螺旋桨吸收的能量增加 $\Delta Q_i\omega$。令 k 表示这两种能量增加之比，即

$$k = \frac{\Delta T_i \cdot V_A}{\Delta Q_i \cdot \omega}$$

现在假定取某适当的环量增加，使之产生一定量的 $\Delta T_i V_A$，如果在不同半径处增加微环量 $\Delta\Gamma$ 得到不同 k 值的话，那么只要在 k 值小的地方减少环量，而在 k 值大的地方

增加环量，这样可使原来的推力不变，减少供给螺旋桨的功率，从而得到较高的螺旋桨效率。所以环量沿桨叶的最佳分布条件是 k 值沿桨叶必须是常数。

如果在螺旋桨某一半径处的附着涡环量增加 $\Delta\Gamma$（也可减少 $\Delta\Gamma$），则必有强度分别为 $\pm\Delta\Gamma$ 的自由涡泄出，加入到艉涡中去，参见图 19–14。整个加上去的涡形成一螺旋马蹄形涡。

设想把 $\Delta\Gamma$ 螺旋马蹄形涡整个地顺着艉涡片下滑到无穷远方 b–b 处，如图 19–15 所示，然后再从 b–b 处的远后方 c–c 处去观察流场。显然，两个图上在 c–c 处的自由涡片的强度分布是相同的。因为螺旋桨的推力和转矩取决于无穷远后方的流场，所以上述两种情况下的总推力和总转矩都是相同的，按图 19–15，因 $\Delta\Gamma$ 在远后方，故可忽略其对原桨叶上的环量分布的影响，也即可认为原桨上的作用力不变。这样，ΔT_{i} 和 ΔQ_{i} 纯粹是由在 b–b 位置上的 $\Delta\Gamma$ 所产生。令 $\Delta\Gamma$ 加在艉流半径 r 处 dr 微段上，该处由螺漩涡片所产生的诱导速度是 $u_{\mathrm{a}\infty}$ 和 $u_{\mathrm{t}\infty}$，则由 $\Delta\Gamma$ 所产生的推力及转矩为

$$\Delta T_{\mathrm{i}}=\rho\Delta\Gamma(\omega r-u_{\mathrm{t}\infty})\mathrm{d}r$$

$$\Delta Q_{\mathrm{i}}=\rho\Delta\Gamma(V_{\mathrm{A}}+u_{\mathrm{a}\infty})r\mathrm{d}r$$

因此

$$k=\frac{\Delta T_{\mathrm{i}}\cdot V_{\mathrm{A}}}{\Delta Q_{\mathrm{i}}\cdot\omega}=\frac{V_{\mathrm{A}}(\omega r-u_{\mathrm{t}\infty})}{\omega r(V_{\mathrm{A}}+u_{\mathrm{a}\infty})}=\text{常数} \tag{19-73}$$

上式即为最小诱导损失的条件，即不同半径 r 处的 k 值为常数。我们知道

$$\tan\beta_{\mathrm{i}\infty}=\frac{V_{\mathrm{A}}+u_{\mathrm{a}\infty}}{\omega r-u_{\mathrm{t}\infty}}$$

式中，$\beta_{\mathrm{i}\infty}$ 为该处自由涡线的螺距角。

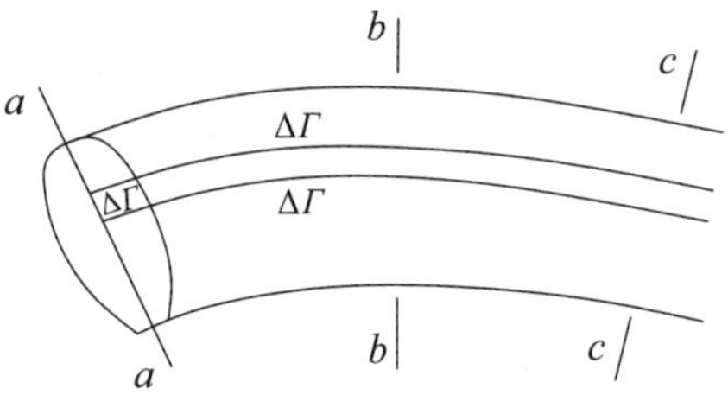

图 19–14　桨叶上增加 $\Delta\Gamma$ 后泄出的自由涡

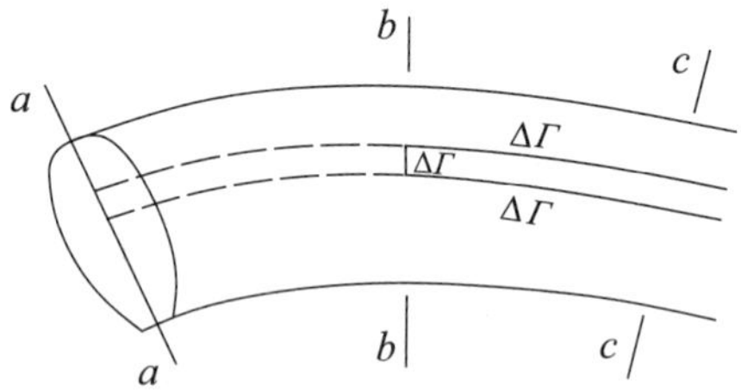

图 19–15　$\Delta\Gamma$ 螺旋马蹄形涡沿艉涡片下滑情况

由图 19–16 可见，式 (19–73) 可以表达为

$$k=\frac{\tan\beta(r)}{\tan\beta_{\mathrm{i}\infty}(r)}$$

也即

$$\tan\beta_{\mathrm{i}\infty}(r)=\frac{V_{\mathrm{A}}+u_{\mathrm{a}\infty}}{\omega r-u_{\mathrm{t}\infty}}=\frac{1}{k}\cdot\frac{V_{\mathrm{A}}}{\omega r}=\frac{V_{\mathrm{A}}+W}{\omega r}$$

所以

$$k=\frac{V_{\mathrm{A}}}{V_{\mathrm{A}}+W}$$

由此可见，如果要求满足式 (19–73) 中的 k 值不随半径而变，即保持常数，则图 19–16 中所示 W 值也必须为一常数。无穷远后方艉涡线的螺距可表示为

$$P = 2\pi r \tan\beta_{i\infty} = 2\pi\frac{V_A + W}{\omega} = \text{常数}$$

表示无穷远后方自由涡线的螺距不随半径而变化，此即我们所熟悉的等螺距螺旋面。因此，敞水中最佳环量分布的条件就是螺旋桨远后方艉流中的自由涡片是等螺距螺旋面。上述条件称为贝兹条件。

下面进一步讨论升力线处的情况。

如果诱导速度 u_a 和 u_t 的二次项可以忽略的话，则下式成立。

$$\left(\frac{\omega r - u_t}{V_A + u_a}\right)^2 \cdot \frac{V_A}{\omega r} = \frac{\omega r - 2u_t}{V_A + 2u_a} = \frac{\omega r - u_{t\infty}}{V_A + u_{a\infty}}$$

将上式代入式 (19–73) 中，则得

$$k = \left(\frac{\omega r - u_t}{V_A + u_a}\right)^2 \cdot \left(\frac{V_A}{\omega r}\right)^2$$

或

$$\frac{V_A}{\omega r} \cdot \frac{\omega r - u_t}{V_A + u_a} = \sqrt{k} = \text{常数} \tag{19–74}$$

由图 19–17 可见

$$\frac{\tan\beta}{\tan\beta_i} = \text{常数} \tag{19–75}$$

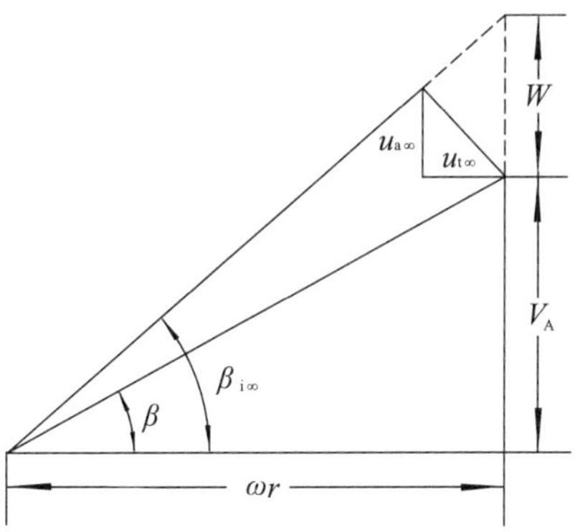

图 19–16　半径 r 远后方的速度多角形

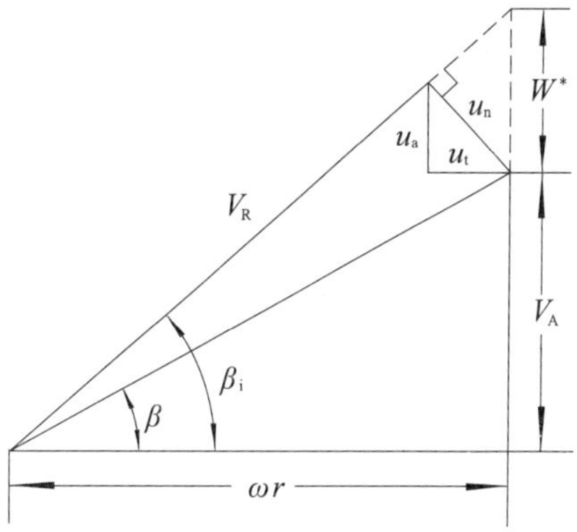

图 19–17　半径 r 升力线处速度多角形

综上所述，如果忽略诱导速度的二次和高次项，贝兹条件就可以在升力线处满足，即在升力线处下泄的艉涡线的螺距不随半径而变，其螺距为

$$P = 2\pi r \tan\beta_i = 2\pi\frac{V_A + W^*}{\omega} = \text{常数}$$

也即

$$W^* = \text{常数}$$

§19.5 节中已经证明，径向等螺距螺漩涡片的轴向诱导速度 u_a 和周向诱导速度 u_t 之合成速度与当地的螺漩涡线正交，也即与图 19–17 中的相对来流 V_R 正交。以 u_n 表示

u_a 和 u_t 的合成速度，可得

$$u_n = W^* \cdot \cos\beta_i \tag{19-76}$$

这里需要指出，在推导式 (19-74) 中应用了 $2u_t = u_{t\infty}$ 和 $2u_a = u_{a\infty}$，这种关系的成立有一前提，即螺旋涡线的螺距角沿轴向是不变的。如果无穷远后方自由涡线的螺距角为 $\beta_{i\infty}$，则在升力线处自由涡线的螺距角也为 $\beta_{i\infty}$。故 u_a 和 u_t 的合成速度与 $u_{t\infty}$ 和 $u_{a\infty}$ 的合成速度 $u_{n\infty}$ 平行，因此该合成速度也与涡线正交，与 $V_{R\infty}$（无穷远后方的相对来流）的方向正交。但是 $\beta_{i\infty} \neq \beta_i$，则在升力线处自由涡线没有与相对速度 V_R 平行，致使 u_a 和 u_t 之合成速度不与 V_R 正交，这一情况的出现，是由于人为地假定了自由涡线的螺距角沿涡线不变，而这一假定本身与“涡线平行于相对流线”这一原则相抵触。实际上只有无穷远后方的相对流线的螺距角保持不变，在近场是要变的。但在处理升力线理论中的近场问题时，把自由涡线的螺距角取为 β_i，这在升力线处该涡线与相对流线平行。在计算中为了简化，把整条螺旋涡线的螺距角均取为 β_i 不变，即忽略涡线与相对流线平行的原则，然后，对 β_i 的径向分布按：

$$r\tan\beta_i = \text{常数}$$

作为最佳环量分布的条件，这样自由涡面仍然是一等螺距面，根据正交条件可知，u_a 和 u_t 的合成速度 u_n 与自由涡线正交，也与 V_R 方向正交。而在无穷远后方 $u_{a\infty}$ 和 $u_{t\infty}$ 的合成速度仍与涡线正交，但与 $V_{R\infty}$ 就不正交。因此在应用时，如研究无穷远后方的流场，可按 $r\tan\beta_{i\infty}=$ 常数处理，它对无穷远后方是正确的；如研究近场的流动就按 $r\tan\beta_i=$ 常数来处理，这是有近似性的。

19.6.2 配合伴流螺旋桨最佳条件

所谓配合伴流螺旋桨是指运转于轴对称非均匀流场的螺旋桨。

单螺旋桨船在桨盘处伴流沿半径方向是不均匀的，令 ω 表示平均伴流，$\omega(x)$ 表示在半径 $x = r/R$ 处圆周上轴向伴流的平均值。图 19-18（a）为某单桨船 $\omega(x)$ 的分布情况。不同船型的 $[1-\omega(x)]/(1-\omega)$ 分布各不相同，如图 19-18（b）所示。一般单桨船，近桨毂处伴流大，所以局部进速小，因而 $\tan\beta = V_A/\omega$ 也小。在叶梢处伴流小，局部进速就大。根据伴流径向分布规律来设计的螺旋桨称为配合伴流螺旋桨或适伴流螺旋桨。

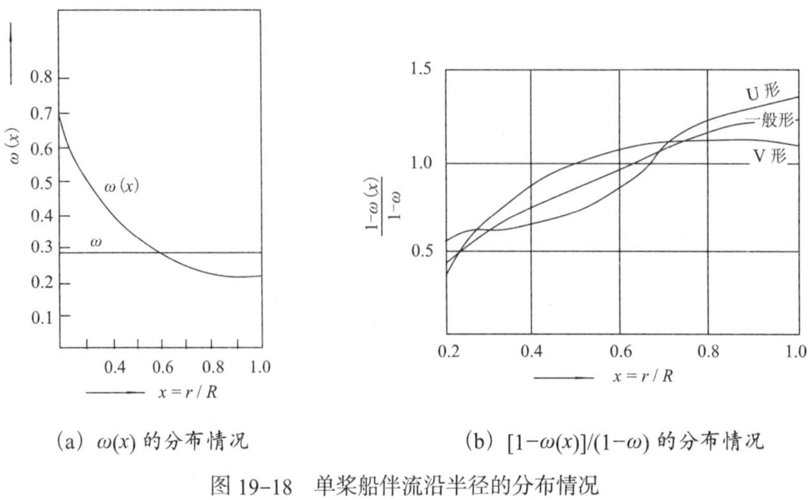

（a）$\omega(x)$ 的分布情况　　（b）$[1-\omega(x)]/(1-\omega)$ 的分布情况

图 19-18　单桨船伴流沿半径的分布情况

对于船后螺旋桨来说，应从“船 + 螺旋桨”系统的推进效率 η_D 来考虑。处理方法可类似于上述敞水情况。升力线某 r 处的 dr 微段上增加一个微环量 $\Delta\Gamma$ 及与它连在一起的自由涡沿艉涡片下滑到无穷远后方，则由此 $\Delta\Gamma$ 产生之 ΔT_i 和 ΔQ_i 即为整个螺旋桨的推力和转矩增量。

不计摩擦的理想推进效率为

$$\eta_{Di}=\frac{T_{ei}V_s}{Q_i\omega}=\frac{T_i(1-t)V_A}{Q_i\omega(1-\omega)}$$

故对于 dr 微段叶元体相应有

$$k=\frac{\Delta T_{ei}V_s}{\Delta Q_i\omega}=\frac{\Delta T_i[1-t(x)]V_A}{\Delta Q_i\omega[1-\omega(x)]}=\frac{1-t(x)}{1-\omega(x)}\cdot\frac{V_A}{\omega r}\cdot\frac{\omega r-u_{t\infty}}{V_A+u_{a\infty}}=\text{常数} \tag{19-77}$$

类似地，式 (19–77) 即为配合伴流最佳环量分布条件。

如果忽略诱导速度的二次项及高次项，即 $\left(\frac{\omega r-u_t}{V_A+u_a}\right)^2\cdot\frac{V_A}{\omega r}=\frac{\omega r-u_{t\infty}}{V_A+u_{a\infty}}$ 式成立，则有

$$\frac{V_A}{\omega r}\cdot\frac{\omega r-u_t}{V_A+u_a}=C\sqrt{\frac{1-\omega(x)}{1-t(x)}} \tag{19-78}$$

此即轴对称非均匀流场中最佳环量分布的条件，式中 C 为常数。上式亦可写成

$$\frac{\tan\beta}{\tan\beta_i}=C\sqrt{\frac{1-\omega(x)}{1-t(x)}} \tag{19-79}$$

由此可以看出，对于伴流场中的最佳分布，不能得到自由涡片是等螺距面的结果，从而正交条件也不成立。

常数 C 可由给定的输入功率系数或推力系数决定，勒勃斯认为，此值可近似地取为

$$C\approx\eta_{0i}\sqrt{\frac{1-t}{1-\omega}} \tag{19-80}$$

式中，η_{0i} 为在进速 $V_A=V_s(1-\omega)$ 下，吸收功率等于给定功率（或要求的有用功率）的敞水螺旋桨的最高理想效率，可由喀拉麦（Kramer）图谱确定（图 19–19）。ω 为桨盘面上的平均实效伴流分数，t 为平均推力减额分数。

以近似式 (19–80) 代入式 (19–79)，得到

$$\frac{\tan\beta}{\tan\beta_i}=\eta_{0i}\sqrt{\frac{1-t}{1-\omega}}\cdot\sqrt{\frac{1-\omega(x)}{1-t(x)}}$$

如忽略推力减额分数径向分布的影响，即假定

$$t\approx t(x)$$

则最佳条件成为

$$\frac{\tan\beta}{\tan\beta_i}=\eta_{0i}\sqrt{\frac{1-\omega(x)}{1-\omega}} \tag{19-81}$$

范·曼能（Van Manen）也发表过伴流场中的最佳环量分布条件，他的处理没有把 $\Delta\Gamma$ 下滑到远后方去计算 ΔT_i 和 ΔQ_i，而就在升力线上进行计算（即忽略了 $\Delta\Gamma$ 在升力线上对邻近叶切面的影响），相应的条件形式如下：

$$\frac{\tan\beta}{\tan\beta_i}=C\frac{1-\omega(x)}{1-t(x)} \tag{19-82}$$

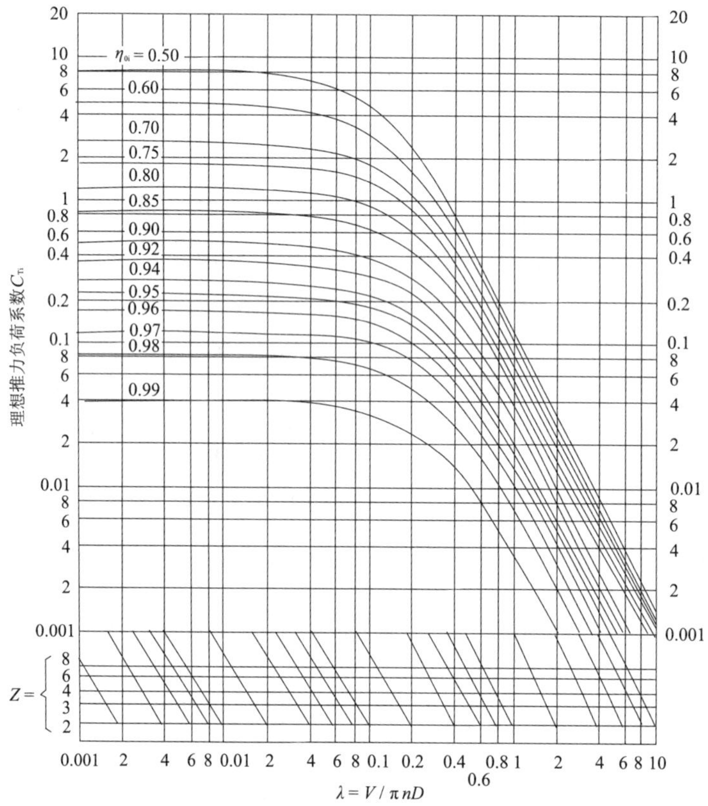

图 19-19　确定 η_{0i} 喀拉麦图谱

19.6.3　敞水最佳环量分布螺旋桨设计方法

根据上面的推导可得敞水最佳环量分布的条件见式 (19-74)：

$$\frac{\tan\beta}{\tan\beta_i}=\frac{V_A}{\omega r}\cdot\frac{\omega r-u_t}{V_A+u_a}=\text{常数}$$

也就是说，W^*= 常数（见图 19-17）。

此时，螺旋桨后面的涡片是一等螺距螺漩涡面，诱导速度垂直于涡面，所以

$$u_a\cos\beta_i+u_t\sin\beta_i=W^*\cdot\cos\beta_i$$

或者

$$\frac{u_a}{V_A}+\frac{\lambda_i}{x}\frac{u_t}{V_A}=\frac{W^*}{V_A} \tag{19-83}$$

式中，

$$\lambda_i=x\tan\beta_i=x\frac{V_A+W^*}{\omega r}=\frac{V_A}{\omega R}\left(1+\frac{W^*}{V_A}\right)=\lambda\left(1+\frac{W^*}{V_A}\right)$$

$$\lambda = \frac{V_A}{\omega R} = \frac{V_A}{\pi n D}$$

一般设计问题为已知桨叶数、毂径 r_h、λ（即 V_A、n 和 D）和理想推力系数 C_{Ti}（或理想功率系数 C_{Pi}），求最佳环量分布、诱导速度和效率。

首先将式 (19–56) 和式 (19–57) 两式代入式 (19–83)，即可得到求解无因次环量 G 的积分微分方程：

$$\int_{x_h}^{x} \frac{dG}{dx_0} \cdot \frac{1}{x - x_0}\left[i_{ae} + \frac{\lambda_i}{x} i_{te}\right] dx_0 + \int_{x}^{l} \frac{dG}{dx_0} \cdot \frac{1}{x - x_0}\left[i_{ai} + \frac{\lambda_i}{x} \cdot i_{ti}\right] dx_0 = 2\frac{W^*}{V_A} \tag{19–84}$$

式 (19–84) 通过诱导因子把最佳环量分布 G 和 W^*/V_A 联系起来，而 W^*/V_A 的大小与给定的理想推力系数 C_{Ti} 有关。

实际上，已知条件应该是螺旋桨在实际流体中的推力系数 C_T，其定义如下：

$$C_T = \frac{T}{\frac{\rho}{2} V_A^2 \pi R^2} \tag{19–85}$$

式中，T 为螺旋桨发出的推力；ρ 为流体密度；V_A 为敞水进速；R 为螺旋桨的半径。

理想推力系数 C_{Ti} 定义为

$$C_{Ti} = \frac{T_i}{\frac{\rho}{2} V_A^2 \pi R^2} \tag{19–86}$$

式中，T_i 为螺旋桨理想推力。

在具体设计时首先应由给定的 C_T 求取 C_{Ti}，一般可采用如下近似公式估算：

$$C_{Ti} = \frac{C_T}{1 - 2\varepsilon\lambda_i} = (1.02 \sim 1.06)\, C_T \tag{19–87}$$

式中，$\lambda_i = x \tan\beta_i$；$\varepsilon$ 为平均阻升比。

利用式 (19–71)，可以在 C_{Ti} 与环量和诱导速度之间建立起下列关系式：

$$\begin{aligned} C_{Ti} &= \frac{T_i}{\frac{\rho}{2}\pi V_A^2 R^2} = \frac{\rho \int_{r_h}^{R} (Z\Gamma)(\omega r - u_t)\, dr}{\frac{\rho}{2}\pi V_A^2 R^2} \\ &= 2\int_{r_h}^{R} \frac{ZG\pi(2R)V_A(\omega r - u_t)\, dr}{\pi R^2 V_A^2} = 4Z\int_{x_h}^{l} G\left(\frac{x}{\lambda} - \frac{u_t}{V_A}\right) dx \end{aligned} \tag{19–88}$$

对于敞水最佳环量分布螺旋桨，可利用图 19–17 的速度多角形，得

$$\frac{u_t}{V_A} = \frac{W^*}{V_A}\cos\beta_i \cdot \sin\beta_i = \frac{W^*}{V_A}\left(1 + \frac{W^*}{V_A}\right)\lambda \cdot \frac{x}{x^2 + \lambda^2\left(1 + \frac{W^*}{V_A}\right)^2} \tag{19–89}$$

将式 (19–89) 代入式 (19–88)，可得

$$C_{Ti} = 4Z\int_{x_h}^{l} G\left[\frac{x}{\lambda} - \frac{W^*}{V_A}\left(1 + \frac{W^*}{V_A}\right)\lambda \cdot \frac{x}{x^2 + \lambda^2\left(1 + \frac{W^*}{V_A}\right)^2}\right] \tag{19–90}$$

根据式 (19-84) 和式 (19-90) 两式，可以解出满足给定推力系数的最佳环量分布 $G(x)$ 和未知数 W^*/V_A。

求得环量分布以后，可应用式 (19-56) 和式 (19-57) 两式计算轴向和周向诱导速度分量。

在实际计算时，应用 §19.4 节中所述方法，将诱导速度分量表达式 (19-61) 和式 (19-63) 两式代入式 (19-84) 得到

$$\sum_{m=1}^{M} mG_m\left[h_m^a(\varphi)+\frac{\lambda_i}{x}h_m^t(\varphi)\right]=(1-x_h)\frac{W^*}{V_A} \tag{19-91}$$

同样，对式 (19-88) 也可用级数展开形式代入，可得

$$2(1-x_h)Z\sum_{n=1}^{M}G_n\int_0^{\pi}\left[\frac{x}{\lambda}-\frac{1}{1-x_h}\sum_{m=1}^{M}mG_m h_m^t(\varphi)\right]\cdot\sin(n\varphi)\cdot\sin\varphi\cdot\mathrm{d}\varphi=C_{Ti} \tag{19-92}$$

式中，M 表示环量 G 展成傅里叶级数时所取的项数，若用手算的话，取 $M=5$ 已够了。由于式 (19-92) 的复杂性，故直接求解是困难的。具体计算时，一般假定一组 W^*/V_A 值，对于每一个假定的 W^*/V_A 值，首先利用下式确定 $\tan\beta_i$ 的分布：

$$\tan\beta_{i0}=\frac{V_A+W^*}{\omega r_0}=\frac{\lambda}{x_0}\left(1+\frac{W^*}{V_A}\right)$$

根据此 β_{i0} 和 x_0 可决定 i_a 和 i_t，从而由式 (19-62) 和式 (19-64) 求出 $h_m^a(\varphi)$ 和 $h_m^t(\varphi)$，利用此 $h_m^a(\varphi)$ 和 $h_m^t(\varphi)$ 则可由式 (19-91) 解出 G_m，将结果代入式 (19-92) 求出对应于此 W^*/V_A 值的理想推力系数 C_{Ti}，用内插法求得满足给定推力系数的 W^*/V_A，然后重新求解 G_m，即认为是所求的解。为了进行校核，有必要利用此结果再求对应的 G_{Ti} 与给定值比较，如果达不到要求的精确度，则可把这一次的 W^*/V_A 值和 C_{Ti} 掺加到数列中去，再进行内插，以求得更精确的 W^*/V_A 值，再求解，依此类推。

19.6.4 最佳船后螺旋桨

船后伴流场是周向不均匀的，这里只能把伴流场作周向平均后，作为一个轴对称的径向非均匀伴流来处理。

一般的设计问题，在计算一个方案时是指定了桨叶数，直径 D，毂径比 x_h，伴流分数周向平均值沿径向的分布 $\omega(x)$ 及 λ，在满足一定的理想推力系数 C_{Ti} (或功率系数 C_{Pi}) 值的条件下，求最佳环量分布。

为了表达方便，在讨论此问题之前先引入下列一些系数和符号：

无因次环量 $$G_s=\frac{\Gamma}{\pi DV_s}$$

进速系数 $$\lambda_s=\frac{V_s}{\pi nD}$$

船速 V_s

输入功率系数 $$C_{Pi}=\frac{P_i}{\frac{\rho}{2}\pi R^2V_s^3}$$

有用功率系数 $$C_{\mathrm{Pu}}=\frac{P_{\mathrm{u}}}{\frac{\rho}{2}\pi R^2 V_{\mathrm{s}}^3}=\frac{V_{\mathrm{s}}\int_{x_{\mathrm{h}}}^{l}\mathrm{d}T_{\mathrm{i}}\left[1-t(x)\right]\mathrm{d}x}{\frac{\rho}{2}\pi R^2 V_{\mathrm{s}}^3}$$

基于茄可夫斯基升力公式，可求得

$$C_{\mathrm{Pi}}=\frac{Q_{\mathrm{i}}\omega}{\frac{\rho}{2}\pi R^2 V_{\mathrm{s}}^3}=\frac{4Z}{\lambda_s}\int_{x_{\mathrm{h}}}^{l}G_{\mathrm{s}}\left[\left[1-\omega(x)\right]+\frac{u_{\mathrm{a}}}{V_{\mathrm{s}}}\right]x\,\mathrm{d}x \tag{19-93}$$

及

$$C_{\mathrm{Pu}}=\frac{\int_{x_{\mathrm{h}}}^{l}\mathrm{d}T_{\mathrm{i}}\left[1-t(x)\right]\mathrm{d}x}{\frac{\rho}{2}\pi R^2 V_{\mathrm{s}}^3}=4Z\int_{x_{\mathrm{h}}}^{l}G_{\mathrm{s}}\left(\frac{x}{\lambda_{\mathrm{s}}}-\frac{u_{\mathrm{t}}}{V_{\mathrm{s}}}\right)\left[1-t(x)\right]\mathrm{d}x \tag{19-94}$$

式中，诱导速度分量与环量分布相联系的积分微分方程类似地有

$$\left.\begin{aligned}\frac{u_{\mathrm{a}}}{V_{\mathrm{s}}}&=\frac{1}{2}\int_{x_{\mathrm{h}}}^{l}\frac{\mathrm{d}G_{\mathrm{s}}}{\mathrm{d}x_0}\cdot\frac{1}{x-x_0}i_{\mathrm{a}}\,\mathrm{d}x_0\\\frac{u_{\mathrm{t}}}{V_{\mathrm{s}}}&=\frac{1}{2}\int_{x_{\mathrm{h}}}^{l}\frac{\mathrm{d}G_{\mathrm{s}}}{\mathrm{d}x_0}\cdot\frac{1}{x-x_0}i_{\mathrm{t}}\,\mathrm{d}x_0\end{aligned}\right\} \tag{19-95}$$

与式 (19-59) 一样，将 G_{s} 也表示成傅里叶级数如下：

$$G_{\mathrm{s}}=\sum_{m=1}^{M}G_{\mathrm{m}}\sin(m\varphi) \tag{19-96}$$

从而诱导速度分量为

$$\left.\begin{aligned}\frac{u_{\mathrm{a}}}{V_{\mathrm{s}}}&=\frac{1}{1-x_{\mathrm{h}}}\sum_{m=1}mG_{\mathrm{m}}h_{\mathrm{m}}^{a}\\\frac{u_{\mathrm{t}}}{V_{\mathrm{s}}}&=\frac{1}{1-x_{\mathrm{h}}}\sum_{m=1}mG_{\mathrm{m}}h_{\mathrm{m}}^{t}\end{aligned}\right\} \tag{19-97}$$

最高效率问题实质上是在指定的 C_{Pi} 值下使 C_{Pa} 最大。如前所述，这是个多元函数条件极值的问题，求解甚不方便，故一般采用下述方法。

根据前面讨论，船后最佳环量分布的条件可表达为

$$\frac{\tan\beta}{\tan\beta_i}=C\sqrt{\frac{1-\omega(x)}{1-t(x)}} \tag{19-98}$$

即

$$\tan\beta_{\mathrm{i}}=\frac{\lambda_{\mathrm{s}}\left[1-\omega(x)\right]}{x}\cdot\frac{1}{C}\sqrt{\frac{1-t(x)}{1-\omega(x)}} \tag{19-99}$$

但按图 19-17 的速度多角形有

$$\tan\hat{a}_{\mathrm{i}}=\frac{V_{\mathrm{A}}+u_{\mathrm{a}}}{\omega r-u_{\mathrm{t}}}=\frac{\left[1-\omega(x)\right]+\frac{u_{\mathrm{a}}}{V_{\mathrm{s}}}}{\frac{x}{\lambda_{\mathrm{s}}}-\frac{u_{\mathrm{t}}}{V_{\mathrm{s}}}} \tag{19-100}$$

目前在实际计算中还只能取 $t(x)=t$，其中 t 为常数，即盘面内平均推力减额分数。现令

$$f(x)=\frac{\lambda_s[1-\omega(x)]}{x}\cdot\sqrt{\frac{1-t}{1-\omega(x)}} \tag{19-101}$$

据式 (19–99) 和式 (19–100) 两式可得

$$C\frac{u_a}{V_s}+f(x)\frac{u_t}{V_s}=f(x)\frac{x}{\lambda_s}-C[1-\omega(x)] \tag{19-102}$$

设 G_s 按式 (19–96) 取 M 项近似，u_a/V_s 和 u_t/V_s 按式 (19–97) 代入式 (19–102)，并在 M 个 φ 值，$\varphi=\varphi_j$，$j=1$，2，…，M，建立方程式，即

$$\frac{1}{1-x_h}\cdot\sum_{m=1}^{M}mG_m\left[C\,h_m^a(\varphi_j)+f(x_j)h_m^t(\varphi_j)\right]=f(x_j)\frac{x_j}{\lambda_s}-C\left[1-\omega(x_j)\right]$$

$$j=1,\ 2,\ \cdots,\ M \tag{19-103}$$

另外，对于船后情况，类似于式 (19–92)，C_{Ti} 可表达为

$$C_{Ti}=2(1-x_h)Z\sum_{n=1}^{M}G_n\int_0^{\pi}\left[\frac{x}{\lambda_s}-\frac{1}{1-x_h}\sum_{m=1}^{M}mG_m h_m^t(\varphi)\right]\cdot\sin(n\varphi)\cdot\sin\varphi\cdot d\varphi \tag{19-104}$$

联立方程式 (19–103) 与式 (19–104)，共有 $M+1$ 个方程，根据给定的 C_{Ti} 可解出常数 C 和 M 个系数 G_m 值。对于方程的求解，一般可这样来做。因 $f(x)$ 是已知的，可先假定一组 C 值，对应于每一个 C 值可用式 (19–99) 求得 $\tan\beta_i(x)$，从而可得 h_m^a 和 h_m^t，通过方程式 (19–103) 解出 G_m。再用式 (19–104) 得出与 C 值对应的 C_{Ti}。然后用内插法求得与所需 C_{Ti} 相对应的 C 值，按此 C 值再求解 G_m。

19.6.5 确定叶切面升长积沿径向分布

上面我们已经解决了给定推力系数下桨叶上沿半径方向的最佳环量分布 G 及相应的水动力螺距角 β_i，诱导速度 u_a/V_s 和 u_t/V_s 的分布。对于升力线来说，知道了 u_a/V_s、u_t/V_s 和 β_i 也就可以确定进流方向和算出进流速度 V_R 的大小，速度关系参见图 19–20。然后根据二因次机翼切面的特性来确定桨叶各半径处叶切面的形状和相应的螺距角，使之能产生所需要的环量。

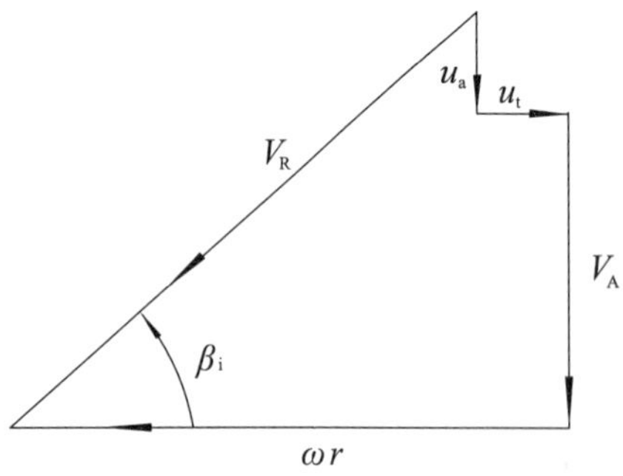

图 19–20　半径 r 处的速度关系

在具体选择翼型切面之前，首先求出叶切面升长积沿半径方向的分布。取微段叶元体，其所受的升力可按以 V_R 为相对来流的二因次机翼来考虑。此时 dr 段叶元体上所受的升力可以有两种不同的方法来表示：

按升力定理

$$dL=\rho\Gamma(r)V_R dr \tag{19-105}$$

或一般水动力的表示法

$$\mathrm{d}Ł = \frac{\rho}{2} C_{Ł} V_{R}^{2} b\,\mathrm{d}r \tag{19-106}$$

式 (19–106) 中，b 为叶元体的弦长，$C_Ł$ 为叶元体的升力系数。由式 (19–105) 和式 (19–106) 两式可得

$$\Gamma(r) = \frac{1}{2} C_{Ł}(r)\, b(r)\, V_{R}(r) \tag{19-107}$$

将 $\Gamma(r)$ 用无因次环量 G_s 表示，则式 (19–107) 可写成

$$\pi D V_s G_s = \frac{1}{2} C_Ł b V_R$$

也即

$$\frac{C_Ł b}{D} = \frac{2\pi V_s G_s}{V_R} \tag{19-108}$$

由图 19–20 可见，相对来流 V_R 与周向速度有如下关系：

$$V_R = (\omega r - u_t)/\cos\beta_i$$

将上式代入式 (19–108)，经简化后可得升长积为

$$\frac{C_Ł b}{D} = \frac{2\pi G_s \cos\beta_i}{\omega r/V_s - u_t/V_s} = \frac{2\pi G_s \cos\beta_i}{x/\lambda_s - u_t/V_s} \tag{19-109}$$

从式 (19–109) 可以看到，式中的 G_s 是根据给定的推力系数 C_{Ti} 求得的环量分布。因此，按上式求出的 $C_Ł b/D$ 是满足了要求的推力及其对应的环量分布。在求得 $C_Ł b/D$ 沿半径方向的分布规律后，必须根据其他条件将其分成两个因子，即升力系数 $C_Ł(x)$ 和弦长 $b(x)$。

§19.7　任意环量分布螺旋桨设计问题

众所周知，螺旋桨的性能与桨叶上的环量分布形式直接有关。前面我们纯粹从效率的观点出发，讨论了最佳环量的分布形式，其实这只是问题的一个方面。环量分布还会影响桨叶上的空泡情况，因而与桨叶剥蚀、螺旋桨激振力和噪声等问题密切相关。

如在桨叶上某一半径处增加环量，则该处切面的升力将有相应的增加，从而叶背吸力增大，导致背空泡提前发生。如减少环量，则可推迟空泡的发生。内半径处中切面运动的线速度较外半径者为低，在相同的 $C_Ł$ 情况下，内半径处的切面比外半径者不易发生空泡，另外，自由涡的强度 $\left(-\frac{\mathrm{d}\Gamma}{\mathrm{d}r}\mathrm{d}r\right)$ 与环量分布的梯度直接相关，梯度绝对值大者自由涡强度也大，容易出现艉涡空泡，反之可推迟艉涡空泡的发生。图 19–21 中曲线 A 所代表的环量分布与最佳形式相近，但在梢部梯度大，容易发生梢

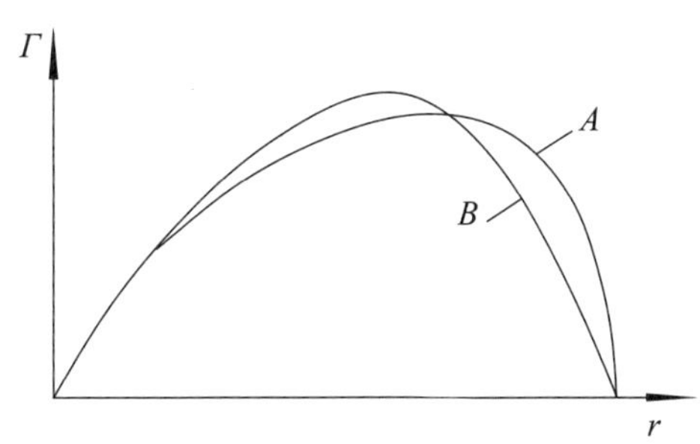

图 19–21　环量沿桨叶半径的分布

涡空泡；曲线 B 在梢部的梯度小，可推迟梢涡空泡的发生。由于空泡的产生会引起空泡剥蚀、螺旋桨激振力与螺旋桨噪声等问题，有时为了推迟桨叶上空泡的发生，不得不牺牲些效率，减小叶梢部分的载荷，将最大载荷适当内移。所谓给定环量分布的螺旋桨设计问题是由此而提出的。

19.7.1 敞水任意环量分布螺旋桨设计

敞水任意环量分布螺旋桨设计的实质是：根据给定载荷系数 C_{Ti}（或 C_{Pi}）、λ、x_h 和环量分布形式，决定环量分布、诱导速度分量和效率。由于推力和转矩取决于环量分布，故给定的环量分布未必能满足推力或转矩的要求。因此，只能给定环量分布的形式 $F(x)$，和上面一样，也可将 $F(x)$ 展开成傅里叶级数如下：

$$F=\sum_{m=1}^{\infty}F_m\sin(m\varphi)=\sum_{m=1}^{M}F_m\sin(m\varphi) \tag{19-110}$$

则满足要求的理想推力系数 C_{Ti} 又具有此种环量分布形式的环量分布为

$$G=kF=k\sum_{m=1}^{M}F_m\sin(m\varphi) \tag{19-111}$$

式中，k 是与半径无关的待定常数，由给定的载荷系数来确定。

将式 (19–111) 代入诱导速度分量表达式 (19–56) 和式 (19–57) 两式后可得

$$\frac{u_t}{V_A}=\frac{1}{2}\int_{x_h}^{1}\frac{\mathrm{d}G}{\mathrm{d}x_0}\frac{1}{x-x_0}i_t\,\mathrm{d}x_0=\frac{k}{2}\int_{x_h}^{1}\frac{\mathrm{d}F}{\mathrm{d}x_0}\cdot\frac{1}{x-x_0}i_t\,\mathrm{d}x_0=\frac{k}{1-x_h}\sum_{m=1}^{M}mF_mh_m^t \tag{19-112}$$

$$\frac{u_a}{V_A}=\frac{1}{2}\int_{x_h}^{1}\frac{\mathrm{d}G}{\mathrm{d}x_0}\frac{1}{x-x_0}i_a\,\mathrm{d}x_0=\frac{k}{2}\int_{x_h}^{1}\frac{\mathrm{d}F}{\mathrm{d}x_0}\cdot\frac{1}{x-x_0}\cdot i_a\,\mathrm{d}x_0=\frac{k}{1-x_h}\sum_{m=1}^{M}mF_mh_m^a \tag{19-113}$$

由式 (10–88) 知推力系数可表达为

$$C_T=4Z\int_{x_h}^{1}G\left(\frac{x}{\lambda}-\frac{u_t}{V_A}\right)\mathrm{d}x=4kZ\int_{x_h}^{1}F\left(\frac{x}{\lambda}-\frac{u_t}{V_A}\right)\mathrm{d}x$$

将 u_t/V_A 的表达式代入上式即可得方程式

$$\left\{2Z\int_{x_h}^{1}F(x)\left[\int_{x_h}^{1}\frac{\mathrm{d}F(x_0)}{\mathrm{d}x_0}\frac{1}{x-x_0}i_t\,\mathrm{d}x_0\right]\mathrm{d}x\right\}k^2-\left\{4Z\int_{x_h}^{1}F(x)\frac{x}{\lambda}\mathrm{d}x\right\}k+C_{Ti}=0 \tag{19-114}$$

将式 (19–112) 代入式 (19–114)，整理后就有

$$\begin{aligned}&\left\{2Z\int_0^{\pi}\sin\varphi\sum_{n=1}^{M}F_n\sin(n\varphi)\sum_{m=1}^{M}mF_mh_m^t(\varphi)\mathrm{d}\varphi\right\}k^2\\&-\frac{2Z(1-x_h)}{x}\left\{\int_0^{\pi}x\sin\varphi\sum_{m=1}^{M}F_m\sin(m\varphi)\mathrm{d}\varphi\right\}k+C_{Ti}=0\end{aligned} \tag{19-115}$$

式 (19–115) 对 k 来说是一个简单的二次代数方程，其中 F_m 是已知的，但因为 $h_m^t(\varphi)$ 与 i_t 有关，从而是未知函数 $\beta_i(x)$ 的函数，且有如下关系式：

$$\tan\beta_{\mathrm{i}}=\frac{V_{\mathrm{A}}+u_{\mathrm{a}}}{\omega r-u_{\mathrm{t}}}=\frac{1+\dfrac{u_{\mathrm{a}}}{V_{\mathrm{A}}}}{\dfrac{x}{\lambda}-\dfrac{u_{\mathrm{t}}}{V_{\mathrm{A}}}}=\frac{1+\dfrac{k}{1-x_{\mathrm{h}}}\sum\limits_{m=1}^{M}mF_{\mathrm{m}}h_{\mathrm{m}}^{a}(\varphi)}{\dfrac{x}{\lambda}-\dfrac{k}{1-x_{\mathrm{h}}}\sum\limits_{m=1}^{M}mF_{\mathrm{m}}h_{\mathrm{m}}^{t}(\varphi)} \tag{19-116}$$

式 (19-115) 和式 (19-116) 即为求解 k 和 $\tan\beta_{\mathrm{i}}$ 的联立方程组。

由于方程中与诱导因子 i_{t}、i_{a} 有关的 h_{m}^{t}、h_{m}^{a} 取决于 $\tan\beta_{\mathrm{i}}$，计算时必须采用逐次迭代法，具体步骤如下：①第一次近似时，取 $\tan\beta_{\mathrm{i}}=\tan\beta$，利用式 (19-62) 和式 (19-64) 求出 h_{m}^{t}、h_{m}^{a}，再从方程式 (19-115) 解出对应给定 C_{Ti} 的第一次近似 k 值；②将第一次近似 k 值及①中的 h_{m}^{t}、h_{m}^{a} 代入方程式 (19-116) 求出 $\tan\beta_{\mathrm{i}}$ 的第二次近似值，以此再用式 (19-62) 和式 (19-64) 去求第二次的 h_{m}^{t}、h_{m}^{a}，由式 (19-115) 解出 k 的第二次近似。

重复上述过程，一般进行三次迭代就能达到足够的精度。

解出 k 和水动力螺距角 β_{i} 后，可由式 (19-111)、式 (19-112) 和式 (19-113) 等式确定环量分布函数 $G(x)$ 及诱导速度 $u_{\mathrm{a}}(x)/V_{\mathrm{A}}$、$u_{\mathrm{t}}(x)/V_{\mathrm{A}}$ 的分布。

19.7.2 船后任意环量分布螺旋桨的设计

船后任意环量分布螺旋桨设计的方法基本上类似于敞水任意环量分布问题，差别仅在于这里以船速 V_{s} 代替螺旋桨进速 V_{A} 来表示计算中各系数（见 19.6.4）。因此，这里仅简单列出其相应公式。

令无因次环量分布为

$$G_{\mathrm{s}}=kF(x)=k\sum_{m=1}^{M}F_{\mathrm{m}}\sin(m\varphi)$$

则其相应诱导速度有

$$\frac{u_{\mathrm{a}}}{V_{\mathrm{s}}}=\frac{k}{1-x_{\mathrm{h}}}\sum_{m=1}^{M}m\,F_{\mathrm{m}}h_{\mathrm{m}}^{a}$$

$$\frac{u_{\mathrm{t}}}{V_{\mathrm{s}}}=\frac{k}{1-x_{\mathrm{h}}}\sum_{m=1}^{M}m\,F_{\mathrm{m}}h_{\mathrm{m}}^{t}$$

常数 k 可以根据与式 (19-115) 和式 (19-116) 两式完全类似的下列两方程式求解：

$$k^{2}-k\frac{1-x_{\mathrm{h}}}{\lambda_{\mathrm{s}}}\cdot\frac{\int_{x_{\mathrm{h}}}^{1}xF(x)\mathrm{d}x}{\int_{x_{\mathrm{h}}}^{1}F(x)\left(\sum\limits_{m=1}^{M}mF_{\mathrm{m}}h_{\mathrm{m}}^{t}\right)\mathrm{d}x}+C_{\mathrm{Ti}}\frac{1-x_{\mathrm{h}}}{4Z}\cdot\frac{1}{\int_{x_{\mathrm{h}}}^{1}F(x)\left(\sum\limits_{m=1}^{M}mF_{\mathrm{m}}h_{\mathrm{m}}^{t}\right)\mathrm{d}x}=0 \tag{19-117}$$

和

$$\tan\beta_{\mathrm{i}}=\frac{[1-\omega(x)]+\dfrac{u_{\mathrm{a}}}{V_{\mathrm{s}}}}{\dfrac{x}{\lambda_{\mathrm{s}}}-\dfrac{u_{\mathrm{t}}}{V_{\mathrm{s}}}}=\frac{[1-\omega(x)]+\dfrac{k}{1-x_{\mathrm{h}}}\sum\limits_{m=1}^{M}mF_{\mathrm{m}}h_{\mathrm{m}}^{a}}{\dfrac{x}{\lambda_{\mathrm{s}}}-\dfrac{k}{1-x_{\mathrm{h}}}\sum\limits_{m=1}^{M}mF_{\mathrm{m}}h_{\mathrm{m}}^{t}} \tag{19-118}$$

式 (19-117) 和式 (19-118) 即为求解船后任意环量分布螺旋桨问题的 k 和 $\tan\beta_{\mathrm{i}}$ 的联立方程组，同样采用逐次迭代法来处理，这里不再赘述。

§19.8 用升力线理论求解螺旋桨的正问题

螺旋桨的正问题是给定螺旋桨的几何条件（几何尺寸、切面形状），求解在某一进速系数（进速 V_A、转速 N 为已知）下螺旋桨的环量分布 $G(x)$、推力 T（或 T_i）和转矩 Q（或 Q_i）。

我们知道，只要求出桨叶上环量分布 $\Gamma(x)$ 及水动力螺距角 $\beta_i(x)$ 分布，就可计算升力线上由自由涡片引起的诱导速度 $u_a(x)$ 和 $u_t(x)$，从而求得推力和转矩，故问题的焦点就是如何求出 $\Gamma(x)$ 和 $\beta_i(x)$。

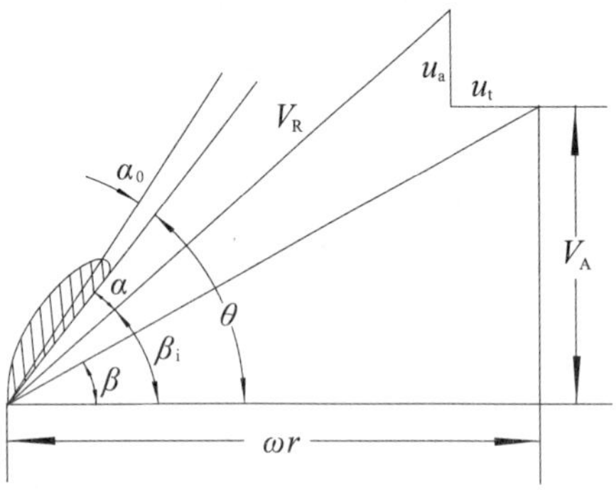

图 19-22　桨叶半径 r 处叶切面的速度多角形

图 19-22 表示桨叶半径 r 处叶切面的速度多角形。图中，θ 为叶切面的几何螺距角，β 为进角，其定义为 $\tan\beta = V_A(r)/\omega r$，$u_a$、$u_t$ 分别为轴向及周向诱导速度，β_i 为水动力螺距角，V_R 为考虑诱导速度后的相对来流速度，α 为几何攻角，α_0 为切面的无升力角。

图中的叶切面可作为二因次机翼切面来考虑，其特性通过实验结果或理论计算结果求得，即切面的升力系数 $C_Ł$ 与攻角 α 的关系为

$$C_Ł = \frac{\mathrm{d}C_Ł}{\mathrm{d}\alpha}(\alpha + \alpha_0)$$

阻升比 ε 认为可按下式得出

$$\varepsilon = 0.008/C_Ł$$

由图 19-22 可以清楚地看到

$$C_Ł = \frac{\mathrm{d}C_Ł}{\mathrm{d}\alpha}(\theta - \beta_i + \alpha_0) \tag{19-119}$$

式中唯有 β_i 未知。

由式 (19-108) 可知切面升长积与环量的关系为

$$\frac{C_Ł(x)b(x)}{D} = \frac{2\pi V_s G_s}{V_R}$$

从而可以得到

$$G_s = \frac{1}{2\pi}\cdot\frac{b(x)}{D}\cdot\frac{V_R(x)}{V_s}\cdot C_Ł(x)$$

利用式 (19-119)，则上式可化成

$$G_s = \frac{1}{2\pi}\cdot\frac{b}{D}\cdot\frac{V_R}{V_s}\cdot\frac{\mathrm{d}C_Ł}{\mathrm{d}\alpha}(\theta - \beta_i + \alpha_0) \tag{19-120}$$

由图 19-22 可见

$$\frac{V_R}{V_s} = \frac{\dfrac{\omega r}{V_s} - \dfrac{u_t}{V_s}}{\cos\beta_i}$$

因为$\lambda_s = \dfrac{V_s}{\pi n D}$，故上式可进一步化成

$$\frac{V_R}{V_s} = \frac{1}{\cos\beta_i}\left(\frac{x}{\lambda_s} - \frac{u_t}{V_s}\right) = \frac{1}{\cos\beta_i}\left(\frac{x}{\lambda_s} - \frac{1}{2}\int_{x_h}^{l}\frac{dG_s}{dx_0}\cdot\frac{1}{x - x_0}i_t\,dx_0\right) \tag{19-121}$$

把上式代入式 (19–120) 得

$$G_s = \frac{1}{2\pi}\cdot\frac{b}{D}\cdot\frac{dC_L}{d\alpha}\cdot\frac{1}{\cos\beta_i}\left(\frac{x}{\lambda_s} - \frac{u_t}{V_s}\right)\left(\theta - \beta_i + \alpha_0\right) \tag{19-122}$$

和

$$G_s = \frac{1}{2\pi}\cdot\frac{b}{D}\cdot\frac{dC_L}{d\alpha}\cdot\frac{1}{\cos\beta_i}\left(\frac{x}{\lambda_s} - \frac{1}{2}\int_{x_h}^{l}\frac{dG_s}{dx_0}\cdot\frac{i_t}{x - x_0}dx_0\right)\left(\theta - \beta_i + \alpha_0\right) \tag{19-123}$$

仍利用式 (19–118)

$$\tan\beta_i = \frac{\left[1 - \omega(x)\right] + \dfrac{u_a}{V_s}}{\dfrac{x}{\lambda_s} - \dfrac{u_t}{V_s}}$$

即有

$$\tan\beta_i = \frac{\left[1 - \omega(x)\right] + \dfrac{1}{2}\displaystyle\int_{x_h}^{l}\frac{dG_s}{dx_0}\cdot\frac{i_a}{x - x_0}dx_0}{\dfrac{x}{\lambda_s} - \dfrac{1}{2}\displaystyle\int_{x_h}^{l}\frac{dG_s}{dx_0}\cdot\frac{i_t}{x - x_0}dx_0} \tag{19-124}$$

这样就有式 (19–123) 和式 (19–124) 两个微分——积分方程式来求解两个未知函数 $G_s(x)$ 和 $\beta_i(x)$。但由于 i_a、i_t 本身又是 β_i 的函数，使问题变得很复杂，而且一般情况下还不能得到解析解，故实际处理时求助于数值计算方法。

具体方法与上一节相同，引入参数 φ 以代替 x [见式 (19–58)]，并利用式 (19–96) 的 $G_s(\varphi)$ 的近似展开式，这样把求未知函数 $G_s(\varphi)$ 的问题变成只求 M 个未知数 G_m。在升力线上取 M 个控制点，$\varphi = \varphi_j$，$j = 1，2，\cdots，M$。利用式 (19–61) 及式 (19–63) 两式计算 u_t 和 u_a，则式 (19–123) 在控制点上可成为

$$\sum_{m=1}^{M}G_m\sin(m\varphi_j) = \frac{1}{2\pi}\cdot\frac{b_j}{D}\left(\frac{dC_L}{d\alpha}\right)_j\frac{1}{\cos\beta_{ij}}\left[\frac{x_j}{\lambda_s} - \frac{1}{1 - x_h}\sum_{m=1}^{M}mG_m h_m^t(\varphi_j)\right]\left(\theta_j - \beta_{ij} + \alpha_{0j}\right)$$

$$j = 1，2，\cdots，M \tag{19-125}$$

式中，b_j/D、$(dC_L/d\alpha)_j$、θ_j、α_{0j} 分别为控制点 $\varphi = \varphi_j$ 处 b/D、$dC_L/d\alpha$、θ、α_0 的值，它们都是给定的。这样就可有 M 个方程式求解 M 个未知数 G_m，但须注意，方程中的 β_{ij} 是未知的，故无法确定对应的 h_m^t 值，因而也只能通过迭代方法来解。

一般可先采用下式作为 β_{ij} 的第一次近似，以 β_{ij}^l 代表

$$\beta_{ij}^l = \arctan\left[(1 - C)\tan\theta_j + C\cdot\tan\beta_j\right] \tag{19-126}$$

式中，θ_j 和 β_j 为 $\varphi = \varphi_j$ 处的 θ 和 β；C 为一系数，凭经验选取，若取得适当则收敛较快，一般可取 $C = 0.2$。

将 β_{ij}^{1} 代入式 (19-125) 的方程组，得第一次近似解 G_{m}^{1}。

把式 (19-124) 改写成级数形式如下：

$$\tan\beta_{\mathrm{ij}}=\frac{\left[1-\omega\left(\varphi_{\mathrm{j}}\right)\right]+\dfrac{1}{1-x_{\mathrm{h}}}\sum_{m=1}^{M}mG_{\mathrm{m}}h_{\mathrm{m}}^{a}\left(\varphi_{\mathrm{j}}\right)}{\dfrac{x_{\mathrm{j}}}{\lambda_{\mathrm{s}}}-\dfrac{1}{1-x_{\mathrm{h}}}\sum_{m=1}^{M}mG_{\mathrm{m}}h_{\mathrm{m}}^{t}\left(\varphi_{\mathrm{j}}\right)} \tag{19-127}$$

将 β_{ij}^{1} 和 G_{m}^{1} 代入上式求出 β_{ij}^{2}。

用 β_{ij}^{2} 再代回式 (19-125) 方程组，求得第二次近似解 G_{m}^{2}，如此反复迭代直到解收敛至一定的精确度为止。求得环量 $G_{\mathrm{s}}(\varphi)$ 和水动力螺距 $\beta_{\mathrm{i}}(\varphi)$ 分布后，就可以很容易地计算推力、转矩或相应的系数。

参考文献

程天柱，石仲堃．1987.兴波阻力理论及其在船舶设计中的应用[M].武汉：华中工学院出版社.

董世汤．1985.船舶螺旋桨理论[M].上海：上海交通大学出版社．

哈尔滨船舶工程学院．1982.荷兰船模水池B型螺旋桨系列新图谱[M].哈尔滨：哈尔滨船舶工程学院．

何友声，王国强．1987.螺旋桨激振力[M].上海：上海交通大学出版社.

姜次平．1979.船舶阻力[M].北京：国防工业出版社.

姜次平，邵世明．1985.船舶阻力[M].上海：上海交通大学出版社.

金平仲．1975.喷水推进的应用及主要参数的选择[J].舰船科研与设计，(1).

李世谟．1986.兴波理论基础[M].北京：人民交通出版社.

刘应中．2003.船舶兴波阻力理论[M].北京：国防工业出版社.

邵世明，王云才．1990.快艇动力学[M].上海：上海交通大学出版社.

邵世明，赵连恩，朱念昌．1995.船舶阻力．北京：国防工业出版社.

盛振邦，刘应中．2004.船舶原理（上册）[M].上海：上海交通大学出版社.

盛振邦，杨家盛，柴杨业．1983.中国船用螺旋桨系列试验图谱集[M].北京：中国造船编辑部.

盛振邦．1963.船舶推进[M].北京：北京科学教育编辑室.

孙勤，顾蕴德，郑淑珍．1979.串列螺旋桨的模型系列试验和图谱设计方法[J].中国造船，(3).

王公衡．1959.船舶推进[M].上海：上海交通大学教材供应科.

王国强，刘岳元，曹梅亮，等．1978.简易导管螺旋桨[J].中国造船，(63).

王国强，盛振邦．1995.船舶推进[M].修订本．上海：上海交通大学出版社.

王国强，盛振邦．1985.船舶推进[M].北京：国防工业出版社.

叶永兴．1978.螺旋桨升力线理论设计计算程序[J].舰船性能研究，(4).

张佐厚，胡志安．1980.船舶推进[M].北京：国防工业出版社.

赵连恩．2001.高性能船舶水动力原理与设计[M].哈尔滨：哈尔滨工程大学出版社.

赵连恩，谢永和．2009.高性能船舶原理与设计[M].北京：国防工业出版社.

Castagneto E, Maioli PG. 1968. Theoretical and Experimental Study on the Dynamics of Hydrofoils as Applied to Naval Propellers. 7th Sym. on Naval Hydrodynamics.

Kramer KN. 1939. The Induced Efficiency of Optimum Propellers Having a Finite Number of Blades. NACA, T. M. 884.

Morgen WB, Wrench JW. 1965. Some Computational Aspects of Propeller Design. Methods in Computational Physics，(01)4.

Lerbs W. 1952. Moderately Loaded Propellers with a Finite Number of Blades and an Arbitrary Distribution of Circulation. SNAME.

Van Lammeren W P A, Van Menen J D, Oosterveld MWC. 1969. The Wageningen B-Screw Series. SNAME.

附　　录

附录 1　水的运动粘性系数 ν 和质量密度 ρ

（根据第 10 届 ITTC）

淡水		水温	海水		淡水		水温	海水	
$10^6\times\nu$/(m^2/s)	ρ/(kg/m^3)	t/℃	$10^6\times\nu$/(m^2/s)	ρ/(kg/m^3)	$10^6\times\nu$/(m^2/s)	ρ/(kg/m^3)	t/℃	$10^6\times\nu$/(m^2/s)	ρ/(kg/m^3)
1.786 67	999.82	0	1.828 44	1 028.07	1.139 02	999.04	15	1.188 31	1 025.91
1.727 01	999.82	1	1.769 15	1 027.97	1.109 66	998.94	16	1.159 16	1 025.71
1.670 40	999.92	2	1.713 06	1 027.87	1.081 55	998.74	17	1.131 25	1 025.42
1.616 65	999.92	3	1.659 88	1 027.87	1.054 56	998.55	18	1.104 38	1 025.22
1.565 57	999.92	4	1.609 40	1 027.77	1.028 65	998.35	19	1.078 54	1 025.03
1.516 98	999.92	5	1.561 42	1 027.68	1.003 74	998.16	20	1.053 72	1 024.73
1.470 70	999.92	6	1.515 84	1 027.48	0.979 84	997.96	21	1.029 81	1 024.44
1.426 67	999.82	7	1.472 42	1 027.38	0.956 82	997.76	22	1.006 78	1 024.15
1.384 71	999.82	8	1.431 02	1 027.19	0.934 71	997.47	23	0.984 57	1 023.85
1.344 63	999.73	9	1.391 52	1 027.09	0.913 40	997.27	24	0.963 15	1 023.56
1.306 41	999.63	10	1.353 83	1 026.89	0.892 92	996.98	25	0.942 52	1 023.26
1.269 88	999.53	11	1.317 73	1 026.69	0.873 13	996.78	26	0.922 55	1 022.97
1.234 95	999.43	12	1.283 24	1 026.60	0.854 09	996.49	27	0.903 31	1 022.67
1.201 59	999.33	13	1.250 28	1 026.30	0.835 72	996.20	28	0.884 70	1 022.28
1.169 64	999.14	14	1.218 62	1 026.11	0.817 98	995.90	29	0.866 71	1 021.98
					0.800 92	995.61	30	0.849 31	1 021.69

附录 2 部分设计图谱

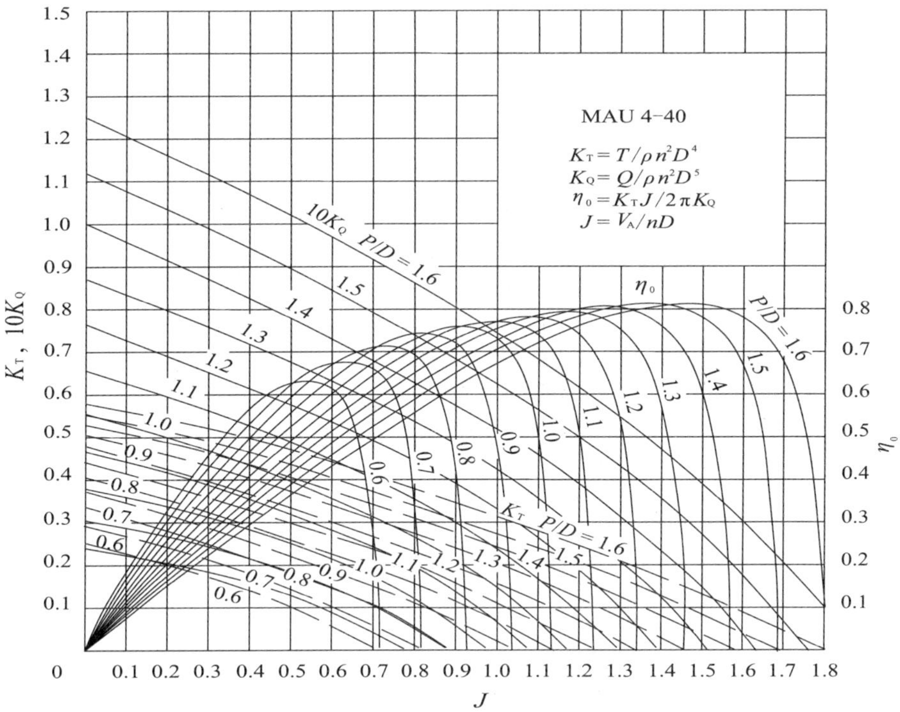

附图 2-1 MAU 4-40 K_T，K_Q-J 图谱

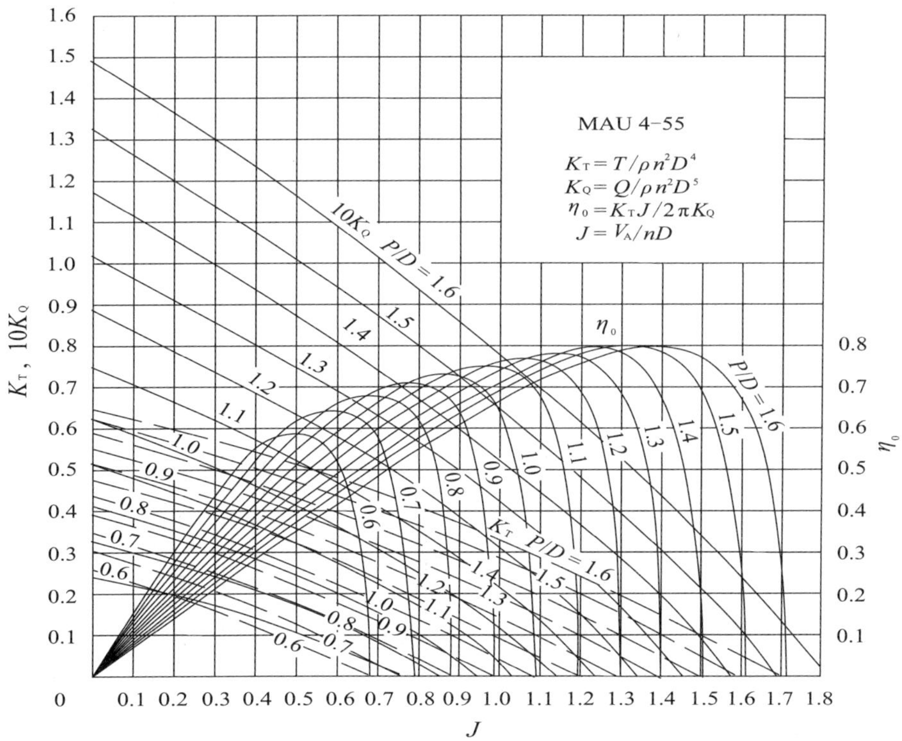

附图 2-2 MAU 4-55 K_T，K_Q-J 图谱

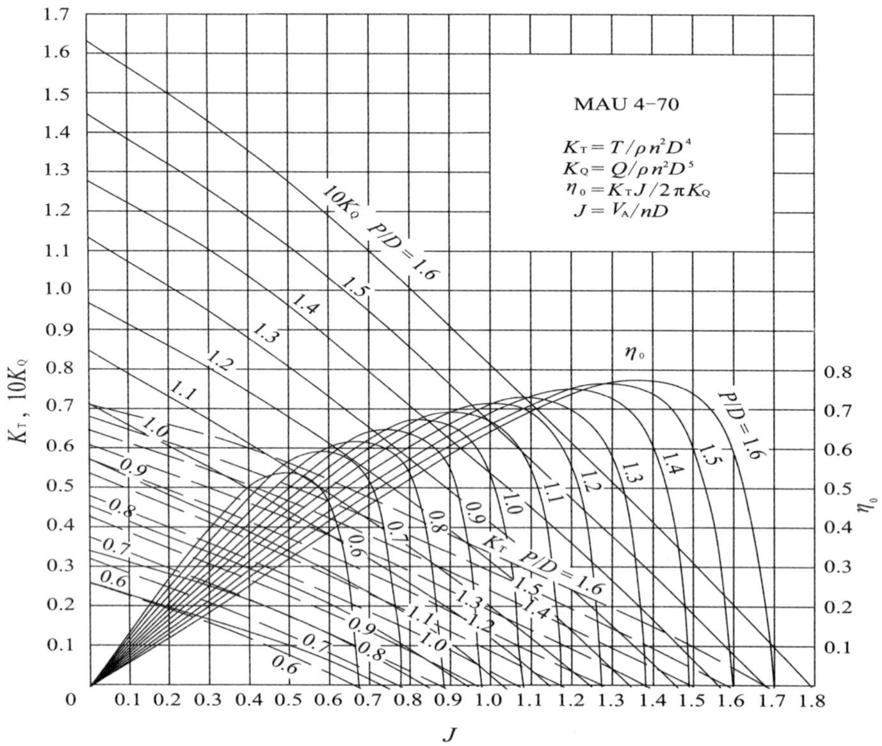

附图 2-3　MAU 4-70　K_T，K_Q-J 图谱

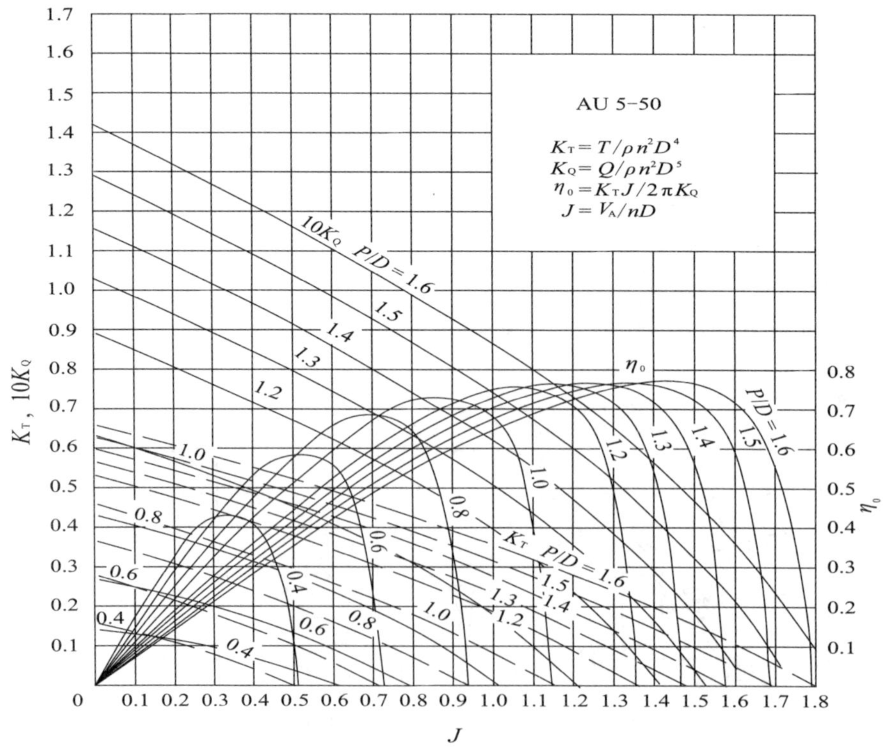

附图 2-4　AU 5-50　K_T，K_Q-J 图谱

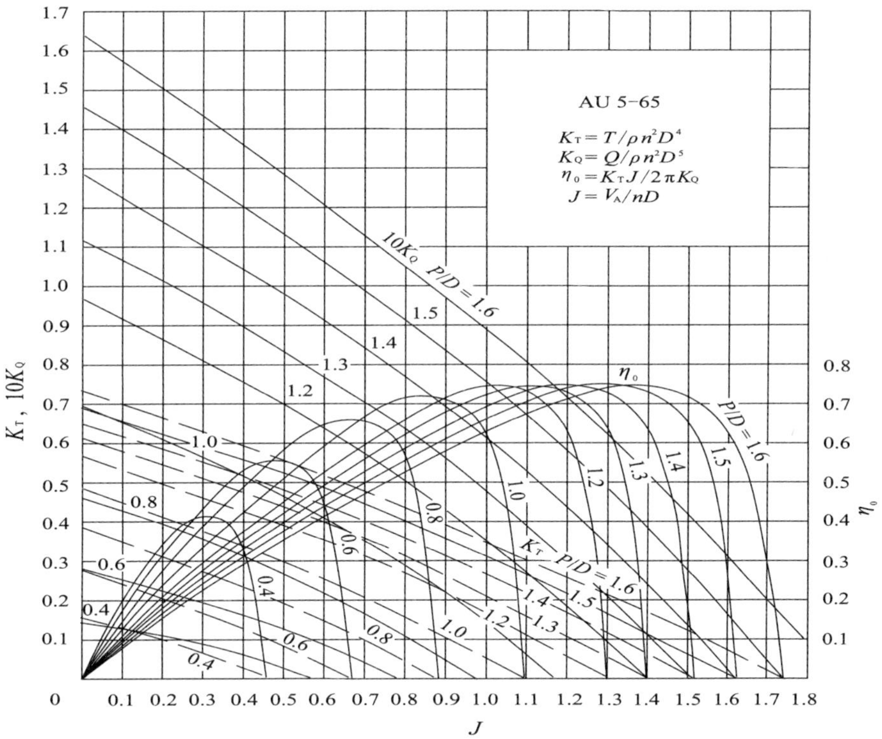

附图 2–5 AU 5–65 K_T，K_Q–J 图谱

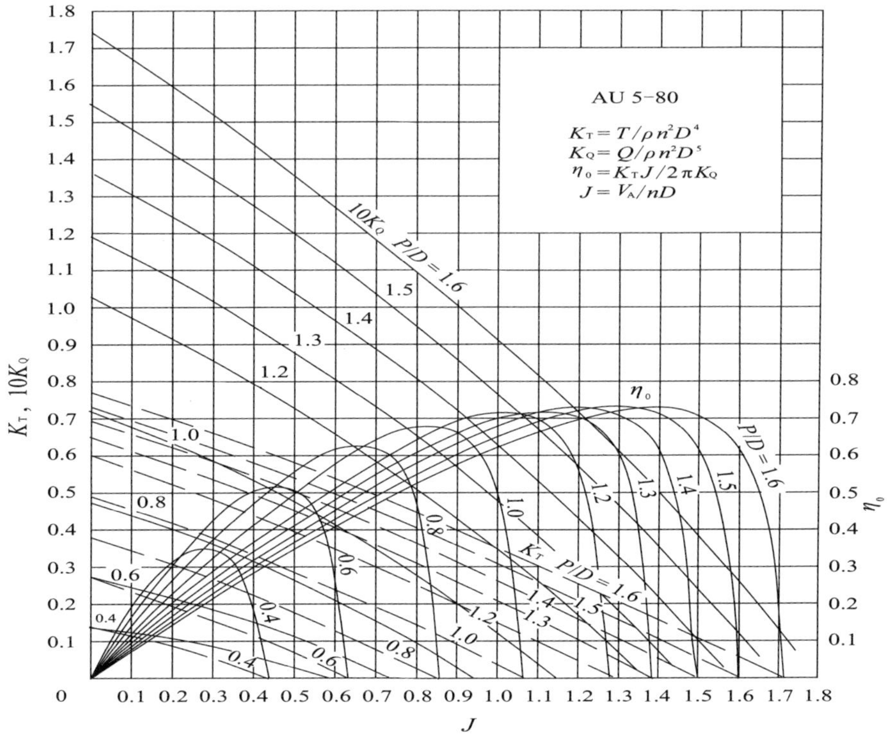

附图 2–6 AU 5–80 K_T，K_Q–J 图谱

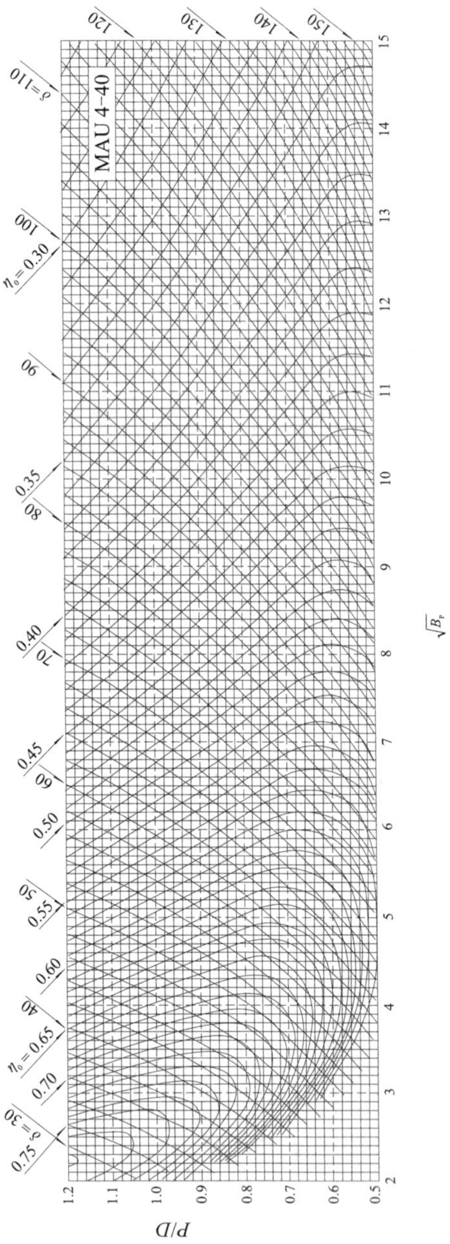

附图 2-7　MAU 4-40　$\sqrt{B_p}-\delta$ 图谱

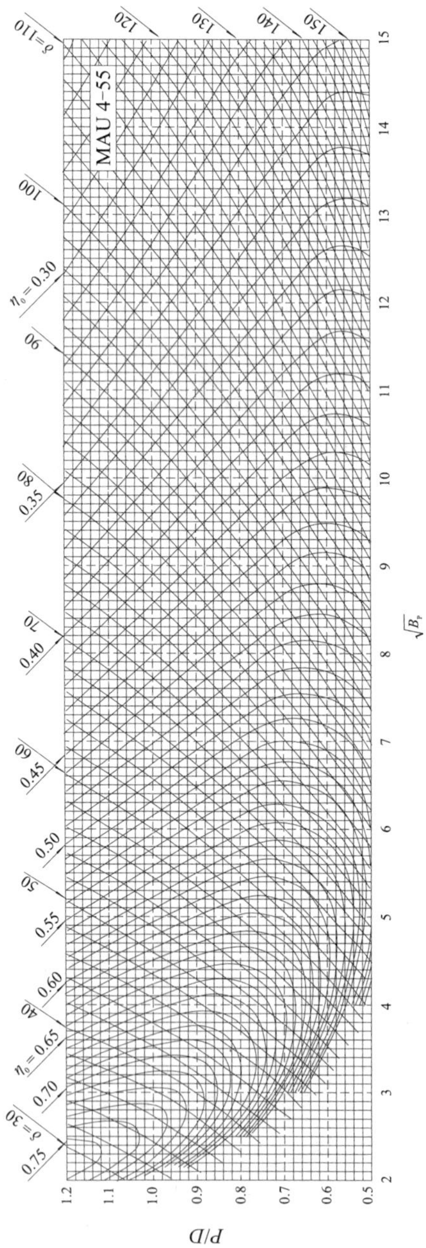

附图 2-8　MAU 4-55　$\sqrt{B_p}-\delta$ 图谱

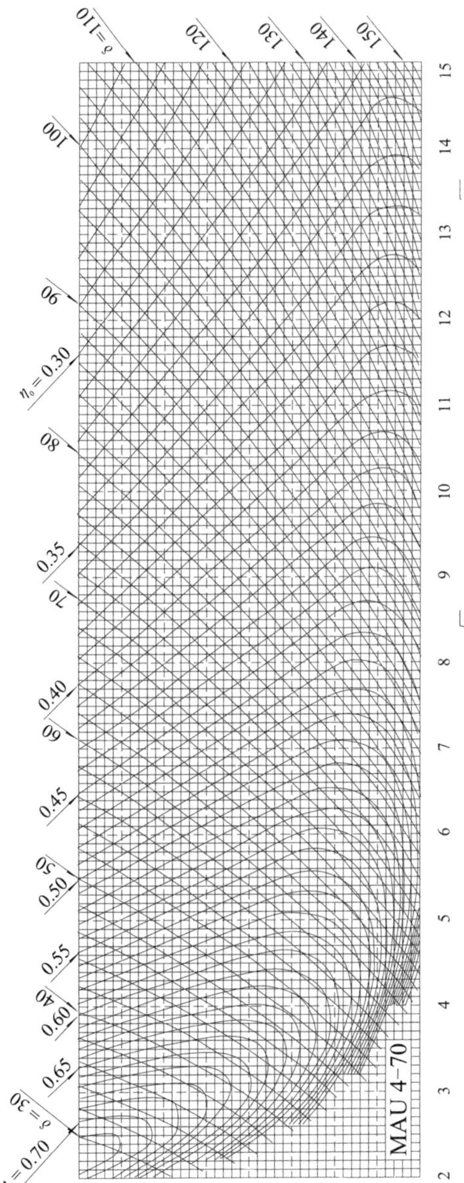

附图 2-9　MAU 4-70　$\sqrt{B_p}$–δ 图谱

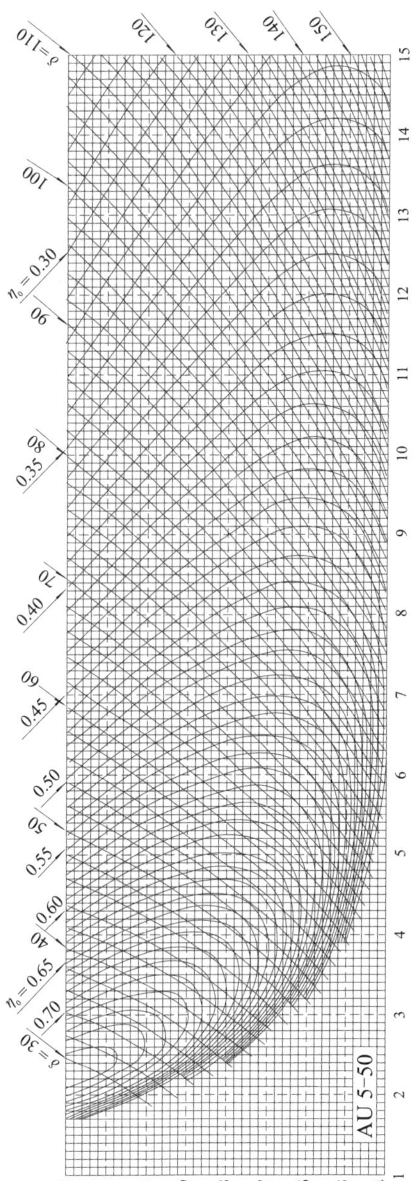

附图 2-10　AU 5-50　$\sqrt{B_p}$–δ 图谱

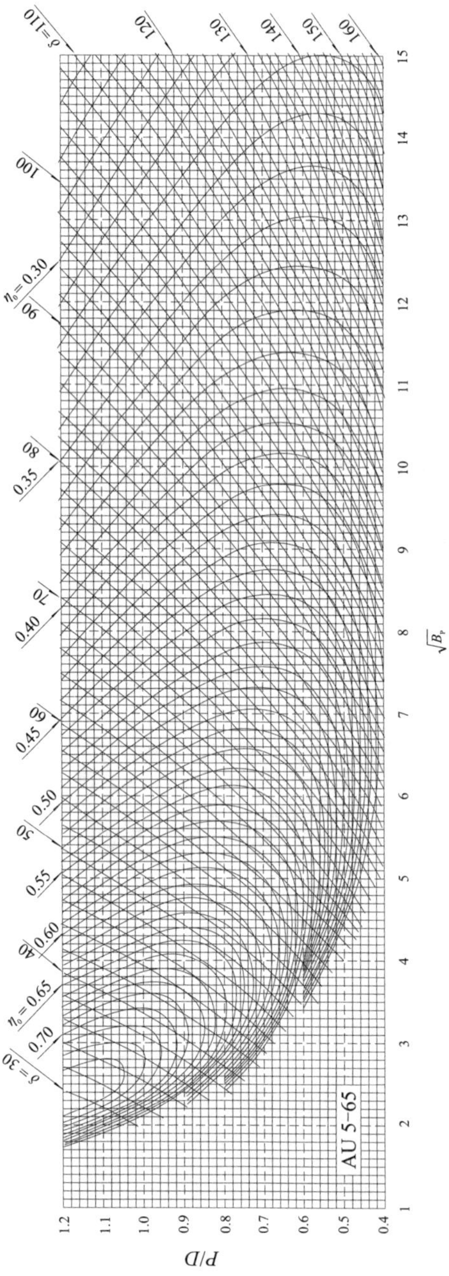

附图 2-11　AU 5-65　$\sqrt{B_p}$–δ 图谱

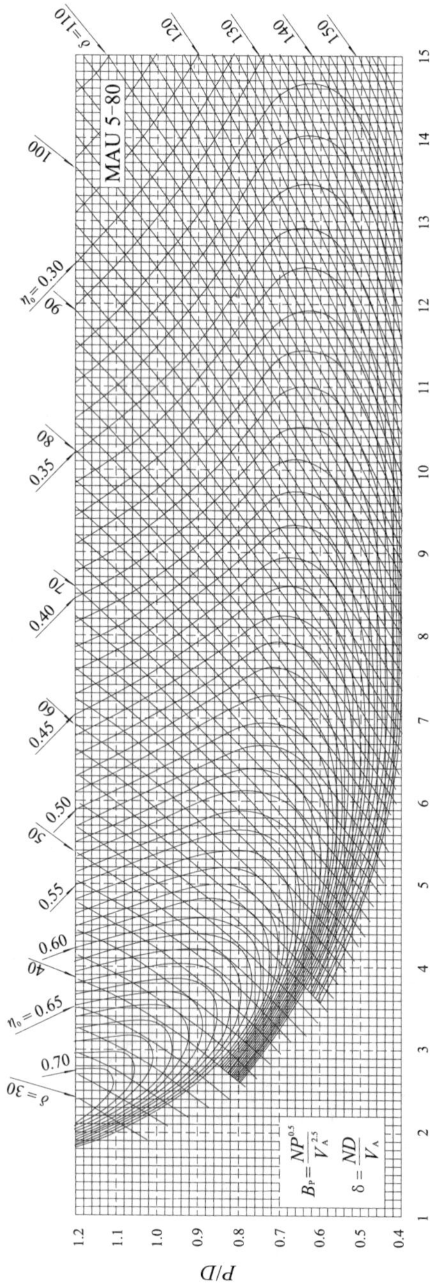

附图 2-12　MAU 5-80　$\sqrt{B_p}$–δ 图谱

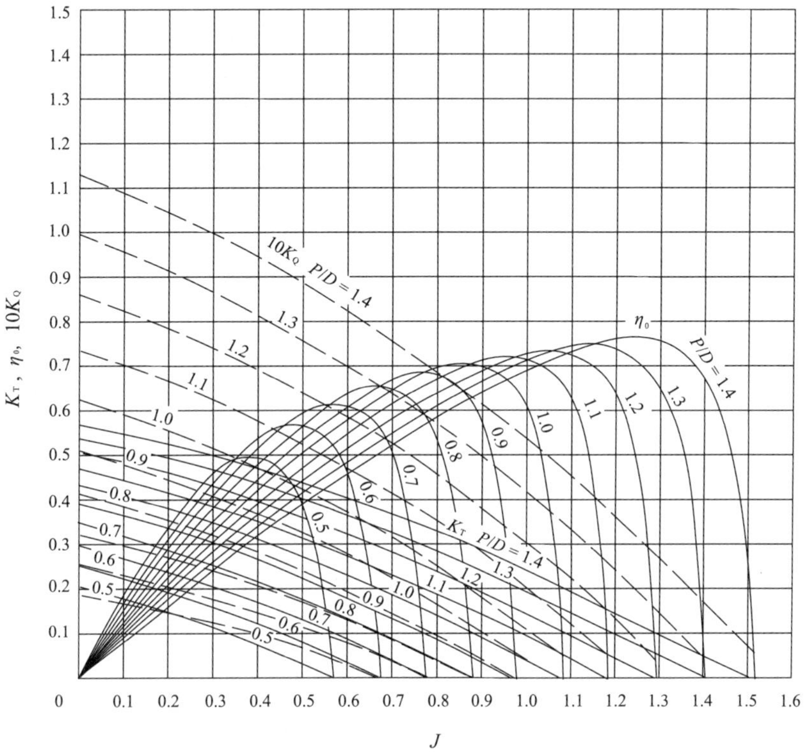

附图 2-13 B4-55 K_T，η_0，K_Q-J 图谱

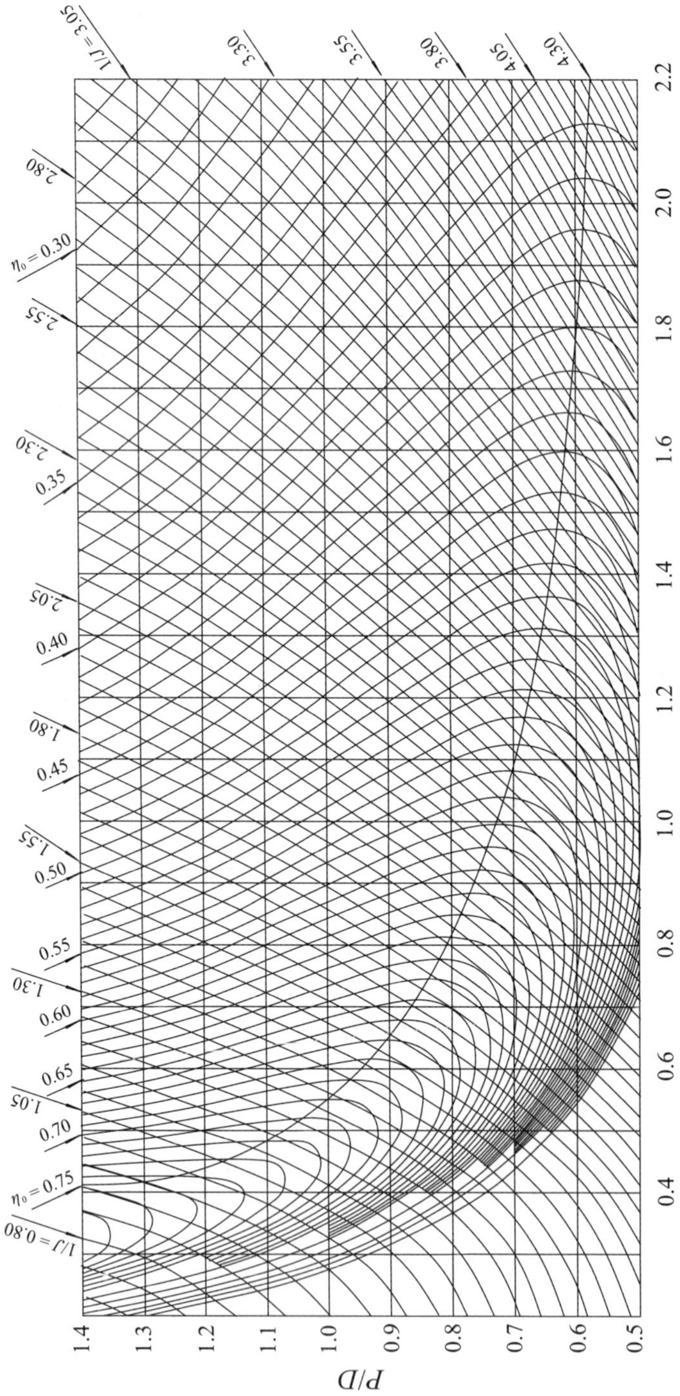

$0.1739\sqrt{B_{p1}}=K_Q^{1/4}\cdot J^{-5/4}$

附图 2-14 B4-55 B_{p1}−1/J 图谱

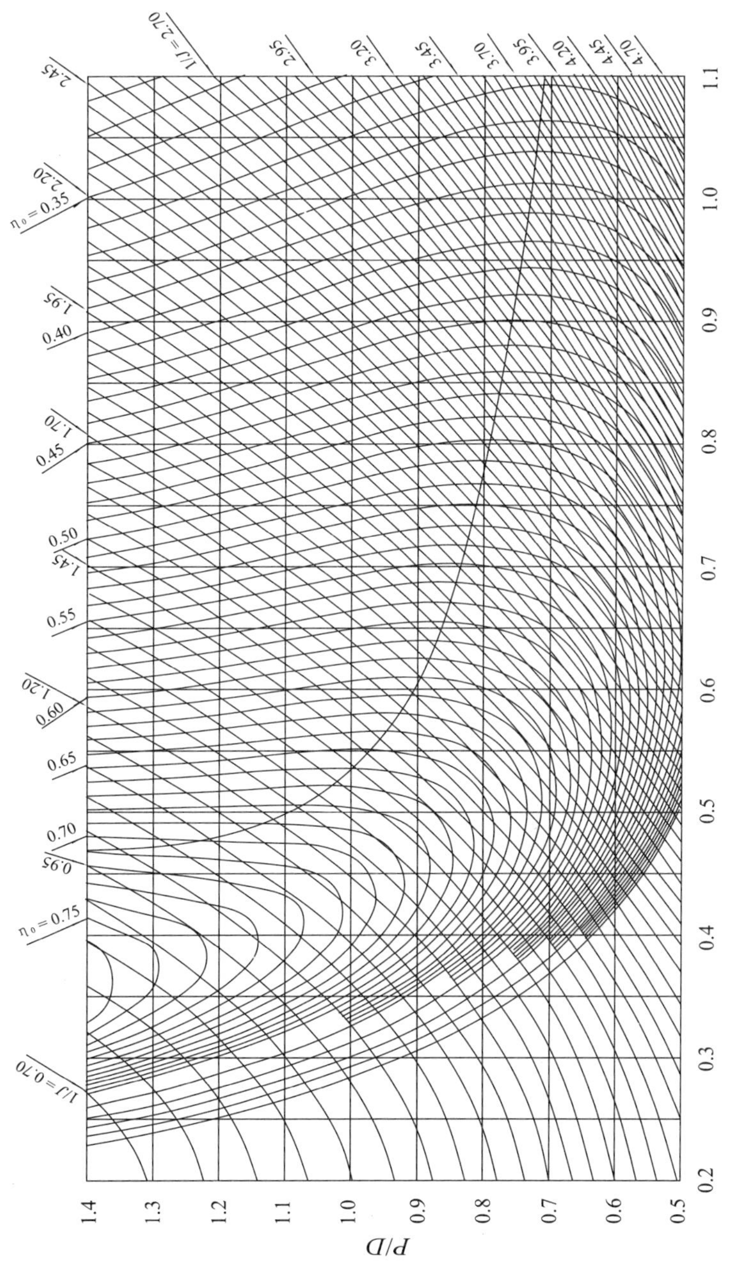

$1.75\sqrt{B_{p2}}=K_Q^{1/4}\cdot J^{-3/4}$

附图 2-15 B4-55 B_{p2}-1/J 图谱